JN305580

折田年秀日記

第三

題字　栃尾泰治郎

序

『明治天皇記』明治十年十二月八日の条に湊川神社、折田年秀初代宮司の名を見ることができる。この条項には神宮及び全国官国幣社従前の神官を廃止し、新たに神職定数を決し、其の減員によつて国費政費を節減致す可きの決議が記録され、さらには久邇宮朝彦親王を神宮祭主と為し、二十九名が官国幣社宮司に任ぜられたと記された。記名ある神職七名の中、平山省齋・角田忠行・千家尊福等と共に折田宮司の名が見られるのである。

明治十年と云へば、維新回天の業も大方が方向付けられ、所謂士族反乱も収束した時期ではあるが、神社界のみならず宗教行政全般が混迷の度合ひを強くし、改革の手が加へられることとなつた。洋教侵入の影響も大いにあつたであらう。

折田年秀宮司はこの変革の晨、湊川神社草創期の運営に尽力すると共に、中央地方の神祇行政にも積極的に関はつて行くのである。

この『折田年秀日記』は、折田宮司日々の身辺雑事、覚え事と共に、折田宮司の驚く可き学識の幅広さに沿ふが、明治期の政治・宗教・風俗・文学等、多岐に亘る分野の動向を詳細に記録した資史料の集大成とも見られる。

湊川神社宮司就任前の畏友、西郷隆盛との交渉、また大久保利通に対する感情。十三年よりの祭神論争。世に「湊川事件」と評され、絶縁状態であつたと伝へられる富岡鐵齋とのその後の交誼。と、研究者にとつては興味の尽きない記載が点在する。最終巻となつた「第三巻」には、二十四年の大津事件前の露国皇太子ニコライ二世の湊川神社参拝前後の事情と皇太子との接触。日清戦争期には皇軍の動向と共に、折田宮司自身の国際感覚が各所で示されてゐる。

また折田宮司が精力的に、かつ意欲を以て励んだものに詩作がある。幼年期より親しみ精進したであらう漢詩は、時に「日記」中、日々の記録を漢文にて記すこともあり、詩作の成果もかいま見られる。就中、「日記」第三巻にも書名が見える『氷魂鐵骨集』は西園寺公望侯の書跡賛を得て為されたものであるが、其の凡例中、詩友橋本海關は折田宮司を評し「五峰翁有梅花癖」と記した。

詩作と共に自ら植樹、樹華を愛で慈しむ姿は、これも随所に見ることが出来る。折田宮司在職中の湊川神社境域は、正しく百花繚乱の様であつたと思はれるのである。斯様な風雅人でもあつた。「日記」を読み進めて行くと、ひとりの明治期知識人の姿が彷彿とするやうである。

この「日記」は明治六年より三十年、折田宮司逝去の三か月前迄記されたものであるが、勿論折田年秀宮司の行跡を辿る唯一の史料といふ訳ではない。幕政期の折田要蔵の行動、思ひを綴る史料等は丹念に拾ひ巡ると、意外な収穫があると聞く。が、折田宮司を知るのに核となるのは、やはりこの『折田年秀日記』に他ならないであらう。

顧みれば、平成九年十一月、折田年秀初代宮司の没後百年の年に「第一巻」を出版され、次いで平成十四年十二月、湊川神社御鎮座百三十年を記念して「第二巻」が出版。そしてこの度、大楠公六百七十年祭の斎行されるこの嘉年五月に「第三巻」が上梓、これを以て、湊川神社草創期の礎を築いた折田年秀宮司半生の記録「全三巻」が上梓されたことは望外の喜びである。

最終巻刊行にあたり、この「日記」原本を御奉納戴いた折田靖正氏の厚情を深く感謝するものである。また校訂に就いては元㈱続群書類従完成会編集長・小川一義氏、元神戸市文書館員・木南弘氏に格別の御協力を戴き、更には㈱八木書店他、関係各位の御厚意に浴した。爰に深甚の謝意を表する次第である。

またこの日記の翻刻にあたつては、実に十九年にも及ぶ歳月をかけて、全三巻の校訂作業に専ら取り組んでくれた、当社城戸直和専門員の長年の努力を高く評価したい。

今後、この「日記」三巻本が明治期各分野での有益な史料として活用されることを望むばかりである。

平成十九年五月

湊川神社宮司　栃尾泰治郎

凡例

一、本書は、湊川神社初代宮司・折田年秀の「日誌」を翻刻したものである。

一、本書は、明治六年三月から明治三十年九月に至る間の日誌と、折田自身の諸願、並びに書簡の下書きを集録するものであるが、本册はその第三册として、明治十八年五月から三十年九月までの日録と「願諸伺幷ニ諸方往復下書」を収めた。

一、本書の原本は、湊川神社に所藏する。

一、校訂上の體例については、凡そ次の通りである。

1　翻刻に當つては、つとめて原本の體裁・用字を尊重したが、便宜上原形を改めた箇所がある。

2　文中に讀點（、）・竝列點（・）を便宜加へる。

3　原本に缺損文字の存する場合は、その字數を測つて□で示す。

4　原本の體裁に倣ひ、抹消文字には（〻）、補塡文字を挿入すべき箇所には（○）の符號を用ゐる。

5　校訂註は、原本の文字に置き換へるべきものには〔　〕、參考及び説明のためのものには（　）をもつて括り、又は○を附して按文を註記する。

6　人名・地名等の傍註は、原則として毎月その初出の箇所に施す。

7　上欄に、本文中の主要な事項その他を標出する。

8　原本に平出・闕字のある場合は、つとめてこれを存した。

9　原本に使用されてゐる古體・異體・略體等の文字は、原則として正字に改めた。但、原本の字體は原のまゝ存したものもある。

10　上記の外、必要と認められることは、その都度、註記した。

一、本書の公刊に當つて、出版を許可された折田家の末裔・折田靖正氏、並びに格別の協力を得た神戸市文書館・木南弘氏に深甚の謝意を表する次第である。

一、本書の題簽は、湊川神社宮司・栃尾泰治郎氏である。

一、本書の校訂は、湊川神社學藝員・城戸直和が專らその事にあたつた。

（學藝員　城戸直和）

目次

折田年秀日記　第三

（表紙）

日誌　従十八年五月一日　至仝年八月三十一日　二十九

〔明治十八年五月〕

十八年〇5月一日、晴、金曜日、舊三月十七日、

一、午前第十一時半ニ御歸館、直ニ御書ヲ奉リタリ、

一、國分煙草京切壹函、一、大鯛二枚、
右ヲ獻上す、

一、午後第二時四十分停車場へ被爲、五十五分之滊車ニて御歸京被遊候、

〇5月2日、晴、土、舊三月十八日、

一、昇殿、神殿終る、墓參濟、

一、宮内（愛亮）・郷田・川添（爲一）等、追ゝ見舞ニ來ル、

一、小林島平入監之叓ニ、種ゝ手配セリ、

一、丸善ヨリ受取證書達す、

一、宮（久邇宮朝彦親王）御成リニ付、疲勞ヲ極メタリ、

一、京都柊木屋ヨリモロ（諸）子ノ酢一桶送致ノ禮狀ヲ中井ヨリ出タシ、又鹿児島北堂君へも宮御成リ之報知ヲ申上越シタリ、

〇5月3日、晴、日曜日、舊三月十八日、

一、神拜終る、墓參濟、

一、有川矢九郎娘はるヲ召具シ、昨夕上陸ノ由ニて訪ヒ來る、依而朝飯ヲ出シ、共ニ吉富之墓參ヲ營ミタリ、

一、佐多來リ、明日吉富之墓石建方之事ヲ約シタリ、猶明朝早目ニ郷田同伴ニて、有川（矢九郎）方へ參るへク申シ入レ置キタリ、

一、丸善ヨリ集覽四十五帙代ノ受取證有之、

一、本日後二時ヨリ湊川堤上ニ出張、森岡（昌純）・篠崎へノ送別會ヲ執行、會員五百餘名ナリ、

*森岡兵庫縣令の送別會を執行

〇5月4日、晴、月曜日、舊三月十九日、

一、昇殿、神拜終る、墓參濟、

一、有川矢九郎ヲ訪ヒ、本日吉冨之墓石ヲ建設ノ叓ヲ告ク、依而當人モ出張之叓ニ決シタリ、午前第九時ヨリ墓所へ出會す、鄕田夫婦・佐多・川添・有川父子・山平等ナリ、飲食物ハ惣而友次郎へ申附ケタリ、午後第四時ニ建設濟ミタリ、依而祭典ヲ執行シテ散シタリ、本夕ハ有川旅宿ニ會シ、吉冨家内之落着ヲ議シ、直次郎ノ妻ハ結局再嫁之叓ニ粗決シタリ、

○5月5日、大雨、火曜日、舊三月廿日、

一、神拜終る、墓參濟、

能勢妙見山に參籠す

一、昨日ヨリハ能勢妙見山ニ參籠す、今日歸家す、

一、午後有川父子來ル、又森岡も來レリ、之レヲ送別ノ意ニ當テタリ、

一、有川ヨリ金貳圓受取、昨日墓石建立ノ一切ヲ支拂ヒタリ、

一、此内（昨年八月中、宮子死亡ノ折、諸拂ノ爲ニ借入タル金）三十八銀行ニ借入レタル公債抵當ノ金參百圓ハ、今日取返しタリ、

○5月6日、晴、水曜日、舊三月廿二日、

一、神拜終る、墓參濟、

内海兵庫縣令を訪ひ閑談

一、早朝專崎彌五平方へ内海縣令（忠勝）ヲ訪ヒ、暫時閑談シテ歸ル、

一、鄕田來ル、宮内ノ一件、森岡ト示談ノ形行ヲ談シタリ、依而宮内方へ内通ノ叓ヲ托ス、

一、鳳瑞丸、昨夕着之由ニて、松下訪ヒ來ル、又田中平次郎も歸リ來リ、吉冨家内之書面も持參なり、

一、北堂君ヨリ御狀、幷ニ楓其外種〻御送り被下候、又ミのはる大根參ル、川畑ヨリ紺カスリモ來ル、

一、公債利子貳十七圓二拾五錢受取、

一、今日御國之御姫様御參詣ニて、御歸リニ被爲成、御茶ヲ奉ル、

一、今日午後第一時ニ有川山城丸ニ乘船東上す、依而本船迄送ル、

○5月7日、晴、木曜日、舊三月廿三日、

一、昇殿、神拜終る、墓參濟、

一、本日ハ祖父公・宮子、月次ノ祭執行、

一、内海縣令江入縣之祝詞トシテ、大鯛壹枚ヲ贈る、

一、珍之介様御參詣ニて御立寄被遊、御茶菓ヲ奉ル、

一、眞鍋豐平訪來リ、墓碑建立ニ付、募金無心ニ來レリ、

一、永井豪江金壹圓五十錢、又高嶋嘉右衞門江書面ヲ封ス、

一、中島惟一江雅言集覽代九十錢、

一、鳳文館支舗へ十一回韻府貳圓四十錢、
一、中島精一江三才圖繪〔會〕二部、代貳圓五十錢、
一、宮本甚藏へ井戸讓渡シ、證書ニ捺印、
右何レモ、明八日附ケニて仕立ツル叓ニ認ム、

○5月8日、晴、金曜日、舊三月廿四日、

一、昇殿、神拜終る、墓參濟、
一、昨日認メ之郵便爲換〔替〕金ヲ仕出シタリ、
一、京都久邇宮〔朝彦親王〕御家扶鳥居川憲昭ヨリ書面、

拜啓、愈御清寧奉角〔確〕心〔信〕候、陳者過日者、宮御方被爲成候ニ付而ハ、種々御叮嚀ニ御取設、誠ニ萬端御清潔ニて一入御滿足ニ被爲在候、然し彼是御迷惑之御叓ナカラ、萬叓御都合能被爲濟候段、全御配慮故、呉々深ク御滿足、厚御挨拶可申入旨被命候、且御家内御初ニも、彼是御苦勞嘸御疲れ奉察候、御供方迠も種々御鄭重ニ被成下、厚奉謝候、付而者甚輕微之御叓ニ有之候得共、別紙目錄之通リ、御挨拶之標迠賜之候間、夫々御通達被下度候、先右之段得貴意度、如斯御聞候也、

五月五日　鳥居川憲昭

折田年秀殿

尙々、御家内初、乍憚宜敷御傳聲奉希候、小藤ヨリも宜ク申上度旨ニ御座候、且御品物ハ瀛車便ニて可差出候間、到着之上、宜敷御取計、扨箱中へ相馬方へ之一封御手數恐縮候得共、御傳へ被下度奉希候也、山階宮〔晃親王〕御歸京後、彼是混雜中延引之段、御海容可被下候、大亂筆御免可被下候、

目錄

一、〔看料〕金十五圓　壹包
一、花瓶　壹箇
右折田年秀殿へ、
一、白縮緬　壹疋
右御家內へ、
一、金五百疋　三包
右御娘三人江、
一、金壹圓　壹包
右下男中へ、
一、金壹圓　壹包
右御婢中へ、

以上、

一、過般ハ御沙汰ニ順ヒ、御宿御受ケ仕候得共、何分ニ

も御覧通り之茅屋、殊更百叓御不都合ヲ相極メ、實以恐縮之至り、思召如何ト心痛仕、早速御詫方之爲、上京可仕之書御座候處、不圖二日晩より感冒ニて打臥シ、心ナラス遲〻之相柄尊書ヲ以、不容易御賞詞ヲ奉蒙、加之重大之御品〻御目錄ヲ以、拜戴被仰付、誠ニ家内初、召仕共ニ至ル迠、御手厚ク御品下シ賜リ、一家内生前之榮譽深奉感佩候、依而ハ猶更速カニ上京仕度、昨今ト差急候得共、今以全快不仕ニ付、遺憾至極奉存候得共、右拜領之御受迠、貴下迠開申仕候間、誠ニ以恐入次第候得共、宮御方へハ右形行ヲ以、可然樣御披露被成下度、快氣次第ニハ、速ニ參殿旁之御禮、且御詫奉上申度、此段不取敢、書面ヲ以如斯御座候、恐惶謹言、

五月九日　　折田年秀

鳥居川憲昭殿

二白、相馬幸治方ヘハ、即刻相渡シ置申候、多分本人ヨリ御禮申上候叓ニ奉存候、

一、今日は瓢䈁〔簞〕屋ノお駒等、小林之叓ニ付參る、依而書面ヲ認メ、京へ遣し金三圓ヲ送リ呉レタリ、

一、篠崎來リ、明後日婦之祭禮を依賴セリ、又宮内之一件も篤ト示談シタリ、

一、關原文次郎ヨリ書面、平山駒之書面、三月五日附ケヲ今日屆ケタリ、

○5月9日、雨、土曜日、舊三月廿五日、

一、神拜終る、墓參濟、

平山駒之書中ニ絲之書面、幷ニ寫眞有之、依而即刻書面ヲ出シ、近日上坂之叓ヲ申シ通シタリ、

一、專崎彌五平來リ、御祭典之折、能執行之叓ヲ示談シタリ、

○5月0〔10〕日、雨、日曜日、舊三月廿六日、

一、神拜終る、墓參濟、

一、篠崎五郎ヨリ之囑ミノ祭禮執行ノ爲、山平力松ヲ遣シタリ、

○5月11日、晴、月曜日、舊三月廿七日、

一、昇殿、神拜終る、墓參濟、

一、吉富直次郎墓石之代價拂濟ミタリ、

○5月12日、晴、火曜日、舊三月廿八日、

一、昇殿、神拜終る、墓參濟、

一、依田百川訪來リ、詩作等有之、

一、本日ハ午後五時ヨリ侍濱館へ、篠崎之別宴トシテ會集ス、京都府知事(北垣國道)・本縣令(内海忠勝)・書記官幷ニ錬道・税關・裁判之奏任官員、都合十六銘〔名〕なり、

○5月13日、晴、水曜日、舊三月廿九日、

一、昇殿、神拜終る、墓參濟、

一、草野丈吉來リ、今般本地江洋食店開業ニ付、出席可致トノ事ナリ、又紫之幕貳張リヲ借シ與ヱタリ、

一、鳳瑞丸出帆ニ付、北堂君御注文之桐苗二十本幷ニ品々駄手籠ニ入レ附ケ差上ケタリ、又公債利子金貳十七圓貳十五錢ヲ封入シテ差上ル、官香壹圓カノ願上ル、燭臺も同斷願上ケタリ、

一、吉富之家内へ書面、墓石建立ノ一件、幷ニ繪圖等相添へ、又諸拂濟ミ等ヲ申遣シタリ、

一、安田五兵衞へ書面、有川矢九郎一件之禮等申遣す、昆布少々贈ル、

○5月14日、晴、木曜日、舊三月卅日、

一、昇殿、神拜終る、墓參濟、

一、平山駒幷ニ絲へ書面、京へハ金壹圓ヲ贈ル、十七・八日之間ニハ上坂ノ事ヲ書記ス、

一、今夕ハ篠崎五郎へ送別會ヲ催シ、脇坂・村野ヲ呼ヒ、川添來ル、又久保ハ來ラス、

○5月15日、陰、雨、金曜日、舊四月朔日、

一、昇殿、神拜終る、墓參濟、

一、昨晩川添之男子誕生、母子共ニ至極ノ元氣ナリ、

*林源吾へ長田神社宮司の宣下あり

一、林源吾長田神社宮司へ宣下之旨報知有之、依而卽時大中春愛江通知す、

一、永井豪ヨリ十二日出之書面達し、送金之返詞等、委細ニ書ス、

一、大坂鳳文館ヨリ、韻府之代價受取證來ル、

一、春日肅ヲ訪ヒ、小林之一件ヲ委細ニ聞ク、依而石田榮ヲ呼ヒ、形行ヲ同人之家内へ報シタリ、

○5月16日、晴、土曜日、舊四月二日、

一、神拜終る、墓參濟、

一、和田大猪來リ、祭典之節、刀劍精錬之式ヲ示談シ、又獻詠之式ヲモ協議ス、

一、本日ハ自由亭草野丈吉之開業式ニ臨ム、大坂府奏任以上ノ官員、及本縣同官員、各國領事出會す、

○5月17日、晴、日曜日、舊四月三日、

一、神拜終る、墓參濟、

*村野山人を訪ひ募金の一件等談ず

一、早朝村野山人江行、本社祭典ニ付、募金之一件幷ニ

曾我隆雄へ書面等之一件ヲ示談シテ、歸途篠崎江立寄、今日出帆之一件ヲ差留メテ歸ル、

○5月18日、晴、月曜日、舊四月四日、

一、神拜終る、墓參濟、

一、早朝堀儀介ヲ訪ヒ、御祭典寄附ノ一件ヲ依賴シテ、歸途篠崎江立寄リ歸ル、

一、午後第二時篠崎ノ出帆ヲ見送る、本船ヨリ歸ル、

一、午後第二時五十五分ノ瀛車ニて上坂、小柴幷ニ山中ヲ訪、又壽光堂月山ヲ訪ヒ、此レヨリ瓢タン屋ニて、平山駒・みの内眞ニ面會シ、平山ニ一宿す、

○5月19日、晴、火曜日、舊四月五日、

一、神拜終る、

一、早朝平山ニて一盃ヲ傾ケ、此レヨリ川原町ニて、朝貌苗十五本ヲ買取リ、午後二時ノ氣車ニて歸ル、

一、川添爲一、今日水上警察ニ詰替ヱヲ命セラル、

一、晩ニ宮内來訪アリ、

一、但州安積ヨリ古椀壹箇ヲ贈リタリ、

一、中近堂ヨリ受取證來着す、

○5月20日、晴、水曜日、舊四月六日、

一、神拜終る、墓參濟、

一、早朝ヨリ小寺泰次郎ヲ訪ヒ、祭典ノ一件ヲ談シ、金十圓寄附ノ承諾ヲ得て、歸途若竹藤左衞門へ立寄、全ク依賴シ兵庫ノ藤田積中ヲ訪ニ、不在故歸ル、

一、伊藤景裕ヨリ保存金幷ニ營善〔繕〕之一件、報知有之、

○5月21日、木曜日、舊四月七日、

一、昇殿、神拜終る、墓參濟、

*十六騎戰亡の靈位祭典を執行

一、本日ハ御廟所ニ於て、十六騎戰亡ノ靈位祭典ヲ執行、

一、早天藤田積中ヲ訪ニ不在、

一、晩ニ石丸訪ヒ來リ、舊知己枝吉之叓ヲ談ス、

一、林源吾着港、依而大中ニ書面ヲ出ス、

一、奧之山口文藏來ル、

○5月22日、金曜日、舊四月八日、

一、神拜終る、墓參濟、

一、林源吾幷ニ西尾來ル、是レハ當朝着港之由ナリ、櫻井能監ヨリ添書、幷ニ品〻贈リ呉レラレタリ、

一、生田之後神へ書面、直クニ來ル、又上野喬介モ來リ、各赴任ノ一件ヲ示談セリ、

一、晩ニ大中春愛來ル、依而林〔源吾〕之一件ヲ示談ス、

一、宇田川へ横井治江ノ履歴ノ一件ヲ申シ遣ス、

○5月23日、晴、土曜日、舊四月九日、

一、神拝終る、

一、午前第七時五十五分ノ滊車ニ駕シ上京す、大鯛二枚・はも壹尾、是ハ宮(久邇宮朝彦親王)御方へ、外ニ壹枚ツヽ鳥居(憲昭)川・小藤へ、又柊木屋へも壹尾用意シタリ、

一、三ノ宮ニて安藤則命ニ面會す、又大坂ニて森岡へ同車シテ上京す、

一、南山城喜綴(綴喜)郡北垣・内村・木村良司江書面ヲ出シ、明後廿五日入村之叓を報す、

一、造船所ヨリ受取之軍艦寫眞圖ヲ、宮御方へ獻納ス、

一、宮へ拝謁ノ上、種々ノ御咄シ申上ケ、且ツ湊川懷古懷古(マヽ)ノ御詠ヲ奉願上置候、又御短尺(冊)幷ニ御式(色)紙ヲ願上ケ置候、

久邇宮へ詠歌短冊を願ひ上ぐ

一、林源吾江立寄、大中(春愛)宅へ止宿等ノ件、幷ニ社頭引次キノ叓實ヲ示談シテ歸ル、

一、大中へ書面、源吾(林)叓上下四人ニて赴任ノ叓ヲ報す、

一、山平力松ヨリ書面、安藤則命着神之報知有之、依而明日者滋賀縣へ差越シ、廿六日歸家之書面ヲ出す、

○5月24日、晴、日曜日、舊四月十日、

一、早朝持參之大判壹枚、小判三枚ヲ携へ、室町通御池上ル處ノ金谷五郎三郎江行キ、金盃ヲ托ス、

一、大判惣目方三十目、小判六目六分、此作料九四圓ナリ、指渡シ九三寸三分、此へリ九三目餘、極上磨キ、裏ニ菊水ノ御紋ヲ貝彫リノ事ニ談シタリ、右出來上リ、六月中旬迠ト約シタリ、

一、博覽會ヲ一見シテ歸リ、直チニ大津へ向ツテ連ヲ馳セタリ、

一、大津停車場前、中郡屋へ投宿、晝飯ヲ吃シテ中井ヲ訪ニ、昨朝日野江巡回ノ由ニて不在ナリ、

*石山に參詣毘沙門天王に禱念を凝らす

一、寺邊村ノ劍鍛冶來助ヲ訪ヒ、御祭之一件ヲ談シ、又月山(貞一)等之叓情知ラシメ、短刀二本ヲ錬へキ叓ヲ談シ、是レヨリ石山ニ參詣シテ、毘砂(沙)門天王ニ禱念ヲ凝ラシ、御膳ヲ獻シ、月見堂ニ休息シテ歸ル、日已ニ暮中村之三陛(階)ニ泊ス、

○5月25日、晴、月曜日、舊四月十一日、

*伏見稲荷へ參詣す

一、中村屋ヲ發シ、二番之滊車ニて伏見稲荷迠參リ、即參詣シテ御幣ヲ奉リ、御供ノ撤品ヲ拝頒シ、此地ニて車ヲ買ヒ南山城ニ向フ、伏見豐後橋ヲ渡リ、小倉堤ヲ南折シテ行ク、卽奈良街道ナリ、長池ニ至リ晝飯ヲ食ス、庭上ニ噴水井有之、鯉ヲ育ス、直ニ撃鮮ヲ命シタリ、甚清潔ナリ、主人ヲ松屋治介ト云ヘリ、

此レヲ玉水ヲ經テ、山本ノ絹川渡シヲ越シ、三山・木村ニ達ス、川ヲ渡レハ、卽同村ニて木村權司ノ宅ニ行ク、權司在宿、本人之樓上ニ宴ヲ開キ、共ニ盃ヲ傾ケタリ、

一、今夕權司之乞ヒニ隨ヒ、和哥幷ニ詩ヲ短册ニ認メタリ、

○5月26日、晴、火曜日、舊四月十二日、

一、早朝ヨリ揮毫、金地屛風幷ニ半切ヲ認ム、

一休和尚所縁の酬恩庵を訪ふ

一、午前第九時ヨリ權司先導ニて酬恩庵ニ行、本庵ハ一休（宗純、後小松天皇皇子）和尚、紫野大德寺ヲ隱居シテ、入定ノ地ニシテ、和尚者文明三年ニ入滅、九退隱ヨリ十五ケ年ヲ過キタリト云、本庵ノ構造强壯ニシテ、自餘之佛閣ニ異ナレリ、庭前之盆山、石ノ据ヱ方等、甚偉ナリ、卽今入定ノ一堂ハ宮内省ヨリ區域ヲ定メテ、所謂、御墓陵等ノ例ニ準シ、使丁ヲ被置タリ、又本庵保存金トシテ、内務省ヨリ金貳百圓、宮内省ヨリ三十圓ヲ下賜之札ヲ立テタリ、一休入滅ノ堂前ニハ、石川丈山ノ据タル石モアリ、風音可憶ナリ、

一、本庵ヨリ木村ニ歸レハ、已ニ十一時ナリ、權司酒肴ヲ設ケテ饗シ、晝飯ヲ食シテ午後一時ニ發ス、午後三時半ニ奈良ニ入リ、角屋江投シ、直チニ歩シテ大佛ノ博覽會場ヲ一見す、來廿八日閉場之由ニて寂然極ル、只四條風ノ畫アルノミ、此レヨリ大佛ノ後ヲ過キ、手向八幡ヲ拜シ、春日神社ニ詣リ、幣ヲ奉リ、御守・御洗米ヲ頂キ、歸レハ日已ニ沒ス、

一、今日三山・木村ヨリ書面ヲ宿許へ出ス、廿九日晩ニ歸家ノ叓ヲ報す、

一、林源吾へ書面ヲ奈良ヨリ出ス、

○5月27日、雨、水曜日、舊四月十三日、

*大和神社大神神社へ參拜す

一、午前第七時角屋ヲ發ス、本日ハ車夫二名ヲ大坂迠雇切リタリ、壹車ヲ壹圓十錢ナリ、發ニ臨ミ雨頻リナリ、路ヲ丹波市ニ取リ、大和神社へ參拜、午前第九時ニ三輪ニ達シ、三輪茶屋ニ休シテ、傘ヲ借リテ參拜ス、此レヨリ追分ケニ出テ、長谷寺ニ向ツテ行ク、十一時ニ山下ニ達シ、吉野屋ニ休シテ、直チニ參詣シ、觀世音ヲ拜シ、宮子姬ノ事ヲ禱念、下山晝飯ヲ吃シ、此レヨリ阿部文殊ヲ過キ、

*神武天皇陵を拜す

神武陵ヲ拜ス、本陵ハ使丁五名ヲ被置、掃除等ハ殊ニ行届キタリ、然ルニ御手洗鉢ヲ窺ニ、惡水些ニ溜リ手水シ難ク、九十日位も水ヲ淨メサルモノト見ユ、

*第一銀行正金銀行へ五百五十年祭の醵金を依頼す

*前田吉彦筆湊川戰爭圖艸圖出來す

依而使部ノ詰所ニ行、甚タ不都合ノ趣キヲ忠告ス、使部驚愕、直チニ塵ヲ除キ苔ヲ落シ清潔ニ飾ル、此レヲ八木ヲ過キ高田ニ至ルニ、雨中擔泥、車夫大ニ疲勞、不得已辻善ニ投宿ス、

一、昨日三山木ヨリ廿九日歸着ノ書面ヲ、宿元江差出シ置キタルモ、已ニ明日ハ大坂ヘ九リノ路程ニ付、更ニ書面ヲ作リ、明日着之叓ヲ報ス、

○5月28日、晴、木曜日、舊四月十四日、

一、早朝六時二十分、高田辻屋善七ヲ發シ、路ヲ竹内峠ニ取リ行ヿ壹リ半餘ニシテ、竹内村ニ達シ、峠ハ歩シテ上ル、巓ノ小店ニ休シ、車夫ヲ待ツテ行ク、古市ニ達シ譽田八幡社頭ニ息ヒ、平野町ヲ經、天王寺ニ入リ大坂ニ達シ、南地宗右衞門町ニ至レハ十二時ナリ、平山駒ヲ尋ネ、心齋橋瓢タンヤニ休シテ、晝飯ヲ吃シタリ、駒・作ゑ・絲も皆來ル、四時二十五分ノ瀛車ニて神戸ニ着す、

一、不在中諸方ノ書面堆積ス、都城肥田政景ヨリ湊川懷古ノ長短哥、幷ニ御初穗來ル、又北堂君ノ御狀モアリ、

一、安藤則命之書面、幷ニ赤貝・鹽莘〔辛〕モアリ、永井豪ノ書面、佐々木素行之書面、林源吾博愛社ノ書面有之、

一、鳳文館幷ニ大成館ヨリノ書藉〔籍〕モ達シタリ

○5月29日、晴、金曜日、舊四月十五日、

一、昇殿、神拜終る、墓參濟、

一、早朝第一銀行頭取長谷川一彦ヲ訪、本社五百五十年祭ニ付、有志者醵金ノ一件ヲ依頼シ、又正金銀行ノ村田一郎へも同斷依頼ス、

一、神戸々長山田佐兵衞ヲ三回訪ニ、不在ニて面會セス、

一、前田吉彦へ依頼セシ湊川戰爭ノ圖艸圖出來ニ付、一覽スヘキノ旨ヲ報セシニヨリ、行テ一見シ、所々愚見ヲ演ヘテ皈ル、

一、小林島平、裁判所ヨリ暇ニ付、大坂平山駒へ電報ニて報知ス、

○5月30日、土曜日、晴、舊四月十六日、

一、神拜終る、墓參濟、

一、早朝山田佐兵衞ヲ訪ヒ、面會シテ五百五十年祭ノ事ヲ依頼ス、此レヨリ宮内ヲ訪ヒ、歸途光村へ立寄、皈ル、

一、昨日林源吾之動作ヲ看ルニ、神宮趣意ニ非ラス、殆商法ニ付、爾後必失敗アルヲ察シタリ、仍而兼而依

*堀井來助に鍛刀を囑す

頼セシ横井治江長田社へ奉職ノ叓ヲ見合セ、幸ニ今日西尾來訪ニ付、本人ヲ繰替ノ叓ニ示談調ヒタリ、

一、午後四時ノ瀛車ニて、上坂ノ含ミナルニ乗リ後レタリ、

○5月31日、晴、日曜日、舊四月十七日、

一、神拜終る、墓參濟、

一、早朝神戸元町之中西ヲ訪ヒ、祭典之叓ヲ依頼シ、歸途宇田川へ立寄リ歸ル、

一、又新報社員岩崎來リ、祭典廣告横文之下書ヲ携來リて示談す、

一、監獄典獄阪部來ル、

一、二時五十五分ノ瀛車ニて上坂、平山方ヲ打過キ、新地五番町へ行キ、是レヨリ平山へ行テ一泊す、

〔六月〕

*内海縣令を訪ひ例祭神前獻備に就き談判す

大津に至る

六月　○6月1日、月曜日、雨、舊四月十八日、

一、午前九時二十五分ノ瀛車ニて、大津ニ行キ、中村樓へ投宿シ、午後第二時ヨリ中井弘ヲ訪ヒ、宮内進退之叓幷ニ撃劍會ノ叓ヲ依頼シテ皈ル、

一、神戸宿許へ書面ヲ出シ、三日晩ニ歸家ヲ報す、

○6月2日、雨、火曜日、舊四月十九日、

一、早朝堀井來助來リタリ、依而持參ノ短刀ヲ渡シ、又金壹圓ヲ與ヱ、短刀二本ヲ可錬叓ヲ囑ス、

一、午前第八時ヨリ石山寺ニ行キ、坂本屋ニて晝飯ヲ仕舞、是より挽車ニて逢坂山ヲ越シ、追分ケヨリ伏見ニ出テ、醍醐村ヲ經テ宇治橋ヲ渡リ、菊屋ニ投ス、

○6月3日、雨、水曜日、舊四月廿日、

一、早朝平等院ヲ一覽シ、此レヨリ葉舟ヲ買ヒ、伏見ニ下リ瀛船ニ乗リ、十二時ニ發ス、午後二時四十五分ニ大坂八軒屋ニ達す、殊ニ大雨ナリ、四時二十五分ノ瀛車ニて大坂ヲ發ス、駒・貞此レヨリ皈ル、

○6月4日、晴、木曜日、舊四月廿一日、

一、神拜終る、墓參濟ム、

一、早朝池田書記官ヲ訪ヒ、祭典ニ付、幣帛料之叓ヲ談シ、且ツ何ニカ神前ニ獻備可致トノ約定ニ而歸ル、又内海(忠勝)縣令へ行キ同斷之談判ニて、本人ハ幣帛十圓之叓ニ決シタリ、尤撃劍會之當日ハ、隣府縣に者縣令ヨリ通知之叓ニ談シタリ、

一、滋賀(中井弘)縣令へ書面ヲ送リ、見札五十圓ヲ記スヿ、又宮内進退之件ヲ依頼シタリ、

○6月5日、金曜日、晴、舊四月廿二日、

一、神拜終る、墓參濟、

一、本日ハ吟松亭ニ於テ神戸有志者ヲ會シ、祭典日醵金之叓ヲ依賴シタリ、會人凢三十名ナリ、本夕ニて五百餘圓ノ金員ハ粗出來シタリ、夜十時散會シタリ、

○6月6日、土曜日、舊四月廿三日、

一、神拜終る、墓參濟、

一、早朝石井之谷勘兵衞へ行ク、折惡敷病氣ニて面會セス、仍テ家内へ面會シテ祭叓ノ一見ヲ依賴シテ皈ル、

一、大中春愛來リ、林源吾實父立守病氣ニ付、歸省之形行、又御暇願書等之示談ニ付、自ラ筆ヲ執リ、卽刻縣廳江差出ス、又書面ヲ送リテ病氣ヲ問ヒタリ、

一、晩ニ宮内來ル、村野書記官宣下之叓ヲ聞ク、

○6月7日、晴、日曜日、舊四月廿四日、

一、神拜終る、墓參濟、

一、早朝村野山人・脇坂・小寺等ヲ訪ニ、何レモ不在ナリ、

一、丸岡(莞爾)社寺局長、伊藤・吉田等社寺局員江書面、營繕之一件ヲ過激ニ申シ立テタリ、實ハ昨日本縣一等屬東島(寬澄)、破損ノケ所ヲ一覧セシニ依而ナリ、

一、有川矢九郎へ書面ヲ出す、

一、今日ハ祖父命幷ニ宮子姫命ノ月次祭執行ス、

一、午後一時ヨリ内海(忠勝)・東島之東上ヲ見送リ、棧橋迠行て別レタリ、

一、西尾宮司之家内初メテ見舞セリ、

○6月8日、陰、雨、月曜日、舊四月廿五日、

一、神拜終る、墓參濟、

一、早朝小林島平來ル、昨日無罪放免之申渡シ有之トノ由、依而酒肴ヲ出シ、又晝飯ヲ饗シテ返ス、

一、西京ヨリ胡瓜幷ニ茄子ヲ、染ヨリ贈リタリ、

一、本日菊ヲ植ヱタリ、

○6月9日、陰、雨、火曜日、舊四月廿六日、

一、神拜終る、墓參濟、

一、土佐山内家令林勝好へ書面、祭典醵金ノ叓ヲ依賴ス、楠ヲ以テ專崎へ遣す、

一、雨覆幷ニ幄舍ノ御指令來ル、依而伺書面差出ス、

一、楠公ノ寫眞圖ヲ前田江依賴ス、

一、紺カスリ壹反、お駒へ鼠カスリ、お貞へ小林へ爲持遣シタリ、

一、琉球カスリ三反、紺三反、十圓八十戔(錢)ヱヒラへ拂渡

ス、

○6月0日（10）、陰、水曜日、舊四月廿七日、

一、神拜終る、墓參濟、

一、宇田川幷ニ中島浪江來ル、依而生田社宮司西尾へ書面ヲ以、中島依頼取消シノ一件ヲ掛合、又中島へハ速カニ生田社辭退可致旨書面ヲ以而申遣ス、然るニ無程西尾來ル、不在ヲ斷リ面會セス、

前田吉彦筆湊川戰爭圖を一見す

一、前田吉彦へ行テ、湊川戰爭ノ油繪ヲ一見す、

一、京都五郎三郎〔金谷〕ヨリ金盃出來之端書來ル、

○6月01日（11）、晴、木曜日、舊四月廿八日、

一、神拜終る、

月山貞一を訪ひ鍛刀を一見す

一、午前第八時五十五分ノ滊車ニて、中鯛貳枚ヲ携へ、大坂伏見町三丁目森岡〔昌純〕之宅ヲ訪ヒ、宮内之一條ヲ懇談シ、晝飯ヲ喫シテ辭シ去リ、上町壽光堂ニ行、拵刀之一件ヲ問ヒ、是レヨリ月山貞一ヲ訪ヒ、劍之鍛方ヲ一見シ、金六十錢ヲ家内へ、又貳十戔〔錢〕ヲ鍛工相中へ遣シタリ、

一、四時五十分ヨリ平山ヲ訪ヒタリ、貞も來リ、本日四橋炭屋町へ轉宅ノ由なり、時ニ小林一昨日參リ、本人ヨリ掛合、敷金も九圓ニ取極メ、屋賃ハ二圓七十

五錢ニ示談整ヒ、半金ハ島平ヨリ入レ附ケシ由なり、依而金十五圓ヲ平山駒へ相渡シ、一切之叓ヲ托シタリ、本夕ハ同人ノ家ニ泊ス、

○6月12日、晴、金曜日、舊四月二十九日、

一、神拜終る、

一、午前第八時之滊車ニて上洛、柊木屋へ泊ス、

一、室町御池上ル、金谷五郎三郎ヲ訪ヒ、例之金盃ヲ受取、作料幷ニ函代合五圓貳十五錢ヲ拂ヒ、外ニ金五十錢ヲ菓子料トして惠投す、

一、銀ノ簪壹ツヲ千代へ贈ル、

一、林立守ヲ訪ヒ、病氣日〻快氣之由ヲ家内ヨリ聞取リ、安心セリ、

一、今日渥美契緣ニ面會、東本願〔寺脱〕ヨリ本社へ幣帛料之叓ヲ示談シタリ、依而本夕ハ柊屋へ一泊ニ決す、

一、山平へ明十三日午後歸社之叓ヲ報スルノ書面ヲ出ス、

○6月13日、晴、土曜日、舊五月朔日、亥ノ日、

一、神拜終る、

一、午前第八時半ヨリ縄へ出、清水江廻リ停車場へ休シ、十時之滊車ニて下坂、森岡へ面會す、

一、四橋炭屋町二十三番地平山駒扣へ家ニ行ク、

*伊藤宮內卿を訪ひ五百五十年祭に就き幣帛を乞ふ

一、美野内ハ、此處へ移轉す、
一、午後第八時ニ歸家す、
○6月14日、晴、日曜日、舊五月二日、
一、神拜終る、墓參濟、
一、本日ハ兵庫有志者ヲ花壇ニ集會之筈ナルニ、一同故障アルニ付、今日ハ廢會之叓ニ決シ、兼而約束之人員へ形行之書面ヲ出す、
一、石山之來助(堀井)ヨリ、短刀壹本送リ來ル、
一、櫻井驛清水太十郎ヨリ書面、瓶子獻備并ニ新聞廣告ノ叓ヲ依賴狀ナリ、
一、河添之嫡子初宮參リニ付、小袖并ニ守袋等ヲ送ル、
一、前田吉彦ヲ訪ヒ、湊川戰爭之圖ヲ作ルヲ一覽す、
一、春日肅ヲ訪ヒ、麥酒二瓶、重一組ミヲ携ヘタリ、然ルニ晩ニ持參、辭シタレトモ更ニ爲持遣シタリ、
○6月15日、雨、月曜日、舊五月三日、
一、神拜昇殿、墓參濟、
一、生田神社宮司西尾訪來リ、中島浪江ノ一件等協議ニ及ヒタリ、
一、專崎彌五平來リ、又晩ニ書面ヲ以而、伊藤(博文)宮內卿大坂へ歸着ノ趣報知有之
一、本日ハ種一郎初宮參リニ付、出來ノ金盃ヲ以而、神酒并ニ守刀ヲ賜リタリ、仍テ本夕ハ晩飯ヲ饗シタリ、
○6月16日、雨、火曜日、舊五月四日、
一、早朝壹番滊車ニて上坂、北濱專崎ノ內ニ行、伊藤宮內卿ヲ訪ヒ、五百五十年祭ニ付幣帛ヲ乞ヒ、百圓寄附ノ叓ヲ聞キ、卽請書ヲ出シ、書記官ヨリ受取方ハ彌五平へ托シ、是レヨリ高嶋中將(鞆之助)ヲ訪ヒ、紀念碑祭典之一件、并ニ寄附金ノ叓ヲ談シ、又專崎へ云〻ヲ通シ、是レヨリ森岡ヲ訪、十二時ノ滊車ニて歸神、
一、午後墓參濟ム、
一、今夕ハ客來ヲ辭シテ面會セす、
○6月17日、雨、水曜日、舊五月五日、
一、神拜終る、墓參濟、
一、午前第十一時出縣、池田・邨野江面會、縣官獻備金ノ帳簿ヲ、村野山人へ托シテ歸ル、
一、午後五時之滊車ニて上坂、北濱專崎江立寄リ、宮內卿(伊藤博文)ヨリ之金百圓ヲ受取、此レヨリ播半へ行キ晩飯ヲ喫シ、四ツ橋美ノ內ニ一泊す、
○6月18日、晴、木曜日、舊五月六日、
一、神拜終る、墓參濟、

松方大蔵卿を訪ふ

一、午前第九時ヨリ、松方大藏卿（正義）ヲ江戸堀二丁目川崎方へ訪ヒ名刺ヲ出シ、此レヨリ十時二十五分ノ瀛車ニて歸家、

一、此ノ内ヨリ降繼キノ大雨ニて、大坂市中滿水ニて、諸川ノ橋甚危險ナリ、

一、都ノ城ノ大峯來ル、酒肴ヲ出シテ饗す、

一、鳳瑞丸上神ノ由ニて、安田五兵衞ヨリ煙草ヲ送リタリ、

一、東嶋寛澄へ書面ヲ出ス、

一、修繕等御聞屆ケ無之ニ付、今後ノ心得方ヲ伺出ツルノ書面ヲ造ル、

○6月19日、晴、金曜日、舊五月七日、

一、神拜終る、墓參濟、

一、早朝和田大猪ヲ訪ヒシニ不在故歸ル、

一、石山吉胤（マヽ）ヨリ、大刀貳本陸運ニて達す、

一、本日ハ午後三時ヨリ兵庫花壇へ集會シタリ、病氣等ニて出會セサル人多シ、

○6月20日、晴、土曜日、舊五月八日、

一、神拜終る、墓參濟、

一、早朝和田大猪訪來る、依而本日ヨリ和歌ノ撰ヒニ掛る、

一、林源吾赴任ノ由ニて訪來る、

一、正午專崎へ行テ、諸叓ノ協議ヲ致ス、

一、東京海軍樂隊之件ヲ三菱瀛船會社へ依賴シタリ、

一、明廿一日澤井廣重上京ニ付、下妻・甲斐莊（秀正）・渥美契緣へ書面ヲ出す、

○6月21日、日曜日、舊五月九日、

一、神拜終る、墓參濟、

一、甲斐莊秀正來リ、御祭典之一件ヲ談シタリ、

一、林源吾赴任之由ニて來ル、仍而永田社引繼濟ミノ叓も聞（長）、

一、二番之瀛車ニて住吉へ達シ、魚崎之松尾ヲ尋ネ、此ヨリ同所戸長松尾仁兵衞へ獻金ノ一件ヲ示談シ、又西ノ宮内藤へ面接、同斷依賴シ、此レヨリ大坂ニ達シ一泊す、四橋ナリ、

○6月22日、晴、月曜日、舊五月十日、

一、神拜終る、墓參濟、

一、早朝四橋ヲ發シ、小林ニ別袖シ、大浦敬部（警）ヲ訪ニ、野田へ出張ニて不在ナリ、是レヨリ松方ヲ訪ヒシニ、上京ニて不在、不得已四時之氣車ニて歸ル、

一、晩ニ森岡暇乞之爲ニ來ル、晩餐を饗シタリ、

○6月23日、晴、火曜日、舊五月十一日、

一、神拜終る、墓參濟、

一、早朝上野喬介ヲ訪ヒ、海軍樂隊願之書面幷ニ祭典照會之書面ヲ差出ス叓ヲ依賴シタリ、

一、江夏利兵衞訪來ル、晝飯ヲ饗シタリ、

一、神田兵右衞門來リ、本人之代理トシテ加納良藏、灘邊ヲ募集スルノ云々ヲ告ケ、名簿ヲ良藏へ相渡ス、

一、專崎來リ、陸軍省へ戰亡人名聞合之返詞到來ニ付、請求之書面、本縣ヲ歷テ可差出旨通知有之、

一、明廿四日、加藤正義ヲ送別會之支度ニ及ヒタリ、

○6月24日、晴、水曜日、舊五月十二日、

一、神拜終る、墓參濟、

一、午前六時之滊車ニて上坂、松方大藏(正義)ヲ訪ニ、已ニ出局之跡ナリ、仍テ此花新聞舍ヲ訪ヒ、此內ヨリ之一禮ヲ演ヘ、此レヨリ八時ノ滊車ニて歸ル、

一、戰亡人名請求ノ願書ヲ縣廳へ差出ス、

一、南山城木村良司へ書面ヲ出す、過日一泊之禮等ヲ謝し、紺カスリ壹反送ル叓ヲ記ス、

一、午後第五時ヨリ加藤・野津・後藤來ル、別宴ヲ饗スル爲ナリ、

一、伊東(藤)伯(博文)へ送ルノ酒ヲ中井へ申シ附ケタリ、

○6月25日、晴、木曜日、舊五月十三日、

一、昇殿、神拜終る、墓參濟、

一、上橘通リ新座敷畦(マヽ)界之事ニ付、戶長岡田江面接シタリ、猶地劵讓リ渡シ等之書面ヲ以テ、楠ニ應對之事ヲ達す、折田年秀代理トシタリ、

一、本日午後三時五十五分之滊車ニて上坂、松方ヲ訪ニ不在、依江戶堀五丁目三和勇次郎ヲ訪ヒ、醵金募集之一禮ヲノベ、又同ク一町目鳥居利鄕ヲ訪ニ不在、此ノ內ヨリ之一禮ヲ演ヘ、本町石板屋水口龍記ニ立寄、御象(像)之注文五百枚ヲ囑シ、及ヒ湊川戰爭圖石板摺リ之叓ヲ示談シテ歸ル、

一、內本町壽光堂柏木藤助ニ立寄リ、刀ノ拵へヲ督促シ、又月山(貞一)ニ立寄リタリ、劍出來ニ付、金員仕送リ之叓ヲ談シタリ、

一、播半ニテ晩飯ヲ喫シ、四橋亭ニ一泊ス、

一、稻野仙庵幷ニ木村良司江反布ヲ送ル、稻野氏へハ神叓一切ヲ記シテ之レヲ送ル、

○6月26日、雨、金曜日、舊五月十四日、

一、神拝終る、墓參ヲ缺ク、

一、午前七時ヨリ松方ヲ訪ニ、本日ハ伊藤伯上京ニ付、面接ヲ辭ス、仍テ二番ノ滊車ニテ歸ル、

伊藤伯松方伯を逢迎す

一、午前神戸停車場ニて伊藤伯幷ニ松方伯ヲ逢迎シテ共ニ専崎ヘ行、之レヨリ本船ヘ送リ、午後第二時ニ歸ル、本日森岡幷ニ加藤ノ人々も乘船ナリ、

○6月27日、晴、土曜日、舊五月十五日、

一、神拝終る、墓參濟、

一、敬〔警〕察本署ヘ行テ、脇坂ヘ面會シテ、撃劍會之一條ヲ依頼シ歸ル、

一、湊川懐古ノ哥ヲ社務所ヘ出す、

郭公こゝろありてや鳴わたる湊川原の五月雨の空

一、晩ニ前田吉彦ヘ行テ書ヲ看る、

一、宮内愛亮助（マヽ）ヘ行、撃劍會幷ニ岡山奥村行キノ書面ヲ依〔頼脱〕シタリ、又郷田江行テ同件ヲ依頼す、

一、晩ニ高橋ヲ呼て洋服ヲ注文す、

一、宮内ヨリ奥村行キノ書面ノ下書ヲ造ル、

○6月28日、晴、日曜日、舊五月十六日、

一、神拝終る、墓參濟、

＊大祓執行す
＊内海縣令と閑話す

一、早朝兵庫區長神田甚兵衛ヲ訪ヒ不在故、戸長役所ヘ行テ募金之叓ヲ依頼ス、

一、水谷清峰ヲ訪ヒ、詩之撰集ヲ依頼シテ歸ル、

一、西尾宮司來ル、

一、晩ニ前田（吉彦）、宇田川（謹吾）・和田（大猪）・大藪（文雄）・郷田等ヲ伴ヒ、布引之温泉ニ入浴、菊水ニて一盃ヲ傾ケテ歸ル、

○6月29日、雨、月曜日、舊五月十七日、

一、神拝終る、墓參濟、

一、今日大藪文雄・和田大猪ヘ、五百五十年祭叓務負擔ノ辭令書相渡ス、

一、楠公眞蹟ノ褒賞書幷ニ三層盃ヲ大藪等ヘ出ス、

一、修繕一件ヲ地方廳江出ス、

○6月30日、雨、火曜日、舊五月十八日、

一、神拝終る、昇殿、墓參濟、

一、當日ハ大祓執行、大雨天ナリ、

一、午後六時ヨリ海岸ヘ行キ、内海（忠勝）縣令ヲ迎ヱ宅ヘ行テ閑話す、

〔七　月〕

○7月1日、大風雨、水曜日、舊五月十九日、

一、神拝終る、墓參濟、

大坂水難にて鐵道も停る

一、早朝岡野彌兵衞ヲ尋ネ、是レヨリ東島(寛澄)ヲ訪ヒ、中途ニて面會引返シタリ、

一、大坂ノ三和勇次郎來リ、祭典之旨趣ヲ問ニ答へ、又京都下妻行キノ書面ヲ認メテ渡ス、

一、相生町五百四十貳番地織田庄平ヨリ、京都甲斐荘(秀正)之書面受取、仍而寄附名簿相渡シ、本人江金五圓旅費トシ遣シ、京都へ嚮カシム、

一、午後第六時、此ヨリ大風雨故、社頭ヲ徘徊シテ指揮シタリ、今夕ニ至、湊川漲リ縣令(内海忠勝)初出張シタリ、

○7月2日、晴、木曜日、舊五月廿日、

一、神拜終る、墓參濟ム、

一、拜殿幷ニ周圍忍返シ、表御門社務所屋根、石垣破損ノ居ケニ及ヒ、即日檢査ナリタリ、

一、午後五時五十分ノ瀛車ニて上坂ノ賦リニテ出掛ケシニ、大坂洪水ノ爲、瀛車運動ヲ止タリ、仍而歸ル、

一、晩ニ御社内之清水清之進來リ、大坂洪水之景況ヲ報セリ、

一、大坂中ノ島ハ水漲ルヿ、殆四尺ニシテ停車場も水ニ涵タサル、惣ヘテ二陛(階)ニテ事務ヲ取リ居ルト云、又福島村ハ小倉井ニ小柴ノ宿所ナリ、何レモ家屋ノ軒端ヲ涵タシタリ、南灘(難)波邊ハ、何レモ水難ニ逢ヒタリ、造幣局も同斷ナリ、鐵道もデール(マヽ)ノ上ニ漲リ、神崎ヨリ先キニ行レスト云、京都・大津間之瀛車ハ、昨一日午前ヨリ停リシト、此レハ湖水滿漲ノ爲ニ、鐵道ヲ廢シタリト云、

○7月3日、晴、金曜日、舊五月廿一日、

一、神拜終る、墓參濟、

一、早朝縣令ヲ訪ヒ、詩集之序文ヲ依賴セシニ、其任ニ當ラサルニヨリ、(三脱)條公へ願ヒ、然ルヘキトノ叓ニ付、之レニ決ス、

一、西尾ヲ訪ヒ歸ル、之レヲ三ノ宮停車場ニテ、大坂通車ノ叓ヲ聞キ、之レヨリ小林ヲ訪ヒ、大坂之事情ヲ談シテ返ル、

一、小蒸氣ヲ雇ヒ入レ、大坂川口ノ樣子ヲ見セシムルニ、午後三時ニ小林再來リ、小蒸氣も空シク皈リトノ事ヲ報シ、此ノ花新聞水難ノ叓實ヲ記シタルヲ携へ來リ、初メテ形狀ヲ聞キタリ、慘狀極リタルト云へシ、

一、晩ニ前田吉彥來ル、油繪も已ニ出來之叓ヲ告ケタリ、

○7月4日、晴、土曜日、舊五月廿二日、

一、神拜終る、墓參濟、

詩集の序文を三條公に願ふ

一、專崎彌五平來リ、今日午後二時乘船、上京之叓ヲ告ク、仍テ三條公(實美)へ詩集題辭、又ハ序願之叓、此ノ外、海軍省・陸軍省ノ件、幷ニ山田(顯義)・有栖川宮(熾仁親王)ノ一件ヲ囑ス、又品物三十品ヲ專崎へ渡ス、

一、亞相公(三條實美)江題辭願之書面ヲ奉ル、

一、氏子惣代ヨリ予算ヲ受取、花火幷ニ舞踏等之廢止ヲ記ス、

一、風損ノ屆ケヲ本省へ出す、

廣巖寺へ娘宮子の法事執行を依賴す

一、廣嵓寺へ宮子姫一周年法事執行依賴ノ書面、幷ニ品物ヲ贈ル、

　一、金參圓　一、白米三升　一、蠟燭壹斤　一、椎茸壹重

　一、香物三種　一、茄子壹籠　一、酒　三升

*例祭順延と決す

一、晚ニ林源吾訪來ル、風菊一鉢ヲ與ヱタリ、

○7月5日、陰、日曜日、舊五月二十三日、

一、神拜終る、墓參濟、

*娘宮子の法事執行す

一、岡田・松原・岡野、氏子惣代之三名來リ、祭典之叓ヲ示談シ、私祭ハ延引之叓ニ密談ス、

湊川戰爭圖油繪出來に就き前田吉彥へ金三十圓等を贈る

一、金三十圓前田吉彥江、金卅圓幷ニ盃等之品〻ヲ贈ル、此レハ油繪粗出來ニ付而ノ叓ナリ、

一、今日東京專崎へ電信ヲ通ス、三條公へ奉ル書面ヲ送ルヲ報ス、

一、晚ニ前田(吉彥)ヲ訪ヒタリ、楠公指揮旗ノ御紋出來セリ、

一、今日宮子一周年祭之菓子ヲ配る、

一、大坂洪水、本日水層昨日ト四寸ヲ減シタリト、然レトモ猶梅田停車場ハ未タ三尺餘、低キハ八尺餘ト云、滊車ハ漸ク神崎迠通スルヿ昨日ノ如クナリト云ヘリ、

○7月6日、晴、月曜日、舊五月廿四日、

一、神拜終る、墓參濟、

一、午前第七時半ヨリ海岸ニ行テ、奥邨ヲ迎ヱ、直チニ浪華樓ニ止宿ヲ定メタリ、外ニ隨行人有之、

一、縣廳江出頭、御祭典日延之叓を縣令ニ稟議シ、愈延之叓ニ決ス、又御巡幸之叓も有之ニ付、其後チト豫定す、

一、師範學校ニ行テ、前田吉彥へ面議シテ、奥村油繪ヲ一見之叓ヲ談ス、

一、午後第四時ヨリ廣嵓寺へ行キ、宮子ノ法事ヲ執行す、燒香ハ祥福寺ナリ、外ニ番僧迠五人、小僧一人、都合七人ナリ、

一、晚ニ浪華樓ニ行、奥村等ヲ饗應す、

*宮子姫の靈室を注文す
*月山にて短刀拾本を受取る
娘宮子の一年祭執行す
*大坂府下洪水の慘狀

一、大坂へ之通行未タ達セス、本日滊船ノ通行漸ク出來、滊車ハ未タ通セス、

○7月7日、晴、火曜日、舊五月廿五日、

一、神拜終る、墓參濟、

一、午前第十一時ヨリ私祭ヲ初ム、即今、殿陛等修繕中ニ付、拜殿ニて執行ス、

一、正午ヨリ宮子姫之一年祭執行、和田・大藪(文雄)ヲ祭主・副祭主ニシテ祭ル、客來十六人ナリ、

一、岡山縣令千坂(千阪高雅)ヲ後藤へ訪ヒ、擊劍會之叓ヲ依賴シテ、歸途、奥村之乘船ヲ送リタリ、

○7月8日、晴、水曜日、舊五月廿六日、

一、神拜終る、

一、五十年(五百脫カ)祭順延ノ廣告ヲ記シテ、三新聞ニ投スルヲ山平ニ達す、

一、午前第十時之滊車ニて上坂、停車場ヨリ車ヲ買ヒ、伏見町森岡ヲ訪ヒ、又松方ヲ訪ヒ、山中竹之進ヲ訪て歸ル、

一、専崎ヲ船越町福島之別莊ニ訪ヒ、月山(貞一)及ヒ此花新聞社長鳥居へ面會シテ、祭日順延之廣告文ヲ依賴シ、心齋橋播半ニ行、晝飯ヲ喫シテ四橋へ行キ投宿す、

○7月9日、晴、木曜日、舊五月廿七日、

一、神拜終る、墓參濟、

一、午前第八時ニ四橋を發シ、御堂前高橋德三郎へ立寄、宮子姫ノ靈室ヲ注文シ、此レヨリ月山ニて短刀拾本ヲ受取、又神劍鍛式等ノ事ヲ談シテ歸ル、大浦警部ヲ警察所ニ訪ヒ、擊劍會之事ヲ依賴シテ、三和及松屋ヲ訪ヒ、十時之滊車ニて歸家、

一、大坂府下洪水ノ景況慘狀、筆紙ニ盡ス可ラス、實ニ罹災者ノ苦難愍然ニ堪ヱス、抑此ノ洪水氾濫タルヤ、治民家ノ不注(意脫)極ルヨリ、如斯之慘狀ヲ出顯セリ、蓋シ淀川ノ水源タルヤ、一大湖水ニシテ、之レヲ海ニ注クノ川ナルニ、堤防ノ危弱ナル下流之否塞(マヽ)セル目下ノ災害ヲ被ル論ヲ待タサルヘシ、大凢天災ト云ヱルモノハ、人事ノ外ニ出ツルモノヲ云ヘシ、己レ不要意ニシテ、災ヲ被ルハ理ノ然ルヘキモノナリ、

一、廣嵓寺住持、來ル十二日楠公御法事等ノ示談有之、

○7月0(10)日、雨、金曜日、舊五月廿八日、

一、神拜終る、墓參濟、

一、大坂高橋德三郎へ宮子姫靈室之注文書面ヲ出す、

一、午前第八時ヨリ生田社務所へ行キ、明日奉告祭之一

切ヲ指揮シ、猶後神ヲ伴出縣、上野及東條へ協議シ、又縣令ヘモ同斷ニて歸ル、

一、海軍樂拜借聞屆ケ無之指令有之、仍テ更ニ陸軍へ願立ツルノ旨趣ナル處へ、專崎彌五平ヨリ電信達す、仍而直チニ縣廳へ願書差出す運ヒニイタシタリ、

*長田神社奉告祭

一、來ル十八日ニ渡御之式、此レヨリ追〻神㕝執行之㕝ヲ廣告す、

○7月11日、晴、土曜日、舊五月廿九日、

一、神拜終、

生田神社奉告祭

一、午前七時ヨリ大禮服ニて、生田社へ出頭、祭㕝ノ諸件ヲ指揮ス、午前第十時ニ　勅使着床、十一時ニ祭典ニ掛リ、十二時ニ終る、典禮ヲ勤メタリ、

布引溫泉開業す

一、今日ハ布[引脱]之溫泉開業ノ由、昨日菊水ヨリ報知ニ付、生田之歸途、菊水へ立寄リ、壹圓金ヲ遣シ歸ル、

一、終日神㕝ニ掛る、

前田吉彦筆湊川戰爭圖神饌所に收む

一、前田吉彦之湊川戰爭圖出來、神饌所ニ收メタリ、

○7月12日、晴、日曜日、舊六月朔日、

一、昇殿、神拜終る、墓參濟、

例祭執行す

一、午前第十一時ニ例祭執行、内海縣令奉幣使タリ、

一、本日ハ廣嵓寺ヨリ僧侶、凢六十名參社、拜殿ニ上リ讀經シ、又御廟所へも同斷ナリ、

一、午後第三時ヨリ廣嵓寺ノ法會ニ臨場す、

一、午後第五時ヨリ永[長]田社へ行、明日奉告祭式ノ儀式ヲ定メ、日沒シテ歸ル、

○7月13日、晴、月曜日、舊六月二日、

一、神拜終る、

一、午前第八時ヨリ永[長]田神社へ參拜、奉告祭ノ式ヲ行、勅使内海忠勝幷ニ兵庫縣屬官二名ナリ、午前第十一時初リ十二時ニ終る、直會濟テ歸ル、

一、大坂ノ三和勇次郎來ル、午後第八時之滊車ニて上坂、十時ニ大浦警部へ行キ、擊劍會ノ事ヲ依賴シ、四橋へ行テ投宿す、

○7月14日、晴、火曜日、舊六月三日、

*久邇宮に參殿拜謁を賜る

一、午前第七時四ツ橋ヲ發ス、貞ヲ伴行、中途ニテ岡野ニ逢ヒ、專崎皈神之一件ヲ傳聞す、十時ノ滊車ニて上京、柊屋へ休シ、久邇宮[朝彦親王]ニ鯉魚二尾ヲ獻シ、午後第二時ニ參殿、拜謁ヲ賜リ、茶菓ヲ拜領す、御詠幷ニ幣帛ハ十八日迠ニ御使節ヲ賜ルトノ事ナリ、外ニ燈爐ニ封ヲ賜ル、

一、北垣[國道]知㕝ニ面接シ、擊劍會ノ事ヲ依賴シタリ、

大津に達す
*三條公より詩集の題辭等を賜る
*久邇宮より幣帛料湊川懷古の御詠を賜る

一、本日大坂停車場ヨリ山平行キノ書面ヲ出シ、又柊屋ヨリモ同断書面ヲ出シ、午後四時ヨ〔リ脱〕逢坂ヲ越シ、大津ニ達シ中村樓ニ投宿シタリ、
一、河田大書記官ヲ訪ニ不在ナリ、仍テ高山ヲ訪ヒ、擊劒會之叓ヲ依賴シテ歸ル、

○7月15日、晴、水曜日、舊六月四日、

楠公焼の陶器を一見す

一、午前第七時大津ヲ發シ、六條停車場江達シ、八時ノ瀛車ニて下坂ス、又山崎ニテ下車、櫻井驛淸水太十郎ヲ訪ヒ、楠公焼ノ陶器ヲ一見ス、又　楠〔公脱カ〕御訣別ノ圖ヲ拜觀シ、再ヒ山崎ニ行キ、正午ニ大坂ニ達シ、菱富ニテ鰻飯ヲ喫シ、二時二十五分ノ瀛車ニテ皈ル、

○7月16日、木曜日、舊六月五日、

*神輿渡御

一、神拜終る、墓參濟、
一、早朝内海〔忠勝〕縣令ヲ訪、三木江巡回不在ナリ、
一、野津ヨリ樂隊乘船ノ報知有之旨ヲ通す、此レハ陸軍省より當縣令へ電信ノ通知有之シナリ、
一、午後村野〔山人〕ヲ訪ヒ、諸叓ヲ協議シタリ、
一、岡山縣之奧村へ電信ヲ通シタリ、
一、樂隊宿所等ノ手配ヲ申シ渡ス、

○7月17日、晴、金曜日、舊六月六日、

*例祭神劍鍛式執行す

一、神拜終る、
一、專崎彌五平東京ヨリ皈リ、亞相三條公ヨリ詩集之題辭幷ニ御石摺ヲ賜リ、又幣帛料千疋ヲ御獻備有之、
一、久邇宮〔朝彥親王〕ヨリ御使幷川總次郎ヲ下シ賜リ、幣帛料十五圓幷ニ湊川懷古ノ御詠ヲ賜ル、是レハ和歌集之題辭ナリ、外ニ御短尺〔冊〕一枚、是レハ油長ノ願なり、
一、午後第四時ヨリ川崎町薩广屋へ行キ、樂隊之逢迎ナリ、縣ヨリ野津幷ニ笠井御用掛リヲ申渡ス、同伴セリ、日暮入艦隊長ハ四ツ本なり、十一時ニ歸家、

○7月18日、晴、土曜日、舊六月七日、

一、午前第六時、荒木眞英幷ニ大澤來リタリ、
一、午前第七時昇殿、靈ヲ遷シ奉リ、八時ニ御發輦有之、例年通リニて行宮ニテ御食調進、畢ツテ奏樂アリ、午後四時半ニ還御アリ、又拜殿上ニて奏樂アリ、
一、高山幷ニ奧村來リタリ、
一、京都府知叓〔北垣國道〕へ電信ニて、劍客之姓名ヲ問ヒ越シタリ、

○7月19日、晴、日曜日、舊六月八日、

一、午前第八時ヨリ神叓ニ掛る祭式ハ、神前ニて獻詠等之行叓畢ツテ、神劍鍛式ニ取掛る、又切式ハ午後三時ヨリ初る、

*刀匠月山貞一幷に堀井來助歸途に就く

一、午後第三時縣令も臨場有之、
　○7月20日、晴、月曜日、舊六月九日、
一、午前第十時神叓畢リ、進而祝詞ヲ讀ム、畢ツテ送樂、直チニ仕合ニ掛る劍客百十名ナリ、五十五組ノ仕合ナリ、畢テ賞譽品ヲ縣令ノ目前ニテ渡ス、都合一等幷ニ特別賞（マヽ）　人、二等賞（マヽ）　人、三等賞（マヽ）　人ナリ、是レヨリ奏樂アリ、
一、大坂鎭臺一大隊、昨夕行軍ニテ着神、擊劍初ルニ至リ、表御門ヨリ繰込ミ、提筒等之式畢リ、表門ヨリ繰出す、
一、今日大坂ヨリハ高嶋中將（鞆之助）・奥少將（保鞏）、其外將官十餘名、又造幣守〔頭〕遠藤謹助、京都府ヨリハ尾越大書記官幷ニ警部長、岡山よりハ典獄警部長、又縣下奏任官ハ何レモ參社ナリ、
　○7月21日、晴、火曜日、舊六月十日、
一、午前第十二時ヨリ能樂初ル、燭ヲ秉リテ終る、此レヨリ拜殿上ニて奏樂アリ、夜會之催シアルカ故ナリ、縣令・書記官何レモ臨場ナリ、今夕庭上ニて花火ノ興アリ、數千ノ群集ニて廊下陷リタリ、仍テ俄カニ舊ノ如ク組立テタリ、樂ハ十時ニ畢ル、

一、今（マヽ）高山幷ニ奥村等歸縣ニ付、何レモ縣令へ一禮之書面ヲ附添シ、又兩名共ニ金二圓ツヽヲ爲取タリ、
一、兼而拵へ方申附ケ置キタルサーヘル、壽光堂ヨリ出來ニて送リタリ、仍而今日初メテ一見す、
　○7月22日、晴、水曜日、舊六月十一日、
一、神拜終る、
一、月山貞一幷ニ堀井來助歸途ニ就クニ付、琉球緺壹反、金壹圓ツヽヲ爲取タリ、
一、壽光堂へ刀拵へ代七圓六十錢ヲ拂渡ス、是ニて初メノ十二圓六十戔〔錢〕ナリ、
一、本日ハ福原之藝妓・舞子ノ舞蹈有之、又樂隊一列ヲ響〔饗〕應ノ爲ニ洋食ノ馳走有之、
一、辨當一件不都合ニ付、四ツ本同伴ニて自由亭ニて晩食ヲ響〔饗〕す、
一、金五圓、刀壹振、三層盃壹箇、前田吉彦へ贈ル、
一、短刀壹口・酒二挺・盃五十一・扇子同斷、樂隊人員へ送ル、
一、金五圓、三層盃壹箇、是レハ大藪文雄へ下シ賜ル、本人ハ祭典中殊更用立候譯ヲ以而如斯、
　○7月23日、晴、木曜日、舊六月十二日、

一、神拜終る、
一、早朝ヨリ紀念碑祭ニ掛る午後第一時ニ樂隊ヲ繰入ル丶、直チニ祭典式ヲ行ヒ樂ヲ奏ス、終テ又奏樂三曲ニて終る、本碑建築爾來已ニ三ケ年ヲ經テ始テ祭典ヲ行、

有栖川宮熾仁親王太刀兼光を奉納す

一、今朝有栖川宮（熾仁親王）御家扶中條義圓、宮御方御使節トシテ來ル、宮御附藤井希璞ヨリヨリ（マヽ）之書面有之、

御太刀壹腰　備前國兼光
右二品親〔王脫カ〕熾仁親王　御寄附相成候也、
明治十八年七月
有栖川宮御附　従六位藤井希璞
湊川神社
宮司折田年秀殿

外ニ幣帛料千疋相添、
御口達ニ、右刀ハ宮御祕藏被爲在候太刀ニ就御寄附之旨、折田年秀へ可申聞トノ上意ナリ、又中條（義圓）ヨリ祭之順序及ヒ其試式、委細ニ可申出トノ事ニ付、十九日神劍鍛式、其外一切之神叓幷ニ湊川戰爭之繪圖出來之旨、備サニ言上ヲ遂ケ、中條へハ三層盃幷ニ摺物等取合セテ贈ル、
一、樂隊長四元歸京ニ付、楠公燒幷ニ扇子・盃等ヲ送ル、又諸入費ヲ精算シテ樂隊會計へ仕拂相濟ミタリ、
一、午後第四時半ヨリ舞初ル、金五圓目錄トシテ遣ス、
一、山中竹之進來ル、本人轉課之相談ニ預ル、

○7月24日、晴、金曜日、舊六月十三日、
一、神拜終る、
一、午前第八時、縣令及ヒ鳴瀧（公恭）・脇坂・野津等ヲ訪ヒ、祭典ノ一禮ヲ演へ、神戸警察本署等へ一禮ノ爲ニ行キ皈ル、
一、午前第十一時ヨリ薩广屋へ行、四元ノ乘船ヲ送リ、棧橋ニて別袖シテ皈ル、
一、大坂　　（マヽ）來リ、兼而約束アリシ宗長ノ太刀幷ニ祐定ノ合寸一本ヲ惠ミタリ、宗長ハ二尺三寸五分、祐定ハ壹尺九寸餘ナリ、何レモ最上之出來ナリ、
一、京都府由良正秀訪ヒ來レリ、是レハ維新前ヨリ勤王家ニて、當時建仁寺中大中院ニ寄食スト云、
一、新納立夫江書面、伊集院甚助二男、余ト親族ノ譯ヲ以、金談ノ儀ニ付取替ヘタルヲ問合セタリ、依而親族ニ非ラサルノ趣キヲ報シタリ、

○7月25日、晴、土曜日、舊六月十四日、
一、昇殿、神拜終る、墓參濟、

一、久邇宮(朝彦親王)御家扶ヨリ、明後廿七日　天機伺ノ爲ニ山階(晃親王)宮ナラセラレルニヨリ、御一泊之ケ所紅葉亭ヘ手配ノ書面、家扶ヨリ達す、仍而直チニ縣令江面議、御宿手當テニ及ヒタリ、卽チ諏(マヽ)方山ヘ行テ、紅葉亭ヲ一見シテ返ル、

一、午後矢谷友次郎ヲ京都ヘ遣シ、久邇宮御家扶書面ヲ出す、

一、午後第五時五分ノ滊車ニて上坂、高嶋(鞆之助)ヲ訪ヒ、三層盃壹箇幷ニ白鹿酒壹樽ヲ送ル、

一、播半ニて晩飯ヲ喫シ、四ツ橋ニ投宿す、

〇7月26日、晴、日曜日、舊六月十五日、

一、午前第八時ヨリ四ツ橋ヲ發シ、心齋橋筋ニてカハンヲ依頼シ、手附金壹圓ヲ殘シ、都合三圓ニて新誂ヲ依頼シタリ、

一、久永仲左衞門之家ニ立寄リ、紙巻煙草壹圓廿錢六函入買取リ、十時二十五分之滊車ニて歸ル、

一、停車場ヨリ直チニ縣廳江出頭、御巡幸掛リ員江引合、山階・久邇兩宮ノ叓ヲ協議シテ皈ル、

一、午後矢谷友次郎京都ヨリ歸リ、宮ノ御沙汰ヲ拜聽す、

一、廿七日ハ壹番滊車ニてナラセラレ度トノ電信ヲ通ス、卽チ返信ニて申立ノ如シ、

一、五百五十年祭無異ニ執行濟故、氏子世話掛リ九六十餘人、湊川之一亭ヘ招キ饗應シテ、演舌等アリ、甚盛會ナリ、

一、縣廳之御用掛リハ相馬幸治ナリ、

一、御馬車ノ手當ハ縣廳ヨリ致シタリ、兩宮(山階・久邇宮)御膳部等ハ、此方ニて引受ケ之叓ニ決す、

〇7月27日、晴、月曜日、舊六月十六日、

一、神拜終る、

一、早朝内海縣令ヲ訪ヒ、午前第九時三十五分山階・久邇兩宮御着神之叓ヲ告ケ、是レヨリ紅葉亭ニ行キ、御座敷等之飾付ケ方ヲ指揮シテ、九時ニ停車ニ奉迎シタリ、縣令御先乘ニて紅葉亭ニ至リ御休息有之、無程御晝ヲ奉リ、午後四時半ニ至リ、又御馬車ニて醫學校ヘ被爲成候、午後五時四十五分、聖上(明治天皇)御上陸被遊行在所江御着輦、此ノ時勅奏官一同奉迎ノ爲、行在所之棧橋ニ奉迎、

一、同七時五十五分ノ滊車ニて山階・久邇兩宮御皈京被爲在候間、停車場迠奉送、之レヨリ宮内卿伊藤(博文)氏ヲ訪ヒ、再ヒ諏(マヽ)方山ヘ行跡始末ヲシテ皈ル、已ニ十二

*聖上行在所へ御著輦奉迎す

*山階久邇宮を奉迎す

*伊藤宮内卿を訪ふ

時ナリ、
一、神拜終る、
　○7月28日、晴、火曜日、舊六月十七日、
一、昨日之疲勞ニて終日打臥ス、
一、鳥居川(憲昭)・長谷川彦市・西尾篤、一時ニ來ル、酒肴ヲ出シテ閑話ス、又相馬(幸治)屬幷ニ御者等へ御禮取替金之叓、又山之紅葉亭借受ケ之席料等、如何取計可然哉ノ示談、且右代價取調通知之段も依賴シテ歸ル、依而昨日御前へ奉リシ御菓子ヲ奉ル、

高嶋嘉右衞門より易占第二編來著す

一、高嶋嘉右衞門ヨリ易占之第二編來着す、書面相添、
一、神拜終る、墓參濟、
　○7月29日、晴、水曜日、舊六月十八日、
一、早朝縣令へ行キ、久邇・山階兩宮ヨリ慰勞トシテ賜リシ金員之叓ヲ談シタリ、相馬幸治へ金貳圓、御者へ壹圓、馬丁二名壹圓ヲ包ミ、出廳ノ上、鳴瀧へ相渡し置キタリ、
一、晩ニ相馬來リテ、過日到來之劍ヲ見セタリ、

*有馬藤太來訪往事を談ず

一、山平ヲ諏(マヽ)方山へ遣シ、過日之諸拂ヲ爲致タリ、
　○7月30日、晴、木曜日、舊六月十九日、
一、神拜終る、
一、前田吉彦來リ、油繪ノ寫眞撮影之件ヲ依賴ス、
一、宮内愛亮(マヽ)助來リ、本人之落着幷ニ劍之看定(鑑)ヲ試ミタリ、
一、神拜終る、
　○7月31日、晴、金曜日、舊六月廿日、
一、本日德山方ニて、大禮服幷ニ衣冠ヲ服シテ撮影ヲ試ミタリ、
一、篠崎五郎へ書面ヲ出シ、月山之劍出來、幷ニ本社神叓ノ景況ヲ報ス、
一、昨日ヨリ書籍之蟲干ニ掛る、

〔八月〕

　○8月1日、晴、土曜日、舊六月廿一日、
一、昇殿、神拜終る、墓參濟、
一、終日書籍蟲干ニて寸暇ナシ、
一、晩刻有馬藤太來リ、久ゝ振りニ往事ヲ談シタリ、
　○8月2日、晴、日曜日、舊六月廿二日、
一、神拜終る、
一、午前第八時、鳴瀧(公恭)氏ヲ訪ヒ油繪ヲ天覽ニ供スルノ願書ヲ渡シ、是より縣令(内海忠勝)ヲ訪ニ不在故、村野(山人)ヲ訪ヒ、

油繪等之一件ヲ談シテ歸ル、
一、前田吉彦來リ、油繪之寫眞出來す、
一、櫻井能監ヨリ廿九日附ケ之書面相達す、中ニ曾て依賴セシ神劍鍛式之儀、松岡ヨリ之書面も有之、

○8月3日、晴、月曜日、舊六月廿三日、

一、神拜終る、
一、松原良太ヨリ祭典跡始末之一件ヲ同合セタリ、
一、大藪(文雄)ヲ水越シニ遣シタリ、和田大猪も來ル、
一、詩歌之叓ニ付、中井ヲ呼て叱る、

○8月4日、晴、火曜日、舊六月廿四日、

一、神拜終る、
一、鳳瑞丸昨三日着港、北堂君ヨリ御送リ品〻頂戴候叓、
一、大藪ヲ返ス、
一、油繪額面ノ圖卦引、今ニ出來セス、

○8月5日、晴、水曜日、舊六月廿五日、

一、神拜終る、
一、終日二陛〔階〕ニて圖誌認ニ掛リ、人ニ面會セス、都合二枚ヲ書損シタリ、

○8月6日、午後雨、木曜日、舊六月廿六日、

一、神拜終る、

一、戰圖誌認濟ニ付、表具屋へ遣シ額面粧飾ヲ命ス、
一、圖誌認方ニ付、昨日ヨリ今日ハ客來ニ面會ヲ辭ス、
一、大藪文雄ヨリ書面、明石旅宿ハ何レモ混雜ニ付、本人之宅江一泊可致旨申遣シタリ、

○8月7日、晴、金曜日、舊六月廿七日、

一、神拜終る、墓參濟、
一、祖父公命・宮子姬之月次祭執行、
一、戰圖之寫眞出來ニ付、前田吉彦持參す、
一、五百五十年祭ニ付、神官其外使役ノ人江賞典之調ヲ社務所ヨリ出す、

○8月8日、晴、土曜日、舊六月廿八日、

一、神拜終る、
一、行在所專崎江飾付ケ之品目錄ヲ作る、
　一、湊川戰爭ノ油繪額　前田吉彦描壹面
　一、仝圖誌　折田年秀誌壹面
　一、仝寫眞　拾六分一　五枚
　　但內壹枚
　　獻上用
　一、豫章記　折田年秀著十冊
　　但建武三年五月廿五日ノ部拔粹

*伊藤宮内卿著し盃を傾け閑話數刻

*聖上御著輦

初此圖ヲ造ル拔粹ニヨル故ニ、御參照ノ爲相添へ置申候、

一、劍　月山貞一作　二振

但五百五十年祭ノ日神劍鍛式幷ニ切試シノ爲ニ鍛練ノ劍ニ候叓、

堀井吉胤

以上、　湊川神社〻務所

明治十八年八月八日

右者、山平・前田ノ両人江托シ、又村野書記官幷ニ專崎へ書面ヲ附シタリ、金十五圓、山平ヨリ旅費として受取、

一、金圓十、四ツ橋へ仕送ル、

一、午後第四時ヨリ挽車ニて明石ニ向ツテ發ス、六時三十分ニ明石岩屋神社大藪文雄ノ家ニ達ス、此レニ止宿ス、

○8月9日、晴、日曜日、舊六月廿九日、

一、神拜終る、

一、早朝ヨリ淡向亭ニ行キ、共ニ酒ヲ傾ケ二七絶ヲ賦ス、時ニ宮内卿(伊藤博文)本地へ一泊セサルトノ叓故、直ニ發ス、時ニ午前第十一時ナリ、

一、舞子之界屋へ休セシニ、伊藤(博文)宮内卿着ナリ、依而迎ヱテ共ニ盃ヲ傾ケ、於爰奉幣使ノ一件幷ニ　天覽ニ供スルノ品物等ヲ請願シタリ、閑話數刻ニシテ、本所ヲ發シ三時ニ常盤花壇ニ達ス、

一、此度宮内卿ヨリ聞ク處ニヨレハ、來ル二十三年ニハ、神武天皇二千五百五十年祭ヲ執行ニ付、神劍鍛ノ式者、湊川神社ニて引受ケヘキ準備可致トノ事ナリ、

一、村野書記官ヲ迎ヒニ遣シ、前田又七江宮内卿止宿ノ一件ヲ談シ置キ、卿殿ハ遂ニ花壇ニ止宿ナリ、

一、宮内卿ハ明十日參拜ノ筈ナリ、

○8月十日、晴、月曜日、舊七月一日、

一、神拜終る、

一、早朝村野書記官へ行キ、梅本ヨリ獻上品之一件、幷ニ此度竹作工之件〻も示談シ、何レ此節之叓ニ不參、追而縣令ヨリ杉氏へ書面ヲ以テ申込ミ方可然叓ト談シテ歸ル、

一、午後第一時、縣廳ヨリ今日奉幣使被差立之達シ書面、上野喬介持參ナリ、依而直チニ一社ニ申渡ス、

一、今日午後三十分ニ、聖上(明治天皇)御着輦ニて、社前ヲ御通輦被遊、御社頭ハ正門

ヨリ左右へ青竹ヲ建テ、紅燈并ニ國旗ヲ掲ケ、東西之二門ハ全ク込切リ、通行ヲ差止メ、神官一列、正服ニ而、御門前ニテ奉迎シ奉ル、

奉幣使北條氏恭并に荻野嵩雄參社

一、午後第五時、侍從五位勳六等北條氏恭掌典補・荻野嵩雄參社、直チニ神前ニ進ミ御式ノ如ク執行シタリ、

一、本夕者、

聖上御一泊ニ付、市中甚賑ヒタリ、

8月11日、晴、火曜日、舊七月二日、

一、神拜終る、

一、早朝杉二等出仕之旅宿熊谷氏ヲ訪ヒ、額面精忠貫日之四字、并ニ半切壹枚ヲ書記シテ被與タリ、是レヨリ花壇ニ行テ、宮内卿ヲ訪ヒ、是レヨリ行在所ニ入リ、北條(氏恭)侍從并ニ堤書記官へ戰圖之寫眞ヲ贈リタリ、

聖上に謁見を賜る

頓テ

二陛〔階〕上ニて謁見ヲ賜ハリ、是レヨリ鐵道棧橋ニて奉送迎タリ、

一、久邇宮ヨリ御使節ヲ賜リ、銘々江例之通リ御目錄ヲ賜ハル、

山階宮湊川神社に參拜

一、山階宮(晃親王)御參拜被爲在候由ニて、御家從ヲ御遣し被降、仍而御社頭ヲ問糺スニ、社務所之人々敢而不存知ニ付、楠ヲ呼テ叱リタリ、依而直チニ海岸後藤へ御機嫌伺之爲ニ差越シ、午後第五時五十五分ノ滊車ニて御歸京被遊タリ、

一、四橋へ書面ヲ出す、

*堀井胤吉へ楠社御用鍛冶申附く

一、滋賀縣滋賀郡石山寺邊村堀井胤吉へ楠社御用鍛冶申附ケタリ、

○8月12日、晴、水曜日、舊七月三日、

一、昇殿、神拜終る、墓參濟、

一、鳥居川憲昭江書面、金員下賜之御受ケ書差出シ、家從へも形行之書面ヲ出ス、

一、久邇宮ヨリ御菓子一箱ヲ賜リタリ、

一、管〔菅〕森潔來リタリ、暑中見舞なり、

一、和田之婦、死去之由ニて報知有之、

一、神宮神饌所詰メヲ達シタリ、

○8月13日、晴、木曜日、舊七月四日、

一、昇殿、神拜終る、

一、八尾正文訪來ル、久々ニて面會す、

一、鳳瑞丸出帆ニ付、北堂君へ書面ヲ差上、御祭典之一件ヲ詳細ニ申上ケ、金貳圓ヲ六十一才之祝トシテ差上候、

千家尊福より湊川懐古の和歌送致さる

一、久邇宮御家従江、御菓子拝領ノ御禮ヲ申上ル、
一、大藪文雄へ禮狀ヲ出す、
一、千家尊福ヨリ湊川懐古ノ和哥ヲ送致相成る、
一、晩上野喬介來ル、弓張月全編ヲ貸シ渡ス、

○8月14日、晴、金曜日、舊七月五日、

一、昇殿、神拝終る、墓參濟、
一、林源吾來リ、大中春愛身代ノ事ニ付熟談シ、遂ニ身代ヲ擲チ負債償却之叓ニ決議ス、
一、大藪文雄來リタリ、是レハ詩歌上木之一件ニ付、社務所ヨリ呼ヒ出シタリ、隆正(大國)之短册三枚ヲ恵投ナリ、

○8月15日、晴、土曜日、舊七月六日、

一、昇殿、神拝終る、
一、楠善親灘行ニ付、諸費猥雑之一件ヲ問糺シ方申渡ス、
一、久邇宮家扶ヨリ御菓子ノ儀ハ、本縣令へ兩宮(山階宮・久邇宮)御方ヨリ下シ賜ルノ旨ヲ書通ニ付、即刻電信ヲ以而申シ通ス、オクワシソノママアリスクニトトケタ、猶又書面ヲ以而形行申遣シタリ、
一、よシ事、今未明有馬溫泉江遣シタリ、

○8月16日、晴、日曜日、舊七月七日、

一、昇殿、神拝終る、墓參濟ム、
一、早朝内海(縣令)江行、昨日兩宮ヨリ御菓子ノ叓ヲ報シタリ、又皈途、宮内愛亮ヲ訪ヒタリ、午後ヨリ上坂、奥少將ヲ訪ヒ、短刀幷ニ盃ヲ送ル、

○8月17日、晴、月曜日、舊七月八日、

一、昇殿、神拝終る、墓參濟、
一、今朝未明濱吉ヲ有馬ニ遣シタリ、又肴屋へ命シテ、毎日生魚壹疋ツヽ届ケ方ヲ托ス、

○8月18日、晴、火曜日、舊七月九日、

一、昇殿、神拝終る、墓參濟、
一、昨十七日ハ大中(春愛)負債一件ニ付、林源吾・谷勘兵衞共ニ會合シテ、一切之所(處)分方ヲ談シタリ、夜ニ入リ皈家す、

○8月19日、晴、水曜日、舊七月十日、

一、昇殿、神拝終る、墓參濟、
一、大中昨日之禮ニ來ル、
一、湊川戰圖誌上木竣ル、

○8月20日、晴、木曜日、舊七月十一日、

一、昇殿、神拝終る、墓參濟、
一、早朝竹次郎ヲ有馬へ遣シ、ふとん共ニ金員ヲ贈ル、夜ニ入リ歸る、

一、大坂四ツ橋へ書面ヲ出す、
一、谷勘兵衞來リ、大中之一條ヲ債主へ示談ノ形行ヲ聞ク、

○8月21日、晴、金曜日、舊七月十二日、

一、昇殿、神拝終る、墓參濟、

＊前田吉彦を訪ひ油繪の肖像を描かせる

一、昨夕觸レ置キ、今夕ヨリ西瓜店ヲ禁シタリ、
一、晩ニ大藪ヲ呼て飯ヲ振舞ヒタリ、

○8月22日、晴、土曜日、舊七月十三日、

一、昇殿、神拝終る、墓參濟、
一、東京樂隊四本ヨリ書面達す、
一、前田吉彦ヨリ肖像描キ方ニ取掛るニ付、大禮服借シ呉ルヘキ書面來ル、仍而爲持タリ、
一、湊川懷古ノ律詩ヲ詩集ニ編マシム、
慨嘆帝閽勢已窮陛辭庭訓事全終雲煙唾手侵兇賊日月懸天照烈忠流水有情人將語荒山含恨鳥鳴空義公大筆延陵墓肅立悲風松柏中、

○8月23日、晴、日曜日、舊七月十四日、

一、昇殿、神拝終る、墓參濟、

＊廣嚴寺の施餓鬼に參拝す

一、宇田川・大中等來ル、
一、籠神社宮司蒲生來ル、播摩屋(マヽ)へ一泊ス、石碑石摺幷ニ盃等ヲ送ル、

○8月24日、晴、月曜日、舊七月十五日、

一、昇殿、神拝終る、墓參濟、
一、林源吾來ル、大中之負債一件ヲ示談ス、
一、縣許北堂君ヨリ御狀來着す、御無異ナリ大慶、又當夏ハ殊之外ナル炎暑ニて、豐作之景況被仰遣タリ、
一、午後三時ヨリ前田吉彦へ行、油繪ノ肖像ヲ描カセタリ、
一、明十六日ハ施餓鬼ニ付金三圓、昨年ノ如ク廣嵓寺江遣ス、
一、九兵衞ヲ有馬ニ遣シタリ、今朝第三時ニ發ス、當時本地ハ非常ノ炎熱ニ付、涼氣ヲ催ス迠ハ滯在、篤ト養生シテ歸ルヘク旨ヲ申遣ス、尤昨日宇田川モ折角ノ噂サニ付、此ノ旨ヲモ申遣ス、九兵衞ハ午後十時ニ皈家、元氣之樣子復命ス、

○8月25日、晴、火曜日、舊七月十六日、

一、昇殿、神拝終る、墓參濟、
一、父上之月次祭執行、
一、午後第四時ヨリ廣嵓寺江施餓鬼ニ參拝す、郷田ト同伴す、

一、午前第一時ヨリ大藪依頼之額面ヲ記ス、是レハ此度御巡行之詩ナリ、

萬戶千門攘塵氛日章高掲映如听西狩威儀風偃草東洋光彩武兼文寶刀神璽天垂瑞龍駕錦旗人若雲聯前

後失語太平聖算非忘亂明石城頭観六軍、

○8月26日、晴、水曜日、舊七月十七日、

一、神拜終る、

一、當朝ハ午前第八時ヨリ川添（爲二）ト同伴、小野濱沖へ漁ニ行キ日沒シテ歸ル、

○8月27日、晴、木曜日、舊七月十八日、

一、神拜終る、墓參濟、

一、千代事、昨夕夜半ヨリ、密カニ立出テ福原叔父ノ家へ行キ一泊シテ今朝歸ル、仍テ問糺スニ、下女とよヲ召シ具シタルトノ事故、本人も召シ出シ、實際ヲ糺シタルニ、雙口附合セサルニ付、うさヲ以而とよハ暇ヲ遣シ、千代へハ養女ヲ離緣ノ形行ヲ達シ、猶又中井ヲ以而、叔父ノ宅へ掛合ニ及ヒタリ、

一、下女とよへハ暇ヲ遣シタリ、仍而月給壹圓卅錢、又外ニ金貳十錢、よしへ取替有之趣キニて、都合壹圓五十錢渡シタリ、卽刻立出テタリ、

一、夜ニ入り、千代ヲ呼ヒ出シ、是迠之形行等ヲ申聞ケ以來、本人之進退ヲ勝手ニ定メテ、可申出旨ヲ達シタリ、

一、有馬行キノ書面ヲ作る、千代之一件ヲ委細ニ認メ、又とよニ暇ヲ遣シタル次第モ記シタリ、

一、今夕第九時海岸壹町目ニ失火アリ、依而直チニ馳付キて消亡〔防〕ニ盡力シタリ、

一、九兵衞ヲ明日有馬へ遣す叓ニ定メタリ、

○8月28日、晴、金曜日、舊七月十九日、

一、昇殿、神拜終る、墓參濟、

一、昨十七日ヨリ晝晩共ニ友次郎へ食叓之菜ヲ申附ケタリ、猶今日も同斷、

一、今朝第七時、九兵衞へ金五圓幷ニ書面、葡萄幷ニ清酒壹瓶ツヽ爲持遣シタリ、猶家內之一件も口達ニて申シ遣シタリ、

一、今日福原之叔父江再應之懸合ニ及ヒタリ、

一、川添來リて、千代之一件ハ無異ニ取計方申聞ケルニ、順序之手繼キヲ示談シ、叔父ト手切レノ上ナラテハ承知シ難キ趣キ、右ニ付キ本人之心情、何レノ點ニ据リ居ルルカヲ白狀ノ都合ニ仍リ、平穩之取計可致

叓ニ返詞シ、猶中井ヲモ呼て、右之趣意ヲ談シタリ、
一、大藪文雄歸家ニ付、額并ニ高崎等之短册及ヒ玉印材二顆ヲ投與シタリ、
一、晩ニ相馬幸治之親來ル、月山ノ劍三本ヲ持參、壹本ハ篠崎之注文、ハツレ壹本ハ奉納刀、外ニ短刀壹本アリ、

○8月29日、晴、土曜日、舊七月廿日、

一、神拜終る、墓參濟、

内海縣令を訪ひ寄附金の件を示談す

一、早朝内海縣令ヲ訪ヒ、寄附金之件ヲ示談シ、金十圓ヲ受取、又野津ヲ訪ヒ樂隊ノ一件ヲ談シ、百叓ヲ談シテ皈ル、
一、有馬ヨリ九兵衞歸リ、お松も歸リ、よしの一件も篤与談シタリ、仍而猶又明日お松ヲ遣ス叓ニ手配シタリ、
一、千代ヲ二陛〔階〕ニ呼ヒ、本人之心情ハ素より今般ノ事實を懇篤ニ聞取リタリ、仍而猶叔父ト縁切リ之事モ談シタリ、
一、森岡〔昌純〕行キノ書面ヲ作リ、樂隊運賃支拂之件も依頼す、又油繪ノ寫眞及豫樟記・圖誌ヲモ贈ル、
一、森岡之家内ヲ諏〔マヽ〕方山之常盤舍ノ宅へ訪ヒ、是ヨリ布引之瀧、菊水江行キ籆内父子ニ面會シ六時ニ歸ル、金之無心有之、依而追而仕送ル叓ニ談シ置キタリ、
一、篠崎行之書面ヲ作る、刀ハ横濱西村新七方ヨリ仕送ルヘク、且ツ右之刀ハ、天覽ニ供リシ事實も記シタリ、

○8月30日、晴、日曜日、舊七月廿一日、

一、昇殿、神拜終る、墓參濟、
一、但馬之服部青峰來ル、是レハ試驗ノ爲ニ來ルモノナリ、仍而湊川戰圖誌及ヒ神像等ヲ贈ル、又半切并ニ額面揮毫ノ依頼有之、
一、服部事、神官ノ願有之、仍而履歷書ヲ遣すヘク申附ル、
一、□泉西村甫三ヲ訪ニ、當分越後新潟ニ旅行之由ニて空敷立歸ル、
一、昨夕林源吾來リ、大中春愛家内ヲ打擲、仍而家内中脫走ノ騷キヲ告ケタリ、
一、千代并ニ中井ヲ以而、千代之叔父江懸合、以來出入不可致之約定ヲ取結ヒ、熟談相整ヒタリ、仍而千代之詫も無異ニ濟セ、將來之異見ヲ申聞ケタリ、

○8月31日、晴、月曜日、舊七月廿二日、二百

十日ナリ、

一、昇殿、神拜終る、墓參濟、

一、縣許小根占川邨村（マヽ）之岩松ヨリ書面、琉球島壹反、煙草一袋ヲ送リタリ、又書生壹人ヲ遣シタリ、依而官途奉仕之一件ハ、倒〔到〕底無覺束ニ付、歸郷可致旨ヲ申聞ケタリ、

前田吉彦肖像畫出來にて持參す

一、前田吉彦ヨリ肖像出來ニ付持參す、

一、晩景ヨリ川添同斷ニて、自由亭ニ行テ洋食ヲ吃ス、

一、今夕十時ヨリ大雷雨、

一、長崎乕〔列剌脱〕病莚蔓ニ付、本港も本日ヨリ檢役〔疫〕ヲ始メタリ、

（表紙）

日誌　従十八年九月一日　至仝年十二月卅一日　三十

〔明治十八年九月〕

十八年九月○9月1日、晴、火曜日、舊七月廿三日、

一、昇殿、神拜終る、墓參濟、

一、流行病ニ付、社内取締方ヲ申渡ス、

一、宮内省荒木眞英來ル、

一、岩松之親族來ル、依而愈便船次第歸郷之叓ニ決定す、

○9月2日、晴、水曜日、舊七月廿四日、

一、神拜終る、墓參濟、

一、岩松之親族來リ、今日朝日丸ヨリ肥後へ上陸、歸郷之由申出候間、岩松行キノ書面幷ニハンケツ・扇子・手袋等ヲ托シタリ、

一、花房慈八來リ、河合持主ニて誹議上告之難ニ逢ヒ、甚迷惑ニ付、何トカ原告人江申シ下ケ之所〔處〕分ヲ依頼ナリ、
一、午後前田吉彦江行キ、油繪之一禮ヲ演ヘタリ、
一、村野へ行テ花房ノ依頼ヲ談セントセシニ不在故歸ル、
一、有馬藤太來リ、小倉愛之丞ヨリ之書面有之、親松蔭叓死去ニ付、金八十圓借用之旨申遣シ、猶藤太ヨリも懇頼故ニ、早束〔速〕手配爲致タリ、
一、大坂平山幷ニ簑内ヨリ詫之書面來ル、

○9月3日、晴、木曜日、舊七月廿五日、

一、神拜終る、墓參濟、
一、花房ヨリ書面、武田九右衞門方和談行屆タル云〻ノ書面ナリ、
一、金貳十圓、公債引當トシテ借入レ、中井帀三ヲ上坂させ、小倉愛藏方へ爲持遣シタリ、又縣許北堂君へも御報知申上候、
一、終日不在之譯ヲ斷リ、人之面會ヲ辭シタリ、
一、千代ヲ森岡之家內見舞ニ遣シタリ、

○9月4日、晴、金曜日、舊七月廿六日、

一、阿濃恒生來リ書ヲ乞、仍而揮毫す、
一、二番之瀛車ニて上坂、小倉愛〔之脱〕丞ヲ訪ヒ、松蔭之靈前へ金一圓ヲ奉リテ、皈途陶物町ニて香爐二ツヲ注文す、一ツハ菊水紋、又一ツハ宮子之紋ヲ附クル叓ニ申附ケタリ、

○9月5日、晴、土曜日、舊七月廿七日、

一、昇殿、神拜終る、墓參濟、
一、大中春愛來リ、本人負債ノ精算帳、目安出來之事ヲ聞ク、
一、社務所幷ニ氏子惣代江神叓入費質問之書面ヲ出す、

○9月6日、晴、日曜日、舊七月廿八日、

一、昇殿、神拜終る、墓參濟、
一、大坂松浦ヨリ香爐之一件問合セタリ、仍而源産〔原〕店へ新タニ注文可致旨ヲ返辭ス、
一、前田吉彦ヨリ額ふち職人ヲ遣シタルニ付、肖像ノ額ふちヲ命シタリ、
一、刀道具提函幷ニ印箱ヲ新調申附ケタリ、
一、探〔狩野〕幽之三幅對ヲ買入レタリ、
一、赤松死去之事ヲ聞キ、悔ミノ爲ニ參る、
一、昨日大藪文雄來ル、
一、今日和田大猪來リ、西ノ宮吉井良郷死去之旨ヲ聞、

*西宮吉井良郷死去

○9月7日、晴、月曜日、舊七月廿九日、
一、神拜、昇殿、墓參濟、
一、祖父・宮子之月次祭濟ム、
一、和田(大猪)・大藪(文雄)ニ晝餐ヲ饗す、
一、宮內省大澤・荒木之兩人來ル、歸京ニ付酒肴ヲ設ケテ饗ス、
一、春名修德ヘ祭典ノ時ノ祝詞ヲ送ル、荒木ニ送ル奈良漬壹樽も同斷なり、
一、高木水筆二十對ヲ荒木ヘ依賴ス、

○9月8日、晴、火曜日、舊七月晦日、
一、昇殿、神拜終る、墓參濟、
一、今朝明石ノ老人ヲ有馬江遣シ、即今ノ氣候幷ニ金員等有無之事ヲ申遣シタリ、
一、平山駒ヘ書面ヲ出シ、近日上坂之叓ヲ報シタリ、

○9月9日、晴、水曜日、舊八月一日、
一、昇殿、神拜終る、墓參濟、
一、千代病氣ニ付、補血湯ヲ調合シテ與ヱタリ、
一、生源寺來ル、仍而碑文ノ一件ヲ囑シタリ、
一、明石之老人有馬ヨリ歸來リ、直左右ヲ承る、
一、今日公債證ヲ賣却之叓ヲ中井ヘ囑シタリ、

○9月0(10)日、晴、木曜日、舊八月二日、
一、神拜終る、墓參濟、
一、菊水之お昌來リ、大坂行キノ返詞ヲ聞ク、

○9月11日、晴、金曜日、舊八月三日、
一、神拜終る、墓參濟、
一、早朝村野書記官ヘ行キ、本社周圍之溝洫之件ヲ談シ、此レヨリ出廳、東島(寬澄)ヘ談シテ歸ル、

○9月12日、晴、土曜日、舊八月四日、
一、神拜終る、墓參濟、
一、早朝池田書記官ヘ行、周圍溝洫ノ事ヲ談シ、更ニ内(忠勝)海縣令ヘ示談す、同人江ハ湊川戰圖寫眞・圖誌等ヲ携ヘタリ、外ニ詩歌集も携ヘタリ、
一、午後四時ヨリ布引溫泉ヘ行キ、日暮レテ皈ル、川添(爲一)夫婦ヲ同伴シタリ、

○9月13日、晴、日曜日、舊八月五日、
一、昇殿、神拜終る、墓參濟、
一、山平ヨリ鯉貳疋ヲ贈リタリ、

○9月14日、晴、月曜日、舊八月六日、
一、神拜終る、墓參濟、
一、晩ニ宇田川(謹吾)・田村(喜進)之兩醫ヲ迎ヱテ、洋食之晩粲ヲ饗

シタリ、

○9月15日、晴、火曜日、舊八月七日、

一、神拜終る、昇殿、墓參濟、

一、津守來ル、病氣ヲ以而辭シタリ、

一、大藪文雄明石へ歸ル、

一、有馬ヨリ銕キンクノ瓶ヲ肴屋ヨリ送リタリ、入浴中別ニ子細無之報知ナリ、

○9月16日、晴、水曜日、舊八月八日、

一、昇殿、神拜終る、墓參濟、

一、林源吾ノ手傳中村小兵衞ヨリ書面達す、元養子年基、昨十七年三月金貳十圓林ヨリ借用之證書ニ、田中頼庸證人ノ印形有之ヲ送リタリ、抑年基ハ、昨年二月廿八日東京ヲ發シ、宇都宮ヲ歸リ、余カ廿九日出立後、更ニ出京借用之叓ナルヘシ、已ニ出立ノ折、金三十圓幷ニ土產品ヲ買調ヘ遣シタル、何ソ圖ラン、林源吾ニ借用金有之トハ、不埒至極ト言ハサルヲ得ス、

一、山本村之喜右衞門來ル、仍而庭前之松樹手入レヲ命シタリ、

一、公債證五百圓ノ株ヲ以而、金貳百圓ヲ買入レタリ、代理人ハ中井币三ナリ、此金ヲ以テ、吉田宇吉方貳十圓ヲ返金す、

○9月17日、晴、晩ニ雨、木曜日、舊八月九日、

一、神拜終る、墓參濟、

一、平山駒ヨリ書面、依而簑內へも書面、金員(マヽ)十ヲ送ル、又駒へも形行之叓實ヲ報シタリ、

一、昨日ハ江平來リ、紺縞十五反、代金貳十二圓貳十錢ヲ拂渡、壹反ニ付十四反ハ壹圓五十錢、壹反ハ壹圓二十錢ナリ、

一、博愛社不納金ノ內ニ金五圓、

一、永井豪へ、　金貳圓、學資金ナリ、

一、榛原直次郎へ、　金貳圓、五雲箋千四百枚代

一、忠愛社へ、　金參圓、日報代本金未半季代

一、中島惟一へ、　金九十戔〔錢〕、雅言集覽第十三回前金

一、丸善商社へ、　金三圓三十戔〔錢〕、集覽第四十六・七・八三帙分

右之通り爲換〔替〕證仕送リ之書面ヲ作る、

一、大坂備後町中近堂へ三才圖繪〔會〕第二部未タ不相達之書面ヲ出す、

一、山本之喜右衞門歸ルニ付、金壹圓ヲ爲執タリ、

一、明早朝平八ヲ有馬へ遣スニ付、金五圓ヲ送ルノ豫備

＊川崎造船局開業式

ヲナス、
○9月18日、晴、金曜日、舊八月十日、
一、神拜終る、墓參缺、
一、早朝平八ヲ有馬へ遣ス、
一、永井豪歸鄕之由ニて訪ヒ來リシ由、病氣ニて面會セ
ス、仍而今日差出ス爲換〔替〕金ハ差扣ヘタリ、
一、鳳文館ヨリ佩文韻府配達アリ、受取濟、
一、平八有馬ヨリ歸ル、來ル廿七日歸家ニ付、迎ヒ人遣
スヘキノ叓ヲ申シ遣シタリ、
○9月19日、晴、土曜日、舊八月十一日、
一、神拜終る、墓參缺、
一、永井豪來ル、晝飯ヲ饗シテ閑話ス、昨日爲替金貳圓
ヲ相渡シ、振リ出タシハ、近日中驛逓局ヨリ受取叓
ニ談シタリ、
擊劍賞品目錄ノ分、短刀七本ヲ出シタリ、
一、前田吉彦へ金貳圓、肴料山陽〔頼〕之七絶詩一軸ヲ肖像油
繪之謝禮トシテ送る、
一、名鹽へ菊水紋附之紙ヲ注文す、是レハ五百五十年祭
ニ付、盡力之人江辭令相渡スノ要意〔用〕ナリ、
一、大坂杉浦茂助へ、三組盃二十、一ツ盃三十ヲ注文ノ
書面ヲ出ス、
○9月20日、晴、日曜日、舊八月十二日、
一、神拜終る、墓參濟、
一、土方實來リ、大广〔布脱〕頒之叓ヲ談ス、仍而本縣下之叓ハ、
和泉奧左衞門へ委托可致旨ヲ示授シテ西之宮へ遣ス、
一、篠崎五郎ヨリ爲換〔替〕劵入ル書留來着、
一、鳳瑞丸着船ニて、北堂君ヨリ御品〻御送リ被降タリ、
一、小倉愛之丞江書面、十月一日松蔭〔小谷〕五十日祭執行ニ付、
齋主承諾之返詞ヲ出す、
一、本日ハ川崎造船局開業式之案内狀到來候得共、病氣
ヲ以斷リタリ、
一、前田吉彦來リ、贈品ヲ斷タリ、然レトモ強而承諾爲
致テ返ス、
○9月21日、晴、月曜日、舊八月十三日、
一、神拜終る、墓參缺ク、
一、脇之濱ヨリ槇の樹ヲ買取リ、今日屆ケ濟ミタリ、
一、內海縣令來リ、刀劍幷ニ書畫ヲ見セタリ、
一、西村新七江書面ヲ以テ、篠崎行之刀一件ヲ囑シタリ、
一、夜分ニ掛リ槇ノ樹ヲ庭中ニ軍〔運〕ヒ入レタリ、
一、二陛〔階〕造作ハ昨日ヨリ取掛ル、

一、槇ノ木代、運賃迠九圓金ヲ拂渡ス、

○9月22日、晴、火曜日、舊八月十四日、

一、神拜終る、墓參缺、

一、內海縣令ヨリ魚糠漬幷ニ龜一甲ヲ贈ラル、依而春菊壹體ヲ贈ル、

○9月23日、陰雨、水曜日、舊八月十五日、

一、神拜終る、墓參缺、

一、風邪ニて引入リ終日保養す、

○9月24日、晴、木曜日、舊八月十六日、

一、神拜終る、墓參濟、

一、山本之喜右衞門來ル、長春四種ヲ注文す、中ニ四季咲キノ大山蓮花壹本有之、又生牡丹三種ヲ植ヱタリ、

一、朴庄一郎死去之由ニテ、神葬〔祭脱〕之依賴アリ、依而山平ヲ遣シテ諸叓ノ手配ヲ申附ケタリ、

○9月25日、晴、金曜日、舊八月十七日、

一、神拜終る、墓參缺ク、

一、利休形石燈爐壹箇、金貳圓ニ買入レタリ、是レハ荒木眞英之依賴ナリ、依而直チニ西村方へ荷造リニて送ル叓ニ約ス、

一、月山（貞）之刀、篠崎行ハ西村新七へ差出す、

一、篠崎行之刀、價拾五圓、驛逓局爲替受取、月山へ仕送ル、

一、博愛社ヨリ五圓之受取證來ル、

一、小倉愛之丞ヨリ金貳十圓返濟、依而公債證ハ直ニ取返シタリ、又小倉氏へハ、右金受取幷ニ證書返却ス、此ノ書中ニ十月一日祭典ニ付、諸手當之一件申遣ス、

一、明廿六日有馬へ迎之爲ニ下男平八ヲ遣スニ付、金六圓幷ニ紺カスイ（マヽ）壹反、本田醫師へ送ルヘキ云々ノ書面ヲ郵送ニて出す、

一、三和勇次郎ヨリ書面達す、

○9月26日、晴、土曜日、舊八月十八日、

一、神拜終る、墓參缺、

一、朴正一郎之倅幷ニ親族共、葬式謝禮ノ爲ニ來ル、

一、平八有馬ヨリ歸ル、明廿七日歸家之趣キヲ報シ、又書面モアリ、

○9月27日、晴、日曜日、舊八月十九日、

一、神拜終る、墓參缺ク、

一、西村ヨリ榛原之注文紙幷ニ高木之筆來着す、

一、よし、有馬ヨリ歸着、病氣も粗宜シ、

一、西尾宮司來りて閑話す、

*五代友厚葬儀の報知あり

○9月28日、晴、月曜日、舊八月廿日、

一、神拜終る、墓參缺、

一、昨日駒作榮ヨリ貞之一件ニ付書面來ル、依而金參圓ヲ送リ、手切レ之云々申遣ス、

○9月29日、晴、火曜日、舊八月廿一日、

一、神拜終る、墓參缺、

一、中近堂ヨリ三戔〔錢〕、圖繪〔會〕中巻配達有之、

一、丸善ヨリ史籍集覧三帙代受取證達す、

一、三和勇次郎へ書面ヲ出シ、祭祀中之一禮等ヲ演ヘタリ、

一、山本之喜右衛門へ槇之注文ヲ申遣シ、又荒木行之牡丹ヲモ注文す、

一、御神夏ニ付、諸仕拂之精書ヲ社務所へ差出す、九百九十六條、惣額二萬〇〇四五ニ及ヘリ、是レハ所滞向キニ不相拘旅費弁ニ交際之分ナリ、

一、晩ニ菊水之昌來リ、二回分之拂五圓十六錢ヲ拂渡ス、

○9月30日、晴、水曜日、舊八月二十二日、

一、神拜終る、墓參缺、

*五代友厚の葬儀に參列す

一、小林來ル、面會ヲ辭ス、

一、藤田亮八來リ、金談有之、斷ル、

一、五代友厚葬儀之報知有之、

一、丸善江存採叢書注文書面ヲ出す、

〔十　月〕

○0（10）月1日、木曜日、晴、舊八月廿三日、

一、神拜終る、墓參濟、

一、午前第七時五十五分ノ瀛車ニて、中井帍三ヲ召シ具シテ上坂、直チニ小倉愛之丞之宅へ行、神事ヲ執行す、

一、右神事終り、陶物町ニて盆裁〔栽〕鉢三組ヲ買取リ、壹圓二十錢ヲ拂渡シ、明日屆ケ方ヲ依頼シタリ、

一、心斎橋筋三浦屋ニて洋服類ヲ買取リ、午後二時ノ瀛車ニて歸ル、

一、是迄召抱へ置キタル植木屋新兵衛、不都合之件有之ニ付、山平ニ達シテ暇ヲ遣スヲ達セシム、

○0（10）月2日、晴、金曜日、舊八月廿四日、

一、神拜終る、墓參缺、

一、午前三番之瀛車ニて上坂、中之嶌五代友厚之宅ニ會葬シテ、午後三十分ヨリ天王寺墓地ニ行キ、葬式終リ午後八時二十五分ノ瀛車ニて皈家、

川鰭實文三條實萬公の靈位を奉じ著港
*櫻井能監來訪

一、神拜終る、墓參缺ク、

○(10)0月3日、晴、土曜日、舊八月廿五日、

一、昨今社内之改革ヲ初メ、豫約金之出納ヲ改メタリ、

一、山本之喜右衞門ヨリ槇井ニ牡丹五株送リ來ル、仍而運賃幷ニ牡丹代價之分ハ拂渡シ、槇代壹圓五十錢ハ未拂、惣別壹圓七十五戔(錢)之處ニ金貳圓相渡ス、

一、晩ニ川鰭實文、三條實萬公之靈ヲ奉セラレテ着港、依而直ニ見舞、月山之劍一振リヲ獻納シタリ、

一、昨日ヨリ御社内紀念碑之傍ニ、堀拔井戸ヲ穿ツニ着手シタリ、

○(10)0月4日、晴、日曜日、舊八月廿六日、

一、神拜終る、墓參缺、

一、鳳瑞丸出帆ニ付、國里公(島津忠濟)ニ奉ルノ品ヲ調ヘタリ、

一、油繪寫眞　一、仝圖誌　一、豫樟記拔粹

一、祝詞　一　一、神叓式

右之通リ封シ、御家令御中ヘ宛テ書面ヲ奉ス、

一、永田(猶八)江金壹圓、神酒料幷ニ悔ミノ書面ヲ添、

一、北堂君ヘ書面ヲ奉ル、

一、赤(明)石之米澤長衞來リ、賀宴ヲ張ルニ付、寄松鶴祝ヲ題ニシテ、詩作之叓ヲ諾シタリ、

一、相良甚之丞來リ、鳳瑞丸出帆之叓及ヒ國里公ヘ獻品ノ一件ヲ囑シタリ、

一、宮内愛亮來リ、本人進退之件ヲ閑話す、

一、郷田幷ニ佐多之家内歸縣す、依而饌品ヲ贈ル、

一、東京荒木行キノ石燈爐ヲ荷造リ、帆前船ヘ差出ス、

○(10)0月5日、晴、月曜日、舊八月廿七日、

一、神拜終る、墓參缺、

一、早朝櫻井能監昨夕着船之由ニて來ル、玄關ニて面會、暫時相談シテ上京ノ途ニ就ク、種〻土產品アリ、

一、荒木貞英ヘ書面、中ニ金貳圓七十五錢之石爐(燈脫)受取證差入ル、

一、西村新七ヘ書面、梨子之禮ヲ記ス、

一、金澤寄留田上陳鴻ヘ書面、詩歌序文之件ヲ謝ス、

一、一般ヘ端書ヲ以テ、序文亞ノ字ハ丞字ノ誤植ヲ廣告ス、

一、晩ニ縣令(内海忠勝)ヲ訪、不在ニ付皈ル、

○(10)0月6日、晴(風雨)、火曜日、舊八月廿八日、

一、神拜終る、墓參缺、

一、早朝縣令江行キ、宮内愛亮之一件ヲ示談シ、本人ノ精神等ヲ語リ、縣令密カニ呼テ内心ヲ聽カンヿヲ告

ケ、更ニ宮内へ行テ云々ヲ告ケタリ、

一、郷田事、新潟縣へ轉任ニ付、已ニ近日出帆之筈ニ依リ、横山(愛亮)・宮内(爲一)・川添ト共ニ、洋食ノ饗應ヲナシタリ、

一、荒木行、石燈爐運賃貳圓七十錢之旨ヲ西村絹ヨリ通知ニ付、積送ル叓ニ命シタリ、

○0(10)月7日、晴、水曜日、舊八月廿九日、

一、神拝終る、墓參缺、

奈良に向って發す

一、午前第五時五十五分之瀛車ニテ奈良ニ向ツテ發ス、大坂ニて二人車夫ニテ行キ、龍田ニテ晝飯ヲ喫シ、午後四時ニ十三里奈良ニ入リ、角屋へ投宿す、櫻井ハ已ニ着シ、随而川鰭(實文)氏も着ナリ、

一、本夕ハ櫻井幷ニ屬官へ酒肴ヲ饗應す、

○0(10)月8日、晴、木曜日、舊九月朔日、

一、神拝終る、

*正倉院庫中を見分す

一、午前第七時半、櫻井大書記官ニ随行シテ正倉院ニ行ク、抑正倉院ハ御代々天王[皇]ノ御物ヲ御納庫アリシ寶庫ノ名稱ニシテ、往古ヨリ東大寺ノ所轄タリシモノ、即　聖武帝ノ天平ニ造立ナリシモノニシテ、今ヲ距ムコト一千百六十三年ノ建物、火災等ノ害ニ罹リシコトナシ、建久ノ比、雷落チテ已ニ天災ニ罹ラントセシニ神アリ、水霧ヲ吐キテ火ヲ鎮ムト云、依テ今庫ノ正北ニ一社ヲ設ケ、杉本大神ト崇祭アリ、

一、寶庫ハ御代々ノ勅封シ玉處ニシテ、今上(明治天皇)ノ御花押ハ寫ニて即睦ノ字ト云、大高檀紙巾四寸、長壹尺三、四寸ノ紙ニ書シ玉ヘリ、

一、寶庫中、正面ニ陛アリ、二陛[階]ノ向、脇ノ三方ニ戸棚ヲ構ヘ厚硝子板ノ戸アリ、此ノ中ニ正[整]列ス、都テ聖武帝御代々往古天王[皇]ノ御物ヲ納玉處ノモノトス、又器械ノ如キニハ、天平寶字二年正月ト記載ノ品物モ有之、就中、寶鏡・陶器・漆器ノ如キ、或ハ錦帛ノ類、其巧ミナル筆紙ノ盡スヘキニ非ラス、外ニ戸アリ、庫中何レモ仝飾ニシテ一切ノ古器ヲ收メアリ、當日ハ新任清國駐剳佛國公使コーゴルダン氏幷ニアトミラルレスベー氏外、書記官等、都テ八名アリ、公使ハ夫婦同伴ナリ、今朝午前十時ニ來リ、十二時迠ニ拜觀ス、公使ヲ初メ、何レモ明細ニ筆記シタリ、

一、本日ハ杉本大神ノ祭祀ニモ、外人倚子ニ罹リテ拜觀ス、九此ノ寶庫ノ開閉ニハ必ス祭典アリト云ヘリ、當日ハ川鰭實文氏モ同伴ナリ、

櫻井能監へ短刀を贈る

一、午後第二時ニ角屋ヲ發シ、歸途ニ附ク、
一、櫻井へ短刀一口ヲ贈ル、又杉氏ノ書二枚ニ印形ノ㕝ヲ托シタリ、
一、午後八時半ニ大坂ニ達シ、和田五郎ニ投ス、
〇(10)〇月9日、晴、金曜日、舊九月二日、
一、神拜終る、
一、午前第八時ニ淀屋ニテ洋蠟ヲ買ヒ、是レヨリ晝飯ヲ喫シ、二時二十五分ノ滊車ニテ皈ル、
一、奈良古梅園ニテ、紅花墨四挺ヲ買、其一ハ平常ノ紅花墨形ニシテ、代價貳圓貳廿(ママ)錢ナリ、之レヲ製墨ノ無上品ナリト云ヘリ、平常ノ上墨ハ五十錢、其次キハ三十戔(錢)ナルニ、此ノ墨ハ箔卷キナリ、依而價もいと貴シト云、
〇(10)〇月〇(10)日、晴、土曜日、舊九月三日、
一、昇殿、神拜終る、墓參濟、
一、林源吾來リ、祝祭ヲ來ル十三日ヨリ執行之由ヲ報す、
一、和田大猪ヨリ祭典式例ヲ送リタリ、
一、晩ニ宮内愛亮來ル、
〇(10)〇月11日、晴、日曜日、舊九月四日、
一、昇殿、神拜終る、墓參濟、
一、終日無異、
一、河鰭氏へ出帆日限之報知書面ヲ松花亭へ出す、
〇(10)〇月(12)2日、晴、月曜日、舊九月五日、
一、昇殿、神拜終る、墓參濟、
一、大坂杉浦茂助ヨリ注文之香爐二ツ屆キタリ、依而廣嵓寺之楠公靈前ニ奉リ、又壹ツハ宮子之靈前へ供備セリ、
一、當日池田書記官東上ニ付、本社七月二日風損之ケ所、修繕之一件ヲ問合セタリ、
〇(10)〇月13日、晴、火曜日、舊九月六日、
一、神拜終る、墓參濟、
一、早朝東島寛澄ヲ訪ヒ、本社營繕之一件ヲ掛合、是迠中川之應對及本社員應接之手續書ヲ相渡置歸ル、
一、内海(忠勝)縣令ヲ訪ヒ歸ル、
一、宮内愛亮來リ、本人進退之㕝ヲ打合、直チニ縣令へ行キ、宮内ヲ呼テ心情ヲ聞クヘキ㕝ヲ談シタリ、仍而歸途宮内へ檢(疫)役所ニ於テ、右之形狀ヲ通シテ皈ル、
一、明石米澤長衞壽詩ヲ絖ニ書シテ表粧ヲ命ス、詩ハ
幽鬱龍鱗意氣豪風雲朝暮貯波濤尙餘千載淩霜色仙鶴
一聲寒月高

〇(10)月14日、晴、水曜日、舊九月七日、
一、神拜終る、墓參濟、
一、昨夕奥之山口(文藏)ヨリ仵、松茸持參なり、
一、河鰭(實文)氏ヨリ十七日乘船ノ㕝ヲ報スルノ書面來着す、
一、内海縣令ヨリ、今日宮内ヲ呼て說諭之云々報知有之、
仍而禮狀ヲ認メ、泡盛酒二瓶ヲ送る、

〇(10)月15日、雨、木曜日、舊九月八日、
一、神拜終る、墓參濟、
一、當日ハ社内行興(興行)物ヲ差留、辻店等ニ於テ衞生上妨害アル者賣買ヲ差止ル㕝ヲ達シ、又常置衞生委員ノ外、臨時ヲ五名ヲ增加シ、各戸飲食物之調査幷ニ所々掃除、疎水等ノ㕝ヲ嚴重ニ申渡ス、
一、三門ニハ朝暮石炭ヲ洒クヲ達ス、虎(列剌脫)病日々猖獗ノ形況アルニヨル、困難ノ時節ト云ヘシ、

三條公に奉る諸品を調ふ

一、三條(實美)相公ニ奉ル御菓子幷ニ諸品ヲ取調ヘタリ、

目錄

一、神饌撤品御菓子一函
一、湊川戰圖十六分一ノ寫眞幷ニ圖誌、豫樟記一包
一、詩哥集　二册

右者、家令ヘ書面ヲ附シタリ、
一、櫻井ヘ書面、且ツ、菊水酒壹斗入壹樽、三層盃一箇、外ニ一ツノ盃、外ニ楠公焼茶碗壹ツ、是レハ山城丸ニて積ミ出す、又戰圖誌三枚、和歌集詩集三部ハ、紙包ニテ書面、中ニハ動章下賜周旋願ノ一件ヲ記シタリ、
一、山本四郎ヘ川鰭氏之端書ヲ遣シタリ、
一、宮内愛亮來リ、昨夕縣令說諭之終始ヲ聞キ滿足セリ、仍テ猶今夕直チニ行迎ヒ腹心ヲ吐露可致旨ヲ申シ置キタリシニ、頓テ來リ滿足ノ返詞ヲ聞ク、

〇(10)月16日、晴、金曜日、舊九月九日、
一、神拜終る、墓參缺、
一、今晩ヨリ大風、甚猛烈、
一、山本四郎來リ、川鰭書記官本日下神、即日乘船ノ報知アリ、仍而兼而約速(束)ノ岡山花竹居士ノ幅ヲ贈ルノ㕝ヲ手配す、
一、明石米澤長衞ヨリ書面來る、十八日賀筵ノ㕝ヲ報ス、仍而壽詞新粧ノ幅ヲ送ル、
一、川鰭氏着ニ付、大森ヘ行テ面會シ、相公(三條實美)江獻品及櫻井ヘ屆ケ物等ヲ依賴ス、又動章ノ事ヲ依賴す、午後五時ニ乘船、送リテ高砂丸ニ至リテ皈ル、

一、川鰭氏ヘ條公〔三條實美〕ノ御額面ヲ奉願爲、絖ヲ幅中ニ入レ置クナリ、
一、晩ニ縣令ニ行キ、宮内之叓ヲ一禮シテ歸ル、
一、河野徹志大坂ヨリ來リ、醫學卒業ノ證ヲ持參、爾後方向之叓ヲ尋問ス、仍而語學修業ノ叓ヲ示諭ス、
〇〇〔10〕月17日、晴、土曜日、舊九月十日、
一、昇殿、神拝終る、墓參濟、
一、有川矢九郎歸着之報有之、仍而旅宿ヲ訪ハントスルニ來訪アリ、家宅ニて饗す、川村助次郎も同伴なり、吉冨之濟マセ、此レヨリ布引之溫泉ヘ行キ、菊水ニて饗シタリ、
〇〇〔10〕月18日、晴、日曜日、舊九月十一日、
一、神拝終る、墓參缺、
一、早朝内海縣令ヘ書面ヲ送リ、舞子濱行ヲ誘導シ、午前第十時ヨリ舞子ヘ出張す、實ニ盛會ナリ、日沒シテ皈ル、
一、今夕小西ヘ投シタリ、
〇〇〔10〕月19日、晴、月曜日、舊九月十二日、
一、神拝終る、墓參缺ク、
一、昨夕之宿醉ニて甚タ困却ス、

一、獵獸〔銃カ〕鑑札願ヲ出シ、職獵第壹萬貳千百六十號ヲ受取ル、
一、明早天ヨリ播州行之旅粧〔装〕ヲ支度す、
〇〇〔10〕月20日、晴、火曜日、舊九月十三日、
一、神拝終る、墓參缺、

*古市より黑石に達す

一、午前第七時半、天王湲ヲ上リ、大布之茶店ニ休息シ、神戸ヨリノ車夫ヲ取替ヱ、原野ヨリ播广路江〔マヽ〕ニ向ヒ、小湲ニ側て行キ、木津峠ニテ晝飯ヲ喫シ、不動瀧ノ絶景ヲ眺ミ、吸煙體シテ上リ、渡瀬村ヲ過キ、數十町ニシテ、古市ニ達シ、日未タ三時ナリ、此ヨリ山路ノ小蹊ヲ上リ、九二十六・七町ニシテ、黑石山口文藏之家ニ至レハ、巳ニ四時ナリ、
一、着後旅粧ヲ解キ、松林ヲ散歩シテ松茸ヲ採ル、
〇〇〔10〕月21日、晴、水曜日、舊九月廿四日、
一、神拝終る、
一、午前第十時ヨリ菖蒲谷武右衞門〔兵衞〕之家ニ立寄リ、是レヨリ秋津村吉祥院之毘沙天王ニ參拝シ、宮子之靈魂、再生之祈念ヲ凝ラ〔シ脱〕神饌料壹圓ヲ奉リ、住僧ニ面會シ、猶血統連綿スルノ内情ヲ依頼シテ、皈途再ヒ武兵衞之家ニ立寄リ、晝飯ヲ食シテ皈ル、

一、女郎花及古松ヲ掘リタリ、
〇〇〔10〕月22日、晴、木曜日、舊九月十五日、
一、神拜終る、
一、午前第八時ヨリ山林ヲ穿チテ茸獵リヲナス、山中ニテ茸ヲ焚キ、晝飯ヲ喫シタリ、二時間位ノ間ニ、茸八貫目餘ヲ採ル、此レヨリ溜池ヲ干シ鯉ヲ漁リ、日暮ニ歸家休す、
〇〇〔10〕月23日、晴、金曜日、舊九月十六日、
一、神拜終る、
三木より明石に至る
一、午前第五時ニ起テ、旅粧〔装〕六時ニ發車、古市町ヘ出テ、此レヨリ路ヲ明路ヘ向ケ、永谷等之諸村ヲ歷テ、午前第九時半三木町之魚住江着す、卽時〔マヽ〕平次郎ヘ使ヲ遣ス、然るニ丹田貞治モ來ル、仍而互ニ酒盃ヲ廻ラシ、兩名共金壹圓ツヽヲ爲取、明石町ニ入リ、午後二時舞子濱界屋ヘ投シ、酒肴ヲ命シ、晝飯ヲ喫シ、四時三十分本所ヲ發シ、六時ニ歸家、
一、今朝發スルニ臨ミ、中井帍三ヨリ之書面達シ、勇友次郎帍列棘〔剌〕症ニて、避病院ヘ着送リシ旨之報知有之、依而一同驚愕シテ皈家スレハ、已ニ死去之由ナリ、抑御社内豫防方之儀ニ付、行興〔興行〕物ハ素より人員群集ヲ禁シタルニモ拘ラス本家ヲ出テ大弓店ニ行、遂ニ此病ヲ煩ヒシハ、憶ニ神罰ヲ蒙リシナランカ、嗟于、
一、有川矢九郎江牡丹苗ヲ送リタリ、
一、明日東京丸正午出帆ニ付、松茸ヲ左之人々江送ル、
一、櫻井能監　岡田俊之介　春名修德　西村新七　仝久和
右之五軒なり、仍而銘々ヘ書面ヲ出す、
〇〇〔10〕月24日、雨、土曜日、舊九月十七日、
一、神拜終る、墓參缺ク、
一、赤龍丸出帆ニ付、北堂君其外、有川矢九郎ヘ松茸ヲ贈ル、又茸獵リ之土產トシテ諸方ヘ配る、
一、友次郎死ニ臨て、遺言ノ詳細ヲ水間新介ヨリ聞ク、
一、有川矢九郎來リ、明廿五日出帆之由ヲ聞ク、
一、黑石之文藏倅、今朝歸家ニ付、同人江ハ金陵之幅、武兵衞ヘは直入之幅ヲ送る、
〇〇〔10〕月25日、晴、日曜日、舊九月十八日、
一、昇殿、神拜終る、墓參濟、
一、御社月次祭終リテ、父上之祭吏濟ム、
一、有川矢九郎出帆ニ付、柿幷ニ栗苗ヲ送ル、

一、宮內愛亮來訪、本人身上も粗定決シ、彌警部長トナスノ書面ヲ縣令ヨリ內務卿(山縣有朋)ヘ差出シタル由、憶ニ脇坂も轉任カ、不然ハ辭表ヲ出スヘシ、是レニテ警察署も面目ヲ一新シテ警官ノ威嚴ヲ正整スルニ至ルヘシ、抑森岡(昌純)前之縣令ニハ、素ヨリ曖昧主義ハ微塵も無之ト雖、篠崎等之相集リテ、金員之出納ヲ籠絡シ、縣令ヲ欺妄セシ、卽看守盜之形ニ律セサルヲ得ス、實ニ薩人之大恥ニシテ、薩人之罪人タルヘシ、

一、上野喬介來ル、八犬傳ヲ五輯十冊沾貸シタリ、

一、昨今ハ流行之痡列刺病、大ニ減滅シタリ、

○〇(10)月26日、晴、月曜日、舊九月十九日、

一、神拜終る、墓參濟、

一、明廿七日河內枚岡ヘ參詣ニ付、大坂車夫齋藤德松ヘ挽車之手配可致旨、書面ヲ車夫取締人江宛テ差出す、

一、吉原來リ、具(俱)樂部設置ノ叓ニ付、長谷川彥一江書面ヲ出す、

有馬行六甲山街道開拓一件の依頼あり

一、鹿島竹之介來リ、本人之身上幷ニ有馬行、六甲山街道開拓之一件ヲ依賴アリ、依而內海縣令江同意ヲ伺ヒ、何分ノ事ヲ返詞可致叓ニ答ヘテ返シタリ、

○〇(10)月27日、晴、火曜日、舊九月廿日、

一、神拜終る、墓參缺、

*枚岡神社へ参拝弟佐々木素行と宴を張る

一、午前第二番ノ滊車ニて上坂、直チニ車ヲ買て枚岡神社ニ行キ、佐ゝ木(素行)ヲ訪ヘハ、已ニ十二時ナリ、持參ノ肴幷ニ幣帛ヲ神前ニ奉リ、拜シテ佐ゝ木之官宅ニて晝飯ヲ喫シ、此レヨリ社頭之饗應ニて、所謂、梅園ノ一亭ニ宴ヲ張リ、酒肴ヲ供ヘ歡ヲ盡シ、午後二時半ニ歸途ニ上ル、大坂城下ニ至レハ、日沒シテ燭ヲ秉ル、此ノ行ヤ千代ヲ携ヘタリ、何レモ道路ノ嶮難ニ疲勞ヲ覺ゆ、仍而嬉庵ニテ旅粧(裝)ヲ解キテ一泊す、

○〇(10)月28日、晴、水曜日、舊九月廿一日、

一、神拜終る、

一、午前八時ヨリ天滿之青物市ニ行キ、此レヨリ座广近所ニ行キ、反布類ヲ買取、正午之滊車ニて歸家、

○〇(10)月29日、晴、木曜日、舊九月廿二日、

一、神拜終る、墓參濟、

一、早朝前田吉彥ヲ訪ヒ、此レヨリ縣令ヲ見舞、有馬路之一件幷ニ宮內愛亮奉職之件ヲ談シテ、歸途宮內ニ行逢、本人之宅ヘ行テ久保ヨリ之書面及ヒ長崎縣收稅長云ゝノ事情ヲ談シテ返ル、

*兵庫縣下虎列刺病流行地見認の達しあり

一、本日ヨリ本縣下痡列刺病流行地見認ノ達シ有之タル

ヲ縣令ヨリ聞ク、
一、高嶋嘉右衞門ヨリ送附之神易說ヲ、諸方へ配賦ノ手續キヲ中井帋三へ達シタリ、
一、矢谷友次郎之墓標、本日建テシニヨリ參拜ス、
　○0(10)月30日、晴、金曜日、舊九月廿三日、
一、神拜終る、墓參濟、
一、過日來穿テル磐拔出水ス、
一、本日ヨリ新屋敷之庭前ヲ修繕ニ掛る、
一、川添爲一之亡父一年祭ニ付、家内中參會す、
　○0(10)月31日、晴、土曜日、舊九月廿四日、
一、昇殿、神拜終る、
一、早朝ヨリ新屋敷之掃除ニ掛る、

〔十一月〕

十一月　○01(11)月1日、晴、日曜日、舊九月廿五日、
一、昇殿、神拜終る、
一、午前東京ヨリ新岡來ル、仍而諏方(マヽ)山行ヲ約シテ果タサス、
一、午後三時五十五分ノ滊車ニて上坂、日本繪入新聞社ノ開業式ニ臨ミ、自由亭ニて立食ノ饗アリ、終リテ後八時二十五分ノ滊車ニて歸ル、
　○11月2日、雨、月曜日、舊九月廿六日、
一、神拜終る、
一、新屋敷ノ修繕、粗終る、
　○11月3日、晴、火曜日、舊九月廿七日、
一、神拜終る、

天長節*

一、午前第九時出廳、謹而　天長節ヲ祝シ奉リ、正廳ニ於て縣令(内海忠勝)一同祝儀ヲ受ケタリ、
一、本日ハ天長節ニ付、家内一同晝飯ヲ振舞、川添(爲一)も來ル、又宮内愛亮も訪ヒ來リ閑話す、佐藤モ來ル、
一、庭造リ藤助へ左之通リ與ヘタリ、
　一、金壹圓　一、役付羽織壹枚　一、紺カスイ壹反
一、同列三名へ金壹圓、手拭壹掛ケツヽ、
　○11月4日、雨、水曜日、舊九月廿八日、
一、神拜終る、墓參濟、
一、晩ニ若林高久來ル、是レハ農商務省阿利欟園掛リ官吏ニて、本地江在勤ノ人ナリ、種〻閑酒肴ヲ出シ、共ニ胸臆ヲ吐ク、
　○11月5日、晴、風、木曜日、舊九月廿九日、
一、神拜終る、

一、昨四日森岡之家内上京之筈ニて、千代ヲ暇乞之爲遣シタルニ出發見合之由ナリ、
一、本日ニて庭之修繕終る、
一、東京ヨリ荒木ヘ注文之熊毛筆來着、

○11月6日、晴、金曜日、舊九月晦日、

一、神拜終る、
一、早朝ヨリ菊花移植ニ掛リ、又庭前ニ砂ヲ敷ク、
一、鳳瑞丸着船、松下祐介訪ヒ來ル、
一、北堂君ヨリ駄手籠壹ツ、此ノ中ニ種々御品有之、
一、北元(文藏)ヨリ刻煙草七斤來着、貳圓四十錢也、
一、有川矢九郎ヨリ書面、幷ニ輕かん壹函送リ來ル、

○11月7日、晴、土曜日、舊十月朔日、

一、昇殿、神拜終る、墓參濟、
一、今朝昇殿、神拜之節、不敬人有之、大井田冨藏尤メシニ强情ヲ募ルニ仍リ、警察ヘ引渡ス、仍而冨藏ヘハ金貳十錢、手拭壹掛褒賞トシテ之レヲ爲取、猶又常雇中ヘ將來注意可致旨ヲ達す、
一、諸興行者之儀ハ、願之上縣令ヨリ解停ニ付、御社内も來ル八日ヨリ開席願出候得共、難聞届指令、且ツ兩港間乕列刺病、今後跡ヲ絕ツヲ以而可差許達シ書ヲ出す、
一、森岡(昌純)之家内、明八日乘船上京之由ニ付、暇乞之爲ニ行キ、又千代ヲ遣シ、女儀(義)太夫四名ヲ雇ヒ、送餞ノ爲ニ遣シタリ、

○11月8日、晴、日曜日、舊十月二日、

一、昇殿、神拜終る、墓參濟、
一、森岡之家内出發ニ付、棧橋迠見送リ之爲ニ、又昌純(森岡)ヘ書面ヲ投シタリ、
一、今朝鹿兒島下伊敷ノ鎌田何某ト名乘、金之無心ニヨリ、五十錢ヲ投與シテ返ス、

○11月九日、雨、月曜日、舊十月三日、

一、昇殿、神拜終る、墓參缺ク、
一、終日無氣力、仍而休息す、

○11月0(10)日、晴、火曜日、舊十月四日、

一、神拜終る、
一、昨九日山平(力松)ヲ以而、公債利子二十七圓貳十五錢ヲ縣廳ヨリ受取、
一、林源吾幷ニ和田大猪ヘ菊花ヲ送ル、

○11月11日、晴、水曜日、舊十月五日、

一、神拜終る、

一、長田神社例祭ナレとも、所勞ニ付楠ヲ遣シタリ、
一、大坂石版師水口龍次郎來ル、仍而湊川戰圖上板ノ一件ヲ談シ、猶山平ヲ引合セ、前田吉彥へ遣シタル、
○11月12日、晴、木曜日、舊十月六日、
一、神拜終る、
一、丹田貞治來リ、卽難澁之談ヲ聞ク、
一、宮內愛亮訪ヒ來リ、閑話す、
一、高崎正風之老母、去八日死去之爲知有リ、仍而悔ミノ和文ヲ作りて送る、
○11月13日、晴、金曜日、舊十月七日、
一、神拜終る、
一、大藪文雄來リ、本社趣法講一件之談判ニ及フ、
一、大坂ヨリ河野徹志來る、徵兵之叓ニ關シ、歸縣之叓ヲ申立ツ、依而鳳瑞丸ヨリ歸縣、有川(矢九郎)へ依賴ノ叓ヲ命ス、
一、北堂君へ之書面ヲ認メ、先般御贈品之御禮申上、且ツ明春之芋種子幷ニ素麵貳貫目奉願上候、
一、公債利子貳十七圓貳十五錢ヲ奉送叓、又小倉愛〔之脱〕丞死去之叓ヲ申上ル、
一、吉冨直次郎之家內へ、再緣之叓ヲ進ムルノ書面ヲ記シ、有川へ同封ニて送り、本人一見ノ後、屆ケ方ヲ申込ミタリ、
一、有川江書面、蜀茶ハ後便ニ仕送ルヘク、吉冨家內へハ云々ノ書面ヲ遣スニ付、一見之後可屆叓、又河野之一件、海軍卿(川村純義)へ申立方等ヲ記ス、又梅之臺木買入、方貳三圓、かの臺木ハ六・七寸廻リヨリ、三・四寸廻リ迄ト申遣ス、
一、有馬純雄ヨリ小倉愛之丞腸窒扶斯ニて死去、出棺ハ明十四日之報知有之、
一、晩ニ上野喬介訪ヒ來リ、新嘗祭之日限ヲ極メタリ、
○11月14日、晴、土曜日、舊十月八日、
一、神拜、昇殿、
一、相良甚之丞訪ヒ來リ、今日出帆之由、依而詩歌集從二位公(島津久光)幷ニ舊知叓(島津忠義)公江壹部ツヽ奉ル、又佐土原公(島津忠寬)歸縣之由ニ付、全ク壹部、本人江依賴シタリ、又兼而約束セシ菊苗ヲモ贈ル、
一、河野徹志モ歸ルニ付、親直介へ書面ヲ投シ、徹志江ハ有川等へ之依賴叓實も篤ト申附ケタリ、
一、大坂小倉愛德江愛之丞死去之悔ミ狀ヲ出タス、
○11月15日、晴、日曜日、舊十月九日、

一、昇殿、神拝終る、
一、本日ハ生田神社祝祭ニ付、山平参社ス、又長田神社ニハ中井芾三ヲ遣ス、
一、山本村坂上喜右衞門ヘハ、鹿児島行之叓ヲ止ムルノ書面ヲ出タス、

○11月16日、晴、月曜日、舊十月十日、

一、昇殿、神拝終る、墓參濟、
一、明石之長衞米澤翁之叓、酒肴ヲ出シ飯ヲ饗シ終りて、農談ニ渉リ、山東菜數ヲ贈ル、
一、夜ニ入宇田川謹吾來リ、師範學校常醫員ヲ置カントスルノ説アルニヨリ、出願之依頼ヲ聞ク、

○11月17日、晴、火曜日、舊十月十一日、

一、神拝終る、墓參濟、

村野山人を訪ふ

一、午前第八時野邨（村野）山人ヲ訪ヒ、宇田川（謹吾）カ依頼セシ師範學校醫員之一件ヲ熟談シ、是レヨリ宇田川ヲ訪ヒ、村野山人容易ニ承諾之叓ヲ告ケテ歸ル、

松野勇雄來訪

一、松野勇雄訪來ル、講究所之位置法及ヒ各府縣長官建白書等ヲ一見シ、更ニ大坂ヘ歸リタリ、

○11月18日、陰雨、水曜日、舊十月十二日、

一、神拝終る、墓參濟、
一、專崎彌五平來リ、東京之諸方ヘ五百五十年祭云〻ノ一左右ヲ聞ク、
一、社内興行物之儀ニ付、石田榮來リテ嘆願セリ、

○11月19日、晴、木曜日、舊十月十三日、

一、神拝終る、

*堺妙國寺にて住持に面會す

一、午前第七時五十五分ノ滊車ニて上坂、天下茶屋ニて楓ヲ買ヒ、是レヨリ界（堺）ヘ向テ行キ、住吉ニて晝飯ヲ吃シ、界（堺）妙國寺ニて住持ニ面會ス、本所ニて小瀨梅翁ニ會ス、
一、加治木ニて刃物數品ヲ買取リ、又梅ケ辻ニ向ニ夜ニ入ル、嬉庵ニ一泊ス、今夕甚寒冷（マヽ）ナリ、

○11月20日、晴、金曜日、晴、舊十月十四日、

一、神拝終る、
一、午前第七時ヨリ梅辻（ケ脱）ノ菊花ヲ一覽シ、本苗十二本ヲ約シテ、手附ケ金壹圓ヲ拂込ミ置ク、
一、十時二十五分ノ滊車ニて歸社、

○11月21日、晴、土曜日、舊十月十五日、

一、神拝終る、
一、上野喬介來リ、觀菊會之談ヲ示シ、内海（忠勝）縣令江書面ヲ以、來ル廿五日ニ取極ル叓ニ決シタリ、

一、御社内之諸興行幷ニ露店ノ果物、來廿二日ヨリ解停之達ヲ出シ、更ニ掃除等可行届旨ヲ達す、

○11月22日、晴、日曜日、舊十月十六日、

一、神拜終る、

皇典講究所分所にて分所維持の方法を合議す

一、午後二時ヨリ分所江出頭、本分所維持之方法ヲ合議、決ヲ取リ檢印濟ミ之檢印ヲ据ヱタリ、委員ニ向ツテ暴言ヲ吐キテ議ヲ決ス、松野(勇雄)も滿足ナリ、日暮ニ歸ル、

一、今夕ハ水新洋食店之開業式ナリ、依而よし・千代・川添ヲ伴ヒテ行ク、

一、本日有川矢九郎へ病氣見舞之書面ヲ出す、

一、川村助次郎乘船之由ニて、湊川戰圖寫眞懇望之旨申遣シ候得共、石版摺未タ出來サルニヨリ、繪像ノミ送リタリ、

○11月23日、晴、月曜日、舊十月十七日、

一、神拜終る、

一、界〔堺〕行ヨリ風邪ニて引入リ、本日も猶引入ル、

一、本日村野(山人)・脇坂・加集(寅次郎)・安藤・東島(寛澄)・鳴瀧(公恭)・渥美(契縁)・上野喬介・渡邊之名銘〔銘〕へ、廿五日觀菊之振舞書面ヲ出す、

一、管〔菅〕森潔來リ、諸委員昨日之議ニ同意之譯ヲ以而、檢印濟ミ之趣キ承る、依而早速松野へ通知シテ、本所伺差出スヘク示談整ヒタリ、

一、宮内來訪ス、加集寅次郎大藏省御用掛リ云々、已ニ治定之旨内分承る、

○11月24日、雨晴未定、火曜日、舊十月十八日、

一、神拜終る、

一、松野勇雄來ル、縣令ヲ訪ヒシモ辭シテ面會セスト、依而後叓ヲ托シテ歸ル、

一、廿六日觀菊會之案内狀ヲ出す、藤田積中・神岳・水越(彌五平)・專崎・小寺・山田・岡田・松原・岡野・花房(慈八)、

一、松野勇雄訪ヒ來リ、是レヨリ乘船之由ヲ告ケタリ、

○11月25日、水曜日、晴陰未定、舊十月十九日、

一、神拜終る、

一、早朝内海氏(縣令)ヲ訪ヒ、本日觀菊會來臨ヲ乞ヒタリ、

一、宮内愛亮介(マヽ)江立寄、加集之一件ヲ内海へ示談ノ件ヲ告ケタリ、

一、有川矢九郎ヨリ書面、幷ニ梅枯木來着す、又牡丹代金等も正ニ相達シタリ、

一、午後第三時ヨリ内海初メ、凢九名來會す、閑話時ヲ

＊氏神祭を執行し祖先親族先師朋友の神靈を祭る

移シ、各十一時ニ散す、

○11月26日、晴、木曜日、舊十月廿日、

一、神拜終る、

一、林源吾來リ、松尾〔野〕勇雄風濤ノ爲ニ止メラレシ叓ヲ報シタリ、

一、午後三時ヨリ觀菊ノ爲ニ案内セシ客人來ル、山田幷ニ岡田・岡野之三名不參ニ付、植物試驗場大住及東城・野邨ノ三名ヲ招キ、都合十名ナリ、閑話數刻ニシテ各散す、

一、山本村喜右衞門へ書面ヲ出シ、金子受取ノ爲ニ可參旨ヲ記ス、

○11月27日、晴、金曜日、舊十月廿一日、

一、神拜終る、

一、林・和田〔大猪〕・管〔菅〕森〔潔〕來會す、共ニ講究分所へ出席、林江ハ委員之辭令ヲ渡ス、

一、各郡區之神官呼立之議ヲ決す、又達シ書ヲ造リ、委員ノ檢印ヲ取ルカ爲ニ、東島・西澤・上野之三名へ通ス、

一、明日氏神祭幷ニ祖先之秋季祭執行ニ付、宮內・和田・本城・宇田川〔謹吾〕・田村〔喜進〕等へ招狀ヲ出す、

一、櫻井能監へ書面、松野巡回ニ付、本縣分所維持方法ノ條件幷ニ縣令江協贊ノ云々、又分所長ハ和田大猪へ被命度條々ヲ記ス、

○11月28日、晴、日曜日、舊十月廿二日、

一、午前第十一時、大ノ祓式終りて、氏神祭式ヲ執行シ、次キニ祖先ノ祀典ヲ執行シ、次キニ親族幷ニ先師・朋友ノ神靈ヲ祭、左ノ如、

折田氏・大橋氏二家・坂本氏・中山氏・龜澤氏・宮之原氏、是レハ親族ナリ、九テ六家、

山田鼎齋先生・横山鶴汀先〔生脱〕・市來先生・森先生・右松先生・安田二先生・名越先生・五代先生・佐久間象山先生・中村宗見先生・原田貞次郎命・欒山公子・岩倉公・小松帶刀公・桂四郎公・園田新助命・西鄕隆盛命・松岡十太夫命・新納四郎右衞門命・宮原山水命・中山次左衞門命・橋口彥輔命・永山彌一郎命・深川潛藏命・山口四郎左衞門命・加納次郎助命・村井久太郎命・宍野半命・平賀次郎命・山本一行命・吉冨直次郎命・矢谷友次郎命、都合三十三神靈ナリ、

一、午後ヨリ宮內・和田・宇田川・川添・田村・本庄・

小西・中井・山平等來リ、直會ヲ執行ス、

○11月29日、晴、日曜日、舊十月廿三日、

一、神拜終る、

一、福原之小西來リ、顯微鏡出來ヲ告ケタ二(マヽ)百層之鏡ナリ、

一、午後榮町西村輔三ノ出張所へ行テ、齒療ヲ乞ヒ、來ル一日上坂ノ叓ニ約シテ皈ル、

一、有川矢九郎へ書面ヲ出シ、金子入幷ニ梅砧入叺到着ノ返詞ヲ出ス、

○11月30日、晴、月曜日、舊十月廿四日、

一、昇殿、神拜終る、墓參濟、

一、山本村之喜右衞門來ル、有川方生牡丹十株幷ニ柿代等ノ內トシテ、金四圓相渡シ置ク、

一、宮內愛亮來リ、急火灯二ツヲ惠ミタリ、是レハ醒山ノ製ナリ、

一、駿河國駿東郡大畑村十六番地高橋次郎へ大島櫻苗實等ヲ注文セシニ、已ニ通運へ托シタルノ書面達ス、仍而右之返書ヲ出タシ、之レニ贈品ノ叓情等ヲ記ス、

新嘗祭執行す*

〔十二月〕

十八年十二月○12月1日、晴、火曜日、舊十月廿五日、

一、昇殿、神拜終る、墓參濟、

一、午後二時之滊車ニて上坂、西村輔三ノ宅へ行キ齒療ヲ乞ヒ、貼薬ヲ乞テ四時二十五分ノ滊車ニて歸家す、

一、林源吾ヨリ、明後三日會集之案內アリシモ、新嘗祭當日ナルカ故ニ、書面ヲ以テ辭シタリ、

○12月2日、晴、水曜日、舊十月廿六日、

一、昇殿、神拜終る、墓參濟、

一、吉冨之家內ヨリ書面、再緣之斷リナリ、

一、本日掘拔キノ一件ヲ廢止セリ、

○12月3日、晴陰未定、木曜日、舊十月廿七日、

一、昇殿、神拜終る、

一、午前第十一時ヨリ新嘗祭執行、奉幣使ハ脇坂警部長ナリ、正午ニ濟ム、本日ハ川添(爲一)等來ル、

一、林源吾ヨリ大中(春愛)ヲ以而招キタルモ辭シテ行カス、

○12月4日、晴、金曜日、舊十月廿八日、

一、昇殿、神拜終る、

一、水越青嶂ヨリ書面、翰墨因緣壹部貳册幷ニ肴一折ヲ惠投ナリ、

一、林源吾ヨリ折詰壹箇ヲ贈ラレタリ、

一、大藪文雄來ル、又晩ニ佐多來ル、

○12月5日、晴、土曜日、舊十月廿九日、

一、昇殿、神拜終る、

一、鄉田兼德江書面ヲ出す、田布施之二之宮ト云ヘル人ニ托ス、

○12月6日、晴、日曜日、舊十一月朔日、

一、昇殿、神拜終る、墓參濟、

一、大有丸(マヽ)便ヨリ、佐多彥兵衞山芋壹からけヲ被送タリ、

一、有川矢九郎へ書面、并ニ椿十六本、此代金壹本ニ付二十三戔〔錢〕かへ、都合三圓六十八戔〔錢〕之受取證ヲ相添へ、又吉冨家內之書面ヲ差入レ置キタリ、

一、西村輔三へ齒科ヲ乞ヒニ行ク、

○12月7日、晴、月曜日、舊十一月二日、

一、昇殿、神拜終る、墓參濟、

一、宮子姬之月次祭濟ム、

一、早朝生田社へ參拜す、本日ハ新嘗祭ナリ、

○12月8日、雨、火曜日、舊十一月三日、

一、昇殿、神拜終る、墓參濟、

一、西尾篤訪ヒ來ル、

一、昨日大藪文雄委員補ノ薦擧狀ヲ、和田大猪へ送る、

○12月9日、晴、水曜日、舊十一月四日、

一、昇殿、神拜終る、墓參濟、

一、本日ハ長田神社新嘗祭ニ付、早朝參拜す、

一、晩ニ川添來リ、(狩野)探幽之山水畫ヲ鑑定ヲ乞ヒタリ、隨分立派ナル畫ナレトモ、探幽之畫ヲ寫シタルモノナリ、筆勢等甚タ妙ナリ、

○12月0(10)日、晴、木曜日、舊十一月五日、

一、昇殿、神拜終る、墓參濟、

一、大藪文雄ヨリ牡蠣百五十箇ヲ惠投ナリ、

一、東京曾我行之書面ヲ造リ、梅苗ヲ　(マヽ)本注文シ、代價者凢壹本ニ付八錢位ト見込ミ候、此ノ金ハ荒木貞英ヨリ受取ルヘクト記シ、又荒木ヘハ本金渡し方ヲ囑スルノ書面ヲ封入す、

一、荒木江同斷書面ヲ造リ、曾我氏江拂方ヲ依賴書ヲ出すナリ、右兩人共ニ返詞ヲ出スカ爲ニ、郵稅壹枚ツヽヲ入レタリ、

○12月11日、晴、金曜日、舊十一月六日、

一、神拜、昇殿終る、墓參濟、

一、明日久邇宮(朝彥親王)江參殿ニ付用意す、大中鯛三枚、外ニ左之通リ手配、

一、御菓子壹函、一、湊川戰圖寫幷ニ圖誌・豫樟記拔粹、一、詩歌集、一、明石牡蠣一籠、
右宮御方へ、
一、一(マヽ)鯛貳尾鳥居川(憲昭)幷ニ小藤江、
一、宮内愛亮來ル、閑談ス、
○12月12日、晴、土曜日、舊十一月七日、
一、午前第二番滊車ニて、福女を携へて上京す、十時三十分ニ着京、直チニ本府警察本署へ出頭、警部長不窳次郎へ面會シ、小關・渡邊之二名江擊劍掛合之賞品、長劍二本・三層盃二箇幷ニ書面ヲ差出シ、相渡し方ヲ依頼シ、本日之禮ヲ演べテ歸ル、
久邇宮へ參殿諸品を贈り退殿す
一、十二時久邇宮へ參殿之處、御不例ニ被爲在之趣キニて、御菓子等ヲ贈リ退殿す、獻納物ハ厚ク被思召トノ事ナリ、
一、祇園江參詣、此レヨリ四條小橋ニて半襟幷ニ白粉、其外種ゝノ買物ヲ調へ日暮ニ歸ル、
一、東京河鰭(實文)氏へノ書面ヲ造ル、
○12月13日、晴、日曜日、舊十一月八日、
一、早朝梨(木脱)神社へ參拜、幣帛料五十錢ヲ奉リ、此レヨリ北垣(國道)ヲ訪ヒ、又尾越大書記官ヲ訪ヒタリ、熊野社頭之植木屋ニて、玉貳本ヲ四十錢ニ買入レ、十一時三十分ニ柊屋へ歸ル、
一、午後壹時ニ柊屋ヲ發シ、清水へ參詣、心叓ヲ禱念シ、陶器店ニて茶碗數ヲ買取、二時四十五分之滊(車脱)ニて歸家、
一、千代病氣ニ付、宇田川(謹吾)來リ、診察シ呉レタリ、追ゝ快氣ノ向キナリ、
○12月14日、晴、月曜日、舊十一月九日、
一、神拜、昇殿、
一、松野勇雄ヨリ書面、管(菅)森(潔)江之書面も在中、直ニ仕出シ、又松野之書面ハ和田大猪へ爲持遣シタリ、
一、皇典講究所ヨリ書留來着す、中ニ內海(忠勝)縣令へ協贊御依頼ノ書面、幷ニ久我(建通)之書面有之、
○12月15日、晴、火曜日、舊十一月十日、
一、神拜終る、
一、早朝內海(忠勝)縣令へ行キ、協贊倚頼ノ書面ヲ相渡、早速御請ケ相成リ候、御請ケ書ハ久我殿江差出ストノ事、
一、有栖川(熾仁親王)二品左大臣之宮へ獻備物、左之通り、
一、御菓子　一函　一、寫眞圖幷ニ圖誌・豫樟・祝詞等　一、御盃　一組　一、牡丹十五株　一、詩歌集二部

一、冷泉家(爲紀)江、
　一、御菓子　一函　一、盃　一組　一、詩歌集二部
一、高崎正風江、
　一、短刀　一口　一、寫眞圖幷ニ附錄　一、詩哥集一部
右者、各目錄ヲ附シテ函詰メニシテ送リ出す、
一、高橋次郎ヨリ書面有之、櫻苗送リ之叓ヲ報シタリ、
一、縣令協贊受合之件ヲ、委員中へ通知之書面ヲ出ス、
一、和田大猪來訪、養川院(狩野)之畫、伊藤東涯之贊ヲ惠投ナリ、
一、金錄〔祿〕公債證抽織〔籤〕ニ當リシ趣キ、戶長役場ヨリ通知ニ付、番合取調居ケタリ、五百圓・拾圓二株ノ分ニて二十五圓壹枚相殘リタリ、

　○12月16日、晴、水曜日、舊十一月十一日、

一、神拜終る、
一、鹿兒島北堂君へ公債證書抽籤相當之報知ヲ申上ケ、又とちそう壹圓かの御買入レ方相願候、
一、高橋次郎へ送リ荷ヲ仕出シ、右屆ケ方横濱西村新七へ委托シタリ、
一、右江送リ品　一、盃壹組　一、寫眞圖幷圖誌　一、詩哥集二部　一、石摺二枚　額面壹枚

一、本月ハ諸拂入用ニ付、金貳十五圓ヲ借入レタリ、
一、長谷川一彥ヨリクラフ發起人加入之書面來ル、仍而承諾之印ヲ据ヱタリ、

　○12月17日、雹、木曜日、舊十一月十二日、

一、神拜終る、
一、日本農會へ十九年分納金三圓幷ニ穀菜要覽及果樹要覽ノ二部代金壹圓九錢、
一、大成館へ明治字典第二回代、壹圓九十五錢、
一、丸善江存採叢書第一・二・參帙代、貳圓四十錢、
一、博愛社へ未納分金三圓、
一、中島惟一江雅言集覽第十四回分九十錢、
一、右五行、郵便爲替證ニて仕送ル、

　○12月18日、晴、金曜日、舊十一月十三日、

一、昇殿、神拜終る、
一、鳳瑞丸着船ニて、松下訪ヒ來ル、北堂君ヨリ駄手籠壹ツ、小手籠、其外種々ノ御贈リ者〔物〕有之、又松苗之屛風一雙來安着す、
一、佐々木素行へ書面、其外岩政又一社中へ仝シ、仍而品物ハ左之通リ、素行へハハンケツ二ツ、絹・扇子壹本、駒へ半襟壹掛ケ、又よしヨリ反布壹反、

一、岩政并一社中ヘハ、短册并ニ扇子・盃キツヽ（マヽ）、此ノ外ニ、石摺十・三層盃壹組・盃八ツ・半切三枚、額面三枚、通運ヘ出ス、

一、明後廿日、クラフ發起人集會ヲ長谷川一彥ヨリ通知有之、

○12月19日、雨雪、土曜日、舊十一月十四日、

一、神拜終る、

一、大有丸出帆ニ付、有川矢九郎行之椿并ニ書面ヲ愛甲ヘ賴ミ遣シタリ、

一、林源吾來リ、丸岡完〔莞〕爾昨夕來神ナルニ、今朝一番瀛車ニて上京ノ由ヲ聞ク、

一、宮内訪來リ閑話す、

一、晩ニ川添ヲ呼テ晩飯ヲ喫ス、

○12月20日、晴、日曜日、舊十一月十五日、

一、昇殿、神拜終る、

一、午前第十時半ヨリ侍賓〔濱〕館ニテクラフ建設ノ叓ヲ議シタリ、縣令其外集會シ、假幹叓五名ヲ撰ヒ、長谷川・藤田・神田・折田・屬官ト定メタリ、

一、午後五時ヨリ分所ヘ出頭、祠官掌集會之席ニ臨場シ演舌シテ歸ル、

一、東京荒木貞英ヨリ書面、梅苗通常三戔〔錢〕、上等五戔〔錢〕ノ報知ニヨリ、直チニ曾我江、右之代價ヲ通知シ、又荒木ヘハ二十本注文シタリ、荒木ノ方ハ、若井與左衞門ト云ヘリ、

一、伊藤景祐ヨリ之書面常磐ヨリ達ス、丸岡〔莞爾〕ヘ隨行ナリ、

○12月21日、晴、月曜日、舊十一月十六日、

一、昇殿、神拜終る、

一、林源吾來リ、分所集會ノ件ニ付、示談ヲ遂ケタリ、

一、午後第一時ヨリ分所江出頭、分所資本金之一件ヲ達セシニ、攝津五郡・播广・淡州ハ承諾スルモ、但馬・丹波ハ承諾セス、仍而犯則ノ所行ニ付、監督ノ見込ミヲ以テ、惣裁ノ宮ヘ具伸〔申〕ノ趣キヲ達シタタリ（マヽ）、

一、金壹圓爲換〔替〕ニて、荒木貞英江梅代ヲ仕出ス、

一、今夕ハ焚香之粉末ニ掛る、

○12月22日、晴、火曜日、舊十一月十七日、

一、昇殿、神拜終る、

一、昨夕大藪文雄ヘ立齋行ノ絖并ニ畫餞〔箋〕紙二枚ヲ托ス、

一、駿河國駿東郡大畑之高橋次郎ヨリ櫻苗來着、但シ種子モ相添、

○12月23日、晴、水曜日、舊十一月十八日、

一、昇殿、神拜終る、墓參濟、

一、東京江左之通リ仕出す、

　一、鯛味噌漬幷ニ蜜柑壹函、櫻井能監江、

　一、榓柑壹函中ニ舞子記茶碗貳ツ、荒木貞英江、

　一、榓柑仝　　河鰭實文江、

　一、仝　仝　　西村新七へ、

　右之荷物、西村絹へ差出す、

一、御社内幷ニ上之屋敷及廣嵓寺內、或ハ宮内愛亮方へも、高橋ノ送リシ大嶌櫻木ヲ植附ケタリ、荷造甚行屆キ、如何ニも叮嚀ナリ、

一、岐阜縣美濃國羽栗郡柳津村伊藤要ヨリ、薏苡仁ノ種子ヲ贈リ呉レタリ、

○12月24日、大風雨、木曜日、舊十一月十九日、

一、昇殿、神拜終る、

一、鳳瑞丸本日出帆之筈ナレ𪜈、早朝ヨリ之暴風雨ニて、多分延日ナルヘケレ𪜈、北堂君へ上ル書面幷ニとぢそう代金壹圓幷ニ數之子、其外種々之歳暮用駄手籠へ入レ附ケ差上ル、

一、宮之原氏へ金五十錢、是レハ幼亡之神饌料トシテ贈ル、

*月山貞一來り酒肴を出して饗す

一、月山貞一來ル、仍テ酒肴ヲ出シテ饗シタリ、又刀代五圓ノ內殘分金貳圓ヲ相渡シ、是レニテ皆濟受取證有之、

一、東京日々新聞社江代價ノ內トシテ、金壹圓ヲ爲換〔替〕證ニて送る、

一、仝かなの會へ六十錢、十九年一月ヨリ六月迄ノ納金ヲ同斷、

一、東京駿河臺鈴木町十六番地增山守正ヨリ詩集之㕝ニ付、無禮之書面達す、仍而卽刻返詞ヲ出す、

一、雅言集覽第十四回出版來着、

一、內海縣令〔忠勝〕ヨリ書面、前田吉彦油繪料之一件ヲ問合セタリ、

○12月25日、晴、金曜日、舊十一月二十日、

一、昇殿、神拜終る、

一、神殿月次祭濟ミ、父上之祭祀濟、

一、鳳瑞丸今日出帆ニ付、牛肉幷ニ麥酒・山東菜ヲ、松下・相良へ贈ル、

一、博愛社ヨリ爲換〔替〕受取證來ル、日本農會ヨリも仝、

一、三田育種場ヨリ注文之書籍二部來着す、

一、京都四條柳馬場金物店、春井ヨリ爲換〔替〕金之受取來ル、

一、駿河國高橋次郎へ櫻苗着之禮狀ヲ出ス、茶ノ虫害件ヲ書シ、蟷螂ヲ放ツヿヲ記ス、
一、前田吉彦來リ、油繪ヲ精彩ス、

○12月26日、晴、土曜日、舊十一月廿一日、

一、神拜終る、
一、早朝内海縣令ヲ訪ヒ、前田吉彦油繪之一件等ヲ示談シテ歸ル、
一、大住三郎ヲ訪ヒ、植物等之閑話ヲ歴テ歸ル、
一、歸途前田ヲ訪ヒシニ不在ナリ、
一、佐〻木ヨリ書、送リ荷受取之書面ナリ、
一、大島櫻苗廿本ヲ大住（マヽ）ヲ內海縣令江送ル、
一、大藪ヨリ過日之詩稿ヲ送リ呉レタリ、
一、鳳瑞丸本日出帆ノ由ニて、相良甚之丞來ル、仍而今般廟堂改革之一件ヲ子細ニ談シ、正二位公（島津久光）へ御機嫌伺旁ヲ依賴ス、

○12月27日、晴、日曜日、舊十一月二十二日、

一、昇殿、神拜終る、墓參濟、
一、吉冨ヨリ金壹圓之爲換〔替〕來着、是レハ墓所諸飾物等之費用トシテ送リタリ、
一、岐阜縣美濃國羽栗郡柳津村伊藤要へ、八石麥種子惠送禮狀ヲ出す、
一、櫻井能監江書面、大政改革之件、幷ニ社寺局巡回及神官會集分所維持方法、且ツ過日送リタル小樽函荷、又ハ杉氏之書一件ヲ記ス、
一、横濱西村新七ヨリ鹽引幷ニ葱壹把ヲ送リタリ、
一、今日一社中へ年分慰勞金ヲ賜リタリ、

○12月28日、晴、月曜日、舊十一月廿三日、

一、神拜終る、
一、花房慈八ヨリ、丹田之一件ヲ書面ニて問合セタリ、何分極月繁忙之云〻ヲ返詞ニ及タリ、
一、昨夕ヨリ風邪氣ニて終日引入、
一、梅代貳圓九十錢ヲ坂ノ上喜右衞門江拂渡ス、三圓渡ス十戔〔錢〕過、
一、東京曾我幷ニ荒木ヨリ之書面達す、曾我ヨリ梅苗四十本仕出シノ書面、又荒木ヨリハ梅代三圓八十四戔〔錢〕、曾我へ支拂之趣キニて、內荒木へ預リ金四十錢、殘る三圓四十錢送るべきノ書面ナリ、荒木ヨリハ外ニ二十本、注文之梅ハ明十三日仕送るへク、先般爲換〔替〕金壹圓ハ落手之返詞も有之、

＊縣令幷に廣巖寺へ歳暮の品を送る

一、縣令幷ニ廣嵓寺へ歳暮之品物ヲ送る、

*大祓幷に除夜祭執行

一、北堂君ヨリ公債證貳千圓、共ニ抽籤相當ニ付、今後如何可致トノ御書面來着ニ付、直ニ返詞ヲ認メ、惣て永田猶八江御依頼相成リ可然旨、申上越シタリ、

○12月29日、晴、火曜日、舊十一月廿四日、

一、神拜終る、

一、吉冨氏おはやへ書面ヲ出ス、是レハ爲替金壹圓、正ニ相達シ、墓所幷ニ位牌前等之飾物ハ、已ニ手配ニ及タリ、又此内ノ書面相達シしシ（マヽ）ハ尤ナレ𪜈、行先キノ叓共被案候間、早く決心再縁之方可然旨ヲ記シタリ、

一、晩ニ宮内愛亮來リテ閑話す、

○12月30日、晴、雪降る、水曜日、舊十一月廿五日、

一、神拜終る、

一、林源吾來ル、西京ヨリ歸途ト云、聞クニ丸岡莞爾叓、電信ニて呼戻シニテ、今日來神、歸京スルトノ事ナリ、丸岡モ愚ノ甚シキ、今般廟堂之大變ヲ承知シナカラ、依然トシテ旅行スル、何等之無精神ナルカヲ知ラス、

一、西村ヨリ東京仕送リノ梅花來着す、

○12月31日、晴、木曜日、舊十一月廿六日、

一、神拜終る、墓參濟、

一、有川矢九郎十二月十七日附ケ之書面相達し、北堂君御病氣ノ云〻通知有之、

一、大祓幷ニ除夜祭濟ム、

（表紙）

日誌　從十九年一月一日 至仝年九月卅日　卅一

〔明治十九年正月〕

明治十九年丙戌一月一日、金曜日、舊十一月廿七日、

○1月1日、金曜日、晴、

一、昇殿、神拜終る、墓參濟、

一、早朝生田ニ參拜、縣廳へ出頭、新年ヲ賀シ歸社、一日祭祀ヲ奉シ、諸方へ年賀ヲ報シ、歸宿、

一、試筆、

紅暾將上映丹霞鎭氣春光幾万家六十餘旬浪過夢覺來霜鬢祝年華

さしのほる旭の影をくみそへてミ（御）代の千とせを祝ふ若水

元始祭執行*

一、本日黑石ヨリ鯉魚二十餘尾ヲ送リタリ、庭前池水ニ放ツ、

○1月2日、土曜日、舊十一月廿八日、

一、昇殿、神拜終る、

一、年賀客數名有り、

○1月3日、晴、日曜日、舊十一月廿九日、

一、昇殿、神拜終る、墓參濟、

一、午前第九時、長田社ニ參拜、

一、今日縣之消防出初アリ、

一、午後第二時ニ元始祭執行、

一、諸方へ年始狀ヲ出ス、本日ニて仕舞タリ、

○1月4日、晴、月曜日、舊十一月卅日、

一、昇殿、神拜終る、

一、宮內愛亮來リテ閑話す、

○1月5日、晴、火曜日、舊十二月一日、

一、昇殿、神拜終る、

一、午後四時ヨリ諏方（マヽ）山中店ニ於テ、內海（忠勝）縣令之新年宴會之催シ有之、出席、本日ハ鶴肉ノ到來有之ニ付、吸物ニ拵へ差出す、酒酣ニシテ詩作等有之、十時ニ歸家す、

○1月6日、晴、水曜日、舊十二月二日、

一、昇殿、神拝終る、墓參濟、

一、宮内來る、土佐製之酒盗ヲ惠投ナリ、仍而楪盆栽壹箇ヲ贈ル、

一、晩ニ川添〔爲一〕訪來ル、

○1月7日、晴、木曜日、舊十二月三日、

一、昇殿、神拝終る、墓參濟、

一、當日ハ祖父公并ニ宮子ノ月次祭ニ付執行ス、

一、御表門通リ貸家之件ニ付、縣廳土木課ヨリ呼出シ有之、山平ヲ出シ、又午後平井へ依賴ノ爲ニ遣シタリ、

藤田積中來訪す

一、藤田積中訪來リ、倶樂部ノ摺物ヲ持參シ、明八日榮町久藤へ集會之叓ニ決シタリ、

一、公債證當籤之金員ノ叓ニ付出可致旨、本縣ヨリ通達有之、

一、金三圓五十錢、荒木貞英江曾我方梅代取替分ヲ郵便爲換〔替〕ニテ差出す、

○一月八日、晴、金曜日、舊十二月四日、

一、昇殿、神拝終る、墓參濟、

一、和田大猪來リ、分所之百叓打合セテ皈ル、

一、午後第三時ヨリ工藤八郎之宅江行キ初會アリ、光村・長谷川・藤田〔積中〕相客ナリ、

○一月九日、晴、土曜日、舊十二月五日、

一、昇殿、神拝終る、墓參濟、

一、公債證當籤代價五百二十餘圓受取ル、

○1月0〔10〕日、晴、日曜日、舊十二月六日、

一、昇殿、神拝終る、

一、早朝本城・熊谷・専崎・岡田・松原・坪井・澤井等之人江倶樂部規則書面ヲ配當す、

一、宮内愛亮來る、閑話す、

一、今日初て猪肉ヲ買得タリ、池田・宮内〔愛亮〕之二名へ送ル、

一、櫻井能監・伊藤景祐之二名ニ書面ヲ出シ、神社變換ノ叓情ヲ内通スルヲ乞ヒタリ、

○1月11日、晴、月曜日、舊十二月七日、

一、神拝終る、昇殿、

一、内務省江宮内省御門鑑二枚ヲ郵便ニて送ル、

一、有川矢九郎ヨリ書面、北堂君御病氣、御快氣之報知ナリ、

○1月12日、晴、火曜日、寒氣殊ニ甚シ、舊十二月八日、

一、昇殿、神拝終る、

一、日州延陵〔岡〕ノ甲斐某シ訪ヒ來リ、國躰上ノ叓ヲ論ス、

○1月13日、晴、水曜日、舊十二月九日、

一、昇殿、神拜終る、

一、午後三時之瀛車ニテ上坂、直チニ折田氏ヲ訪、不在ナリ、所携ノ魚物并菓子ヲ家內ニ贈リ返る、

一、高津下黒焼屋ニて、蜂房ノ黒焼ヲ買取ル、是レハ房女吹乳ノ藥ナリ、

一、平野町四丁目ニて、大麥越幾斯外淫銕液ヲ買、菱冨ニて晩飯ヲ傾ケ、八時二十五分ノ氣車ニテ皈ル、

一、有川矢九郎ヨリ椿代三圓六十錢ヲ受取、河野徹志持參ナリ、

○1月14日、晴、木曜日、舊十二月十日、

一、昇殿、神拜終る、

一、本日ノ新聞ニ內務ノ改革叓情ヲ記ス、宮內省へ社寺局ヲ附ストカ、

一、桐野利部へ鴨一羽、并ニ唐菜壹本ヲ送ル、

一、北堂君ヨリ之御狀達す、御無異ナリ、

一、京都春井へ湯沸出來次第屆ケ方之書面ヲ出ス、

一、丸善ヨリ義經再興記送ル來ル、

○1月15日、晴、金曜日、舊十二月十一日、

一、神拜、昇殿終る、

一、宮內愛亮訪來リ、兼定ノ無銘并ニ秋廣ノ短刀ヲ持參、二本共鑑定的中、又晩ニ雲生ノ長刀ヲ持參、初メ吉則、次ニ雲生ト鑑定的中す、

○1月16日、晴、土曜日、舊十二月十二日、

一、昇殿、神拜終る、

一、河野徹志大坂ヨリ來ル、東京行之叓ヲ談ス、又西鄕從道・高木軍醫等へ之書面ヲ造る、

一、淡路須本〔洲〕之藤岡喜代三訪來ル、奉職之叓ヲ折田常隆ヨリ依賴之書面有之、然レトモ時機改革ニ遭逢スルニ依リ、時之至ルヲ可侍〔待〕叓ニ示指〔指示〕シテ返ス、

一、午後三時ヨリ久藤ヲ訪ヒ、又長谷川一彥ヲ訪ニ病氣故床上ニて面談、是レヨリ常盤舍ニ行、折田彥市之着神ヲ聞クニ未タナリ、依リて皈ル、今日又猪肉ヲ買ヒ、宮內ニ贈ル、

○1月17日、晴、日曜日、舊十二月十三日、

一、神拜終る、墓參濟、

一、折田彥市ヲ常盤舍ニ訪ヒ、河野之〔徹志〕件ヲ依賴シ、又棧橋迠送る、二人共近江丸ニ乘船ナリ、河野之一件ヲ遠武秀行へも依賴狀ヲ遣ス、

○1月18日、晴、月曜日、舊十二月十四日、
一、昇殿、神拜終る、
一、今日末〔抹〕茶用之風呂釜ヲ貳圓二十錢ニ買取ル、
一、午後四時ヨリ常盤花壇ニ行キ、郵船會社ノ開廷〔延〕式ニ臨ム、太醉倒シテ同店ニ醉臥、鷄鳴ニ歸ル、
○1月19日、晴、火曜日、舊十二月十五日、
一、神拜終る、
一、宿醉ニ而終日打臥ス、

*長田神社生田神社廣巖寺へ櫻苗贈る

一、高橋次郎ヨリ櫻苗五百本獻植、右横濱西村ヨリ相達す、
一、高橋次郎へ苗木來着之返詞ヲ出ス、
○1月20日、晴、水曜日、舊十二月十六日、
一、昇殿、神拜終る、
一、林源吾來リ、明廿一日新年宴會ノ叓ヲ約ス、
一、上井榮雄歸社ニ付、暇乞ノ爲ニ來る、
一、宮内愛亮來ル、
一、江平ヲ呼て、水上警察所〔署〕水夫副取締被申附も、難計ニ付念ヲ入レ、奉務可致旨ヲ申諭ス、
一、菊水之吉原來リテ看板ノ字ヲ乞カ故ニ記シテ與ヱタリ、

一、諸方ヨリ依頼ノ神號ヲ記ス、
一、毛利元藏之壽詩ヲ書ス、
一、本城依頼ノ書幷ニ額面ヲ記ス、
○1月21日、晴、木曜日、舊十二月十七日、
一、昇殿、神拜終る、
一、大島櫻苗百本ヲ鉄道局へ獻納之書面ヲ、野田・飯田ノ二名ニ宛てゝ遣ス、彼ノ方ヨリ禮狀來ル、
一、仝三十本ツヽ永〔長〕田神社・生田神社、又廣嵓寺へも送リタリ、
一、午後四時ヨリ常盤花壇へ林之(源吾)饗應トシテ行、管〔菅〕森潔ト二人ナリ、
○1月22日、晴、金曜日、舊十二月十八日、
一、昇殿、神拜終る、
一、管〔菅〕森潔來リ、分所維持法之件ニテ、縣令(内海忠勝)へ允可ヲ得ルノ叓ヲ議シタリ、
一、午後四時ヨリ工藤江集會、倶樂部之件ヲ議ス、
○1月23日、晴、土曜日、舊十二月十九日、
一、昇殿、神拜終る、
一、來ル廿七日諏(マヽ)方山ニ於て、新年會之叓ニ付、催シノ書面ヲ諸方へ出す、

*有栖川宮幟仁親王薨去

一、丹田半僊之叓ニ付、金五圓ヲ記ス、
一、愛姫縣北宇味郡（マヽ）壽寺村毛利元藏ノ依頼ニ付壽詩哥ヲ贈ル、
一、猪壹疋ヲ買取リ、宮内・池田へも送ル、
一、晩ニ明石之米澤（長衞）來リ、又田村（喜進）も來ル、日暮林源吾ヲ訪ヒ、倶樂部規則ヲ持參す、不在故措テ歸ル、

○1月24日、晴、日曜日、舊十二月廿日、

一、昇殿、神拜終る、
一、上野喬介來りて、分所一件ヲ談ス、
一、和田大猪ヨリ倶樂部加名（盟）ノ叓ヲ辭退ノ書面來ル、

○1月25日、晴、月曜日、舊十二月廿一日、

一、昇殿、神拜終る、墓參濟、
一、月次之御祭執行、
一、今日ヨリ丹田貞治來リテ、茶花生之稽古ニ掛ラシム、

櫻井能監より後醍醐天皇の宸翰贈らる

一、櫻井能監ヨリ　後醍醐天皇ノ宸翰幷ニ海苔壹函ヲ送リ呉レラレタリ、
一、神拜終る、墓參濟、

○1月26日、晴、火曜日、舊十二月廿二日、

一、昨夕田口松次郎持留（勾）ノ事ニ付、宮内愛助（亮）ノ方へ行キ問合セ方依頼ニ及ヒタルニ、姫路ニ非ラス、龍野ノ分署ヨリノ云々ニ付、宮内より直チニ龍野署長へ引合呉レ、態々通知シ呉レタリ、
一、本日社務掛ケ返講之集會ヲ催シタリ、

○1月27日、晴、水曜日、舊十二月廿三日、

一、一品親王（有栖川宮幟仁親王）薨去ノ新聞有之、依而禮服遙拜、
一、昇殿、神拜終る、墓參濟、
一、午後第三時ヨリ諏方（マヽ）山中店へ行キ、新年會ヲ催ス、縣令初メ凡三十餘名ナリ、
一、一品宮薨去之端書御家扶ヨリ來着、廿四日薨去ノ叓ヲ記ス、

○1月28日、晴、木曜日、舊十二月廿四日、

一、昇殿、神拜終る、
一、有栖川（熾仁親王）二品幷ニ三品宮（朝彦親王）御方へ御機色（氣）伺ノ料紙ヲ上ル、又御花一臺、是レハ金壹圓爲替證ニテ書留ヲ以テ上ル、
一、縣本北堂君ヨリ御狀達ス、公債證代金貳千圓受取、是レニテ跡買入方可致トノ叓ヲ御申遣シ相成ル、仍テ卽刻御返詞申上、一切永田氏へ御依頼可被下旨申上ケタリ、
一、東京折田彦市へ書面、發程ノ折、贈リ品ノ禮ヲ記ス、

一、河野徹志ヨリ書面來着、金百圓云々申シ遣ス、仍而本書ヲ封入、有川矢九郎へ金百圓借入方申遣シ、猶親直介江も書面、有川江面會、示談ノ上、早々返詞可致旨申遣ス、

一、花岡石花表建築費募勤〔勸〕記ヲ書ス、

○1月29日、晴、金曜日、舊十二月廿五日、

一、昇殿、神拜終る、

一、藤田・長谷川ヨリ倶樂〔部脱〕ノ一件ヲ書記ス、三十一日惣會ノ筈ナリ、

一、京都春井ヨリ鎭〔眞〕鍮之湯沸來着す、仍而明日金員郵送之叓ヲ端書ニテ出す、

○1月30日、晴、土曜日、舊十二月廿六日、

一、神拜終る、墓參濟、

一、早朝鳴瀧幸恭〔公〕ヲ訪ヒ、御社前借屋之一件等ヲ依賴シ、又渡邊弘ヲ訪ヒ、家內死去ノ弔詞ヲ演、宮內ヲ訪ヒ、村野〔山人〕ヲ訪ヒ來ル、

一、午後長谷川一彥ヲ訪ヒ、倶樂〔部脱〕入會受持ノ姓名ヲ通シ皈ル、

○1月31日、陰、日曜日、舊十二月廿七日、

一、昇殿、神拜終る、

一、早朝丸山太郎ヲ訪ヒシニ不在、仍而午後ヲ約シテ歸ル、

一、再度丸〔山脱〕ヲ訪ニ、又不在、依而歸リ午後一時ヨリ倶樂部惣會へ出頭、當日ハ四十八銘〔名〕、仍而幹叓投標〔票〕ヲ試ム、折田・長谷川・藤田・神田・山川之五名、高點ナリ、依而五名承諾す、六時ニ食叓ニ掛リ九時ニ散ス、

〔二　月〕

○2月1日、大雪、月曜日、舊十二月廿八日、

一、神拜終る、

一、早朝丸山〔太郎〕ヲ訪ヒ、御門前借屋ノ一件ヲ懇篤ニ依賴シテ歸ル、

*秋月悌次郎より添書あり

一、大武氏來ル、是レハ會藩人ニて秋月悌次郎ヨリ轉〔添〕書有之、面會シタリ、

一、一昨日ヨリ食氣不進、今日も打臥シ、晩景ヨリ小西ト共ニ散歩、食叓ヲ一茶店ニテ食す、

○2月2日、陰雪、火、舊十二月廿九日、

一、昇殿、神拜終る、

一、中山ヨリ轉〔添〕書之紀州人梶川來ル、酒肴ヲ出シテ閑話

す、

一、縣令幷ニ丸山(内海忠勝)(太郎)ヘ餞別トシテ、魚・麥酒ヲ贈ル、

一、晩ニ工藤・長谷川・宮内・田口ヲ訪ヒ、散歩シテ歸ル、

一、神拜終る、墓參濟、

○2月3日、晴、水曜日、舊十二月晦日、

一、大堀檢吏ヲ安藤ニ訪ヒシニ、家内昨夕ヨリ病氣之趣キニて、本日之出立ヲ止メタリトノ事故ニ、卽田郁喜進ニ書面ヲ遣シタルニ、卽刻來診シタリ、

一、内海(忠勝)ヲ訪ヒ、又宮内(愛亮)ヲ訪ヒ歸リ、頓テ川添(爲一)ト同伴シテ、内海之乘船ヲ訪、別手シテ歸途、自由亭之洋食ノ午飯ヲ喫シタリ、

一、金壹圓、是レハ倶樂部月賦金トシテ工藤江相渡ス、

○2月4日、晴、木曜日、舊十九年正月元日、

一、昇殿、神拜終る、墓參濟、

一、京都春井喜助ヘ湯沸代價金貳圓ヲ送ル、

一、御社水取場地所之叓ヲ掛合ヒタリ、

○2月5日、晴、金曜日、舊正月二日、

一、昇殿、神拜終る、

一、川添幷ニ丹田來ル、

一、晩ニ田口松次郎之娘來ル、龍野町警察所[署]ヘ遣シタルモノ、立歸リシ返詞ヲ報シタリ、

○2月6日、雨、土曜日、舊正月三日、

一、神拜終る、

一、早朝宮内ヘ行テ田口之一件ヲ談シ、猶同人之娘ヲ訪ヒ、事情ヲ粗附責ノ叓ヲ決シ、附責願書ヲ石田ヘ記セシム、

一、宮内來リ田口之御證ヲ持參す、仍而附責ノ事ヲ止ム、

一、山中竹之進來リ、今般德島縣ヘ轉任ノ叓ヲ報シタリ、伯耆廣資ノ短刀ヲ惠ミタリ、歸坂ニ臨ミ、小柴景起ヘ書面ヲ出ス、

一、鄕田兼亮ヘ書面ヲ出シ、縣令出京ニ付、宮内ノ近〻落決スル云〻ヲ記ス、

○2月7日、晴、日曜日、舊正月四日、

一、昇殿、神拜終る、墓參濟、

一、本日ハ祖父君・宮子姬、月次祭ニ付執行、

一、午後三時ヨリ倶樂部ヘ出席、暖ニ歩シテ皈ル、

○2月8日、陰雪、月曜日、舊正月五日、

一、昇殿、神拜終る、

一、終日無異、

○2月9日、晴、火曜日、舊正月六日、
一、昇殿、神拜終る、
一、終日無異、
○2月0(10)日、晴、水曜日、舊正月七日、
一、昇殿、神拜終る、
一、鳳瑞丸着船ノ由ニて、吉富之家内より書面、幷ニ鰤子壹疋送リ來タル、
○2月11日、晴、木曜日、舊正月八日、
一、神拜終る、
一、松下來ル、鳳瑞丸ヨリ北堂君之御贈リ品ゝ來着す、
一、有川矢九郎ヨリ吉富氏之石燈爐募集金ノ書面來リ、又鴨一羽贈リ來タレ𪜈、船中ニて鼠害ニ罹リ只名ノミナリ、

*櫻井能監より書面來著

○2月12日、晴、金曜日、舊正月九日、
一、神拜終る、
一、下痢症ニて甚困却ス、
○2月13日、晴、土曜日、舊正月十日、
一、神拜終る、
一、終日無異、
○2月14日、晴、日曜日、舊正月十一日、
一、神拜終る、
○2月15日、月曜日、舊正月十二日、
一、神拜終る、
一、河野徹志幷ニ直助へも書面ヲ出タス、
一、中島惟一江(史籍)集覽十五圓代、前金九十錢ヲ郵送ス、
一、日報社へ金貳圓ヲ郵送ス、
一、中島へハ集覽、今後何回ニテ終版否之問合セニ及ヒタリ、
○2月16日、晴、火曜日、舊正月十三日、
一、神拜終る、
一、櫻井能監子ヨリ之書面來着、
一、小西之隱居大病之報知ニ付、早速見舞幷ニ人ヲ遣シタリ、晩景ニ及ヒ、少シク快氣之報有之、
○2月17日、晴、水曜日、舊正月十四日、
一、神拜終る、
一、江平鷄卵ヲ惠ミタリ、
一、宮内愛亮來リ、長谷部國重之短刀ヲ一見す、
○2月18日、晴、木曜日、舊正月十五日、
一、神拜終る、
一、小西之倅來ル、隱居快氣ニ嚮キタリト云、

○2月19日、晴、金曜日、舊正月十六日、

一、神拜終る、

○2月20日、陰雪、土曜日、舊正月十七日、

一、神拜終る、

一、東京荒木貞英梅苗二十二本、柿ノ穂竹筒ニ入レ二種、外ニ大澤ヨリ梅苗四本送達す、

一、鳳瑞丸出帆之報知ニ付、俄カニ北堂君へ書面ヲ奉リ、外ニ手拭・昆布等之品〻進上致ス、

一、有川矢九郎へ書面、吉冨之石燈寄附金已ニ四圓五十錢、募集シタル人名簿ヲ贈ル、又松下へハ牛肉ヲ贈ル、

○2月21日、雪、日曜日、舊正月十八日、

一、神拜終る、

○2月22日、晴、月曜日、舊正月十九日、

一、林源吾ヨリ盆壹ツヲ贈ラレタリ、

一、神拜終る、

一、今朝太敷下痢、大ニ疲労ヲ覺ユ、仍而直チニ臥ス、

一、宇田川(謹吾)・田村(喜進)等打集リテ治療ス、

○2月23日、晴、火曜日、舊正月廿日、

一、神拜終る、

一、下痢ノ模様、今朝ニ至リ大ニ快シ、

一、小西之隱居死去之報知有之、本年五十八年ナリト云、

○2月24日、晴、水曜日、舊正月廿一日、

一、神拜終る、

一、櫻井能監氏へ代筆ヲ以テ書面ヲ贈リ、過般贈リ品等之禮幷ニ母堂死去之悔ミヲ申遣ス、代筆ハ上野(喬介)ニ囑ス、

一、宮内愛亮佐賀縣警部長江轉任ノ旨、上野ヨリ報知ニ付、卽刻本人江書面ヲ以而否ヲ問合セタリ、

○2月25日、晴、木曜日、舊正月廿二日、

一、神拜終る、

一、父上之月次祭相濟、病氣ニ付家内ニて祭叓ヲ執行、

一、宮内愛亮訪ヒ來リ、轉任ノ叓ヲ聞ク、辭令ハ未タ落手セストノ事ナリ、

一、高知之山田爲喧江書面、德次郎梨子ノ穗三四本ヲ無心申シ遣す、

○2月26日、晴、金曜日、舊正月廿三日、

一、神拜終る、

一、宮内愛亮俄カニ東上ニ付、川添へ手拭ヲ托シテ爲見舞遣ス、

一、横山桃太郎病氣見舞ノ爲來ル、
一、育種場片山遠平ヘ爲替證壹圓封入、苹菓三種・梨二種・葡萄二種・懸鉤子二種ノ苗ヲ注文ス、
一、佳人之奇遇第二篇ヲ買取ル、
一、神拜終る、

○2月27日、晴、土曜日、舊正月廿四日、
一、今日初而脚湯ス、

○2月28日、晴、日曜日、初而春暖ヲ得タリ、舊正月廿五日、
一、神拜終る、
一、北堂君ヨリ廿二日附ケニて、小倉之家宅賣屋敷之御報知ニ付、安價ニ御借リ取、貸シ家ニしてハ如何ト申上越ス、是レハ電信ナリ、
一、枚岡之岩政ヨリ書面、宮司ヘ吹擧之依頼狀ナリ、

〔三　月〕

三月　○3月1日、晴、月曜日、舊正月廿六日、
一、神拜終る、
一、今日浴湯ス、日々快氣ナリ、
一、梅苗二十本、山本之喜右衞門ヨリ來着す、貳十錢拂

渡ス、外ニ三十本幷梨苗五六本注文す、
一、縣令内海(忠勝)、今夕歸縣之筈ト云、

○3月2日、晴、火曜日、舊正月廿七日、
一、神拜終る、
一、縣令(内海忠勝)昨夕歸縣ニ付代理ヲ遣、歸縣ヲ祝す、又鳴瀧(公恭)・丸山(太郎)ヘも同斷、
一、荒木貞英江書面、注文ノ梅苗來着ノ叓幷ニ佛門ニ入ルニ付、戒刀ヲ懇望ニ付送ルヘキヲ記シ、外ニ梅苗三十種、富春接木ノ叓ヲ注文ス、
一、曾我權右衞門ヘも梅苗三十二種注文ノ叓ヲ記スルノ書面ヲ出ス、
一、神拜終る、

○3月3日、晴、水曜日、舊正月廿八日、
一、縣令歸縣ニ付、祝詞トシテ魚物ヲ贈る、

○3月4日、晴、木曜日、舊正月廿九日、
一、神拜終る、
一、祈年祭ナレトモ、山平ヲ代理トシテ奉行ス、

○3月5日、晴、金曜日、舊正月晦日、
一、神拜終る、
一、本日ヨリ二陛(階)之便所ヲ造る、

一、朝權之種子ヲ調ヘタリ、
一、加藤新助ヘ書面、小割土二樽、大割壹樽仕送ルヘキノ書面ヲ出す、
一、惣理大臣伊藤氏（博文）ヲ狙撃者アリト流言セリ、
一、菘翁之屛風仕立ヲ命ス、壹雙ニて十九圓ナリ、
○3月6日、晴、土曜日、舊二月朔日、
一、神拜終る、
一、山田爲喧ヨリ德次郎壹本ヲ贈リ呉レタリ、此梨ハ壹尺四寸ノ周圍アル梨ナリ、
一、博愛社ヘ金三圓ヲ爲替ニて郵送ス、是レハ昨年ノ殘額ト、本年ノ半季納金ナリ、
一、日報幷ニ中島一惟ヨリ爲替證、間違之書面到來ニ付取替、直チニ仕出す、
一、宮内（愛亮）昨晩ヨリ東京ヨリ歸着ノ由ニて來ル、
○3月7日、晴、日曜日、舊二月二日、
一、神拜終る、
一、石崎江雨紙包壹ツヲ大和三輪馬場方ヘ出スカ爲、通運ヘ送ル、
一、山本之喜右衞門江柚苗貳本ヲ注文之端書ヲ出す、
一、午後喜右衞門父子來ル、梅・梨之接木ヲ命す、

○3月8日、晴、月曜日、舊二月三日、
一、神拜終る、
一、金貳圓加藤新助ヘ土代三樽之内トシテ郵送す、是レハ壹樽壹圓三十錢ツヽナリ、
一、金壹圓五十二錢、是レハ丸善ヘ義經再興記幷ニ存採叢書第四號代價トシテ送る、
一、宮内幷ニ川添來ル、
一、金壹圓、具（俱）樂部ヘ月資金ヲ出タス、
○3月9日、晴、火曜日、舊二月四日、
一、神拜終る、
一、楳ノ接木今日ニて濟ム、仍而骨折料共ニ金貳圓ヲ喜右衞門ヘ與ヘタリ、
一、工藤八郎來リて、具（俱）樂部ノ叓ヲ談ス、
一、明十日三條公（實美）横濱御出帆否之件ヲ（爲二）川添ヘ問合セタリ、
○3月0（10）日、晴、水曜日、舊二月五日、
一、神拜終る、
一、本日初而拂床、
一、加藤新助ヨリ土代貳圓受取ノ報有之、
○3月11日、晴、木曜日、舊二月六日、
一、昇殿、神拜終、

*廣巖寺新住持を訪ふ

一、北堂君ヨリ過日小倉之家一件御答有之、家價高直ノ由ナリ、
一、宮内愛亮本夕出帆赴任ノ由ニテ訪ヒ來ル、仍而千代ヲ遣シ、又贐トシテ紺島壹反・煙草壹包ヲ送ル、
一、山田爲喧ヨリ書面來着、梨樹之一件ヲ記ス、

○3月12日、晴、金曜日、舊二月七日、

一、神拜終る、
一、北堂君へ朝權ヲ郵便ニて上ル、又有川矢九郎へも書面、同種子ヲ贈リ、河野徹志ノ一件も懇篤ニ記ス、
一、山田爲喧へ書面、梨之一禮ヲ記ス、

○3月13日、晴、土曜日、風、舊二月八日、

一、神拜終る、
一、大藪文雄ヨリ病氣見舞菓子來ル、

○3月14日、晴、日曜日、舊二月九日、

一、本日朝權ヲ植ヱ、又梅名ヲ調ヘタリ、
一、韓客崔浩連ナルモ、日本語傳習ノ爲ニ入朝シ、甚タシク窮困之旨、又新日報ニ記載セシ故、金壹圓・浴衣壹枚ヲ送ル、

○3月15日、晴、月曜日、舊二月十日、

一、昇殿、神拜終る、墓參濟、

一、廣嵓寺新住持鈴木(子順)ヲ訪、
一、山本之喜右衛門江、茶山花十本・柚大小二本ヲ注文す、
一、加藤(新助)ヨリ七條土三樽來着す、
一、鳳文館幷ニ中近堂へ豫約書出版之旨ヲ問合セノ端書ヲ出ス、

○3月16日、晴、火曜日、舊二月十一日、

一、神拜終る、
一、昨日横山桃太郎小児病氣之由ニ付、千代ヲ見舞ノ爲ニ遣ス、
一、加藤新助へ土代殘金壹圓九十錢ヲ、爲替手形ニて郵送ス、

○3月17日、晴、水曜日、舊二月十二日、

一、昇殿、神拜終る、
一、大坂鳳文館支店江出シタル書面返ル、當時引拂ヒタル由ナリ、
一、横山之小児死去之由ニ付、よしヲ見舞ニ遣ス、
一、丸善商社ヨリ存採叢書仕出シノ書面達す、

○3月18日、晴、木曜日、舊二月十三日、

一、神拜終る、

一、榛原直次郎へ半切之注文壹千枚ヲ申遣ス、
一、丸善ゟ存採叢書來着す、
○３月19日、雨、晩ニ晴、金曜日、舊二月十四日、
一、神拜終る、
一、韓客崔浩連訪來リ、過日惠投之謝義ヲ演ベタリ、
一、東京荒木ヨリ贈リシ柿ヲ接木ス、
一、能福寺之フンタン(文旦)ノ穗木ス、
○３月20日、晴、土曜日、舊二月十五日、
一、昇殿、神拜終る、
一、梅之手入ニ掛ル、
一、山本喜右衞門ヨリ茶山花十本・柚貳本屆ク、
金壹圓六十壹戔ナリ、
○３月21日、雨、日曜日、舊二月十六日、
一、神拜終る、
一、山平(方松)ヲ加古郡長ノ旅宿ニ遣シ、永福村養魚場ノ事ヲ依賴ス、
○３月22日、晴、月曜日、舊二月十七日、
一、神拜終る、
一、柿・梨之接木ヲナシタリ、

一、菘翁之屛風出來セリ、金箔粧ニて甚美ナリ、
○３月23日、陰、火曜日、舊二月十八日、
一、神拜終る、
一、終日無異ナリ、
○３月24日、雨、水曜日、舊二月十九日、
一、神拜終る、
一、鳳文館へ佩文韻府之照會ヲ山本淸八名前ニて出ス、
一、育種場片山遠平へ苗物之書面ヲ出ス、
○３月25日、晴、木曜日、舊二月廿日、
一、昇殿、神拜終る、墓參濟、
一、本日ハ父上之月次祭執行、
一、東(京脫)榛原直次郎ヨリ端書來着、印サツ局製紙ノ相場左之通リ、
白ノ半切壹千枚ニ付、金貳圓貳拾五錢、
仝半紙板四百八十枚、金六拾錢、
白之美濃板四百八十枚、金八十錢ナリ、
但シ、何レモ白紙ニて掛引ハ無之、注文ニヨレハ、何行ニてモ千枚ニ付、手間代金貳十錢ナリ、
○３月26日、晴、金曜日、舊二月廿一日、
一、昇殿、神拜終る、

一、山本之喜右衞門江植木代貳圓七十錢拂渡ス、是レニテ昨年中ノ殘額一切拂渡濟ム、

一、半切貳千枚ヲ買入ル、千枚壹圓三十錢ナリ、是レハ榛原ヨリ下直ナリ、

○3月27日、晴、土曜日、舊二月廿二日、

一、昇殿、神拜終る、

一、宮内愛亮ヨリ廿二日出之書面達す、

一、丹波江注文之盆栽六十屆ク、

*廣巖寺妙國寺の住持來訪

一、土州美濃四百八十枚買入ル、代(マヽ)七十五錢ナリ、
仝半紙壹束〆ニて、金壹圓八十錢也、
右者神戸中西紙店ナリ、

一、今度和田(大猪)外三銘(名)ヨリ、分所長選擧之叓ニ付、山平へ談シテ上野へ問合セタリ、是レハ曾て松野勇雄幷ニ櫻井等へ談シ、和田ヲ所長へ選立之内意ナルニ、右人員ヨリ更ニ年秀ヲ所長へ具申之由ニ付テノ事なり、

○3月28日、晴、日曜日、舊二月廿三日、

一、神拜終る、

一、丹波ヨリノ鉢代壹箇ニ付、三錢八リンツヽ、又小ナルハ貳錢八リンツヽ、都合六十三代貳圓餘拂渡ス、

一、長谷川一彥夫婦見舞ニ來訪アリ、

○3月29日、晴、月曜日、舊二月廿四日、

一、神拜終る、

一、鳳瑞丸着船之由ニて、相良甚之丞幷ニ松下祐介訪ヒ來ル、又西田彥七も來ル、吉冨之石燈爐も本船ニて着す、松下へ依賴之酒壹斗九合入之樽壹ツ持參シタリ、

一、北堂君ヨリ貝ノ鹽から幷ニ芋種モカシノ苗數駄手籠ニて御送リ被下候、

一、廣嵓寺ノ住持鈴木氏見得タリ、

一、界〔堺〕妙國寺之住持訪ヒ來ル、

一、昨廿八日育種場ヨリ注文ノ苗物、當年モ拂切云ゝノ書面ニ付、今日ハ注文ハ斷念ニ付、仕送リタル金壹圓ハ、場費ニ拂ヒ捨て返濟ニ不及旨之書面ヲ出す、

○3月30日、晴、火曜日、舊二月廿五日、

一、神拜終る、

一、妙國寺河田江煙草幷ニ奈良漬壹樽ヲ贈ル、

○3月31日、陰、雨、水曜日、舊二月廿六日、

一、神拜終る、

一、廣嵓寺新住持(鈴木子順)廣告之祝儀トシテ、酒壹斗幷ニ菓子ヲ贈、

＊前田吉彦展覧會を一見す

〔四　月〕

○4月1日、晴、木曜日、舊二月廿七日、

一、昇殿、一日祭終る、

一、櫻井能監・松野勇雄へ書面ヲ出シ、分所長之件ヲ縷記ス、

一、晩ニ花房慈八ヨリ金談之依頼有之、

○4月2日、晴、金曜日、舊二月廿八日、

一、神拜終る、墓參濟、

一、早朝ヨリ縣令(内海忠勝)及ヒ鳴瀧(公恭)等ヲ訪ヒ歸ル、

一、前田吉彦ヨリ軸幷ニ花器屏風借用ニ付遣ス、是レハ明三日・四日ノ兩日、倶樂部ニ於て靜山翁之追善展覽會有之ニ付差出シ候㕝、

一、永井豪來ル、今度松野勇雄之父母供奉して、上京ニ付金員不足ニ付、借用申出テタルニ付、金十圓相渡ス、

一、金五十圓花房慈八江貸ス、證文有之、

○4月3日、晴、土曜日、舊二月廿九日

一、昇殿、神拜終る、

一、神武天皇祭ニ付、遙拜式濟、

一、内海(忠勝)縣令・池田書記官等訪ヒ來ル、

一、午後第二時ヨリ前田吉彦展覽會一見ノ爲、倶樂部へ行、是レヨリ長谷川ヲ訪ヒ、倶樂部ニ出頭、本月納金濟、

一、吉冨直次郎祭典ニ付、川添(爲一)初メ回狀ヲ出す、

一、紫檀ノ小棚壹ツ、五圓ニ買入ル、

一、有川氏(矢九郎)ヨリ送附、吉冨ノ燈名(マヽ)來着シテ、墓所へ運送シタリ、

○4月4日、晴、日曜日、舊三月朔日、

一、昇殿、神拜終る、墓參濟、

一、本日ハ吉冨直次郎之一周祭ニ付、墓前之祭㕝幷ニ靈社ニて祭典ヲ執行ス、郷田(兼亮)も新潟ヨリ不圖來リ祭席ニ列ス、佐多・横山ハ不來、

一、藤岡喜代三郎へ官途六ケ敷、仍而方向ヲ他ニ轉シ、可然旨之書面ヲ送ル、

○4月5日、雨、月曜日、舊三月二日、

一、神拜終る、

一、鳳瑞出帆之由ニ付、有川・吉富、又北堂君ニ奉る書面ヲ作る、

一、假名會行キ、和田大猪・山平力松費用ヲ爲替ニて郵

送す、両人分ニて三圓二十錢ナリ、

○4月6日、晴、火曜日、舊三月三日、

一、昇殿、神拝終る、

社務所に賊あり

一、昨夕社務所賊アリ、金圓ヲ三十餘圓盗ミタリ、依而直チニ手配ニ及ヒシニ、舊常雇人疑ヒ掛リ、直ニ告發シ仕拂殘二十七圓餘返リタリ、

一、鳳瑞丸出帆ニ付、種々ノ荷物ヲ北堂君へ奉る、

一、五時ヨリ倶樂部へ幹亊會有之、出頭ス、

○4月7日、晴、水曜日、舊三月四日、

一、神拝終る、墓參濟、

一、當日ハ祖父公幷ニ宮子姫之月次祭執行、

一、吉冨之石燈爐ヲ石工ニ引渡ス、

一、永田豪(井)、本日松野(勇雄)之親夫婦ヲ供奉シテ東上ニ付、松野へ書面、幷ニ鑵詰香魚壹箇ヲ贈ル、又櫻井能監へハ鯛之味噌漬壹尾ヲ贈ル、

一、榛原之書翰袋壹圓カノ永野へ注文す、

一、京橋具足町大野屋江リンネール之足袋十足注文す、永井(豪)へハ麥酒二瓶ヲ贈ル、

一、今暁飼(チン)3月末此ノ内ヨリ懷孕ノ處、難産ニテ分娩セス死シタリ、昨夏ヨリ愛馴情ノ忍ヒサルアリ、

○4月8日、雨、木曜日、三月五日、

一、神拝終る、

一、終日伸吟(呻)、晝ヨリ臥ス、

○4月9日、晴、金曜日、三月六日、

一、昇殿、神拝終る、

一、廣嵓寺僧幷ニ蕉雨(志水)、是レハ指畫人ナリ、訪ヒ來、席畫ニ替テ試ム、

一、本日兵庫縣ニて大改革、非(罷)免・轉任等二十三名餘有之、

○4月0(10)日、晴、土曜日、三月七日、

一、神拝終る、

一、諏方(マヽ)山妙見堂之番僧・妙國寺河田日因徒弟平澤身省來リ面謁す、漬物幷ニ鉋(包)丁ヲ惠投アリ、

一、晩ニ相馬幸助來ル、兼吉之刀拵方ヲ依頼ス、

○4月11日、晴、日曜日、三月八日、

一、神拝終る、

一、北堂君ヨリ梶苗買入方之御沙汰有之、本月七日出之御狀ナリ、

一、此ノ内ヨリ下血ニ付、田村(喜進)來リ、患部ヲ點視シテ藥ヲ注入ス、

一、山本之喜右衞門江梶苗之有無幷ニ代價ヲ問合セタリ、

一、梶川ヲ當日ヨリ社務所へ雇ヒ入レタリ、
一、小柴景起ヨリ山中へ取替金之件ヲ申シ遣シタリ、

○4月12日、雨、月曜日、三月九日、

一、神拝終る、
一、永井豪へ書面ヲ出シ、注文品幷ニ代價返濟之叓ヲ記ス、

三條右大臣公來神す

一、三條右大臣(實美)公御着神之筈ニ付、山平ヲ代理トシテ差出す、今夕七時御着船トノ事ナリ、

○4月13日、晴、火曜日、舊三月十日、

一、神拝終る、墓參濟、
一、蕉雨へ雙幅花鳥ノ畫ヲ注文す、
一、廣嵓寺和尚(鈴木子順)訪ヒ來ル、午後四時ヨリ墓參ヨリ本寺ヲ伴ヒ、蕉雨之席畫ヲ一覽して歸、
一、鹿兒島細工之竹之辨當ヲ壹圓四十錢ニ買取、
一、永井豪ヨリ書面達す、

○4月14日、晴、水曜日、舊三月十一日、

一、神拝終る、
一、小柴景起江書面ニて、山中竹之進江書面差出ス之返詞ヲ言ヒ送る、
一、山中竹之進へ小柴ヨリ書面差添へ、音信ヲ出す、

一、山本之喜右衞門江柿苗二十本ヲ注文す、

○4月15日、晴、木曜日、舊三月十二日、

一、神拝終る、
一、大住三郎ヨリ苹菓苗十本ヲ惠投ナリ、
一、今日吉富之燈爐建設濟ム、

○4月16日、雨、金曜日、舊三月十三日、

一、神拝終る、
一、感冒ニて引入ル、
一、山本之喜右衞門ヨリ、梶苗之一件返詞有之ニ付、當秋末に注文之叓ニ更ニ端書キヲ出す、
但十本ニ付貳錢八リン位ニて、脇方ヨリ買入レ之趣キも記セリ、
一、北堂君へ梶苗、當年ハ已ニ時節後レニ付、當秋ニ仕送リ方之一件申上置候、又梶苗仕立方之叓も、委曲ニ申上ケタリ、
一、醋桶大小二ツ注文申上候、
一、松下祐助へ御國酒幷ニ砂糖樽貳挺注文す、
一、大坂高津之翫菊庵江菊苗受取之爲冨藏ヲ遣ス、依而金壹圓、是レハ殘額ナリ、送ル、
一、病院長神田知次郎ヲ乞テ診察シタリ、

○4月17日、晴、土曜日、舊三月十四日、

一、神拝終る、

一、日報社へ金壹圓五十錢日報代價、本月廿日迠之分ヲ送リ、今後斷リ置キタリ、

一、唐いも種子三ツ四御贈リ被下度、北堂君へ奉願候吏、

一、大坂ヨリ菊苗廿五株ヲ植附ケタリ、

○4月18日、晴、日曜日、三月十五日、

一、神拝終る、

一、蕉雨之雙幅出來ニ付、廣嵓寺ヨリ爲持遣シタリ、

一、大仕三郎ヨリ但馬犢牛肉ヲ惠ミタリ、

一、昨日ハ山本之喜右衞門へ柿穗廿五本ヲ接木サセタリ、

○4月19日、晴、月曜日、三月十六日、

一、神拝終る、

一、有川矢九郎ヨリ仕送リ之石燈爐代價五圓ヲ受取、仍而右爲換〔替〕着之返詞ヲ郵便ニて出シ、但シ十五日ニ建築濟、酒肴其外一切之費用貳圓三十八錢ハ、自費仕之趣キヲ記載ス、

一、赤心社惣會ニ付、山平力松ヲ代理トシテ出タス、

○4月20日、晴、火曜日、舊三月十七日、

一、神拝終る、

*皇典講究分所長辭令を和田大猪へ渡す

終日無異、庭上ヲ散歩ス、

○4月21日、晴、水曜日、舊三月十八日、

一、神拝終る、

一、川畑文藏大坂ヨリ來着、

一、廣嵓寺住持鈴木弁〔子順〕ニ蕉雨等來リ、合作ヲ爲ス、

一、梶川來ル、

○4月22日、晴、木曜日、舊三月十九日、

一、神拝終る、

一、山本之喜右衞門へ、木蓮紅白四本注文、

一、松野勇雄ヨリ分所長申立之通リ、和田大猪へ辭令渡方之書面來ル、

一、和田大猪來ル、本所ヨリ辭令監督名前ニて封入す、

一、本日ヨリ蕉雨へ南〔楠〕公〔正成〕・正季公之御像寫方ヲ命ス、

一、川畑文藏大坂へ行ク、

○4月23日、晴、金曜日、舊三月廿日、

一、神拝終る、

一、午前第九時半ヨリ分所へ出頭、分所長辭令ヲ和田大猪へ渡ス、林原吾〔源〕ハ神吏ニて出頭無シ、

一、三條〔實美〕内大臣殿下へ書面ヲ上リ、御在京伺ヲ致ス、但、所勞ニて代筆奉伺趣キヲ記ス、

一、永井豪ヨリ書面達ス、本所教則改整之大意ヲ言送リタリ、九八課ニ分ツ、政治學・國體學・漢字・洋學・語學・躰育學・數學等ナリ、

○4月24日、晴、土曜日、舊三月廿一日、

一、神拜終る、

一、梶川へ書面ヲ以、講會延引之叓ヲ報す、

○4月25日、雨、日曜日、舊三月廿二日、

一、神拜終る、

一、今日ハ春季祭執事、

一、上野喬介來リ閑話す、本日同人之老父來リて圍碁ヲ學フ、

○4月26日、晴、月曜日、舊三月廿三日、

一、神拜終る、

一、廣嵓寺之鈴木來ル、

一、西尾篤訪來リ、明後東上之叓ヲ告ケタリ、又明日新築之山亭へ集會ノ事ヲ告ケタリ、

○4月27日、晴、火曜日、舊三月廿四日、

一、神拜終る、

一、西尾へ書面ニて、當日之集會缺席ヲ斷る、

一、神田知次郎ヲ迎ヱ、村田立會ニてよしヲ診察ヲ乞ヒタリ、

一、若林來リ、明日乗船歸京ヲ告ケタリ、

一、北元（文藏）ヨリ書面、北堂君ヨリ手籠壹箇御仕送リ之叓ヲ報ス、

○4月28日、雨、水曜日、舊三月廿五日、

一、神拜終る、

一、西尾篤上京ニ付、櫻井能監へ唐墨ヲ贈ル、又西尾へハ金壹圓ヲ餞トシテ贈ル、

一、池田德潤ヨリ明廿九日招狀アリ、依而受ケ書ヲ出す、

○4月29日、晴、木曜日、舊三月廿六日、

一、神拜終る、

一、池田書記官へ書面ヲ以テ、本日出會ヲ斷リタリ、

一、永井豪ヨリ廿六日出之書面ニて、注文品仕出シノ報知有之、

○4月30日、晴、金曜日、舊三月廿七日、

一、神拜終る、

一、御國許ヨリ之荷物一件ニ付、諸探索之處、愈金龍丸ニ積入レタル由ニて、下之關江荷役之云々ヲ申出ルニ付、猶又北元へ書面ヲ出す、

一、吉冨之石燈爐之諸入費ヲ拂渡ス、五圓二十七錢也、

一、菊水之おまさへ金六圓ヲ取替ヘタリ、
一、廣嵓寺へ扇數本ヲ送ル、
一、丹田江金五十錢、又上野之老人江同斷贈ル、是レハ圍碁幷ニ花生ケ之謝儀ナリ、

〔五　月〕

○5月一日、晴、土曜日、舊三月廿八日、
一、神拜終る、
一、神前靈代之一日祭執行、

長田村に失火あり

一、今夕午後第十一時長田村ニ失火アリ、九戸燒亡、卽刻林源吾へ見舞ヲ遣ス、

○5月2日、晴、日曜日、舊三月廿九日、
一、神拜終る、
一、早朝池田書記官ヲ訪ヒ、此レヨリ永〔長〕田神社ニ參拜、大中及林ヲ訪ヒ、火災之云々ヲ謝シテ歸家、
一、晩ニ蕉(志水)雨、及ヒ鋏筆家來共々合作ヲ作ス、

○5月3日、晴、月曜日、舊三月晦日、
一、神拜終る、
一、永(豪)井ヨリ仕送リ之注文品來着、書幹袋五百二十枚代金壹圓ナリ、依而永井へ來着之書面ヲ出タス、

*前田吉彦來り閑話す

一、前田吉彦訪ヒ來リ閑話す、

○5月4日、晴、火曜日、舊三月朔日、
一、神拜終る、

*楠公御子孫を華族御取立ての噂あり

一、縣之屬官高橋龍齋來、楠(正成)公御子孫ヲ華族御取立相成ルトノ御達シ有無ヲ聞合之爲ニ來ル、仍而是レハ只新聞紙等ニテ噂サ皓然、御達之筋ニハ無之旨ヲ返答シタリ、

○5月5日、水曜日、雨、舊四月二日、
一、神拜終る、
一、御國許ヨリ之種物荷物之取調ニ及ヒタル處、愈着荷不致ニ付、酒與一郎方へ回漕問屋ヨリ書面ヲ出タス、

○5月6日、雨、木曜日、舊四月三日、
一、神拜終る、
一、和田大猪ヨリ中鯛壹枚ヲ贈リタリ、
一、鹿兒島ヨリ之種物、今日馬關ヨリ屆ク、皆腐敗セリ、

○5月7日、晴、金曜日、舊四月四日、
一、神拜終る、
一、鹿兒島江書面ヲ以、苗物相達シタル御禮ヲ、北堂君へ申上ル、
一、御祖父公幷ニ宮子姫ノ月次祭執亊、

一、山口人松岡信太郎訪ヒ來ル、菊作ノ劍ヲ携ヘ來ル、
一、公債證抽籤ニ付、山平ヲ縣廳ヘ出ス、

○5月8日、晴、土曜日、四月五日、

一、昇殿、神拜終る、
一、松岡來リ、月山〔貞一〕ノ劍大小ト菊作劍ヲ交易ヲ乞カ故ニ、不得已留メ置キタリ、
一、鋳筆來リ、彫刻之叓ヲ聞ク、

○5月9日、晴、日曜日、四月六日、

一、昇殿、神拜終る、
一、早朝石田ヲ呼、又新日報五百四十九號楠社小言ト題シタル件ヲ告發之委任ヲ命シ、夫〻準備ヲ爲サシム、
一、枚岡之岩政來リ、貞宗ノ短刀ヲ一見す、
一、京都ヨリ染來ル、
一、小島神社之事ニ付、播州印南郡〔マヽ〕　兩名來リテ、一切之手繼キヲ示談ス、仍テ見込ミヲ申聞ケ、發起人ノ一名ニ加ル、

○5月0〔10〕日、晴、月曜日、舊四月七日、

一、昇殿、神拜終る、
一、今日社内石田ヲ代理トシテ、又新日報兩名ヲ被告トシテ告訴ニ及ヒタリ、檢叓落手シタリ、

*枚岡神社佐々木宮司病氣の由を聞く

一、西尾篤歸社之由ニて、土産ヲ持參シタリ、
一、松岡信太郎山口ヘ歸縣之立掛ケニ、寫眞一枚ヲ殘シ置キ、別袂、

○5月11日、晴、火曜日、舊四月八日、

一、神拜終る、墓參濟、
一、高瀨藤次郎ヘ書面ヲ以而、五州・河合・大田ヲ告訴セシ件ヲ報シ、又過日腐敗魚ヲ贈リシ禮トシテ、中鯛壹枚・海苔壹函ヲ送ル、
一、石田江魚ヲ送ル、
一、鈴木禪師來ル、左傳借用申入レタリ、依而校本及地繡ノ二部ヲ貸ス、
一、佐〻〔素行〕木病氣之由ハ、岩政ヨリ聞キシニ、今日書面來着、直チニ返詞差出シ、猶岩政昇任ノ手繼キヲ申シ送ル、

○5月12日、晴、水曜日、舊四月九日、

一、昇殿、神拜終る、
一、宇田川謹吾五州社ヨリ之詫トシテ來ル、愚呀〔弄〕シテ返ス、
一、北堂君ヘ、染叓便船次第乘船之形行申上ル、
一、染叓、今日歸京ニ付、金貳圓ヲ路用トシテ遣ス、
一、鈴木幷ニ蕉雨來ル、

一、坂ノ上喜右衛門(山本)へ木蓮紅白貳本送リ方之一件申遣ス、

○5月13日、晴、晩ニ雨、木曜日、四月十日、

一、神拜終る、

一、蕉雨へ縣令行之絹地ヲ送る、

一、和田大猪病氣ニ付、見舞人ヲ遣ス、

一、昨十二日ニハ古川豐鼓來訪、酒肴ヲ出シ、饗シタリ、種々ノ土産ヲ持參、又本殿ヘハ金參圓ヲ獻備す、仍而神饌幷ニ三層盃ヲ贈ル、

○5月14日、晴、金曜日、四月十一日、

一、神拜終る、

*分所長和田大猪死去

一、鄕田夫婦幷ニ吉富之娘來着、此ノ便ヨリ芋種二種幷ニ酢桶二ツ、御送リ被下タリ、

一、午後第三時ヨリ布引溫泉場ヘ蕉雨及石道ヲ訪ヒ、菊水亭ニて合作ヲ初ム、夜ニ入リ鈴木(子順)禪師も來ル、午前第三時鷄鳴ニ散ス、

○5月15日、晴、土曜日、舊四月十二日、

一、昨夕ハ菊水亭ニ一泊、早朝入浴一盃ヲ傾ケ、朝八時ニ歸家、

三條内大臣の參拜あり

一、午後第四時、三條(實美)内大臣御參詣有之、

○5月16日、晴、日曜日、舊四月十三日、

一、神拜終る、

一、内大臣(三條實美)公本日御乘船ニ付、山平力松ヲ代理トシテ神饌ヲ携ヘ、御旅宿ヘ伺公(候)爲致セタリ、十二時之御乘込ミナリ、

一、小藤孝行幷ニ押小路ヲ御使者ニ賜リ、御菓子一箱ヲ頂戴セリ、

○5月17日、晴、月曜日、舊四月十四日、

一、神拜終る、

一、林源吾ヨリ明後十九日縣令初入來ニ付、招狀來ル、

一、今日ハ終日腦痛ニて打臥ス、

一、晩ニ和田大猪病氣危險ニ逼ルトノ一左右ヲ聞キ、直チニ人ヲ馳セ、其樣體ヲ聞カセタリシニ、已ニ落命之趣キナリ、去十五日ニ使ヲ以而問ヒタル迠ニハ、日々快氣ニテ安神(心)セヨトノ事ナルニ、何ソ圖ラン、今夕ノ次第大嘆息、腦痛益加リタリ、仍而軒端ヨリ神靈ニ向ツテ拜スルノミ、

○5月18日、大風雨、火曜日、四月十五日、

一、神拜終る、

一、山平力松ヲ和田ヱ遣シ、萬端ヲ指揮命ス、今夕穢山迠死體ヲ送リ、火葬ニシ後日葬式執行トノ事ナリ、

一、東京荒木貞英ヨリ端書來リ、牡丹連鶴ハ花相違ノ叓ヲ記シタリ、仍テ庭前之連鶴も同斷之旨ヲ報ス、

一、北堂君へ芋種及酢桶之御禮狀差出す、

久邇宮より御菓子一函賜る

一、久邇宮（朝彦親王）拙者永々病氣之趣被聞召上、深ク御案シ被遊、御菓子一函下シ賜ルトノ書面來着、落涙拜服ス、

一、林源吾へ腦病引入リ中ニ付、招キニ應シ難キ趣キヲ、山平ヨリ書面ニて申送ル、

一、大坂三木福鮮明ナル八家文讀本幷芥子園畫本ヲ申遣ス、

○5月19日、晴、水曜日、四月十六日、

一、神拜終る、

一、久邇宮ヨリ賜ル御菓子一函來着す、仍而山平へ代筆ヲ命シテ、御請書ヲ鳥居川（憲昭）迠差出す、

一、三木福（鮮明）ヨリ昨日之返詞、來着す、

○5月20日、陰、木曜日、四月十七日、

一、神拜終る、

一、山平ヲ千家（尊福）へ旅宿ニ遣シ、病氣見舞ヲ缺クヲ斷ル、

一、高瀨江煙草二函ヲ贈リ、過日菓子ノ禮ヲノベタリ、

一、倶樂部ヨリ幹叓會ノ報知アリタレ𪜈辭シタリ、

一、御門前借地十二月限リ取拂ヲ命セラレタリ、

○5月21日、晴、金曜日、四月十八日、

一、神拜終る、

一、山平ヲ鳴瀧（公恭）へ遣ス、此レハ面談ヲ乞ヒシニ依るナリ、

一、今夕和田大猪ヲ祭ルノ文幷ニ歌ヲ作ル、

一、悪病（虎列剌）流行ニ付取締リノ件ヲ社内ニ達す、

○5月22日、雨、土曜日、四月十九日、

一、神拜終る、

和田大猪葬祭*

一、和田大猪葬祭ニ付、山平ヲシテ代テ祭ラシム、

○5月23日、晴、日曜日、四月廿日、

一、神拜終る、

一、和田ヲ祭ルノ文ヲ推稿（敲）シ改書ス、

一、鳳瑞（丸脫）着船、北堂君ヨリ小柳箇一、樽二ツ、種々ノ御品有之、

一、砂糖幷ニ酒、松下ヨリ持參致し呉レタリ、

一、告訴一件ニ付、加藤政藏石田ト同伴ニて來ル、

○5月24日、陰、月曜日、四月廿一日、

一、神拜終る、

一品親王百日祭に就き御菓子料賜る*

一、本月三日　一品親王（有栖川宮幟仁親王）百日祭ニ付、御菓子料金千疋下シ賜ルノ旨、御家扶ヨリ書面、爲替來着す、

○5月廿五日、晴、火曜日、四月廿二日、

一、神拜終る、

一、父上之月次祭執行、

○5月26日、晴、水曜日、四月廿三日、

一、神拜終る、

一、午後鳴瀧へ行テ拜借地之一件幷ニ告訴件ヲ談シタリ、

○5月27日、晴、木曜日、四月廿四日、

一、神拜終る、

一、午前ヨリ蕉雨幷ニ山西來リ、又鈴木子順も來リ、合作之雅會ヲ催シ各有詩、夜ニ入リ燭ヲ秉リ揮毫ス、

○5月28日、金曜日、四月廿五日、

一、早朝縣令(内海忠勝)幷ニ渡邊區長ヲ訪ヒ、又西尾ヲ訪て、歸途宇田川(謹吾)幷ニ長谷川一彥ヲ訪ヒ歸る、

一、今日墓參濟、

一、今日川畑文太郎、大坂ヨリ着、

○5月29日、晴、土曜日、四月廿六日、

一、神拜終る、

一、村野書記官ヲ(マヽ)不在故、植物園大住(三郎)ヲ問〔訪〕ニ、鄕里へ行キ不在ナリ、仍而歸家、

一、今日公債證四百五十圓ヲ買入ル、百七圓ナリ、

一、昨日ハ話家伊勢吉拉病之由ニて、一社中甚タ混雜ヲ極メシモ、全本病ニ非ラサルノ議ニ付、本日警察官へ引合相濟ム、

一、昨夕ヨリ社内之露店立退キ、且ツ晩六時限リ三門鎖シ候旨、警察幷ニ地方へ屆ケ出テタリ、

一、川畑(篤雄)叓、今夕龍〔金脫〕丸ヨリ歸縣ス、

○5月30日、陰、日曜日、四月廿七日、

一、神拜終る、墓參濟、

一、和田大猪ノ神靈ヲ拜シ、又林源吾ヲ弔ヒタリ(マヽ)、

一、今日鳳瑞丸出帆ニ付、〔北脫〕堂君へ書狀ヲ奉リ、御注文ノ虱藥ヲ差上ル、

一、宮内佐賀ヨリ着、久ゝ振リニ面會、

○5月31日、陰、月曜日、四月廿八日、

一、神拜終る、

一、庯列刺豫防費ノ中へ、金十圓ヲ獻備す、

一、鳳瑞丸昨日出帆す、

一、宮内來ル、明日出帆之筈ナリ、

〔六　月〕

○6月1日、晴、火曜日、四月廿九日、

講究所分所長に林源吾を撰任す

一、昇殿、神拝終る、墓參濟、
一、永井豪ヨリ書面、金員仕送リ叓ヲ記ス、然レ𪜈未達ニ付、形行ノ返書ヲ出す、
一、宮内ヲ常盤舍ニ訪ヒ歸ル、
一、講究所副惣裁(久我建通)ヘ分所長薦擧差出シ、猶別語ヲ添ヘタリ、是レハ林原〔源〕吾ヲ撰任ス、松野勇雄ニも同書面ヲ送リタリ、
一、山本之喜右衞門江梅造リ之件ヲ申シ遣ス、
一、高木壽頴ヘ綿裏針注文トシテ、爲換〔替〕ニて金壹圓ヲ送ル、
一、畫師蕉雨、今日京師ヘ歸ル、

○6月2日、晴、水曜日、五月朔日、

一、神拝終る、
一、早朝工藤氏來訪、倶樂部ノ示談有之、
一、午前第九時ヨリ宮内(愛亮)ノ上京ヲ見送ル、十時ニ出帆ナリ、
一、山本之喜右衞門來リ、梅造リヲ初ム、
一、御社内之衞生委員數名ヲ申附ケタリ、
一、上野老人幷ニ丹田江五十錢ツヽ送金ス、

○6月3日、晴、木曜日、五月二日、

一、昇殿、神拝終る、
一、池田德潤ヲ訪ヒ歸ル、本日赴任ノ筈ナレ𪜈、延引ノ由ナリ、
一、鈴木(廣嚴寺)(子順)禪師來リ閑話す、
一、戸長直木井ニ松原良太ヨリ社内鎖門之叓ニ付書面來ル、依而平素見込ミノ次第ヲ書記して、返詞ニ及ヒタリ、
一、船井弘文堂江書藉〔籍〕通之一件ヲ本日ニて斷ル、預ケ金も受取、掛リ一切無之、

○6月四日、陰雨、金曜日、五月三日、

一、神拝終る、
一、晩ニ鳥居利鄕來リ、井水改良ノ事ニ付依頼有之、

○6月5日、晴、土曜日、五月四日、

一、神拝終る、墓參濟、
一、日下部一翁來、水質經驗ヲ執行、

○6月6日、晴、日曜日、五月五日、

一、昇殿、神拝終る、墓參濟、
一、木村良司來リ、東京ヘノ傳言等ヲ言送ル、
一、内務省ヨリ葬祭之伺來ル、
一、松原良太幷ニ直木政次郎來リ、御門幷露店之一件ヲ

談ス、

○6月7日、晴、月曜日、五月六日、

一、昇殿、神拝終る、墓參濟、

一、早朝松原來リ、渡邊區長江露店相談ノ爲ニ行キ、今夕より社内露店從前之通リ差許候樣トノ叓ナリ、

一、社務所ニ於而、露店差許候義ヲ達シ、猶地方官警察へも屆ケ出テタリ、

○6月8日、晴、火曜日、五月七日、

一、神拝終る、

一、東京丸善へ、存採叢書第五・六、二回分之代價、壹圓六十錢爲替ニて郵送す、又第四集之中、曾我物語一巻不足ノ由も問合セタリ、

一、中島惟一江雅言集覧十六回前金、永井豪より入手否ヲ問合セタリ、

○6月9日、晴、水曜日、五月八日、

一、神拝終る、

一、田村喜進下利症〔痢〕居ケ後レニ付、拘留之申渡シ有之趣キニ付、石田ヲ呼て種〻示談ヲ遂ケタリ、

○6月0〔10〕日、晴、木曜日、五月九日、

一、昇殿、神拝終る、墓參濟、

一、田村喜進之一件ハ、二圓金ニて事濟ミニナリタリ、

○6月11日、金曜日、晴、五月十日、

一、昇殿、神拝終る、

○6月12日、土曜日、雨、入梅、五月十一日、

一、神拝終る、

一、講究所ヨリ林源吾所長辭令到達す、猶未タ死亡之屆ケ無之トノ事ニ付、上野両名ニて屆ケ書ヲ差出す、

一、明十二日午後分署へ出頭可致旨、林江書面、猶又上野へも立會ノ件、書面ニて遣す、

一、折田彦一東京より來着ニて、卽日大坂へ行キタリ、是レハ高知行之御用有之ト云〻、

一、午後第一時ヨリ分所へ出頭、林源吾不在ニて出頭無之、

○6月13日、日曜日、雨、五月十二日、

一、昇殿、神拝終る、

一、蕉雨來リ、石道江之金五圓ヲ相渡ス、

一、午後ヨリ福山・管〔菅〕森〔潔〕來リ、圍碁遊ヒタリ、

○6月14日、雨、月曜日、五月十三日、

一、神拝終る、

一、林源吾京都ヨリ歸着、直チニ參リタリ、仍而分所長

ノ辭令ヲ相渡シタリ、折節管〔菅〕森潔も立會、兼而老生決心之次第も示談ヲ遂ケ置キタリ、

○6月15日、晴、火曜日、五月十四日、

一、昇殿、神拜終る、

一、加藤政德來リ、五州社告訴之一件ヲ示談シタリ、

一、午前十一時半ヨリ和田氏へ行キ、三十日祭執行、祝詞ヲ上リて午後三時ニ歸ル、

○6月16日、晴、水曜日、五月十五日、

一、神拜終る、

千家尊福を訪ふ

一、早朝千家尊福ヲ訪ヒ、倶樂部へ立寄、歸ル、

一、宮内愛亮來ル、

一、管〔菅〕森・林〔源吾〕來リ、分所之一件ヲ指揮シタリ、

一、午後六時ヨリ生田社へ行キ、馳走ニ預リタリ、丸山も來リタリ、

○6月17日、晴、木曜日、五月十六日、

一、昇殿、神拜終る、墓參濟、

一、林原〔源〕吾・管〔菅〕森潔來リ、委員及委員補薦擧狀差出す、又松野〔勇雄〕へハ別語ヲ封入す、

一、夜ニ入リ、宮内愛亮來リ、明日出帆之筈なり、

月山の神前鍛練刀出來す

一、昨年御祭典之日、於神前鍛練之刀、月山〔貞一〕ノ分出來タリ、

○6月18日、晴、金曜日、五月十七日、

一、宮内より預リ之通鑑二函、外ニ竹之辨當等之荷造ニ懸ル、

一、蕉雨來リ、大瀑布之畫ヲ造ル、

一、宮内來リ、愈今夕出帆之筈ニて、諸叓打合セテ別袖、

○6月19日、晴、土曜日、五月十八日、

一、昇殿、神拜終る、

一、東京西村久和へ高木より之筆屆ケ方ノ叓ヲ申シ送る、

一、鈴木子順來リテ閑話す、

一、高瀬藤次郎ヨリ、香魚ノ酢漬ケヲ惠投セリ、

一、京都諸名家へ絖地八人分、壹名ニ付二枚宛テニ送リ、幷ニ三層盃モ送リタリ、

○6月20日、晴、日曜日、五月十九日、

一、神拜終る、墓參濟、

*中井滋賀縣令と面會す

一、早朝ヨリ諏方〔マヽ〕山へ行キ、前田又吉ヲ訪ヒシニ、中井〔弘〕滋賀縣令ト面會、拜借地一件之叓情ヲ演へ、縣令江申込ミ方ヲ依賴シ、是ヨリ小牧大書記官〔昌業〕ヲ訪ヒ、歸途福鎌檢事長ヲ弔ヒ、廣嵓寺鈴木ヲ訪ヒ歸家す、

一、午後上野喬介來リ圍碁、

○6月21日、晴、月曜日、五月廿日、

一、昇殿、神拝終る、

一、廣巖寺之額ヲ書シ、表具師へ托シタリ、

一、午後第四時、界〔堺〕妙國寺ヨリ書面、菖蒲開花ノ報知有之、

○6月22日、晴、火曜日、五月廿一日、

一、昇殿、神拝終る、墓參濟、

一、午後三時之瀛車ニて上坂、南地之停車場ヨリ乗車、住吉江着シ參詣、終リテ三文字屋へ投宿、

○6月23日、晴、水曜日、五月廿二日、

一、早朝停車場ヨリ車夫ヲ雇ヒ、堺妙國寺へ行、住持ハ當朝急ニ神戸へ行キタリトノ事、番僧居合、寺中之蘇鐵、其外菖蒲ヲ一覧シ、書飯ヲ吃シ、門前之藤原ニて金物ヲ買ヒ、是レヨリ小瀬梅翁ヲ訪ヒ、歸途ニ就キタリ、

堺妙國寺へ赴き菖蒲開花を一覧す

一、高津下黒焼屋ニて、田螺ノ黒焼三十目ヲ買ヒ歸ル、

一、心齋橋筋ニてカラスノ燈爐ヲ買ヒ、六時二十五分之瀛車ニて歸家す、

○6月24日、晴、木曜日、五月廿三日、

一、昇殿、神拝終る、

一、丸善ヨリ文學叢書第二編幷ニ存採叢書第七編送致有之、又高木ヨリ綿裏銕二十五對送致ス、是レハ金壹圓ヲ送リナリ、

一、丸善へ存採叢書六五二編之落手、證之叓ヲ照會す、

○6月25日、晴、金曜日、五月廿四日、

一、昇殿、神事終る、墓參濟、

一、本日ハ例年私祭執行之當日ナレﾄﾓ、流行病ニ付、神前ノミ祭典ヲ執行ス、

一、林源吾ヨリ委員屆ケ書送附、仍而卽刻本所へ仕出シタリ、

一、流行病ニ付、井戸浚ノ命令有之、上之貸家之井戸浚幷ニ下水立直シ方ヲ命シタリ、

○6月26日、晴、土曜日、五月廿五日、

一、神拝終る、

一、鳳瑞丸着船、北堂君ヨリ干飛魚幷ニ御菓子等御贈リ被下タリ、至而御無叓ナリ、

一、本日ハ終日井戸譜〔普〕請ニて寸暇ナシ、

○6月27日、晴、日曜日、五月廿六日、

一、昇殿、神拝終る、

一、政田屋來リ、昨日村野へ行キ、面謁濟ミノ返詞ヲ聞ク、仍而今夕中川へ同伴之叓ヲ約シ置キタリ、

○6月28日、雨、月曜日、五月廿七日、

一、神拜終る、
一、大中(春愛)ヨリ梅實ヲ贈リ呉レタリ、
　○6月29日、晴、火曜日、五月廿八日、
一、神拜終る、
一、鈴木子順但馬より書面來ル、
　○6月30日、雨、水曜日、五月廿九日、
一、神拜終る、
一、東京育種場池田謙藏へ書面ヲ出シ、爲替四十錢ヲ封入シ、練馬大根・森重大根種子、各貳合ツヽヲ注文す、
一、中島惟一江書面ヲ出タシ、雅言集覽第十六回前金永井ヨリ受取タルヤ否ヲ、去月中照會之處、今以返詞無之ニ付、更ニ問合セタリ、

大祓執行

一、午後三時ヨリ大祓執行、縣廳ヨリ上野屬出席す、
一、鈴木子順依賴之廣巖寺閣上之額面粧飾出來セリ、

〔七　月〕

　○7月1日、晴、木曜日、五月晦日、
一、昇殿、一日祭濟、墓參濟、
一、牧野書記官へ魚ヲ送ル、又鳴瀧公恭之病氣平愈祈念ハ、本日ニて滿願ニ付、神饌撤品ヲ送ル、
　○7月2日、晴、金曜日、六月朔日、
一、昇殿、神拜終る、
一、午後牧野・村野(山人)之兩書記官訪來ル、
一、桐野利部ヲ見舞、田村(喜進)ヨリ依賴之志村ノ分局出願ヲ依賴ス、
　○7月3日、晴、土曜日、六月二日、
一、昇殿、神拜終る、
一、縣令(内海忠勝)へ鯉魚二尾ヲ送ル、是レハ移轉ノ祝儀ナリ、
一、午後第四時ヨリ分所へ出頭之爲ニ、和崎町へ至ルニ、林・上野ニ面會シテ、管(菅)森(潔)拉病ニ罹リ、已ニ隔離病院江送致之由ニて、是非面會シ度トノ使、二回モ碇松ヨリ來リシトノ事、仍而直道ニ病院ヲ指シテ行キ面會シタル、甚大患、已ニ不治之症候アリ、仍而看病婦へ懇篤ニ命シ置キ歸ル、
一、途中中田店ニて、硫黄三袋ヲ買取リ、玄關前ニて薫蒸シタリ、又山平(力松)之宅も同斷、消毒法ヲ行ヒタリ、
一、午後第六時ニ碇松來リ、管(菅)森今ヤ絶命之形狀ナレトモ、淡路より誰人も來着セス、仍而死亡後ハ、如何取計旨申立テタルニ依リ、死亡ノ上ハ、規則之如穢山へ火葬之外有之間敷旨ヲ達して返す、

○7月4日、晴、日曜日、六月三日、

一、昇殿、神拝終る、墓參濟、

一、福山秀雄昨夕八時來着、管〔菅〕森已ニ落命之處へ馳付キタルトノ事ナリ、依而萬事之差引及ヒ跡宮司等之處分ヲ、山平へ申附ケ、碇松へ遣シタリ、

伊弉諾神社宮司菅森潔死亡す

一、林源吾來リ、本日分所會議ハ廢シ、後日執行之叓ニ示談シ、林ニ名ニて管〔菅〕森死亡之屆ケヲ出シ、猶過日薦擧之委員辭至急ヲ要スル議ヲ、松野〔勇雄〕へ問合セタリ、

一、今般宮子三回忌ニ付、佐々木素行ヨリ神饌料一圓送致ニ付、右返禮之狀ヲ出す、

一、安富國民七年祭ニ付、詩歌ヲ懇望之書面、五郎より送致ニ付、

むかしをは數々（カス）今におもひてゝ猶はれやらぬ五月の空

憶昔鳩居對短檠風流殘夢幾多情屋梁落月相思涙一片愁雲送雨聲

右詩歌ニ金壹圓ヲ送リタリ、

一、午後三時ヨリ長田神社へ參詣、社務所ニて大中〔春愛〕へ面會、來ル六日宮子之三回忌祭典ヲ、林〔源吾〕へ依賴之叓ヲ囑ミ、歸途原吾〔林源吾〕へ遭逢シテ、猶依賴シタリ、

一、午後五時ヨリ廣嚴寺ニ參詣、佛前之燈爐ヲ張リ替へ掃除シタリ、

一、區長渡邊來リ、過日納金之一禮ヲ演へ、且ツ今般避病院設置ニ付、更ニ義捐金之叓ヲ依賴アリ、依而直ニ請合ヒタリ、猶山平ト談シ、金十五圓獻備之叓ニ決シタリ、

○7月5日、晴、月曜日、六月四日、

一、昇殿、神拝終る、

一、明六日宮子之三回忌神叓ニ付、菓子ヲ諸方へ配る、

一、金十五圓、東山避病院設ニ付、該費用之中へ御差加へ被下度旨、縣令〔内海忠勝〕へ相附キ願書差出シ、本金ハ渡邊區長へ爲持遣シタリ、區長ヨリ懇篤之謝狀幷ニ受取來ル、

一、車夫竹次郎幷ニ乳婆叓、宮子三回忌ニ付、過般博奕ヲ以而立入差止置候得共、今日赦免申附ケ、當日ヨリ差許シ叓、

一、石崎正基ヨリ和歌二首幷ニ神饌料五十錢送リ來リ候叓、

○7月6日、晴、火曜日、舊六月五日、

一、昇殿終る、墓參濟、

娘宮子の三年祭執行

一、本日宮子姫三年祭執行、祭主ハ林原〔源〕吾ニ依頼ス、祭場ニ來會スルハ、大中・神林・森田・本田・山平・中井・上野父子等ナリ、是レヨリ直會アリ、又神前ニて宮子ノ師匠等相集リ、琴・三〔味脱〕線ヲ彈シて慰メタリ、

一、廣巖寺鈴木子順書面來着、明七日法亊ニハ必す歸寺スルトノ亊ナリ、

一、白米三升　一、清酒三升　一、野菜一臺

一、蠟燭一斤　一、佛供料金三圓　一、布施料金貳圓

外ニ菓子等、廣嵓寺へ爲持遣シタリ、

○7月7日、晴、水曜日、舊六月六日、

一、昇殿、神拜終る、墓參濟、

一、淡路津名郡長鈴木三郎ヨリ書面、伊弉諾神社宮司死亡ニ付、後任ヲ福山〔秀雄〕へ氏子惣代及ヒ戶長ヨリ撰擧之一件ヲ記ス、仍而即刻返書ヲ出す、

一、正午ヨリ廣巖寺へ參詣、法亊執行、兵庫惠林寺之住持も參座讀經ス、

一、午後第三時半藤田主典伊弉諾神社一社之建白、又氏子惣〔代脱〕及ヒ戶長・郡長之添書も有之、仍而同人ヲ林原〔源〕吾へ遣シ、明日縣令へも面議之亊ニ約シタリ、

一、鈴木三郎へ更ニ書面ヲ出シ、藤田出縣ニ付、彼是レ手配ニ及ヒシ亊ヲ報ス、

○7月8日、晴、木曜日、六月七日、

一、昇殿、神拜終る、

一、林原〔源〕吾來リ、管〔菅〕森後任之一件ヲ縣令へ申込ミシ云々ヲ報シタリ、

一、福山來リ、本日歸社之亊ヲ報す、

一、阿濃恒生來リ、管〔菅〕森後任ノ亊ヲ托シタリ、

一、永井豪ヨリ五日出之書面ヲ以而、雅言集覽十六回分代價中島方之受取證ヲ送致有之タリ、

一、育種場ヨリ注文之大根種子二種送達す、

○7月9日、晴、金曜日、六月八日、

一、神拜終る、墓參濟、

一、早朝内海〔忠勝〕縣令へ見舞、管〔菅〕森潔後之一件ハ、本令より山縣〔有朋〕大臣へ私書ヲ以テ、公文之外ニ内情依賴之亊ニ爲運タリ、

一、鳴瀧ヲ訪ヒテ歸リタリ、

一、廣巖寺へ法亊之禮ニ行ク、

一、午後第五時ヨリ倶樂部へ出席、六月中之諸費ヲ勘査シタリ、

○7月0〔10〕日、晴、土曜日、六月九日、

一、昇殿、神拝終る、
一、淡路之藤田主典來リ、明十一日歸社之云々ヲ告ケタリ、仍而本縣令ト協議之手繼キ等ヲ示シテ、且ツ鈴木江之云々モ托ス、
一、渡邊區長來リ、明後十二日例祭執行延引、可然哉之示談ニ付キ、官祭ナレハ縣之達シニ基ツクヘキ義ハ勿論ニて、本社ニ於てハ執行否ヲ左右スルノ權ナキヲ返詞ニ及ヒ、まつ延引之叓ニ談シ返ル、仍而直ニ延引之達シ有之タリ、

例祭執行延引す

一、永井豪井ニ諫早生二江安濃恒生薦擧之一件ヲ詳細報知ス、又福山秀雄へ縣令之運詁も記載シテ送リタリ、
一、相良甚之丞來リ、鳳瑞丸修繕之一件ヲ談シタリ、

○7月11日、晴、日曜日、六月十日、
一、昇殿、神拝終る、
一、昨今酷暑、九十四五度ヲ昇降ス、

○7月12日、晴、月曜日、六月十一日、
一、昇殿、神拝終る、墓參濟、
一、昨夕ナルカ宮子ノ燈二箇ヲ盗ミ去リタリ、
一、安濃〔恒生〕來ル、仍而伊弉諾神社宮司已ニ薦擧相成リタルニ付、斷可致旨ヲ達シタリ、

○7月13日、晴、火曜日、六月十二日、
一、昇殿、神拝終る、
一、鈴木和尚訪來リ閑話ス、
一、福山秀雄ヨリ書面來ル、過日之返禮狀なり、

○7月14日、晴、水曜日、六月十三日、
一、昇殿、神拝終る、墓參濟、
一、本日ヨリ借屋後之石垣ヲ築ク、
一、鳴瀧之弟葬式ヲ送リ、廣嵓寺ニ行ク、

○7月15日、晴、木曜日、六月十四日、
一、昇殿、神拝終る、墓參濟、
一、管〔菅〕森潔之葬式、來ル廿五日執行之報知有之、
一、宮子之墓前へ石燈壹箇ヲ据附ケタリ、猶又一箇ヲ注文シタリ、

○7月16日、晴、金曜日、六月十五日、
一、昇殿、神拝終る、墓參濟、
一、紀州產之石材一件ニて田口來ル、

○7月17日、土曜日、晴、六月1六日(16)、
一、昇殿、神拝終る、墓參濟、
一、北堂君ヨリ七月七日附ケ之御書面來着、反古ノ御注文有之、

*多聞通六丁目より失火

○7月18日、晴、晩驟雨、日曜日、六月十七日、
一、昇殿、神拝終る、墓參濟、
一、去月廿八日降雨、爾來旱天ナルニ、本日廿日目ニ降雨、頗ル涼氣ヲ生シタリ、

○7月19日、晴、月曜日、六月十八日、
一、昇殿、神拝終る、墓參濟、
早朝寺田警部長ヲ訪ヒ、境外箒〔掃〕除一件之叓ヲ示談シテタリ、
一、鈴木子順、蕉雨ト同行シテ來リ、午飯ヲ喫〔吃〕シテ返ス、

○7月20日、晴、火曜日、六月十九日、土用ニ入ル、
一、昇殿、神拝終る、
一、山平ヲ警祭へ出シ、境外掃除之協議ヲ遂ケ、爾來より一社ヨリ執行之叓ニ決シタリ、
一、楠善親之娘ヲ呼て、辭表之事ヲ内達シタリ、
一、明廿一日赤龍丸出帆ニ付、北堂君へノ書狀幷ニ御注文之反古等差上候叓、

○7月21日、晴、水曜日、六月廿日、
一、神拝終る、墓參濟、
一、早朝内海氏ヲ訪ヒ歸ル、
一、午後第二時多門〔聞〕通リ六町目ニ失火、是レハ拉病者有之、消毒薫蒸硫黄ヨリ發火、九四十戸焼亡、就中、豪家之品川源兵衞損亡、非常ナリト云、同五時半ニ鎭火、
一、晩ニ廣巖寺へ行、仕僧〔鈴木子順〕蓮飯ノ馳走有之、十一時ニ歸家、

○7月22日、晴、木曜日、六月廿一日、
一、神拝終る、墓參濟、
一、早朝ヨリ近火見舞之銘々へ謝禮之爲ニ行キ、且ツ縣令・區長へ面會、罹災者・貧民へ金十圓施與致度旨申入レ置キタリ、
一、金十圓、區役所へ差出す、
一、渥美遂ヨリ書面、伊弉諾神社宮司・男山八幡宮々司、近々宣下相成ル筈ニ付云々ノ通知有之、仍而卽刻同社福山秀雄へ本書相添へ差出す、

○7月23日、晴、晩ニ雨、金曜日、六月廿二日、
一、昇殿、神拝終る、
一、松下裕介明日歸縣ニ付、餞別之爲ニ料理手配之處、違約ニ付〔爲ニ〕川添ヲ呼て閑話す、

○7月24日、晴、土曜日、六月廿三日、

一、昇殿、神拝終る、
一、本日ヨリ所藏幅ノ土用干ヲ初ム、
一、明廿五日管〔菅〕森潔葬儀之叓ニ付、山平ヲ分所及ヒ本社惣代トシテ淡路へ遣す、
一、御社頭盗難届ケ之件ヲ、土木課ヨリ問合セタルニ付、該答ヲ出す、

○7月25日、晴、日曜日、六月廿四日、

一、昇殿、神拝終る、墓參濟、
一、父君之月次祭濟、

内海縣令を訪ひ知事昇任の祝儀を演ぶ

一、早朝内海〔忠勝〕ヲ訪ヒ、知叓昇任之祝義ヲ演、且ツ新任伊弉諾神社宮司ノ一件ヲ示談シタリ、
一、東京ヨリ吉田龜壽來着、

○7月26日、晴、月曜日、六月廿五日、

一、昇殿、神拝終る、
一、御社前噴水場構造ニ掛る、
一、書藉〔籍〕ノ虫干ヲ初ム、
一、梶川ヲ今日ヨリ社務所へ止宿ノ叓ニ定ム、
一、鈴木子順へ盆蓮一筒ニ、詩ヲ賦シテ贈ル、
一、郵船會社吉川泰次郎へ書面、本日訪方（マヽ）山出會ヲ斷ル、

○7月27日、晴、火曜日、舊六月廿六日、

一、神拝終る、墓參濟、
一、山平淡路より歸社す、

○7月28日、晴、水曜日、舊六月廿七日、

一、昇殿、神拝終る、墓參濟、
一、大坂小柴景起へ書面、近火訪問ノ厚意ヲ謝シ、併テ報山中竹之進之始末由、佐々木瑞城之請作寄篠〔篠崎五郎〕新潟知事之書贈瑞城之妻赤松氏、
一、午後會常盤花壇相集者、藤田積中・長谷川一彥及山川・工藤・北風・神田也、蓋神田之會主也、獻酬薰醉歡ヲ盡シテテ（マヽ）散ス、

○7月29日、晴、木曜日、舊六月二十八日、

一、神拝終る、墓參濟、
一、早朝訪渡邊區（マヽ）及知事談本社例祭順延之事、又携絖及書畫帖乞知事之揮毫、

○7月30日、晴、金曜日、六月二十九日、

一、昇殿、神拝終る、墓參濟、
一、早朝牧野大書記官〔伸顯〕出京ニ付、見送リノ爲ニ行、
一、本日從前ノ常雇ヲ等外出仕申立之事ヲ決定す、

○7月31日、晴、土曜日、舊七月朔日、

一、昇殿、神拝終る、墓參濟、

島津珍彦を訪ふ*

一、昨夕水源ヨリ水ヲ引ク、溜池至今朝滿水、
一、主典一名ヲ缺キ等外三名ヲ置クノ書面ヲ地方ヘ出ス、
一、丸岡(莞爾)社寺局長ヘ書面等許可ノ事ヲ記ス、又伊藤景裕ヘ同文ヲ出ス、

〔八月〕

○8月1日、晴、日曜日、舊七月二日、
一、昇殿、一日祭終る、墓參濟、
一、上野弁ニ前吉彦訪ヒ來、

○8月2日、晴、月曜日、〔舊、以下脫〕七月三日、
一、昇殿、神拜終る、墓參濟、
一、北堂君ヨリ七月廿五日出之御書面相達す、至て御無叓也、
一、赤龍〔丸脫〕ヨリ奉リシ荷物相居キタル由ナリ、
一、永井豪ヘ拾圓之證書ヲ返ス、殘金四圓二十錢ナリ、
一、相良甚之丞來リ、鳳瑞丸修繕之不都〔合脫〕ヲ聞キ、相良ヘ忠告シタリ、
一、鈴木(子順)禪師來リ閑話す、
一、晩ニ川添(爲一)來リ、佛教演舌之云々ヲ聞ク、

○8月3日、晴、火曜日、舊七月四日、
一、昇殿、神拜終る、墓參濟、
一、島津珍彦殿ヲ薩广屋ニ伺歸ル、
一、二口銃代價內金六圓ヲ、四方方ヘ拂渡ス、

○8月4日、晴、水曜日、七月五日、
一、昇殿、神拜濟、墓參終る、
一、高木裁判長上京ニ付、爲見送行棧橋直歸、
一、五百五十〔年脫〕祭賞譽ノ文ヲ造ル、

○8月5日、晴、木曜日、七月六日、
一、昇殿、神拜終る、
一、午後五時ヨリ倶樂〔部脫〕幹叓會ニ出頭、月算及諸件議定ス、
一、今夕盜アリ、久吉ノ衣類二點、金五十錢幷ニ下婢ノ紙入、金十五戔〔錢〕、廣吉ノ衣一點ヲ失シタリ、

○8月6日、晴、金曜日、七月七日、
一、昇殿、神拜終る、墓參濟、
一、今曉賊難ノ屆ケヲ出シ、且ツ嚢キニ抱ヘ置キシ僕伊助ニ疑ヒアルカ故云々ヲ告ケ置キタリ、

○8月7日、晴、土曜日、七月八日、
一、昇殿、神拜終る、墓參濟、
一、御社〔祖〕父公・宮子姫之月次祭濟、
一、從川畑文藏有通信、清酒一斗・泡盛酒一瓶托夕龍丸

送致、蓋本艦發錨在近日、本月一日之書也、

○8月8日、晴、日曜日、七月九日、

一、昇殿、神拝終る、

一、北堂君ヨリ國分三ノ原櫻島大根之三種ヲ贈リ賜ル、

一、鐵筆竹雲生、囊乞煙草、仍贈矣、有禮報、

一、贈石菖〔蒲脱〕之小盆栽於鈴木子順、

○8月9日、晴、月曜日、七月十日、

一、神拝終る、墓參濟、

一、早朝訪内海（忠勝）知事、囑大藪（文雄）千字文題辭及額面書、又談廣巖寺境内、件仍皈途行本寺與鈴木示談、

一、晩鈴木來訪、猶及境内談明日集會、本寺之檀家某欲議之、仍乞會議許焉、

○8月0（10）日、晴、火曜日、七月十一日、

一、昇殿、神拝終る、

一、舊盆祭ニ付、廣巖寺へ左品ヲ贈る、

一、越後縮壹反　一、酒五升　住持へ、

一、足袋筆墨　小僧四名へ、一、手拭及金二十錢下男へ、

一、午前十時會議、境内及蓮池ノ件ヲ談シテ皈ル、

一、吉富ヨリ盆祭ノ爲、金五十錢ヲ送す、

一、所囑北元文藏之酒井泡盛達、

○8月11日、晴、水曜日、晩ニ微雨、七月十二日、

一、昇殿、神拝終る、

一、島津珍彦殿、本日大坂ヨリ淀川丸へ乗船之報知有之、

○8月12日、晴、木曜日、七月十三日、

一、昇殿、神拝終る、墓參濟、

一、仙臺國分町十九軒松華房へ瑞鳳寺南山和尚〔巖〕之松洲帖及ヒ千字文之二帖ヲ注文す、

一、北堂君へ大根種子三種來着之御禮狀ヲ差上候、

一、今曉居（留）地英館茶商之製造所へ失火、

一、三木福（鮮明）へ綱鑑補之注文ヲ申遣ス、

一、坂上喜右衞門（山本）へ松手入レ出張ノ叓ヲ返報す、

○8月13日、晴、金曜日、七月十四日、

一、昇殿、神拝終る、墓參濟、

一、廣巖寺江參詣、鈴木江面會、昨夕廟參ノ禮トシテ行ク、又大官香一把ヲ贈ル、

一、又新報ニ、广耶艦進水式ニ久邇宮（朝彦親王）御臨場ノ事ヲ記ス、仍テ小野濱造船長へ面會、其事實ヲ質スニ全ク虚説ナリ、

一、小柴景起ヨリ書面、過日來往復セシ中山生金圓返濟ノ報知有之、仍而梶川通知す、

一、宇田川謹吾へ中島治江辭表ノ一件ヲ報知す、
○8月14日、晴、土曜日、七月十五日、
一、昇殿、神拜終る、墓參濟、
一、伊藤景裕ヨリ書面、過般申立之等外出〔仕脱〕云々ノ件、請願通リ聞屆ケ之內報アリ、
一、勢德樓之爺之墓參ニ、花一對ヲ手向ケタリ、
○8月15日、晴、日曜日、七月十六日、
一、昇殿、神拜終る、墓參濟、
一、午後二時ヨリ施餓鬼祭ニ參寺、
一、北元文藏へ泡盛并ニ酒及煙草ノ禮狀中、琉球縞三反注文す、
一、永田江ミの原大根種ノ禮狀ヲ出す、
一、吉富へ盆祭ニ付、五十錢送金受取并ニ祭禮ノ始末ヲ通す、
一、北堂君へ御送リ品之御禮狀ヲ上ル、
○8月16日、晴、月曜日、七月十七日、
一、神拜終る、

瀧ノ茶屋へ清浦奎吾を訪ふ

一、午前第六時半粧シテ、瀧ノ茶屋へ清浦圭〔奎〕吾ヲ訪ヒ、此レヨリ舞兒灣境屋へ投シ、直ニ海水浴ヲ初ム、車夫ハ返す、海浴甚タ妙ナルニヨリ、三日間入浴・滯留ノ事ヲ、山平并ニ家內へ通す、

舞子に滯留す

○8月17日、晴、火曜日、七月十八日、
一、神拜終る、
一、正午ニ山平并ニふく來リ、晚六時ニ歸ル、終日閑暇、詩作ヲ試ム、
○8月18日、晴、水曜日、七月十九日、
一、神拜終る、
一、正午、よし・千代・水新等之人々參る、
○8月19日、晴、木曜日、七月廿日、
一、午前第八時ヨリ小舟ヲ浮〔マヽ〕釣ヲ垂ル、風波惡シ、
一、鈴木子順來ル、中井帋三モ來ル、
一、よし・水新・中井皆歸家、
○8月20日、晴、金曜日、七月廿一日、
一、神拜終る、
一、蕉雨・佐野庄訪來ル、共ニ文墨之遊ヲ試ミ、一同皆歸ル、當日ハ鈴木ト韻ヲ探リ、詩數章ヲ賦ス、
一、午後六時過鈴木歸寺之便ニ、宿許行之書面ヲ托シ、廿三日歸家之云々ヲ報す、
○8月21日、晴、土曜日、七月廿二日、
一、神拜終る、

一、今暁ヨリ雨氣ヲ催スニ、午前九時ヨリ風雨甚タシ、
一、四方常七尋ネ來ル、是より姫路へ行クト云ヘリ、依而大藪(文雄)へ書面ヲ出す、

○8月22日、雨、日曜日、七月廿三日、

一、神拝終る、
一、終日風雨ニて甚タ激風ナリ、

○8月23日、晴、月曜日、七月廿四日、

一、神拝終る、
一、午前第八時、よし初ストンホッチニて迎ヒニ來ル、浪高シ、十時ニ神戸ニ着船、
一、午後鈴木禪師來訪、

○8月24日、晴、火曜日、七月廿五日、

一、昇殿、神拝終、
一、鈴木幷ニ蕉雨へ舞子土産ノ陶器ヲ贈リ、午飯蓤ヲ炊クノ書面ヲモ贈ル、
一、正午ヨリ鈴木・梶川・川添(爲一)來リ、蓤飯ヲ饗す、

○8月25日、晴、水曜日、七月廿六日、

一、昇殿、神拝終る、墓參濟、

○8月26日、晴、木曜日、七月廿七日、

一、昇殿終る、
一、蕉雨・山西來ル、山西自製之蒿毫ヲ惠ミタリ、

○8月27日、晴、金曜日、七月廿八日、

一、昇殿、神拝終る、墓參濟、
一、鳩永堂ヨリ東坡詩集註ヲ買取ル、

○8月28日、晴、土曜日、七月廿九日、

一、昇殿、神拝終る、墓參濟、
一、鈴木子順ヲ訪ヒ歸ル、

○8月29日、晴、日曜日、七月朔日、

*懷劍の裝飾を月山に依賴す

一、早朝月山幷ニ相馬(幸吉)來ル、懷劍之粧〔裝〕飾ヲ月山(貞一)ニ依賴す、
一、神拝終る、
一、早天村野山人ヲ訪ヒ、川添進退之件ヲ談シ、此ヨリ寺田ヲ訪、牧野及ヒ縣令ヲ訪テ、歸途川添へ面接シテ、河内、佐ゝ木〔素脱〕行之叓情ヲ謀る、
一、水越耕南ヲ弔ヒ歸ル、
一、本日伊呂波へ立退キヲ命シタリ、

○8月30日、晴、月曜日、八月二日、

一、昇殿、神拝終る、
一、阿濃恒生來リ、放言ヲ放ツ故叱リテ歸ス、

○8月31日、晴、火曜日、八月三日、

一、昇殿、神拝終る、

内海知事を訪ひ額面揮毫等を謝す

一、早朝內海知叓ヲ訪、昨晩額面幷ニ畫帖及大藪依賴ノ千字文題字ヲ贈リタルヲ謝シ、又社內伊呂波立退キノ一件ヲ談シテ、歸途警察所〔署〕へ行て、古河八郎へ面接、伊呂波ノ所分〔處〕ヲ示談シテ歸ル、

一、加藤政德來リ、伊呂波一周〔週〕間日延ノ嘆願アリ、

一、大藪へ書面ヲ出シ、題字受取人ノ叓ヲ報知す、

〔九　月〕

○9月1日、晴、水曜日、八月四日、二百十日、

一、神拜終る、墓參濟、

一、昨晩方より大雨、本日ハ厄日ナレトモ、至ツテ平和ナリ、

一、梶川ヲ以テ、古河八郎へ伊呂〔波脫〕所分〔處〕ノ大畧ヲ報シテ謝シタリ、

一、晩ニ鈴木子順來話す、

○9月2日、木曜日、晴、八月五日、

一、昇殿、神拜終る、

一、本日社內ニ諭告文ヲ出す、

○9月3日、晴、金曜日、八月六日、

一、神拜終る、墓參濟、

○9月4日、雨、土曜日、八月七日、

一、昇殿、神拜終る、

一、蕉雨來リ、觀音ノ一件ヲ談ス、

一、大藪（文雄）來、內海（忠勝）之題字ヲ爲取タリ、

一、坂上（山本）喜右衞門松作リ濟ミ、今日歸ル、

○9月5日、雨、日曜日、八月八日、

一、神拜終る、

一、本日講究所委員會之報知アルモ、病氣ニテ辭シ、梶川ヲ代理トシテ出頭爲致タリ、

一、生野町青山竹ヨリ菓子壹包ミヲ贈リタリ、

○9月6日、晴、月曜日、八月九日、

一、昇殿、神拜終る、墓參濟、

一、北堂君ヨリ素麵幷ニ干肴御贈リ被下タリ、又酒壹斗・紺島三反、北元（文藏）ヨリ送リ呉レタリ、

一、晩ニ鈴〔木脫〕和尙（子順）來リ閑話、

○9月7日、晴、火曜日、八月十日、

一、昇殿、神拜終る、墓參濟、

一、鈴木和尙へ菊花一枝ニ詩ヲ添ヘテ贈ル、

一、祖父公・宮子ノ月次祭祀濟ム、

一、泡盛幷ニ酒代仕送リ方ヲ中井（庸三）へ命す、

○9月8日、晴、水曜日、八月十一日、
一、昇殿、神拜終る、
一、鈴木・梶川ヲ迎エ、素麵ヲ饗シタリ、
一、本城新助之倅來リ、車講之頼母シ講ニ付、不納金督促方ヲ依頼す、依而一同へ集會之叓ヲ觸レタリ、
○9月9日、晴、木曜日、八月十二日、
一、昇殿、神拜終る、
一、松原良太・直木五州、社ノ高瀬・矢田同伴ニテ來リ、示談ノ上、本社ニ掛る告訴件ヲ平穩ニ歸シタリ、
一、社內一同ヲ呼出シ、車講掛ケ金ノ不納ヲ説諭シタリ、
○9月0日(10)、晴、午ヨリ烈風、金曜日、八月十三日、
一、神拜終る、
一、昨日ヨリ下血ノ症ニ罹リ引入リタリ、
一、本日告訴却下願之書面ヲ差出す、
一、河合正鑑訪ヒ來ル、
○9月11日、風雨、土曜日、八月十四日、
一、神拜終る、
一、今朝鳴瀧(公恭)へ山平ヲ遣シ、告訴件平穩ノ叓ヲ報ス、又宇田川(謹吾)へハ書面ニて、一禮ヲノベタリ、又石田へも同斷、

○9月12日、陰、日曜日、八月十五日、
一、神拜終る、
一、今夕良霄ナレﾄﾓ、陰雲月明ヲ不見、七律二首絕壹首ヲ病床ニ賦ス、
○9月13日、晴、月曜日、八月十六日、
一、神拜終る、
一、一昨日ヨリ咽喉カタールニて困却ス、
○9月14日、晴、火曜日、八月十七日、
一、神拜終る、
○9月15日、晴、水曜日、八月十八日、
一、神拜終る、
○9月16日、雨、木曜日、八月十九日、
一、神拜終る、
一、俱樂部ヨリ月算調査之回達アリ、病氣ニテ辭ス、
一、今夕風雨烈シ、
○9月17日、晴、金曜日、八月廿日、
一、神拜終る、
一、篠田芥津へ金三圓ヲ爲替ニて贈ル、是レハ潤鐵筆・石印二瑔(顆)ノ代ナリ、二圓七十五錢ノ處へ三圓送ル、

一、志水蕉雨へも書面ヲ送ル、
○9月18日、雨、土曜日、八月廿一日、
一、神拝終る、
○9月19日、晴、日曜日、八月廿二日、
一、神拝終る、
一、昨日ヨリ疲勞、誠ニ甚タシ、
一、仙臺松洲瑞巖寺ヨリ南山和尚ノ石摺返詞成ル、
○9月20日、晴、月曜日、八月廿三日、
一、今晩ヨリ熱發、誠ニ甚タシ、田村(喜進)・神田病院長ノ診察ヲ乞、午後ニ至リ熱氣去ル、
○9月21日、晴、火曜日、八月廿四日、
一、今朝ヨリ疲勞、誠ニ甚タシ、
一、四窓松濤潮聲處、額面出來、仍而掛幅金陵筆牡丹畫壹幅ヲ添へ、中井ヲ舞兒界(境)屋へ遣シ、過日之禮ヲのへタリ、
一、神田院長も當日ヨリ保養之爲、出張ニ付病狀ノ次第ヲ報シ、又洋酒ト菓物ヲ贈ル、
一、中井へ命シ、北堂君へ病氣ナレ𪜈、已ニ快氣之形行ヲ申上ル、
○9月22日、晴、水曜日、八月廿五日、

一、今日未タ臥床ナリ、
一、北堂君より芋類御送與被下タリ、
一、三木福(鮮明)へ詩話類注文、
一、拝借地一件ヲ山平へ托シタリ、
○9月23日、晴、木曜日、雨、八月廿六日、
一、昨日ト同斷臥床、
○9月24日、晴、晩烈風、雨、金曜日、八月廿七日、
一、尚病床ニ臥ス、夜ニ入九時ヨリ烈風、扶病指揮ス、
○9月25日、晴、金曜日、八月廿八日、
一、父上ノ月次祭ハ山平ニ囑シタリ、
一、三木福へ注文ノ詩話、其外持參す、
○9月26日、晴、土曜日、八月廿九日、
一、今朝少〻快氣ニ向キ、午ニ入浴、
○9月27日、晴、日曜日、八月晦日、
一、今朝前日ニ同し、三木平ヨリ書藉(籍)ヲ受取、又代金五圓ヲ渡ス、
一、今夕山平來拝借地所願達之手繼キヲ聞得タリ、
一、病中詩數章ヲ梶川・鈴木ニ添作ヲ乞、
○9月28日、陰、月曜日、九月朔日、

一、今朝氣分大ニ宜ロシ、正午ニ入浴、

一、但州ノ安積九龍來ル、

一、田村喜進來診す、去ル廿日ノ朝六時ノ熱度ハ三十九〔度脱〕五分、七時ニ至リ五分ヲ減シ、十一時ニテ七八分ヲ昇降セリ、仍テ之レヲ推スニ、惡寒セシハ午前三時半ヨリシ、便ニ行キ悶絶セシハ午前第五時半ニシテ、人々馳來リシナラン乎、然レハ五時比ノ熱度ハ四十度ノ極點ニ達セシナル、尤六時ヨリ神田院長診察迠ハ、全ク恍惚トシテ知覺ナシ、時々氷塊ノ口舌ヲ潤スノ快ヲ覺ヘタリ、其他看病人よし・千代・まつノ手ヲ以テ、惣身ヲ撫ツルニ、其冷カナル鐵ノ如キヲ覺ヘタリ、但シ神田院長ノ來診ハ、午前九時ナリト云、云ク、氣管〔支〕子熱ニシテ、今暫時ニシテ胸膜炎トナルノ候ナリ、然レトモ、發汗ノ丸劑ヲ多量ニ投下シ、十分ノ汗ヲ發セシニヨリ、遂ニ危險ニ陷ラスト云、只今後發熱如何ヲ二醫共ニ懸念シタリ、後日ノ爲ニ畧記ス、

○9月29日、晴、火曜日、九月二日、

一、本日ハ少々不快、終日臥枕、

一、晩ニ湯淺清之進、刺病（痲列剌）ノ屆ケ有之、

○9月30日、晴、水曜日、九月三日、

一、氣色一段衰ヘタリ、終日休臥、

（表紙）

日誌　従十九年十月一日　至仝廿年六月三十日　卅二

〔明治十九年十月〕

明治十九年十月一日、金曜日、舊九月四日、

〇0（10）月1日、晴、金曜日、九月四日、

一、今日も昨日ニ同シ、終日臥床、

一、坂ノ上喜右衞門（山本）へ出神スヘキ書面ヲ出ス、牡丹注文ノ叓也、

〇0（10）月2日、晴、土曜日、九月五日、

一、今日ハ屋内ヲ散歩す、

〇0（10）月3日、晴、日曜日、九月六日、

一、昨日ト同斷、

一、北堂君ヨリ二十九日附之御書面來着、御無異ナリ、

一、昨日ハ志水蕉雨へ書面幷ニ金圓ヲ送ル、兼而囑スル處ノフソウ（扶桑）木印材ナリ、黒檀材幷ニ蠟石材ハ、共ニ下品ナル故返ス、竹雲所持之分ヲ壹圓五十錢ニ買入ル、又芙桑木置物壹圓五十錢トノ叓ナルニ依リ、是レモ買取方申遣ス、依而都合金三圓、外ニ五十錢ハ篠田芥津へ贈ル、

一、煙草大函壹ツ是レハ竹雲へ、小函壹ツ是ハ蕉雨（志水）へ贈ル、

〇0（10）月4日、晴、月曜日、九月七日、

一、病症昨日ト同斷、福元村より市松來リ、養魚池之一件ヲ聞ク、加東郡福天村四番地、山口市松所有、字足ケ谷溜池、第九百八十九番ナリ、

〇0（10）月5日、晴、火曜日、九月八日、

一、昨日ヨリ快ヨク、

一、過日來大審院へ出訴ニ及ヒタル、又新日報告訴之一件ハ、今日申下ケ願之通被聞届書面脚相成リタリ、

〇0（10）月6日、晴、水曜日、九月九日、

一、昨日ト同斷、

一、本日ハ舊重陽ニ付、鈴木（子順）ヨリ詩及ヒ栗ヲ贈リ呉レタリ、

一、正午ニ入浴、直チニ臥ス、

〇〇（10）月7日、晴、木曜日、九月十日、

一、祖父公及宮子姫の月次祭ハ缺く、

一、御社内昨晩ヨリ行興（興行）物解停（亭）アリ、

一、佐々木（素行）ヨリ書面、病氣見舞ナリ、京之染よりも同斷也、

一、志水蕉雨來リ、竹雲之書面及芥津（篠田）之受取證も有之、竹雲ハ煙草之禮ヲ記ス、

〇〇（10）月8日、晴、金曜日、九月十一日、

一、今日より氣分大ニ快し、晩ニ庭中ヲ歩行、

一、昨夜山平（力松）病氣ナリ、

〇〇（10）月9日、晴、土曜日、九月十二日、

一、今日も同斷、入浴、

一、山本村ヨリ書面來ル、是レハ牡丹之返叓なり、平常之牡丹ハ十株壹圓七十錢、有川（矢九郎）注文ハ白二十株ナルカ故、十株二圓ツヽノ相場なり、昨年も間違ヒ有之故、當年ヨリ約定ヲ立間違之節ハ、二本ツヽ贖ヒヲ受取ル叓ニ定メタリ、

〇〇（10）月〇（10）日、晴、日曜日、舊九月十三日、

一、昨日ト同斷、今夕詩アリ、

〇〇（10）月11日、晴、月曜日、舊九月十四日、

一、昨日ト同斷、下血甚タシ、

一、昨夕之詩、七律絶各一章ヲ鈴木幷ニ梶原へ送ル、

〇〇（10）月12日、雨、火曜日、舊九月十五日

一、昨日ト同斷、

〇〇（10）月13日、晴、水曜日、舊九月十六日、

一、昨日ト同斷、

一、今日初メテ筆ヲ執リ、母上へ書面ヲ奉リ、又有川へも書面ヲ出ス、

〇〇（10）月14日、晴、木曜日、舊九月十七日、

一、昨日ト同斷、下血少シタ（マヽ）止ム、

一、明（マヽ）十六日米商會所移轉ニ付、祝詞文一編ヲ加藤ニ送ル、

〇〇（10）月15日、晴、金曜日、舊九月十八日、

一、昨日ト同斷、

一、内海（忠勝）知叓ヨリ、天長節ニハ、夜會ノ案内狀有之、

一、山本之喜右衞門へ有川ノ牡丹四十、自栽二十五株注文ス、

〇〇（10）月16日、雨、土曜日、舊九月十九日、

一、昨日ト同斷、下血大減シタリ、

一、皮蒲團ヲ拾三圓ニ買取、
一、米商會所移轉式之料理到來ス、
○(10)月17日、日曜日、舊九月廿日、
一、昨日ト同斷、
一、松原良太訪來リ、廣嵒寺墓地一件ヲ談シタリ、是レハ今般坂本村之共有地ヲ發シ、本寺之支配ニ轉スルノ議ナリ、
○(10)月18日、晴、月曜日、舊九月廿一日、
一、今朝下血、全ク止ミタリ、
一、鈴木子順訪來ル、
○(10)月19日、雨、火曜日、舊九月廿二日、
一、下血止ミ、大ニ快ヨシ、
一、寒牡丹二株ヲ植附ケタリ、
○(10)月20日、晴、水曜日、舊九月廿三日、
一、日々快氣ニ向ク、
一、鈴木并ニ蕉雨(志水)訪來ル、
○(10)月21日、雨、木曜日、舊九月廿四日、
一、昨日ト同斷、
一、江原竹香社務所迠訪來ルト云、仍而一律詩ヲ作リ送る、無程來ル畫幅ヲ出シ饗して返す、元暉及其昌(董)之幅ニハ感服シタリ、
一、長谷川一彥本店へ移轉ノ由、來ル廿三日送別會之回章來ル、然レとも病氣を以斷る、
○(10)月22日、晴、金曜日、舊九月廿五日、
一、昨日ヨリ今日ハ快シ、
一、大坂之竹香訪來リ、一詩ヲ賦シテ更ニ來りて、藏書畫ヲ一覽ニ供シタリ、感服極レリ、
一、内海知叓ヨリ三日天長節、夜會之節盆栽借用之申込有之、服部豊三郎來ル、仍而菊花五十鉢ノ受合ヲ返詞ス、

*内海知事より盆栽借用の申込みあり

○(10)月23日、晴、土曜日、舊九月廿六日、
一、昨日ト同斷、昨日ヨリ便不通ニ付食叓進マス、
一、有川矢九郎ヨリ書面、牡丹買入レノ禮狀來ル、仍而即刻書面、明後廿五日安治川丸へ積入レノ形行申遣す、
○(10)月24日、晴、日曜日、舊九月廿七日、
一、昨日ト同斷快シ、
一、有川矢九郎へ書面、并ニ牡丹代受取證書ヲ贈ル、牡丹ハ安治川丸へ明日積入ルヽノ叓ヲ記ス、
○(10)月25日、雨、月曜日、舊九月廿八日、

一、今朝通便澤山ニて少ゝ疲労之氣味ナリ、
一、川添(爲一)來リ、古川八郎養子成リ之一件ヲ聞ク、宮内着
神之上ニ決定ノ叓ニ治定シタリ、

○(10)月26日、雨、火曜日、舊九月廿九日、
一、今朝ハ大ニ快ヨシ、初メて髯ヲ剃ル、
一、蘇子印畧壹部ヲ買入ル、代價五圓蕉雨へ拂渡ス、
一、芥津ヨリ書面、爲替證之一件ニ付、郵便局へ引合、
更ニ差出シタリ、今日牡丹三十株ヲ植附ケタリ、

○(10)月27日、晴、水曜日、十月朔日、
一、白鶴一本ヲ荒木眞貞ニ贈ル、
一、大ニ快シ、
一、北堂君へ牡丹四本送リ上候書面ヲ出す、猶楮苗之叓
モ申上ケタリ、

○(10)月28日、晴、木曜日、十月二日、
一、大ニ快シ、昨晩ヨリ今夕ニ掛ケ、庭中ヲ歩す、

○(10)月29日、晴、金曜日、十月三日、
一、大ニ快シ、

○(10)月30日、晴、土曜日、十月四日、
一、昨日ト同斷、
一、御國許ヨリ御贈リ品ゝ相屆ク中ニ、御分とうふ澤山

ニ被下タリ、又拵へ方も御示シ被下タリ、

○(10)月31日、晴、日曜日、十月五日、
一、昨日同斷、
一、分所一件之書面ヲ松野勇雄へ出す、又仙臺遠藤信道
へも出す、
一、今日入浴す、
一、明後二日、又新社幷ニ松原議員及ヒ直木戸長へ晩飯
之招狀ヲ出す、
一、長谷川彦一へ送別狀之詩幷ニ肴一尾ヲ贈ル、

〔十一月〕

○十一月1日、月曜日、晴、十月六日、
一、昨日ト同斷、

○11月2日、晴、火曜日、十月七日、
一、昨日ト同斷、
一、午後三時ヨリ又新日報社員及松原・直木之輩ヲ呼て、
洋風ノ晩餐ヲ餐す、

○11月3日、晴、水曜日、十月八日、
一、昨日同斷、客來之爲ニ疲労極ルトいへとも、天長節
拜賀ノ爲ニ登廳、知(内海忠勝)叓・書記官へ禮シテ直チニ歸ル、

*天長節拝賀の爲に登廳

*神幸祭齋行
*湊川堤防上に御旅所を設く
例祭齋行

一、今夕夜會ハ辭シテ出勤セス、
○11月4日、雨、木曜日、十月九日、
一、昨日ト同斷、
○11月5日、晴、金曜日、十月十日、
一、昨日ト同斷、
○11月6日、晴、土曜日、十月十一日、
○11月7日、日曜日、十月十二日、
一、宮子之月次祭濟、
一、午後四時ヨリ萍水會、詩題觀菊、又嗚呼詞畔小集ナリ、七五律詩三首ヲ賦ス、
○11月8日、月曜日、晴、十月十三日、
一、昨日ト同斷、有川ヨリ大柿十來着、
○11月9日、雨、火曜日、十月十四日、
一、昨日ト同斷、
○11月0（10）日、晴、水曜日、十月十五日、
一、大祭十二日執行之亊ニ決す、
○11月11日、大風雨、木曜日、十月十六日、
一、昨日ト同斷、午後六時天氣ノ祈念ヲ神前ニ禱る、
○11月12日、晴、金曜日、十月十七日、
一、午前第十時神亊執行、無滯相濟、直チニ打臥ス、
○11月13日、晴、土曜日、晴（マヽ）、十月十八日、
一、午前第九時ニ出御、常例之如シ、縣廳ニてハ知亊（内海忠勝）拜禮有之、又本年ハ湊川堤上ニ御休輿ナリ、
○11月14日、晴、日曜日、十月十九日、
一、兩日之神亊ニて、大ニ疲勞、終日保養す、
○11月15日、雨、月曜日、十月廿日、
一、昨日同斷、床中ニテ客ヲ辭シテ保養す、
一、北堂君へ神亊無異相濟ミタルヲ奉報、
一、有川矢九郎へ書面ヲ出す、
○11月16日、晴、火曜日、十月廿一日、
一、昨日同斷、
○11月17日、陰雨、水曜日、十月廿二日、
一、昨日ト同斷、人帖及戲鴻堂法帖十四巻ヲ十五圓ニ買取る、是レハ生ノ森ノ藏本ナリ、
○11月18日、雨、木曜日、十月廿三日、
一、昨日同樣引入保養す、
一、終日風雨ノ處、午後六時比ヨリ西北之風力殊ニ烈シク、夜ニ入リ九時前後ニ至リ、大樹ヲ拔キ、屋瓦ヲ飛ハシ加ルニ、大雨官宅モ已ニ倒レントスルノ形狀、二陛〔階〕ニ臥ス能ハス文庫ニ移ル、十二日〔時〕ニ至リ、漸ク

*秋季祖靈祭齋行

風力ヲ減殺シ、十九日午前第二時ニ全ク隱ナリ、

○11月19日、晴、金曜日、十月廿四日、

一、早朝社務所へ出頭、内務へノ電信及縣廳へハ、山平（方松）ヲ出タシ、諸叓之手配ニ及ヒタリ、

境域内各所強風の爲大破す

一、御社頭本殿・拜殿・社務所・神饌所・祭器庫、各大破、御水屋ハ全クツブレタリ、

○11月20日、晴、土曜日、十月廿五日、

一、終日臥床保養、家内一同風損之取片付ケニ掛る、

○11月21日、晴、日曜日、十月廿六日、

一、昨日同斷、

一、昨廿日夕龍丸〔金脫〕ヨリ有川矢九郎へ牡丹三十株幷ニ梨八ツ贈ル、

○11月22日、晴、月曜日、十月廿七日、

一、今朝ヨリ少〻快シ、

○11月23日、晴、火曜日、十月廿八日、

一、昨日ト同斷、

○11月24日、晴、水曜日、十月廿九日、

一、昨日ト同斷、社内ヲ歩行ス、

○11月25日、晴、木曜日、十月卅日、

一、昇殿、神拜濟ム、

一、當日ハ氏神幷ニ祖先之秋祭ヲ執行、客來有之、十一人なり、一同醉飽爛熳タリ、

○11月26日、晴、金曜日、十一月朔日寅ノ日、

一、蕉雨（志水）之一件有之、梶川へ申含メ拒絕ノ叓ヲ取計ヒタリ、

○11月27日、晴、土曜日、十一月二日、

一、林源吾來リ、分所之一件ヲ協議ス、

○11月28日、晴、日曜日、十一月三日、

一、昨日同斷、

一、今講究所より梶川へノ辭令達シ、卽理叓ヲ達シタリ、又林及松野（勇雄）へも禮狀ヲ出タス、

○11月29日、晴、月曜日、十一月四日、

一、昨日同斷、

一、有川矢九郎より廿三日附ケ之書面達す、牡丹幷ニ梨子入函ハ未タ不達ニ付、薩摩屋へ問合セタリ、

○11月30日、晴、火曜日、十一月五日、

一、昨日ト同斷、

一、有川矢九郎へ書面、牡丹代六圓之内ヨリ煙草代四圓三十錢五リン差引之叓ヲ認ム、

一、吉冨氏十月卅日附ケ之書面及煙草、昨日愛甲方より

來着候間、右禮狀ヲ出タス、
一、金七圓戲鴻堂法帖之殘金トシテ、若山へ相渡ス、

〔十二月〕

○12月1日、晴、水曜日、十一月六日、
一、昇殿、一日祭濟、
一、昨夕ハ手術幷ニ輕業ヲ、家內ヲ引具して一見す、

但州武田町木村某山口村碑石件にて來る

一、河谷正鑑之手引ニて、但州武田町之木村ト云旅人宿之者、山口村碑石之叓ニ付來ル、依而辨解シテ返ス、
一、御國許へ水筆之注文、北元〔文藏〕へ申遣シ、金壹圓ヲ送る、
○12月2日、晴、木曜日、十一月七日、
一、神拜終る、
一、御國許廿七日出之御贈品ゝ、澤山ニ參る、尤おすまノ御ば殿卽渡陽氏昏なり、本日直チニ乘船ニて東行、迎を遣シタルニ已ニ乘船故、只榓柑壹函ヲ贈リタリ、直左右も何叓も間ニ逢〔合〕す、都合七人連レナリ、
○12月3日、晴、雪初降る、金曜日、十一月八日、
一、神拜終る、
一、金參圓、日本農會江、一、金貳圓、博愛社へ、十九年第二期分、
一、金八十錢、丸善江存採七回代、一、金九十錢、中島惟一へ、稚〔雅〕言十七回代、
右之金員郵便爲換〔替〕ニて差出タス、〆六圓七十戔〔錢〕ナリ、
一、志方證書差出ス、
一、佐ゝ木瑞城へ書面、七律二首、外ニ四首ヲ寄セタリ、
○12月4日、晴、土曜日、十一月九日、
一、神拜終る、
一、風邪ニて終日引入、
○12月5日、晴、日曜日、十一月十日、
一、風邪ニて臥床、
一、有川矢九郎より書面、牡丹三十株幷ニ梨子着船之返詞ナリ、
一、風邪ニて引入ル、
○12月6日、晴、月曜日、十一月十一日、

*長崎談判破裂

一、長崎談判破烈〔裂〕ニて、日本曲者ノ云ゝヲ聞ク、兼而期シタル通りニて、政府之所置〔處〕ノ宜シカラサル、又長崎警部長之不心得より爰ニ至リ、我カ日本之國權ヲ失ヒ、萬國之笑ヲ執ル、誠ニ可惜、警官等ハ、宜シ將來ヲ注意スヘキ叓ニソアル、

○12月7日、晴、火曜日、十一月十二日、

風邪にて終日引入、月次之神叓モ拜セス、晩ニ梶川來りて圍碁、

○12月8日、晴、水曜日、十一月十三日、

一、風邪にて引入ル、

一、林源吾幷ニ梶川來リ、分所之會議件ヲ指揮シタリ、

一、加藤政德上京ニ付、森岡昌純幷ニ加藤正義江書面、政德米商會社願意之件ヲ依賴ス、

一、川添(爲一)來リテ、書藉(籍)之注文依賴有之、依而直チニ三木(鮮明)福へ注文書狀ヲ出ス、

一、內務省伺之書面ニ付、書記官ヨリ返喋有之、

○12月9日、晴、木曜日、十一月十四日、

一、今日も猶引入、

一、北堂君へ歳暮之品ゝ奉贈候、又永田・宮之原、其外一同へ贈品有之、

一、加藤政德江金壹圓ヲ托シ、榛原之半切ヲ注文す、

一、吉冨與兵衞訪來ル、是レハ直次郎之婿なり、當時海軍少主計なり、

*大禮服改制御達しあり

○12月0(10)日、晴、金曜日、十一月十五日、

一、東京櫻井(能監)幷ニ西村へ松茸之鹽漬壹樽ツヽヲ送ル、

一、分所會議粗決定す、今夕梶川ヲ戒シタリ、

○12月11日、晴、土曜日、十一月十六日、

一、工藤來リ、俱樂部新築之叓ヲ報シ、十三日惣會之叓ヲ云へリ、

○12月12日、晴、日曜日、十一月十七日、

一、林源吾幷ニ西尾等之人ゝ來ル、分所件ヲ指揮セリ、

一、林源吾來、分所會議決定ノ叓ヲ聞ク、

一、山岡銕(鐵舟)太郎之執叓山越小三太訪來る、

○12月13日、晴、月曜日、十一月十八日、

一、北堂君ヨリ九日出之御書面來着、干肴御贈リ被降トノ事なり、

一、東京近藤瓶城より之便來り、史藉(籍)集覽及ヒ存採叢書之云ゝヲ依賴ス、佩文韻府之件も依賴す、

一、今日ハ高瀨藤次郎より懇信會之約束アリタルモ、山平ヲ遣シテ斷ル、

○12月14日、晴、火曜日、十一月十九日、

一、大禮服改制御達シニ付、取替ヘ方高橋へ命シタリ、

○12月15日、晴、水曜日、十一月廿日、

一、有川矢九郎より書面、牡丹代・煙草代ト差引殘リ壹圓七十錢來着す、

○12月16日、陰雪、水(木)曜日、十一月廿一日、
一、櫻井能監へ近作詩十九首幷ニ一律ヲ賦シテ、久ゝ振リニ書面ヲ贈ル、
一、川添來リ、三木福へ依頼之書藉取組ミヲ談シタリ、
○12月17日、晴、木(金)曜日、十一月廿二日、
一、北堂君より御贈リ之魚物來着、殊之外美味ナリ、
一、荒木眞英ヨリ梅苗三十本來着す、
○12月18日、晴、土曜日、十一月廿三日、
一、楮苗三千本、山本村ヨリ來着、
○12月19日、晴、日曜日、十一月廿四日、
一、長崎丸出帆ニ付、楮苗ヲ積送リタリ、又書面ハ郵便ニて出タス、
一、金五十錢ヲ封入、むろノ干肴幷ニ附ケ掲(揚)ケ之注文ヲ願上ケタリ、
一、萍水會幷ニ忘年會ニ付、午後第二時ヨリ色葉樓ニ行キタリ、相會スルモノ三十餘名なり、酔後書畫ヲ試ミタリ、
○12月廿日、晴、月曜日、十一月廿五日、
一、御國許鰤子三十二尾着す、是レハ北元より來ル、
一、吉冨より金五十錢來る、
一、法帖代價貳圓五十錢拂、
一、中島惟一幷ニ丸善へ爲替金相達候哉之問合セ書面ヲ出す、
一、魚之味噌漬ケヲ岡田俊之介へ贈る、
○12月21日、晴、火曜日、十一月廿六日、
一、今日久ゝニて入浴、
一、文庫之造作、今日ニて成効アリ、
一、香ヲ調合す、晩ニ鈴木(子順)訪來リ、閑話す、
○12月22日、晴、水曜日、十一月廿七日、
一、神拜終る、
一、表御門通リ拜借地之家、本日許可有之タリ、
一、櫻井能監ヨリ二十日出之書面着す、京都　御巡幸之件ゝ、委曲ニ申來ル、
一、講究所ヨリ之辭令書來着す、
○12月23日、晴、木曜日、十一月廿八日、
一、神拜終る、
一、櫻井能監江鯛味噌漬壹ツヲ、山城丸ヨリ贈ル、
一、田中頼庸へ榁柑壹函幷ニ書面、詩二章及近作十六章ヲ贈ル、
一、加藤政德東京ヨリ歸縣、印關(鑑)函ヲ惠ミタリ、

一、公債利子ヲ十六圓七十錢受取、且ツ區役所へも所有之趣キ屆ケ出テタリ、

一、金十圓ツヽ菊水文庫積金、〆三井銀行へ預ケタリ、

○12月24日、晴、金曜日、十一月廿九日、

一、神拜終る、

一、今曉、大ニ通便、疲勞甚タシ、

一、櫻井へ書面ヲ出タス、

一、川添注文之書藉〔籍〕達す、直チニ川添へ送ル、

○12月25日、晴、土曜日、十二月朔日、

一、昇殿、神拜終る、月次祭、

月次祭齋行

一、父上之例、月次祭相濟、

一、當年も例年之通り、餅臼執行、

一、川添爲一今日八等屬判任ニ被命タリ、

一、櫻井能監より詩ヲ送リシ書面ノ返詞及ヒ次音一首有之、

○12月26日、晴、日曜日、十二月二日、

一、神拜終る、

廣巖寺へ歳暮を贈る

一、廣嵓寺へ歳暮ヲ贈ル、茶壹斤・菓子壹箱・金壹圓、外ニ小僧、其外へ下駄ヲ銘々贈ル、

○12月27日、晴、月曜日、十二月三日、

一、神拜終る、

一、官員錄ヲ買入ル、四十七錢也、

○12月28日、晴、火曜日、十二月四日、

一、神拜終る、

一、當日ハ俱樂部へ出頭、新築入札之開札ヲ檢査す、

一、鹿兒島縣書記官賀田ヲ蓬萊舍ニ訪ヒ、北堂君ニ上ル小函壹ツヲ依賴す、

一、社務所豫算書之一件ニ付、取糺シ方申渡ス、

○12月26〔29〕日、晴、水曜日、十二月五日、

一、神拜終る、墓參濟、

一、村野書記官・牧野・安藤等之人々ヲ訪ヒ、知〔内海忠勝〕事ヲ訪ヒ歸ル、

一、鹿兒島ヨリ年始之品々澤山來着、是レハ廿六日出之荷物ナリ、

○12月30日、晴、木曜日、十二月六日、

一、神拜終る、

一、神拜終る、（マヽ）

一、終日年始狀ヲ記シタリ、

○12月31日、晴、金曜日、十二月七日、

一、神拜終る、

一、若山正ヲ呼て、年始狀ヲ認ム、今夕大禮服出來す、是レハ今般新製之服ナリ、

〔明治二十年正月〕

○明治二十年1月1日、土曜日、丁亥、舊十二月八日、

一、昇殿、神拜終る、墓參濟、

一、午前第八時ヨリ出廳、年賀ヲ演、所々賀儀ヲ演ヘタリ、今朝一詩アリ、

泰平鐘鼓響良辰、青帝司權德澤均、滿目佳光照衣冠、
三元瑞氣溢心神、插梅仰迓幽窓日、擧盞遙祝御苑春、
半世浮沈皆昨夢、乾坤歡見物華新、

○1月2日、晴、日曜日、十二月九日、

一、昇殿、神拜終、

一、早朝ヨリ生田・和田・長田之神社へ參拜、

一、午後賀客數名、置酒醉歡、

○1月3日、晴、月曜日、十二月十日、

元始祭齋行

一、神拜終る、昇殿、元始祭濟、

一、本日川添(爲一)夫婦等年始ニ來ル、

○1月4日、晴、火曜日、十二月十一日、

一、神拜終る、

一、新年宴會ヲ本月九日ニ定メタリ、仍而回狀ヲ出タス、

○1月5日、晴、水曜日、十二月十二日、

一、神拜終る、

一、賀表ヲ式部職ニ進達す、

一、午後四時半ヨリ、知事(内海忠勝)之新年宴會ニ赴ク、小席ヲ作リ、七律一章・小詩三章ヲ賦シ、醉倒して夜九時ニ皈ル、

○1月6日、木曜日、十二月十三日、

一、神拜終る、

一、昨五日大寒ニ入ル、仍而寒氣甚タシ、

一、東京榛原ヨリ上等半切二折來着、壹折金六十錢也、

○1月7日、昨日ヨリ今晩ニ雪、金曜日、十二月十四日、

一、神拜終る、

一、大祖公・宮子ノ月次祭執行、

一、京都春井喜助へ書面ヲ出タシ、鎭(眞)鍮之湯沸ヲ注文す、

○1月8日、晴、土曜日、十二月十五日、

一、神拜終る、

一、鈴木弁ニ蕉雨(志水)訪來ル、年始之盃ヲ汲て、終日閑話す、

○1月9日、晴、日曜日、十二月十六日、

一、神拜終る、

一、惠林寺鈴木、年始祝義ニ來ル、

一、午後三時ヨリ諏方(マヽ)山中店ニて、新年宴ヲ開ク、知叓・書記官初メ、又ハ諸議員・醫員・銀行頭取等、九四十餘名來會す、近來ノ盛宴也、諸藝妓ハ伊呂波樓ヨリ迎ヱタリ、

○1月0日(10)、晴、月曜日、十二月十七日、

一、神拜終る、

一、波多野叓(央)、明日東上之云々承るニ付、麥酒及ヒ鹽鰤子壹疋ヲ贈ル、

一、春喜(春井喜助)ヨリ眞鍮湯沸之返詞來ル、仍而更ニ仕送リ方之端書ヲ出タス、

一、山崎誠藏幷ニ山口九郎右衛門へ書面ヲ出タシ、昔年山口村殉節碑石之一件取調方致シ、至急仕送ルヘク申遣シタリ、

一、東大成館ヨリ明治字典第二回仕送リ來ル、

○1月01日(11)、陰雨、火曜日、十二月十八日、

一、神拜終る、

一、波多野今日出帆ニ付、暇乞之爲ニ行キ、且ツ本日氏

*皇太后宮御著神

子新年宴會席之叓ヲ依賴シテ皈ル、

一、金壹圓貳十五錢、爲換(替)ニシテ京都春井喜助へ送ル、是レハ眞鍮藥鑵代ナリ、

一、午後三時半ヨリ林源吾之新年宴會ニ行ク、又福原色葉(伊呂波)樓ニて、氏子之宴會ニも出席す、

○1月02日(12)、晴、水曜日、十二月十九日、

一、神拜終る、

一、鹿児島縣本日(月)四日出之荷物幷ニ御狀參る、過般願上候、むろノ鹽肴幷ニ附ケ揭(揚)ケ御送リ被下タリ、

一、春井より藥鑵到着す、

○1月03日(13)、晴、木曜日、十二月廿日、

一、神拜終る、

一、鳳文館前田へ書面、佩文韻府十二帙以下ノ叓ヲ依賴す、

一、工藤來ル、年始ヲ出ス、

一、晩四時ヨリ倶樂部へ出席、客年中之幹叓會ヲ開ク、

○1月04日(14)、晴、金曜日、十二月廿一日、

一、神拜終る、

一、本日正午ニ皇大(太)后宮(孝明天皇后、九條夙子)御着神ナリ、卽日御上京アリタリ、病氣ニて奉迎セす、

*祥福寺へ年始に行く

一、縣元母上樣へ、柳箇品〻入附ケ并ニ公債利子奉送、

　○1月05日[15]、晴、土曜日、十二月廿二日、

一、神拜終る、

一、當日ハ學問初メニ付、十二時ヨリ社務所へ出頭、梶川保論語述而第三章ヲ講す、終て神酒拜戴、一同へハ酢之折詰并ニ雜煮ヲ振舞タリ、席上一詩ヲ賦歌會モアリ、一歌ヲ咏す、

　百世仰忠勳開筵講典墳豐碑懸日月神殿見祥雲徑照千年鑑道存一句文明倫臣子業不許等閑聞

　社頭早梅

　神かき屋霞る春におくれまし生田のもりの魁のむめ

一、午後第五時ヨリ、常盤花壇ニ行キ、郵船會社の新年宴會ニ列シタリ、

一、丸善商舍ヨリ存採叢書第八九十ノ三帙達ス、

　○1月16日、晴、日曜日、十二月廿三日、

一、神拜終る、墓參濟、

一、當日ハ井上組新年宴會ニ付、諏(マヽ)方山中店へ行キタリ、

　○1月17日、晴、月曜日、十二月廿四日、

一、神拜終る、

一、梶(保)川明日兵庫へ移轉之由ニ、金二圓ヲ贈ル、社內一同ヨリ都合金八圓トナリ、合テ金十圓ノ高ヲ山平(カ松)ヨリ相渡ス叓ニ申附ケタリ、

　○1月08日[18]、晴陰不定、火曜日、十二月廿五日、

一、神拜終る、

一、早朝祥福寺へ年始ニ行キ、閑談シテ皈ル、

一、鈴木子順并ニ大原美濃理訪來ル、

一、御廟所御手水鉢不都合ニ付、高間新助ヲ以而、釣瓶等調達申渡シ、下男共夜中ニ井戶掃除ヲ命シタリ、

　○1月十九日、雨、水曜日、十二月廿六日、

一、神拜終る、

一、進藤爲名護王神社昇格願書之叓ニ付、加(假)名之義申遣シタルニ、仍加(假)名ハ素ヨリ異見之次第申遣ス、

　○1月20日、晴、木曜日、十二月廿七日、

一、神拜終る、

一、祥福寺東海大株和尙ヨリ、うんとん一鉢ヲ贈ラレタリ、依而謝禮及ヒ一律ヲ賦シテ送ル、

　春雨新晴暖捨車攀(躋)石兵路窮溪水細喘止汗顏收ル雲影隨身後遠山叢脚頭禪房茶味淡閑話解世憂、

一、午後生田神社ノ新年宴會ニ出席ス、

一、今夕（以下余白）

○1月21日、陰、金曜日、十二月廿八日、

一、神拝、昇殿終る、墓參濟、

一、禰宜・主典及出仕相揃、御廟所不都合之詑〔詫〕申立ツルモ、猶手繼書面可差出旨達シタリ、

一、午後二時ヨリ倶樂〔部脫〕ニ出席、惣會議ヲ開キ議長席ニ上リ、諸叓ヲ議決す、

○1月22日、晴、土曜日、十二月廿九日、

一、昇殿、神拝終る、墓參濟、

一、京都鳥居川（憲昭）江書面、久邇宮（朝彦親王）御奉迎御出神、否ノ伺書ヲ進達す、

一、上野喬介來ル、但州山口村碑石之書面ヲ相渡ス、

一、本日ハ正金・三井・第一三銀行之新年宴會ノ爲、諏方（マヽ）山中店ニ行、僅々七八名ナリ、

一、今日禰宜以下譴責書面ヲ達シ、主典中井甫三ニハ辭表可差出旨相達シタリ、

○1月23日、雨、日曜日、十二月晦日、

一、神拝終る、

一、南山城木村良司へ書面、月ケ瀬梅信ヲ問合セタリ、

＊聖上皇后離宮へ御成

一、鳥居川ヨリ宮（久邇宮）御方御奉迎無之トノ返詞ニて、病氣御尋問被下候間、右御禮狀差進ム、

一、佐々木（素行）ヨリ養子之一件返詞有之、

一、山平ヨリ中井（甫三）辭表之嘆願有之候得共、可聞届限リニ無之指令ヲ出タス、

一、晩ニ梶川來リ、閑談ス、

○1月24日、雨、月曜日、舊正月元旦、

一、昇殿濟、墓參終る、

一、伊弉諾神社宮司・福原禰宜、福山同伴ニて來ル、

一、御社頭年行事記、乍慚〔慚〕持參セリ、猶又罰則等之達シ書ヲ一見ス、

○1月25日、雨、火曜日、正月二日

一、神拝終る、父上之月次祭濟、墓參濟、

一、午後ヨリ倶樂部へ出席す、

一、主上（明治天皇）御通輦ニ付、諸入費トシテ金三圓支出す、

○1月26日、晴、水曜日、正月三日、

一、神拝終る、

一、午前十一時ヨリ川崎之離宮へ奉迎之爲ニ出頭、當日午後十五分ニ御着船、一時ニ御上陸、於棧橋敕・奏任一同奉迎拜禮、

一、聖上（明治天皇）・皇后（一條美子）宮直チニ離宮へ被爲成、午後二時之滊車

伏見貞愛親王參拝

ニて御發輦、今日ハ敕・奏任官共ニ謁見不被仰付候亊、
一、離宮ニ於テ、櫻井(能監)へ接見す、何亊も後日ト約シタリ、

○1月27日、晴、木曜日、正月四日、

一、神拝終る、墓參濟、
一、昨晩神戸警察署長ヨリ、當日伏見貞愛親王御參拝被爲在ニ付、通知有之、仍而一社へ申渡シ、今朝ヨリ諸亊ヲ指揮ス、
一、午前第九時ニ御馬車ニて御社參有之、社内所々御回覽有之タリ、仍テ戰圖ノ寫眞幷ニ神饌等ヲ進呈ス、弊帛料千疋ヲ御獻供アリタリ、此親王(貞愛)ハ伏見家ニシテ卽　南朝ノ御血統ニ被爲在候亊故、楠公モ一入御滿足之亊ト存候、

○1月28日、晴、金曜日、正月五日、

一、昇殿、神拝終る、
一、佩文韻府第十二帙、鳳文館ヨリ着ス、
一、縣許ヨリ(マヽ)北堂君ヨリ、廿二・廿三日附兩度之御紙面ハ達す、
一、午前第十一時ニ當區役所開場式ニ出頭す、
一、主典中井乕三辭表差出シタルニ付、本表ハ差返シ、罸金壹圓ヲ申附ル、

○1月29日、雪、土曜日、正月六日、

一、神拝終る、
一、早朝ヨリ不平散々飲食ヲ絶チ、社務所へ出頭、分間圖製造之日延、社寺局長(阿部浩)へ申牒ヲ認メ方ヲ命シ、是レヨリ倶樂部へ出テ、又々布引冨貴樓ニ投して、菊水之お正幷ニ蕉雨(志水)ヲ呼て、酒宴ヲ初タリ、沈醉シテ菊水樓へ投宿ス、今夕千代迎ニ來レトモ返シタリ、

○1月30日、晴、日曜日、正月七日、

一、早朝入浴時ニ竹雲老人常盤社へ止宿、仍而晝ニ來訪被面會、是レヨリ共々遊樂布引竹詞十二首ヲ賦スルヲ約シテ唱和ス、
一、晩ニ家内中井ニ山平等見舞ニ來リ、山平ハ金二十圓ヲ持參す、是レハ上京旅費之見込ミナリ、晩ニ一同返ス、
一、竹雲(山本)婦人ヲ伴ヒ來リ、茶ヲ點シテ興ヲ遣る詩アリ、

○1月31日、晴、月曜日、正月八日、

一、早朝入浴、

〔二　月〕

一、終日打臥シテ入浴、詩ヲ賦シテ竹雲ニ贈ル、

*宇治川に出火あり

*祖父公宮子姫の月次祭

*滊車に駕して上京

○2月1日、晴、火曜日、正月九日、

一、早朝入浴、晝ニ竹雲(山本)來ル、年數煙草ヲ老ニ送る、

○2月2日、晴、水曜日、正月十日、

一、早朝入浴ス、午前十一時ヨリ竹雲ト共ニ諏方(マヽ)へ登り、中店ニ投して晩飯ヲ竹雲へ振舞タリ、詩アリ、又蕉(志水)雨及常盤之お六も伴ヒタリ、

○2月3日、晴、木曜日、正月十一日、

一、早朝入浴、

一、午後第一時ニ千代來ル、仍而竹雲モ蕉雨モ來ル、

一、終日作詩、本日ヨリ少シク氣分宜ロシ、本日竹耕之轉物ヲ七圓ニて若山持參、

○2月4日、晴、金曜日、正月十二日、

一、早朝入浴、追々氣分宜ロシ、初メテ飯ヲ食ス、晩ニ中井(弘三)來ル、

一、今日千代ヲ返シテ、鯉二尾ヲ取寄セ、一ツハ竹雲ニ送り、一ツハ煮テ食す、

一、午後林源吾京都ヨリ歸社之由ニて、櫻井(能監)ヨリ之傳言、幷ニ贈リモノ左ノ如シ、

聖上(明治天皇)御洋服ノ御肌着二枚、一、最上ノ印面二璞、又千代ヘハ袂おとしナリ、御衣ハ謹て頂戴ス、

右之御品、竹雲爲戴タリ、折節病氣ノ處、直チニ快氣シタリ、

一、午後ニ歸家之粧ヲ整、千代ヲ伴ヒ歩シテ自由亭ニ行キ、夕飯シテ歸ル、今夕宇治川ニ出火アリ、

○2月5日、晴、土曜日、正月十三日、

一、神拜終る、

一、本日ハ蕉雨老人懇親之書畫會ヲ開ク、仍テ竹雲ト伴ヒ、中店ニ登樓、書畫ヲ揮ヒタリ、

○2月6日、晴、日曜日、正月十四日、

一、神拜終る、

一、終日客來、書畫ヲ揮、

一、久々ニて舊里之西寛次郎(二)訪來ル、當時ハ大坂鎭臺ニ在リテ少佐ヲ奉シ居ルト云、舊來ハ養子ニ貰ヒ置キシ叓共ヲ憶出タセリ、

○2月7日、晴、月曜日、正月十五日、

一、神拜終る、本日ハ祖父公・宮子姫之月次祭ニ付祭叓終る、

一、午前第十一時之滊車に駕シテ上京す、午より雪降リ寒氣ニ不堪、

三時ニ着京、新町六角下ル早瀬方ニ投宿、是レハ竹

宮中に參內

*櫻井能監を訪ひ面會

*有栖川宮熾仁親王へ拜謁

久邇宮御殿にて御書を賜る

*條公へ拜謁

*伊藤大臣を訪ふ

久邇宮へ拜謁

雲老人ノ知人ナリ、舊大坂平瀨之妾宅ト云ヘリ、竹雲出迎ノ筈ナルニ、吉宗ノ常井ニお六見得テ、竹雲ハ來ラス、然るニ傳報あり、仍而打返ス、

一、晩景主殿療(寮)ニて鑑札ヲ貰ヒ、宮中ニ參內、櫻井ヲ訪ヒシニ、本日ハ神戸出張ニて行違ヒトノ事ニて空敷歸宿、

○2月8日、雪、火曜日、正月十六日、

一、午前第九時、櫻井之宅ヲ訪ヒ、竹雲ニ命シタル錦洞之印、幷ニ一五律ヲ賦シテ封中ニシテ殘シ置キ、是レヨリ千代ヲ訪ヒ、久邇宮(朝彦親王)御殿ヘ參候、御書ヲ賜ル、又昨日宮御方ヘハ御肴二尾、小藤(孝行)・鳥居川(憲昭)ヘハ蛎(牡)蠣壹樽ツヽヲ送リタリ、

一、拜謁被仰付、千代も御前ニ於て、御茶菓ヲ賜リ外ニ御菓子、又千代ヘハ鈿幷ニ御品々ヲ賜リタリ、

一、御殿ヨリ、歸途五郎三郎ヘ立寄り、銀瓶九七合入リヲ誂ヘタリ、極上銀ニて九七・八十目之量目ニ申附ケタリ、作料共十八圓トノ受合ヒナリ、仍而手附ケ金六圓相渡し受取證有之、

一、杉宮內藏頭(マヽ)ヲ田原屋ヘ尋ネテ歸ル、千代ハ柊木屋ヘ立寄リタリ、

一、御影堂ニて扇子ヲ買ヒ取歸ル、

一、今夕竹雲大坂ヨリ來リ、外ニ婦人共三名來ル、又篠田芥津來リ、扶桑木ノ印材六瑮ヲ注文す、是レハ扇面幷ニ半切印ナリ、

○2月9日、晴、水曜日、正月十七日、

一、午前第八時、杉氏ニ面會、額面幷ニ半切二枚ノ絖ヲ囑シテ、是レヨリ櫻井ヲ訪テ面會シ、暫時之間談シタリ、長別ヲ告ケ迎濱(マヽ)濱館ニて、一品有栖川親王(熾仁親王)ニ拜謁シ、一昨年御太刀御寄附之御禮申上、又講究所之叓モ奉願置キタリ、是レヲ木屋町(マヽ)ヘ轉車、金波樓ヘ至リ條公(三條實美)ヘ拜謁、昨年御社參之御禮申上退出、三條橋ヲ渡リ、祇園中村樓ニて伊藤(博文)大臣ヲ訪ヒ歸ル、已ニ午後第二時ナリ、

一、千代叓、本日清水觀音ニ參詣、是レヨリ染宅ヘ行キ、樣子ヲ爲見共ニツレ立テ、早瀨方ヘ來リ、晩ニ京躍(踊)見物之爲ニ行ク、

一、東京村田(經芳)江獵(銃)獸無心之書面ヲ作ル、本人ハ昔年鹿兒島ニて十分介抱セシ人故、此ノ無心ニ及ヒタリ、銃ヲ送ルヤ否ハ、難知人情ノ如何ハ、銃來着ノ後ナラテハ難判ナリ、

一、鈴木子順ヨリ端書之尺牘達シ一詩アリ、直チニ次韻シテ端書ニて出タス、

○2月0〔10〕日、晴、木曜日、正月十八日、

一、早朝財部警部長ヲ訪ヒ面會セス、名刺ヲ出タシ置キ歸ル、

一、午前第十一時之瀛車ニて發ス、大坂へ着キ、土產品ヲ買取リ、又キウツタヘルトヲ買取リ、此ヨリ四時之氣車ニて歸ル、

一、川添爲一本日播州江赴任ス、

一、永田・北元上坂ノ傳信達す、今夕十一時ニ上陸、

○2月11日、晴、金曜日、正月十九日、

一、神拜終る、

一、永田・北元ヨリ土產品種〻有之、

一、田村・鈴木、又阿國女モ來リ、二陛〔階〕ニて酒宴ヲ催ス、

○2月12日、晴、土曜日、正月廿日、

一、神拜終る、

一、鈴木子順來リ、蕉村筆之寒山十得之幅ヲ看ル、

一、金谷五郎三郎へ書面ヲ出タシ、銀瓶釣ハ割釣ニ可拵旨、書面ヲ出タス、

一、今朝ヨリ下利〔痢〕ニて困ル、

○2月13日、晴、日曜日、正月廿一日、

一、神拜終る、

一、昨日ヨリ下利〔痢〕ニて疲勞ニ付、終日打臥ス、

一、櫻井能監へ書面、幷ニ七律一首ヲ贈ル、

一、竹雲ヨリ書面、舞妓〔子〕行ヲ廢止ニ付、婦人共引取方依賴、又金五圓仕送リ呉レトノ書面ナリ、依而竹次郎ヲ直ニ差立テタリ、又竹雲ヘハ形行之書面ヲ大坂布市へ出タス、然るニおくにト共ニ竹雲來リ、布引へ向ツテ止宿ノ左右有之、

○2月14日、晴、月曜日、正〔月脱〕廿二日、

一、神拜終る、

一、永田事、今朝中井ヲ添へ、三番之瀛車ニて大坂へ遣シタリ、

一、竹雲來リ、舞妓〔子〕へ行クニ付、書飯ヲ與ヘタリ、午後三時ニ發ス、

一、村田經芳へ獵銃無心之書面ヲ出タス、

一、鹿兒島知〔渡邊千秋〕亊ヨリ新道開疏ニ付、義〔捐脱〕金依賴ノ書面達ス、

一、今日北元大坂ヨリ來リシモ、永田ハ已ニ出發ノコト故、直チニ上坂ス、

○2月15日、晴、火曜日、正月二十三日、

一、神拜終る、
一、永田良知ヨリ書面、依而直チニ返書ヲ出タス、
一、中井虎三大坂ヨリ歸ル、今日観兵式ヲ拜観シ、永田ハ大坂へ一泊トノ叓ナリ、

○2月16日、晴、水曜日、正月二十四日、

一、神拜終る、
一、鈴木子順舞子ヨリ歸來、竹雲願之趣キヲ聞、御社頭ニ篆庵ノ祠碑建設ノ丁、一ツハ杉内藏頭へ願ヒ、印刻ヲ朝命ノコトナリ、二ツ共承諾セリ、
一、杉氏(竹雲)之印ヲ刻シテ來リ、訪ヒタリ、最上之出來ナリ、又林源吾モ來リタリ、仍而分所之件々モ示談シタリ、又櫻井へノ傳言モ申含メタリ、

○2月17日、晴、木曜日、正月二十五日、

一、神拜終る、
一、明日祈年祭之指揮ヲ爲シタリ、
一、過日廣嵓寺ヨリ之蕉村ノ幅ヲ買取る叓ヲ山平(力松)へ命シタリ、
一、午後竹雲大坂ヨリ來り、直チニ舞妓[子]濱ニ遣シタリ、

○2月18日、晴、金曜日、正月廿六日、

一、昇殿、神拜終る、

*祈年祭執行

一、當日ハ祈年祭執行、奉幣使トシテ渡邊弘、屬官ハ上野喬介なり、
一、阿國女大坂へ行、
一、蕉雨へ竹雲云々之件ヲ報シタリ、

○2月19日、晴、土曜日、正月廿七日、

一、神拜終る、

*山階宮御社參

一、山科(階)宮(晃親王)御社參有之逢迎、
一、阿國女より望遠鏡一箇達シタリ、是レハ竹雲へ届ケ品ナリ、
一、永田・北元大坂ヨリ歸リタリ、
一、明日舞子行之爲、書面ヲ竹雲并ニ堺屋へ贈ル、

○2月20日、晴、日曜日、正月廿八日、

一、神拜終る、
一、午前第九時ヨリ舞妓[子]行ヲナス、永田・北元ヲ携へ、所々見物セリ、
一、杉氏之歸京ヲ田原屋へ問合セタリ、
一、竹雲ヲ堺屋へ訪ヒ、酒宴ヲ張リ、夕陽歸車ヲ促カス、

○2月21日、晴、月曜日、正月廿九日、

一、神拜終る、
一、佐々木(素行)へ、永田近日乘船云々ノ再報ヲ出タス、

一、永田・北元、大坂へ行ク、
一、晩ニ波田野・鈴木訪來ル、
○２月12日(22)、晴、火曜日、正月晦日、
一、神拜終る、
一、永田・北元、大坂へ行ク、今晩染來ル、
○２月13日(23)、晴、水曜日、二月朔日、
一、神拜終る、
一、竹雲之印刻出來持參ナリ、鈴木(子順)モ來ル、
一、二位之局御參拜アリ、
一、田原屋ヨリ杉氏廿五日歸京之報知有之、
一、林源吾來リ、廿五日出發ノ叓ヲ聞ク、依而煙草入壹ツヲ依賴ス、
○２月14日(24)、晴、木曜日、二月二日、
一、神拜終る、
一、木村良司死去之報知有之、
一、内海(忠勝)知叓ヲ訪ヒ、勳賞下賜之一件ヲ願ヒタリ、
一、永田・北元大坂ヨリ歸リ、卽夜永田乘船ス、
○２月25日、晴、金曜日、二月三日、
一、昇殿、神拜終る、墓參濟、
一、佐々木江永田出發ノ叓ヲ報ス、

一、早朝鳴瀧(公恭)へ行キ、賞勳ヲ賜リタキ願面ト履歷書ヲ相渡ス、
一、櫻井行之書面幷ニ七律二首ヲ書シテ、明日林源吾東上ニ托スル爲、夜ニ入リ記ス、
○２月26日、晴、土曜日、二月四日、
一、神拜終る、
一、早朝林ヲ長田ニ訪ヒ、講究所之一件ヲ談シタリ、
一、公試驗ノ叓　一、千家(尊福)ヲ引入レノ叓　一、内海(忠勝)知叓ヲ訪叓　一、共贊ノ叓　右四叓ヲ櫻井(能監)及松野(勇雄)へ示談ノコト、
一、竹雲幷ニ蕉雨舞妓[子]ヨリ來ル、共ニ發シテ十時之瀛車ニテ上京す、
一、杉氏ヲ俵屋ニ訪ヒシニ不在、仍而五郎三郎ヲ訪、囑シタル銀瓶出タリ、又外ニ茶合及墨臺ヲ囑シタリ、晩ニ鈴木・芥津・竹雲等之人々皆來リ訪、杉氏ヲ午後十時迠待シモ歸ラス、仍而各散シテ明朝杉氏へ會スルコトヲ談シタリ、
一、電信ヲ山平・中井ニ出タス、
ギンビンテキタリキン十五ヱンヲクレ、
○２月27日、晴、日曜日、二月五日、

南禪寺へ行き龜山帝の御廟を拜す

一、早朝杉氏より便アリ、仍而竹雲へも報シテ直チニ行ク、竹雲願之敕印之件等、惣而申込ムニ杉氏ヨリ受合タリ、暫ク談シテ歸ル、

一、鈴木・蕉雨等、何レモ來ル、

一、午後ヨリ南禪寺へ行キ、　龜山帝ノ御廟ヲ拜シ、此レヨリ寶藏品ヲ一見シタリ、實ニ可驚ナリ、又客殿、其他之座間之畫ヲ見るニ、古法眼(狩野)及探幽・應擧(圓山)等ノ畫ナリ、筆下ニ盡スヘカラス、

一、村咲ニて休息シタリ、

一、荒木ヨリ金十五圓受取ル、晩ニ竹雲朋友三名訪ヒ來ル、

○2月28日、晴、月曜日、二月六日、

一、早朝杉氏ヲ訪ヒ、所々ニテ買物ヲ調へ、鳩居堂ニ行キ、書畫ヲ一覽シテ、竹雲狂氣之次第ヲ話シ、又石印買ヒ取、猛(孟)宗竹之約束ヲナシテ歸ル、

一、竹雲ヲ訪ヒ、鈴木ト面會シ、是レヨリ五郎三郎(金谷)ヲ訪ヒシニ、銀瓶出來ニ付、内金八圓ヲ渡シ、歸路芥津ヲ訪ヒ、五十錢ヲ土産トシテ遣シ歸ル、

一、杉氏見舞ナリ、

一、額面幷ニ絖地之書ヲ被送タリ、仍而一詩ヲ書シテ送る、

一、晩ニ鈴木來リ、明日瓢亭之約束ヲナシテ歸ル、

〔三　月〕

○3月1日、雪、火曜日、二月七日、

一、早朝杉氏ヲ訪、昨夕之額面等之一禮ヲノベ閑談シテ皈ル、

一、弓削ニ面會す、當時丹波龜岡ニ在職之由也、

一、晩ニ小關其他警部連中弓削之席ニ集會ニ付、是非會合之依賴ニ付、暫時出席シテ皈ル、

一、鈴木(子順)・蕉雨(志水)來ル、又竹雲(山本)ヨリ鼈羔到來ニ付、直チニ杉氏へ贈ル、書面ハ鈴木認ム、

一、鈴木同伴四條之夜店ヲ冷脚す、

○3月2日、雪、水曜日、二月八日、

一、早朝ヨリ書畫ヲ認ム、半切九枚、梅畫壹枚額面壹行ナリ、

一、晩景杉氏ニ暇乞之爲ニ行キ、竹雲ノ願筋ヲ、猶又依賴シテ、歸途竹雲幷ニ市村水香及ヒ蕉雨之宅ヲ訪ヒタリ、市村ハ不在故ニ、佛千柑漬一壺ヲ遣シ、名刺ヲ置テ皈ル、

一、晩飯終リテ、夜店ヲ冷脚シ、名墨二挺ヲ買入、其一ハ二十戔〔銭〕、一ツハ五十錢也、

○3月3日、陰雪、木曜日、二月九日、

一、早朝七時前杉氏發途、門前ニて別ヲ告ク、是レヨリ歸粧ヲナス、竹雲モ來ル、

一、昨夕之墨ヲ竹雲ニ看〔鑑〕定セシメタルニ、二箇共ゝ名墨ナリ、几此價十圓ナリト云、

發京

一、午前第七時五十分ニ發ス、停車場ニ至レハ、已ニ發車後ナリ、依而種子物ヲ買ヒ、十時之滊車ニて發京、

一、竹雲も午後三時之滊車ニて來着す、一泊セリ、

○3月4日、晴、金曜日、二月十日、

一、神拝終る、

*初午稲荷祭

殖産品評會の依頼あり

一、地方廰ヨリ書面、仍而出頭ス、牧野〔伸顕〕書記官ヨリ植〔殖〕産品評會之依頼アリ、仍而大隅三郎會員ニ吹擧シ粗談シテ歸ル、

一、竹雲・鈴木ト閑話す、

一、昨日ヨリ観梅客多數ナリ、正午より四時迠ハ寸暇ナシ、

一、竹雲本日舞妓〔子〕江發途ス、

一、松下祐助來リ、祐熊病氣入院ニ付、神田院長へ依頼書ヲ遣す、

一、昨夕買取リシ名墨之内、壹箇ヲ中半シテ竹雲へ與ヱタリ、

○3月5日、晴、土曜日、二月十一日、

一、神拝終る、

一、今朝ヨリ疲勞、又ゝ下血、終日臥シタリ、

一、米澤長兵衞へ書面、観梅ヲ促シタリ、

一、倶樂部へ出頭難致旨、書面ニて斷る、

一、東京育種場竹中卓郎へ懸釣子苗之有無ヲ問合セタリ、

○3月6日、晴、日曜日、二月十二日、

一、神拝終る、

一、本日ハ初午ニて、稲荷祭ナレトモ血忌ニて代理ヲ出タス、

一、東島寛澄・藤田積中等、観梅ニ見得タリ、又大坂ヨリ鹿島某來リタリ、初而面會シ肉池ヲ囑シタリ、

一、蕉雨へ書面ヲ出タシ、廣蓋持歸リ之㕝ヲ囑シタリ、然るニ柊屋ヨリ、直チニ送リ來レリ、

一、金壹圓、字典第三回代トシテ郵送す、是レハ一回七十八戔〔銭〕ツヽ、贈ルヘキニ、二十二戔〔銭〕ハ過ナリ、

○3月7日、晴、月曜日、二月十三日、

一、神拝終る、
一、倉貫彦次郎舞妓〔子〕ヨリ歸ル、竹雲之書面ハナシ、秋竹堂之書面ヲ預る、言語同斷〔道〕ナリ、
一、東京かなの會ニ金壹圓二十錢、
一、篠田芥津へ參圓、一、金谷五郎三へ金參圓、
一、西村庄五郎へ、壹圓五十錢、
右之四ケ所へ郵便爲替ニテ送る、
一、晩ニ鈴木來ル、長座大ニ疲勞ス、

○3月8日、陰、火曜日、二月十四日、

一、神拝終る、
一、過日來觀梅客陸續來ル、本日ハ一百三十人之多キニ及ヘリト、
一、終日不快ニて引入リタリ、
一、神田知次郎來リ、診察ヲ乞ヒタリ、

○3月9日、晴、水曜日、二月十五日、

一、神拝終る、
一、昨夕ヨリ惡風、伏シテ發汗ス、
一、本日觀梅日延之通券ヲ配ラシム、

○3月0日(10)、晴、木曜日、二月十六日、

一、神拝終る、

一、昨朝ヨリ下血止リタリ、仍而神田(知次郎)病院長へ報知す、
一、高島(鞆之助)中將・遠藤造幣頭又小紫景起・松反等へ觀梅之書面ヲ出す、
一、竹雲老人上京之由ニて、停車場ヨリ　楠公之御像并ニ狂歌等ヲ贈リタリ、

○3月11日、晴、金曜日、二月十七日、

一、神拝終る、
一、金谷五郎三郎ヨリ金參圓之受取書面達す、
一、雅言集覧第十七回達す、

○3月12日、陰雨烈風、土曜日、二月十八日、

一、神拝終る、
一、倉貫ヨリ荷物之依賴書達す、仍而布引常盤ヲ取調サセ、猶停車場へ使ヲ遣シ、運賃拂出シ受取ル、依而卽刻倉貫へハ、右之書面ヲ出タス、
一、竹雲ヨリ書面、鈴木和尚(子順)へ遞送す、

○3月13日、晴、日曜日、二月十九日、

一、神拝終る、
一、東京育種場へ苺并ニ種物注文之爲替金壹圓郵送、
一、終日不快ニて打臥ス、

○3月14日、晴、月曜日、二月廿日、

一、神拝終る、
一、金谷五郎三へ爲替金五圓郵送す、
一、大坂ヨリ竹香老人へ觀梅之爲來病唱和、
　○3月15日、晴、火曜日、二月廿一日、
一、神拝終る、
一、駿河國駿東郡之高橋へ書面ヲ出タシ、明石之干鯛幷ニ煙草ヲ贈、
一、川添爲一ヨリ書面、本地之景況幷ニ石原養子之一件申來レリ、
一、かなの會幷ニ明字典入金受取之書面達す、
　○3月16日、晴、水曜日、二月廿二日、
一、神拝終る、
一、佐畑信之來リ、幼稚園之談判ヲナシテ皈る、
一、今日村野書記官、其外各課長ヲ呼て、梅花前ニテ晩飯ヲ饗す、
　○3月17日、晴、木曜日、二月廿三日、
一、神拝終る、
一、今日ハ裁判所一同へ書面ヲ贈リシニ、壹人大國某來ル、仍而逼吏三名ヲ呼テ饗シタリ、
　○3月18日、雨、金曜日、二月廿四日、

一、神拝終る、
一、神拝終る、（マヽ）
一、當日ハ氏子惣代及ヒ懇意之人々ヲ呼て馳走セリ、
　○3月19日、晴、土曜日、二月廿五日、
一、神拝終る、
一、北元文藏紺島壹反壹圓五十戔、追々高價ノ報知ニ付、昨日電信ニテ、至急送レト通セシ、今日金龍丸ニて送ルトノ返報有之、
一、昨十八日朝日新聞ニ神官廢止ノ內務訓令ヲ載セラレタリ、仍テ東京林原〔源〕吾へ電報ニテ、ワレハ、トメニユケハ、ジシテ、スクノホル、ヘンジマツ、
一、相良甚之丞江書面、幷ニ梅ノ穗二十二種ヲ竹筒ニ入レテ仕出シタリ、
　○3月20日、晴、日曜日、二月廿六日、
一、神拝終る、
一、鈴木・山田來リ、布引竹雲ヲ訪ト云、仍而梅花ヲ送る、
　○3月21日、晴、月曜日、二月廿七日、
一、神拝終る、
一、伊藤大臣〔博文〕・櫻井能監・伊藤景裕江書面、本社へ在職

之件ヲ依頼す、
一、奈良角屋ヨリ廿七・八、月ケ瀬之梅花満開之報知有
之、
一、神拝終る、
○3月21日、晴、火曜日、二月廿八日、
一、弓削昨夕來訪、石山之堀井來助之叓ヲ談シタリ、
一、今日梅花ヲ外ニ出タス、
一、神田知次郎見舞ニ來ル、診察ヲ乞、
一、鈴木和尚來ル、山田幾太郎之叓ヲ依頼ス、養子ノ相
談ヲナシタリ、
一、林原〔源〕吾ヨリ書面、神社改正之件、未タ分明セサルト
ノ情實ヲ記シタリ、依而直チニ返書ヲ認メテ出タス、
文中十分議論ヲ記ス、
○3月23日、水曜日、二月廿九日、
一、神拝終る、
一、早朝竹雲來る、荷物三箇ヲ布引之車夫ニ相渡ス、
一、波〔央〕多野近日東行ニ付、送別會ニ被誘タルモ、辭して
行カス、
一、神拝終る、
○3月24日、晴、木曜日、二月卅日、

一、鈴木來ル、山田幾太郎養子一件之示談ニ及、
一、竹雲來リ、昨日牡丹ヲ贈りし禮ナリ、自畫讃二枚ヲ
送リタリ、
一、山田之一件ニ付、山平ヲ大國ニ遣シタリ、
一、神拝終る、
○3月25日、晴、金曜日、三月朔日、
一、父上之月次祭濟、鈴木和尚來、
一、蕉雨之屏風出來、持參す、
一、梅之植替ヘヲ命す、
○3月26日、晴、土曜日、三月二日、
一、神拝終る、
一、竹雲訪來りて、舞妓〔子〕へ行、銀瓶ヲ携ヘ來りて贈リタリ、
一、鹿児島ヨリ荷物着す、琉球島七十六反、杉板三間、
スンケ壹本、竹根二本、其外北堂君より種々御贈リ
品々有之、
一、晩ニ山平ヲ大國へ遣シ、山田帶受ケ之一件落着す、
○3月27日、晴、日曜日、舊三月三日、
一、神拝終る、
一、鈴木和尚來りて、山田之父母へ書面差立之叓ヲ依頼
シ、又媒酌人之叓モ談シタリ、

一、竹雲老人江銀瓶代拾圓ヲ送リタリ、
一、蕉雨屏風講之展覽會ヲ、社務所ニて開キタリ、
○3月28日、晴、月曜日、舊三月四日、
一、神拜終る、
一、結城神社五百五十年祭ニ付、御當社諸入費之惣額金五千餘圓之内譯書面ヲ、川口常文ニ贈リタリ、

結城神社五百五十年祭

一、昨日初而入浴シタリ、
一、晩ニ大國來リ、山田養子一件之叓ヲ談シタリ、
一、松下裕介來リ、ミカン苗拾本之注文依賴有之、是レハ鹿兒島崎元より之依賴ナリ、仍而直チニ坂ノ上ニ注文シタリ、
○3月29日、晴、火曜日、三月五日、
一、神拜終る、
一、有川矢九郎之二男熊次郎尋來リタリ、東京遊學之由ナリ、
一、肥田休右衞門訪來リ、種々之土産持參す、
一、川口常文へ祝詞幷ニ當日縣令(内海忠勝)ノ祝詞摺物ヲ送る、是レハ昨日出シ後レシニ由るなり、
一、鈴木和尚來リ、杉行之書面ヲ持參なり、
○3月30日、晴、水曜日、三月六日、

一、神拜終る、
一、鈴木和尚來、杉聽雨行之文面ヲ持參、少シク加筆シテ杉氏へ送る、
一、竹雲へ京より之書面ヲ仕出ス、
一、丹波桑田郡保津村山本景房へ、米不品行家出之一件ヲ報知より、
一、肥田景政訪來リ、酒肴ヲ出タシテ、晝飯ヲ饗す、今夕之船ヨリ出帆ニ付、ミカン一函ヲ贈る、
○3月31日、晴、木曜日、三月七日、
一、神拜終る、
一、山田行キノ書畫ヲ作る、
一、本縣知叓、今日歸之由ナリ、依而奉迎ニ出頭ヲ山平ニ命シタリ、

〔四　月〕

○4月1日、晴、金曜日、三月八日、
一、今朝ヨリ熱發ニ付、終日打臥シタリ、
一、鹿兒島行之橸柑苗十本、山本より到着ニ付、植附ケ之方法等相認メ、書面ヲ有川へ仕出タス、
○4月2日、晴、土曜日、三月九日、

*山平力松本社禰宜に補せらる

高嶋嘉右衛門より易斷を惠投なり

一、終日打臥シタリ、晩ニ上野喬介ヲ喚て進退之叓ヲ謀リ、又梶川ヲ呼て、邨野山人・鳴瀧(公恭)ヘ依頼狀ヲ認メ、五百五十年祭ニ付、知叓(内海忠勝)ニ上リシ祝詞ヲ添ヘタリ、二名ヨリ返書來る、

一、山平(力松)之祖母、今日死去シタリ、

○4月3日、雪、日曜日、三月十日、

一、今朝ヨリ床ノ上ニ座シタリ、熱氣減スト雖疲勞甚タシ、

一、山田幾太郎方、今日阿州江歸省ス、仍而昨日金貳十圓幷ニ琉球紺島・扇子、其外額面等ヲ贈リタリ、

一、鹿児島永田幷ニ北堂君へ、山田之一條ヲ申上越シタリ、

一、昨二日高嶌嘉右衛門より易斷壹部ヲ惠投ナリ、

○4月4日、陰、雪、月曜日、三月十一日、

一、神拜終る、

一、吉冨直次郎三年忌ニ付、廣嵓寺ニて法叓執行、金壹圓、白米壹升、蠟燭三挺、野菜壹臺ヲ寺納ス、神棚ニて同人之靈ヲ祭祭(マヽ)る、寺江ハ千代之しを遣す內ニてハ、中井ヲ以而祭祀ヲ執行、

一、村野山人・横山・田中平次郎・宇田川謹吾・神川ノ五軒ヘカステイラ幷ニ饅頭ヲ添、三回忌祭祀之禮ヲ添ヘ銘〻贈る、

一、吉冨氏ヘハ、右之始末ヲ備サニ記シテ、今日報知す、

一、有川矢九郎ヘ義岡氏より牡丹花無之云〻ノ一件ヲ、植木商ヘ問、全ク植木商之無調法ニ無之、辨駁書ヲ出タス、今後有川氏之植木注文ハ斷るヘキ叓ニ家內ニも申附ケタリ、

一、山平力松叓、今日本社ノ祢宜ニ補セラレタリ、兵庫縣ノ印アリ、

○4月5日、晴、火曜日、三月十二日、

一、神拜終る、

一、高嶋嘉右衛門江易斷之禮狀ヲ出タス、

一、林源吾ヘ忠告書面ヲ出タス、是レハ生田兼務ヲ頻リニ請願之風評有之カ爲ナリ、

一、鳴瀧ヨリ書面、一社之協議可致旨ヲ被達タリ、

○4月6日、晴、水曜日、三月十三日、

一、神拜終る、

一、幼稚園ヘ義捐金二十圓ヲ出タ(ス脱)、

一、西村ヘ書藉(籍)送リ方遲引之旨ヲ催息(促)す、

一、北元ヨリ書面、紺島之一件申來る、

*宮司決定の報知あり

一、櫻井へ林之不評判ニ付、忠告之件ヲ書通す、
〇4月7日、晴、木曜日、三月十四日、
一、御祖父并ニ宮子ノ月次祭相濟、
一、北元より之紺島三箱相達す、
〇4月8日、晴、金曜日、三月十五日、
一、神拜終る、
一、鹿児島へ出帆船有之、荷物ヲ母上樣へ差上ル、
一、吉冨へ三回忌之菓子ヲ送る、
一、林源吾生田兼任之一左右ヲ承る、忠告之書面は、明朝ハ必す達スルナルへシ、
一、西村ヨリ丸善より之書藉〔籍〕二包ミ達す、
〇4月九日、晴、土曜日、三月十六日、
一、神拜終る、
一、丸善へ存採叢書十一・十二、代壹圓六十錢爲換〔替〕證ニて仕送る、
一、牧野書記官ヨリ書面、花ノ會規則來ル、
一、杉田病院開院式出席ヲ斷る、
一、山川勇記留別會ノ回章來ル、
〇4月0(10)日、晴、日曜日、三月十七日、
一、神拜終る、

一、大限〔隈〕三郎來リ、園藝會ノ打合セヲシタリ、
一、伊藤景裕ヨリ書面、御當社宮司決定ノ報知ナリ、
一、林源吾より書面、平〻タル文面ナリ、兼社等ノ件ニハ、一言半句も無シ、狡猾極ル、
一、杉田雄ヨリ開院式之料理來ル、
一、蕉(志水)雨へ屏風講之義ヲ斷る、尤神官廢止、及ヒ御社頭變革之叓ヲ申立テタリ、
〇4月11日、雨、月曜日、三月十八日、
一、神拜終る、
一、兵庫縣ヨリ呼出シ狀來ル、
一、晩ニ上(喬介)野來ル、古硯ヲ携ヘタリ、
〇4月12日、晴、火曜日、三月十九日、
一、神拜終る、
一、病氣ニ付届ケ書面ヲ出タス、然ルニ山平代理ニテ宮司ヲ拜命ス、
一、社内及社務所一切へ達シヲ出タス、
一、今日ヨリ紺カスリ店ヲ開ク、景氣甚宜ロシ、
一、西尾篤へ山平ヲ遣シ見舞ハシム、是レハ林源吾謀リテ、生田宮司ヲ兼任スルカ故ナリ、尤書面上ニ忠告セシ云〻も記載シ、七絶二首ヲ賦シテ送ル、

一、山川勇木留別會へ出席致シ難キ書面ヲ執叓名前ニて出タス、晩ニ料理ヲ贈リ越シタリ、

○4月13日、晴、水曜日、三月廿日

一、神拜終る、

一、櫻井能監及ヒ伊藤景裕へ書面、宮司依然トシテ補セラレシ叓ヲ報ス、又西尾より送リシ書面ノ寫ヲ送リ、林氏之失躰ヲ告ケタリ、

一、竹雲へ法帖ノ函書キヲ命シ、又絹二葉ヲ送り畫ヲ注文す、

○4月14日、陰、木曜日、三月廿一日、

一、神拜終る、

櫻井能監より林源吾件にて書面あり

一、櫻井能監より書面、丸岡(莞爾)之書面も在中、此レハ林原(源)吾隱叓ノ趣キヲ詳細ニ記シタリ、

一、西尾(篤)へ書面ヲ出シタリ、

一、東京近藤活版所へ和名抄幷ニ後鑑ノ豫約書ヲ出タス、

一、北元へ煙草之注文書面ヲ出タス、

一、楠寺先住三回法叓ニ付、千代ヲ參詣爲致タリ、

社務所の分課を定む

一、社務所之分課ヲ定テ相達す、

○4月15日、晴、金曜日、三月廿二日、

一、神拜終る、

一、鈴木子順幷ニ西尾篤來リ、西尾ノ進退ニ付異見ヲノベタリ、然レトモ朽木彫ヘカラス、墳土ノ牆塗ルヘカラサルナリ、

一、丸善より義經再興記等ノ代價催息(促)ナリ、依而受取證有之趣キ書書(マヽ)面ヲ出タス、

一、大成館江字典未着之端書キヲ出タス、

一、本日本縣知叓(内海忠勝)ヨリ、奉仕之神官ハ本藉(籍)ヲ引クヘキヲ達シタリ、

○4月16日、晴、土曜日、三月廿三日、

一、神拜終る、

一、櫻井能監へ書面、丸岡之書面ヲ返し、昨日西尾へ示談等ノ叓を記ス、

一、京都より筍之子貳貫目送り來リタリ、

○4月17日、晴、日曜日、三月廿四日、

一、神拜終る、

一、柏井平郎へ出納ニ雇申附ケタリ、

○4月18日、晴、月曜日、三月廿五日、

一、神拜終る、

一、竹雲へ依賴之福鹿(祿)壽幷ニ青錄之山水出來携へ來レリ、

一、北元ヨリ新茶之問合セ來ル、直チニ手配ス、

○4月19日、晴、火曜日、三月廿六日、
一、神拝終る、
一、柏井へ常雇月俸四圓半幷ニ慰労金貳圓半之辞令ヲ渡ス、
○4月20日、雨、水曜日、三月廿七日、
一、神拝終る、
○4月21日、晴、木曜日、三月廿八日、
一、神拝終る、
一、山田幾太郎阿州より帰家之由ニて、鈴木ト同伴ニて訪ヒ來ル、養子之一件落着ニて、近日中實親出神之筈ナリ、種々土産物等有之、
○4月22日、晴、金曜日、三月廿九日、
一、神拝終る、
一、縣本北堂君へ養子協議濟ミノ叓ヲ申上、又永田猶へも同断之書面ヲ出タス、
一、京都松川友吉へ竹子(筍)注文幷ニ爲替金七十戔(銭)仕送る、
一、分所監督辭職之願、分所へ差出ス、
○4月23日、陰、土曜日、四月朔日、
一、神拝終る、
一、駿河高橋より之櫻苗來着す、直チニ諸所へ植附ケタリ、
○4月24日、晴、日曜日、昨日ヨリ寒冷甚タ(マヽ)、四月二日、
一、神拝終る、
一、梶(保)川へ書面、猿丸又之進へ書面ヲ依頼す、是レハ硯之叓ヲ申遣す、又梶川へハ七律一首ヲ送る、
○4月25日、月曜日、晴、四月三日、

*祖先靈祭父君月次祭齋行

一、神拝終る、今日祖先靈祭ヲ執行、併て父君之月次祭濟、
一、鈴木和尚來リ、山田之一件ヲ聞ク、相當之返詞ニ及ヒタリ、
一、川添(爲一)へ養子決定之叓ヲ報ス、
一、佐々木(素行)へ神社改正之叓ヲ問越ス、又反物店開業ヲ告ケテ、養子ノ一件ハ未タ告ケス、
○4月26日、晴、火曜日、四月四日、
一、神拝終る、墓参濟ム、
一、十時ヨリ出縣、知叓其外へ面會す、又知叓書記官・庶務課長等ノ宅へ一禮之爲ニ名刺ヲ配リ返る、
一、廣嶌寺幷大國有壽ノ宅へ行キ、養子ノ一件謝禮ヲ演へテ歸ル、

○4月27日、晴、水曜日、四月五日、
一、昇殿終る、
一、梶川保來リ監督辭表止リ呉レト、林ヨリ依賴ノ由ナリ、
一、早瀬阿雄之叓ニ付、昨日縣廳ニて知叓依賴有之、依而本日竹雲ノ書面送らレタリ、

○4月28日、晴、木曜日、四月六日、
一、神拜終る、
一、上野喬介ヲ訪ヒ、從前之禮ヲのへて歸る、
一、東京滯在鹿兒島縣知叓(渡邊千秋)江書面及道路開達ニ付獻金卅圓差出ス願面ヲ添ヘタリ、

○4月29日、晴、金曜日、四月七日、
一、神拜終る、
一、今日表御門通り拜借地貸屋之敷金證書ヲ取返シ、是迠之布金ハ全ク無之叓ニ取計タリ、

○4月30日、風雨、土曜日、四月八日、
一、神拜終る、
一、當日一社保存金保管ヲ、縣廳へ依賴シタリ、
一、佐々木ヨリ今般廢官ノ報知ニ付、書面ヲ出タス、
一、高橋次郎へ紅櫻數本來着之一禮ヲ申遣す、
一、山田幾太郎之衣類出來ニ付、山平ヲ以テ本人江送ル、

〔五月〕

○5月1日、風、日曜日、四月九日、
一、神拜終る、
一、昨夕ヨリ風邪氣故、打臥シテ發汗シタリ、
一、山田幾太郎へ左之通り贈ル、
○羽織壹着　○袷壹着　○袴壹具　○帶壹筋　○肌着壹着　○下帶壹筋　○足袋壹足　○下駄壹束　○袖落壹具　○扇子壹函　○半紙壹束　○金拾三圓
一、竹雲ヨリ聖教序幷ニ唐水晶取リニ遣シ候間、使へ相渡ス、無程來リタリ、依而阿雄之一件ヲ備サニ談シ、品物ハ返ス叓ニ示談調ヒ歸ル、草字彙幷ニナクラ砥ヲ貸シタリ、
一、大國有壽來リ、山田之進退一件ヲ示談シタリ、依而從前之通リ、裁判所へ雇ニて出仕之餘暇ニ、英學語學ヲ研窮(究)之方、可然旨返詞シタリ、

○5月2日、晴、月曜日、四月十日、
一、神拜終る、
一、鈴木和尚(子順)來リ、竹雲・阿雄、女之品物一件等ヲ示談

シタリ、
一、梶川之一件も示談シタリ、
一、梶川免職ノ上申書ヲ、久我副總裁ニ出タス、松野へも書面ヲ出ス、
一、大工廣吉事仕用中之叓ニ付、不埒之筋有之、今日ヨリ出入差留、仕掛リ之叓ハ大塚ヲ呼テ命シタリ、
〇5月3日、晴、火曜日、四月十一日、
一、神拜終る、
一、祥福寺ヨリ金受取ノ爲ニ來る、二圓拂渡ス、
一、加藤新助へ土大小品二樽ヲ注文す、
一、東京育種場竹中卓郎ヨリ、種子代殘金四十八錢郵便税ニて返る、
〇5月4日、晴、水曜日、四月十二日、
一、神拜終る、
一、梶川進退一件ヲ、副惣裁へ具伸ス、是レハ追書ナリ、
一、金八十錢、是レハ存採第十三集代、丸善へ爲替證郵送す、
一、金壹圓、是レハ篠田芥津へ印刻料之內トシテ爲替證ヲ郵送す、
一、竹雲老人來ル、仍而阿雄之一件ヲ得心爲致、彼レノ品物ヲ返濟スル叓ニ取計タリ、
〇5月5日、晴、木曜日、四月十三日、
一、神拜終る、墓參濟、
一、早朝鳴瀧へ行キ、從前之一禮ヲ延べ、是レヨリ內海知叓へ行テ、阿雄人之一件ヲ示談シ返る、
一、來る八日千代婚儀之件ヲ、山平へ示談シタリ、
一、丸善ヨリ存採第十三集仕出之報知有之、
〇5月6日、雨、金曜日、四月十四日、
一、神拜終る、墓參濟、
一、加藤新助ヨリ七條土二樽着す、
一、大隅三郎來り、園藝會審查人之相談ニ預リタリ、仍而本縣よりハ藤田積中可然當撰シタリ、
〇5月7日、晴、土曜日、四月十五日、
一、神拜終る、墓參濟、
一、祖父公・宮子ノ月次祭ニ付、靈前ヲ奉仕ス、
一、貳圓五十錢ヲ加藤新助へ爲替トシテ送る、
一、明八日千代ト婚儀ヲ執行スルニ付、諸ノ手配ニ及ヒタリ、
一、明治六年爾來縣廳江納メ來レル官宅料下ケ渡ストノ指令有之、

千代の婚儀執行

一、仍而内百五十圓丈ケハ上之地所買入ニ付、借用之方へ返濟シ、百五圓ヲ受取ル叓ニ内定シタリ、

○5月8日、晴、日曜日、四月十六日、

一、神拜終る、

一、今夕千代之婚儀執行ニ付、百般之手配ニ及ヒタリ、

一、堺鍛冶本江注文品、未達之端書ヲ出タス、

一、西村ヨリ丸善出之書藉達シタリ、

一、川畑并ニ北堂君より御品相達す、煙草入函貳荷着荷、

一、千代之婚儀ニ付、諸方より到來品澤山有之、

○5月9日、晴、月曜日、四月十七日、

一、神拜終る、

一、鈴木并ニ蕉(志水)雨來ル、竹雲も見得山水一枚ヲ認メテ來レリ、

一、午後七時ヨリ倶樂部へ出頭、移轉式等之議ヲ決シタリ、

○5月0(10)日、雨、火曜日、四月十八日、

一、神拜終る、

一、昨日ハ折田彦市更ニ大坂へ在勤之由ニて、土產并ニ書面有之、

一、大隅三郎來リテ審査員ノ叓ヲ議シタ(マヽ)、仍而明日大坂行ヲ爲シテ、鈴木宗泰之叓ヲ示談スルカ爲ナリ、

一、北堂君へ婚儀相濟ミタルノ始末并ニ御贈リ品〻ノ御禮ヲ申上ル、

一、昨日若林高久ヨリ苺之苗來着ニ付、一禮并ニ大根種子等之叓ヲ依賴スルノ書ヲ出タス、

一、丸善へ今後送致之書藉(籍)ハ、西村へ出タサス、本店ニ托スルノ依賴書ヲ出タス、

一、金壹圓八十錢、篠田六吉ニ爲替證ヲ送ル、及ヒ近日上京之叓ヲ報す、

一、川添(爲一)へ婚儀濟ミノ叓、及若芽來着之叓ヲ記ス、

一、佐〻木素行へ山田養子ノ一件ヲ示談濟、婚儀相濟ミタルヲ報す、

一、坂ノ上喜右衞門(山本)ヲ呼テ、審査人之叓ヲ命シタリ、

○5月11日、晴、水曜日、四月十九日、

一、神拜終る、

一、午前第八時牧野書記官ヲ訪ヒ、審査員之叓ヲ示談シ、三番之瀛車ニて上坂、北之新地ニて晝飯ヲ喫シ、月(貞一)山ヲ訪ヒ、壽光堂ヲ訪ヒ、此レヨリ高等中學校ニテ、折田彦市ヲ訪ヒシニ、上京不在ナリ、仍而平山ニ面會シテ、鈴木宗泰之叓ヲ談シ、明十二日返詞スルト

ノ叓故ニ、深ク依頼して退校シ、陶物町解安ニ立寄リテ、水者〔物〕鉢ヲ買取ルコトヲ依頼シタリ、

一、鹿島菱州ヲ訪ヒタリ、大鯛壹枚ヲ土産トシテ送る、

一、鹿島ト同伴シテ、加納ヲ訪ヒ、鷄血之印四璪ヲ買取リ、此レヨリ停車場へ出テ、日暮三ノ宮より上リ、大隅ヲ訪ニ不在故歸家す、

○5月12日、晴、木曜日、四月廿日、

*前田吉彦を訪ふ

一、神拜終る、墓參濟、

一、清酒壹斗・煙草壹函・前田圓行、

一、金貳圓二拾錢、八家精註代價殘額トシテ郵送す、

一、午後四時ヨリ墓參、竹雲ヲ天王谷へ訪問セシニ、上京之由ニて不在、仍而溫泉へ入浴シ、稲荷へ參詣シ、酒亭ニて荒田村之某ヲ呼て一酌ヲ傾ケ日没して歸家、

一、昨日買入レシ水物鉢七箇、解安ヨリ送致アリ、

○5月13日、晴、金曜日、四月廿一日、

一、神拜終る、墓參濟、

一、山平及幾太郎ヲ、天山之地所見分ニ遣ス、

一、竹雲京師ヨリ返リ來リ、菓子入壹ツ惠投ナリ、

一、大坂平山太郎ヨリ書面來ル、是レハ鈴木審査員ノコトナリ、十七日ハ差支ヱルニ付、十八日ニてハ如何トノ返詞ナリ、

一、分所長ヨリ梶川へ理叓差許ストノ辭令、相渡しタル返書來ル、

○5月14日、晴、土曜日、四月廿二日、

一、神拜終る、

一、早朝牧野〔伸顕〕書記官ヲ訪ヒ、高等學校平山より之書ヲ見セ、審査員之叓ヲ示談シテ、歸途大隅へ立寄リシニ、未タ歸家セス、仍而又前田吉彦ヲ訪ヒ歸ル、

一、平山太郎へ書面ヲ出タス、是レハ審査員ヲ鈴木宗泰へ依頼之叓ナリ、

一、土瓶壹ツ、急火灯弁ニ紺島壹反大國へ、

一、鈴湯沸壹ツ、とんこツ壹、石飛白壹反鈴木へ、

一、山陽〔頼〕・竹田合作之掛幅壹ツ、白飛白壹反山平へ、右者養子一件之禮トシテ送る、

○5月15日、晴、日曜日、四月廿三日、

一、昇殿、神拜終る、

一、園藝會出品ノ盆栽ノ拵へノ叓ニ着手す、

一、鈴木和尚、過日贈品ノ禮ニ來ル、

○5月16日、晴、月、四月廿四日、

一、神拜終る、

*村野山人親傳之丞三十三回忌執行

和田大猪三年祭

一、盆栽惣テ四十一品ヲ出ス、左記ノ如シ、
○豐歳闌〔蘭〕一鉢○大葉金龍邊三鉢○鳳蘭一鉢○金龍邊
二鉢○萬年青一鉢○松二鉢○金戔〔盞〕花一鉢○赤黄菊十
五○薔薇十四鉢○石菖〔蒲脱〕四鉢○剪花四鉢○□菜三ツ
一、早朝神戸洋人之獻場ニ行キ、盆栽出品ノ指揮ヲナシ、
是レヨリ和田ノ三年祭ニ臨テ拜禮シ返ル、
一、午後五時ヨリ倶樂〔部脱〕ニ出張、本部ノ不都合ヲ鳴ラシ、
退社ヲ告ケ歸リタリ、

○5月17日、晴、火曜日、四月廿五日、

一、神拜終る、
一、早朝金十四圓、嘉納治三郎へ爲替金郵送ス、
一、園藝會場へ出張、是レヨリ布引溫泉へ行キ入浴、
一、雅言集覽十八回送致受取、
一、鳳文館受取金之證達す、

○5月18日、晴、水曜日、四月廿六日、

一、昇殿、神拜終る、
一、久藤來リ、過日倶樂部ニ於テ發セシ叓件ニ付內通有
之、
一、鈴木宗泰大坂ヨリ態〻下神、園藝回〔會〕場へ臨ミシニ、
已ニ審査ミチテ甚不滿之次第ナリ、依而大ニ謝シテ
返ス、
一、午後一時ヨリ村野山人之宅へ行キ、親傳之丞三十三
年回〔忌脱〕ヲ執行ス、
一、渡邊區長來リ、倶樂部退員ヲ取消シ呉レトノ叓故ニ、
まつ其儘ニ差置キタリ、
一、園藝會場之盆栽ヲ不殘引取ル、
一、養子幾太郎与實親より初メテ書通有之、

○5月19日、晴、木曜日、四月廿七日、

一、昇殿、神拜終る、墓參濟、
一、大住三郎へ行キ、鈴木宗泰江謝儀旁、打合度之處、
不在故歸家、
一、鈴木幷ニ幾太郎ヲ伴ひ、諏方〔マヽ〕山之溫泉へ入浴中、店
ニて夕飯ヲ喫して歸ル、今夕千代へ勘當之旨ヲ達シ
テ叱ル、近日父母へ對シ、不敬之條不少、仍而幾太
郎へも形行ヲ以、離緣可致手繼キヲ、兩人江申附ク
ル、
一、神拜終る、

○5月20日、晴、金曜日、四月廿八日、

一、今日山田行之書面ヲ作る、
一、中島惟一へ金壹圓、大八洲學會へ壹圓貳十錢、大成

館へ九十錢之爲替證ヲ送致ス、

○5月21日、晴、土曜日、四月廿九日、

一、神拜終る、昇殿、

一、早朝舊生田主典永瀬、八木彫之書面ヲ携へ來リタリ、

○5月22日、晴、日曜日、四月晦日、

一、昇殿、神拜終る、

村雲内親王御參拜

一、村雲内親王（日榮、伏見宮邦家親王王女）當社へ御參拜有之タリ、

一、午後散歩、常盤之花壇ニて晩飯ヲ喫シテ歸ル、田口及ヒ阿梅女ヲ携へタリ、歸家ノ上三弦ヲ爲彈大快叓ナリ、

神幸祭執行*

○5月23日、晴、月曜日、四月朔日、

一、昇殿、神拜終る、墓參濟、

一、金貳圓高木壽永へ筆注入〔文〕トシテ、爲替證ヲ送る、

一、幾太郎之着物反布二反ヲ、八圓五十錢金ニ買入ル、

一、園藝會ノ出品賞トシテ、金貳圓ヲ送リタリ、

一、午後大住三郎へ行キ、明日牧野へ面會、園藝會審査員へ謝義之叓ヲ示談スルヲ約シタリ、

一、北堂君ヨリ御書面、是レハ養子婚禮濟ミノ叓ヲ申上タル御返詞ナリ、

一、北元ヨリ飛白丼ニ煙草之荷着す、

○5月24日、晴、火曜日、閏四月一日、

一、昇殿、神拜終る、

一、鈴木子順氏之所藏明人戴文進山水之畫ヲ買ヒ、金七圓ヲ拂、文進ハ明代永樂年間ノ畫人ナリ、

一、紺カスリ三反、鼠飛白二反ヲ買取ル、是レハ土產用ナリ、

○5月25日、晴、水曜日、閏四月三日、

一、昇殿、神拜終る、

一、當朝午前第八時ニ出御、縣廳へ入御、上野屬へ面接シテ、年中之御禮を申のべ、是レヨリ氏子町ヲ巡幸湊□へ御休憩ニて、午後四時ニ御歸館ナリ、

一、晩ニ鈴木和尙訪ヒ來リ、深更迄閑話す、

○5月26日、木曜日、四月四日、

一、昇殿、神拜終る、

一、晩ニ鈴木和尙來リ閑話す、但今朝鈴木早朝來リテ、養子夫婦之實況ヲ一見シタリ、

○5月27日、陰、金曜日、四月五日、

一、昇殿終る、

一、今朝鈴木・山平等來リテ、千代勘當一件ヲ議シタリ、且ツ山平・よし共也、千代ヲ召具シ從前決行之趣キ

＊久邇宮へ御肴献上

＊久邇宮へ参殿拝謁

＊北野社清水寺に参詣

ヲ謝スト雖、已ニ今朝ニ至リテモ、依然トシテ改マルノ實行無之ニ付、深叱リテ聞居ケス、但シ父母之異見教訓ヲ聞入レサルモノハ、必竟養子幾太郎色ニ沈溺シ、家內之混雜ヲ聞キナカラ、愛スルカ故ナリ、尤本人モ面接シテ一己身之見込ミヲ申演ベシモ、猶愛ヲ割キ責(積)善ノ意ナク、父母ニ對シ不叮嚀ハ尤(求カ)メス、己レノ規約ヲ定メテ、卅日位實行ヲ一見スルト、何トカ之遁辭說故ニ、相手ニセス放着シ、到底一家相續之人と難見込、實ニ迷惑至極ナリ、今ヤ三十立志之時ニ於テ、只一婦人ノ爲ニ戀着シ、剩ヱ父母へ不叮嚀之叓實ヲ聞キナカラ、打捨テ置クトハ切齒ニ不堪ナリ、今日ノ形狀ハ、父母之教訓ヲ陰ニコハシテ、自儘ヲ勸奬スルニ均シキナリ、專ラ鈴木和尙等ノ贊賞スルニ依リ、是レナラハト意ヲ決して、義子ノ議ヲ果タシタルニ、何ソ圖ランヤニテ、老後ノ一失策ト謂ツヘシ、

一、明日上京ニ付、手道具等ノ取調ベニ掛リタリ、

一、永井豪より仕送リ之金壹圓ヲ郵便局より受取、

一、鳳文館ヨリ八大家精註二部ヲ送致シタリ、內壹部ハ鈴木和尙へ、壹部ハ幾太郎へ遣ス、

○5月28日、晴(雨)、土曜日、四月六日、

一、神拜終る、

一、午前第九時五十五分之滊車ニて上京之途ニ就ク、

一、御肴一籠、久邇宮(朝彦親王)へ獻上す、又壹尾ハ鳥居川(憲昭)へ送る、

一、篠田芥津來リ印材の叓ヲ托ス、

一、染來リ、過日來家內混雜ノ事ヲ談シ、下神の件ゝヲ命す、

○5月29日、晴、日曜日、四月七日、

一、午前九時、宮(久邇)へ參殿、拜謁ス、御茶菓ヲ賜ル、

一、今夕幾太郎夫婦不都合ノ事ヲ筆記シ、義子解約ノ書面ヲ作リ、山平幷ニ鈴木之二名ニ宛テタリ、

○5月30日、晴、月曜日、四月八日、

一、午前第八時前ニ鈴木ニ書面ヲ出シ、是レヨリ北野ニ參詣、祈念ヲ凝ラシ歸ル、又午後第三時ヨリ清水ニ參詣シテ、千代・うさの祈念ヲ凝ラシ、五條坂ヲ下リ六條染之宅ニ休息ス、阿常モ來リ、酒肴ヲ設ケテ閑話ス、然る處五時ニ至リ山平幷ニ千代來着す、仍而直チニ呼込ミ叓情ヲ聞キ、山平ト共ニ柊屋ニ歸リ宿ス、今夕一切所(處)分方之議ヲ談ス、

一、當朝幾太郎ヨリ之書面來着ニ付、該返書幷ニ千代離

縁乞ヒ之書面ヲ認メ、當日午前九時ニ出す、

○5月31日、晴、火曜日、四月九日、

一、山平へ内外所〔處〕分方活潑〔發〕ニ取計方、種々指圖シ、且ツ千代ヨリハ離縁乞ノ書面ヲ山平へ托シテ、本人ニ送リタリ、又下婢阿梅ヲ返シ、煙草幷金拾圓等ヲ取寄度ニ付、種々申附ケ、又此内より買入品爲持返ス、

一、午後麩屋町六角之角ランフ屋ニ行キ、コツブ幷ニランフ四本ヲ注文す、壹對金參圓ナリ、

一、丁字屋ニて反布及ヒ諸品ヲ買取、此レヨリ丸山正阿彌ニ行キ、洋食ヲ喰シテ返ル、

〔六月〕

○6月1日、晴、水曜日、四月十日、

愛宕社に參詣

一、阿梅之京着ヲ頻リニ待ツト雖、遲着故第九時ヨリ愛岩〔宕〕山ニ參詣之爲發車、十二時清瀧へ達し、夫レヨリ駕ヲ飛シ登山、祠官ハ不在故ニ、祠掌ニ面會シ、神前ニ祈念ヲ凝ラシ、神酒ヲ拜戴シテ下山、道を月之輪ニ取リ、日暮暫ニシテ清瀧ニ達シ、舛屋ニ宿ス、

○6月2日、晴、木曜日、四月十一日、

*嵐山に達し舟を買ふ

一、早朝歩シテ清瀧ヲ發シ、一ノ鳥居ヨリ車ヲ買ヒ、嵐山ニ達シ、又舟ヲ買テ、溫泉迠溯リ入浴シ皈りて、香魚ヲ焚キ一盃ヲ傾ケ午睡、四時ニ車ニ上リ、歸途梅之宮へ參詣シ、五條筋ヲ京ニ入リ、六條染之家ニ立寄リ皈ル、

一、一日ニ電信アリ、文ニ千代カヱセト有之、仍而當人ハ素ヨリ、染ヨリモ歸るベカラサルノ理由ヲ書面ニテ申遣シ、又皈サヌノ返信ヲ通シ、よしへ返ルヘカラサルノ旨趣ヲ書面ニて通シタリ、此之書之末ニうさ出產ハ、家內ニて取計ヘキ旨ヲ申シ達シタリ、

一、晩ニ染も來リ、右電信不當之義ヲ嘆息シタリ、

一、田口も見舞ニ來リシ由ナリ、

○6月3日、晴、金曜日、四月十二日、

一、早朝山平〔方松〕・鈴木へ從前より之始末幷ニ電信等之不當所〔處〕分ヲ書面ニて送る、

一、文石堂ヨリ紐齋畫騰等之書ヲ買入ル、篠田芥津之仲裁なり、

一、晩ニ散歩シテ歸リ休す、芥津〔篠田〕來リ雜談、

○6月4日、晴、土曜日、四月十三日、

一、早朝染來る、仍而神戸行之叓ヲ談シ、千代之衣類ハ勿論、呂々〔之〕羽織・袷等ヲ一々書立、公債證持參スヘ

キヲ申附ケタリ、
一、午前十一時ヨリ粟田之氷亭ニ行キ、嘗テ鈴木子順カ賞賛ス之珍味ヲ望ミタリ、然而意外ナル取扱ニて、然も三疊敷ニ四人ヲ置キ、酒ハ酸味ヲ帶ヒ、茶ハ番茶、殊ニ給仕婦人ハ極臭婦ノミナラス、頑癖言ヘカラサル無禮ヲ極ム、仍而憤懣ニ不堪、隣家村作ヲ呼て一席ヲ借リ、直チニ引越シ、晝飯ヲ喫シ午睡シテ皈ル、
一、山平神戸ヨリ着、山田一件、所〔處〕分之次第ヲ縷述シ、鈴木之書面ヲ出タス、仍而書面ハ開封セスニ、其儘差返し所〔處〕分不當之叓實ヲ詰責シ、何等之證跡ヲ持參セシカに問ニ只口上のミニて、本人悔悟將來ヲ愼ム之眞心ヲ觀るヘキモノナシ、百方謝スルモ嘗テ聞キ入レス、明朝速カニ歸神スヘキ旨ヲ達シタリ、
一、よしへ預ケ金ノ義ハ、山平ヨリ正ニ受取リタリ、五十五圓正ニ受取リタリ、
一、染ヘハ地は〔マヽ〕其外不用品爲持返し、又下女松ヘ反物壹反ヲ送リタリ、染ヘハ路金貳圓ヲ渡ス、
○6月5日、日曜日、昨夕大風雨、四月十四日、
一、午前六時四十五分之滊車ニて、山平歸神す、仍而山田悔悟之證持參可致旨、散〻論シタリ、
一、午後篠田芥津ヲ訪ヒ、鷄血〔石脱〕ノ材ニ刻成るヲ一見シテ歸ルニ、染叓ハ已ニ歸着シタリ、昨日申附ケ置キタル品物、何レモ持參なり、仍而今夕ミの佐ニ行テ晩飯ヲ喫シタリ、
一、流傳ニ山田叓今般ノ義ニ付、違約金ヲ請求ストノ叓ヲ聞ケリ、
一、千代叓、山田ト夫婦之縁きるニ於てハ、一身ヲ投スルニ相違ナキ覺期〔悟〕ニ付、要心可致トノ事有之、
○6月6日、月曜日、四月十五日、
一、今朝鈴木和尚〔子順〕幷ニ山平ヘ書面ヲ出タシ、山平上京之不都合ヲ記シ、又鈴木ナトノ狼狽ヲ誡シメタリ、
一、篠田芥津ヘ命シタル鷄血〔石脱〕印材ヘ刻出來ニ付、一見ノ爲ニ行キタリ、芥津一生之技ヲ盡シ無類ノ刀ナリ、
一、五午〔午後〕四時半ニ鈴木ト同伴ニテ、幾太郎上京す、尤電信ニて上京ノ報知有之、仍而二人共ニ直チニ座敷ヘ呼込ミ、前以テ書面、謝罪ノ書面ニ對シ、書面マンソクノ返詞アルカ故ニ語是レヲ以テ應シ、敢テ本件ニ立入ラス、平常ノ如シ、仍而木屋町金波樓ニ行キ、一盃ヲ傾ケ歸ル、

○6月7日、晴、火曜日、閏四月十六日、

*叡山講堂を一望す

一、宿許幷ニ山平へも、昨日叓無異ニ濟ミシ次第ヲ書シテ通シタリ、又幾太郎へハ諸方世話ニ成リ、各銘〔銘〕へ見舞ノ爲ニ出掛ケタリ、尙谷銕臣へハ國産ノ煙草ヲ贈ル、

白河村に至る

一、午前第九時車ヲ買テ、白河村ニ行キ、兼而目論見ノ駕ヲ命セシニ、舊來絶ヱテ籃輿之供備アルコトナシト、百方術盡キ女子貳人ハ歸京ヲ命セシモ、皆振テ登嶽セント欲ス、仍テ粧ヲ整老翁ヲシテ先導セシメ、歩〻溪流ニ側ヲ行ク、此ノ溪流ノ左右平垣ノ地ニハ、皆水力之機械ヲ設ケ、銅鐵線其他銅板等ヲ製スト云、行殆一里路漸ク嶮ニ附ク、然レトモ溪水絶ルコト無ク、流汗衣襯ヲ涵スモ、又冷水之熱ヲ一洗スルニ足ル、已ニシ一茶店ノ空屋アリ、茲ヨリ湖水ヲ東位ニ一望シ、膳所大津足脚ニ在リ、休憩シテ又行ク、行クニ隨テ眼界益廣濶、一小花表アリ、謂辨天ヲ祭ルト、之ヲ登山第一段トシテ、此レヨリ嶽ノ東面一溪谿ニ下ル數町ニシ、辨天ニ達ス時、山中清冷蜀茶滿開草木未翠綠ヲ顯サス、嘗聞ク、五月梅花ヲ發クト、眞ニ然ラン乎、辨天ヲ去リ、直チニ石陛ノ嶮路ニ就ク、婦女艱歩僅〻十餘歩ニシテ、休シテハ又躋ツ、凡十三町餘ニシテ、初メテ北位ニ講堂ノ檻屋ヲ一望ス、歡聲山ニ響、各旁前シテ堂下ノ茶所ニ達ス、曩キニ西南ヨリ嶽ニ上ル之形勢、且ツ其嶮難之要衝ヲ詳カニシテ、今此ノ雄偉豪壯ノ構造ヲ見テ、遷都爾來、國力ヲ盡シテ經營シ、且ツ元弘ヨリ延元之際、龍師ヲ茲ニ駐メ、血性群雄之忠膽ヲ盡シテ、氣運ヲ挽回セサリシヲ、慷慨嘆息セリ、今ヤ維新ノ盛運ニ屬スルモ、一山ハ終ニ瓦落社稷ト存亡ヲ共ニセント期セシモ、一朝ノ夢ニシテ三千ノ衆徒其跡ヲ絶テ、元龜・天正之際、織田氏〔信長〕燒燼之日ヨリ、猶百層ノ衰頽ヲ見、其猛威ヲ震ヒ朝政ヲ凌掠セシ忌惡、翻リテ憐愍ノ癡ヲ引キ起シ、又惑〔或〕ハ國力ヲ盡シタル壯觀ノ舊跡ヲ腐朽セシムルヲ惜ムノ遺感〔憾〕アリ、時已ニ正午ナリ、

*坂本に達す

本堂ヲ去ツテ皈路ニ就ク、此ノ路則本嶽ノ正門ニシテ東向ス、正門ヨリ二十五町ト云ヘリ、然ルカ故ニ、急激言可カラス、只一直線ニ下ル、此レヲ攀躋之勞ニ比スルニ十倍シ、皆中途ニシテ歩進マス、石ニ腰シ樹ニ據ツテ憩ヒ、午後四時坂本ニ達ス、一茶店ニ

休シ二弖米ヲ命シテ、晝粲ヲ喫ス、蓋昨夕金波樓ニテ、强飲宿酔腹中酒熱アリ、然ニ嶮路ヲ歩シ酸敗液沸騰シテ、歩〻吐却〔逆〕シ終日米粒ヲ食ハス、疲勞甚タシキ故ニ此ノ命アリ、茲ニテ車ヲ買ヒ、唐崎ヲ歴名松ヲ一見シテ、五時四十五分大津ニ達シ、中村屋ノ三陛〔階〕ニ昇リ、入浴シテ休ス、直チニ寢ニ就キ、日ノ沒スルヲ覺ヱス、蓋シ之レヲ坂本村ニテ聞ク、京地白河ヨリハ駕ノ用意ナシト雖、坂本ハ素ヨリ此ノ供ヱアリト云、故ニ登嶽セント欲セハ、坂本ヨリ駕ヲ買テ昇降スルカ、或ハ講堂ニテ駕ヲ捨テ歩シテ白河ニ降ルカ、或ハ雲母坂ニ下ルカニ如カス、

大津に達す

○6月8日、晴、水曜日、閏四月十七日、

石山寺に參詣

一、早朝中村ヲ發シ、石山ニ參詣シ、毘砂〔沙〕門天王ヲ拜シ、石場ニ皈リテ十一時四十五分ノ滊車ニテ京師へ入リ、午後二時ニ柊木屋ニ達ス、幾太郎在宿ナリ、本人ハ之レヨリ大坂へ下リ、歸神トノ叓ニて發途す、仍而皈家ノ後、明日ウさ出產ノ子名附祝之件〻ヲ托ス、

*萬福寺を回覽

一、ウさノ女子ニハ、牛乳ヲ飲料トシ、ウサニハ鯉ヲ時〻喰マシムルノ叓ヲ書通ス、又染へ卷煙草贈リ方ノ叓ヲ申シ送ル、

○6月9日、大雨、木曜日、四月十八日、

一、夜半ヨリ强雨盆ヲ傾ク、宇治行ヲナサント欲スルモ、雨ノ爲ニ止ム、

一、午後雨晴、仍テ早瀨ヲ訪ヒ、竹雲ハ新ノ拂又宿料等ヲ聞クニ、竹雲之所〔處〕分甚タ不可ナリ、仍テ早瀨ヨリハ竹雲へ書面ヲ出タス事ニ命シテ皈ル、

○6月0〔10〕日、晴、金曜日、四月十九日、

一、早朝篠田芥津ヲ訪、金參圓ヲ刻料ノ内金ニ給シ、此レヨリ古梅園ニテ墨ヲ買ヒ皈ル、

一、午前第九時、旅宿ヲ發シ、途中ニテ土產物ヲ買取リ、停車場ニテ荷物二箇ヲ滊車ヨリ送ルコトニ、松川へ命シ、茲ヨリ車ヲ買テ伏見ニ達ス、此ノ日伏見土橋ニテ朝槿ノ苗ヲ聞クニ知ルモノナシ、又豐後橋ニテモ同シ、大ニ失望シ宇治ニ向ツテ馳セタリ、十一時半ニ菊屋ニ投シ、萬碧樓上ニ休シ、鯉ヲ煮、香魚ヲ食ス、女兒ハ平等院ニ見物ノ爲ニ遣シ、皈テ直チニ發シ、黃檗山ニ入リ、虎林和尙ニ面シ閑談ス、時ニ庯林宿痾ニ罹ル、然レトモ起テ寺中ヲ誘導シタリ、構造雄偉ニシテ眞ニ可驚、回覽終ツテ道ヲ轉シ、川ヲ涉リ南塘ヲ豐後橋ニ下リ、寺田ニ行キ、滊船ノ發

期ヲ聞クニ、曖昧信ヲ措キ難シ、仍テ又京師ニ入リ、滊車ニ駕シ、夜ニ入リ九時浪華ニ達シ、花屋ニ投宿、明日歸神ノ報ヲ神戸ニ出タス、

〇6月11日、晴、土曜日、四月廿日、

一、早朝高津ノ黒焼店ニテ薬品ヲ買ヒ、植木屋吉助ヲ訪ヒ、大黄及ヒヘゴヲ依頼シ、此ヨリ糸屋町炭五ヲ訪ヒ、朝權ノコトヲ依頼シ、途中ニテ土産品ヲ買取リ歸テ飯シ、又折田・平山ヲ訪、皆不在ナリ、平山ニハ菓子一函ヲ殘シ皈ル、

一、午後二時二十五分ノ滊車ニテ皈家、

〇6月12日、晴、日曜日、四月廿一日、

一、昇殿、神拜終る、墓參濟、

一、鈴木子順ヲ訪ヒ、過日來之一禮ヲ演べ、又上野喬助ヲ訪ヒ、本人轉任ノ叓ヲ談シテ皈ル、本日藤莚ヲ買取、二陛〔階〕へ布ク、

一、北堂君ヨリ御書面、幷ニ干肴類御贈リ被下、又北本ヨリ酒も送リタリ、

一、晩景獨座欝悶ニ不堪散歩、西洋亭ニ投シ獨酌シテ皈ル、抑指ヲ屈スルニ已ニ六十餘歳、世ニ樂ムヘキモノナク、唯六七年ノ日月ヲ送リ枯死スル耳、荀モ實子アラハ、末後如何ノ感想モ有ルヘキニ、瓢々然僧侶ニモ如カス、日々身心ヲ苦シムルノ外ナシ、

〇6月13日、晴、月曜日、四月二十二日、

一、昇殿、神拜終る、

一、東京後藤ヨリ山田丸、金貳圓かの仕送リ來ル、

一、東京監獄西岡景房ヨリ、ホンフ仕様ノ記録書面達す、

一、鈴木子順ヨリ、書藉〔籍〕借用之叓ヲ申來ル、

一、中井〔弘三〕へ命シ、金卅圓ヲ他借ス、但公債證百圓ヲ壹枚渡ス、

一、本日ハ反布粧飾ヲナスコト終日、

一、鳳文館ヨリ韻府十三四五之三帙來着、此ニテ韻府ハ皆濟ナリ、

〇6月14日、雨、火、四月二十三日、

一、神拜終る、

一、金二圓二十錢、山田丸代價幷ニ郵稅共々、後藤氏へ爲替ニテ送ル、

一、大坂吉助ヨリヘコ三本着す、

一、京都松川へ荀〔筍カ〕注文ノ端書ヲ出タス、

一、幾太郎叓、此内より之病氣ニ付、田村ト合議、房叓ヲ愼ミ、且注意スヘキヲ山平ヲ以テ忠告ス、猶明日

神田院長ヲ迎ル叓ニ決ス、
一、渡邊區長來リ、倶樂部中ニ日本建テノ家ヲ新築スルニ付、從前之通リ入會シ呉レトノ叓ナリ、依而無異儀承諾ス、

○6月15日、水曜日、雨、閏四月二十四日、

一、神拜終る、
一、本日藤の寢臺一箇ヲ買入ル、
一、幾太郎病氣ニ付、攝生ヲ一家ニ命シ、夫婦別臥セシム、當家ヘ迎ヱシ爾來日長ケテ起チ、食叓無度房叓殊ニ不愼爲之一家之煩ヒヲ來タシ、是卽今日病症ノ源〔原〕因トナル、立志ノ年ニ及テ、愛情ニ耽リ、一家之煩ヲ生スル嘆息ニ不堪、今後ノヿヲ想像スヘキナリ、果シテ終テ全セサルヘシ、

○6月16日、陰、木曜日、閏五〔四〕月廿五日、

一、昇殿、神拜終る、墓參濟、
一、鈴木子順ヲ訪ヒ、心哀ヲ談シテ皈ル、

*鹿兒島へ分家設立の見込み

一、家内ヲ呼集メ、鹿兒島ヘ分家ヲ設置スルノ旨趣ヲ談シ、各其本人ノ望ム處ニ任ス、
一、鈴木子順ヨリ忠告ノ書面アリ、直ニ其悃誠ヲ謝スルノ書面ヲ送ル、又答書有之、
一、晩飯遲〻ニ付、水新ニ行テ食事ス、

○6月17日、晴、金曜日、閏四月廿六日、

一、神拜終る、
一、永田猶八ヨリ送藉〔籍〕一件之返辭來ル、
一、貳圓七十五錢ヲ鳳文館ヘ送ル、八家精註ノ代價ノ内ナリ、
一、金拾圓調達ヲ中井ヘ命シタリ、
一、千代叓、今日病氣ニ付幾太郎ヘ添寢、又ハ附添ヒノ叓ヲよしヲ以テ斷リタリ、

○6月18日、晴、土曜日、閏四月廿七日、

一、昇殿終る、墓參濟、
一、鈴木子順ヲ訪ニ福鎌座ニアリ、共ニ談ス、子順ヘハ千代病ニ付、幾太郎ヘ離縁ノ叓ヲ實母幷ニよしヨリ願立一件有之趣ヲ內通シテ皈ル、
一、京師ヨリ染來リタリ、仍而分家設立ノ見込ミ幷ニ將來ノコトヲ申含メ、近日鹿兒島ヘよしト同件、差越ス叓ヲ申附ケタリ、但シ千代叓離縁ノ上ハ、本人ヲ戸主ニ立テ、折田千代ニテ鹿兒島ノ舊地ニ遣し、年秀ハ兵庫縣ヘ轉藉〔籍〕ノ事ニ致スノ賦リナリ、
一、松下祐介ヨリ贈リ呉レシ西瓜一箇ヲ、內海知〔忠勝〕叓ニ贈

リタリ、

○6月19日、晴、日曜日、五(四)月廿八日、

一、昇殿、神拜終る、

一、大坂ヨリ阪田梨雪、竹雲之書面ヲ携ヘ來リ、常盤阿六之件等ヲ聞ク、仍而京師早瀨之物品及舞子左海屋書キ出しの叓ヲ、備サニ告ケタリ、

一、ポンプ東京ヨリ來着、拜殿ニ上セタリ、

一、二陛(階)造作立増(建)シニ掛る、

○6月20日、雨、月曜日、閏四月廿九日、

一、昇殿、神拜終る、

一、上野喬介ヨリ妾一件ヲ報知ス、仍テ來ル七月中旬迄延引之返報を出タス、

一、今朝染歸京、金貳圓、是レハ手許ヨリ、內ヨリハ仕舞料トシテ金五圓ヲ遣ス、停車場松川ヘ竹ノ子(筍)代二十四錢ヲ染ニ托シテ返ス、

○6月21日、晴、火曜日、五月朔日、

一、昇殿、神拜終る、

一、山本竹雲來リ、早瀨於雄之指輪幷ニ銀瓶、木戸之書幅等、今晚差返スニ付、預リ吳レトノ事ナリ、然レトモ是レハ鈴木(子順)和尚ヘ依賴スヘシト、辭シテ預ラス、

仍テ早瀨ニハ其由ヲ書通シタリ、

○6月22日、晴、水曜日、五月二日、

一、神拜終る、

一、竹雲老人來リ、早瀨方指輪幷ニ木戸之幅、銀瓶ノ三箇を、鈴木ヘ預ケシ預リ證書ヲ持參ナリ、此レニて早瀨方ハ先ハ濟タリ、

一、田村(喜進)ヲ鈴木ヘ遣シ、千代一件ヲ依賴ス、千代壹身上之浮沈ニ係リ、甚タ心配ナレトモ、元愛情ノ不心得ヨリ、今日之災ヲ引出シタルハ、夫婦之驕心ヨリ、全然世人ヲシテ、嗤笑セシムルニ至ル、悲ムヘシ、古人モ深色欲ノ事ヲ誡メシニ、果シテ今日前ニ此ノ大害ヲ看ル悳ムヘキハ此ノ道ナリ、

一、大坂ノ吉介ヨリ大黃ノ根ヲ送リ吳レタリ、

一、福山秀雄來訪、分所長一件ヲ談シ、松野勇雄ヘ書面ヲ可出旨ヲ含マシメ、又上野喬介モ來りて贊成す、

○6月23日、雨、木曜日、五月三日、

一、神拜終る、

一、御國許永田猶八ヘ書面、養子貰方之一件ヲ囑ス、又此者故障往々難題ヲ引クヲ記ス、北堂君ヘモ右之形狀ヲ申上、千代へも篤与申聞カセ、爾來親子ヲ情愛

ヲ絶ツカ故ニ、勝手ニ可致旨ヲ達シタリ、
一、廣岩寺へ先般爾來依頼ノ叓ヲ取消スノ使者ヲ中井ニ申附ケタリ、無程鈴木來ル、病氣ヲ以テ辭シテ面接セス、
一、幾太郎へ斷リ、千代ヲ座敷へ追立、從前之取扱ヲ變更スヘキヲ家內へ命シタリ、

○6月24日、晴、金曜日、五月四日、

一、神拜終る、
一、今朝千代叓行衛相知レス、諸方氣寄リ之方ヲ尋ネシニ、多(マヽ)大國ナラント推考ス、但シ午前第七時幾太郎出勤、引繼キ出家ノ形跡アリ、仍テ幾太郎へ書面ニテ報知ス、敢テ所在ヲ知ラスト、尙本人ハ廣巖寺へ行キ、鈴木へ尋問スト出テ行ク、皈リニ大國氏へ立寄ル、尤幾太郎出行キシヨリ、卽チ大國方へハ叔父勝三郎ヲ遣シ、密カニ窺セシニ、案ノ千代ハ、此ノ處ニ潛ミ幾太郎モ共ニ在リト、尤當朝例ニ違ヒ、兩人共極早朝ニ起キ、右ノ次第ナリ、右ノ形狀ナルカ故ニ、直チニ書面ヲ造リテ受取人ヲ遣ス、大國家內押ヱテ渡サス、仍而更ニ書面ヲ送ルニ、此回ハ鈴木ヨリ仲裁ノ書面アリ、然るニ又大國ヨリよしヲ呼ヒニ遣シタル故ニ、ウサヲ相添ヱ遣ス、時ニ夕景ニ至リ、鈴木幷ニよし來リ、種〻注文有之、揚言シテ抑大國ナルモノ孃ヲ取押ヱ、其罪ヲ謝スルノ一言ニ及ハス、亡命ノ名ヲ除ケトノ注文アルハ、何叓ソ斯クノ如キハ、卽城下ノ盟ヒニテ、年秀ヲ輕蔑スルノ甚シキモノト謂ツヘシ、大喝一聲、鈴木言ナシ、然ラハ再ヒ行テ、千代同行皈ラント謂、仍テ四十分時間ヲ限リ、行ク時間內ニ列レ皈ル、座ニ在ル人ハ加藤政德幷ニ幾太郎・鈴木等ナリ、仍而一通リ理解シテ止ム、加藤ハ初ヨリ此叓ヲ暗セサル故ニ、念ヲ推シテ聞ク、不得已本日ノ源(原)因ヲ粗談シタリ、此ノ外ニ幾太郎不理窟アリ、然レトモ兩親兄弟ヲ後ロシテ家ヲ脫セシモノハ、折田ノ正統ニ立ツ能サル故ニ、足下ト妻對(マヽ)爲致ルコト、斷乎トシテ不相成旨ヲ達シタリ、

○6月25日、雨、土曜日、五月五日、

一、神拜終る、
一、父上之月次祭執行、
一、今日幾太郎へ、更ニ千代離緣之叓を達シ、千代幷ニ親族へモ同得心爲致、本人ハ藤城(誠二)方へ預ケタリ、

○6月26日、晴陰未定、日曜日、五月六日、

一、神拝終る、

一、午後大國ヲ訪ヒ、過日之一禮ヲノベ、幾太郎叓、將來ノ望ミヲ絶チタルノ心意ヲ説キ、從前ノ不都合、且ツ今般千代亡命ノ叓實、且ツ所分〔處〕濟ミ一切ノ件々ヲ詳細ニ告ケ、或ハ大國ノ失言ヲヲ（マヽ）責、長談シテ歸途、鈴木ニ面會シ、相伴テ歸リ、樓上ニて大國ニ談判之形状ヲ語リ、幾太郎所分〔處〕ノ內約ヲナス、

一、德島山田嘉三太郎へ書面ヲ以テ、千代亡命之不品行ニ付キ、斷縁親族之家ニ謹愼中ノ叓ヲ通知ス、

一、松元勝三郎來リ、千代强情ヲツノルノ情ヲ云、仍而嚴重取圍ヒノコトヲ指揮シテ返ス、猶跡ヲ追テウサヲ遣リ注意ノコトヲ諭ス、

○6月27日、晴、月曜日、五月七日、

一、昇殿、神拝終る、

一、德島山田嘉三太郎へ幾太郎送藉〔籍〕、此方より案內迠ハ差扣へ吳レトノ書面ヲ出タス、

一、與志ヲ松元勝三郎藤城ノ方へ遣し、千代見締之一件ヲ妻托ス、

一、有川矢九郎へ書面ヲ出タシ、書信之一禮ヲ演へタリ、

一、但馬城崎郡湯島へ土岐久雄之內おふくへ書面、此度千代不都合ニ付、おふくへ家督相續之含ミナルニ依リ、早々歸リ候樣與しの名ニて遣シタリ、

一、上野喬介へ依賴シ、但馬城崎郡々長へおふく貰方之盡力ヲ依賴スルノ書面ヲ出タス、

○6月28日、晴、火曜日、五月七日、

一、神拝終る、昇殿、

一、午前第九時鈴木子順・山平力松來リ云ク、山田幾太郎義子家系相續之盟約ヲ爲シ、永々介抱ヲ得シモ、進退上無餘義次第有之ニ付、前約ヲ取消シ度ニ付、聞濟吳レトノ叓、仍而ハ今夕中退散之旨申遣シタリ、仍而卽答ニ難及候間、午後二時半迠ニ返詞可致旨返辭ス、

一、公債證籤當リ告知、區役所ヨリ有之、

一、午後三時鈴木幷ニ山平來リ、幾太郎退身之返話ヲ乞ヘリ、仍而申込ミノ如ク聞屆ケ、卽刻退出、家傳之寶刀大少〔小〕ノ分交受取、自餘ハ惣別、本人江給與シタリ、

一、早瀬雄及ヒおとよ竹雲指輪受取之爲ニ、鈴木迠來リシ由ニて立寄ル、

一、山田嘉三太郎へ書面ニて、幾太郎前約取消、今夕退出之旨ヲ報知す、

一、千代叓、五月廿七日月經可有之處無之、當月も同斷之由ニて、追〻身體疲勞ヲ覺得、食叓も不相進由、仍而今日山田方へ右之形行懸合、免冤之上ハ、直チニ可受取旨相達シタリ、然るニ當分一書生之叓ニて、甚迷惑ニ付、月分金壹圓ヲ收ムヘキニ付、滿二ケ年養育ノ願ヲ申立テタルモ謝絕ス、仍而來月十日ヲ限リ、否之證書取替シ、苟も先方へ受取ルトノ叓ナレハ、土着相應ノ人ニて、二名之保證人ヲ可相立旨ヲ達ス、

一、今夕午前第一時、御社內へ縊死之者有之趣、中井庯三報知有之、筋〻屆ケノ上、速カニ取除キ相成リタリ、

大祓濟む*
御社內にて縊死者あり

〇6月29日、晴、水曜日、五月八日、

一、昇殿、神拜終る、墓參濟、

一、鈴木弁ニ大國へ行キ、山田引取リシ一禮ヲノベタリ、

一、午後千代ヨリふミ有之、面接致シ度トノ事ナリ、仍而返詞ヲ書シテ日暮、迎ヒ旁ノ爲ニ參るへキ返詞ヲ送ル、

一、夕景ヨリ千代幽閉之處ニ行キ、本人之心中モ聞き、又已ニ改心之次第モ聞キ屆ケ、實母ヲ同伴ニテ列れ皈リタリ、憶數十日間紛紜之苦心、今日初而一洗シタリ、

一、千代叔父松本勝三郎へハ金貳圓を投シ、又實母へハ千代ヨリ湯衣壹着ヲ贈ラセタリ、

一、京都染へ數日之葛藤、一時ニ治定セシ報知ヲ出タス、千代の書面モ封入す、

〇6月30日、晴、木曜日、五月九日、

一、昇殿、神拜終る、

一、午後大祓濟ム、終日無異、

（表紙）

日誌　従廿年七月一日／至仝年十二月廿一日（卅）　三十三

〔明治二十年七月〕

明治廿年七月1日、晴、金曜日、舊五月十一日、

○昇殿、神拝終る、墓參濟、

一、佛參ノ席、鈴木（子順）ヲ訪ニ不在、仍テ歸ル、

一、石崎正基ヨリ書面、吉野葛ヲ贈ルノ書面ナリ、

○7月2日、雨、土曜日、五月十二日、

一、神拝終る、

一、鈴木子順へ大國カ警嚇、手段ヲ以テ千代ヲ却カシタル本末ヲ書面ニテ送ル、猶懐胎云〻ノ事モ記ス、

○7月3日、晴、日曜日、五月十三日、

一、神拝終る、

一、祥福寺塔之寄附金第三回分貳圓ヲ收ム、

一、社内常雇以下ヘ慰勞金ヲ與ヘタリ、

○7月4日、晴、月曜日、五月十四日、

神拝終る、

一、櫛本節雄來訪ス、久〻ニて面會す、本人も談山神社ヲ被免シト云ヘリ、仍而石崎年基ノ叓ヲ聞ク、

一、石崎（正基）ヨリ宮子四年祭ニ付、葛粉一函ヲ贈リタリ、

一、獵銃鑑札ヲ返納す、六月卅日限リナリトモ收メ、後レテ今日收メタリ、

○7月5日、晴、火曜日、五月十五日、

一、神拝終る、

一、東京石川島製之喞筒一臺、

但、要具幷ニ諸雜費、惣而金員ニシテ貳百、之レヲ御社頭へ獻備之願書ヲ出タス、

○7月6日、晴、水曜日、五月十六日、

一、神拝終る、

一、大坂之解安來ル、過般買取ル處ノ水物鉢代價ヲ拂ヌ、宮子ノ花筒一對ヲ注文す、

一、明七日宮子四周年忌日ニ付、金壹圓、白米壹升、屋〔野〕菜壹臺、蠟燭半斤ヲ廣嵓寺へ贈リ、讀經ヲ依頼ス、

*廣巌寺へ宮子年忌讀經を依頼す

娘宮子の四年祭

○7月7日、晴、木曜日、五月十七日、

一、神拜終る、墓參濟、

一、宮子ノ祭事終る、山平・中井(弘三)神叓ニ預ル、

一、午前第十一時墓參、鈴木和尚讀經、

一、正午直會ニ中井等皆來ル、

一、御國許北堂君ヨリ素麵、幷ニ麥粉御贈リ被下、神叓中ニ達す、

一、高島嘉右衞門訪來レリ、

高島嘉右衞門來訪易の談を爲す

○7月8日、晴、金曜日、五月十八日、

一、神拜終る、

一、高島嘉右衞門訪來リ、易之閑談ヲ爲ス、早朝ヨリ來リ十一時迄之間神理ノ所在ヲ談ス、

一、今日屋敷之貸家ヲ建ツ、

一、大坂之吉助ヨリ大黄之苗一件ヲ報知す、

○7月9日、晴、土曜日、五月十九日、

一、神拜終る、

一、但馬和田山之安積九龍訪來る、是レハ警察本署開業式一見之爲ニ出縣之由ナリ、

一、早朝梅若書記官ヲ初メテ訪ヒ歸ル、

警察本署へ出頭開業式に臨む

一、午前第九時半より警察本署へ出頭、開業式ニ臨ム、午後二時ニ退散す、

○7月0(10)日、晴、日曜日、五月廿日、

一、昇殿、神拜終る、墓參濟、

一、鈴木子順ヲ訪、昨日和錦之加護帳壹册幷ニ金十圓ヲ寺(奉カ)シ永年靈前之祭典ヲ依賴、

一、金拾圓　明治二十年九月九日　鹿兒島縣士族　折田年秀印

　　爲長女折田宮子姫、

　納シ、猶後叓ヲ依賴す、

一、新調之ポンプノ試驗ヲ作ス、

一、川添爲一ニ書面ヲ出シ、借宅一件ヲ問合セタリ、

一、昨九日松下祐介ヨリ、豚肉五斤ヲ贈リ呉レタリ、

一、北天ヨリ琉球島積込ミノ電信達す、

○7月11日、晴、月曜日、五月廿一日、

一、神拜終る、

一、早朝寺田警部長ヲ訪ヒ、喞筒試驗ノ叓ヲ依賴シ歸リ、更ニ中井ヲ赤木警部ノ旅宿ニ遣シ、明日試驗之叓ヲ談シタリ、

一、大坂松井吉助ヘヘゴ幷ニ大黄ノ代價貳圓九錢ノ處ニ貳圓ヲ送リタリ、

一、山本竹雲ヘナクラ砥返却ノ書ヲ出タス、

喞筒試驗を執行す

舊*二十五日に私祭を執行す

皇典講究所監督辭職の書面を出す

○7月12日、晴、火曜日、五月廿二日、

一、昇殿、神拝終る、

一、午前第九時ニ大祭ニ掛る奉幣使ハ、牧野書記官ナリ、

一、午後第三時ヨリ赤木警部來リ、喞筒試驗ヲ執行ス、猶機械保存ノ方法ヲ傳習す、赤木ヘ貞一(月山)作ノ劍一振ヲ與ヱタリ、

○7月13日、晴、水曜日、五月廿三日、

一、神拝終る、

一、加藤政德來ル、仍テ上野喬介之叓情ヲ囑ス、尙上野モ訪來ル、仍テ加藤ノ返詞ヲ告ク、

一、講究所監督辭職ノ書面ヲ出タス、

一、尾崎雪濤來ル、本人ハ畫工ナリ、山水幷ニ畫帖ノ絖二片ヲ囑ス、

○7月14日、雨、木曜日、五月廿四日、

一、神拝終る、

一、安積九龍歸鄕之由ニて訪來ル、仍而阿福女之叓ヲ委托シタリ、

一、赤木警部歸淡之由ニ付、煙十把幷ニ三層盃壹箇ヲ贈ル、

一、福山秀雄來ル、分所一件ヲ談シテ返ス、

一、鹿兒島ヘ豚肉幷ニ竹ノ大小批(柄)杓ヲ注文ス、

一、高津ノ吉助ヨリ替(爲替)セ金受取之返詞來ル、

一、明治字典七八ノ二巻達す、

一、竹雲(山本)ヨリナグラ砥屆ク、

○7月15日、雨、金曜日、五月廿五日、

一、昇殿、神拝終る、

一、川添(爲一)ヘ書面ヲ出タス、又松下祐助ヘ豚肉之禮狀ヲ出タス、

一、壽光堂ヘ短刀拵方一見シ度トノ書面ヲ出タス、

一、午後三時ヨリ例年ノ如ク、舊五月廿五日ニ私祭ヲ執行ス、

一、加藤政德ヨリ書キ物注文ニ付、上野(喬介)ヘ爲持タルニ不在故、大坂ヘ電信ヲ以テ、歸家ヲ促カス、

○7月16日、晴、土曜日、五月廿六日、

一、昇殿、神拝終る、

一、加藤幷ニ上野來リ、書面ヲ加藤ヘ渡ス、

一、午後五時ニ川添來着す、

○7月17日、晴、日曜日、五月廿七日、

一、神拝終る、

一、北元ヨリ煙草荷二箇幷ニ酒壹樽着す、

〇7月18日、晴、月曜日、五月廿八日、
一、昇殿、神拜終る、
一、壽光堂ヨリ短刀ヲ送致ス、
〇7月19日、晴、火曜日、五月廿九日、
一、昇殿、神拜終る、
一、終日二陛〔階〕ヲ片付ケタリ、
〇7月20日、晴、水曜日、五月晦日、
一、昇殿、神拜終る、
一、壽光堂へ短刀ヲ仕出タス、

*品評會賞譽受與式執行

一、東京後藤へ煙草ヲ贈ル、
〇7月21日、晴、木曜日、六月朔日、
一、昇殿、神拜終る、
一、午後三時ヨリ紫仁ノ招召ニ應シテ行、蓋昨年ノ本日流行病之時日失火、此ノ炎ニ罹リ、新宅ノ構造セシ祝酒ヲ振舞カ爲也、
〇7月22日、晴、金曜日、六月二日、
一、昇殿、神拜終る、

梨本宮御參拜

一、本日梨子宮（梨本宮守脩親王）御參拜、一同逢迎す、
一、地方官社內借地檢查トシテ出張、
一、土岐久雄ヨリ書面、お福叓、此ノ廿五日發途、廿七日ニハ歸家之報知有之、
一、土岐へ書面ヲ以て、お福貰受ケ之謝狀ヲ出タス、
〇7月23日、晴、土曜日、六月三日、
一、昇殿、神拜終る、
一、早朝よしニ肴ヲ爲持、土岐（久雄）ノ親類江爲一禮遣シタリ、
一、鈴木子順ノ文章ヲ批シ、且ツ忠告ノ書面ニ氷塊一片ヲ贈ル、晩ニ子順（鈴木）來リ謝ス、
〇7月24日、晴、日曜日、六月四日、
一、昇殿、神拜終る、
一、午前第九時社務出頭、本日於拜殿品評會賞譽受與式執行、式場へ出場シ、終リテ自由亭ニ於洋食ノ饗應アリ、
一、お福之親類、（マヽ）過日よしヲシテ魚ヲ贈リシ謝禮ノ爲ニ來る、
一、北元（文藏）ヨリ電信、本日ホソ二函積入レノ報知ナリ、
一、松野勇雄へ分所一件ヲ詳細ニ報シタリ、
一、晩ニ石原某來ル、是レハ養子見込ミノ人ナリ、
〇7月25日、晴、月曜日、六月五日、
一、神拜終る、墓參濟、
一、早朝渡邊强及鳴瀧公恭へ行、過日來勸業課出張借地

調査ニ付、種々不當之所分〔處〕ヲ示談シタリ、

○7月26日、晴、火曜日、六月六日、

一、神拝終る、

一、大坂炭五江書、朝権屋報知ノ謝禮ノ爲ナリ、

一、川添〔爲一〕叓、明廿七日歸任ニ付、ウサモ同行ス、終日荷造リニ掛る、

○7月27日、晴、水曜日、六月七日、

一、神拝終る、

一、午前第四時四十分、舞妓〔子〕ヲサシテ發シタリ、川添等仝八時左海屋ニ達シ、樓上ニテ送別宴ヲ開キ、仝十一時ニ發ス、ウサ幷ニ喜一別ヲ惜ミ愁嘆ス、

一、阿福ハ午後三時半ニ來ル、仍而更ニ酒肴ヲ設ケテ、長路ノ勞ヲ慰ス、五時半ニ歸途ニ上リ、八崎十分ニ歸家、一同出迎ヒ、互ニ悅ヒ晩飯ノ席上ニテ、一同親子ノ盃ヲ汲テ歡ヲ盡ス、但シ、祖母阿龍ハ一泊ニテ、明日堀江行クトノ叓ナリ、

○7月28日、晴、木曜日、六月八日、

一、昇殿、神拝終る、

一、阿福安着ノ叓ヲ、親士岐久雄へ書面ニテ報ス、

一、鹿児島北元ヨリ煙草幷ニ蕉布等ノ荷物着ス、

一、阿福ヲ貰受ケ、安着ノ叓ヲ縣許母上ニ具申シ、又山田幾太郎辭退ノ叓モ今日申上ル、

一、北元へふこ・びろう打羽・仝簑ノ注文書ヲ送ル、

○7月29日、晴、金曜日、六月九日、

一、昇殿、神拝終る、

一、和田山〔九龍〕之安積注文之遠観亭ノ額面幷ニ梅畫ヲ贈ル、

*谷勘兵衛來り別荘の談判を爲す

一、谷勘兵衛訪來リ、石井村へ別荘之談判ヲナス、

○7月30日、晴、土曜日、六月九日、

一、昇殿、神拝終る、

一、おふくヲ叔父堀吉彦ノ宅へ遣ス、

○7月31日、晴、日曜日、六月十日、

一、昇殿、神拝終る、

〔八月〕

廿年八月○8月1日、晴、月曜日、六月十二日、

昇殿、一日祭終る、墓參濟、

一、お福之祖母參る、

○8月2日、晴、火曜日、六月十三日、

一、昇殿、神拝終る、

一、川添爲一ヨリ安着之書面達す、仍而本地ノ形狀ヲ報

松野勇雄より講究所辭表差止めの書面達す

ス、
一、松野勇雄ヨリ辭表差止メ之書面達す、
一、若林高久ヨリ大根種子幷ニ日菜種達す、

○8月3日、雨、水曜日、六月十四日、

一、神拝終る、
一、昨日杉田病院へ行、診察ヲ乞、藥湯ニ入浴ス、
一、丹田ノ依賴ニヨリ、花房之大乙餘糧石ノ記ヲ作る、
一、旱天涸水ニ付、井戸堀替ヲ執行セシム、

○8月4日、雨、木曜日、六月十五日、

一、神拝終る、
一、雪濤(尾崎)畫ヲ持參す、

○8月5日、雨、金曜日、六月十六日、

一、神拝終る、

*五峯文庫の印章を注文す

一、松野勇雄へ辭職採用ノ叓ヲ依賴スル書面ヲ出タス、
一、福山秀雄來ル、分所ノ一件、幷ニ石崎正基ノ叓ヲ示談ス、

櫻井能監の倅小太郎來訪

一、櫻井能監之倅小太郎訪來、已ニ乘船ニ付面會ヲ斷リ、能監より書面、幷ニ白越後晒壹反ヲ贈ラレタリ、

○8月6日、晴、土曜日、六月十七日、

一、神拝終る、

一、篠田芥津ヨリ書面、潤刻料明細書ヲ送リタリ、
一、鳳文館へ韻府十三帙代幷ニ八家文二部ノ殘金ヲ送リ、又丸善へハ存採叢書十四・五、貳集ノ代價ヲ郵送す、又若林高久江ハ大根種子五十錢ニ、郵便税貳錢壹枚ヲ郵送ス、
一、上野喬介名越ヨリ歸來、名古屋城之寫眞圖ヲ持參ナリ、

○8月7日、晴、日曜日、六月十七(十八)日、

一、神拝終る、墓參濟、
一、祖父君幷ニ宮子姫之月次祭濟、
一、福女之叔母堀氏之妻來ル、酒肴ヲ嚮〔饗〕す、

○8月8日、晴、月曜日、六月十八(十九)日、

一、神拝終る、
一、篠田芥津へ從前ヨリ之潤刻料殘金壹圓貳十錢、爲換〔替〕證書送附ス、又文庫印章一珠ヲ五峯文庫ノ四朱字ヲ注文す、外ニ湯筒之叓モ囑シタリ、

○8月9日、晴、火曜日、六月十九(廿)日、

一、神拝終る、
一、藥湯入浴、本日ニて一周〔週〕間ナリ、
一、大阪高津ノ吉助へ園藝會出品褒賞無之トノ大任ノ端

書ヲ郵送す、

一、本日所得ノ一件ヲ、區役所ニ屆ケ出テタリ、九百九十餘圓也、

○8月0(10)日、雨、水曜日、六月廿日(廿一)、

一、神拜終る、

○8月11日、晴、木曜日、六月廿一日(廿二)、

一、早朝ヨリ虫干ニ掛る、

○8月12日、晴、金曜、六月廿二日(廿三)、

一、神拜終る、

一、早朝ヨリ書籍虫干ニ掛る、

○8月13日、晴、土曜日、六月廿三日(廿四)、

一、神拜終る、

一、早朝ヨリ書籍ヲ干ス、本日ニテ粗濟ム、

一、相良甚之丞來ル、病氣ヲ以テ辭シタリ、

8月14日、晴、日曜日、六月廿四(三)日(廿五)、

一、神拜終る、

一、早朝ヨリ掛幅ノ虫干ニ執行ス、

鹿兒島縣人の懇親會を執行す

一、午前第九時ヨリ諏方(マヽ)山常盤樓上ニて、鹿兒島縣人ノ懇親會ヲ執行ス、

8月15日、晴、月曜日、六月廿五(六)日、

一、神拜終る、

一、昨日之如掛幅ヲ干ス、改進黨員ノ坂元來ル、

8月16日、晴、火曜日、六月廿七日、

一、神拜終る、

一、病院ニ行キ、診察ヲ乞、

一、永田猶八江所得屆ケ之書面ヲ贈リタリ、本藉(籍)ニてハ所得無之トノ口達屆ケノ云々ヲ記ス、又北堂君へ書面ヲ奉リ、おふ(く脱カ)ヲ貰受、且ツ石原ヲムコ養子ノ一件ヲ上申ス、

8月17日、晴、水曜日、六月廿七(八)日、

一、神拜終る、

一、但馬和田山之安積(九龍)より香魚之糖漬到來ス、

一、早朝牧野書記官ヲ訪ニ、不在故歸ル、

8月18日、晴、木曜日、六月廿九日、

一、神拜終る、

一、但州之岡部ヲ中山常次郎之宅ニ訪、不在、

一、雪濤(尾崎)ヲ吉田之宅ニ訪、是又不在、

一、上野喬介龍尾石之硯ヲ惠ミタリ、

一、福山秀雄來リ、櫻井より之書面ヲ貸シタリ、

村野山人を訪ふ

*久我副惣裁松野勇雄へ講究所監督辭表件にて私書差出す

*オリーブ園に前田正名を訪ふ

8月19日、晴雨未定、金曜日、七月朔日、

一、神拝終る、

一、鳴瀧〔公恭〕ヲ訪ヒ不在故、村野山人ヲ訪ヒ、川添幷ニ上野之件ゝヲ依頼シテ歸ル、

一、おふくの叔父岡部於兎吉訪ヒ來ル、是レハ安積之音物ヲ持參セリ、

8月20日、晴、土曜日、七月二日、

一、神拝終る、

一、岡部於兎吉歸但ニ付、安積九龍江葡萄ヲ贈ル、又川添爲一ニハ鱗角ヲ贈ル、岡部ヘハ巻煙艸及扇四本ヲ贈ル、

一、午後三時ヨリ、諏方〔マゝ〕山常盤樓上西尾油繪講ノ席ニ行キ講ニ加入す、本日之祝義トシテ金壹圓ヲ贈ル、

8月21日、日曜日、晴、七月三日、

一、神拝終る、

一、北堂君ヨリ素麵、幷ニ竹批〔柄〕杓御送リ被下候、又當日便ヨリ函荷壹箇、幷ニ西瓜三ツ送リ上タリ、

8月22日、晴、月曜日、七月四日、

一、神拝終る、

一、雪濤來ル、成〔西〕山光圀〔徳川〕公之菊花石アリ、幷ニ明人之書幅二品ヲ金五圓ニ買取リ呉レトノ依頼ニ付、聞居ケ五圓金ヲ渡ス、

一、久我〔建通〕副惣裁、松野勇雄ヘ監〔督脱〕辭表櫻井ヨリ返却ニ付、名義ノミハ御受ケ可致旨、私書ニて差出ス、

○8月23日、晴、火、七月五日、

一神拝終る、

一、社内貸地税之儀ニ付、鳴瀧ヨリ書面來ル、

○8月24日、水曜日、七月六日、

一、神拝終る、

一、早朝オリフ園ニ前田正名ヲ訪ヒ、又牧野書記官〔伸顯〕ヲ訪ヒ、御社内借地料之一件ヲ初發ヨリ之因故ヲ談シテ歸ル、

○8月25日、木曜日、七月七日、

一、神拝終、墓參濟、

一、本日ハ父上月次之祭典濟ム、

一、明廿四日ヨリ福女ヘ丹田ヲシテ、茶道ヲ教ヘシム、

一、草間訪來リ、昔時之叓ヲ談ス、

○8月26日、晴、金曜日、七月八日、

一、神拝終る、墓參濟、

一、午前第十時、川添〔爲一〕ヨリ廿四日附ケ之書面二通一時ニ

達す、種一郎病氣之云々、山田丸之注文有之、仍而直チニ大井田留三郎ヲ飛脚トシテ、丸藥幷ニ品々ヲ贈ル、初メ引越シノ折、秋氣ヲ待テテ(マヽ)同行可然旨申聞ケシニ、押シテ行キシニ、果シテ此之變故ヲ引出シタリ、

一、午後墓參墓之文字ニ金粉ヲ塗ル、

一、鹿兒島ヨリ煙草荷屆キ、ひろ打扇幷ニ干ふり御贈リ被下、

○8月27日、晴、土曜日、七月九日、

一、神拜終る、

一、宮之原藤八來ル、有川矢九郎幷ニ吉冨等ヨリ書面來る、又各煙草ヲ送リ、吉冨ヨリハ金五十錢、盆之祭料トシテ送リタリ、藤八叓、今日乘船東上ニ付、船中用トシテ西瓜ヲ贈ル、

一、地方官江火除場仕用之一件ヲ寫ニて出タス、

一午後八時半ニ、留三郎(大井田)福本ヨリ歸リ、種一郎病極て大切ナルモ、今曉ヨリ少シク快ヨシトノ事ナリ、病症ハ腸カタールトノ叓、

○8月28日、晴、日曜日、七月十日、

一、神拜終る、

＊知事を訪ひ社内借地料の一件を申込む

＊姫路に達す

一、當日福本村川添奉職場ヘ發行ニ付、田村喜進ヘ依賴シテ、同行ヲ令乞、車夫等之手配ヲ申附ケ、且ツ知(内海忠勝)叓ヲ布引之別荘ニ訪ヒ、過日來ノ社内借地料等之一件ヲ精細ニ申込ミ、猶知叓より情實ヲ聞キ、牧野(伸顯)ヘも立寄リ、知叓之談話ヲ談シテ歸リ、十二時三十分ニ乘車、二人車夫ニて馳テ播州路ニ向ヒ、明石ニて已ニ二時三十分、車ヲ替ヘ亦馳ス、午後第七時姫路ニ達シ、京口ノ八幡ヘ着、是レハ料理店ナリ、是レヨリ又車夫ヲ買ヒ、十一時ニ福本ヘ幸(達)し、種一郎ノ臥床ニ行キ、一見スルニ、衰弱も又甚シク驚愕極リて悲泣シタリ、眼ハ陥リ、身體ハ痩て骨ノミ、僅ニ一七日間ニ、如此ハ抑何叓ソ、田村ハ手早ク藥味之調合ニ掛リ、丸藥ヲ投シタリ、夜明ケ迠ハ一睡セす、

一、夜明ケテ土地之醫師岡田モ來リ、種一郎も眼ヲ開キ、持參シタル御國酒ヲ飲セタリ、舌ヲ鳴ラシテ二三滴ヲ飲ム、

一、田村ハ岡田ヘ今後治療法ヲ示談シテ、九時ニ乘車、姫路ヘ入リ間之路程ヲ越シテ、正午三十分ニ達シ、又八幡ニ立寄リ、昨日(マヽ)明石之車ニ飛乘リ、四時半ニ舞子ニ達シ、爰ニテ晝飯ヲ喫シタリ、八時五十分ニ

歸家す、一家種一郎之病狀ヲ聞キ、皆悲泣シタリ、
○8月29日、晴、月曜日、七月十一日、
○8月30日、晴、火曜日、七月十二日、
一、神拜終る、墓參終る、
一、中元之祝儀ヲ廣巖寺へ送る、左ノ如シ、

中元の祝儀を廣巖寺へ送る

一、金壹圓施餓鬼料、一、金四十錢(白子三日間)、御膳弁ニ納料、一、金貳十五錢吉冨方施餓鬼料、一、同拾五錢吉冨御膳料、
一、芭蕉布壹卷和尚へ、一、素麵一、一、手拭壹ツ、足袋壹足、徒弟へ、一、手拭壹ツ、金貳十錢、下男へ、
一、佛參シテ靈前燈爐ヲ張替へ、新出來之花生ヲ据ヘタリ、日沒して歸ル、
一、川添へ書面、歸來後之亊情ヲ書記シうさへも書面、保養等之亊ヲ記シタリ、
一、福本へ不在中、小寺ヨリ銀盃壹箇ヲ惠投アリタリ、
○8月31日、晴、水曜日、七月十三日、
一、神拜終る、
一、早朝ヨリ庭中之掃除ニ掛リ、終日ニて終る、
一、明九月一日、御社內拜借人之地所調査之照會有之、

*廣巖寺施餓鬼に參詣

〔九月〕

○9月1日、木曜日、晴、七月十四日、二百十日、
一、神拜終る、墓參濟、
一、一日祭典相濟ム、
一、午前第九時ヨリ地方勸業弁ニ地理課二名、區役所書記生壹名立會ニ而、地所調査有之、何レモ寛大之所〔處〕分ナリ、又借地稅金ハ社頭之積金ト相成る亊ニ決定す、
○9月2日、金曜日、晴、七月十五日、
一、神拜終る、墓參濟、
一、小寺泰次郎ヨリ銀盃惠投ニ付、肴二尾ヲ送る、
一、午後鈴木(子順)禪師來訪、素麵ヲ饗す、
○9月3日、土曜日、陰、七月十六日、
一、神拜終る、墓參濟、
一、早朝牧野(伸顯)書記官ヲ訪ヒ、過日來依賴セシ社內借地ノ一件程能ク相濟ミシ一禮ヲのへ、又出廳シテ知亊(內海忠勝)へも一禮ヲのヘタリ、
一、小寺ヲ訪ヒ、銀盃之禮ヲノへ、閑話して皈ル、
一、午後第三時、廣嵓寺之施餓鬼ニ參詣す、
一、今日滿年賜金六圓下賜アリ、
○9月4日、晴、日曜日、七月十七日、

一、神拝終る、

村野山人來り飲料水改良の談判を聞く

一、村野山人來リ、飲料水改良之談判ヲ聞ク、

○9月5日、晴、月曜日、七月十八日、

一、神拝終る、
一、早朝眞島之宅ヲ訪ヒ、不在故ニ刻ミ煙草一函ヲ贈リタリ、又鳴瀧(公恭)ヲ訪ヒ、過日書面之一件ヲ談シ、小谷ヲ訪ヒ、安藤其外渡邊・田口等ヲ訪ヒ歸ル、
一、午後三時ヨリ相生學校江、所得税之叓ニて出頭、區長へ面會シテ歸途、更ニ眞島ヲ訪ヒ、過之間違を談シテ歸ル、
一、川添(爲一)ヨリ三日出之書面達シ、種一郎病氣日々快氣之一件ヲ報シ、初メテ安心ス、
一、七時ヨリ偕(マヽ)樂部建築之相談會ニ出張ス、
一、田口へ金壹圓ヲ投ス、是レハ八月九日分之謝義ナリ、

○9月6日、火曜日、七月十九日、

一、神拝終る、
一、昨五日ヨリ非常ノ節険ヲ執行スルカ爲ニ、第一食叓ニ魚肉ヲ用ルヲ禁止す、
一、昨晩尙書評注及出定笑語ノ二部ヲ買取ル、
一、濱田男麻呂へ五行易指南ヲ貸シタリ、
一、川添ヨリ五日出之端書來着す、種一郎之病狀ヲツクシタリ、近々快キ方ナリ、

○9月7日、晴、水曜、七月廿日、

一、神拝終る、墓參濟、
一、祖父公幷ニ宮子之月次祭執行、
一、山口幷ニ高嶋へ鱗角ヲ贈る、
一、大仕三郎ヨリ、山本種栽之株金三圓之受取證ヲ日下ヨリ送リタリ、
一、永田猶八幷ニ北堂君ヨリ、養子ノ見込石原之叓ヲ通知有之タリ、

○9月8日、晴、木曜日、七月廿一日、

一、神拝終る、
一、上野喬介ヲシテ、書函及掛幅函ノ銘ヲ書セシム、
一、祥福寺來ル、是レハ經藏建築ニ付、十圓金ヲ寺納セシ謝禮トシテ來ル、

○8(9)月9日、晴、金曜日、七月廿二日、

一、神拝終る、
一、午(前脱)七時五十五分ノ瀛車ニて、よし叓有馬溫泉へ發行ス、菊松隨行シタリ、
一、松村晨昌來リ、本人工夫之消火薬之實効ヲ、本日湊

*結城神社五百五十年祭

舊知事公御著船

*舊知事公より紺飛白壹反拜領す

川ニて地方官及衆庶へ一覽セシムルトノ由ニて出張ヲ乞、
一、中島來リ、縣下僧侶ノ姓名ヲ報シタリ、
一、林鼎一來、六年目ニ面會す、香魚之糖漬ケヲ持參、
一、午後四時ヨリ、千代・ふくヲ伴ヒ、湊川ニ行、松村ノ消火執行ヲ一覽スル、奇觀ナリ、石炭・油ノ猛火突然ニ消火シタリ、此ノ日數萬ノ人幷ニ外國人大喝採〔采〕ヲ呈ス、

○9月〔10〕0日、晴、土曜日、七月廿三日、

一、神拜終る、
一、鹿府舊知事公（島津忠義）、今八時御着船之報知ニ付、神川江出頭、無程鳳瑞丸ヨリ御着陸、神川江御休息、玲〔珍〕彦君も御同伴ナリ、拜謁終リテ十一時ニ歸ル、
一、北堂君ヨリ干肴御贈リ被下、卽鳳瑞丸ヨリ相達す、
一、菊松有馬ヨリ歸リ、本地之狀ヲ聞ク、

○9月11日、晴、日曜日、七月廿四日、

一、神拜終る、
一、ふとう及梨子ヲ知事公へ獻スルニヨリ、平田善之進へ書面ヲ附シタリ、
一、上野幷ニ中島來リ、終日閑話、麥飯ヲ饗す、
一、有馬ヨリ紺カスリ仕送リ方之傳言アリ、

○9月12日、雨、月曜日、七月廿五日、

一、神拜終る、墓參濟、
一、舊知事公之御旅館ニ伺公〔候〕セシニ、本日ハ早朝ヨリ御發トノ事ニ付、冨田嘉祝ニ御機嫌ヲ伺ヒ方ヲ托シテ歸ル、
一、川口常文ヨリ結城神社五百五十年祭之木盃ヲ贈有リタリ、
一、今朝早天二番之瀛車ニて、飛白及ヒ諸品ヲ有馬ニ送ル、大吉ニ爲持タリ、

○9月13日、火曜日、雨、七月廿六日、

神拜終る、
一、舊知事公ヨリ紺飛白壹反拜領被仰付タリ、
一、北元ヨリ豚壺壹本來着す、外ニ煙草荷相添、
一、大吉有馬ヨリ歸家、又々飛白之注文有之、
一、本日ハ終日紫檀臺破損ヲ繕ヒタリ、

○9月14日、大雨、午ヨリ晴、水曜日、七月廿七日、

一、神拜終る、
一、早朝ヨリ大雨、午ヨリ霽、
一、舊知事公より昨日紺飛白拜領之御禮ノ爲、御旅館江

伺〔候〕公、

一、正午大吉ヲ有馬へ遣ス、反布二十反ヲ送る、

一、午後第四時ニ知叓公被爲成候、盆栽御覧ニ相成る、又釵幷ニ書畫幅ヲ御覧ニ供へ奉る、

舊知事公盆栽書畫等御覧あり

○9月15日、晴、木曜日、七月廿八日、

一、神拝終る、

一、公債證クシ當リ之旨、銀行ヨリ通知有之、

一、金貳圓、後藤平作へ山田丸代價トシテ、爲替ニて郵送す、

一、舊知叓公之御旅宿ヲ奉伺、御船ハ四日市へ發シ、知叓公ハ陸行之御治定ナリ、

一、金壹圓、昨日被爲成候御禮トシテ、舊知叓公よりも下賜アリ、

○9月16日、金曜日、晴、七月廿九日、

一、神拝終る、

一、知叓公御發途ニ付、停車場へ行キ奉送す、

舊知事公御發途に付き奉送す

一、今日ヨリ屋敷之垣廻リニ取掛る、

一、大吉有馬ヨリ歸ル、

○9月17日、土曜日、八月朔日、

一、神拝終る、

一、早朝中島來、施療病院ヱ義捐金之依頼有之、仍而金壹圓ヲ施ス、

一、佐須賀、中島ト同伴ニて來リ、書畫ヲ見セシム、

一、林鼎一明日歸但ニ付、筆紙墨ヲ送リ、晩餐之叓ヲ約ス、

一、晩ニ林・鈴木・波多野、哥菊ヲ携へて來る、閑話、詩ヲ賦ス、

○9月18日、陰、日曜日、八月二日、

一、神拝終る、

一、本日ハ客來ヲ辭シテ、屋敷ニ行キ、經營ヲ指揮ス、

一、雪濤〔尾崎〕來ル、書帖二箇ヲ囑ス、渡邊幷神林行ヲ命ス、

○9月19日、雨、月曜日、八月三日、

一、神拝終る、

一、川畑ヨリ煙草荷幷ニせんじ酒屆ク、

一、公地傳之丞訪ヒ來リ、先年預リ置し小楠公之陣取圖ヲ返ス、

一、櫛本〔節雄〕・香取、外壹名訪來る、

一、中島幷ニ松村辰昌來リ、晩飯ヲ饗シテ閑話す、

○9月20日、火曜日、晴、八月四日、

一、神拝終る、

一、松村晨昌來リ、消防薬二瓶ヲ惠投ス、
一、當日ハ屋敷幷ニ山之畠ヘ大根ヲ蒔ク、三ノ原大根・櫻島・宮重・練馬・尾張、九五種ナリ、
一、中島來リ、久坂(玄瑞)・高杉(晋作)・吉田(松陰)等之遺墨ヲ見る、
一、大吉晩ニ有馬ヨリ歸ル、無異ナリ、是レハ今朝綿入ヲ送リシニ、直チニ引返シテ歸家ナリ、

○9月21日、晴、水曜日、八月五日、

一、神拜終る、

頼山陽門人井上不鳴來り楠公の事跡を談ず

一、井上不鳴訪來ル、是レハ德島縣士族ニて、頼山陽門人ニて、本年七十六才之翁ナリ、櫻井吳傳二巻ヲ編輯シテ惠投セラレタリ、早朝ヨリ十二時迠、楠公之叓跡ヲ談シタリ、
一、松村辰昌訪來ル、本日社頭ニて消防薬ニて、消防方法ヲ試驗シタリ、
一、正午より草刈リヲ初メタリ

○9月22日、晴、木曜日、八月六日、

一、神拜終る、
一、三木福(鮮明)ヨリ尙書後案及易大全ヲ送ル、
一、獻備物届ケ之件ヲ、社務所ヘ達す、
一、屋敷ニ高菜ヲ蒔ク、

○9月23日、晴、金曜日、八月七日、

一、神拜終る、墓參濟、
一、早朝警部長ヲ訪ヒ、又知叓(内海忠勝)ヲ訪ヒ歸ル、
一、本日ハ彼岸之中日ニ付、墓參シタリ、
一、櫻井吳傳二十五部、井上不鳴ヨリ受取ル、
一、上野喬介ヨリ、陶器之硯壹面ヲ被惠タリ、

○9月24日、晴、土曜日、八月八日、

一、神拜終る、
一、三木福來リ、本日分之金四圓ヲ拂、
一、鯉魚三十六尾ヲ金貮圓ニ買、
一、内海(忠勝)知叓東上ニ付、本船迠見送ル、外ニ鹿兒島知叓大分田・廣島知叓千田(貞曉)等モ仝シ、
一、午後第二時ヨリ刺賀ヲ訪ヒ、書畫帖等之器物品ヲ見る、法帖ニ珍品多シ、

○9月25日、晴、日曜日、八月九日、

一、昇殿、神拜終る、墓參濟、
一、父上之月次祭執行、墓參濟ミ、鈴木ヲ訪ヒ歸ル、
一、刺賀江酒肴ヲ贈ル、
一、晩井上不鳴來ル、互ニ詩作ヲ贈ル、
一、明廿六日ヨリ芳野(後醍醐天皇)先帝之五百五十年祭ニ付、吉川

芳野懐古二首を作る

ノ依頼セシ、芳野之懐古二首ヲ作る、
一道潺音似御鑾、還軫警蹕發雲端、延元陵畔偈心晩、無限秋風吹蒼巒、
前朝櫻樹護芳魂、宮観山河擁帝閽、不掃春風丹階雪、老僧仔細説延元、

○6〔9〕月26日、晴、月曜日、八月十日、

一、神拝終る、
一、中島來、額面ヲ書シテ與、
一、水越耕南來る、ロツクノ叓ヲ聞ケリ、

○6〔9〕月27日、晴、火曜日、八月十一日、

一、神拝終る、
一、早朝牧野ヲ訪ヒ、水越ロツクノ件ヲ談シタリ、仍テ水越ニ行ク、不在ナリ、同人晩景ニ來る、牧野ノ談判ヲ告ク、
一、〔爲一〕川添へ書面、又豚肉・ミルク等ヲ荷物ニて仕出ス、
一、中島ヨリ爐ヲ見次キタリ、

○9月28日、晴、水曜日、八月十二日、

一、神拝終る、
一、豐後極樂寺之僧來リ、蔓多羅之詩ヲ請ヒタリ、
一、福本警察署長詫摩治邦來訪、川添ヨリ之音客、并ニ種一郎、已ニ快氣左右ヲ聞ク、
一、大坂壽堂〔光脱〕ヨリ短刀拵濟ミニて郵送有之、

○9月29日、陰雨、木曜日、八月十三日、

一、神拝終る、
一、詫摩治邦ヲ長狹通リ、小林江尋ネタリ、不在ナリ、
一、川添仕出之荷物蠟石之茶道具在中、內盆及茶碗壹ツ、臺壹箇ハ破損シタリ、
一、詫間ニ依頼シ、飴并ニ鱗角ヲ贈ル、又詫間へも豚肉并ニ鱗角・煙草ヲ贈ル、明卅日發程歸任トノ叓ナリ、
一、大坂壽光堂ヨリ短刀着之端書ヲ出タス、
一、よし明日歸家之筈ニ付、菊松ヲ迎ニ遣ス、
一、下女松・とよ、今朝ヨリ下利〔痢〕、或ハ嘔吐之由ニ付、問糺シタルニ、昨夕西瓜ヲ食シタリトノ事、仍而兩人共ニ直チニ宿許へ差返し、跡ハ消毒法ヲ行ふ〔マヽ〕タリ、

○9月30日、晴、金曜日、八月十四日、

一、神拝終る、
一、中島并ニ極樂寺來ル、又鈴木子順來、佛人之注文ニて紺飛白百二十餘反取交ヱて、賣渡シノ約定致ス、
一、よし叓、有馬ヨリ歸着、隨分壮健之鹽梅ナリ、
一、夜ニ入リ、眞島來リ、表門通リ借屋等之一件ヲ示談

シタリ、

〔十　月〕

○0(10)月1日、晴、土曜日、舊八月十五日、

一、昇殿、神拜終る、墓參濟、

観月會を開く

一、午後六時ヨリ諏方(マヽ)山常盤樓ニ登リ、觀月ノ會ヲ開ク、來集スルモノハ、刺賀・鈴木・波多野・醉石・余五名ナリ、分韻各吟遊す、十一時ニ至リ月會ヲ見る、前一時ニ開散す、

○0(10)月2日、晴、日曜日、八月十六日、

一、神拜終る、

一、六月中金貳十圓借用之分、本月ニて五圓ツヽ入レ付ケ相濟ミタリ、

一、偕(俱)樂部建築ニ付、醫者協議ノ爲ニ集會す、議終リて洋食ヲ振舞ヒタリ、十時ニ散會、

一、大坂山内方へ書面、硯幷ニ印材之返詞ヲ出タス、

○0(10)月3日、晴、月曜日、八月十七日、

一、神拜終る、

一、中島來リ、三島陶水指ヲ壹圓十錢ニ買取、

一、大坂壽光堂へ短刀落手之葉書ヲ出タス、

一、波田野東上ニ付、杉聽雨江　敕印云々ノ書面ヲ出タス、本書ハ鈴木子順ニ代筆ヲ依賴ス、

○0(10)月4日、晴、火曜日、八月十八日、

一、神拜終る、

一、醫者白井ヲ始メ、六名ヨリ麥酒一タスヲ贈ラレタリ、

一、終日菊之手入ニ掛る、

○0(10)月5日、晴、水曜日、八月十九日、

一、佛人ルミヱールニ賣込ミタル飛白、其外百二十七反ノ代價三百五十餘圓ノ條約、結局依而地元江形行之書面ヲ出タス、

一、午後井上不鳴ノ子堀百千ヲ訪ヒ、不鳴行ノ撤饌ニ書面ヲ添ヘ、又堀ヘハ麥酒二本ヲ投シタリ、

一、堀吉彥ヲ訪ニ不在、是ニハ卷煙草ヲ投シタリ、

一、渡邊區長へ行テ、表門之借地之一件ヲ示談シタリ、

○0(10)月6日、雨、木曜日、八月廿日、

一、神拜終る、

一、上野幷ニ畠山助右衞門來ル、

一、ふし又々不鹽梅ニ付、田村(喜進)ヲ迎ヱテ診察ヲ乞、

一、染吏、此内より之病氣ニテ、金之合助力ヲ申遣シタリ、依而所帶ヨリ壹圓五十錢、手許ヨリ三圓五十錢

ヲ贈リタリ、

○0(10)月7日、雨、金曜日、八月廿一日、

一、神拝終る、墓参濟、

一、祖父君并ニ宮子姫之月次祭濟、

後醍醐天皇五百五十年祭執行の事を示談す

一、鈴木子順來リ、十一月十二日ヲ以テ、芳野(後醍醐天皇)先帝五百五十年祭執行之事ヲ示談ス、

一、詩人玉屑一部ヲ鈴木ヨリ送リタリ、

○0(10)月8日、晴、土曜日、八月廿二日、

一、神拝終る、

一、刺賀并ニ林書畫一覽ノ爲ニ來ル、又堀百千も訪ヒ來、

一、中島・鈴木モ來リ、芳野先帝之五百五十年祭執行、明廿一年八月ニ執行之叓ニ決定シタリ、

一、午後内海知(忠勝)叓ヲ訪ヒ、此ヨリ水雲樓ニ中島・鈴木ヲ訪ヒ、晩飯ヲ喫ス、

○0(10)月9日、晴、日曜日、八月廿三日、

一、神拝終る、

一、中島保次郎訪來リ、藤田積中午後訪來之叓ヲ報ス、

一、京之柊屋夫婦、大社參詣之由ニて立寄ル、依而舞子界屋へ轉書ヲ飛ハす、

一、午後藤田・鈴木・中島來リ、明年芳野先帝五百五十年祭詰會(マヽ)之件ヲ示談ス、

○0(10)月0(10)日、晴、月曜日、八月廿四日、

一、神拝終る、

一、當日ニて菊之手入皆濟、

一、神川矢三郎訪來、備前元重之在名刀ヲ持參、是レハ有川十右衞門之指領刀ナリ、極ゝ美刀ナリ、

○0(10)月11日、晴、火曜日、八月廿五日、

一、神拝終る、

一、川添(爲一)行之書面ヲ記ス、書中養子石原之一件ヲ細記ス、

一、永井豪へ曾テ貸與セシ十圓金、皆濟之受取證ヲ出シ、今後借用證出願ストモ、無効ノ者タルヘキヲ記シテ送る、

○0(10)月12日、晴、水曜日、八月廿六日、

一、神拝終る、

*サーベルの修覆を依頼す

一、中島來ル、大坂砲幣局へサーヘルノ修覆ヲ依頼ス、

一、午後四時ヨリ倶樂部江會議、來月三日天長節之叓ヲ議ス、

一、竹雲老(中村)江書面ヲ以テ、杉聽雨へ(マヽ)玉印請願ノ叓ヲ記シ、尚中島ヨリ辦スル叓ニ致シタリ、

○0(10)月13日、晴、木曜日、八月廿六日、

一、神拜終る、
一、雪濤(尾崎)ノ席畫ヲ催シ、醫師集會之叓ヲ談シ置キタルニ、
一人モ來ラス、晩景ニ至リ、中島來リ、只三銘〔名〕ニて
洋食シタリ、
○〇(10)月14日、晴、金曜日、八月廿七日、
一、神拜終る、
一、午後八時ヨリ倶樂部へ出頭、天長節之叓ヲ議シ畢ツ
テ、委員ヲ撰フニ、村野・小川・余、四〔三〕名トス、
一、大坂松井ヨリ百合根三種送致ス、
○〇(10)月15日、晴、土曜日、八月廿八日、
一、神拜終る、
一、玉里公(島津忠濟)御病之赴キヲ新聞ニて拜聽す、
一、川添(爲一)へ手紙ヲふくより出タササシム、
○〇(10)月19(16)日、晴、日曜日、八月廿九日、
一、神拜終る、
*舊知事公御著船奉迎す
一、知叓公(島津忠義)御着船ニ付、奉迎ノ爲ニ薩摩屋へ伺而、正午
ニ珍彦君も御同道ニて、御上陸被遊、又敕使堀川侍
從・御醫師上陸ナリ、
一、澳國梅・臺灣梅・青蓮菊共ニ進上す、
一、今晩興行一件ニ付、巡査ト對談シ、且席主ノ代理人
室田某案內セス、踏入リシヲ尤〔咎〕メテ叱リタリ、
一、鳳瑞丸水夫長、加勢田與助訪來る、仍而以來荷物屆
方之一件ヲ囑シタリ、
○〇(10)月17日、晴、月曜日、九月朔日、
一、神拜終る、
一、松野勇雄訪來リ、本所之一件も委細ニ聞、又御社頭
ヨリも年分之納金依〔賴〕來ナリ、
一、午後二時知叓公之御旅宿ヲ訪ヒ奉リタリ、又松村辰
昌ヨリ消火藥三十瓶ヲ獻ス、
一、午後第三時ヨリ廣嵓寺へ出張、芳野先帝五百五十年
祭執行之組織方法ヲ示談シタリ、
一、午後第八時鳳瑞丸へ知叓公御乘船ニ付、奉送ノ爲ニ
參向、
*北白川宮能久親王妃參拜
一、本日午後第一時半、白河宮(北白川宮能久親王妃富子)御息所御參拜有之、御馬
車御相乘ハ、牧野書記官之妻ト老女ナリ、
○〇(10)月18日、晴、火曜日、九月二日、
一、神拜終る、
一、代言人横山誠一ヲ以而、寺島社頭ノ契約ニ違背ノ急
訴ヲ起サシム、
一、晩餐ヲルミエール幷ニ鈴木・中島等ニ供す、

村野山人を訪ひ天長節の事を談ず

*福原琴平社遷宮式

一、神拜終る、

○〇(10)月19日、晴、水曜日、九月三日、

一、早朝村野山人ヲ訪ヒ、天長節之叓ヲ談ス、

一、社內行興(興行)者ノ起訴中止ノ叓ヲ、横山誠一ニ申遣す、

一、八時ヨリ、倶樂部ニ出頭、天長節之叓ヲ合議ス、

○〇(10)月20日、晴、木曜日、九月四日、

一、神拜終る、

一、松平直溫之代理人幷ニ中島來リ、烟火六十本、代金八十圓ニて條約シタリ、

一、盧雪之双幅ヲ三圓五十錢ニ買取る、

一、午後第六時半ヨリ、ルミエール氏ヲ訪ニ、鈴木・中島・手原・渥美等ノ人〻參會、非常ニ馳走ナリ、

○〇(10)月21日、晴、金曜日、九月五日、

一、神拜終る、

一、詫摩(治邦)氏福本行ニて立寄リタリ、

一、終日客來ヲ絕シタリ、

一、竹根印材闕防一琛ヲ、倉內彥次郎ヨリ送リタリ、

○〇(10)月22日、晴、土曜日、九月六日、

一、神拜終る、

一、義之ノ法華經朱紙金、字ノ肉筆ヲ一覽す、其粧飾等善盡シ美盡セリ、實ニ珍品ナリ、

一、ルミエール訪來る、米國極古代ノ製造ニ掛る魚形ノ花生一口ヲ贈リタリ、依而薩摩御庭陶器ヲ贈ル、

一、堀之家內來リ、お福離緣之叓ヲ掛合ニ付、從前ヨリ始末ヲ演へ、勝手ニ引取ラレ候樣、言放チタリ、依而今夕諸道具差送リ方ヲ命ス、

一、琴綾宥恕訪ヒ來リ、明日福原琴平社遷宮式之云〻ヲ聞、參拜ヲ約ス、

一、倶樂部日本立出來、明廿三日開莚ニ付、蕉〔蕪〕村(與謝)之幅幷ニ硯・毛氈壹枚ヲ工藤ヨリ借用ニ付貸渡シタリ、

○〇(10)月24(23)日、半晴、日曜日、九月七日、

一、神拜終る、

一、鰆ノ味噌漬二函ヲ倉貫彥次郎及篠田ニ贈、倉貫へハ竹根印之禮ヲ記シ、又篠田江ハ極小印三琛ノ刻ヲ命シタリ、

一、午後三時ヨリ琴比羅江參拜、暫時ニシテ退キ、倶樂部ノ書畫會ニ出席、大坂之易堂モ見得タリ、

○〇(10)月24日、晴、月曜日、九月八日、

一、神拜終る、

一、上野・中島・加島・易堂來る、是レヨリ同伴、諏方(マヽ)

山常盤樓ニ宴ヲ張る、當日ハ前田又七之馳走ナルノ催シナリシニ、吉井友實來神ニ付、前田より違約ナリ、今日會スルノ人ハ易堂・加島・鈴木・中島・河谷ナリ、

一、今晩齒痛誠ニ激シ、田村〔喜進〕ヲ迎ヱテ治療す、即席ニ止痛ス、

○〔10〕月25日、晴、火曜日、九月九日、

一、神拜終る、墓參濟、

一、父上之月次祭濟、

一、田村ヲ迎ヱ痛齒ヲ拔キ去ル、

一、夜ニ入リ倶樂部ニ出頭、天長節之叓ヲ議ス、煙火代内金四十圓受取、

○〔10〕月26日、晴、水曜日、墓參濟、

一、神拜終る、

一、早朝中島來リ、ルミヱール反布代金日延ノ云〻ニ付、早速よしヲ同伴ニて、ルミヱール方ニ遣シ、承諾ノ叓ヲ告ク、

一、松平直溫代理人江煙火内金四十圓ヲ渡ス、受取證ハ惣而石川方へ相廻す、

平野村へ観菊

一、午前十一時より平野村へ観菊、一家ヲ携ヘタリ、歸途山王溫水茶店之晝飯ヲ喫シテ歸ル、

○〔10〕月27日、晴、木曜日、九月十一日、

一、神拜終る、

一、今曉北元着、例之琉球紬等之反布持參也、

一、廣告文ヲ出す、

＊北風正造訪來り閑話劍の鑑定を乞はしむ

一、北風正造子訪來リ閑話、劍之鑑定ヲ乞ハシム、

○〔10〕月28日、晴、金曜日、九月十二日、

一、神拜終る、

一、大坂ヨリ中島之書面來る、本日山中之別荘へ集會之云〻ニヨリ、上坂ヲ進ムルノ叓ナリ、仍而十一時ニ上坂セシニ、集會ハ全ク虚報ナリ、仍而壽〔光脱〕堂〔爲二〕へ川添之サーベル二本ヲ托シ、此レヨリ横堀時安江立寄、植木鉢并ニ佛前ノ茶碗ヲ命シ、又高津之松井吉介江立寄リ、百合代價ヲ拂ヒ、竹雲〔中村〕ヲ訪ヌ、下山信利ヲ訪ヒシニ、病氣ノ趣キニ付、名刺ヲ遣シ、又松村辰昌ヲ訪ニ不在故、仝名刺ヲ遣シテ、六時ノ瀛車ニて歸ル、

一、神拜終る、

○〔10〕月29日、晴、土曜日、九月十三日、

一、鳳瑞丸着神、北堂君ヨリ柿并ニブンタン〔文旦〕御贈リ被下

タリ、
一、加勢田ヨリ唐いも壹俵ヲ惠ミタリ、
一、晩ニ鈴木・中島來リ、大坂行之叓ヲ謝シタリ、
一、村野へ行テ、谷勘之一件ヲ談ス、

○0(10)月30日、晴、日曜日、九月十四日、

一、神拜終る、
一、昨今菊花ゝ盆栽ニ移す、
一、風邪ニて引入ル、

○0(10)月31日、晴、月曜日、九月十五日、

一、神拜終る、
一、三木福(鮮明)へ金四圓、月次渡シ濟、
一、中島・上野之二人來ル、晩ニ北元へ荷物ヲ送致ス、
一、田村・神田・ロミヱール、知叓(内海忠勝)ニ菊花ヲ贈ル、
一、ルミヱール訪ヒ來リ、インキ入ヲ惠投ナリ、

*天長祭夜會舞踏

〔十一月〕

○11月1日、半晴、火曜日、九月十六日、

一、神拜終る、
一、目賀田及中島來リ、中島ハ貸家ノ叓ヲ談ス、
一、午後第六時ヨリ倶樂部へ集會、天長節夜會ノ叓ヲ談ス、又諸方受取之金員ヲ次渡ス、

○11月2日、晴、水曜日、九月十七日、

一、神拜終る、
一、河谷正鑑・中島等來ル、
一、安藤ヨリ紫幕借用申遣ス、使へ渡ス、
一、松平直溫來リ、煙火之叓ヲ指揮ス、
一、東京染井ノ曾我へ梅三十二種ノ注文書面ヲ出タス、
一、荒木貞英江同斷、梅苗ノ注文書面ヲ出タス、

○11月3日、晴、木曜日、九月十八日、

一、神拜終る、墓參濟、
一、午前九時縣廳江出頭、此レヨリ議叓堂夜會之席ニ於テ、接對(待)掛リ一同之協議ヲ遂ケタリ、
一、午後第七時半ニ議叓堂ニ出頭す、夜會場舞踏終リ、午前二時ニ開散す、當日ハ誠ニ盛會ナリ、

○11月4日、晴、金曜日、九月十九日、

一、神拜終る、
一、觀菊之廣告書ヲ諸方へ出タス、九十二通ハ京坂等へ出タス、

○01(11)月5日、半晴、土曜日、九月廿日、

一、神拜終る、

一、午前第九時五十五分ノ瀛車ニて上坂、梅ケ辻ノ菊花ヲ観ル、家内一同ヲ携ヘタリ、午後五時半ニ歸家、本日縦覧客ハ、凢六十餘名ト云ヘリ、

一、梅ケ辻へ珍花二十種ヲ約定シ、都合金三圓五十錢之處へ、金二圓ヲ渡ス、

一、昨夕芝小屋へ縊死人有之タル趣キヲ聞ク、借地人ヨリハ届ケ出無之、

○11月6日、雨、日曜日、九月廿一日、

一、神拜終る、

一、本夕ハ社内各銘〔銘〕ヲ呼て、菊之縦覧ヲ許シ酒肴ヲ饗、

○11月7日、晴、月曜日、九月廿二日、

一、昇殿、神拜終る、墓參濟、

一、本日ハ廣嵓寺月次會ヲ本宅ニテ執行、

一、支那人陶大均・厲錢ノ二名、観菊ノ爲ニ來ル、互ニ一詩ヲ應酬ス、

内海知事來臨*

○11月8日、晴、火曜日、九月廿三日、

一、神拜終る、

一、よし叓上坂、吉田病院長へ診察ヲ乞ハシム、

一、川添(爲一)ヨリ鹿肉ヲ贈リ呉レタリ、

○11月9日、雨、水曜日、九月廿四日、

一、神拜終る、

一、知叓(内海忠勝)幷ニ牧野ニ行キ、十一日観菊會之叓ヲ告ケ歸ル、

一、午後ルミヱール訪來リ、中島不當ノ所行アルヲ示談ス、

一、晩ニ村野・石田來訪、観菊一盃ヲ汲ム、

○11月0日(10)、陰雨、木曜日、九月廿五日、

一、神拜終る、

一、石原周濟幷ニ周鑑之書面達す、返書ヲ出タス、

一、川添へも同斷之書面ヲ出タス、

○11月11日、晴、金曜日、九月廿六日、

一、神拜終る、

一、早朝内海知叓(忠勝)・牧野書記官(伸顯)ヲ訪ヒ、當日來臨ヲ乞之書面ヲ殘し、諏方山ヲ(マヽ)伊藤(博文)・大山(巖)之二大臣ヲ訪ニ、已ニ上船之後チナリ、

一、午後四時ヨリ來客、内海知叓も來臨、

○11月12日、晴、土曜日、九月廿七日、

一、神拜終る、

一、午後四時ヨリ村野初メ、來客有之、

○11月23日(13)、晴、日曜日、九月廿八日、

一、神拜終る、

アメリカ彦藏を花隈に訪ふ

一、午後アメリカ彦(濱田彦藏)ヲ花隈ニ訪ヒタリ、此人ハ十九年前長崎ニてノ知己ナリ、爾後居所更ニ不相分、近日尋ネ出タシタルカ故ニ、今日訪ヒタリ、

一、午後四時ヨリ松原初メ來遊す、

○11月24日(14)、晴、月曜日、九月廿九日、

一、神拜終る、

一、午後早ゝ倶樂(部脱)ニ行テ、先帝(孝明天皇)法會緒言ノ文ヲ艸ス、晩ニ鈴木子順來會、

一、今日千代女實家、祖父ノ墓石ヲ建立す、

○11月25日(15)、晴、火曜日、十月朔日、

一、神拜終る、

一、鳳瑞丸出帆ニ付、磯御邸(島津忠濟)ヘ蕉布ノ御禮狀差出シ、又東郷氏へ禮狀ヲ送る、又北堂君へ書面、竹ヲロシ三本ヲ奉願候叓、

○11月16日、晴、水曜日、十月二日、

一、神拜終る、

一、石原ヨリ書面達す、

久光公履歴を朝日新聞社へ送る

一、朝日新聞社關徳江久光(島津)公之履歷之第一稿ヲ送る、

一、北元大坂ヨリ來る、又晩ニセーヒコ來る、晩飯ヲ饗す、

○11月17日、陰、木曜日、十月三日、

一、神拜終る、

一、よし叓、大坂へ行キ森氏ニ診察ヲ乞、

一、北元文藏大坂ニ返る、

○11月18日、晴、金曜日、十月四日、

一、神拜終る、

一、ルミヱールヨリ佛產ノセーリ二本ヲ惠贈アリタリ、

一、午後二時半ヨリ禪昌寺ノ觀楓行ヲナス、日沒シテ返る、

○11月19日、晴、土曜日、十月五日、

一、神拜終る、

一、石原幷ニ川添へ書面ヲ出タス、

一、新嘗祭ヲ廿五日ト達シ有之、

○11月20日、晴、日曜日、十月六日、

一、神拜終る、

一、宇田川(謹吾)及ヒ上野來リ閑話す、

一、有川矢九郎へ書面、牡丹幷ニ椿代價等之書面ヲ出タス、又大藪文雄へ書面ヲ出タス、

一、久光公畧傳第二稿ヲ關徳ニ送る、又畧傳ニ評ヲ入レテ送る、

*村野山人家の葬式一切を指揮す

*新嘗祭執行

*折田彦市を見舞ひ閑話す

*吉井友實を訪ふ

村野山人子供死去

*村野山人を訪ふ

○11月21日、晴、月曜日、十月七日、

一、神拜終る、

一、過日一見セシ法華經文字ヲ調ヘタリ、別ニ鑑定記文有リ、

一、堺之妙國寺ノ和尚來リ、菊花ノ話ヲ聞ク、

○11月22日、晴、火曜日、十月八日、

一、神拜終る、

一、昨廿一日大坂壽光堂ヨリ、川添ノサーヘル貳本來着、依テ本日川添へ形行之書面ヲ出ス、

一、壽光堂へ金七圓爲替ニて送ル、此レハ内金ナリ、

一、石原周濟ヨリ書面、廿四日來神ノ書面ナリ、廿五日新嘗祭ニ付、廿九日後ニ來神ノ叓ヲ告ケタリ、

一、東京曾我ヨリ注文之梅苗三十本來着す、

○11月23日、晴、水曜日、十月九日、

一、神拜終る、

一、早朝田口來りて、村野(山人)之子供拓、今曉死去之報知ニ付、卽時ニ馳付病症ヲ聞クニ、宮子ト同症之由ニて、山人初、目も當テラレヌ次第ナリ、猶(マヽ)俺之義ヲ依賴ニ付、早(速)束右之手配ニ及ヒタリ、

一、鳳瑞丸着船ニて北堂君ヨリ柿・いもなと御贈リ被下タリ、

一、晩ニ庄司金太郎來リ、ルミヱール金談ニ及ヒタリ、

○11月24日、晴、木曜日、十月十日、

一、神拜終る、

一、正午より村野へ行、葬式一切之叓ヲ指揮シ、午後八時ニ歸家、

一、北元(文藏)大坂より來ル、明廿五日出帆之筈也、

「(朱書、以下十二月二日まで)○11月25日、晴、金曜日、十月十一日、

一、昇殿、神拜終る、

一、新嘗祭執行濟、

一、折田彦市東行之由ニて、見舞閑話す、

○11月26日、晴、土曜日、十月十二日、

一、神拜終る、

一、眞繼豐平來テ、詩ノ轉作ヲ乞、

一、吉井友實ヲ宇治川常盤舍ニ訪ヒ、乘船ヲ送る、當日ハ牧野・折田(彦市)等同船ナリ、

一壽光堂ヨリ送金ノ受取來ル、

一、東京小川忠夫へ義擧錄ノ注文書ヲ出タス、

一、晩ニ村野山人ヲ訪、

○11月27日、晴、日曜日、十月十三日、

一、神拜終る、

一、小藤孝行見舞、宮（久邇宮朝彦親王）之御沙汰ヲ蒙リタリ、

一、よし、大坂へ診察ノ爲ニ行、

*櫻井能監へ書面出す

一、當日ハ終日劍ヲ拭、

○11月28日、晴、月曜日、十月十四日、

一、神拜終る、

箕面にて詩作あり

中山より寶塚溫泉に達す

一、午前二番之瀛車ニて、中島壹人ヲ具シテ、神崎ヨリ瀛車ヲ下リ、箕面行ヲ爲シ、十一時三十分ニ本山ニ達ス、近年山路ヲ拓キ便利ナリ、于時ニ（マヽ）楓葉已ニ央ヲ過キタルモ、眞ニ絶景ナリ、詩數章アリ、午後又車ヲ買テ中山ニ出テ、寶塚之溫泉ニ達、坪屋ニ投宿ス、此ノ溫泉ハ當夏ノ開業ニテ實ニ壯觀ヲ極メタリ、

○11月29日、晴、火曜日、十月十五日、

廣田神社に參拜

一、早天入浴、于時主人額面等ヲ乞ニヨリ揮毫、午前十時半ニ發シ、廣田神社ニ參拜シ、二時之瀛（車脱）ニ乘リ、西ノ宮ヨリ歸神、

一、大坂ヨリ泉川健來訪ス、

一、有川矢九郎ヨリブンタン（文旦）・榁柑・柿、澤山ニ送リ呉レタリ、

一、鳳瑞丸出帆ニ付、知叓（島津忠義）公獻上ノ牡丹拾本ヲ積ミタリ、又有川（矢九郎）行ノ牡丹モ同斷ナリ、極上等品ヲ奉ル、

○11月卅日、晴、水曜日、十月十六日、

一、神拜終る、

一、藪内東上ニ付、櫻井能監へ書面、幷ニ魚之味噌漬・松茸之水漬、各小樽ニて送ル、又書中ニハ近作之詩ヲ入ル、

一、西村新七へも松茸同斷ヲ送ル、

一、午前九時ヨリ石原迎ノ爲ニ、瀧之茶屋へ行キ、午後六時半ニ歸社す、

一、藪之内ハ法華經ヲ携ヘタリ、櫻井へも此之一件ヲ依頼ス、

〔十二月〕

○12月1日、晴、木曜日、十月十七日、

一、昇殿、神拜終る、

一、村野山人亡兒之十日祭ニ行、

○02（12）月2日、晴、金曜日、十月十八日、

一、神拜終る、

一、石原周濟姫路へ歸ルニ付、卷煙草幷ニ木綿縞幷ニ豚ヲ贈ル、

一、同人江川添(爲一)行之品物、并ニ劍二本ヲ送るヲ托ス、
一、陰嚢腫痛ニ付、田村(喜進)ヲ呼テ治療ヲ乞、
一、晩ニ鈴木(子順)訪來ル、
一、萬暦製之袋并ニ關羽之根付ケ、是レハ光濟ノ作也、
中島ヨリ惠投セリ、」

○12月3日、晴、土曜日、十月十九日、

一、神拜終る、

小松宮山階宮御參拜

一、午後小松宮(彰仁親王)・山階宮(晃親王)御參拜ニ付、奉迎す、
一、寶塚小佐次氏來リ、過日揮毫之額面ニ印ヲ乞ヒリ、
仍而猶額面ヲ書シテ與へ、且琉球緺壹反ヲ爲取テ返
ス、

*久光公薨去

○12月4日、晴、日曜日、十月廿日、

一、神拜終る、墓參濟、

小學開業式に臨む

一、午前第九時ヨリ、小學開業式ニ臨場す、
一、故安田轍藏親族、池ノ上英三郎來リ、奈良縣へ申込
ミノ依頼ヲ受ケタリ、
(朱書、以下十二月九日、第二條まで)「一、今夕無名ノ端書投書有之、仍而卽刻川添へ仕出ス、
實ニ驚愕ニ不堪、

*久光公の略傳を記して朝日新聞社に送る

○12月5日、晴、月曜日、十月廿一日、

一、神拜終る、

一、今朝更ニ川添へ書面ヲ出シ、端書ノ件ヲ報ス、
一、終日閑座、額面ヲ書シ、午後四時ヨリ倶樂部へ出頭、

○12月6日、晴、火曜日、十月廿二日、

一、神拜終る、
一、午後三時、村野(山人)氏之祭典ヲ執行、

○12月7日、晴、水曜日、十月廿三日、

一、神拜終る、墓參濟、
一、本日ハ氏神并ニ祖先ノ秋季祭典ヲ執行、日暮ヨリ松
原・上野(喬介)・田村等ノ人々來ル、
一、(島津)久光公薨去之新聞ヲ初メテ拜見す、又高崎(正風)ヲ尋ルニ、
止宿更ニ不分ナリ、
一、有川矢九郎ヨリ、牡丹代價五圓六十錢ノ爲替證達す、
一、今夕庄司金太郎へルミエール金員ノ督促書面ヲ出タ
ス、

○12月8日、晴、木曜日、十月廿四日、

一、神拜終る、
一、小寺へ櫻苗百本・泡盛二瓶・フンタン(文旦)壹箇ヲ送ル、
一、久光公之畧傳ヲ記シテ、第四・五稿ヲ朝日新聞社ニ
送ル、

○12月9日、晴、金曜日、十月廿五日、

一、神拝終る、
一、早朝高崎・田中ヲ旅宿ニ訪タリ、」
一、川添ヨリ周鑑一件之書面來ル、仍而返詞ヲ卽刻ニ出ス、
一、關へ久光公畧傳第六稿ヲ送ル、
○12月○(10)日、晴、土曜日、十月廿六日、
一、神拝終る、
一、佐ゝ[木脱]素行ヨリかネ之實印送致ノ依賴來ル、仍テ卽刻書留ニて仕出タス、
一、畧傳第七稿ヲ關德へ送ル、
(朱書、以下三行)「○12月11日、晴、日曜日、十月廿七日、
一、神拝終る、
一、村野(山人)之三十日祭ニ行ク、」
一、關德ニ久光之畧傳第八稿ヲ送る、
○12月12日、晴、月曜日、十月廿八日、
一、神拝終る、
一、川添へ猪肉來着之書面ヲ出シタルニ、午後四時ニ來着セシニヨリ、更ニ來着、肉幷ニ大百合無異之趣キヲ記シ、且ツ千代ニ命シテ代價等之叓ヲ云ハシメタリ、

一、舊知叓公(島津忠義)ニ久光公薨去之伺書面ヲ奉リ、別紙ヲ東鄕孫四郎へ添へタリ、
一、有川矢九郎へ書面ヲ送リ、フンタン(文旦)及柿等ノ禮ヲ記シ、又牡丹代落手ノ件、尙甑島硯用之石ヲ注文ス、
一、石原周濟江復答、猶半切紙之件ヲ依賴ス、
一、大成館ニ金壹圓送ル、明治字典ノ豫約金ナリ、
一、柏木壽光堂へ四圓ノ爲換(替)ヲ封入スルノ書面、執叓山本ノ名稱ニテ出シ、殘額ハ廿九日迠ノ日延ヲ記ス、
一、染井ノ曾我へ梅苗代二圓四十五戔ヲ送ル、
一、午後三時ヨリ倶樂部へ、鈴木子順ト會シタリ、
○12月13日、火曜日、十月廿九日、
一、神拝終る、
一、久光公之畧傳第九稿ヲ關德ニ送る、
○12月14日、晴、水曜日、十月晦日、
一、神拝終る、
○12月15日、晴、木曜日、十一月朔日、
一、神拝終る、
一、佛人之叓ニ付、鈴木へ中井(甬三)ヲ遣す、晩ニ鈴木・庄司(金太郎)、佛人共ニ來ル、
一、佐ゝ木(素行)ヨリ印形受取之書面來ル、

○12月16日、晴、金曜日、十一月二日、

一、神拜終る、

一、早朝中島ヲ呼ヒ、佛之領叓館ニ行テ、反布代金云〻ノ叓ヲ探ラシム、猶告發ノ次第ヲ鈴木及ヒ佛人江掛合ヒタリ、

一、中井及ヒ大井田（留三郎）ヲルミヱールニ遣る、本人も來リ、明朝領叓館ニ行クヲ約ス、

○12月17日、晴、土曜日、十一月三日、

一、神拜終る、

一、今朝よし并ニ中井佛領叓館ニ行キ、反布代ノ叓ヲ引合セタリ、

一、鈴木へ書面ニて、領叓館結了ノ叓ヲ告ク、

一、昨今縣元北堂君ヨリ御送リ物ヲ被下タリ、

一、昨十六日、宮之原藤八歸縣ノ由ニテ來訪アリ、

一、金谷五郎三郎來、銀瓶之殘金ヲ拂渡ス、

蕪村の山水畫を買取る

一、謝〔與脱〕蕪村之山水畫壹軸ヲ買ヒ取リタリ、

○12月18日、晴、日曜日、十一月四日、

一、神拜終る、

前田正名よりユーカリ樹の一件依頼あり

一、眞島顯藏訪來る、又又（マヽ）前田正名ヨリユーカリ樹之一件ヲ依頼アリ、

一、當日ハ專崎組ノ開業式ナレ𪜈、病氣ヲ以テ斷る、

○12月19日、晴、月曜日、十一月五日、

一、神拜終る、

一、山平力松之實父死スルノ屆ケ有之、

一、河合正鑑江社務所之叓ヲ委托スルノ叓ヲ談ス、

一、晩ニ倶樂〔部脱〕ニ出頭、鈴木（子順）ハ缺席ス、

○12月20日、晴、火曜日、十一月六日、

一、神拜終る、

藤田積中を訪ふ*

一、藤田積中ヲ訪ヒ、山田丸服用ノ叓ヲ勸メ、又山田丸ヲ至急送致ヲ、後藤氏へ書面ヲ出タス、

一、中島保次郎ヲ訪ヒタリ、

一、山平之實父死去ニ付葬儀ニ會ス、

○12月21日、雨、水曜日、十一月七日、

一、神拜終る、

一、當日ハ村野（山人）氏五十日祭執行、

一、久光公畧傳第十三稿ヲ送る、

○12月22日、晴、木曜日、十一月八日、

一、神拜終る、

一、石原周濟ヨリ半切三千枚到着、壹千枚ニ付八十五錢也、

一、當日ハ家内之煤拂ヲ執行、

○12月23日、晴、金曜日、十一月九日、

一、神拝終る、

一、石原ヘ六寸半切貳千枚幷ニ半紙之注文書、周鑑より出タス、

一、村野山人ヨリ左之通リ、禮狀ヲ添ヘテ到來、

一、鶺鴒ノ小幅松榮筆　一、七子織壹反

一、糖漬鯛壹尾

○12月24日、晴、土曜日、十一月十日、

一、神拝終る、

一、金貳圓五十五錢ヲ、石原(周濟)ヘ爲替ニて仕贈ル、是レハ半切代價也、又半紙幷ニ六寸半切ヲ注文す、

村野山人來る

一、村野山人來ル、過日來之禮トシテ參る、

一、藤田積中ヨリ丸薬貰ニ來る、村野山人ヨリ貰受ケて遣す、

○12月25日、晴、日曜日、十一月十日、

一、神拝終る、昇殿、

一、當日ハ父上之月並[次]祭相濟、

○12月26日、晴、月曜日、十一月十一日、

一、神拝終る、

*縣廳に出頭社内借地の件を談ず

一、早朝知事(内海忠勝)幷ニ牧野(伸顯)ヲ訪ヒ、又縣廳ニ出頭、社内借地ノ件ヲ談シタリ、歸途村野山人ニ過日來ノ一禮ニ行ク、

○12月27日、晴、火曜日、十一月十二日、

一、神拝終る、

一、午後五時ヨリ宇治川常般(盤)ニ於テ、渡邊(強)及ヒ鳴瀧(公恭)ノ送迎會ヲ執行、大凢六十餘人來會ス、

一、午前中島ト同伴シテ、古道具ヲ冷脚シ幅三軸及文房器數品ヲ買、

一、川添ヨリ周鑑(石原)ノ返詞來ル、良況ニ非ラス、

一、東京後藤ニ山田丸ヲ送ルヿヲ電信ニ附ス、

○12月28日、晴、水曜日、十一月十三日、

一、神拝終る、

一、川添ヘ石原ノ一件云〻ヲ、書面ニて送る、

一、後藤ヨリノ丸薬届ク仍而直チニ藤田(積中)ヘ持參す、

*呉春の幅を買ふ

一、呉春之幅ヲ五圓ニ買ヒとる、

○12月29日、晴、木曜日、十一月十四日、

一、神拝終る、

一、石原周濟ヨリ周鑑引取リ之一件通知有之、

一、加藤幷ニ中島・上野等來ル、

一、後藤へ金貳圓ヲ爲替ニて送る、
一、關德上京之報知有之、
○12月30日、雨、金曜日、十一月十五日、
一、神拜終る、
一、周鑑ヲ呼ヒ、投書ノ一件ヲ備サニ申聞カセ、姫路へ皈ルヲ勸ム、仍テ午前第十一時ニ發ス、路用幷ニ一詩ヲ送ル、
一、佛國領叓ニルミエール一件ノ書面ヲ投ス、
一、黑田(清隆)議官父子訪來ル、久〻ニて面話す、
一、石原周濟へ周鑑一件ノ叓ヲ通知す、
○12月31日、晴、土曜日、十一月十六日、
一、神拜終る、
一、午前九時佛國領叓館ニ行キ、ルミエール一件ヲ掛合、反布ハ異儀ナク受取る叓ニ決シタリ、又不足分十二反ハ金貳十分受取リタリ、
佛國領事館に行き掛合
一、河合正鑑來ル、昨晩風吟ヲ送ル、仍而三條(實美)公之幅ヲ送ル、
明治(マヽ)○一月一日

(表紙)

日誌　從廿一年一月一日　至廿二年三月卅一日　三十四

〔明治二十一年正月〕

明治廿一年○1月1日、晴、日曜日、十一月十七日、
一、昇殿、神拜終る、墓參濟、
一、早朝知叓(內海忠勝)幷ニ書記官(牧野伸顯)ヲ訪ヒ、佛參終りて歸家、感冒甚シキ故伏シタリ、
○1月2日、晴、月曜日、十一月十八日、
一、神拜終る、
一、上野(喬介)ニ依賴シテ年始狀ヲ認メ、百五十二通ヲ出タス、
一、久光(島津)公畧第十八稿ヲ關德ニ送ル、本人ハ東京銀座二町目、朝日新聞支局ニ在リ、
○1月3日、晴、火曜日、十一月十九日、

一、神拝終る、
一、川添(爲一)弁ニ北堂君へ、年始ノ状ヲ奉ル、

○1月4日、晴、水曜日、十一月廿日、

一、神拝終る、
一、正基(石崎)へ書面ヲ送リ方ヲ上野へ依頼す、

「(朱書、以下四行)○1月5日、晴、木曜日、十一月廿一日、

藤田積中死去*

一、神拝終る、
一、北堂君ヨリ御贈リ品々拝領候、
一、銀行・銕道合併之新年宴會有之、出頭、」

○1月6日、晴、金曜日、十一月廿二日、

一、神拝終る、
一、中島ヨリ年始之馳走申參リ、四時ヨリ行ク、

○1月7日、晴、土曜日、十一月廿三日、

一、神拝終る、

內海知事の新年宴會に臨む*

一、祖父公・宮子之月次祭濟、
一、昨夕佛客ルミエールヨリ書面來ル、仍而今朝返書、是レハ詐數云々取消シノ一件有之、猶鈴木(子順)江も形行ヲ申入ル、

○1月8日、晴、日曜日、十一月廿四日、

一、神拝終る、

一、明九日新年會催スニ付、諸方へ書面ヲ出タス、
一、午後五時五十五分ノ滊車ニて、大坂ニ行キ、高島鞆之介〔助〕之夜會ニ臨場す、卽夜ニ歸ル、

○1月9日、月曜日、十一月廿五日、

一、神拝終る、
一、本日新年宴會ニ付、宇治川常盤舎ニ開、
一、藤田積中、昨晩死去ノ報知アリ、
一、新年宴會ニハ、知叓臨席アリ、

○1月十(マヽ)日、火曜日、十一月廿六日、

一、神拝終る、
一、午後二時ヨリ、藤田積中之柩ヲ送る、

○1月11日、晴、水曜日、十一月廿七日、

一、神拝終る、
一、石原周鑑之書藉〔籍〕ヲ姫路ニ送ル、仍而端書ヲ出タス、
一、內海知叓之新年宴會ニ臨場ス、

○1月12日、晴、木曜日、十一月廿八日、

一、神拝終る、
一、一昨十日附ケニて、鈴木和尚(子順)へ芳野先帝(後醍醐天皇)五百五十年祭叓、副司名稱ヲ斷ルヲ告ク、
一、午後四時ヨリ、伊呂波樓新年宴會ノ爲ニ出張す、

＊宮内愛亮兵庫縣警部長に轉任

＊村野山人前田正名へ猪肉贈る

○1月13日、晴、金曜日、十一月廿九日、

一、神拜終る、

一、表門通リ拜借地願聞キ屆無之指令有之、仍而更ニ嘆願書ヲ出タシ、又出店人及ヒ前通リ營業ヨリも嘆願ヲ出タス、

一、自由亭重吉ノ娣來ル、仍而卽刻松村辰昌へ書面ヲ出タシ、裁判件ノ事ヲ問合す、

○1月14日、晴、土曜日、十二月朔日、

一、神拜終る、

一、松原・岡田・直木之三名來リ、煉屏引入レノ一件ヲ示談す、

○1月15日、晴、日曜日、十二月二日、

一、川添ヨリ猪一頭仕送ルノ一書來る、(爲一)

一、歯痛ニて終日打臥ス、田村喜進ニ診察ヲ乞、

一、晩ニ眞島來リテ、石田弁ニ德山之一件ヲ示談す、(顯藏)

○1月16日、晴、月曜日、十二月三日、

一、神拜終る、

一、西京ヨリ染來る、

一、川添ヨリ之猪來着す、

○1月17日、晴、火曜日、十二月四日、

一、神拜終る、

一、朝日新聞ニ宮内愛亮兵庫縣警部長ニ、寺田ハ山梨縣へ轉任ノ電報ヲ記シタリ、依テ直チニ川添ニ報知シ、又猪肉代價送致ノ亅ヲ問合セタリ、

一、宮内へ書面、發足ノ期ヲ問、

一、猪枝ヲ村野弁ニ前田正名ニ贈ル、(山人)

○1月18日、晴、水曜日、十二月六日、

一、神拜終る、

一、上野ヲ呼て、社內變更申立テノ書ヲ囑ス、

一、晩ニ中島來ル、本日ハ林源吾新年宴會ナレ𪜈辭シテ行カス、

○1月19日、晴、木曜日、十二月七日、

一、神拜終る、

一、北堂君より御贈リ品〻來着、

○1月20日、晴、金曜日、十二月八日、

一、神拜終る、

一、金龍丸出帆ニ付、北堂君へ書ヲ奉リ、種〻ノ品物ヲ奉送す、

○ミカシキ貳拾五戔、(錢)○唐いもから　同斷、

○ワセ芋五十錢かの願上ル、

○1月21日、土曜日、十二月九日、
一、神拜終る、

○1月22日、日曜日、晴、十二月十日、
一、神拜終る、
一、大坂山中吉郎衞(マヽ)ヨリ茶醼招待書來ル、
一、上野ヲシテ、表御門通リ出シ店ノ願書ヲ造ラシム、
一、東(マヽ)荒木出シノ梅苗着す、

○1月23日、晴、月曜日、十二月十一日、
一、神拜終る、
一、早朝鳴瀧(公恭)區長江行キ、御社頭位地替ヱノ一件ヲ示談シタリ、
一、刺賀江立寄リ、明日山中行キノ事ヲ談シテ返ル、

(朱書、以下一月二十六日まで)
「○1月24日、晴、火曜日、十二月十二日、
一、神拜終る、
一、午前第八時ノ滊車ニて上坂、山中之展覽會ニ臨ム、□□□堂實ニ可驚、就中、可驚ハ廣道周之肉筆、瑞圖ノ山水南□ノ屏風、元信ノ幅等ナリ、
一、當日ハ勅賀・關戸・林・中島同伴ナリ、
一、尾崎雪濤幷ニ山本竹雲ヲ伴ヒ、六時ノ滊車ニて返ル、

○1月25日、晴、水曜日、十二月十三日、
一、神拜終る、
一、父上月次祭執行、
一、晩ニ中島來リ、閑話す、

○1月26日、晴、木曜日、十二月十四日、
一、神拜終る、
一、川添ヨリ廿二日出之書面達す、仍而直チニ返詞ヲ出タス、
一、松村辰昌ニ書面ヲ出す、
一、石原ヘ紙包屆キタルヤ否ノ書面ヲ出タス、
一、石崎ヨリ福山ヘノ書面有之、仍而手切レノ返詞ヲ出タス、」

○1月27日、晴、金曜日、十二月十五日、
一、神拜終る、
一、三重縣屬(マヽ)　正一訪來リ、久ゝニて面會す、

○1月28日、晴、土曜日、十二月十六日、
一、神拜終る、
一、下山信利來ル、英政府ヘ籏獻納一件之依賴有リ、
一、午後第三時半ヨリ倶樂部ヘ集會、幹吏撰擧會ヲ開ク、高點三名、折田・東條・田中、三十二名ノ會員ナリ、十四點二名、十六點一名ナリ、

*倶樂部幹事撰擧會を開く

（朱書）「○1月29日、晴、日曜日、十二月十七日、
一、神拝終る、
一、關戸・刺賀・林之三名へ明卅日晩飯饗應之案内狀ヲ出タス、
一、宮内淀川丸へ乗込ミノ電報、博多ヨリ達す、村野山人へ報知す、
一、川添（爲一）へ宮内之電信幷ニ猪ノ注文ヲ申越ス、
一、西尾篤家内共來ル、晩ニ同人も來ル、」

○1月30日、月曜日、十二月十八日、
一、神拝終る、
一、熊本縣安原、小倉ノ人渡邊ノ二名來ル、五百五十年祭ノ詩歌等爲取タリ、

＊海濱院設置の協議あり

一、午後二時ニ宮内（愛亮）ヲ迎之爲ニ行ク、三時ニ淀川丸ヨリ着神ナリ、
一、關戸・刺賀・中島來リ、洋食ノ馳走ヲ供ス、
一、晩ニ、宮内幷ニ佐賀縣書記官（マヽ）　同伴ニて來ル、

○1月31日、火曜日、晴、十二月十九日、
一、神拝終る、
一、河谷・中島來ル、
一、金六圓、支那人ニ洋服代ヲ拂渡ス、

〔二　月〕

二月　○2月1日、晴、水曜日、十二月廿日、
一、神拝終る、
一、一日祭終る、
一、晩ニ宮内（愛亮）來ル、外ニ雪濤（尾崎）・中島來ル、
一、明二日午後七時ヨリ倶樂部へ集會ノ回章來る、是レハ一ノ谷へ海水浴場建設ノ一件ヲ知叓ヨリ相談ノ筈也、東條・神中ヨリ之回章ナリ、

○2月2日、晴、木曜日、十二月廿一日、
一、神拝終る、
一、伊藤龜之介訪來ル、
一、午後第七時ヨリ倶樂部へ出頭、海濱院設置ノ協義有リ、

○2月3日、晴、金曜日、十二月廿二日、立春、
一、淡路之（マヽ）　訪來る、中島も仝額面ヲ書ス、
一、山口・五島來リ、川添（爲一）ヨリノ猪來着次第、懇信會ノ催シヲ談決ス、
一、金壹圓十分、東京後藤平作へ丸藥代トシテ送ル、
一、横山藏太郎へ懇親會ノヿヲ報す、

○2月4日、晴、土曜日、十二月廿三日、

一、神拝終る、

早朝知事を訪ふ

一、早朝知(内海忠勝)叓幷ニ寺田ヲ訪ヒ、又十一時ヨリ船迄見送リ返ル、

＊村野山人の招に應ず

一、御國許ヨリ北堂君ノ御狀達ス、

一、後藤松吉郎訪來ル、維新ノ時キ(マヽ)ノヿヲ談ス、

一、宮内官宅へ移轉ニ付、よしヲ遣シタリ、

○2月5日、晴、日曜日、十二月廿四日、

一、神拝終る、

一、午後諏(マヽ)方山ニ行キ、歸途宮内ヲ訪ヒ歸ル、

一、今日ヨリ千代產之催シ有之、

○2月6日、雨、月曜日、十二月廿五日、

一、神拝終る、

一、早朝諏(マヽ)方山中店へ集會也、破談ニ及ヒタリ、

＊紀元節

一、金六圓ヲ爲替ニて尾崎雪濤へ送ル、

一、宇(謹吾)田川幷ニ五嶋見舞ナリ、

千代女兒出產

一、千代叓出產至ツテ輕產、女子ナリ、川添へ書面、猪着之禮幷ニ三十日間可相待叓ヲ通知す、

○2月7日、晴、火曜日、十二月廿六日、

一、神拝終る、墓參濟、

一、祖父公幷宮子姫之月次祭濟、

一、本日朝ヨリ客來、

一、晩五時ヨリ村野山人之招ニ應シテ行ク、

○2月8日、晴、水曜日、十二月廿七日、

一、今曉ヨリ脚痛甚タシク、早朝田村(喜進)來診ス、

○2月9日、木曜日、晴、十二月廿八日、

一、昨八日ハ鹿兒島人之懇親會ナルモ出席ヲ得ス、

一、痛所漸快(マヽ)ロヨシ、然レ𪜈床中ニ臥ス、

一、住吉・小山ノ兩名ヲ呼テ、山口ノ叓ヲ命ス、

○2月0(10)日、晴、金曜日、十二月廿九日、

一、病床ニ在リ、來客ヲ斷る、

一、有川矢九郎ヨリ指圖ニて寄元計助來リ、阿春モ見舞ナリ、

○2月11日、晴、土曜日、十二月晦日、

一、床上ニ在リ、晩景ヨリ再發ノ氣味アリ、

一、當日ハ紀元節ニて一般賑ヒタリ、祈年祭ヲ十四日ニ被達タリ、

○2月12日、晴、日曜日、正月元旦、

一、床上ニ在リ、

○2月13日、晴、月曜日、正月二日、

*重野安繹嫡子紹一郎來る
山平代理にて祈年祭奉仕

*折田彦市著神

一、床上ニ在リ、

○2月14日、火曜日、晴、正月三日、

一、本日祈年祭ナルモ、山平(力松)ヲ代理ニて奉す、

一、床上ニ臥ス、

○2月15日、水曜日、晴、正月四日、

一、床上ニ臥ス、宮内愛亮見舞ナリ、

一、金一圓九十四戔(銭)、爲替ニて荒木貞英ニ梅苗代拂出ス、但シ失敬ノ書面ニ對シ、返詞ヲ出タ(マヽ)、兼而聞及ヒシ如ク、强欲非道ノ仁ナリ、此度限リ音問ヲ絶ツ見込ミナリ、

○2月16日、木曜日、陰雪、正月五日、

一、床中ニ臥ス、

一、三木福(鮮明)へ楚辭ノ注文ヲ書面ニテ送ル、

○2月17日、晴、金曜日、正月六日、

一、床中ニ臥ス、

一、中島來ル、

一、微雪一詩アリ、

○2月18日、土曜日、正月七日、

一、臥床ニ在リ、三木福ヨリ楚辭ヲ送リタリ、

○2月19日、陰雪、日曜日、正月八日、

一、臥床ニ在リ、

一、重野安繹之嫡子紹一郎訪來る、安繹ハ本日大坂ヨリ德島ニ渡航セリ、依テ紹一郎ヲ以テ面會ヲ歸途ニ約シタリ、

一、駿河國高橋次郎へ櫻苗五・六百本ノ注文書ヲ投ス、

○2月20日、晴、月曜日、正月九日、

一、臥床ニ在リ、

○2月21日、晴、火曜日、正月十日、

一、臥床ニ在リ、

○2月22日、晴、水曜日、正月十一日、

一、神拜終る、

一、臥床ヲ攘、染叓今日歸京、

○2月23日、晴、木曜日、正月十二日、

一、神拜終る、

一、川添ヨリ書面達す、

○2月24日、晴、金曜日、正月十三日、

一、神拜終る、

一、折田彦市着神、海苔壹函ヲ土産トシテ贈ル、

一、晩ニ中島來ル、借家造作ノ談判ヲナス、

○2月25日、晴、土曜日、正月十四日、

一神拝終る、
一、父上之月次祭濟、
一、山階宮〔晃親王〕幷ニ村雲尼公〔日榮、伏見宮邦家親王王女〕御參拜、終ツテ文庫へ御休息、
梅花御覽ニ付、茶菓ヲ獻ス、

山階宮幷に村雲尼公參拜

一、神拝終る、
○2月26日、雨、日曜日、正月十五日、
一、河谷幷ニ中島來ル、本日鈴〔木脫〕和尚被告件ヲ聞ク、
「○2月27日〔朱書、以下三月一日條まで〕、雪、月曜日、正月十六日、
一、神拝終る、
一、境内模様替ノ叓ニ付、山平ヲ叱る、
一、大塚・伊藤へ貸屋圖ヲ命シタリ、
○2月28日、晴、火曜日、正月十七日、
一、神拝終る、
一、川添へ書面ヲ出シ、猪肉ノ注文ヲ記ス、
○2月29日、晴、水曜日、正月十八日、
一、神拝終る、
一、今日表門通リ模様替ヱノ願面ヲ出タス、
一、宮内愛亮へ菊一鉢ヲ送る、

〔三　月〕

○3月1日、雨、木曜日、正月十九日、
一、神拝終る、
一、一日祭相濟、」
○3月2日、晴、金曜日、正月廿日、
一、神拝終る、
一、晩ニ宮内來リ、川添〔爲一〕水上警署〔察脫〕へ轉勤ノ叓ヲ內報す、
仍而即時飛書云々ヲ記シテ出タス、
○3月3日、晴、土曜日、正月廿一日、
一、神拝終る、
一、中島幷ニ矢野可宗訪來る、是レハ又新日報社員ナリ、
一、當日明石幷ニ諸方へ梅信之通劵十九所ニ出タス、
○3月4日、雨、日曜日、正月廿二日、
一、神拝終る、
一、鐵道局員吉淳訪來ル、中島ト同伴ナリ、
一、櫻井能監ノ母中風ニて死去ノ報知有之、病死ハ廿五日ニて、書面ハ一日附ケ之書面ナリ、
○3月5日、晴、月曜日、正月廿三日、
一、神拝終る、
一、櫻井へ弔狀及花料壹圓ヲ爲替ニて郵送す、
一、梅花十三詠幷ニ雜詩廿首ヲ水越耕南へ送る、

○3月6日、晴、火曜日、正月廿四日、

一、神拜終る、

知事前田吉彦等を訪ふ

一、早朝知事ヲ訪ヒ、是レヨリ宮内ヲ訪ヒ、歸途前田吉彦ヲ又中川ヲ訪ヒ、枕山ノ小幡ヲ買歸ル、

一、晩ニルメール來リ、外國人江之廣告文ヲ記ス、

○3月7日、水曜日、晴、正月廿五日、

一、神拜終る、

一、祖父公・宮子姫ノ月次祭濟、

岡本にて觀梅

一、十一時五十五分ノ滊車ニて、岡本觀梅行ヲ作ス、田口ヲ具シ、又阿仙外ニ壹人ヲ具シタリ、四時ノ滊車ニて吉住ニ來リ、更ニ諏方山ニ行キ、喫飯シテ歸路ニ上ル、

○3月8日、晴、木曜日、正月廿六日、

一、神拜終る、

一、當日ヨリ盆梅縱覽ヲ許ス、

一、川添ヨリ書面屆ク、十四・五日ニ歸神ノ報アリ、

一、神道事務局ヨリ西尾行ノ辭令來る、卽刻仕出タス、

○3月9日、雨、金曜日、正月廿七日、

一、神拜終る、

一、上野喬介來リ、實父事廿九日ニ死去之由ヲ初メテ聞ク、

一、英信并ニ大雅ノ畫幅・蒔畫封函ヲ、八十錢ニ買取る、

○3月0日、晴、土曜日、正月廿八日、

一、神拜終る、

淡州佐野村に達す

一、午前十一時發シテ中島ヲ訪ヒ、滊船ノ出帆ヲ聞クニ、昨日風波之爲航海ノ禁アリト云、依テ方向ヲ轉シテ、瀧ノ茶屋ニ行ク、十二時五十分ニ万龜樓ニ休シ、晝飯ヲ喫シ、主人ノ需ニ應シテ、額面及畫帖ヲ認メ、午後四時半葉舟ヲ買テ發ス、中途ニシテ又他船ニ移リ、九時半淡州佐野村ニ達ス、一漁村ナリ、車ヲ買テ志筑村ニ達ス、十一時三十分ナリ、旅宿ヲ叩クニ應スルモノナシ、森田ニ投宿ス、時已ニ前三時ナリ、

○3月11日、晴、日曜日、正月廿九日、

一、神拜終る、

一、早朝裝シテ共同館ニ行キ、米粒ヲ一見ス、惣テ六百八十六種ナリ、

伊弉諾神社に參拜

菅森潔の墓を拜す

一、伊弉諾神社ニ參拜シ、藤田ニ面會シ、大島櫻苗百本獻備ノ事ヲ通シ、又管森潔ノ墓ヲ拜シ、歸途旅店ニ宿ス、

一、終日揮毫數十枚、大川訪來ル、日暮ヨリ醫師（マヽ）ヲ訪ヒ、書畫幅ヲ一見ス、皆卸品ナリ、獨空海ノ肉筆、細字ノ艸書經文ヲ見ル、眞ニ奇品ト云ヘシ、

○3月12日、晴、月曜日、正月卅日、

一、神拜終る、

一、郡長鈴木三郎・大任三郎・赤木警部訪來ル、

褒賞授與式に臨む

一、午後三時ヨリ褒賞授與式ニ臨場ス、祝詞ヲ朗讀ス、終ツテ祝酒ノ饗應アリ、此間ニ演舌等アリ、午後五時半ニ退場、西田某ノ宅ニ行キ、此ノ家ニテ饗應アリ、鈴木郡長モ來リ、閑話ス、今夕頻ニ揮毫、

○3月13日、晴、火曜日、二月朔日、

一、神拜終る、

一、早朝揮毫午後二時ニ畢リテ發行、須本〔洲〕木屋某ノ家ニ投ス、

一、郡書記大岡某來リ、溫泉ニ入浴シ、是レヨリ赤木ヲ訪ヒ歸家、赤木・鈴木、此他數名訪來ル、燭ヲ秉リテ揮毫、晩ニ赤木及郡長ヨリ饗應アリ、今夕原口・南村行キノ詩、幷ニ書面ヲ造ル、午前四時ニ眠、

○3月14日、晴、水曜日、二月二日、

一、神拜終る、

一、早朝ヨリ揮毫、午前第九時ニ乘船、直チニ發ス、中途ニシテ志築村洋ニ舟ヲ留ム、森田直チニ乘船、土產品ヲ持參ナリ、午後二時三十分ニ兵庫へ着す、直チニ歸家、川添〔爲一〕モ昨夕着之由ニて面會、

○3月15日、晴、木曜日、二月三日、

一、神拜終る、

一、神拜終る、（マヽ）終日疲勞ニて休息す、

一、區長ヨリ予幷ニ家內共ノ生年月日可屆出トノ達シ有之、仍而出ス、

○3月16日、晴、金曜日、二月四日、

一、神拜終る、

一、昨夕赤木幷ニ宅間來ル、饗應ス、

一、馬鞍二具ヲ宮內より借用ニ遣ス、仍テ一ツハ錬ヨリ借入レ送る、

一、今早朝知吏〔内海忠勝〕幷ニ宮內ヲ訪シ、又刺賀ト同伴ニて、竹中ヲ訪ヒ歸ル、

○3月17日、晴、土曜日、二月五日、

一、神拜終る、

一、三番瀛〔車脱〕ニて上坂、西村補藏ニ齒ノ治療ヲ乞、是レヨリ文玉堂古梅園ニ行キ、墨ヲ買入レ、又下山信利ヲ

訪ヒ、四時ノ瀛車ニて歸家す、
一、神拜終る、
○3月18日、晴、日曜日、二月六日、
一、淡路行之書ヲ揮毫、
一、神拜終る、
○3月12（19）日、月曜日、二月七日、
一、早朝ヨリ赤木義彦訪ヒ來ル、又午前九時ヨリ榮町出張所西村（補藏）へ行テ、義齒ヲ入レタリ、
一、神戸警察署へ行、人力車一件ヲ談ス、又晩ニ宮内ニ行テ本件ヲ談ス、
一、本日赤木ヲ饗ス、又米桃幷ニ枇杷ヲ送ル、
一、竹雲（中村）楠公之畫、西田茂兵衛へ、山岡（鐵舟）ノ書壹枚、森田へ送ル、
一、櫻苗百本伊弉諾神社へ、五十本ハ西田へ、
○3月20日、晴、二月八日、
一、神拜終る、
一、赤木ヲ伊加松ニ見舞ヒタリ、本日歸航ナリ、
一、今日古書畫數幅ヲ見、王若水・柳公美・馬賢等ナリ、何レモ名幅ナリ、
○3月21日、晴、水曜日、二月九日、
一、神拜終る、
一、昨廿日球陽丸出帆ニ付、相良甚之丞依之梅ノ接穗二十種ヲ知支公（島津久光）へ奉送ル、又カンヒ苗幷ニ種子ヲ江夏氏へ注文す、
一、午前第七時ノ瀛車ニて上坂、西村ニ行キ、又尾崎雪濤ヲ訪、下山信利是レヨリ吉助玩菊庵ニて書飯ヲ喫シ、古森ロヲ經テ、久法寺へ訪ヒ、久々ぶりニ面會シテ、更ニ西村ニ行、義齒ヲ爲濟、四時ノ瀛車ニて皈ル、
○3月22日、晴、木曜日、二月十日、
一、神拜終る、
一、早朝ヨリ湯淺借地返納ノ書面ヲ造ル、
一、大坂ノ吉助來ル、紀州之古屋石ヲ壹圓五十錢ニ買取ル、
一、雪濤（尾崎）來リ、小原竹香詩ノ評ヲ送ル、三時ヨリ倶樂（部脱）ニ行ク、
○3月23日、晴、金曜日、二月十一日、
一、神拜終る、
一、午前第十一時出廳、書記官（牧野伸顯）・知支（内海忠勝）ニ面謁シテ、湯淺源吉取拂之申立ヲ、親展ニて差出ス、又五島へモ談シ、

歸途區役所鳴瀧(公恭)へも面シシ(ママ)親展書進達ノ叓實ヲ談、書面壹通リ相渡シ置ク、又神戸警察所(署)へ行キ、天保錢三枚、サイ壹ケ、銅貨六錢壹厘、三枚ヲ收メ置ク、

一、淡路ヨリ森田來ル、米澤ト同伴ナリ、仍而洋食之饗應ヲナス、

○3月24日、晴、土曜日、二月十二日、

一、神拜終る、

一、小原竹香ニ詩ヲ送リ評ヲ乞、

一、高橋次郎ヨリ櫻苗六百本送達す、外ニ時任(義當)氏行千本有之、依而時任氏ヘハ直チニ書面ヲ出タス、

一、晩ニ眞島及ヒ小谷訪來リ、湯淺ノ一件ヲ喋〻論辯ス、仍而斷然タル返詞ニ及フ、

○3月25日、雨、日曜日、二月十三日、

一、神拜終る、

一、二番瀛車ニて中山之產樹會ニ臨場、株金第二期分三圓五十錢ニ入レ、又櫨苗百拾本ヲ注文ス、平素ノ苗ハ百二十五戔(錢)、櫻苗ハ壹本七錢也、鈴木行ニ見込ミタリ、

一、中山皈途ヨリ寶塚ヘ立寄、晝飯ヲ喫シ、雨ヲ侵シテ皈ル、

*大坂より奈良に向ふ

*稅所知事を訪ふ

中山より寶塚に至る

一、鈴木三郎ヘ櫨苗仕送リ之件ヲ報ス、又時任義當ヘ書面、櫻苗着之叓ヲ報ス、

一、西田茂八郎ヘ書面、淡州行之日懇親之一禮ヲ申送る、

○3月26日、晴、月曜日、二月十四日、

一、神拜終る、

一、午前十時出廳、南山城行之御暇願書ヲ差出シ、尚五島氏ト熟談ノ上、昨夕眞島・小谷等之件ヲ牧野書記官ニ殘ラス談シテ歸ル、

一、午後六時ヨリ具(倶)樂部ニ出席、海濱院設立ノ見込ミヲ談シ、決定セスシテ十一時ニ散會す、

○3月27日、晴、火曜日、二月十五日、

一、神拜終る、

一、午前七時五十五分ノ瀛車ニ駕シ、大坂ニ達シ、挽車ヲ雇ヒ、金谷町ニ行キ、花ヲ携テ奈良ニ向ツテ發ス、午後五時半ニ角屋ニ投シ、直チニ稅所(篤)知叓ヲ訪ヒ、明日月ケ瀬行ヲ約シテ皈ル、

○3月28日、雨、水曜日、二月十六日、

一、午前第七時半角屋ヲ發シ、路ヲ春日山ニ取ル、一溪水ニ傍テ登ル、石徑險惡、深林幽邃、鶯聲前後ニ起ル、行ヿ一里、石切峠ニ達シ、初メテ石路巖角ノ嶮

*稅所の旅宿に行き詩の應酬あり

*笠置に向つて發す

*月ケ瀬村に達す

*柳生村に達す

ヲ免レ、眺望快然タリ、此邊一・二ノ茶店アリ、行ヿ半里ニシテ須山村、又半里ニシテ盛掛村ニ幸シ、山陵ヲ左傍田中ニ拜シ、水間村ニ休憩シテ行ク、此ノ日早朝ヨリ春雨矇〻、然レ𪜈押シテ發ス、ニ(マヽ)達シ雨甚タシ、故ニ山路泥深ク、車輪ヲ沒シ、車夫ノ勞苦、仍テ一車ヲ休シテ、匹夫ニテ互ニ相扶助シ、午後五時ニ月ケ瀬村ニ達ス、茲ニ至リテ、雨初メテ息ム、溪邊ノ梅花ヲ遠望、又本ニ達セントスル、九六・七町高岡到ル處、悉ク楳林芳香人ヲ襲フ、鍛冶屋兵藏ノ家ニ投ス、初メ至ル某ノ家ハ、奈良縣ノ指命アリ、故ニ忌テ鍛冶屋ニ投ス、主人ハ窪田洞ロト云、尤風ヲ好ム、夜ニ入リ雨晴レテ山月ヲ樓上ニ觀ル、梅花模糊ト暗香紛〻、詩アリ、正午ニ伏ス、

○3月29日、晴、木曜日、二月十七日、

一、早朝飯シテ山ヲ下リ、溪流ニ下リ、途中ニシテ眞景ヲ寫シ、溪流ニ浮フ、此ノ邊俗ニ一目万本ト云ヱリ、九八・九町間清溪ヲ挾ミ、左ノ高山處トシテ、楳花ナラサルハナシ、楳花中靑杉栗松、或ハ人村族〻絶景無雙云、此地九八・九村落アリ、悉ク茶ト楳トヲ植ヱテ家計ヲ立ツト、且ツ、所謂、清流ハ木津川ノ上流ニシテ、伊賀ノ國上野ヨリスト云、

一、主人ノ求メニ應シテ、額面及詩ヲ揮毫ス、晩景ニ至リ、稅所(篤)幷ニ本田等旅宿ヲ訪ヘリ、夜ニ入リ、稅所ノ旅宿ニ行キ、本田ト詩ノ應酬アリ、

○3月30日、晴、金曜日、二月十八日、

一、早朝駕ヲ命シ、笠置ニ向ツテ發ス、此ノ路嶮ナリト雖、前日ニ比スレハ、大ニ平坦ナリ、桃ケ野高尾奥ケ原ノ詩村ヲ歷テ、柳生村ニ達ス、所謂、柳生但馬ノ舊領ナリ、一旅ニ休ス、殆ト晝ナリ、然レ𪜈晝飯ヲ喫セスシテ發ス、此處ニテ一岐路アリ、石橋ヲ渡ラス駕ヲ下リ、歩シテ小徑ヲ行キ、僅〻ニシテ本路ニ上リ、笠置山ノ背ニ達シテ、直ニ寺門ニ入ル、蓋此蹊路、元弘辛未ノ秋、村民賊ヲ導テ行在ヲ侵シタリト云、寺門ニ入ル一小寺アリ、此レヨリ山中ヲ廻リ、先帝(後醍醐天皇)楠公(楠木正成)ニ坐ヲ賜ノケ所ニ至ル、今ヤ林叢中ニシ、果シテ眞ナルヤ否ヲ知リ難シ、抑此ノ山頂巨石累〻、實ニ可驚、西北望スルニ、伊賀・山城ノ群山波濤ノ如ク、府ヲ見ルニ、木津川林麓ヲ達リ、雄壯ニシテ疇昔ヲ感懷ス、山ヲ下ルヿ九八町、人村ニ至リ、大倉氏ニ休シ晝飯ヲ喫シ、茲ニテ船ヲ買テ木津川ヲ下

玉水村に達す

ル、風順ニシテ帆ヲ掲〔揚〕、葉舟疾キ丁、箭ノ如ク、玉水村ニ達シテ上ル、

*櫻苗三百本を銕道局に獻納す

一、奈良ヨリ月ケ瀬ニ至ル、凡六里半、月ケ瀬ヨリ笠置ニ下ル、三里半、笠置ヨリ玉水へ四里、玉水ヨリ奈良へ壹里、午後五時ニ角屋ニ投ス、

*幼稚園開業式に臨む

一、駿州高橋次郎へ書面ヲ造リ、櫻苗ノ着ヲ告ク、

○3月31日、晴、土曜日、二月十九日、

大佛を一見す

一、午前八時奈良ヲ發シ、大佛ヲ一見シ、玆ニテ瓢〔箪脱〕四箇ヲ買ヒ、國分ニ達シ晝飯ヲ喫シ、午後二時半大坂ニ達シ、北新地ニテ休憩シテ、花ヲ飯シ、四時二十五分ノ滊車ニテ歸家す、

〔四　月〕

○4月1日、晴、日曜日、二月二十日、

一、神拜終る、

前田吉彥を訪ふ

一、早朝宮内（愛亮）ヲ訪ヒ、山吹ノ一件ヲ談シ、又石田・徳山等ノ叓情モ談シテ、皈路中村ニ行、枕山ノ幅殘金十分ヲ拂ヒ、前田吉彥ヲ訪ヒ、小寺ヲ訪ヒ皈ル、小寺ノ病府モ粗快氣ニ向ケリ、

一、櫨苗百五本ヲ、明二日船便ヨリ仕送ルノ書面ヲ鈴木三郎へ出タス、

一、月ケ瀬行ノ前日、櫻苗三百本ヲ銕道局ニ獻納ス、

○4月2日、晴、月曜日、二月二十一日、

一、神拜終る、

一、歸社ノ屆ケヲ地方ニ出タス、

一、知叓（内海忠勝）ニ面謁シテ、山吹ノ一件ヲ談シテ皈リ、直チニ幼稚園開業式ニ臨場シ、又警察署ニ行キ、上石ニ面會シテ山吹ノ件及石田・徳山ノ叓實ヲ談シテ皈ル、

一、日暮松原良太來リ、山吹ノ仲裁說ヲ入ル、依テ決心ノ次第ヲ論ス、

○4月3日、晴、火曜日、二月二十二日、

一、神拜終る、

一、早朝宮内ニ行キ、山吹一件ヲ談シ、尙直木政之助ヨリ依頼ノ藤田八郎歸任ノ叓ヲモ依頼ス、

一、菊野種子ヲ呼テ、妊賣ノ件ヲ戒メテ皈ス、但菊野ヨリ花之書面ヲ送る、仍而即刻徳次郎へ書面ヲ出タシ、不當ノ始末ヲ申シ越ス、殊ニ本人ハ本夕田口方へ一泊セリ、但滊車料トシテ五十錢ヲ爲取タリ、

○4月4日、晴、水曜日、二月廿三日、

一、神拜終る、

一、當日も徳次郎へ書面ヲ送リ、金員ヲ花ニ申込ムノ不當ヲ責メタリ、又花へも以來ハ、徳次郎へ問合セサル樣ニ達シタリ、

○4月5日、晴、木曜日、二月廿四日、

一、神拜終る、

一、午後四時ヨリ俱樂〔部脱〕へ行、月瀨行之詩ヲ調ヘタリ、十時ニ歸ル、

○4月6日、雨、金曜日、二月廿五日、

一、神拜終る、

一、早朝宮内（愛亮）ヲ訪ヒ、湯淺之一件ヲ談シタ、當日ハ本人ヨリ取拂之一件ヲ具申スルトノ叓、但シ、牧野氏（伸顯）ハ斷然取拂之決心ナリト云、

一、松村辰昌來リ、大石良雄神社募集之委員ヲ受負ヒタリトノ事ヲ聞ク、

一、明七日、森岡昌純懇親會場之叓ヲ、市田・工藤へ問合セタリ、

○4月7日、土曜日、晴、二月廿六日、

一、神拜終る、

一、祖父公・宮子姬、月并〔次〕祭執行、

森岡昌純懇親會

一、午後四時ヨリ諏方（マヽ）山中店ニて、森岡昌純及ヒ隨行之加藤・野津ノ三士ニ、懇親會執行、無慮六十九名ナリ、

○4月8日、晴、日曜日、二月廿七日、

一、神拜終る、

*年秀へ授爵の噂あり

一、過日來、年秀へ授爵之噂サアリト、朝日・東雲ノ兩新聞ニ見ユ、此レハ過般拙者并ニ家內之年月調ベヲ被達タルヨリシテ、此ノ說ヲナストモ思考セシニ、昨夕安井改造東京ニて之レヲ聞キタリト云、又本日ノ新聞ニモ授爵者取調ノ叓ヲ記シタリ、

一、森岡并ニ加藤・野津等ノ三名訪來レリ、

○4月8日（9）、晴、月曜日、二月廿八日、

一、神拜終る、

一、月瀨行之詩ヲ、小原竹并ニ水越氏ニ送リ批評ヲ乞、

一、花人ニ書面ヲ出タシ、十五日上坂ノ叓ヲ告ク、

一、午後ヨリ俱樂部幹叓會ヲ辭シ、中島保次郎ヲ訪、淡路ノ森田福次郎及河合正鑑〔谷〕も見得タリ、

○4月0日（10）、雨、火曜日、二月廿九日、

一、神拜終る、

一、西田茂八郎へ菊水三層盃壹箇、并ニ賞譽盃壹箇ヲ中島ニ托シテ送ル、

○4月11日、晴、水曜日、三月朔日、

一、神拜終る、

一、櫻苗百本ヲ内海(忠勝)知亊ニ送る、

○4月十二日、晴、木曜日、三月二日、

一、神拜終る、

一、宮崎夢柳ニ書面ヲ出、詩四首ヲ送る、

一、午後ヨリ倶樂部へ出テ、詩ヲ寫す、

○4月十三日、金曜日、晴、三月三日、

一、神拜終る、

一、鹿兒島ヨリ芋種子ヲ御贈リ被下タリ、

○4月14日、晴、土曜日、三月四日、

一、神拜終る、

*商法會議所開業式に出頭

明石太山寺に赴き古書畫を一見す

一、早朝挽車ニて明石太山寺ニ行ク、車村ノ嶮ヲ越シタリ、行テ古書畫ヲ一見す、第一可觀モノハ、第一兆殿主ノ涅槃圖、十六善神、雪舟雪山、釋迦、金岡十六羅漢、維摩圖屛風、古法眼(狩野元信)ノ屛風一双、明ノ道汶ノ畫二幅等ナリ、此外古書類之一見終リ、四時ニ再山ヲ越シ、六時半ニ歸家、太疲勞セリ、今日席間詩三首ヲ作リ、細口立齋ニ投シ歸途ニ上ル、

○4月15日、半晴、日曜日、三月五日、

一、神拜終る、

一、梅花十二詠ヲ矢野可宗ニ贈ル、

一、午後一時五十五分ノ滊車ニて上坂、懇親會ニ出頭、央ニシテ雨降リ出タス、雨ヲ侵シ花ヲ一見シテ、四時二十五分ノ滊車ニ駕シテ歸家す、一律ヲ賦ス、

羊車鞍馬溅川潯、金谷豪華鑄万金、手拂其風俳柳外、快留香露出櫻陰、雨中花最見眞景、醒醉人還多雅音、眼漸紅裙泛舟去、老來空持白雲心、

○4月16日、晴、月曜日、三月六日、

一、神拜終る、

一、午前十一時ニ商法會議所開業式ニ出頭、午後二時ニ歸家、

一、河谷正鑑、明日東上之由ニて來訪、

一、當日七株利公債證百圓ヲ百圓ニ賣却シ、岡田ヨリ恩借之三十六圓ヲ返濟ス、

一、丸善江四圓四十錢、一、日本農會へ三圓、

一、博愛社ニ參圓、一、大成館へ壹圓、

一、かなの會へ壹圓、〆十二圓爲換ニて仕出す、

○4月17日、晴、火曜日、三月七日、

一、神拜終る、

洗心堂題字序文を勝海舟山岡鐵舟に乞ふの書面を作る

一、河谷正鑑ニ托シ、洗心洞(大鹽平八郎)之檄文ノ題字并ニ序文ヲ勝海舟・山岡鐵舟ニ乞、書面ヲ作リタリ、又榛原ニ書翰袋二種注文、金壹圓ヲ入レタリ、河谷ニ行テ別紬ヲ告ケタリ、又金貳圓ヲ河谷へ贐トシテ送ル、

前田正名を訪ふ

一、前田正名ヲ訪ヒ、葡萄苗四種、外ニ雜種ヲ貰ヒ受ケタリ、爲謝禮豚肉ヲ送ル、

○(4)7月18日、晴、水曜日、三月八日、

*久邇宮へ御肴獻備す

一、神拜終る、

一、紺島壹反ヲ水越青嶂へ贈ル、

一、金壹圓ヲ駿州高橋次郎へ爲換ニて贈ル、

*嵯峨松岩寺にて小楠公靈前を拜し嵐山に赴く

一、金參圓湊川神社、仝貳圓折田年秀、

小楠公法會執行に付き募金獻備す

是レハ小楠公御首級塚、葛野郡嵯峩天龍寺内舊寶篋院内ニ、足利二代義詮ノ墓ト并へ有ルヿヲ發見シ、且ツ正行公之靈牌ハ、仝松岩寺ニ在ルヲ、來ル廿日ヨリ法會執行ニ付、募金之云々ニ付、獻備セリ、

○(4)7月19日、晴、木曜日、三月九日、

*寶篋院境內小楠公御首級塚を拜す

一、神拜終る、

一、福原妙見堂之住持鶴井日應來ル、仍而明廿日出發、小楠公法會ニ出會之叓ヲ告ケ、且ツ松岩寺住職四辻月航へ書面ヲ出シ、明日發程ヲ報ス、

一、淡州西田茂八郎ヨリ、鷄二十羽ヲ贈リ呉レタリ、尤千代ヲ遣ス、是レハ過日三層盃等ヲ贈リシ謝義ナリ、

○(4)7月20日、晴、金曜日、三月十日、

一、神拜終る、

一、午前七時五十五分ノ滊車ニて獨リ上京す、久邇宮(朝彦親王)へ御肴二尾、又外ニ二尾、小藤(孝行)・鳥居川(憲昭)之兩名へ、染へ立(マヽ)、是レヨリ書面ヲ附シテ奉リ、此レヨリ直道嵯峩江向ツテ發シ、松岩寺へ行、靈前ヲ拜シ終リテ、嵐山子規亭ニ行キ、法會ノ宿題二首咏史七絕ヲ賦シ、又一首ヲ賦シテ一泊ス、

○(4)7月21日、雨、土曜日、三月十一日、

一、神拜終る、

一、早朝ヨリ松岩寺及ヒ子規亭主人之需ニ應シテ揮毫ス、

一、午前第十時半、子規ヲ出テ、松岩寺ニ參拜シ出京、當府知叓(北垣國道)へ打合セ之件々ヲ通シ、此レヨリ小僧ヲ具シ墓參ス、天龍寺表ヨリ北行スル九六町、釋伽(迦)堂ニ行、當此レヨリ西ニ折レハ、即爰岩山道ニシテ、九三十間、卽故寶篋院ノ境內、此ノ折角ヨリ竹林中ヲ行クヿ四十間、墓二ツアリ、左リノ大長ナルハ、卽寶篋院殿義詮(足利)ノ墓ニシテ、右ナルハ小楠公(正行)ノ御首級

塚ナリ、小傳ハ前ニ記スル處アリ、之レヲ拜シテ出京、柊屋へ投宿ス、時已ニ二時ナリ、

一、日暮ニ至リ、染千代ヲ伴ヒ來レリ、是レハ獨行ニ付、染ヨリ電ヲ引キタルカ故ニ、千代子供ヲ捨テ丶上京ノ由、驚愕ニ不堪ナリ、

一、篠田芥津も訪來レリ、曾テ預ル處ノ木印材ヲ返ス、

○7(4)月22日、晴、日曜日、三月十二日、

北垣知事を訪ひ小楠公御首級塚の實況を演ぶ

一、早朝北垣(國道)ヲ訪ヒ、昨日天龍寺之實況ヲ演ヘ、碑石之義ハ、後日ニ廻し、楠中將正行首級云云ノ石標柱ハ、北垣氏知叓中發見ノ記念ノ爲ニ建設有之度、楠社も舊時ナレハ、一社ノ計ヲ以テ、促榮可相調モ目下改革ニて、如何トモシ難シ、且ツ、又此位ノ叓ニ有志ノ醵金ヲ募リテハ、叓鄙劣ニ渡ルモ難計云々ヲ演シ、且ツ、明日是非實地參詣ノ約ヲナシテ歸リ、又小藤へ行キ、河田景福ニ出會シ、共々北垣へ委托ヲ示談シタリ、

久邇宮へ拜謁

一、小藤へ久邇宮寶塚溫泉御成リ之叓ヲ願入、本地ノ畧ヲ筆記シテ渡し置キ、是レヨリ宮へ參殿、拜謁被仰付、茶菓并ニ御茶二鑵ヲ贈リタリ、

一、寺町通リ下御靈前、櫻井定方ニて宮召上リ用之、諸器物ヲ注文シタリ、御一人前ニて三圓九十錢ナリ、

一、午後二時四十五分ノ瀛車ニて皈神す、

○4月23日、雨、月曜日、三月十三日、

一、神拜終る、

一、但馬二方、湯村・岡田江書面ヲ出シ、專賣特許願ハ、其筋ヲ經由して可差出成規ノ返詞シタリ、

一、諸方ヨリ受取證達す、

一、內田耕作江明廿四日懇親會承諾之書面ヲ出タス、

一、本日焚香ヲ調合す、

○4月24日、晴、火曜日、三月十四日、

一、神拜終る、

一、煙草壹函并ニ書面ヲ附シテ、谷銕臣江贈ル、外ニ饅頭一函、是レハ篠田芥津へ、

一、櫻苗三十本、嵐山郭公亭へ送致スルカ爲、京都停車場松川友吉へ宛テ仕出タス、又荀(筍)五六貫目ヲ注文す、

*森岡昌純の懇親會に出席す

一、午後五時半ヨリ森岡(昌純)之懇親會ニ出席す、

○4月25日、晴、水曜日、三月十五日、

一、神拜終る、

一、父上月次之祭祀ヲ畢ル、

一、東條三郎ヨリ英國領亊スルーフ、下山信利方へ、明

後廿七日染物試驗之爲、出張ノ報知有之、仍テ直チニ上坂、下山(信利)江云ゝ示談シ、是レヨリ尾崎雪濤ヲ訪ニ不在、又藤澤南岳・加藤菱州・山中等ヲ訪ニ皆不在、已ムヲ得ス梅カ辻ニ行キ、是レヨリ築地布市ノ側武式ニ一泊シタリ、

○4月26日、雨、木曜日、三月十六日、

一、神拝終る、

一、午前八時廿五分ノ滊車ニて皈家、

一、尾崎雪濤訪來リ、蕪村カ寒山實得〔拾〕ノ畫ヲ買人有之ニ付、大畧圖ヲ爲見タリ、

○4月27日、晴、金曜日、三月十七日、

一、神拝終る、

一、有馬義仲初、管内祠官掌八名來ル、是レハ何レモ議員ナリ、所長之不法ナルヲ憤リ、會議ノ破烈〔裂〕ヲ告ケタリ、因テ方法ヲ示談シテ返ス、

一、京都松川友吉ヨリ竹ノ子(筍)ヲ送致ス、

一、井上不鳴へ書面、幷ニ詩稿ヲ送リ批評ヲ乞、

一、加島信之江朱肉代價二圓四十錢ヲ拂渡ス、

○4月28日、晴、土曜日、三月十八日、

一、神拝終る、

一、午前七時五十五分ノ滊車ニて上坂、ふし・千代・うさヲ具シ、高津之吉助ニ行キ、牡丹ヲ一見シ、又翫菊庵ニて菊苗二十七種ヲ受取、生魂神社内、櫻茶屋ニて晝飯ヲ吃シテ、歸路博物館ヲ一覽シテ、四時四十分ノ滊車ニて歸家す、

*博物館を一覽す

一、只野可宗へ筍ヲ送リ、月瀬行之詩ヲ投ス、

○4月29日、雨、日曜日、三月十九日、

一、神拝終る、

一、西之宮小松重三來、寶北八郎右衞門伐木之云ゝヲ聞、

一、京都篠田芥津ヨリ書面アリ、山本竹雲京都在、追分ケ珍叓村之溜池へ入水、溺死ノ報知有之、何カ書置キ等モ有之トノ事驚愕ニ不堪、

*山本竹雲入水溺死す

一、舊知叓(島津忠義)公、明卅日御着神之報知ヲ神川ヨリ告ケタリ、

○4月30日、晴、月曜日、三月廿日、

一、神拝終る、

一、午八時ヨリ神ノ川江出張之處、仝九時半御着船ニて、公幷ニ愼之介公御上陸、直チニ拜謁致候、十二時歸家之處、午後第三時ニ御二方共被爲成、家内中大混雜なり、山之葡萄御一覽、午後文庫ニて御茶菓ヲ上リタリ、黒椿幷ニ柿之御注文有之、

*島津忠義幷に愼之介上陸來社

〔五　月〕

○5月一日、晴、火曜日、三月廿一日、

一、神拝終る、

一、御旅館へ伺公之處、一番瀛車ニて大坂吉助へ被爲成候由也、仍而御留主番橋口ト示談シテ、大津中村樓幷ニ堀井義昌へ御泊リ、幷ニ蒸氣御都合之叓、依賴狀ヲ出タス、

一、寶塚分銅屋へ書面、入浴之叓ヲ報ス、

一、愼之介樣御旅宿ヲ奉伺候、

一、ユウリブリチウース五拾本ヲ、前田正名之宅ニ送リ、中村岩槌ヨリ受取書來ル、

○5月2日、半晴、水曜日、三月廿二日、

一、市來四郎訪ヒ來リ、舊邦祕錄之一件ニ付、順聖公御時代ヨリノ事實等ヲ質明有之、仍而記錄スル叓ヲ受合ヒタリ、

一、下山信利へ書面ヲ出タス、是レハ英人染物ノ叓ニ付、東條別シテ心配致し呉レタルカ爲ニ、謝禮トシテ代理ニても遣し呉レトノ叓ヲ通知セリ、

○5月3日、半晴、木曜日、三月廿三日、

一、德島人來リ、藤澤南岳之名刺ヲ送リ、過日訪問之折不在ヲ謝シタリ、

一、御旅宿ヲ伺ヒ歸リ、午後一時ニ停車場ニテ奉送タリ、于時當日ハ白蕉布一卷、御土產トシテ拜領被仰付タリ、

一、福山秀雄來リ、分所長之件〻ヲ聞ク、

*前田正名へ書面を出す

一、前田正名へ注文ノ木苗ヲ送ル叓ヲ、報知ノ書面ヲ出タス、

○5月4日、晴、金曜日、三月廿四日、

一、神拝終る、

*四辻月航來訪小楠公首級塚の一件を聞く

一、早朝松岩寺四辻月航訪來、小楠公（正行）首級塚之一件ヲ聞ク、仍テ勸財ハ必ス廢止之叓情等ヲ備サニ諭シタリ、

一、宮內愛助〔亮〕ヲ訪ヒシニ、上坂ニて不在ナリ、仍而本日入湯ニ出掛る叓ヲ告ケテ歸ル、

一、昨日下山信利見舞之由ニ付、當日菓子折等之謝狀ヲ出タシ、猶當日ヨリ溫泉行之叓ヲ報ス、

一、板原直吉へ園藝會斷リ之書面ヲ出タス、

*西宮より寶塚へ至る

一、午後一時五十五分ノ瀛車ニて、西ノ宮へ向ツテ發シ、廣瀨兼繼ニ立寄リ、是レヨリ寶塚へ四時卅五分ニ達シ、分銅屋へ投ス、此行齋藤梅女ヲ具シタリ、

*村野山人より枇杷木葉笛催しの書面來る

中山寺に參詣

光村彌兵衞より招待の書面來る

一、安着ノ一左右ヲ神戸ニ通シ、又梅ハ東京深川材木町
實父之方へ、無叓滯在ノ書面ヲ同所ヨリ出タス、
〇5月5日、晴、土曜日、三月廿七日、
一、神拜終る、
一、午前第十時寶塚ヲ發車、中山寺ニ參詣ス、茶店ニて
疊屋ノ姿ニ行逢ヒタリ、是レヨリ山本村產樹會社ニ
行キ、株第三季〔期〕分三圓五十錢ヲ拂渡シ、株件〔券〕ハ追而
乾方ヨリ送致ノ叓ニ約シ、新九郎之牡丹ヲ一覽シ、
中山柳ヤニて晝飯ヲ喫シテ皈ル、一詩アリ、別ニ記
ス、又坂ノ上喜右衞門(中村)之伜ニ黑椿ヲ三本注文す、
〇5月6日、雨、日曜日、三月廿六日、
一、神拜終る、
一、午後六時過、西ノ宮停車場より鷄二羽贈リ來リ、外
ニ光村彌兵衞幷ニ工藤八郎ヨリ之書面アリ、是レハ
來る十日光村より招待之叓ヲ申送リタリ、依而入浴
中故斷リ之書面ヲ出タス、
〇5月7日、晴、月曜日、三月廿七日、
一、神拜終る、
一、山本喜右衞門之倅來ル、仍テ扇子貳本幷ニ新九郎へ
茶代金十錢ヲ送リタリ、

〇5月8日、晴、火曜日、三月廿八日、
一、神拜終る、
一、七日附宿許書面中、村野山人枇杷木葉笛催シノ書面
有之、但家內無異ナリ、
一、中島ヨリ二葉之端書面來着す、
一、小松重二〔三〕來ル、菓子函持參ナリ、
一、今日當家之主人歸家、山本ヨリ牡丹花ヲ贈る、
一、宿元へ書面之返詞ヲ出シ、十一日ニハ歸家之叓ヲ報
す、又十四日附縣廳幷ニ社務所屆ケ書面ヲ封入す、
又中島へ端書キヲ出タス、
〇5月9日、晴、水曜日、三月廿九日、
一、神拜終る、
一、正午宿許ヨリ新兵衞來ル、牛肉其他種〻到來、又北
堂君ヨリ之御狀來着、新兵衞ハ直チニ差返す、仍而
書面ニふしへ是非參ルへキヿヲ記ス、
一、京都染へ北堂君之御書ヲ封入シテ遣スヘク、宿許へ
申遣ス、
一、大坂藤本豐へも書面ヲ出タス、
〇5月0(10)日、晴、木曜日、三月晦日、
一、神拜終る、

一、北堂君江書面ヲ上ル、但シ家系ニ罹る古書類、幷ニ御祖父様ヨリ以下之御死去年月等ヲ御報知之叓ヲ申上ル、

一、守田秀生幷ニ天満宮氏子惣代両名來、本宮境内區畫製定ノ趣キヲ、區長ヨリ達示ニ付云々ノ依頼ナリ、取調ルニ到底願意難達筋ナレ共、書面ヲ後神(秀運)幷ニ縣廳五島へ書面ヲ(マヽ)添ヱ返シタリ、

一、神拝終る、

○5月11日、晴、金曜日、四月朔日、

一、午前十時半よし來る、

一、神拝終る、

○5月12日、晴、土曜日、四月二日、

一、今曉ヨリ烈風ニて旅宿ノ二階動搖す、

一、午前第九時ヨリよし幷ニ梅ハ中山寺へ參詣ス、

一、中島ヨリ書面、是レハ河谷正鑑両名ナリ、

○5月13日、晴、日曜日、四月三日、

一、神拝終る、

一、明日歸家之手配ニ及、

○5月14日、晴、月曜日、四月四日、

一、神拝終る、

一、昨晩温泉之釜痛損ニヨリ、當朝ハ廢浴、第八時ニ粧シテ發途、十日間ノ宿料七圓二十戔(錢)、外ニ茶代金壹圓ヲ爲取、午前十時西之宮へ着、區長山崎ヲ訪ヒ、宮(久邇宮)御成リ之一件幷ニ入浴場之一切ヲ談シテ、十一時之瀛(マヽ)車ニて皈ル、

一、神拝終る、

○5月15日、晴、火曜日、四月五日、

一、加納治三郎へ書面、(中村)竹雲貸シタル字彙一件ヲ詳細ニ記ス、

一、東京松野勇雄へ書ヲ投ス、中ニ監督辞退之叓實ヲ記ス、

*松野勇雄へ書面監督辞退の事實を記す

一、中島へ歸家ノヿヲ通シ、又飴ヲ贈ル、

一、小原竹香ヨリ笠置山ノ古詩ノ批評ヲ入レテ返ス、仍テ禮狀ヲ出タス、

一、矢野可宗へ笠置山ノ古詩ヲ送リ、又新日報ニ記セシム、

○5月16日、雨、水曜日、四月六日、

一、神拝終る、

一、大迫某來リ金談アリ、此最中ニ宮御參詣ニ付御道導シタリ、

一、崎元計介行之書面ヲ記ス、

○5月17日、晴、木曜日、四月七日、

一、神拜終る、

一、松原良太來リ、社內之一件ヲ嘆願シ、且ツ同監規約之下書ヲ內見シ、故障無之ニ付、執行之形行ヲ達す、

一、西之宮小松重二(三)訪ヒ來リ、北八郎右衞門之一件ヲ示談シ、卽刻大坂滯在、河谷正鑑へ書面ヲ出タス、

一、古法眼元信(狩野)之双幅幷ニ周信(狩野)之幅、都合三幅ヲ小松重二持參ニ付、買取リ之約定ヲ結ヒ、內金五圓ヲ相渡ス、三幅ニて十五圓之內約也、

一、午後五時ヨリ倶樂部幹叓會へ出頭、

○5月18日、晴、金曜日、四月八日、

一、神拜終る、

一、揖宿貞火ヨリ書面、從弟平田孫太郎持參ナリ、仍而貞火江ハ久ヽふり之音客之叓情ヲ得ルノ歡ヒヲ答書ス、

○5月19日、土曜日、晴、四月九日、

一、神拜終る、

一、昨日十八日午前第十一時、阿梅ヲ具シ、敏馬ニ西尾篤ヲ訪ヒ、持參之弁當ヲ喫シ、午後一時半ニ戶長小川ト同伴、若井之別莊ニ行テ、綱(マヽ)引キ獵(漁)ヲ一見ス、當日ハ若井之酒庫新築之當日ニて、彼ノ若井氏ニ行、祝宴ニ居て額面幷ニ一詩ニ書シ日暮歸ル、

一、河合(谷)正鑑ヨリ書面、當日歸神之云ヽヲ記ス、中島モ訪ヒ來ル、

○5月20日、晴、日曜日、四月十日、

一、神拜終る、

一、後藤來リ、田口へ獅子寄附金ノ一件ヲ忠告ノ叓ヲ依賴アリ、

一、中島來リ、北八郎右衞門之叓ヲ示談ス、

一、久光(島津)公小傳ノ艸稿ヲ、關德ヨリ中島ニ受取ラセタリ、

一、大仕三郎來リ、園藝會出品ノ叓ヲ勸誘シタリ、依而只一品ヲ出タス叓ヲ受合ヒタリ、

一、午後四時ヨリ元信ノ二幅ヲ携へ、刺賀江行キ、是レヨリ諏(マヽ)方山常盤樓ニて晩飯ヲ喫シ歸ル、中途ニて河谷江立寄リ歸ル、

○5月21日、晴、月曜日、四月十一日、

一、神拜終る、

一、明廿二日西ノ宮行キノ一件ヲ中島氏ニ依賴シ、弁護人之內規ヲ記シテ渡ス、又小松重三來リ、親類不熟

*重野安繹を訪ひ古跡等の事を談ず

*神輿渡御
折田家舊記類は十年の役に皆焼亡したりとの報あり

和ノ叓ヲ告ク、依而破談ノ一件ヲ云ヒ渡ス、

○5月22日、晴、火曜日、四月十二日、

一、神拜終る、

一、中島西ノ宮ヨリ復命シ、明後廿四日愈弁護依頼ノ可否ヲ回答スルトノ事ナリト云、

一、高橋次郎ヘ爲替證送附之件ヲ問合セタリ、

一、松原良太ヨリ、山平進退及ヒ家計ノ事ヲ問合セタリ、仍而本日長文ヲ認メテ返詞ス、

○5月23日、晴、水曜日、四月十三日、

一、神拜終る、

一、鹿児島ヨ〔リ脱〕十七日出之御先祖方御名前等、御送リ被下タリ、但舊記類ハ十年之役〔西南戦争〕ニ皆亡焼〔焼亡〕シタリトノ御報有之、依而猶又御祖父様幷ニ軍事ノ年輩ヲ尋上ケ、且御歴歌ノヿヲ願上ケタリ、

一、中井巿三負債一件ノ叓ヲ示教す、又山平ノ辭表ヲ中井ヨリ受取、

一、五島龜ヲ訪ニ不在ナリ、

一、染ヘ書面ヲ出タシ、母上ノ御書面ノ由ヲ告ク、

○5月24日、晴、木曜日、四月十四日、

一、神拜終る、

一、早天五島龜ヲ訪ヒ、山平文天辭職、其跡中井巿三ニ被命之件ヲ依頼シテ皈ル、又重野安繹ヲ後藤江訪ヒ、古跡等ノ叓ヲ談シテ皈リ、尚但馬ノ舊家名稱ヲ談ス、

一、西尾篤明日渡御加勢トシテ來ル、又福山秀雄ニも加勢ヲ依頼す、

一、西之宮ヨリ小松重三來リ、北八郎右衞門云〻ノ叓ニ付示談ス、而后又中島・河谷も訪ヒ來る、

○5月25日、晴、金曜日、四月十五日、

一、神拜終る、

一、今日神輿渡有之叓、無異ニ相濟ミタリ、

○5月26日、晴、土曜日、四月十六日、

一、神拜終る、

一、早朝藤井庶務課長ヲ訪ヒ、山平ノ辭表及中井巿三薦擧狀之云〻ヲ示談シ、本書ヲ相渡し、又宮内及ヒ木〔貞良〕場・牧野〔伸顕〕ヲ訪ヒ皈ル、

一、河谷ヨリ書面、北八郎右衞門之件首尾能ク相運ヒタリトノ禮狀有之、安心なり、

一、中島ヘ依頼之物千出來す、又同人輕卒〔率〕之所行ヲ斷リ置ク、

○5月27日、半晴、日曜日、四月十七日、

一、神拝終る、

村野山人を見舞ふ

一、早朝田中元三郎ヲ訪ヒ、明後廿八日諏方(マヽ)山中店ニて、牧野・木場両士ヲ送迎之宴會一件ヲ示談シテ、帰途村野山人ヲ見舞歸ル、

一、午後橋本小六來、巡査某シ無禮之一件ヲ示談シタリ、

一、御國許ヨリ、煙草幷ニ酒・干肴數來着す、

○5月28日、晴、月曜日、四月十八日、

一、神拝終る、

牧野伸顕等の懇親會に出席す

一、午後五時ヨリ諏方(マヽ)中店ニ於而、木場貞良・牧野伸顕等ノ懇新(親)會ヲ執行スルニヨリ出會ス、

○5月29日、晴、火曜日、四月十九日、

一、神拝終る、

光村彌兵衞石爐獻納の事を談ず

一、工藤八郎來リ、光村彌兵衞石爐獻納ノヿヲ談シタリ、

一、堀千百訪ヒ來リ、米庵墨談ヲ貸シ與ヘタリ、

○5月30日、晴、水曜日、四月廿日、

一、神拝終る、

光村彌兵衞へ敍位の祝儀として肴を贈る

一、光村彌兵衞へ肴ヲ敍位ノ祝儀トシテ贈ル、

○5月31日、晴、木曜日、四月廿一日、

一、神拝終る、

一、終日庭園ノ叓ヲ勉ム、

〔六　月〕

○6月1日、晴、金曜日、四月廿二日、

一、昇殿終る、

一、一日祭相濟ム、

一、晩景宮内(愛亮)訪來ル、山之内助實ノ刀ヲ持參ナリ、

一、倶樂部へ出會、ホケット附ノ玉突臺設置ノ叓ヲ議ス、

○6月2日、土曜日、四月廿三日、

一、神拝終る、

一、中井(庸三)禰宜ヨリ金四十圓受取、

一、金三圓、小松重三江爲替證ニて仕送ル、是レハ元信(狩野)及周信(狩野)之幅代之内金拂濟ミタリ、

一、縣許ヨリ端書之御報知有之、前田ニ出火有之、一戸ニて相濟ミタリトノ御書面なり、

○6月3日、雨、日曜日、四月廿四日、

一、神拝終る、

一、中島ヨリ意外ナル書面ニ付、直チニ返詞ヲ出タス、

一、高橋次郎ヨリ金員(手カ)受取リ之書面達す、

一、京都倉貫ノ千代狩野市之助へ印材代價報知之書面ヲ

＊有栖川熾仁親王御奉納兼光の太刀

出タス、
一、產樹會社ヘ株劵預リ之證書ヲ返却すルノ書面ヲ出タス、
一、神拜終る、
○6月4日、晴、月曜日、四月廿五日、
一、但馬銀山町五田泰吉江橋架費トシテ、金壹圓ヲ爲換ニて郵送す、
一、金八十八錢、丸善商社ヘ存採・廿一集代トシテ仕送ル、
一、小松重三來リ、掛物三幅、代價皆濟之受取證ヲ落手ス、
○6月5日、晴、火曜日、四月廿六日、
一、神拜終る、
一、早朝牧野（伸顯）書記官ヲ送ランカ爲ニ、諏方（マヽ）山ヘ行キタルニ、已ニ立跡故小寺ヲ訪ヒ歸ル、
一、午後三時五十五分ノ滊車ニて上坂、小原（竹香）・藤澤（南岳）ヲ訪ニ皆不在、仍テ河谷（正鑑）ヲ訪ニ、是又不在ナリ、依而小野村天神南横町ニ塔本久吉ヲ訪ヒ、朝槿種子二二（マヽ）種ヲ貰ヒ歸ル、
一、神拜終る、
○6月6日、晴、水曜日、四月廿七日、

一、松原良太ヨリ社內營業者同盟規約會議決案ヲ贈ル、仍テ之レカ說明ヲ作ル、
○6月7日、晴、木曜日、四月廿八日、
一、神拜終る、
一、祖父公・宮子姬ノ月次祭濟、
一、午後倶樂部ヘ行キ、有栖川（熾仁）親王御寄附ノ兼光ノ太刀ヲ携、工藤八郎ヘ見セタリ、是レハ光村彌兵衞ヨリ寄附ノ劍アルカ爲ナリ、
一、晩ニ河添（爲一）來ル、仍而橋本小六之一件ヲ依賴シタリ、
○6月8日、晴、金曜日、四月廿九日、
一、神拜終る、
一、境內營業者會議案說明幷ニ一切之叓情ヲ詳記シテ、松原良太ヘ送附ス、
一、界（堺）妙國寺河田江菊苗ノ依賴書ヲ出タス、
○6月9日、土曜日、四月晦日、
一、神拜終る、
一、午後三時五十分ノ滊車ニて上坂、雪濤（尾崎）ヲ訪ヒ、短刀袋ヲ依賴シ、是レヨリ加島ヲ訪ヒ、小原ヲ訪ニ、何レモ不在、又加納治三郎ヲ訪ヒ、山本竹雲ノ變死之叓ヲ備サニ聞キ、是レヨリ牡丹茶屋ヘ行テ一泊ス、

○6月0(10)日、日曜日、晴、入梅、五月朔日、

一、神拝終る、

一、午前八時半、牡丹茶屋ヲ發シ、北久太郎町高知紙商社ニて、半紙并ニ半切之相場ヲ聞キ、十時廿五分ノ瀛車ニて歸ル、

一、松原良太ヨリ書面有之、卽境内營業者規約ノ件ヲ記ス、仍テ逐一ニ返詞す、

一、宮内及山口縣警部長高尾玉訪來ル、

○6月11日、晴、月曜日、五月二日、

一、神拝終る、社務所江出頭、

一、よし亊、西ノ宮より敏馬邊江反布ヲ携へて行、

一、篠田芥津ヨリ竹印ヲ贈リタリ、

○6月12日、晴、午より雨、火曜日、五月三日、

一、神拝終る、

一、午前十時社務所へ出頭、

一、西京より染來ル、

○6月13日、雨、水曜日、五月四日、

一、神拝終る、

一、午前第十一時出頭、兩店之一件ヲ指令ス、

○6月14日、雨、木曜日、五月五日、

一、神拝終る、

一、午前第十一時出頭、

一、中島來、松坂ヲ淡州西田茂兵衞へ無心之書面ヲ出ス、

○6月15日、晴、金曜日、五月六日、

一、神拝終る、

一、午前十一時出頭、

一、縣許北堂君ヨリ御狀着、仍而卽刻返書ヲ奉リ、紫根之人肉并ニごり之種子ヲ奉願候、

一、松下裕助來リ、琉球西瓜二ツヲ惠投す、內海知亊(忠勝)ニ贈る、

○6月16日、晴、土曜日、五月七日、

一、神拝終る、墓參濟、

一、神ノ川へ行キ、明十七日舊知亊(島津忠義)公御着神ニ付、御橋舟等ノ手配ヲ淸吉へ申付ケタリ、

一、社務所へ出頭す、

一、堺之妙國寺僧正來リ、菊ノ苗ヲ持參シ吳レタリ、

一、金庫注文一件ヲ大神へ書通す、

一、三木福(鮮明)來リ、佳人ノ奇遇六八漢隷字源ヲ買入ル、

○6月17日、雨、日曜日、五月八日、

一、神拝終る、

島津忠義公上陸奉迎す

一、午後四時ヨリ海岸ニ行キ、忠義公(島津)ヲ奉迎す、已ニ御上陸ナリ、明日京都へ御上リニ付、供奉スルヲ御受ケ申シタリ、仍而馬車ノ手配ヲ前田正名ヨリ、京都府書記官尾越(マヽ)シニ通シ、又久邇宮(朝彦親王)御殿ニ書面ヲ以而、御家扶迠通シ、又電信も通ス、

一、神拜終る、

○6月18日、晴、月曜日、五月九日、

久邇宮へ参殿知事公参殿の都合を謀る

一、午前壹番瀛車ニて西京へ着シ、直チニ久邇宮へ參殿、知叓公(島津忠義)參殿之御都合ヲ謀リ、是レヨリ祇園ノ中村樓江行キ、御晝之手當ヲ致シ、停車場ニて御待受ケヲナス、財部警部長も奉送シタリ、御馬車二輌ニテ、宮(久邇宮)幷ニ山科宮(晃親王)(階)へ御成リ、是レヨリ泉涌寺御拜、稲荷停車場ニて御乗車、此レヨリ順道大坂へ御降リ、自由亭へ御一泊ナリタリ、

一、明日奈良へ御成リニ付、神戸へ書面ヲ出タス、今晩牡丹茶屋へ一泊ス、

一、神拜終る、

○6月19日、晴、火曜日、五月十日、

知事公造幣局炮兵工廠を一覽奈良へ向ふ

一、午前八時御旅館へ伺公、十時半ヨリ造幣局へ被爲入、金銀之製造を御一覽、畢リテ偕行社ニて御晝、此レヨリ炮兵工廠ニて、炮器ヲ御覽有之、是レヨリ直チニ奈良へ御發行、奈良知叓税所篤國分迠奉迎、予ハ御發、武藏野へ行キ、御着之御都合ヲ謀ル、日暮レテ御着ナリ、

一、神拜終る、

○6月20日、晴、水曜日、五月十一日、

知事公春日大社大佛法隆寺を巡覽

一、午前七時武藏野ヲ御立、春日神社ヲ御拜、是レヨリ大佛ヲ御一覽、直チニ御立チ、知叓(税所篤)先導ニて法隆寺へ御立寄、所藏之寶物ヲ御覽有之、同境内之一院ニて御晝飯、十二時半ニ御立、國分ニて御休憩、知叓ハ玆ニて御暇賜リ、四時ニ大坂清華樓へ御着、

一、午後四時廿五分ノ瀛車ニて御立、川崎神川へ御着、午後十一時ニ御出帆也、

一、細上布壹卷ヲ御土產トシテ拜領ス、

一、神拜終る、

○6月21日、晴、木曜日、五月十二日、

一、午前十一時社務所へ出頭、本日御門其外入梅濯ヲナス、

一、安積九龍參る、

一、中島保次郎幷ニフリツキ屋注文ノ蒸露作人、同伴ニて參る、

島津珍彥公へ伺候
税所篤へ勳位請願の書面寫送る

一、晩ニ、芳村正秉訪ヒ來ル、又公地傳之丞訪ヒ來ル、依而英學幷ニ支那語學研究ノ叓ヲ勸メタリ、

○6月22日、晴、金曜日、五月十三日、

一、神拜終る、社務所へ出頭、

一、早朝芳村正秉ヲ訪ハントシテ、途中ニ行クニ面會す、是レハ有馬へ發途スルナリ、仍テ別ヲ告ケテ、是レヨリ珍彥(島津)公子ヲ常盤舍へ伺ヒ歸ル、

一、奈良縣知叓税所(篤)氏へ勳位請願之書面寫相添へ送る、

一、芳村(正秉)へ義中彌七及池之坊之叓ヲ報す、又義中へ芳村叓ヲ告ク、

一、午後第四時ヨリ倶樂部幹叓ニ出頭す、

○6月23日、晴、土曜日、五月十四日、

一、神拜終る、社務所へ出頭、

一、河田日因訪來リ、諏方(マヽ)山妙見之地所談判ヲ聞ク、

一、淡路西田茂八郎ヨリ松板長六尺、巾四尺餘、壹枚ヲ惠投なり、依而禮狀幷ニ吉胤(堀井)之短刀一本ヲ送ル、

○6月24日、晴、日曜日、五月十五日、

一、神拜終る、

一、兵庫トル函買入ノ爲ニ行ス、高價ニて意ニ適セす、

一、氏子議員之高德來リ、制作物品評會場所借受ケ度トノ叓、仍而立會繪馬所ヲ一見す、

一、鳥居川(憲昭)ヨリ珍彥殿御上京否ヲ問合セタリ、仍而已ニ上京ノ旨ヲ報知す、

○6月25日、風雨、月曜日、五月十六日、

一、昇殿畢、墓參濟、

一、父上之月幷(次)祭濟、

一、小松重三江中島方謝禮金之返詞ヲ催息(促)す、

一、下山信利へ東條三郎歸縣ニ付、謝禮ニ差越ベキ書面ヲ出タス、

○6月26日、晴、火曜日、五月十七日、

一、神拜終る、

一、社務所へ出頭、住吉幷ニ竹之内より種〻ノ嘆願有之、仍而説諭して歸へ(マヽ)す、

○6月27日、晴、水曜日、五月十八日、

一、神拜終る、

一、午前十時之瀛車ニて上坂、梅本町大神藤三ニ行キ、弗函二箇ヲ買取リ、手附金二十圓仕拂、殘る十九圓ハ着ノ上可渡叓ニ取計ヒタリ、猶同家ニて端書ヲ以而、運賃幷ニ十九圓金仕拂へキ叓ヲ、芳井ニ中井へ報す、

一、黒焼屋ニて蜂霜・田螺霜ヲ買ヒ、又吉助へ立寄リ、大明竹三本ヲ買入レ、是レヨリ下寺町彌兵衞ニ立寄リ、金龍邊二株ヒ(マヽ)博物館ニ行キ、帽子等ヲ買ヒ、道修町ニて樟脳ヲ買ヒ、雪濤(尾崎)老人ヲ訪ヒ、短刀袋幷ニ巻切ノ畫ヲ受取リ、牡丹屋ニ泊す、

○6月28日、晴、木曜日、五月十九日、

一、神拝終る、

一、早朝塔本へ行キ、朝權ヲ見、是レヨリ植木屋ヲ訪ヒ、菊三株ヲ買取リ、藤澤南岳ヲ訪ヒ、久々ニて面話、十時ノ滊車ニて歸ル、

藤澤南岳を訪ひ面話

一、弗函貳箇着シタリ、

一、櫻井能監ヨリ書面達す、

櫻井能監より書面達す

一、工藤八郎來リ、倶樂部金談アリ、

○6月29日、晴、金曜日、五月廿日、

一、神拝終る、

一、早朝ヨリ弗函ヲ据付ケタリ、

一、工藤八郎來リ、倶樂部幹吏二名ノ證書ヲ以而、金貳百八十圓ヲ渡ス、年七朱利ニシテ明年一月ヨリ卅圓ツヽ、毎月ニ返濟ノ約定なり、

一、社務所出頭、一、明治八年中縣廳江差出シ置キタル御造營寄附人名薄下渡シノ書面ヲ出タシ、都合百巻卽刻ニ受取、

○6月30日、晴、土曜日、五月廿一日、

一、神拝終る、

一、午前十時出頭、

一、社務所一統へ配當金ヲ給す、二圓・一圓・五十戔(錢)ノ三等ニ頒ツ、

一、北堂君ヨリ干肴、幷ニ御菓子・人肉ノ種子、御投し被降タリ、

〔七　月〕

○7月1日、晴、日曜日、五月廿二日、

一、昇殿、神拝終る、

一、住吉竹之內、社內一統之嘆願ニヨリ來ル、終日盆栽ノ手入レニ掛ル、

○7月2日、晴、晩ニ雨、月曜日、五月廿三日、

一、神拝終る、

一、午前十時出頭、

一、芳吏、昨夕親病氣之報知ニ付、今朝發途歸省す、仍而山田丸一包ミヲ爲持遣ル、

*山階宮久邇宮御殿へ伺候

*忠濟公上京順路に供奉す

*前田正名送別會あり

*前田正名別袖會を自邸にて催す

忠濟公御著を奉迎す

一、今夕劇場禁止ノ叓ニ付、警察江書面ヲ出す、

○7月3日、雨、火曜日、五月廿四日、

一、神拝終る、

一、金八圓、中井(弘三)ヨリ受取、

○7月4日、雨、水曜日、五月廿五日、

一、昇殿、神拝畢、

一、本日私祭執行無滞濟ム、

一、芳叓、黒石ヨリ歸家、親病氣少シハ快ヨキ方なりト聞キ、大キニ安心なり、

一、晩ニ宮内(愛亮)來リ、射的一件ヲ談ス、

○7月5日、晴、木曜日、五月廿六日、

一、神拝終る、

一、午前第十時ニ出頭、

一、午後四時ヨリ海岸江出張、忠濟(島津)公御着ヲ奉迎す、七時ニ御着船、直チニ諏方(マヽ)山前田之隱居ニ御止宿ナリ、明六日御上京ニ付、供奉之御受ケ致シタリ、

一、尾越書記官ニ、府廳馬車之拜借、電信ヲ通す、

一、久邇宮(朝彦親王)・山科(階)宮(晃親王)御家扶江忠濟公御參殿ノ電信ヲ奉す、

○7月6日、雨、金曜日、五月廿七日、

一、神拝終る、

一、壹番瀛車ニて上京、山科宮・久邇宮御殿江伺(候)公、忠濟公御參殿之御都合ヲ鳥居川(憲昭)へ示談シ、又中村へ行テ書飯ノ手配終テ、停車場ニて奉迎、御順路供奉シ、泉涌寺御拝終リ、荷稲(稲荷)ニて御乘車、午後六時ニ御歸神なり、

一、今夕前田正名送別會有之、中店ニ出會す、

○7月7日、晴、土曜日、五月廿八日、

一、神拝終る、墓參濟、

一、祖父公幷ニ宮子姫、月次祭執行、

一、當日ハ忠濟公御乘船ニ付奉送ス、十二時御出帆なり、

一、當朝金千疋幷ニ御召ちりめん壹反、御使者ヲ以テ下シ賜ル、

一、當日ハ前田正名、明日出立ニ付、別袖會ヲ自邸ニて催シ出會す、

○7月8日、晴、日曜日、五月廿九日、

一、神拝終る、

一、午前十時ニ上坂、機投會ニ出張、小原竹香及尾崎雪濤ニ面接シテ、後所〻ニて買物ヲ調ヱ、牡丹茶室へ一泊、八時之瀛車ニて歸ル、

一、島津(忠義)公御家扶ヨリ、奈良供奉之御禮狀來ル、

一、晩ニ宮内・本田訪來リ、閑話す、

○7月9日、晴、月、六月朔日、

一、早朝牡丹茶屋ヲ發シ、二番ノ滊車ニて歸家す、

一、鳳瑞丸便ヨリ干肴幷ニ焼酎小樽壹ツヲ、北堂君ヨリ贈ル、

○7月0(10)日、晴、火、六月二日、

一、神拝終る、

＊前田正名を訪ふ

社内下水溝修築の願書を出す

拝殿金物打替へを命ず

一、社務所へ出頭、社内下水溝修築ノ件ヲ願出ツ、

一、拝殿金物打替ヱヲ命ス、

一、倶樂部幹亊會ヲ開キ出頭ス、

○7月11日、晴、水、六月三日、

一、神拝終る、

一、九時出頭、電氣燈ヲ決議シテ、會社へ九九個ノ申込ミヲナス、

○7月12日、晴、木、六月四日、

一、昇段、神拝終る、

例祭滞り無く齋行す

一、大祭執行無滯、奉幣使ハ木場貞良、屬官ハ五島龜ナリ、

○7月13日、晴、金、六月五日、

一、神拝終る、

一、縣廳江出頭、昨十二日奉幣使參拝之禮ヲ演ベテ歸ル、

一、宮内愛亮來リ、知亊ト激論之云々ヲ聞ク、

一、尾崎雪濤來、清人幷ニ杏堂ノ軸ヲ携へ來レリ、仍テ金貳圓ヲ貸シテ與ヱタリ、

○7月14日、晴、土、六月六日、

一、神拝終る、

一、一(ママ)前田正名ヲ訪ヒ、小兒之病氣ヲ問尋シテ返ル、

一、加島菱州訪來ル、

○7月15日、晴、日曜日、六月七日、

一、神拝終る、

一、當日ヨリ書籍ノ虫干ヲ初ム、樟脳七斤ノ手當テヲナス、

○7月16日、晴、月、六月八日、

一、神拝終る、

一、大坂河谷正鑑江書面ヲ出シ、歸神ヲ依頼ス、

一、有馬ヨリ書面、來ル明十七日歸家之書面、寛々滯在可致返詞ヲ出タス、

一、晩ニ宮内訪來る、

○7月17日、晴、火、六月九日、

一、神拝終る、

一、河谷正鑑來リ、告訴一件ヲ談シタリ、
一、よし幷ニ染、有馬ヨリ皈着す、
○7月18日、晴、水曜日、六月十日、
一、神拜終る、
一、河谷幷ニ赤木ヲ旅宿ニ訪ニ、何レモ不在ナリ、二名共ニ晩ニ訪來ル、洋食ヲ供シテ閑話す、
○7月19日、晴、木曜日、六月十一日、
一、神拜終る、
一、赤木ヲ旅宿ニ訪ヒタリ、本日歸港ナリ、
一、午後四時ヨリ海岸ニ、松方正義ヲ迎ヱタリ、
○7月20日、晴、金、六月十二日、

松方正義を川崎正藏の家に訪ふ

一、早朝松方(正義)ヲ布引川崎正藏ノ家ニ訪ヒ歸リ、終日書籍ノ干方ニ掛る、
○7月21日、晴、土曜日、六月十三日、
一、神拜終る、
一、終日書藉(籍)干方ニ掛る、

三宮東方にて失火

一、當夜十一時三ノ宮東方へ失火アリ、出張ス、
○7月22日、大風、微雨、日曜日、六月十四日、
一、神拜終る、
烈風ニて終日土砂ヲ吹ク、

一、河谷・中島來ル、十六條ヲ撰フ、
○7月23日、大風、月曜日、六月十五日、
一、神拜終る、
終日大風雨、河谷正鑑江光圀(徳川)公ノ畫替(賛カ)、周信(狩野)ノ雪梅幅二幅ヲ貸與シタリ、
○7月24日、晴、火曜日、六月十六日、
一、神拜終る、
一、終日庭之掃除ヲナス、
○7月25日、晴、水曜日、六月十七日、
一、神拜終る、
一、父上之月次祭濟、
一、三木福(鮮明)ヱ樟脳貳斤仕送リ之書面ヲ出ス、
一、宮内愛亮來ル、知叓(内海忠勝)之一件ヲ委詳ニ聞ク、
○7月26日、晴、木曜日、六月十八日、
一、神拜終る、
一、終日庭園之掃除ヲナス、
一、田中松次郎來リ、婦人ヲ携ヘタリ、直チニ歸リタリ、
○7月27日、晴、金曜日、六月十九日、
一、神拜終る、
不快ニて終日打臥シタリ、

○7月28日、晴、土曜日、六月廿日、
一、神拝終る、
一、午前第八時、祥福寺隠居死亡ニ付會葬、

祥福寺隠居死亡

○7月29日、雨、日曜日、六月廿一日、
一、神拝終る、
一、川添（爲一）來リ、共ニ晝飯ヲ吃ス、

○7月30日、雨、晴、未定月、六月廿二日、
一、神拝終る、
一、社務所へ出頭、
一、額面等ヲ書す、

○7月31日、雨、火曜日、六月廿三日、
一、神拝終る、
一、社務所へ出頭、

〔八　月〕

○8月1日、水、陰雨、六月廿四日、
一、長谷川一彥來神ノ由ニテ、自由亭ニて午餐ヲ吃ス、
一、二時五十五分ノ滊車ニて上坂、下寺町彌兵衞ヲ訪ヒ、金華壹本ヲ買ヒ、又心齋橋筋ニて手提ヲ受取、南本町ニて手拭十二反ヲ買ヒ、是より牡丹茶屋へ一泊ス、

○8月2日、晴、木曜日、六月廿五日、
一、早朝カホチヤ十箇ヲ買、是レハ北堂君ニ獻スルカ爲ナリ、
一、朝貎屋ニて花ヲ一見シ、又大根種等ヲ買ヒ、博覽會ニ入リ、歸途大橋ヲ訪ヒ、十時二十五分ノ滊車ニて歸神、

○8月3日、晴、金曜日、六月廿六日、
一、神拝終る、
一、大坂大橋ヨリ曾我蛇笠ノ屛風一双來着、是レハ金三拾圓ニ買取リシ品ナリ、
一、金龍丸出帆ニ付、野菜類早〻北堂君ニ奉リタリ、
一、大坂齊藤德松ヨリ、大根種子等相居ク、

○8月4日、晴、土曜日、六月廿七日、
一、神拝終る、
一、十時ヨリ社務所へ出頭、
一、中井（肅三）祢宜當日ヨリ歸省、
一、晩ニ刺賀・中島來リ訪、曾我ノ屛風ヲ見セタリ、

○8月5日、晴、日曜日、六月廿八日、
一、神拝終る、
一、鳴瀧（公恭）ヲ訪ニ不在、宮内（愛亮）へ行キ、村野山人ヲ訪ヒ、目

*村野山人を訪ふ

賀田ヲ問ヒ歸家、
一、橋本小六へ勳賞願之書面認方、依頼ノ禮トシテ西瓜ヲ贈ル、
○8月6日、晴、月曜日、六月廿九日、
一、神拝終る、

鳴瀧を訪ひ勳賞願の書面を差出す

一、早朝鳴瀧（公恭）ヲ訪ヒ、勳賞願之書面ヲ差出シ、猶税所篤及ヒ森山議官（昌純）之書面ヲ示シ、更ニ進達之依頼ヲナス、
一、晩ニ岡守節・若森高久訪ヒ來ル、仍而中島へ書面ヲ以、岡氏着神ノ叓ヲ報す、
一、加勢田与助歸縣ニ付、書面ヲ北堂君ニ奉る、
一、盤〔磐〕梯山罹災者へ金參圓、湊川神社ヨリ賜ルヿヲ、又新日報社へ報す、
○8月7日、晴、火曜日、六月晦日、
一、神拝終る、墓參濟、
一、祖父公・宮子之月次祭濟ム、
一、諏方山（マヽ）前田又七ヲ訪ヒ、岡氏（守節）止宿ノヿヲ托ス、仍而委細ハ中島へ申附ケ置ク、

前田吉彦來る

一、晩ニ前田吉彦來ル、
○8月8日、晴、水曜日、七月朔日、
一、神拝終る、

一、岡三橋來リ、當日ヨリ止宿之叓ニ取計タリ、
○8月9日、晴、木曜日、七月二日、
一、神拝終る、
一、岡三橋終日揮毫、
一、齋藤麻五郎へかたの一件ヲ返詞す、
○8月0（10）日、晴、金曜日、七月三日、
一、神拝終る、
一、三〔岡〕橋へ來客數名アリ、又馬屋原等ヨリ招待アレトモ、皆辭シタリ、
○8月11日、晴、土曜日、七月四日、
一、神拝終る、
一、大藏大臣（松方正義）當日歸京也、
一、永田猶八ヨリ二日出テノ書面着す、是レハよし送藉〔籍〕ノ一件ナリ、仍而書面遲着之電信ヲ通し、且ツ、送藉〔籍〕ノ件ヲ取調ヘテ、書面ヲ出タス、外ニ永田より人參種子注文アリ、
一、遠藤謹助來ル、是レハ今日諏方山（マヽ）へ小集ニ付、缺席ヲ斷ルカ爲ナリ、
一、午後三時ヨリ常盤樓へ小集七名ナリ、席上分員七律二首ヲ賦す、

○8月12日、晴、日曜日、七月五日、

一、神拜終る、

一、岡三橋本日淡州行ニ付、過日來揮毫ノ潤筆トシテ金三圓、湊川神社ヨリ贈ル、又家内より者、琉球島壹反ヲ贈ル、

一、午前第十時、三橋翁ヲ兵庫海岸迄送ル、

一、大橋ヨリ菘翁之書畫四幅ヲ送致シ、本人も訪ヒ來、

○8月13日、晴、月、七月六日、

一、神拜終る、

一、午前第二番之滊車ニて上京ス、

久邇宮等に鯛肴を獻ず

一、財部羌江舊知叓公(島津忠義)ヨリ贈リタル反布ヲ携ヘタリ、又久邇宮(朝彦親王)井ニ尾越書記官・小藤(孝行)・島居川(憲昭)等ヘ鯛、其外之生魚ヲ携ヘタリ、晩景ヨリ宮井ニ尾越等ヘ見舞ヒタリ、

○8月14日、晴、火曜日、七月七日、

一、神拜終る、

谷鐵臣を訪ふ

清水へ參詣嵐山に行く

一、早朝谷鐵臣ヲ訪、所勞、又篠田・芳澤ヲ訪、又七條坂ヨリ清水江參詣、歸宿、是レヨリ嵐山ニ行ク、

一、郭公亭ニ投シ、溫泉ニ入浴、日暮ニ歸亭、松岩寺如何訪來、小楠公首級御塚之計畫ヲ謀る、

○8月15日、晴、水曜日、七月八日、

一、神拜終る、

*小楠公御墓を拜す

一、早朝小楠公(正行)御墓ヲ拜シ、是レヨリ松岩寺ヘ立寄、香典料三十錢ヲ四辻ヘ相渡し、黑田卯八之溫泉倶樂部ヲ一見して歸途ニ上リ、十一時四十分ノ滊車ニて大坂ヘ着し、博物場ニて買物ヲ調ヘ、四時二十五分ノ滊(車脱)ニて歸着す、

一、晩ニ境屋ヘ座敷準備ニ及ハサルノ返書ヲ出タス、

○8月16日、晴、木曜日、七月九日、

一、神拜終る、

一、午前十時出廳、勳賞願之書面ヲ再願書ニシテ、庶務課長藤井一郎ヘ差出ス、

一、內海知叓(忠勝)從弟凶亡ニ付、悔ミニ行ク、

岡三橋淡路ヨリ歸リ、中島ト共ニ來ル、云ク、淡路空海之書幷ニ十六羅漢ノ畫軸ノ高談ヲ聞ク、就中、空海之經文眞草行ハ筆力無類ニシテ、眞蹟ナリト云、仍而束カ(速カ)ニ御物云々ノ素ヲ申込ミ置キタリ、

○8月17日、晴、金曜日、七月十日、

一、神拜終る、

一、岡三橋大坂ニ行クニ當リ、三ノ宮迄送リタリ、

神戸海岸にて失火あり

一、木場(貞良)書記官ヲ訪ヒ、勳賞願書面ノヿヲ依頼ス、
一、電燈會社松枝除キノ書面ニ添ヘ、書シテ縣廳ヘ出ス、
一、今夕ナイト期日ニ付、倶樂部ニ出會す、
一、京都五條坂陶器屋ヘ敷瓦見本四枚ヲ送ルヘキ書面ヲ出タス、又大坂停車場徳松ヘ下女取調ノ書面ヲ出タス、西春藏ヘ硯、明日返濟可致之書面ヲ出ス、
一、市來四郎訪來リ、東京幷ニ京都邊(マヽ)ノ時情ヲ拜聽す、
○8月18日、晴、土曜日、七月十一日、
一、神拜終る、
一、昨十七日午前九時、關戸由義死去之報知有之、
一、大橋江書面、掛幅兩日中可送之返詞ヲ出タス、
一、十時五十五分ノ滊車ニて、御影ニ高島(鞆之助)中將ヲ訪ヒ、此レヨリ敏馬ニ西尾(篤)ヲ訪ヒ、夜ニ入リ皈ル、
○8月19日、晴、日曜日、七月十二日、
一、神拜終る、
一、尾崎雪濤ヘ海水浴之爲、瀧之茶屋行之報知ヲナス、
一、午後三時ヨリ關戸由義ノ柩ヲ送ル、
一、赤木ヨリ依頼ノ額面、幷ニ池田貫兵衞行キノ福海壽山之額面ヲ書す、赤木氏ノ依頼ハ丹心答聖明田中氏、濟褒堂ハ佐藤氏ノ額面ナリ、

一、今夕神戸海岸ヘ失火アリ、午前一時半なり、
○8月20日、晴、月曜日、七月十三日、
一、神拜終る、
一、午前第八時發車、瀧ノ茶屋ヘ十一時ニ達す、
一、幅四函、惣而菘翁之幅ナリ、
一、金參圓、嘉納治三郎ヘ印材料トシテ、山本秀夫名前ニて爲替金ヲ送る、
○8月21日、晴、火曜日、七月十四日、
一、神拜終る、
一、早朝入浴、
一、前十一時、酢竹幷ニ(大井田)留三郎來ル、注文品等持參ニて、天幕ヲ試ミタリ、歸リノ折中鯛ヲ贈ル、
○8月22日、晴、水曜日、七月十五日、
一、神拜終る、
一、染叓、京都一件ニ付來ル、仍而一往歸京ノ叓ニ取計置キタリ、猶中井・芳ヘ書面、金五圓可相渡ヲ記ス、
一、米澤(長衛)行ニ付、土產品之叓ヲ書面及染ヘ申附ケタリ、又松叓うさと交代ノヿヲ染ヘ申聞ケタリ、
○8月23日、晴、木曜日、七月十六日、
一、神拜終る、

一、下女うさ午前十時ニ來リ、注文之反布、其外持參品アリ、仍而歸リ車夫諸品受取之書面ヲ出タス、

一、中島保次郎へ書面ヲ出タス、中ニ水越(耕南)行之詩稿ヲ入ル、

○8月24日、晴、金曜日、七月十七日、

一、神拜終る、

明石へ發す

一、早朝明石へ發シ、米澤長衞ヲ訪ヒ、蕉布壹巻・紺飛白二反ヲ贈ル、又兼而目論見之借屋建築費千八百圓借入レノ相談ニ及、至ツテヨキ受ケ合ナリ、又波止場談向亭ニ休シ、晝飯ヲ喫シテ返ル、

村野山人來り刀劍鑑定を乞はる

一、今日村野山人來リ、古刀ヲ携ヘタリ、鑑定ヲ乞、初メ一文字、二ニ助實、三ニ正恒、即正恒ナリ銘アリ、

○8月25日、晴、土曜日、七月十八日、

一、神拜終る、

一、午前十一時芳來着、昨日注文之衣類等持參なり、又先日買取リタル鷄十二羽も到着之由ヲ聞、

一、岡三橋・藤澤南岳等之書面アリ、

○8月26日、晴、日曜日、七月十九日、

一、神拜終る、

一、芳事、今朝歸ル、仍而御國行之種物、幷ニ野菜等之㕝ヲ申附ケタリ、

○8月27日、晴、月曜日、七月廿日、

一、神拜終る、

一、岡行キノ書面ヲ作リ、諏方(マヽ)山ノ二律幷ニ對月之三首、外(マヽ)香方及製法ヲ細記シ、遠藤謹助へ宛テ出タス、

一、米澤長衞へ過日之禮狀ヲ出タス、

○8月28日、晴、火曜日、七月廿一日、

一、神拜終る、

一、午前八時半、川添(爲一)、中井(弼三)・三星ヲ具して來ル、船ヲ買テ釣ヲ垂レ、舞子沖ニ至リ、堺屋ニ休して晝飯ヲ喫シテ、又釣ル、此日百卅七尾ヲ釣ル、川添・中井等歸ルニヨリ、魚ハ皆家ニ送ル、

○8月29日、晴、水曜日、七月廿二日、

一、神拜終る、

一、昨日米澤長衞ヨリ廣ふたヲ返し、又金談ハ神戸滯在倅ヨリ返詞ストノ書面有之、

一、胃散ヲ送リ方之葉書ヲ出ス、

一、隣樓之山内芳秋幷ニ遠藤、今日歸途ニ昇る、

一、昨夕ヨリ烈風ナリ、二百十日ノ兆ナルヘシ、

○8月30日、雨、木曜日、七月廿三日、

明石人麻呂社に參拜

一、神拜終る、
一、早朝明石ニ向テ發シ、人(柿本)广呂社ニ參拜、雨ニ會、仍テ急ニ山ヲ下ル、此ノ日彼ノ小女ノ畫人ヲ訪ニ、三木ニ嫁キタリトテ、面會セスして歸ル、
一、本町ニて藥味幷ニスホイトヲ買ヒ、又釣道具ヲ買、此レヨリ米澤ヲ訪ハントスルニ、風氣惡敷カ故ニ空シク歸ル、
一、神戸ヨリ米吉來ル、播州葡萄園ヨリ之贈リ物、幷ニ金子十圓持參也、依而返書ヲ爲持返ス、
一、今午後ヨリ東風烈シ、夜半ニ至リ風雨共强ク、濤聲枕頭ニ轟ク、二時ニ至リ西風ニ變シ、夜明ケテ穩ナリ、

○8月31日、晴、金曜日、七月廿四日、

一、神拜終る、
一、當日二百十日ノ厄日ナレトモ、昨日ヨリ之風雨ニて、今日ハ至テ穩也、
一、神戸ヨリ中山來ル、御社頭ハ殊之外烈風テ、宅之物干ハ風之爲ニ吹キ落し、猶御廟所中ニハ雀之百羽も死シ居タリト謂、又御社頭ハ、九注意致シタルニヨリ、左迠之痛損ハ之レナシトノ報知ノ爲ニ來レリ、

仍而書面ニも修繕之一件等ヲ申シ遣ス、
一、早朝山陽鐵道雇大島ニ行キ、昨日松村ヨリ依賴之セメントノ一件ヲ談シ、辰昌ノ名刺ヲ渡し歸リ、直チニ松村ヘ云〻ノ叓情ヲ書面ニテ報ス、

〔九　月〕

○9月1日、晴、土曜日、七月廿五日、

一、神拜終る、
一、早朝車ヲ命シ、米澤(長衞)ヲ訪ニ不在ナリ、仍而家內ニ禮ヲノベ、歸途藥種等ヲ買取ル、
一、藤澤南岳・水越(耕南)・小原竹香等ヘ詩ヲ贈ル、小原翁ヘハ金壹圓ヲ封入す、是レハ律詩等二十餘首ナリ、
一、今晩村野山人幷ニ大島等、隣室ニ宿シ、何カノ勝負ヲ初メ深更ニ及ベリ、

○9月2日、晴、日曜日、七月廿六日、

一、神拜終る、
一、早朝川添(爲一)幷ニ水間來リ、共ニ釣ニ行キ、界(堺)屋ニて晝飯ヲ吃シ、晚影ニ歸ル、
一、川添之使ヨリ金十圓送リ來ル、
一、明後四日朝、迎車之叓ヲ報シタリ、

○9月3日、晴、月曜日、七月廿七日、
一、神拜終る、
一、村野山人ヨリ茶菓ノ音信アリ、明日歸家ニ付、過日來賦スル處ノ詩ヲ揮毫シタリ、
○9月4日、晴、火曜日、七月廿八日、
一、早朝大井田(留三郎)迎ノ爲ニ來ル、仍而卽叓ニ諸拂ヲ命シ、歸途ニ上ル、惣別二十圓四十錢ナリ、猶下男・下女相中ニ金六十錢、又家内ヘ金壹圓ヲ茶代トシテ爲取タリ、
一、村野山人幷ニ工藤八郎ヘ鰤子ヲ土産トシテ送ル、
○9月5日、晴、水曜日、七月廿九日、
一、神拜終る、
一、早朝専崎ノ家ヲ訪ヒ、米澤ノ倅ヲ問ニ不在ナリ、仍而工藤ヲ訪ヒ皈ル、
○9月6日、晴、木曜日、八月朔日、
一、今朝宇田川(謹吾)來リテ、關戸由義地所一件ノ叓アリ、
一、神拜終る、
一、不快ニて終日打臥ス、
○9月7日、晴、金曜日、八月二日、
一、神拜終る、

一、鄕田兼亮、歸省ノ由ニて訪來ル、ト云ヘリ、
一、祖父公・宮子、月次祭執行濟ム、
○9月8日、陰雨、土曜日、八月三日、
一、上石保直上京ノ由ニ付、暇乞ノ爲ニ行、不在ナリ、又煙草三函ヲ贈ル、又海岸熊谷ニ行キ、鄕田ヲ訪ニ不在、仍而田村(喜進)ニ行テ診察ヲ乞、
○9月9日、晴、日曜日、八月四日、
一、神拜、昇殿、

*光村彌兵衛石燈爐二基獻備併せて長光の寶劍を獻ず

一、本日ハ豪商光村彌兵衛花崗石燈二基ヲ健(建)築高二丈五寸、獻備シ、且ツ備前長光之寶劍ヲ獻シテ、小祭典ヲ執行ス、依テ神殿ニ於テ、彌兵衛初、家族一同ニ神酒ヲ賜リ、跡ニて餅マキノ賑ヒアリ、又午前十一時ヨリ宇治川常盤ニて光村之饗應アリ、鐵道之飯田モ同席ナリ、
一、今夕ヨリ僂广室斯ニテ苦痛ス、
○9月0(10)日、風雨、月、八月五日、
一、神拜終る、
一、所勞ニテ打臥ス、
○9月11日、晴、火曜日、八月六日、
一、神拜終る、
一、臥床、

○9月12日、晴、水曜日、八月七日、

一、神拝終る、

一、當日ハ少ク快キ故朱肉ヲ練る、製物品評會ニ出品ノ爲也、

○9月13日、晴、木曜日、八月八日、

一、神拝終る、

一、金貳圓、是レハ印材料ナリ、加納治三郎ヘ贈、過日三圓ヲ投シ、合セテ金五圓也、

○9月14日、晴、金曜日、八月九日、

一、神拝終る、

一、水越耕南ヘ洋酒壹瓶、幷ニ詩二章ヲ贈ル、

一、製造之朱肉精練濟ミタリ、

○9月15日、晴、土曜日、八月十日、

一、神拝終る、

一、盆栽三十五鉢ヲ物品會ニ出タス、此金貳百三十八圓也、

一、小原竹香來リ、共ニ閑談、晝飯ヲ吃シテ歸ル、

*獵銃監札改正の件取調を依頼す

一、獵銃監札改正之件ヲ、矢野可宗ヘ取調ヲ依頼ス、

一、上野喬介江同斷之書面ヲ出タス、

○9月16日、晴、日曜日、八月十一日、

一、神拝終る、

一、警視惣監(折田平內)幷ニ官報局ヘ獵銃鑑札之一件ヲ伺越ス、

一、北元文藏ヘ、山鍬ノ柄木十二本ヲ注文す、

*折田彦市訪ひ來る

一、折田彦市東京着ニて訪ヒ來ル、

○9月17日、晴、月曜日、八月十二日、

一、神拝終る、

一、內田耕作ヨリ招狀有之、所労ニ付斷る、

○9月18日、晴、火曜日、八月十三日、

一、神拝終る、

一、工藤八郎來リ、藤田積中・關戸由義之祭典一件ヲ協議す、

*敏馬神社祭典

一、敏馬神社祭典ニ付、中井乕三爲手傳ニ遣す、

○9月19日、晴、水曜日、八月十四日、

一、神拝終る、

一、矢九郎(有川)ノ倅熊次郎上京之由ニて來ル、矢九郎ヨリ巻煙草一箱ヲ送リタリ、當日近江丸ニ乘附ク、

○9月20日、風雨、木、八月十五日、

一、神拝終る、

一、金龍丸ヨリ干肴幷ニ單物、北堂君ヨリ御贈リ被下タリ、

電氣燈點燈開始

*製産品評會褒賞授與式に出席

藤田積中關戸由義の靈祭執行

*鳴瀧公恭を訪ひ社内一件等を示談す

一、有川矢九郎へ熊次郎乗船ノヿヲ報す、又崎元計介へ夏菊苗ノ注文書ヲ出タス、

一、金貳圓爲替證ニて、篠田芥津へ贈リ、又干肴一函ハ滊車便ニて送ル、

○9月21日、晴、金曜日、八月十六日、

一、神拝終る、

一、昨晩ヨリ電氣燈ヲ點ス、

一、宮内愛亮來ル、家内ノ弟大病ニて、病院ニて極難病之由ナリ、

一、貸家造作ノ一件ヲ、川添へ依頼シテ、方法ヲ定メシム、

一、今晩電氣燈會社(神戸電燈會社)ノ職人ヲ饗應す、

○9月22日、晴、土、八月十七日、

一、神拝終る、

一、西尾篤來ル、

一、明日藤田積中・關戸由義祭典ノヿヲ治決ス、猶告文及ヒ歌ヲ作る、

○9月23日、晴、日曜日、八月十八日、

一、神拝終る、

一、當日ハ藤田(積中)・關戸(由義)之靈祭ニ付、午前九時ヨリ出殿、各宗拝禮終る、

一、當日米人アツキンソン演舌ニ付、目加田駁論紛議ヲ生シタリ、仍而工藤井ニ村野(山人)へ書面ヲ投シタリ、

○9月24日、晴、月、八月十九日、

一、神拝終る、

一、早朝五州社ニ行キ、昨日祭典之件〻ヲ探訪者ヲ呼テ、筆猶河合香ニ書面ヲ遣シテ歸ル、

○9月25日、晴、火曜日、八月廿日、

一、神拝終る、

一、父上ノ月次祭濟、

一、製産品評會褒賞授與式ニ出席ス、

一、岡三橋、昨日宮内省ノ電信ニヨリ、俄カニ乗船ノ由ヲ、中島より聞得タリ、

○9月26日、晴、水曜日、八月廿一日、

一、神拝終る、

一、職獵監札ノヿニ付、神戸警察署ニ行、横井某へ引引(マヽ)合、是レヨリ本署ニ行、宮内ニ面會シテ示談シ歸ル、

○9月27日、木曜日、八月廿二日、

一、神拝終る、

一、早朝鳴瀧幸(公)恭江行テ、社内ノ一件ヲ示談シ、劇場并

知事を訪ひ劇場寄席取拂の談判す

村野山人光村彌兵衞等を訪ふ

ニ寄席取拂ノヿヲ示談シ、又午後知叓(内海忠勝)ヲ訪ヒ、同斷
之談判ヲ告ケテ歸ル、
○9月28日、晴、金曜日、八月廿三日、
一、神拜終る、
一、早朝藤井市郎へ行キ、劇場一件ヲ示談シ歸ル、
○9月29日、晴、土曜日、八月廿四日、
一、神拜終る、
一、宮内愛亮ヲ訪ヒ、病人之樣體ヲ聞キ、猶村野山人ヲ
訪ヒ、小寺・田中之叓ヲ談シ、光村彌兵衞ヲ訪ヒ、
又河合香ヲ訪ヒ、社内ノ一件ヲ談シテ歸ル、
○9月30日、晴、日曜日、八月廿五日、
一、神拜終る、
一、宮内愛亮ヨリ、病人死去之報知ニ付、早速見舞す、
芳も遣シタリ、葬儀濟テ九時ニ歸家、

〔十月〕

○(10)月1日、晴、月曜日、八月廿六日、
一、神拜終る、昇殿、一日祭濟ム、
一、宇田川(謹吾)・目加田等來、小寺之一件ヲ談す、共同祭叓
ニ付、中井(弘三)江金二圓、社務所へ五圓、又外金參圓ヲ
贈ラレタリ、依テ此參圓ハ返シタリ、
一、高徳(藤五郎)來リ、品評會ヨリ麥酒壹函ヲ贈リタリ、
○(10)月2日、晴、火曜日、八月廿七日、
一、神拜終る、
一、午前十時ノ滊車ニて上坂、河野徹志ヲ訪ニ不在、仍
而直チニ渡邊村岩本安兵衞ヲ訪ニ、酒井平三郎モ來
會シ、半履ノ形ヲ寫して製造ヲ囑シタリ、安兵衞酒
肴ヲ設ケテ饗シタリ、
一、渡邊ヨリ歸途、更ニ河野(徹志)ヲ訪ニ又不在、仍而心齋橋
ニ出テ、順慶町北ニ入、吉村ニて絖ヲ買、
○尺貳壹尺ニ付、八錢 尺五、同斷ニ付十二錢也、
又文玉堂ニて吳絹ヲ買、壹尺廿錢也、九貳尺巾也、
右之買(マヽ)終りテ、六時ノ滊(車脱)ニて歸家す、
一、今夕工藤八郎・目加田來リ、田中・小寺ノ亂暴一件
ノ談判ニ及、十二時ニ退散ス、
○(10)月3日、晴、水曜日、八月廿八日、
一、神拜終る、
一、早朝神田病院長ヲ訪ヒ、宮内(愛亮)之家内診察ノ叓、幷ニ
ソツフ販賣ノ一件ヲ依賴シテ、宮内ニ行キ、家内中
ヲ集メ、おさふどの養生之叓ヲ示談ス、

*家内を呼集め遺言す

ソツプ販賣を始む

一、午前十一時、愛亮（宮内）上船ニ付、本船迠送リタリ、
一、本日ハ中島依頼ノ書畫ヲ揮毫す、
○0(10)月4日、晴、木曜日、八月廿九日、
一、神拝終る、
一、風邪ニて終日引入ル、
一、午後芳野、小村行之絖地ヲ揮毫、
○0(10)月5日、晴、金曜日、九月朔日、
一、神拝終る、
一、京都遠藤千胤ヨリ書面、垂水之詩ヲ乞ニ仍リ、新聞ニ記載スル分ト、外ニ數首ヲ送ル、
○0(10)月6日、晴、土曜日、九月二日、
一、神拝終る、
一、當日ヨリ、ソツプ販賣ヲ初ム、
一、球陽丸入船ノ報知有之、
○0(10)月7日、晴、日曜日、九月三日、
一、神拝終る、
一、目賀田來リ、祭典一條ヲ示談シタリ、又宇田川來リ、ソツフ販賣ノ手繼キヲ談シタリ、
一、河谷正鑑來リ、告訴一件ノ示談ニ及ヘリ、仍而目賀田今夕ヨリ明日迠ノ間、河谷ヘ行テ示談スヘキヿヲ

依頼す、
一、球陽丸之松下ヨリ書面達す、明後九日本港ヘ回船ヲ報ス、
○0(10)月8日、晴、月曜日、九月四日、
一、神拝終る、
一、早朝目加田來リ、告發叓中止之叓ヲ斷言す、
一、風邪氣ニ付、田村（喜進）ニ診察ヲ乞、
一、貸家造作一件ヲ決定す、
○0(10)月9日、火曜日、九月五日、
一、神拝終る、
一、風邪ニて引入、當日家内ヲ呼集メ遺言す、
一、球陽丸出帆ニ付、磯并（御邸脱）ニ玉置ヘ、過般ノ御禮狀并ニ松茸壹籠ヲ進上す、又外ニ北堂君并ニ北元ヘも贈ル、
一、有川矢九郎ヘ、松茸壹籠并ニ坂ノ上カ廣告文ヲ贈ル、
○0(10)月0(10)日、晴、水曜日、九月六日、
一、神拝終る、
一、紀州有馬郡長來リ、詩二首ヲ書して與之、
一、過般吉野郡北村之依頼アリシ書三枚ヲ書シテ、岡部ヘ托、堀江恕卓ヘ送る、
○0(10)月11日、晴、木曜日、九月七日、

*川口常文より御神像土佐光起書軸奉納あり

家內一同を集めて遺言す

一、神拜終る、
一、櫻井能監・岡守節之兩名へ書面、幷ニ松茸ヲ送ル、
又横濱西村へも同斷ナリ、
○0(10)月12日、晴、金曜日、九月八日、
一、神拜終る、
一、貸家造作金之件ニ付、中井ヲ以テ米澤(長衞)へ掛合セタリ、
仍而愈出金之叓ニ決す、
○0(10)月13日、晴、土曜日、九月九日、
一、神拜終る、
一、昨日者、肺病甚タシク引入ル、
○0(10)月14日、晴、日曜日、九月十日、
一、神拜終る、
一、家內一同ヲ集メて遺言シタリ、
○0(10)月15日、晴、月曜日、九月十一日、
一、神拜終る、
一、社內出店者繼續願之件ニ付、內海知叓(忠勝)へ親展書差出す、
○0(10)月16日、晴、火曜日、九月十二日、
一、神拜終る、
一、杉田雄・宇田川謹吾・田村喜進立會ニて診察ヲ乞、

○0(10)月17日、晴、水曜日、九月十三日、
一、神拜終る、
一、神田知次郎見舞ニて、診察ヲ乞、一昨晩ヨリ喉氣鎮リ、熱度も退キタリ、
○0(10)月18日、晴、木曜日、九月十四日、
一、神拜終る、
一、川口常文ヨリ、大神ノ御像、土佐光起筆一軸奉納有之、通運より着す、
一、神拜終る、
一、岡守節ヨリ心經幷ニ石碑到着す、
○0(10)月19日、雨、金曜日、九月十五日、
一、神拜終る、
一、今日ヨリ病氣、本快ニ向、
一、尾崎雪濤來る、
○0(10)月20日、晴、土曜日、九月十六日、
一、神拜終る、
一、宇田川幷ニ赤木(義彥)等之人〻見舞ニ來ル、
○0(10)月21日、晴、日曜日、九月十七日、
一、神拜終る、
一、尾崎雪濤ヨリ書面、肺病ニ用ル食品ヲ記載して、懇切之書面ヲ送ル、

一、北元文藏へ出水産霧ふり煙草貳圓カノ注文す、

○0(10)月22日、晴、月曜日、九月十八日、

一、神拜終る、

○0(10)月23日、晴、火曜日、九月十九日、

一、神拜終る、

一、光村彌兵衛見舞ノ爲來る、

光村彌兵衛見舞の爲來る

○0(10)月24日、晴、水曜日、九月廿日、

一、神拜終る、

一、宮内愛亮家内見舞ノ爲來ル、

○0(10)月25日、晴、木曜日、九月廿一日、

一、神拜終る、

一、後藤平作へ爲換證(替)壹圓五十錢ヲ郵送して、山田丸ヲ注文す、

一、川添(爲一)來リ、三島彌兵衛死去之叓ヲ報す、

○0(10)月26日、晴、金曜日、九月廿二日、

一、神拜終る、

一、正午初テ入浴鬚ヲ刈ル、

○0(10)月27日、晴、土曜日、九月廿三日、

一、神拜終る、

一、須本ヨリ赤木義彦之書面達す、川添へ一封アリ、即夕送ル、

○0(10)月28日、晴、日曜日、九月廿四日、

一、神拜終る、

一、本日ヨリ社中ヲ歩行ス、宮内愛亮訪來る、

○0(10)月29日、晴、月曜日、九月廿五日、

一、神拜終る、

一、佐々木素行之書面ヲ作リタリ、

○0(10)月30日、晴、火曜日、九月廿六日、

一、神拜終る、

一、當日ヨリ文庫之菊ヲ飾ル、

一、尾崎(雪濤)・藤澤(南岳)・小原(竹香)・嘉納(治三郎)・大橋、又京都ニハ篠田(芥津)等へ菊花縱覽券ヲ送る、又敏馬、西尾(篤)へも同斷也、

○0(10)月31日、晴、水曜日、九月廿七日、

一、神拜終る、

一、宮崎鼎谷ナル者、佐々木素行ノ知人ニて訪來ル、

一、折田彦市來ル、面會セす、

*折田彦市來訪面會せず

一、芳野如意輪寺、吉川法譽より書面、本寺再興ニ付宮(土方)内大臣(久元)江建白書依頼アリ、

*如意輪寺再興に付き宮内大臣への建白書依頼あり

〔十一月〕

○01(11)月1日、晴、木曜日、九月廿八日、

一、神拝終る、

一、松下祐介ヨリ球陽丸今十二時出帆之電信達す、

一、當日より菊花縦覧人有り、

○01(11)月2日、晴、金曜日、九月廿九日、

一、神拝終る、

一、宮内大臣(土方久元)へ建言書ヲ吉川法謍(マヽ)へ送ル、

一、淡路西田茂八郎・森田幷ニ赤木(義彦)江菊花満開之報知書ヲ送ル、

一、京都西村庄五郎へ女中一件幷ニ菊花ノ報知書ヲ出す、

赤十字社より社員章の下附あり

一、赤十字社ヨリ社員章ヲ下附有之、

○11月3日、雨、土曜日、九月晦日、

一、神拝終る、

一、河野徹志下神、仍而診察ヲ乞、

一、明日午飯ノ催ヲ刺賀江申遣す、差支之斷リ來ル、

○11月4日、晴、日曜日、十月朔日、

一、神拝終る、

一、球陽丸入船之由ヲ、松下より書面ニて報知有之、

一、本日ハ観菊人九十人餘ニ上ル、

一、佐ゝ木瑞城行之書面ヲ作る、

*谷銕臣藤澤南岳等來り詩作あり

○11月5日、晴、月曜日、十月二日、

一、神拝終る、

一、佐ゝ木瑞城へ書幷ニ詩ヲ送リ、又(マヽ)サンタンニベ帆立貝・鮭ノダカン・鹿ノダカン・狐ノ皮ヲ注文す、

一、過日筆者ニ雇へ小僧へ金二十錢謝義トシテ送る、

○11月6日、晴、火曜日、十月三日、

一、神拝終る、

一、北堂君より去月十四日附之御書面、幷ニ干肴澤山御送被下、外ニ鹽辛二壺・柿壹聯、御送被下候、

一、よし叓大坂へ買物トシ遣ス、染叓來ル、九日球陽丸ニ而歸縣之筈ニ付、土產物買入之爲ナリ、

一、明七日、此度世話ニ預リシ醫者衆ヲ、馳走ノ爲ニ招狀ヲ出タス、

一、北堂君へ書面ヲ差上、喜右衞門(染井)幷ニ染下國之叓ヲ申上ル、又有川矢九郎へも書面ヲ出タス、

○11月7日、晴、水曜日、十月四日、

一、神拝終る、

一、小野湖山・谷銕臣・藤澤南岳等之數名訪來リ、席上分韻各詩アリ、

一、晩ニ田村(喜進)・宇田川(謹吾)・井關・刺賀・工藤(八郎)等之人ゝヲ洋

料理ニて饗應す、

○11月8日、晴、木曜日、十月五日、

一、神拜終る、

一、小原竹竹（マヽ）井ニ觀月來訪、共詩作アリ、

一、松下より明九日出帆之云々、大坂ヨリ報知有之、

○11月9日、晴、金曜日、十月六日、

一、神拜終る、

一、大柿ツルノ子壹本　椿黑花　貳本　磯御邸（島津忠濟）へ、

一、梅三本映山白貳本、咲分ケ壹本、　椿　貳本　玉置へ、
ふとう三本

一、梅苗　三本　滄溟月　映山白　咲分け

一、黑椿壹本

右崎元江、

一、磯御家扶玉置、仝永田（猶八）・北元（文藏）・崎元・北堂君へ、

一、染井喜右衞門、本日乘船、午後六時出帆ナリ、

一、昨八日、味噌漬魚二尾、岡守節へ送る、外ニ松茸一籠添、

一、北元文藏江之注文、

○菊油　貳十目○椶（棕）櫚繩壹圓カノ

○キツヒヤシ　壹圓カノ○鰆樽漬五十錢カノ

○鮑ノ臺木拾挺

右代價ハ喜右衞門より拂替ヘノ㕝ニ申遣ス、

一、北堂君江カナヒキノ丁、是レハ布織ノ見込ミ、幷ニサル呉座壹株、又猛（孟）宗竹根堀二本願上候、

一、染上船ノ電信ヲ引ク、

一、宮内（愛亮）來リテ、赤木ノ一件ヲ談ス、

○11月0（10）日、晴陰、土曜日、十月七日、

一、神拜終る、

一、來る十四日觀菊會之書面ヲ諸方へ出タス、

○11月11日、雨、日曜日、十月八日、

一、神拜終る、

一、鹿兒島高麗町戶長役所ヨリ端（書脫カ）到來、芳ノ入藉（籍）一件取調照會也、仍而區役所江申立テタリ、

○11月12日、晴、月曜日、十月九日、

一、神拜終る、

一、河谷正鑑ヨリ脇息ヲ惠ミタリ、

一、芳之入藉（籍）取調書ヲ出タシ、又永田猶八江も寫ヲ送る、

○11月13日、晴、火曜日、十月十日、

一、神拜終る、

一、大坂南濱岩郵等三人來ル、晝飯ヲ饗す、

○11月14日、晴、水曜日、十月十一日、
一、神拝終る、
一、（尾崎）雪濤觀菊ノ爲ニ來ル、
一、今夕縣ノ人員來ル、洋料理ヲ饗す、
谷勘兵衞見舞に來る
一、谷勘兵衞訪來ル、是レハ病氣見舞也、
○11月15日、晴、木曜日、十月十二日、
一、神拝終る、
一、今夕小寺初メ、懇友ヲ招待シテ洋食ヲ饗す、
一、宮内來リ、尾ノ上子供一件ヲ談ス、
○11月16日、晴、金曜日、十月十三日、
一、神拝終る、
一、大坂ヨリ半履出來ニて送致ス、金參圓拂渡ス、
○11月17日、土曜日、十月十四日、
一、神拝終る、
上坂美術館に赴き所有幅の出品を乞ふ
一、午前三番ノ滊車ニて上坂、美術館ニ行キ館長天野氏ニ面會、所有幅ヲ出品センヿヲ乞、一、（狩野）元信松竹雀ノ畫双幅、一、薫其昌書畫双幅、一、（與謝）蕪村寒山十得（拾）一幅、一、（圓山）應擧常盤圖壹幅、一、（平八郎）大鹽ノ書一幅、一、松榮鶺鴒圖壹幅、
都合六品、八軸ヲ渡シ受取證有之、
一、館内ヲ巡視スル畫幅珍品ナシ、多クハ腐品ナリ、
一、梅辻ノ菊花ヲ一見シ、又珍花ヲ十六種注文、手附金一圓ヲ渡シタリ、
一、日暮ニ付、清花樓ニ一泊す、
○11月18日、晴、日曜日、十月十五日、
一、午前八時ヨリ車ヲ買テ雪濤ヲ訪ヒ、小幅ヲ囑シ、是より博物館へ入リ買物ヲ調へ、十二時ノ滊車ニて歸ル、
一、十三日出ノ喜右衞門端書、鹿児島より來ル、
○11月19日、晴、月曜日、十月十六日、
一、神拝終る、墓參濟、
一、（矢九郎）有川ヨリ端書來ル、無㕝也、（文藏）北元より煙草三斤、是レハ注文ノ品ナリ、三斤ニて三圓六十錢也、
一、今夕縣ヨリ新嘗祭、廿四日ノ達有之、
○11月20日、晴、火曜日、十月十七日、
一、神拝終る、
一、（鮮明）三木福へ書藉（籍）之注文及焚書形、梅菊ノ花形彫刻ヲ依頼ス、
一、花瓶ノ修覆ヲ村瀬へ依頼す、
一、雪濤老人江硯彫刻人ヲ依頼するノ書面ヲ出タス、

宮内屬深山廣來り櫻井よりの贈品を受く

一、宮内屬深山廣來リ、櫻井〔能監〕より之贈品ヲ屆ケタリ、本人ヨリ櫻井輕〔怪〕我之一左右ヲ聞得タリ、又土方〔久元〕氏へ名刺ヲ渡して病氣ノ云々ヲ告ケタリ、

○11月21日、雨、水曜日、十月十八日、

一、神拜終る、

村野山人來り祭典依賴あり

一、村野山人來リ、明後廿三日亡拓之祭典ヲ依賴アリ、仍而中井帋三ヲ遣ス叓ニ返詞ス、

一、本日金卅圓、此レハ貸家方ノ內より受取、鹿児島縣廳へ道路費ノ內金トシテ、上納ノ書面幷ニ爲換〔替〕仕送リ之叓ヲ記ス、是レハ知叓渡邊千秋へ宛テタリ、

一、梅田停車場車夫德松へ大根漬ケノヿヲ端書ニテ出タス、

一、櫻井能監江深野より贈リモノヽ禮、幷ニ病氣見舞ノ書面ヲ出タス、

一、狩野市之助へ、水晶印材等之叓ヲ申遣ス、

一、博愛社總長二品親王〔小松宮彰仁親王〕へ社員章拜受ノ證ヲ進達ス、

一、神佛懇信會廣告文ノ艸稿ヲ河谷正鑑へ送る、

○11月22日、晴、木曜日、十月十九日、

一、神拜終る、

村野山人來り祭式の依賴あり

一、村野山人昨夕來リ、亡拓之一周回祭式ノ叓ヲ依賴アリ、

一、宮内愛亮來リ、尾ノ上之婦女ヲ同伴す、又母も來リ、愈貰受クル叓ニ決す、

一、明日田村喜進、東京發途ノ暇乞ニ來ル、

○11月23日、晴、金曜日、十月廿日、

一、壹番瀛車ニて發シ、神崎ヨリ下リ、箕面山ニ行キ、古賀先生之追悼會ニ臨ミ拜禮ス、七絶二首幷ニ七律二首ヲ賦シテ、歸途ニ上リ、五時半ニ歸家、

○11月24日、晴、土曜日、十月廿一日、

一、神拜終る、

*新嘗祭滯り無く濟む

一、當日ハ新嘗祭ニて無滯相濟、

一、晩ニ小原竹香行、幷ニ尾崎雪〔濤脫〕行之詩ヲ出タス、

○11月25日、晴、日曜日、十月廿二日、

一、神拜終る、

一、父上之月次祭濟ム、

一、昨廿四日大坂德松より大根漬一樽達す、

一、石道人幷ニ中島來ル、

○11月26日、晴、月曜日、十月廿三日、

一、神拜終る、

一、早朝喜右衞門歸神、仍而北堂君より種々ノ御贈リモ

ノ有之、又北元江注文之品〻、何レモ送リ越シタリ、又有川矢九郎より菓物澤山ニ送リ越シ呉レタリ、

一、夏菊之苗、都合八種、是レハ崎元計助ヨリ送リタリ、

一、金貳圓八十錢印材代トシテ、京都狩野市之介江爲替ニて送リタリ、

○11月27日、晴、火曜日、十月廿四日、

一、神拜終る、

一、喜右衞門歸着ニ付、御贈リ物之御禮等ヲ北堂君へ申上ル、又北元江も書面ヲ出タシ、里芋幷ニ唐いもヲ注文す、有川・崎元江も同斷、書面ヲ出タス、

一、京之柊屋來リ、女之一件ヲ依賴す、

一、井關來リ、醫者會議席ヲ文庫へ借スヿヲ請合ヒタリ、

○11月28日、晴、水曜日、十月廿五日、

一、神拜終る、

氏神祭祖靈祭を執行す

一、當日ハ氏神祭禮幷ニ秋季祖先之祭ヲ執行、川添幷ニ中井ヲ呼テ饗す、

一、佐〻木瑞城ヨリ過日注文品ノ返詞來ル、中ニ次韻ノ詩アリ、少〻正刪ヲ加ヱテ送ル、狐皮ハ上等壹枚、金貳圓ノ由也、仍而斷リ、外帆立貝ノ大幷ニ鮭ノタカンヲ注文す、又過日箕面山之詩三首ヲ贈ル、

一、紅平江金三圓ヲ渡ス、是レハ豚代貳圓、橘氷代壹圓ノ見込ミなり、

○11月29日、晴、木曜日、十月廿六日、

一、神拜終る、

一、昨夕宇田川ヲ迎ヱテ診察乞、本日与利藥用、

一、松下祐介來リ、來月三日三日(マヽ)出帆之筈ナリ、仍テ橘氷三斤ヲ注文す、

○11月30日、晴、金曜日、十月廿七日、

一、村瀨ヲ呼テ火鉢ヲ注文す、

一、神拜終る、

一、宮内愛亮來リ閑話す、

一、河野徹志江惠衣(マヽ)ノ寫眞ヲ送リ、又妾封ノ事ヲ報す、

〔十二月〕

○12月1日、晴、土曜日、當日降霜、十月廿八日、

一、神拜終る、

一、爲換證壹圓、淡路西田茂八郎へ鷄卵ノ注文狀ヲ出タス、

一、金壹圓貳十錢之爲換證ヲ倉貫彥次郎へ出タ(マヽ)、狩野之印材代拂渡ス、是レテ皆渡也、

一、晩ニ石道人來リ、印材ヲ携來ル、宇田川(謹吾)も診察ノ爲ニ來ル、菅赤道江ハ中島之叓ヲ忠告ス、

○12月2日、晴、日曜日、十月廿八日、

一、神拜終る、

一、岡守節ヨリ書面來る、

一、西村輔三幷ニ長谷川行七訪來ル、本人ハ長谷川兵左衞門惣理ニて、愛知縣下名古屋正木町之豪商也、

○12月3日、晴、月曜日、十月廿九日、

一、神拜終る、

一、大坂木津村丸橋伊之助ヨリ糀送リ來ル、

一、本日球陽丸出帆ニ付、北堂君江唐金製火鉢四ツ、外ニ品々贈リ上ケタリ、

一、永田猶八・有川矢九郎へメリヤス地はん壹枚ツヽ贈ル、又崎元計介へハ薔薇苗十本ヲ送る、

一、松下祐介來ル、仍而橘氷幷ニ豚肉又似タリ之久米縞三反ヲ注文す、

一、木場(愛亮)・宮内・光村ヲ訪ニ、何レモ不在也、

○12月4日、雨、火曜日、十一月朔日、

一、神拜終る、

一、大坂木津村丸橋江通運ヲ以テ、糀ヲ仕送る、

○12月5日、晴、水曜日、十一月二日、

一、神拜終る、

一、掛物三種ヲ大橋小太郎へ返却ス、通運ニ出ス、

一、筆菜(マヽ)ヲ(大井田)留三郎へ命ス、

一、志布志之和田吉次郎來リ、明後日出帆之趣ニ仍リ、吉五郎へ帶地ふくさ・扇子ヲ送リ、又肱岡三左衞門江煙草入レヲ贈ル、

一、谷鋏臣江書面、幷ニ箕面山之詩ヲ送る、

一、水越幷ニ橋本(海關)へ詩ノ正刪ヲ乞ニ遣ス、

○12月6日、晴、木曜日、十一月三日、

一、神拜終る、

一、一社之一件ニ付、木場書記官へ面従前之詳細ヲ遂(逐)一ニ演シタリ、

一、午後三時半、五島江行クニ不在歸ル、無程來リテ、當朝木場氏江演シタル條々ヲ示談シ、見込ミノ條々ヲ書記シテ相渡しタリ、

一、河谷正鑑より使者、此レモ社内之一件也、

一、晩ニ川添(爲一)來リ、進退之談ニ渉る、

○12月7日、雨、金曜日、十一月四日、

一、神拜終る、

一、祖父公・宮子姫、月次祭済ム、
一、昨六日淡路之西田(茂八郎)より鶏卵百五十二送附アリ、是レハ金壹圓之價也、
一、小原竹井[香脱]ニ吉崎來ル、竹香ハ畫幅ヲ携ヘタリ、
一、晩ニ宮内(愛亮)來る乘馬ヲ一見す、

○12月8日、晴、土曜日、十一月五日、

一、神拜終る、
一、淡路西田茂八郎ヘ鶏卵着之禮狀ヲ出タシ、中島之不評判も記ス、
一、九時五十五分ノ滊車ニて上坂、賴山陽之掛幅二軸幷ニ(來)國俊之拵刀壹腰ヲ美術館江持參、出品ニ供シ置ク、受取證有之、

山陽の軸國俊の拵刀を美術館へ持參

一、當日ハ處々色紙、及ヒ歳暮音信用之品々ヲ買取ル已、日暮ニテ諸用不達、多景色ニ一泊す、

○12月9日、晴、日曜日、十一月六日、

一、早朝ヨリ齋藤梨雪ヲ尋ルニ、宿所不分明、仍而諸方ニて買物ヲ調、二時之滊車ニて歸家、
一、尾崎雪濤訪來リ、依賴シタル小横幅出來、金壹圓幷ニ本月會料三十錢ヲ拂、

○12月0(10)日、晴、月曜日、十一月七日、

一、神拜終る、
一、佐々木瑞城ヘ莚荷送致ノ書面ヲ出タスニ、本日ハ已ニ積入方不相成、來ル十四日ノ船ニ定メタリ、
一、伊豫松山府中町二丁目泰平館江薫炭仕送リ相成哉否ノ問合書ヲ出タス、
一、清[志]水蕉雨幷ニ在梅棲熊谷將造來訪、

○12月11日、晴、火曜日、十一月八日、

一、神拜終る、
一、大坂道修町眞木ヨリ書面ニて、香炭仕送リ之書來ル、仍而中四百・小百、至急送リ方之依賴書ヲ、山本秀生名前ニて出ス、千個ニて金貳圓五十錢トノ叓ナリ、
一、熊谷將造より掛幅ヲ爲持遣シタリ、水戸景山(徳川齊昭)公ノ隷書、千文字ハ小野湖山ノ跋アリ、如何ニも珍品ナリ、又竹田(田能村)ノ大幅アリ、是又別品ナリ、
一、香水之印判ヲ命ス、木判ニテ濟ス筈ナリ、

○12月12日、水曜日、晴、十一月九日、

一、神拜終る、
一、午後四時ヨリ倶樂部ヘ出張、幹叓會アリ、
一、河野徹志ヨリ惠以之返詞有之、
一、小原竹香、竹田畫之返詞有之、

○12月13日、雨、木曜日、十一月十日、

一、神拝終る、

一、晩ニ田村(喜進)ヲ迎ヱテ診察ヲ乞、

一、大坂へ香煙炭之懸引ヲナシタリ、

○12月14日、晴、金曜日、十一月十一日、

一、神拝終る、

一、大坂藤來リ、オーフルコトノ仕立替ヲ命ス、代價金貳圓也、

○12月15日、晴、土曜日、十一月十三日、

一、神拝終る、

一、大坂道修町眞木米七ヨリ、香煙炭二函着荷、但昨十四日附ニて金貳圓卅九錢爲替ニて送ル、

一、當夕ハ午後六時ヨリ醫會ヲ文庫へ催ス、從此例月貸渡ス叓ニ定メタリ、

一、晩ニ白井剛策ノ診察ヲ受ケタリ、

○12月16日、晴、日曜日、十一月十四日、

一、神拝終る、

一、西尾篤來訪ス、

一、大坂眞木(米七)ヨリ金受取證達す、

一、午後壹時白井・宇田川(謹吾)・田村來診、肝臓と決シタリ、

肝臓の疾患判明

*大阪天神橋天満橋竣工渡り初め

○12月17日、晴、月曜日、十一月十五日、

一、神拝終る、

一、早朝黒石より飛脚到來、芳之親死去之凶報ニ付、即時ニ發足セシム、香典料金壹圓丼ニ香料ヲ送る、

一、函館より佐々木江注文之鮭ノタカン來着す、外ニ又赤松行之莚包壹ツ來ル、

○12月18日、晴、火曜日、十一月十六日、

一、神拝終る、

一、大坂北野之朝權屋塔本來ル、病氣ニて引入中斷リテ面會セス、

○12月19日、晴、水曜日、十一月十七日、

一、神拝終る、

一、芳叓、午後五時半ニ歸家、

一、佐々木瑞城ヨリ書面達す、

○12月20日、晴、土曜日(木)、十一月十八日、

一、神拝終る、

一、午後一時五十五分之瀛車ニて上坂、北野天神社門前ニて、薬瓶十個ヲ買取リ、此レヨリ錫製之口丼ニ道修町ニて瓶ヲ買ヒ取リ、雪濤(尾崎)ヲ訪ニ不在、多景色ニ一泊す、本日ハ天神橋天満橋成効、渡リ初メニて大

賑ヒナリ、

○12月21日、雨、日（金）曜日、十一月十九日、

一、早朝尾崎（雪濤）ヲ訪ヒ、此レヨリ製薬會社ノ小磯ヲ訪ヒ、アルコール五瓶ヲ買取リ、福壽之扇子ヲ受取歸ル、十二時廿五分ノ滊車ニて歸家、

○12月22日、晴、月（土）曜日、十一月廿日、

一、神拜終る、

一、宮内愛亮來訪、

○12月23日、晴、火（日）曜日、十一月廿一日、

一、神拜終る、

折田彦市來訪

一、折田彦市東上之由ニて訪來ル、仍而榁柑壹函ヲ贈ル、

○12月24日、晴、水（月）曜日、十一月廿二日、

一、神拜終る、

如意輪寺再建の談判に及ぶ

一、吉川法譽來リ、如意輪寺再建之談判ニ及ヘリ、

一、小磯吉人來リ、過日囑シ置キタルクヱン油壹瓶を携ヘ來ル、

一、京都在梅堂熊谷將造ヨリ書面、清風ヘ注文ノ筆洗云ヾ返詞有之、又滊車上之詩アリ、次韻シテ卽刻書面ヲ出す、

已過播尾播頭灣三十六灘、呼吸間一路、悉會延長日
朝來將見九州山、

○12月25日、晴、木（火）曜日、十一月廿三日、

一、神拜終る、

一、堺之鍛冶本（庄市郎）ヘ包丁注文書ヲ出タス、

○12月26日、晴、金（水）曜日、十一月廿四日、

一、神拜終る、

一、父上之月次祭執行、鍛冶本より包丁五種達す、

一、球陽丸着船、松下江囑シタル豚肉幷ニ橘氷・久米縞持參也、

一、北堂君ヨリ種ヾノ御贈リ、品ヾ被降タリ、

○12月27日、晴、土（木）曜日、十一月廿五日、

一、神拜終る、

一、東京櫻井・岡・西村ヘ年末之祝儀トシテ、品物ヲ明廿七日ノ便ニ托シタリ、

一、吉川依賴之文書ヲ作る、

○12月28日、晴、日（金）曜日、十一月廿六日、

一、神拜終る、

一、宮内愛亮ヲ訪ヒタリ、曾我直安（直庵）及宗丹（神屋宗湛）之幅ヲ見る、

○12月29日、晴、月（土）曜日、十一月廿七日、

一、神拜終る、

一、神拝終る、

○12月30日、晴、火(日)曜日、十一月廿八日、

一、神拝終る、

○12月31日、晴、水(月)曜日、十一月廿九日、

一、神拝終る、

一、芳野北村ヨリ金五圓菓子料トシテ送リタリ、是レハ額面揮毫ノ謝禮ナリ、

一、金谷五郎三郎幷ニ堺鍛冶本庄市郎ヨリ送リシ刃物、代價爲替正(マヽ)ニて送る、

〔明治二十二年正月〕

廿二年己丑　○1月1日、晴、火曜日、十一月晦日、

一、神拝終る、

一、當年より縣廳拜賀之式ヲ廢シタルニ付、上廳ヲ止メ、終日安座賀客ヲ相迎ヱテ饗す、

一、晩ニ年賀狀ヲ造る、

○1月2日、晴、水曜日、十二月朔日、

一、神拝終る、

一、本日俱樂部ニて官民打混して、新年宴會アリ、九百廿六名ノ多數ニ及ヘリ、

○1月3日、晴、木曜日、十二月二日、

一、神拝終る、

一、元始〔祭脱〕未濟、

一、篠田芥津ニ鯛之味噌漬小樽一個ヲ贈ル、

○1月4日、晴、金曜日、十二月三日、

一、神拝終る、

一、金貳圓十錢、函館在勤、佐ゝ木瑞〔城脱〕へ爲換證ニテ郵送す、

一、舊冬廿七日出之、鹿兒島便より肴味噌漬壹壺・いも一ツト、大竹壹本送り來る、皆ゝ様御無叓ナリ、

一、下女松叓、今日暇とりて歸る、

○1月5日、晴、土曜日、十二月四日、

一、神拝終る、

一、河野徹志祝義トシテ來る、宮内(愛亮)も見得タリ、

○1月6日、晴、日曜日、十二月5日、

一、神拝終る、

一、球陽丸出帆ニ付、年頭之品物ヲ北堂君へ奉り、書中ニ金壹圓ヲ年玉として奉る、

一、晩ニ田邨喜進來る、酒肴ヲ出タシテ賀儀ヲ修す、

○1月7日、晴、月曜日、十二月六日、

一、神拝終る、祖父公・宮子姫之月次祭濟、

一、松下祐介來リ、昨日球場丸出帆、延引之由ナリ、仍而酒肴ヲ饗シタリ、

○1月8日、晴、火曜日、十二月七日、

一、神拜終る、

一、不快ニて臥ス、大坂三木平衞ヘ金三圓ヲ爲替ニて送る、

○1月9日、晴、水曜日、十二月八日、

一、不快ニて終日打臥す、田村(喜進)來診す、

○1月(10)0日、晴、木曜日、十二月九日、

一、神拜終る、

一、久邇宮(朝彦親王)江賀表ヲ出タス、今朝より拂床、

○1月11日、晴、金曜日、十二月十日、

一、神拜終る、

○1月12日、晴、土曜日、十二月十一日、

一、神拜終る、

○1月13日、晴、日曜日、十二月十二日、

一、神拜終る、

○1月14日、晴、月曜日、十二月十三日、

一、神拜終る、

一、中島保次郎年始ニ來る、

○1月15日、晴、晩雨大、十二月十四日、

一、神拜終る、

一、午後四時ヨリ倶樂〔部脱〕幹事會ニ出張、

一、今夕文庫ニハ醫者ノ月次會ヲ開ク、年始之事ニヨリ酒肴ヲ出ス、

○1月16日、晴、水曜日、十二月十五日、

一、神拜終る、

○1月17日、晴、木曜日、十二月十六日、

一、神拜終る、

一、岡田俊之介訪來る、

○1月18日、晴、金曜日、十二月十七日、

一、神拜終る、

一、寺島平一郎戯場(マヽ)木屋一件ニ付、縣廳呼出シ有之、仍而答辨書ヲ河谷江依托サセタリ、

○1月19日、晴、土曜日、十二月十八日、

一、神拜終る、

○1月20日、晴、日曜日、十二月十九日、

一、神拜終る、

○1月21日、晴、月曜日、十二月廿日、

一、神拜終る、

○1月22日、晴、火曜日、十二月廿一日、

一、神拜終る、
　○1月23日、晴、水曜日、十二月廿二日、
一、神拜終る、
一、堺鍛冶本（庄市郎）へ銕大小三挺直し方、幷ニ新注文ヲ申遣ス、
一、當日午ヨリ倶樂部ノ初集會ニ出席ス、
　○1月24日、晴、木曜日、十二月廿三日、
一、神拜終る、
一、江夏利兵衞尋來ル、今般東上ニ付、刀劍幷ニ書畫持參之由、何レモ珍品ナリ、
一、午後第一時ニ縣江出廳、勸業課長板原江寺島平一郎劇場木屋一件之叓ニ面議ス、本小屋ノ義ハ、一切取急キノ叓ニ決定ノ由ヲ聞、
一、海岸常盤舍へ出張、江夏之書面劍ヲ一覽ス、
　正宗ノ脇差、大出來モノ中心誠ニ妙ナリ、又義弘是モ短刀眞ニ妙又兼光モ上刀ナリ、
幅ハ子功ノ馬繪ニ枝山ノ讃アリ絕品リ（マヽ）及昌紀ノ花鳥、元信（狩野）ノ布袋ノ圖、極彩色妙ナリ、
　○1月25日、晴、金曜日、十二月廿四日、
一、神拜終る、父上之月次祭執行濟ム、
一、淡州西田茂八郎へ貳圓之爲換證差送リ、鷄幷ニ鷄卵之注文書狀ヲ出タス、
一、江夏來訪、仍而宮內（愛亮）へ書面、劍一覽ノ叓ヲ記ス、
　○1月26日、晴、土曜日、十二月廿五日、
一、神拜終る、
一、中島保次郎より硯海會ノ爲、文庫借用ノ依賴有之、後三時ヨリ來會アリ、
一、當日ハ社內一同ヲ呼出シ、止宿不相成儀ヲ嚴達して、七日間ニ承諾狀ヲ可差出旨ヲ達す、
一、神之川ヨリ、廿九日御着之報知有之、
　○1月27日、晴、日曜日、十二月廿六日、
一、神拜終る、
一、原口南村訪來リ初而面會、酒肴ヲ出して閑話す、
一、北堂君より御左右御書幷ニ形菓子・丸ほろ御贈リ被下タリ、
一、晩ニ宮內愛亮來リ閑話、終日客來ニて困る、
　○1月28日、月曜日、晴、十二月廿七日、
一、神拜終る、
一、岡守節より賀監草書ノ御府摺物ヲ惠投アリ、秋山政壽持參なり、當日島津公（忠義）御兩所御着、
　○1月29日、晴、火曜日、十二月廿八日、

*島津公御著

一、神拜終る、

○1月30日、晴、水曜日、正月、(マヽ)

一、神拜終る、

一、島津公御乘船ニ付、御船迠奉送シタリ、本縣知事(内海忠勝)モ當日なり、

二月 ○1月31日、晴、木曜日、正月元旦、

一、神拜終る、

〔二 月〕

○2月1日、晴、金曜日、正月二日、

一、神拜終る、

一、社内惣代住吉來リ、嘆願之内情ヲ聞ク、

○2月2日、晴、土曜日、正月三日、

一、神拜終る、

一、岡守節へ禮狀ヲ出タス、

○2月3日、晴、日曜日、正月四日、

一、神拜終る、

一、社内一同之嘆願ヲ聞届ク、

一、本日乘馬ヲ月ニ金四圓ニて、松之助へ預ケタリ、

○2月4日、晴、月曜日、正月五日、

一、神拜終る、

一、社内一同より滯納金百圓ヲ納ム、

○2月5日、晴、火曜日、正月六日、

一、神拜終る、

○2月6日、晴、水曜日、正月7日、

一、神拜終る、

一、昨日出帆之球陽丸より北堂君へ書面ヲ奉リ、又染へ下女ノ事ヲ申遣シ、小仕(遣)五十錢ヲ送リタリ、

○2月7日、晴、木曜日、正月八日、

一、神拜終る、

一、祖父公・宮子姫之月次祭濟ム、

一、淡路之西田茂八郎・森田福次郎、中島同伴ニて訪ヒ來リ、晝飯ヲ饗シタリ、

一、午後三時より祥福寺并ニ廣嵓寺ヲ訪ヒ歸家、

*祥福寺廣巖寺を訪ふ

一、十一日憲法御發布ニ付、告祭式執行之達有之、

○2月8日、陰雪、金曜日、正月九日、

一、神拜終る、

一、早朝鳴瀧區長(公恭)ヲ訪ヒ、電氣燈臺借用之談判シテ、又宮内愛亮(正鑑)ヲ訪ヒ、歸途河谷(正名)・前田ヲ訪て歸家、

一、本夕祈念祭式十三日執行ノ達シ有之、(年)

○2月9日、晴、土曜日、正月十日、

一、神拜終る、

一、兵庫表具師へ賀監草書函之帙ヲ命ス、

一、元寇記念碑發起人タルノ件ヲ、大坂滯在眞井直道へ報ス、

一、小原正棟行キノ詩稿ヲ出シ、又淡路西田（茂八郎）江品評會江出席難計の情ヲ報す、

一、木場貞長ヨリ十一日祝宴之振聽狀達す、

○2月0（10）日、晴、日曜日、正月十一日、

一、神拜終る、

一、明日敕使參向ニ付、社内之粧飾ヲ達す、

○2月11日、雪、月曜日、正月十二日、

一、神拜終る、

一、午前八時、禮服ニて出廳、參賀ヲ終ヱテ歸ル、

憲法發布式擧行

一、午前十一時、知事内海忠勝代理トシテ尾越書記官參向、告祭式首尾能ク終る、

文相森有禮刺さる

一、午後六時ヨリ知事ノ祝宴ニ自由亭ニ行ク、當日於東京森（有禮）文武（部大）太臣刺客（西野文太郎）之爲、負傷ノ電信達スルヲ聞ク、談中更ニ生命危シトノ電報有之、

○2月12日、火曜日、晴、正月十三日、

一、神拜終る、

一、大坂伊藤龜之介ヨリ藥酒二タス着す、

○2月13日、晴、水曜日、晴（マヽ）、正月十四日、

一、神拜終る、

*祈年祭執行

一、午前九時祈念（年）祭執行濟、鳴瀧公恭奉幣使ヲ勤ム、

一、中近堂へ貳圓五十戔（錢）、三才圖繪（會）第三回代トシテ、爲（マヽ）替正ヲ送ル、

一、大日本農會へ金三圓、廿二年中會費トシテ送ル、

一、三田育種場竹中江五十戔（錢）、種物代トシテ同斷、

○2月14日、晴、木曜日、正月十五日、

一、神拜終る、

一、染より九日出之書面着す、召仕婦人北元より周旋ノ趣キ申來ル、

一、宮内愛亮來リ、尾ノ上之娘差返す事ニ決シタリ、

○2月15日、晴、金曜日、正月十六日、

一、神拜終る、

一、京都烏丸六條魚ノ棚上ル處ニ、書面ヲ出タシ、染戸藉（籍）ノヿを問合セタリ、

一、東京荒井与左衞門江梅苗ノ名稱幷ニ代價付ヲ仕送ルヘキ旨ヲ申遣シタリ、

○2月16日、晴、土曜日、正月十七日、
一、神拝終る、
○2月17日、晴、日曜日、正月十八日、
一、神拝終る、
一、尾上惠以叓、今日千代ヲ附シ大坂宿元江遣シタリ、
一、橋本小六來リ、履歴二冊ト、(島津)久光公之傳トヲ借シタリ、
○2月18日、晴、月曜日、正月十九日、
一、神拝終る、
一、早朝目賀田ヲ訪ニ不在、仍而活版所ニ行、梅花集上木之叓ヲ囑す、
一、岡田重廣生野より召シ狀有之、登山ニ付朝倉省吾へ書面ヲ記シテ依頼ス、
一、馬商松次郎へ托シテ洋鞍一具ヲ買、代價十二圓也、
○2月19日、晴、火曜日、正月廿日、
一、神拝終る、
一、中村來大硯壹枚ヲ壹圓ニ買取、
一、元寇記念碑之叓ニ付、新井眞道へ書面ヲ送る、
一、北堂君へ仕女之一件ヲ申上ケタリ、
○2月20日、晴、水曜日、正月廿一日、
一、神拝終る、
一、午後四時より倶樂部へ幹叓會ニ出席、
一、小川鉅吉ヨリ、櫻島大根數本ヲ送リタリ、
一、北堂君より御品〻御送リ被下タリ、
○2月21日、晴、木曜日、正月廿二日、
一、神拝終る、
一、中尾店ヨリ蠟燭一函、五圓七十五錢ニ買入ル、
○2月22日、雨、金曜日、正月廿三日、
一、神拝終る、
一、中島來ル、松井之額面ヲ渡ス、
○2月23日、晴、土曜日、正月廿四日、
一、神拝終る、
○2月24日、晴、日曜日、正月廿五日、
一、神拝終る、
一、早朝板原ヲ訪、劇場木屋一件ヲ示談シテ歸、

*西郷祭典

一、宮内(愛亮)ニ立寄リ、本日西郷祭典ニ會スルノ事ヲ約シテ歸ル、
一、十二時之瀛車ニて上坂、祭場ニ臨ム、祭畢テ尾崎雪濤井ニ山内五兵衛ヲ訪ヒ歸ル、今晩多景色ニ一泊す、

*藤澤南岳等を訪ふ

一、藤澤南岳・博物館小原(竹香)等之數氏ヲ訪ヒ、又高麗橋洋

服店藤井ヲ訪ヒ、藤井ヘハ金壹圓五十錢、是レハ洋服位直シ代價壹圓五十錢ヲ拂、外ニスコツチ外套ヲ依頼シテ歸ル、

○2月25日、晴、月曜日、正月廿六日、

一、當日諸方ニて買物ニ奔走シ、四時ノ滊車ニて歸ル、

○2月26日、雨、火曜日、正月廿七日、

一、神拜終る、

一、晩ニ宮内訪來る、又川添(爲一)モ共ニ閑談、

一、雪濤(尾崎)ニ托シタル菊亭之圖畫出來持參なり、

○2月27日、晴、水曜日、正月廿八日、

一、神拜終る、

一、京都荒木江金三圓、油園代ノ内トシテ送る、

一、同四十戔(錢)、金谷五郎三郎ヘ送る、

○2月28日、晴、木曜日、正月廿九日、

一、神拜終る、

一、金壹圓四十錢、東京荒井江梅苗代トシテ送る、

〔三　月〕

三月　○3月1日、晴、金曜日、正月晦日、

神拜終る、

一、二番之滊車ニて上坂、西濱町岩本江行キ、長クツヲ依頼シ、又高麗橋藤井ヘ行テ、外套ヲ囑シテ歸ル、

○三月2日、晴、土曜日、二月朔日、

一、神拜終る、

○三月3日、晴、日曜日、二月二日、

一、神拜終る、

*姫路白國村の梅林にて詩賦

一、二番滊車ニて姫路ヘ向ツテ發ス、松女ヲ携ヘタリ、十一時ニ本所ヘ達シ、晝飯ヲ吃シテ、白國村之梅林ニ行ク、城下より殆壹里程なり、岡本ト比スレハ乙ナリ、詩五百ヲ賦シ、行テ龍萬ニ泊す、

○三月四日、晴、月曜日、二月三日、

一、神拜終る、

一、午前八時、赤穂ニ向ツテ發ス、途中ニて革文庫之注文アリ、此レヨリ渡邊弘ヲ訪ヒ不在故、名刺ヲ殘シ、赤穂之柴田ぬいヘ泊す、今塗師長尾愼吾ヲ呼ヒ、漆器之注文ヲナス、

○三月五日、火曜日、二月四日、

一、神拜終る、

*赤穂鹽田を一見

一、午後ヨリ鹽田ヲ一見シ、御崎ニ行キ、是レヨリ阪越ニ行、鴨ノ作物ヲ買取リ、又明日乗船之切符ヲ買ヒ、

歸途ニ附ク、
一、神拜終る、
○3月六日、晴、水曜日、二月五日、
一、六時ニ赤穂ヲ發シ阪越ヨリ乗船、十一時ニ明石ニ着シ、此レヨリ挽車ニて、瀧ノ茶屋迠來リ投宿す、
一、姫路革文庫屋へ書面ヲ出タシ、極々上等ニ製造可致旨ヲ記ス、
一、金壹圓ヲ瀧ノ茶屋へ托シ、鷄ノ注文ヲ囑ス、
○3月七日、晴、木曜日、二月六日、
一、神拜終る、
一、瀧ノ茶屋より挽車ニて須广迠來リ、此レヨリ瀛車ニて兵庫迠着ス、

*舊知事公御旅館へ伺候
舊知事公へ伺候供奉す

一、舊知叓公(島津忠義)御滯在之旨拜聴、殊ニ御召、ちりめん壹反拜領ニ付、卽刻薩广屋江伺公(候)ス、于時ニ午後二時より被爲成、梅花ヲ御覽被遊、九三鉢進上ス、此レヨリ電氣燈會社へ被爲入、機械運轉ヲ御覽ニて御歸館ナリ、仍而御旅館迠供奉す、
一、染より五日認メ之書面達す、下女召ツレ候トノ叓ナリ、
○3月8日、晴、金曜日、二月七日、
一、神拜終る、
一、荒井与左衞門幷ニ竹田卓郎之注文種子達す、
一、有川矢九郎へ昨日鴨五羽幷ニ梅之留附ケヲ送る、

*谷鐵臣に梅花満開の報知書を出す

一、京都谷鐵臣ニ梅花滿開之報知書ヲ出ス、折田彦市方へ電信、明九日知叓公御乗船ニ付、不在之趣キヲ報ス、
○3月9日、雨、土曜日、二月八日、
一、神拜終る、
一、神拜終る、(マヽ)
一、石道人江囑スル旅行持印材之刻成る、
一、藤澤(南岳)幷ニ小原(竹香)・尾崎(雪濤)へ觀海之書面ヲ出タス、
一、午後二時ヨリ舊知叓公御旅館江伺(候)公、三時ニ御船迠奉送す、
○3月0日(10)、晴、陰未定、日曜日、二月九日、
一、四時ヨリ倶樂之幹叓會ニ出張ス、
一、神拜終る、
一、岡田重廣來リ、生野之一件詳細ヲ聞得タリ、
一、洋服棚ヲ注文す、
○3月11日、雨、月曜日、二月十日、
一、神拜終る、

一、金壹圓、荒井与左衛門江爲換正(マヽ)ニて郵送す、

○3月12日、晴陰未定、火曜日、二月十一日、

一、神拝終る、

一、小原竹香・水越耕南、石道人・橋本小六・刺賀等之人々ヲ呼テ梅花ヲ観ル、

一、北堂君より電信來ル、染アス乗船之御報知ナリ、

一、苗代川ト正實之妕(マヽ)訪ヒ來ル、

一、大坂よりクツ出來持參也、金六圓ヲ拂渡ス、

一、小西革製造店よりカハン出來之報知有之、

一、大坂諸友人江觀梅之通券ヲ贈ル、

○3月13日、晴、水曜日、二月十二日、

一、神拝終る、

一、月ケ瀬窪田兵藏江廿六・七之兩日、發途之書面ヲ出タス、

○3月14日、晴、木曜日、二月十三日、

一、神拝終る、

一、大阪鶫飼與次郎へ爲換金六十四(マヽ)ヲ送る、菓子代也、

一、川添久(爲一)々ふりニて來ル、共ニ午飯ヲ吃ス、

*安場福岡縣知事に面會

一、福岡知叓安場(保和)、東京より着、西村へ行テ面會す、

一、中井・岡部ヲ呼て、家内諸拂之叓ヲ談シ、又出シ店ノ一件ヲ指揮ス、

○3月15日、晴、金曜日、二月十四日、

一、神拝終る、

*内海知事を訪ひ吉田松陰祭典の事を談ず

一、早朝内海(忠勝)知叓ヲ訪ヒ、當日吉田松蔭祭典之叓ヲ談シ、

*菊水香

又菊水香ヲ持參シテ品評ヲ乞ヒタリ、

一、午後四時ヨリ商法會議所ニて、祭典ヲ執行ス、祭文ヲ郎〔朗〕讀ス、

一、楮苗之一件幷ニ染今晩着船之云々申上候、

○3月16日、晴、土曜日、二月十五日、

一、神拝終る、

一、今朝五時そめ、松ヲ同伴ニて着神、仍而卽刻北堂君へ電信ニて申上ル、

○3月17日、晴、日曜日、二月十六日、

一、神拝終る、

*岡本梅林にて観梅

一、早朝家内中ハ、二番之瀛車ニて住吉迄送リ出タシ、騎馬ニて十時半ニ岡本ニ達シ、觀梅、爰ニて晝飯ヲ吃シテ、午後又歸途ニ上ル、

一、吉田松蔭ヲ祭ルノ文ヲ内海知叓所望ニ付、寫シテ太田報助ニ送リリ(マヽ)タリ、

○3月18日、晴、月曜日、二月十七日、

川崎家靈祭執行

*笠置に至り泊す

*月ケ瀬に達す

一、神拜終る、

一、目加田招喚狀ヲ請ケタリト聞キ、使ヲ遣シテ樣子ヲ爲聞タリ、

○3月19日、雨、火曜日、二月十八日、

一、神拜終る、

一、早朝河谷正鑑ヲ訪ヒ、更ニ宮内(愛亮)ヲ訪ヒ、曾我直庵ノ幅ヲ借リテ皈リ、又目加田ニ立寄云々ノ事情ヲ通シテ皈ル、

○3月20日、晴、水曜日、二月十九日、

一、神拜終る、

一、午前第十時ヨリ川崎氏之靈祭幷ニ倅新九郎之五年祭ノ爲ニ行神叓執行、十二時ニ終リ、晝餐ヲ吃シ、是より諏(マヽ)方山吉田亭ニ行、諸人之招魂祭場ニ臨ミ、祝詞ヲ奏して皈ル、

一、後三時之瀛車ニて上坂ス、心齋橋西本ニて金員忘却之叓ヲ思ヒ出タシ、多景色ニ投シ直チニ電信ヲ通す、

○3月21日、晴、木曜日、二月廿日、

一、早朝大井田(留三郎)金子ヲ持參す、

一、兼而囑シタル小西之革細工場ニて、革提ヲ受取、金圓ヲ拂渡シ、是より博物場ニて畫幅ヲ受取、大井田幷ニ松ハ返シ、高津之吉助ヲ尋ネ、諸所ニて買物ヲ調、後二時二十五分ノ瀛車ニて皈家す、

一、今夕ハ社内ノ地主ヲ呼テ、觀梅之饗應ヲナス、

○3月22日、晴、金曜日、二月廿一日、

一、神拜終る、

○3月23日、晴、土曜日、二月廿二日、

一、神拜終る、

一、宮内來る、淡路行ヲ進メラレタリ、

○3月24日、晴、日曜日、二月廿三日、

一、神拜終る、

一、吉富瀛車ニて山崎ニ達シ、是より八幡天神森ヲ經テ、木津ニて晝飯、笠置ニ至リ一泊す、日未沒柳生迠ニハ日暮レサルヘシ、

○3月25日、晴、月曜日、二月廿四日、

一、神拜終る、

一、七時ニ笠置ヲ發ス、駕ヲ命シテ午前第十時ニ月ケ瀬ニ達す、卽久保田兵藏かじやニ泊す、本日大阪之高木も同宿す、

一、笠置之古詩ヲ書して、大倉次郎左衞門へ寄セ置キタリ、

一、月ケ瀬ニて左之人〻ニ面會セリ、

○3月26日、雨、火曜日、二月廿五日、

一、神拜終る、

一、早朝より揮毫、主人之囑ニ應す、午後より尾山ニ登リ、又舟遊觀花、

一、七絶十一首、五律十首成ル、

○3月27日、雪、水曜日、二月廿六日、

一、午前第七時雪ヲ侵して發ス、午後第二時ニ奈良角屋へ達す、

税所奈良縣知事を訪ふ

一、税(篤)所知㕝ヲ訪ヒタリ、

○3月28日、晴、木曜日、二月廿七日、

京都に入る

一、早朝角屋ヲ發シ、博覧會ヲ一見シテ、京路ニ懸リ、長池ニて晝飯ヲ終テ午後三時ニ京ニ入リ、木屋町四條下ル松華樓ニ泊す、

一、金谷五郎三郎ヲ訪、銀瓶之修覆ヲ囑ス、又清水五條阪(マヽ)ニて清風(與平)五丁目ヲ訪ヒ、筆洗幷ニ茶碗ヲ囑シテ、歸途觀音ニ參詣シタリ、

○3月29日、晴、金曜日、二月廿八日、

一、神拜終る、

一、早朝木屋町ヲ出テ、二番之瀛車ニて發シ、十二時ニ歸家す、

*楠寺和尚死去す

一、不在中、神田知次郎楠寺之和尚死去、

一、有川矢九郎より嵐山之電信有之、仍而直チニ書面ヲ出タス、

一、神田へ人ヲ遣シテ、葬儀之㕝ヲ問合セタリ、

○3月30日、晴、土曜日、二月廿九日、

一、早朝神田ヲ見舞、又諏方(マヽ)山ニ行テ、梅樹ヲ買テ歸ル、

一、午後第四時、神田ノ葬儀ニ會す、

○3月31日、晴、日曜日、二月晦日、

一、神拜終る、

一、風邪ニて終引入る、

（表紙）

日誌　従二十二年四月一日　至仝年十二月卅一日　三十五

〔明治二十二年四月〕

廿二年四月○4月1日、雨晴、月曜日、三月二日、
一、神拝終る、
一、折田彦市東上之由ニて來訪アリ、
一、馬場一金談之叓ニ付、示談有之、

○4月2日、晴、火曜日、三月三日、
一、神拝終る、
一、目加田來、建白書ヲ示す、

○4月3日、晴、水曜日、三月四日、
一、神拝終る、
一、午前十時より宇治川常盤の品評會江出掛ケタリ、

折田彦市來訪す

○4月4日、晴、木曜日、三月五日、
一、神拝終る、
一、今朝氣管子〔支〕カタールニて打臥シタリ、

○4月5日、晴、金曜日、三月六日、
一、神拝終る、
一、お松之叓ニ付、鹿児島江電信、獨身返シテヨロシキカヲ問會〔合〕セタリ、
一、須广海水養保院江差入レタル二株之株券ヲ受取ト引替タリ、

○4月6日、晴、土曜日、三月七日、
一、神拝終る、
一、鹿児島ヨリ電信ニて下女差返シ呉レトノ事、仍而本日出帆之美濃丸へ乘セ付ケ返ス、

○4月7日、晴、日曜日、三月八日、
一、神拝終る、
一、祖父君幷ニ宮子月次祭濟、
一、染叓、本人藉〔籍〕之取調ヘトシテ上京爲致タリ、仍而金谷五郎三郎へ洋銀瓶ヲ送リ、銀瓶新調ヲ命ス、又味噌漬魚壹尾ヲ贈ル、外ニ生魚壹尾ヲ、五条坂清風ニ贈る、

○4月8日、晴、月曜日、三月九日、

一、神拜終る、

肺痛にて臥す

一、昨晩より肺痛ニて終日打臥ス、田村（喜進）來診す、

○4月9日、晴、火曜日、三月十日、

一、神拜終る、

一、今朝より拂床、京都より竹子（筍）到着、

一、宮内（愛亮）訪來る、晩ニ目加田、岐阜縣人山田省三郎同伴、初而對面ス、縣會議員ナリ、

一、芳野山吉水法譽江〔川〕花期ヲ問合セタリ、

○4月0（10）日、晴、水曜日、三月十一日、

一、神拜終る、

川崎正藏へ鯛筍を送る

一、大鯛壹枚・竹之子（筍）十二本、川崎正藏へ送る、

一、金壹圓五十錢、姫路浦上卯右衞門へ、革文庫代價トシテ郵送す、山本秀生之名前也、

一、金壹圓四十錢、是レハかなのくわいへ廿一年五月より廿二年六月中之納金トシテ郵送、又山本之名前也、

○4月11日、雨、木曜日、三月十二日、

一、神拜終る、

一、水越（耕南）幷大西囑之額面等ヲ書ス、

○4月12日、晴、金曜日、三月十三日、

一、神拜終る、

一、姫路手提屋へ書面ヲ出タシ、作料詰責ス、山本名稱也、

○4月13日、晴、土曜日、三月十四日、

一、神拜終る、

○4月14日、雨、日曜日、三月十五日、

一、神拜終る、

一、有川矢九郎へ嵐山花盛リ之電信ヲ通す、

○4月15日、雨、月曜日、三月十六日、

一、神拜終る、

一、姫路浦上（卯右衞門）江金卅錢爲替ニて送ル、是レハ手提代價增金申遣シタルニ、申分不當ニ付、一旦不遣叓ニ申遣シタルニ、先方より過入リタル書面ニ付、肴料トシテ送也、

一、金壹圓廿錢、東京榛原へ五雲餞（マヽ）毛引十二行四百枚、外ニ、白紙四百枚注文す、本代料トシテ爲替ニて郵送す、

○4月十六日、陰、火曜日、三月十七日、

一、神拜終る、

一、午後四時之瀛車ニて上坂、淸花樓ニ一泊す、

大阪を發し上市へ著す

*高野山に登る

吉野山藏王堂竹林院に至る

如意輪寺にて税所奈良縣知事に面會す

○4月17日、晴、水曜日、三月十八日、
一、神拝終る、
一、午前第七時大坂(マヽ)ヲ發シ、難波ニて車ヲ買、正午前古市へ着、是レヨリ竹之內ヲ越シ、五瀬ニ達シ、日没シテ上市北村氏へ着す、尼ケ崎之橋本(海關)氏夫婦先發シテ、北村氏ニ在リ、
○4月18日、晴、木曜日、三月十八日、
一、神拝終る、
一、午後一時ヨリ芳野ニ登山、籃輿ニテ行ク、先ツ藏王堂ニテ休息、古物ヲ一見シ、此レヨリ竹林院ノ茶店ニて一盃ヲ酌ミタリ、
一、延元陵(後醍醐天皇)ヲ拜シ、如意輪寺ニて奈良知叓税所(篤)ニ面會ス、吉川法譽ニも面會す、
一、午後八時ニ下山、北村氏ニ一泊す、今夕大雨、
○4月19日、晴、金曜日、三月十九日、
一、神拝終る、
一、今朝橋本夫婦發程す、
一、終日古書畫ヲ一見す、皆贋物ナリ、
一、昨夕吉野より福井生同行シテ歸ル、此レハ北村之妻ノ弟也、

○4月20日、晴、土曜日、三月廿日、
一、神拝終る、
一、早朝ヨリ揮毫、九四十枚ヲ書す、
一、正午ヨリ北村氏ヲ發シ、六田・五條ヲ歴、橋本ヨリカムロニ行、玉屋ニ投宿す、四時ナリ、
○4月21日、晴、日曜日、三月廿一日、
一、神拝終る、
一、早朝七時籃輿ニ乘リ、高野山ニ登ル、本地ヨリ四里ノ昇降屈曲、忽チ九泉ニ墜、忽チ九霄ニ上ルノ思アリ、殊ニ不動阪(マヽ)ニ至リ、四十八曲ナルモノハ、尤嶮岨ヲ極ム、此レヲ登リ、卽高野山寺地ニ入ル、四方九十數町ノ平坦ナリ、其盛時ヲ想見テ、空海之豪傑ナルヲ知ル、詩アリ、常喜院ニ休息シテ書飯ヲ吃シ、午後一時半ニ下山ニ就ク、仝四時半ニカムロニ歸ル、
○4月22日、晴、月曜日、三月廿二日、
一、午前六時ニ發ス、三日市ニて休息シ、ヒ越ノ嶮ヲ登リ福田ニ來リ、書飯ヲ吃ス、カムロヨリ八里ニシテ、此レヨリ界(堺)へ二リナリ、
一、界(堺)ニテ滊車ニ乘リ、午後二時卅分ニ大阪ニ達す、
一、大阪四時廿五分ノ滊車ニ乘リ、五時五十分歸家、上

市ヲ發スルニ當リ、北村ヨリ召仕男重吉ヲ附從セシメタリ、依而高野ヨリ郵書ヲ出シ、重吉ヲ神戸ヘ同行シタリ、

○4月23日、晴、火曜日、三月廿三日、

一、神拜終る、

一、北村行之書面幷ニ品物ヲ調ヘタリ、

一、紺島壹反、一、鼠島壹反、一、楠公遺品鈴一、一、歌集幷ニ額面用春(賴)水之書、雪濤之月瀨圖、其外五百五十年祭之祝詞・椽(マヽ)樟記・神像・鯛ノ醋・大根漬等也、

一、白島壹反、金壹圓、重吉ヘ爲取タリ、

○4月24日、晴、水曜日、三月廿四日、

一、神拜終る、

一、今朝壹番滊車ニて重吉ヲ返ス、

一、鹿児島之平田、宮内(愛亮)ノ宅ヘ來リ、音信物アリ、

一、朝より客來多シ、大阪之鵜飼與次郎來訪す、

○4月25日、晴、木曜日、三月廿五日、

一、神拜終る、

一、父上之月次祭濟、

議員撰擧會に出る

一、午前七時ヨリ議員撰擧會ニ出頭、直木政之介・高德藤五郎之二名ヲ投標(マヽ)す、

一、北村新次郎大坂より書面幷ニ贈達す、

一、午後三時ヨリ上阪、諸買物ヲ濟セ、菊苗ヲ受取、清花樓ヘ一泊す、

一、金谷五郎三郎ヘ銀瓶修覆ノ叓ヲ命す、又清風(與平)ヘ書面ヲ出タす、是レハ注文之花碗出來之叓ヲ告ク、

一、北村新次郎ヘ書面、物品着之叓ヲ告ケ礼書也、

○4月26日、大雨、金曜日、三月廿六日、

一、神拜終る、

一、早朝より大雨故、午前十時之滊車ニて歸家、

○4月廿七日、晴、土曜日、三月廿九(廿七)日、

一、二番之滊車ニて、小阪・藤澤(南岳)・南・上原・竹香(小原)、其外諸所ニて買物相調、四時之滊車ニて歸ル、

一、當日伊藤龜之介江金五圓ヲ拂渡ス、是レハブランテーノ代價也、

一、北濱之扇子屋ヘ金貳圓九十錢拂渡シ、扇子百本ヲ注文す、

一、晩ニ有川矢九郎來ル、晩飯ヲ饗す、

○4月28日、晴雨未定、三月晦(廿八)日、

一、神拜終る、

一、川村（矢九郎）・有川同伴シテ、山本村江牡丹花一見之爲ニ行、
花ハ未タ未開なり、

〇4月29日、晴、月曜日、四月朔日（三月廿九日）、

一、神拜終る、

一、有川矢九郎當日滊車ニて、東行之報知有之、

一、吉田ヲ祭ルノ文ヲ、藤澤南岳ニ送る、

〇4月30日、晴、火曜日、四月朔日、

一、神拜終る、

一、有川、當日東海道滊車ニて東行、

一、金壹圓十五錢、京都松川友吉江爲替金トシテ送ル、

一、三木福（鮮明）へ金三圓、例之通リ相渡ス、

*上京久邇宮へ酒肴獻上

〔五　月〕

〇5月1日、晴、水曜日、四月二日、

一、神拜終る、

一、大阪吉介より牡丹滿開之案内有之、

〇5月2日、晴、木曜日、四月三日、

一、神拜終る、

一、當日より召仕婦人來ル、

*久邇宮へ參殿拜謁

一、上京ニ付、白鹿壹斗樽ヲ山文ニ命ス、久邇宮（朝彦親王）へ獻上用ナリ、來五日上京之心算故ニ、四日正午迄持參之叓ヲ達す、

〇5月3日、雨、金曜日、四月四日

一、神拜終る、

〇5月4日、晴、土曜日、四月五日

一、神拜終る、

一、昨日上京ニ付、鯛大小八枚買入方ヲ村瀬ニ命ス、

〇5月5日、晴、日曜日、四月六日、

一、神拜終る、

一、午前七時五十五分之滊車ニて上京、十一時ニ柊屋へ着、此レヨリ左之通リ、土產物ヲ贈ル、

一、白鹿新釀壹斗樽・大鯛二枚、久邇宮江、

一、中鯛壹枚ツヽ、小藤（孝行）・鳥居川（憲昭）之兩人江、

一、右同壹枚ツヽ、清風・与平・金谷五郎三（郎脱）・柊屋熊谷、
都合八枚也、

一、西村方客人混雜ニ付、松華樓へ轉宿、又清水江登リ陶器ヲ買入レ歸ル、

〇5月六日、晴、月曜日、四月七日、

一、神拜終る、

一、午前第九時宮（久邇宮朝彦親王）へ參殿、拜謁被仰付、白ちりめん一疋

幷ニ御煙草入拜戴、退殿す、

一、博覽會ニて土産品ヲ買調歸ル、

一、淸風(與平)へ金五圓ヲ拂渡ス、是レハ筆洗二ツ、茶碗等之代價也、

○5月七日、晴、火曜日、四月八日、

一、神拜終る、

一、柊屋へ行テ召仕女之一件ヲ依賴シ、又小藤氏江、御被(破)風拜領之叓ヲ申込ミ歸ル、

一、柊屋之母、召仕女ヲ同伴シタリ、明後九日歸神之叓ヲ約ス、仍而金十五圓ヲ同人ヨリ借用す、

小野湖山等を訪ふ

一、當日小野湖山・谷鐵臣・篠田(芥津)等ヲ訪ヒタリ、

○5月8日、晴、水曜日、四月九日、

一、神拜終る、

一、錦ニて鱒魚等之土產用ヲ買調、松川へ持參、仕舞瀛車へ送る、

○5月9日、晴、木曜日、四月十日、

一、神拜終る、

一、當朝召仕女幷ニ母、仲裁人來ル、約定書受取金十五圓相渡シ、又仲裁人江ハ金貳圓ヲ爲取之、九時ニ發す、

本願寺上棟式執行

一、當日ハ本願寺上棟式執行ニて、大混雜ヲ極メタリ、

一、午後一時ニ大阪江達シ、博覽會ニて買物ヲ調、洋銀板等ヲ買入ル、

一、藤井へ立寄、洋服ノ寸法ヲとり、直ニ梅田江發す、

一、午後六時ニ神戶へ着す、

○5月0(10)日、晴、金曜日、四月十一日、

一、神拜終る、

一、金十五圓西村へ爲替證ニて郵送す、是レハ借用ノ分也、又洋銀板ヲ金谷江送る、

一、芳野山之福井縫訪來ル、

一、當日紺カスリ壹反、西村之母へ送る、

○5月11日、晴、土曜日、四月十二日、

一、神拜終る、

＊寶塚溫泉にて入浴す

一、午前八時之瀛車ニて山本村ニ行キ、舊知叓(島津忠義)公御注文ノ牡丹三十株、新九郎へ注文シ、此レヨリ寶塚之溫泉へ入浴、一泊す、

○5月12日、晴、日曜日、四月十三日、

一、神拜終る、

一、午前九時寶塚ヲ發シテ、十二時ニ歸家す、

○5月13日、晴、月曜日、四月十四日、

一、神拜終る、

一、午前八時ヨリ上石保直ヲ訪ヒ渡御一條幷ニ露店之一件示談シ、此レヨリ宮内愛亮ヲ訪ヒ、更ニ布引ニ西長敬ヲ訪ヒ、本人之病氣ヲ伺ヒタリ、
一、飴井ニ牛肉エキス等ヲ西へ送ル、
一、社務所人員ヲ呼立、繪馬所出店者取除キノ㕝ヲ達す、又村瀬久太郎へ金網銅製之㕝ヲ囑す、

繪馬所出店者の取除きを達す

一、神拜終る、
○5月14日、雨、火曜日、四月十五日、
一、工藤八郎來リ、倶樂部書畫會ノ談ニ及ヒ、計畫ヲ示談シテ、小原竹香・藤澤南岳等ニ通知之㕝ヲ承了す、仍而直ニ報知書ヲ出タシ、藤澤・小原へハ芳山之詩稿ヲ送リ、竹香ニハ金壹圓ヲ封入す、
一、京師西村ヨリ爲替證受取之返詞來ル、
○5月15日、晴、水曜日、四月十六日、
一、神拜終る、
一、本日ハ喜市之着服祝ニ付、川添(爲二)へ行テ、晩ニ歸ル、
○5月16日、雨、木曜日、四月十七日、
一、神拜終る、
一、繪馬所內出店者之㕝ニ付、高德(藤五郎)・杉山(利介)ノ兩名ニ宛テ書面ヲ出ス、
○5月17日、金曜日、晴、四月十八日、
一、イス幷ニ竹根ヲ篠田江送る、
一、神拜終る、
一、尾崎雪濤來リ、陳道之幅ヲ過日取替ノ六圓金之代リニ受取、
一、橋本及古川銕畊ヲ訪、皆不在、仍而倶樂部ニ行キ、十九日書畫會集之㕝ヲ、工藤ニ談シテ歸ル、
○5月18日、晴、土曜日、四月十九日、
一、繪馬所修繕ニ付、負擔人ヲ住吉初三名へ命ス、
一、神拜終る、
○5月19日、雨、日曜日、四月廿日、
一、高德藤五郎・杉山利介江繪馬一件ノ書面ヲ送る、
一、神拜終る、
一、當日ハ書畫會ニ付、倶樂部へ出頭、清人黄唫梅出席ス、席上題、雨窓聞雁、江村晩望七律二首、七絕壹首有リ、
○5月20日、晴、月曜日、四月廿一日、
一、神拜終る、
一、古川銕畊尋來ル、
一、志水蕉雨江畫帳云々申遣ス、又篠田(芥津)江印材仕送リ方

申遣す、

一、小野湖山老人ヨリ、北村氏畫讚之叓ニ付書面到來、仍而形行北村江申遣す、

○5月21日、晴、火曜日、四月廿二日、

一、神拜終る、

一、風邪氣ニ付打臥シタリ、

○5月22日、晴、水曜日、四月廿三日、

一、神拜終る、

一、小原竹香・石橋雲來等より十九日雅會報告遲着之旨ヲ申通シ、又矢野五洲よりも同斷ニ付、何レモ端書ニて斷リ書ヲ出タス、

○5月23日、晴、木曜日、四月廿四日、

一、神拜終る、

一、京都渡邊勝二ヨリ、硯出來ノ書面來る、

一、篠田芥津ヨリも印代出來次第仕送る云々報知有之、

一、森田正太郎ヲ河谷正鑑ノ代理人ニ依頼ス、是レハ榮町六丁目ニ居住す、

一、工藤八郎へ書面ニて、大阪矢野五洲へ返詞ニ付、倶樂部書畫會へ脫名ノ叓ヲ告ク、

○5月24日、晴、金曜日、四月廿五日、

一、神拜終る、

一、二番之瀛車ニて上阪、所々ニて買物ヲ調、午後二時之瀛車ニて歸家、

○5月25日、晴、土曜日、四月廿六日、

一、神拜、昇殿、

*楠公祭神輿渡御

一、午前七時半出御、縣廳江御休息知叓(内海忠勝)代理トシテ、木場(貞長)書記官拜禮畢リ、湊川ニて御休息、午後二時本所御發輿、五時半御歸輿、無異ニ相濟、

○5月26日、晴、日曜日、四月廿七日、

一、神拜終る、

*鳴瀧市長を訪ふ

一、午後三時より鳴瀧(公恭)市長ヲ訪ヒ、此レヨリ河谷正鑑又布西長敬ヲ訪ヒ歸る、

○5月27日、晴、月曜日、四月廿八日、

一、神拜終る、

*楠公父子の御書を拜見す

一、小原竹香訪來、楠公御父子ノ紺紙紺泥之御書ヲ拜見す、

○5月28日、晴、火曜日、四月廿九日、

一、神拜終る、

一、金貳圓大阪製藥會社藤波江アルコール代、

一、金三圓藤井へ洋服代、右二行爲替證ニて送ル、

一、牛ヱキスオツチネール等ヲ西長敬へ送ル、
一、伊藤龜之介來リ、金談依頼アリ、

○5月29日、晴、水曜日、四月晦日、

一、神拝終る、
一、伊藤江金談難調報知書ヲ出タス、
一、河谷正鑑來リ、森田(正太郎)江代理之件ヲ囑ス、

○5月30日、晴、木曜日、五月朔日、

一、神拝終る、
一、早朝内海知(忠勝)叓へ茶壹盆ヲ贈る、

内海知事へ茶を贈る

○5月31日、晴、金曜日、五月二日、

一、神拝終る、
一、赤穂長尾愼吾へ畫譜返却ニ付、受取之書面并ニ過日仕送リ來リシ、濱焼之禮狀ヲ出タス、書中ニハ朱粉并ニ挽物ヲ送ルヲ記ス、

〔六月〕

○6月1日、雨、土曜日、五月三日、

一、神拝終る、
一、繪馬所修繕ニ付、社内之住吉外三名掛リヲ命ス、
一、水越耕南公證人任命ニ付、酒肴ヲ贈る、
一、赤穂長尾江朱粉ヲ贈る、

○6月2日、晴、日曜日、五月四日、

一、神拝終る、
一、午前第九時山陛(階)宮(晃親王)御參詣ニて御立寄被遊、文庫ニて茶菓獻す、今夕四國路江御發途ニ付、午後五時ハラ(マヽ)タヲ獻ス、

*山階宮晃親王御參詣

○6月3日、晴、月曜日、五月五日、

一、神拝終る、
一、午前第七時之瀛車ニて上京、十一時ニ京着、
一、御肴　一ツ、バラタ一　宮(久邇宮朝彦親王)江、
一、小鯛　一ツヽ、小藤(孝行)・鳥居川(憲昭)兩人江、
一、渡邊勝二・志水蕉雨等ヲ訪ヒタリ、
一、金谷五郎三郎江依囑之銀瓶修覆出來ニ付、受取タリ、
一、晩ニ篠田芥津伴來レリ、

*上京久邇宮へ御肴を獻ず

○6月4日、晴、火曜日、五月六日、

一、神拝終る、
一、早朝小藤ヲ訪ヒ、電氣車道之一件ヲ談シ、此レヨリシテ宮へ參殿之處、御齒痛ニて御逢無之、仍而委曲ヲ御家扶ニ申入レ退殿、富岡百錬(鐵齋)ヲ訪ヒ、金貳圓酒一樽代トシテ贈リ、歸路渡邊勝二及篠田(芥津)を訪ヒ、歸

*富岡百錬を訪ひ酒代として金貳圓を贈る

宿、

嵐山にて温泉へ入浴

一、午後一時ヨリ嵐山ニ向ツテ發シ、子規亭ニ投ス、直チニ舟ヲ買テ温泉江入浴、黒田卯吉ヘ金二圓ヲ給シタリ、

○6月5日、晴、水曜日、五月七日、

小楠公の御像を拜す

一、早朝子規亭ヲ發シ、小楠公(正行)ノ御像ヲ拜シ、隅山ヲ訪、混玉硯之製造ヲ示談シ、多クノ硯石ヲ一見す、

一、清瀧ヨリ駕ヲ買テ登山、心願ヲ籠メ歸山、清瀧ニて晝飯ヲ吃シ、日暮子規亭ニ歸休す、

○6月6日、晴、木曜日、五月八日、

一、神拜終る、

一、午前第八時子規亭ヲ發途シ、十一時ニ松華樓江投シ、直チニ錦ニ行キ、茄子・竹之子(筍)ヲ買取、六條停車場松川ヘ命して神戸ヘ送る、明日祖父公幷ニ宮子ノ月次祭ノ爲ナリ、又書面ヲ出タス、

一、篠田芥津ヲ訪ヒ、印材之一件ヲ談シ、明七日三時迠ト約定シ、渡邊勝二ニて硯二面ヲ受取、小野湖山ヲ訪ヒ、古畫ヲ受取、志水蕉雨江立寄リ、仕立方ヲ囑シ歸ル、

一、晩ニ市村水香、蕉雨(志水)ト同伴ニて來リ、閑話す、

一、金谷五郎三郎ニて銕瓶壹箇ヲ買入ル、是レハ淨流ト合作ノ銕瓶ナリ、

○6月7日、晴、金曜日、五月九日、

一、神拜終る、

*久邇宮へ参殿拜謁

一、午前第十時、久邇宮(朝彦親王)江參殿、拜謁、茶菓ヲ賜ル、依而電氣車ノ一件ヲ備サニ言上す、至極御賛成之旨被仰出タリ、又兼而奉願置候、御古下シ賜ルトノ御沙汰有之、猶退キ小藤・鳥居川兩人江も一應之禮ヲ演へて歸ル、

一、石野之宅ニ尋ネ行キ、銀瓶之一件ヲ示談シタリ、

一、午後五時過キテ芥津(篠田)ヘ書面ヲ出タシ、印材製作人江破談之書面ヲ出ス、然るニ無程本人參る、仍而斷乎トシテ面談ヲ辭シ、又他行ニ付、篠田等ヲ詰責シテ立出テ、五条阪清風与平ヲ訪ヒ、宮内(愛亮)注文ノ急火灯六ケ并ニ自用二ツヲ注文す、

○6月8日、晴、土曜日、五月十日、

一、神拜終る、

一、午前第八時ニ松華樓ヲ發シ、四時四十分ノ滊車ニて大阪ニ着シ、諸所ニて買物ヲ調ヱ、二時二十五分ノ滊車ニて歸神、

○6月9日、晴、日曜日、五月十一日、

一、神拝終る、

一、當日ハ倶樂部ノ詩會ナレトモ、宿題ヲ送リテ出席ヲ辭ス、橋本小六も來訪す、

一、西長敬ヨリ肴ヲ惠投セリ、仍而野菜ヲ贈ル、

一、志水蕉雨ヨリ北村氏之古畫一件ノ書面來ル、

一、田中胖津大觀亭ヨリ宮御方之御沙汰ヲ問合セタリ、仍而直チニ返信ヲ出タシ、猶書面ヲ出シ、小池正一行之書面も封入す、是レハ電氣車道依賴ノ書面ナリ、

○6月0(10)日、晴、月曜日、五月十二日、

一、神拝終る、

一、北村新次郎へ畫帖一件ヲ掛合タリ、又志水蕉雨へも同斷之書面ヲ出タシ、又篠田芥津ヨリ印材幷ニ木竹受取方ヲ依賴スルヲ囑シ、又篠田江も同斷之書面ヲ出タス、

○6月11日、晴、火曜日、五月十三日、

一、神拝終る、

一、午後三時より倶樂部へ幹叓會ニ出頭、

○6月12日、晴、水曜日、五月十四日、

一、神拝終る、

一、宮内愛亮訪來る、

○6月13日、晴、木曜日、五月十五日、

一、神拝終る、

一、松下裕介ヨリ西瓜二個ヲ惠投、

一、午後騎馬、前田吉彦・宮内(愛亮)等ヲ訪、布引ニ西(長敬)ヲ訪ヒ歸ル、

*騎馬にて前田吉彦等を訪ふ

一、故人佐ゝ成家ヨリ書通有之、

一、京都清風与平江鯛之味噌漬ヲ送る、

○6月14日、晴、金曜日、五月十六日、

一、神拝終る、

一、三木福(鮮明)江月次金三圓ヲ渡ス、

○6月15日、晴、土曜日、五月十七日、

一、神拝終る、

一、京都志水蕉雨ヨリ印材ヲ送致ス、是レハ篠田芥津ヨリ受取リタル分也、

○6月16日、陰、日曜日、五月十八日、

一、神拝終る、

一、十一時五十五分ノ瀛車ニて上阪、鵜飼(與次郎)江菓子代九十錢ヲ拂、又所ゝニて買物ヲ調、高麗橋筋松友之火災ヲ見舞、是レヨリ四時ノ瀛車ニて歸ル、

*西宮より寶塚へ達す

○6月17日、雨、月曜日、五月十九日、
一、神拝終る、
一、球陽丸出帆ニ付金壹圓、浴衣縞壹反、外ニ憲〔法脱〕發布之折、御菓子ヲ賜リシ袋等ヲ母上ニ奉ル、

○6月18日、雨、火曜日、五月廿日、
一、神拝終る、

○6月19日、半晴、水曜日、五月廿一日、
一、神拝終る、
一、早朝水越耕南ヲ訪ニ不在、仍而杉田雄ヲ訪ヒ、川添〔爲一〕之病人ヲ依頼、且ツ診察ヲ乞ヒ歸ル、
一、午後京都ニて出來之印材ヲ、元町紫檀細工屋へ仕揚ケヲ托シタリ、

癩病薬を買入る

一、赤壁ニて癩病薬ヲ買入レタリ、
一、宮内愛亮ヲ訪ヒ、本人進退之事實アルヤ否ヲ問ヒ、時叓ヲ談シテ皈ル、
一、嵯峨隅山行キノ書面、幷ニ混玉硯模造ノ櫻木硯ヲ贈ルノ記文ヲ呉絹ニ認メ、外ニ乾雑子ヲ贈ルノ手配ニ及ヒタリ、

○6月20日、晴、木曜日、五月廿二日、
一、神拝終る、
一、午前二番滊車ニて西ノ宮迠來リ、此レヨリ寶塚へ午前十一時ニ達し、分銅屋江投宿す、

○6月21日、晴、金曜日、五月廿三日、
一、神拝終る、
一、疊屋之夫婦來る、直チニ中山ニ行、
一、大阪鶉飼江カステイラ壹函注文之書面ヲ當地之飛脚へ出タス、

○6月22日、晴、土曜日、五月廿四日、
一、神拝終る、
一、今夕分銅屋之家內より、廣間ノ座敷明ケ渡スヘキ旨、應對〔待〕ニ付不快ナレトモ、速カニ承知シ、俄カニ手道具ヲ取纒メ、別旅店ニ引移リタリ、大混雑ヲ極ム、

○6月23日、晴、日曜日、五月廿五日、
一、神拝終る、
一、早朝神崎ニ向ツテ發シ、正午ニ歸宅、
一、午後三時ニ奉仕祭典終る、

○6月24日、晴、月曜日、五月廿六日、
一、神拝畢ル、
一、住吉幷ニ中井來リ、社內ノ一件、種〻內願有之、惣而聞届ケタリ、

一、昨廿三日、淡路西田茂米質改良ニ盡力之旨、上申ノ義ヲ書面ニて、(マヽ)ヨリ申立、仍而速カニ日本農會ヘ申立ツ叓ニ承諾セリ、

一、神拜畢、

○6月25日、晴、火曜日、五月廿七日、

一、獵銃鑑札返納屆ケ之一件ヲ、宿元江書面ニて出タス、

○6月26日、快晴、水曜日、五月廿八日、

一、神拜畢る、

終日無異、

○6月27日、晴、木曜日、五月廿九日、

一、神拜終る、

一、午前第九時ヨリ山本村新九郎ヲ訪ヒ、凌霄花ヲ買入、是より鼓カ瀧ヲ一見シ、池田之開化樓ニて晝飯ヲ吃シタリ、

一、凌霄花ハ小龜之庭前ニ植ヱタリ、

○6月28日、晴、金曜日、六月朔日、

一、神拜終る、

一、午前第九時、千代・中井・疊屋之老婆、馬丁馬ヲ牽キ、見舞之爲ニ來リ、又北堂君より御惠送品等持參也、晝飯ヲ一同ヘ振舞、畢て中山之観音ヘ參詣、午後第五時ニ一同歸神ス、

中山観音へ参詣

一、神拜畢る、

○6月29日、晴、土曜日、六月二日、

一、終而揮毫、

一、藤澤南岳ヨリ書面來着、

○6月30日、晴、日曜日、六月三日、

一、神拜畢る、

一、大阪鵜(鵜飼與次郎)ヨリ輕カン壹函送致也、當地之飛脚屋持參、

一、小龜主人ヨリ菓子壹函惠投ニて、額面懇望ナリ、

〔七 月〕

○7月1日、晴、月曜日、六月四日、

一、神拜畢る、

○7月2日、雨、火曜日、六月五日、

一、額面幷ニ半切數枚ヲ揮毫す、

一、神拜終る、

一、今日櫻井(能監)行之詩稿畢ル、

○7月3日、晴、水曜日、六月六日、

一、神拜畢ル、

一、午前九時車ヲ買テ名鹽ニ行キ、弓場上ニ行キ、薄葉

*名鹽にて紙を注文す

紙壹千枚ヲ注文ス、是レハ半紙板ニシテ、二枚取リナリ、壹枚ニ付三里〔厘〕、壹千枚ニテ金三圓ナリ、

但ミスキ込ミ辭令紙ノ叓も囑シ置キタリ、是レハ菊水ノ御紋ヲスキ込ムニ付、見本ヲ送ル叓ニ約ス、代價ハ見本一見ノ後ニ定ムルトノ叓ナリ、

○7月4日、晴、半陰、木曜日、六月七日、

一、神拜畢る、

一、午前十一時ニ馬丁傳太郎迎之爲來着、中井(弥三)ヨリ金七圓送致ス、

○7月5日、雨、金曜日、六月八日、

一、神拜畢る、

一、正午ニ飯ヲ吃シ白水山樓ヲ發ス、

一、諸拂二周〔週〕間ニて惣拂拾五圓貳十七錢也、仍而茶代トシテ金壹圓、外ニ下女・下男ヘ金拾錢ツヽヲ給シタリ、

一、福井より香魚ヲ三十二尾買入レ、土產ノ用意ナリ、又同人ヨリ鮎之醬油漬ケヲ惠ミタリ、

一、此ノ日途中ヨリ大雨ニて、西宮迠寸暇ナク降リ繼キタリ、

○7月6日、晴、土曜日、六月九日、

一、神拜畢る、

一、早朝電氣會社江行キ、田中胖江面會、倶樂部ノ電燈代價之示談ニ及ヒタリ、

*前田吉彦を訪ふ

一、前田吉彦ヲ訪ヒ、又植物試驗場ヘ行、呱哇煮〔著〕種子ノ叓ヲ示談シテ返〔歸〕る、又午後五時ヨリ倶樂部ヘ出頭、

○7月7日、晴、日曜日、六月十日、

一、神拜畢る、墓參濟ム、

*娘宮子の命日に墓參讀經を依頼す

一、本日祖父公之月次祭、又宮子姫ノ正〔祥〕月ナルカ故ニ、小祭ヲ執行シ墓參、廣嵓寺ニて讀經ヲ依頼す、

一、宇田川(謹吾)・田村(喜進)・川添(爲一)・中井等ヲ呼テ、午飯ヲ饗す、

一、岡守節ヨリ五日出之書面ニ、過日送リタル白鹿酒、今ニ不相達トノ書面到來、仍而西村ヘ差出シタル始末ヲ詳記シテ、書面ヲ出シ、又海岸西村ヘハ、大井(留三郎)田ヲ以而、問糺シ方ヲ命シタリ、

○7月8日、雨、月曜日、六月十一日、

一、神拜畢る、

*折田彦市訪來る

一、折田彦市來訪、土產等持參也、岡山縣ヘ出張ノ途中ナリ、閑話中、書幅ヲ一見サセタリ、

○7月9日、陰雨、火曜日、六月十二日、

一、神拜終る、

大祭執行す

一、北堂君ニ奉リシ、御返書ヲ賜る、
一、井上不鳴之書面ヲ、堀百千より送附セリ、
　○7月0(10)日、晴、水曜日、六月十三日、
一、神拝畢ル、
一、宮内愛亮ヲ訪ヒ歸ル、光起(土佐)力林和靜ノ三幅對ヲ一見す、眞ニ珍品ナリ、
　○7月11日、晴、木曜日、六月十四日、
一、昇殿、神拝畢、
一、大祭執行無滯相濟、奉幣使尾越書記官也、
一、岡守節幷ニ土方より酒到着之一左右有之、
　○7月12日、晴、金曜日、六月十五日、
一、神拝畢、
一、刺賀華氏ヲ訪ヒ歸ル、
一、杉田病院ニて診察ヲ乞ヒ薬用ス、
　○7月13日、雨、土曜日、六月十六日、
一、神拝畢、
　○7月14日、雨、日曜日、六月十七日、
一、神拝畢、
一、當日ハ倶樂部書畫會ナレ𪜈、出席ヲ斷リ、宿題ノ分ハ工藤ヘ贈リタリ、又同人江風菊ヲ贈ル、
一、午後小原竹香訪來リ閑話す、
　○7月15日、雨、月曜日、六月十八日、
一、神拝畢る、
一、小原竹香幷ニ印刻僧同伴ニて來訪、
一、今夕中井・岡部ノ兩名ヲ西村新七方ヨリ來着之書面ヲ捉帶サセ、差遣シタルニ、不當之挨拶、言語同斷(道)ニて、粉(紛)失ノ魚ハ、新七カ喰テシマツタモノナラント、暴言ヲ吐キチラシタル由ニて、兩人共當惑シテ歸リ報シタリ、
　○7月16日、半陰、火曜日、六月十九日、
一、神拝畢、
一、鹿兒島磯御邸(島津忠濟)武宮後能幷ニ廻リ氏江宛テ書面ヲ出タシ、御機嫌伺、且ツ牡丹三十種御買入可相成品ヲ取調タル分ヲ審附ケ、朱點ヲ加ヱ伺越シタリ、
　○7月17日、晴、水曜日、六月廿日、
一、神拝畢、
一、古川鋕耕訪來る、仍而湊川堤上江納涼ノ爲ニ行、又松元も來リ、妓ヲ呼て興ス、後宅ニて書畫會ヲ催ス、
　○7月18日、晴、木曜日、六月二十一日、
一、神拝畢、

一、有川矢九郎より帰神ノ報知有之、仍而海岸薩摩屋江訪ヒ帰ル、

○7月19日、雨、金曜日、六月廿二日、

一、神拜畢、

一、有川矢九郎・宮内愛亮來リ閑話す、

○7月20日、半晴、土曜日、六月廿三日、

一、神拜畢、

一、有川矢九郎同伴ニて、宮内江行、乗馬ヲ一覧シ、是ヨリ村野山人ヲ訪ヒ帰ル、

村野山人を訪ふ

一、金三圓、京師金谷五郎三郎へ銕瓶内トシテ送る、

一、午後三時、有川ノ歸縣ヲ送る、

○7月21日、半晴、日曜日、六月廿四日、

一、神拜畢、

一、晩ニ工藤八郎來リ、古川銕耕之會幷ニ詩會ノ宿題ノ相談ニ預リタリ、

○7月22日、半晴、月曜日、六月廿五日、

一、神拜畢、

一、備中上房郡長時任茂當江、馬薯鈴〔鈴薯〕仕送リ方之書面ヲ出タス、

一、社内消防方頼母師〔子〕講企テノ願有之、一口貳圓掛ニて六十圓掛ケなり、

○7月23日、雨、火曜日、六月廿六日、

一、神拜畢、

一、久邇〔朝彦親王〕宮御下神之新聞ニ付、實否ヲ鳥居川〔憲昭〕へ問合セ越シタリ、

○7月24日、雨、水曜日、六月廿七日、

一、神拜畢、

一、京都辻幸次郎より白之手袋送致セリ、一タス六十六錢ツヽなり、三タス到來、仍而即刻三タス代壹圓九十八錢、正ニて郵送す、

○7月25日、雨、木曜日、六月廿八日、

一、神拜畢、

一、父上之月次祭濟、

一、川添〔爲一〕江手袋三タースヲ相渡す、此金貳圓六錢也、

○7月26日、晴、金曜日、六月廿九日、

一、神拜畢、

一、古川銕畊告別之爲ニ來ル、印譜ニ題スルノ詩ヲ記して贈る、

一、尾崎雪濤來ル、機投會掛銭六七二ケ月分金六十錢ヲ渡ス、又密畫十二枚ヲ預リ置ク、

一、(鮮明)三木福ヘ本之仕立、幷ニ丁字壹斤ヲ依頼ス、又金三圓ヲ渡ス、是レハ七月分也、

○7月27日、晴、土曜日、六月晦日、

一、神拝畢、

一、寺田平一郎劇場解方之儀ニ付、板原直吉ヲ訪ヒシニ不在、宜敷歸ル、

一、志水蕉雨訪來る、晩飯ヲ饗しタリ、

○7月28日、晴、日曜日、七月朔日、

*久邇宮より被風拝領す

一、神拝畢、

一、板原直吉ヲ訪、劇場解方ニ付、跡取始末之一見ヲ依頼して皈ル、

一、試驗場ニて馬鈴薯二十貫目、九五種ノ種子ヲ依頼シタリ、

○7月29日、晴、月曜日、七月二日、

一、神拝終る、

藤澤南岳を訪ふ

一、午前壹番瀛車ニて上阪、山田大臣(顯義)ヲ訪ヒシニ、昨夕已ニ上京之由ニて遺憾ナリ、此レヨリ藤澤南岳ヲ訪、來八月十日瀧ノ茶店、観月會ヲ約ス、

一、矢野五洲・小原竹香ヲ訪ヒ、是レモ同観月ヲ約シ、又松藤ヲ訪ヒ、寶塚送リ之菓子料ヲ拂、

一、夏服マンテル幷ニツホンヲ藤屋ヘ托シテ、十一時ノ瀛車ニて皈神、

○7月30日、晴、火曜日、七月三日、

一、神拝畢、

一、時任(茂當)送り馬鈴薯二十貫ヲ二荷ニシテ、岡山市吉岡佐七郎ヘ宛テ仕立、又時任ヘハ書面ヲ出タス、

一、久邇宮(朝彦親王)御家扶ヨリ被風拝領被仰付、御物ハ通運江仕出シタル趣キノ御沙汰、御家扶ヨリ來着す、

一、午後四時通運より久邇宮より下シ賜ル、御被風函入リニシテ來着す、表ハもヘ黄團子ニテ、裏ハ緋ちりめんナリ、早速神前ニ飾り而后、家内中拝見シタリ、

○7月31日、晴、水曜日、七月四日、

一、神拝終る、

一、早朝後藤勝造ニ行、比内より掛合シ東京行ノ品物一件ヲ談シ、後來之叓ヲ托シタリ、歸途常盤舍ヘも行キ、右之次第ヲ告ケテ歸ル、

一、久邇宮御家扶江賜リ品拝戴之書面ヲ出す、

〔八　月〕

○8月1日、晴、木曜日、七月五日、

一、神拜終る、

一、大阪菊香園江囑シタル水晶印持參也、仍而潤刀金參圓ヲ內渡しとす、又小原竹香へ書面ヲ痨、瓢子幅代之叓ヲ問合セタリ、

一、西長敬歸阪之由ニて見得タリ、

○8月2日、晴、金曜日、七月六日、

一、神拜畢ル、

一、木場書記官(貞長)ヲ訪ヒ、宮內(愛亮)ヲ訪ヒ、途中ニて丁字茴香ヲ買取歸ル、晩ニ宮內來リ閑話す、

○8月3日、晴、土曜日、七月七日、

一、神拜終る、○本日廿八番館ニテハネーヲ貰受ケタリ、○日外來リ大日本農會江西田ノ一件、上告書ヲ受取、當日直チニ仕立テタリ、

○8月4日、晴、日曜日、七月八日、

一、神拜畢、

上京

一、五時五十五分ノ滊車ニて上京、初メ五郎三郎(金谷)幷ニ志(蕉雨)水ヲ訪、持參之魚ヲ贈リ、又ミの佐ニて鯉壹尾、幷ニ鰻ノ切府ヲ買取リ、是より松花樓へ投しタリ、

＊櫻井能監を訪ふに山階宮晃親王より陪食を賜る

一、宮御方(久邇宮朝彥親王)へ白鹿二十瓶、鯉壹尾貳尺二寸、大魚ナリ、三圓五十錢、白鹿二本ツヽ、鰻壹圓ツヽ、是レハ小藤(孝行)・鳥(憲昭)居川之兩人江、

久邇宮へ參殿時事を言上す

一、午後三時參殿、拜謁被仰付時叓ヲ言上す、茶菓ヲ賜リ退殿す、

＊西宮住吉間に

一、五郎三郎(金谷)へ金壹圓ヲ拂ヒ、鐵瓶代是ニて相濟ム、次キコツフ幷ニ銅盆ヲ受取ル、

一、渡邊勝二江硯二面ヲ托シ、一面ハ裏ラ(マヽ)ニ龍ヲ切リ揭〔揚〕ケ、一面ハ猿丸硯ノサラヱヲ命す、

一、柳馬場四條下ル吹田長四郞方へ立寄リ、玉之水滴ノ仕揭〔揚〕ケヲ命シテ皈宿す、

一、晩ニ清水蕉雨〔志〕・熊谷在梅堂訪來ル、又金谷之手傳モ來ル、于時櫻井能監滯京之由ヲ聞キタリ、

○8月5日、晴、月曜日、七月九日、

一、神拜畢ル、

一、早朝櫻井(能監)之宅ヲ訪ヒタルニ、家內ノミ居合セタリ、仍而暫時閑話、平常之一禮ヲ延ベタリ、能監氏(櫻井)ハ當日山科宮(晃親王)〔階〕御供ニて、勸修寺江參リタリトノ叓、仍而直チニ二人挽キニて、勸修寺江行き、能監ニ面會ヲ乞ヒタルニ、宮ヨリ被召御倍〔陪〕食ヲ賜リ、玆ニて御暇申上、十二時ニ歸家、

一、一時半ニ松華樓ヲ發シ、東洞院ニて辻幸次郎へ立寄、地ばん幷ニ手袋ヲ受取、二時四十分ノ滊車ニ乘ル、午時西ノ宮・住吉ノ間ニて、滊鑵〔機關〕車痛損、駐車スル

ヿ三時四十分、神戸ヨリ迎滊鑵車〔機關〕到着ニて、八時三十分ニ歸家、

○8月6日、晴、火曜日、七月十日、

一、神拜畢、

一、金五圓八十錢爲替證ニて、志水蕉雨へ郵送す、是レハ上市北村方畫帖代價ナリ、

一、北村新次郎へ志水之書面相添へ、畫出來送リ方ノ叓ヲ問合ス、

一、京都伊藤染ノ老母死去之叓ヲ聞ク、

○8月7日、晴、水曜日、七月十一日、

一、神拜終る、

一、金四圓六十二錢、辻幸次郎へめりヤス地ばん代トシテ郵送す、

一、祖父公・宮子姬ノ月次祭執行濟、

○8月8日、晴、木曜日、七月十二日、

一、神拜畢、

一、早朝木場貞長ヲ訪ヒ暇乞シテ、歸途板原勸業課長ヲ訪ヒ、演劇場取拂中止ニ付、書面進達之叓ヲ示談ス、

瘋病の診察を乞ふ

一、宇田川謹吾ヲ訪、瘋病ノ診察ヲ乞ヒタリ、

須磨保養院開業式に臨む

一、午後三時より須磨保養院開業式ニ臨ミ、半途ニシテ歸ル、

一、鹿兒島磯御邸〔島津忠濟〕武宮へ、牡丹御買入相成ヤ否ノ問合狀ヲ更ニ差出す、

○8月9日、晴、金曜日、七月十三日、

一、神拜畢、

*黑田總理への辭職勸告文を起草す

一、惣理大臣黑田〔清隆〕江辭職ヲ勸告ノ文ヲ起草す、

一、前田正名ヨリ西田茂八郎云〻ノ返詞到來、仍而蔭山守彥・森田福次郎へ宛テ、正名〔前田〕之書面ヲ封入シテ郵送す、

○8月0〔10〕日、晴、土曜日、七月十四日、

一、神拜畢、

○8月11日、晴、日曜日、七月十五日、

一、神拜畢、

一、北村〔新次郎〕之畫帖出來ニ付、志水蕉雨より送致ス、

○8月12日、晴、月曜日、七月十六日、

一、神拜畢、墓參濟、

一、早朝森田正太郎ヲ訪、従前謝禮幷ニ社内露店取締之件〻ヲ囑シタリ、

*内海知事宅へ弔問す

一、内海知叓〔忠勝〕之宅を訪ヒ、家内ニ面會シテ、老母死去之悔ヲ演テ歸ル、

一、金貳圓、志水(蕉雨)江畫帖拵方之謝義トシテ郵送す、爲換ナリ、

＊櫻井能監より靜寬院宮御遺物を送らる

一、同貳圓、西田茂八郎へ鶏買入方之爲ニ郵送す、同斷、

一、同六圓、柊屋江從前取替ノ分、九圓之内金トシテ郵送す、

一、大阪之藤井洋服マンテルツホン調製持參ナリ、此代金拾圓五十錢拂渡ス、

○8月13日、火曜日、七月十七日、

一、神拜終る、

一、午前九時學校江出頭、本校ノ立出シ所有地ヲ侵シタル筋ヲ、校長犬塚竹二江掛合タリ、

一、市役所ニ行キ、小林市二ヲ尋ネシニ、不在故引取リタリ、

○8月14日、晴、午後雨アリ、水曜日、十八日、

＊宮城内設置銅像意匠は源三位頼政鵺を射るの圖

市役所へ出頭神苑の一件を示談す

一、神拜畢、

一、午前第九時市役所江出頭、小林市二ニ面會シテ、神苑ノ一件ヲ示談シタリ、

一、昨夕より社内江行商者ノ入リ込ミヲ禁止ス、

○8月15日、晴、木曜日、七月十九日、

一、神拜畢、

一、午前十一時ノ瀛車ニて上坂、概(マヽ)板二枚、樅板三坪ヲ買入、代金三圓六十錢拂渡ス、

一、櫻井能監より靜觀(寬)院宮(徳川家茂室、仁孝天皇皇女)御遺物、銀文鎮一ケを送ラレタリ、此レハ小藤氏より達す、

○8月16日、晴、金曜日、七月廿日、

一、神拜畢、

一、志水蕉雨江書面、爲替證相達スルヤ否ヲ問合セタリ、

○8月17日、晴、土曜日、七月廿一日、

一、神拜畢ル、

一、多田村之林田良平來訪す、畫飯ヲ振舞ヒタリ、同伴人書畫幅ヲ携ヘタリ、

○8月18日、烈風、日曜日、七月廿二日、

一、神拜畢る、

一、岩本ノ依頼ニヨリ、東京宮城内ニ建築スル銅像意匠ハ、(源)頼政鵺ヲ射ルノ圖面ナルカ故ニ、三位(源頼政)ノ小傳ヲ調ヘ方ヲ依頼ス、仍而其傳幷ニ進達書等ノ案文ヲ作リ、岩本ニ與ヘタリ、

○8月19日、大風雨、月曜日、七月廿三日、

一、神拜畢、

一、昨日ヨリノ大風雨、兼而用意セシ故ニ、左近ノ痛損

大風雨の爲神戸兵庫港にて破損沈沒船多數有り

＊伊藤博文を訪ふ

ナシ、神戸兵庫港ニては、破損・沈沒船多數有之、
午後三時比ヨリ風雨共ニ止ミタリ、

一、大阪横堀伊勢屋佐七ヨリ瑕板仕送リ之詫狀來ル、又代リ之板仕送ルトノ事ナリ、

一、志水蕉雨ヨリ爲替證受取之端書キ到來す、

○8月20日、晴、火曜日、七月廿四日、

一、神拜畢、

神戸振美畫會名譽會員の依頼あり

一、神戸振美畫會名譽會員ノ依頼アリ、北長狭通三町目廿四番屋敷寶來谷山幷ニ西川信太郎桃嶺ト號、此ノ二名來ル、

○8月21日、晴、水曜日、七月廿五日、

一、神拜畢、

一、鹿兒島出水之產ニて、二ノ宮某揖宿貞火之書面ヲ持參す、仍而當時之所見ヲ吐露シテ、二ノ宮生へ囑す、

一、香魚十尾・猪席一鉢ヲ、內海知叓(忠勝)ニ送る、

一、昨廿日、マキノーリヤ苗壹本ヲ日外ニ送る、

一、南岳(藤澤)より病氣見舞之書面來る、返書ヲ出タス、

○8月22日、晴、木曜日、七月廿六日、

一、神拜畢、

一、鹿兒島廻より牡丹ノ一件返詞有之、

一、早朝伊藤博文ヲ諏方(マヽ)山ニ訪ヒ歸ル、

一、有川矢九郎より投網送リ來ル、

一、黑田淸隆江勸告文、幷ニ土方(久元)へ建言文淨書ヲ太和魂社ニ命ス、

○8月23日、晴、金曜日、七月廿七日、

一、神拜畢、

一、森田正太郎來る、社內之一件ヲ示談ス、

一、淡路ヨリ鷄十一羽來る、此レハ西田茂八郎より送リ吳レタリ、

○8月24日、晴、土曜日、七月廿八日、

一、神拜畢、

一、大阪伊勢佐七ヨリ樅板着す、

一、鈴木鼎來訪、是レハ五州社傭員ナリ、

○8月25日、晴、日曜日、七月廿九日、

一、神拜畢、

一、父上之月次祭相濟、

一、京都松川ヨリカほチヤ(南瓜)八ツ來着、

一、古川銕耕送別會之叓ニて來ル、

○8月26日、風雨、月曜日、八月朔日、

一、神拜終、

一、高橋ヲ大坂ニ遣シ、建言書ヲ取返シ、更ニ鈴木鼎へ
命ス、
一、矢(有川)九郎之倅熊次郎、和龍丸ニ乗船東行す、

○8月27日、晴、火曜日、八月二日、

一、神拜畢、
一、早朝内海知叓ヲ訪問ス、宮内(愛亮)ニ行キシニ不在ナリ、

海江田信義土方久元行きの獻白書を造る

一、海江田(信義)幷ニ土方(久元)行キノ獻白書ヲ造ル、
一、北堂君ヨリ御品〻御贈リ被下タリ、

○8月28日、晴、水曜日、八月三日、

一、神拜畢、
一、早朝山田爲喧ヲ常盤舍ニ訪ヒ、此レヨ(リ脱)宇田川(謹吾)ヲ訪ヒ
返ル、
一、晩ニ宮内又宇田川モ來ル、

○8月29日、晴、木曜日、八月四日、

一、神拜終る、
一、渡井量(マヽ)藏訪ヒ來ル、十六年ヲ置テ面會ス、是レハ水
藩人ナリ、加藤櫻老等ト一同遊ヒ人なり、
一、當日ハ海江田行之書面ヲ作る、

○8月30日、晴、金曜日、八月五日、

一、神拜畢、
一、昨廿九日小原竹香來訪、仲秋觀月會ノ約ヲナス、

*黒田清隆へ辭職勸告の書面仕出す

一、黒田清隆江辭職ノ勸告及土方久元江黒田辭職ノ件等
ヲ記スルノ書面、又海江田信義江も同斷、建言書ヲ
仕出ス、
一、森田正太郎へ金拾圓ヲ謝金ノ内トシテ、中井へ爲持
遣ス、

○8月31日、陰、晩ニ雨、土曜日、八月六日、

一、神拜畢ル、
一、人力車修覆出來タリ、

〔九月〕

○9月1日、晴、日曜日、八月七日、

一、神拜畢、
一、小藤孝行ヨリ、櫻井(能監)依頼之品相達シタルヤ哉ノ書面
達す、依而已ニ達シタル、當日受ケ書差出シタル趣
キ返詞ニ及ヒタリ、

○9月2日、午後大雨、月曜日、八月八日、

一、神拜畢ル、午前十時地震アリ、

*櫻井能監へ書面詩稿を送る

一、當日櫻井能監江書面、并ニ詩稿ヲ送ル、
一、佐賀關ノ大島屋叓、疋田某叓、久〻ふりニて面會す、

額面幷ニ半切ヲ懇望ニ付送リタリ、

一、午後三時ヨリ畫繪振起會江出席す、

一、金九圓五十錢、小原竹香へ送ル、幅代也、

一、金貳圓四錢、柊屋江郵送す、

*昔年水戸老公に拝謁せし時の筆記を送る

○9月3日、晴、火曜日、八月九日、

一、神拜終る、

一、午前十一時市役所江出頭、昨二日大雨ニ付、境外西門筋、大溝狹少之叓ニ付、市長副小林ト談判ヲ開キ、本社石壁妨害ヲ蒙ル云々ヲ演て、右之書面ヲ相渡ス、

一、備中時任(茂當)江馬鈴薯代價之書面、薯代壹貫目ニ付八錢、都合十貳貫目、〆九十六戔(錢)、運賃四十二錢、外ニ荷造幷ニ運送費拾貳戔、〆壹圓五拾錢也、又山東菜體菜ノ種子少々ツヽ送る、

○9月4日、晴、水曜日、八月十日、

一、神拜畢、

一、渡里量藏依賴之水戸烈公(徳川齊昭)ノ拜謁ヲ玉ヒシ叓ヲ記ス、

海江田信義より謝禮の一書來著す

一、海江田信義ヨリ建白ニ付、愛國心感服ニ付、謝禮之一書來着す、

一、東京榛原直次郎へ金壹圓五十錢郵送シテ、雁皮之美濃板仕送リ方ヲ書通す、

○9月5日、晴、木曜日、八月十一日、

一、神拜畢、

一、早朝渡里量藏ヲ尾越之家ニ訪ニ不在、仍而昔年水戸(徳川齊昭)老公ニ拜謁セシ時日之筆記ヲ送ル、又吉野ニて得タル、延元帝(後醍醐天皇)ノ御遺硯ヲ櫻木ニて模型シタルヲ送リ歸ル、

○9月6日、晴、金曜日、八月十二日、

一、神拜終る、

一、午前九時出廳、板原江面會、劇場跡受取方之一件示談シテ歸リ、尚森田正太郎ヲ代理トシテ市役所へ出タス、

一、晩ニ宮内(愛亮)訪來リて閑話す、

○9月7日、晴、土曜日、八月十三日、

一、神拜畢、

一、祖父公・宮子姫月次祭相濟、

一、午後四時ヨリ諏方山古川錁(マヽ)耕送別會江出會、詩三首ヲ賦シ、午後十一時ニ歸ル、

○9月8日、晴、日曜日、八月十四日、

一、神拜畢、

一、午前八時之瀛車ニて舞子ニ向ツテ發シ、垂水ニて下

有栖川宮熾仁親王に拝謁す

*一ノ谷海濱院へ株主總會に出張

*鹿兒島縣下大風雨の風聞

*前田吉彦等來訪

*楠公御眞跡を拝見す

*橋本海關と共に須磨保養院へ行く

車、左海屋ニて、有栖川(熾仁親王)一品親王ニ拝謁ス、當日ハ
ふとう・梨子・リンコノ三種ヲ獻納す、

○9月9日、晴、月曜日、八月十五日、

一、神拜畢ル、

一、舞子行之中途より邪氣ニ感シ藥用す、

一、晩ニ橋本小六來リ、分韻詩ヲ賦ス、

○9月0(10)日、雨、火曜日、八月十六日、

一、神拜畢、

一、貯金預リ、局ヨリ貳百三拾圓渡リ之證書達す、

○9月11日、大風雨、二百廿日、水曜日、八月十七日、

一、神拜畢、

一、今日逓驛局ヨリ二百三十餘圓ノ金ヲ受取、

一、風邪ノ爲ニ終日伏ス、

○9月12日、晴、木曜日、八月十八日、

一、神拜畢、

一、目加田護法來訪、漢學再興之叓ヲ談シテ、發起員ヲ承諾す、

○9月13日、晴、金曜日、八月十九日、

一、神拜終る、

一、奧ノ山口來リ、鷄二羽ヲ送る、

○9月14日、晴、土曜日、八月廿日、

一、神拜畢、

一、午後二時より一ノ谷海濱院へ株主之惣會ニ出張、夜ニ入リ歸る、

○9月15日、晴、日曜日、八月廿一日、

一、神拜畢、

一、鹿兒島縣下大風雨之風聞ニ付、母上様幷ニ有川矢九郎へ書面ヲ出タシ、御見舞申上ル、

○9月16日、晴、月曜日、八月廿二日、

一、神拜畢、

一、橋本小六・古川銕畊・前田吉彦・村瀬等來る、

一、當日丹波ヨリ楠公之御眞跡ヲ持參拜見す、

○9月17日、晴、火曜日、八月廿三日、

一、神拜畢、

一、川畑ヨリ鯛酢漬ケ來着、

一、午後三時ヨリ橋本海關ト共ニ、須广海水保養院へ行ク、詩二律ヲ賦、

以杖簞瓢出艸廬、白雲深處世蓙踈荒園栽菊晋徵士
閑地撫松陶隱居各自淸修鷗也、鶴友情交許汝兼余
腹充瑞穗殷丹酒笑指江東䞓尾魚、

勇退回頭我自羞曾堤大節列參謀如今空伴須广月早
晩遙思御苑秋額穀聖恩奈無識有辭人叓却多憂老來
愧不蒙容世好孤森林放後牛、
夜ニ入リ九時ニ歸家、
一、神拜終る、
○9月18日、晴、水曜日、八月廿四日、
一、長崎人（マヽ）石丈來リ、書畫一覽ヲ乞、仍而數幅ヲ見
セ閑話して返る、石丈ハ畫人ナリ、
○9月19日、晴、木曜日、八月廿五日、
一、神拜畢、
一、小原竹香訪來ル、并ニ晝飯ヲ吃シテ閑話す、探幽（狩野）ノ
畫ニ丈山（石川）之讃アル幅ヲ持參セリ、眞ニ珍畫ナリ、

探幽の畫に丈山の讃ある幅持參

一、大西建次來ル、是レハ鋉筆家ナリ、
○9月20日、雨、金曜日、八月廿六日、
一、神拜畢、
一、昨日板原直吉大坂府へ轉任ノ由ニテ、暇乞ノ爲ニ來
ル、仍テ今朝暇乞ノ爲ニ行ク、
一、宮内愛亮訪來リ閑話ス、
○9月21日、土曜日、雨、八月廿七日、
一、神拜畢ル、
一、京都渡邊ヨリ硯二面來着ニ付、書面ヲ出タス、
○9月22日、晴、日曜日、八月廿八日、
一、神拜終る、
一、金壹圓五拾錢、鋉耕（古川）送別會費トシテ、石川へ相渡ス、
一、赤穗長尾愼吾ヨリ盆壹枚達す、
一、備中時任（茂富）ヨリ金壹圓七十錢、爲替ニて郵送す、
一、三木（鮮明）福來ル、金三圓相渡ス、九月分也、
一、本田文右衞門死去ニ付、代理人ヲ遣ス、
○9月23日、晴、月曜日、八月廿九日、
一、神拜終る、
一、皇靈祭ニ付、記念碑前ニ於テ、靈祭ヲ執行す、

＊皇靈祭にて靈祭執行す

○9月24日、晴、火曜日、八月晦日
一、神拜終る、
一、母上樣ヨリ御手作之御品〻御贈リ被下タリ、
一、森田正太郎來ル、仍而芝小屋并ニ橘通り所有地告訴
一件之叓ヲ問合セタリ、又晩ニ白井・春日・田村來
リ、借地ノ叓ヲ談、
○9月25日、晴、水曜日、（九）八月朔日、
一、神拜畢、
一、杉田（雄）病院ニ行、診察ヲ乞ヒタリ、

賞詞の件を能久親王に建白す

一、西田茂八郎へ賞詞之件ヲ農會〻頭能久（北白川宮）親王ニ建白ス、又寫ヲ淡路ノ森田福次郎へ通知す、

一、金五十錢爲替證ニテ、東京淺草若林高久江苑〔豌〕豆種子ノ注文トシテ郵送ス、

○9月26日、晴、木曜日、（九）八月二日、

一、神拜畢、

一、大阪ノ畫師櫻井秀雲來訪ス、明日午饗ノ約ヲナス、

○9月27日、雨、金曜日、（九）八月三日、

一、神拜畢ル、

一、播州飾摩〔磨〕天神町脇阪靈存より依頼ノ半切ヲ送ル、

一、小原竹香・櫻井秀雲來訪ル、

一、山本之坂ノ上新九郎へ牡丹注文狀ヲ出タス、是レハ舊知吏（島津忠義）公より御注文ニて、廻リ幸吉ノ依頼ナリ、都合十三種ナリ、

○9月28日、晴、土曜日、（九）八月四日、

一、神拜畢、

一、相生學校長犬塚竹二江八月十四日示談ノ云〻ヲ取消シ書面ヲ送リ、又告訴狀ヲ認メ、警察署上原保直ト示談ノ上ニ、市長鳴瀧（公恭）江面會、告訴ノ事情ヲ談シ置キタリ、

○9月29日、晴、日曜日、九月五日、

一、神拜終る、

一、東京本郷龍岡町大道社內、川合淸丸・多根太郎ノ二人、藤澤南岳ノ指圖ニて訪來リ、人道致ノ談判ニ及ヘリ、仍而黑田淸隆、其他江建白ノ云〻ヲ一讀シテ爲聞テ返ス、

一、尾崎雪濤訪來ル、

○9月30日、晴、月曜日、九月六日、

一、神拜畢、

一、横濱西村新七ヨリ梨子ヲ贈リタリ、

一、三木之宮野平次郎より松茸二個ヲ贈リタリ、

一、京都辻幸（辻幸次郎）并ニ渡邊勝二へ書面ヲ出タス、

〔十月〕

○0（10）月1日、晴、火曜日、九月七日、

一、神拜畢、

一、植物試驗場へ行、大莢豌豆種子ヲ聞合セ、歸途杉田（雄）病院ニ（マヽ）ニて診察ヲ乞歸ル、

一、高德藤五郎來リ、學校一件ニ付謝罪有之、

○0（10）月2日、晴、水曜日、九月八日、

一、神拜畢、
一、犬塚竹二學校建增ノ地所借用之證書ヲ持參ス、
一、金壹圓柊屋江、是レニテ都合九圓〇四錢ノ借用濟也、
一、金貳圓二十五錢、渡邊勝二江硯代皆拂、
一、金貳圓、赤穗長尾愼吾ヘ盆代三圓ノ内金也、右三行爲替證ニて郵送す、
一、秋晴出浮ノ宿題七律壹首五律一首ヲ小原竹香ヘ送る、

〇0(10)月3日、晴、木曜日、九月九日、

一、神拜畢る、

川面村皇太神宮社に參詣

一、午前七時五十五分ノ滊車ニて、西ノ宮ヘ發シ、小松重三ヲ隨ヱ、山本村新九郎ヘ行キ、舊知叓(島津忠義)公御注文之牡丹ヲ買入レ、又外ニ梅十四本ヲ約シ、中山ニて晝飯ヲ喫シ、川面村皇太神宮社ニ參詣ス、是レハ小松重三奉仕之社頭なり、當日新九郎ヘハメリヤス地ばん二枚ヲ持參シ、又過日買取リタル、菊ノ代價殘分壹圓五十錢ヲ相渡シタリ、
一、川面村より寶塚ヘ過リ、泉山ノ風說ヲ聞クニ、彼ノ婦人常叓不行跡ノ叓有之、大阪江立越シタリトノ叓ナリ、仍而持參之反布ハ番頭ヘ爲取タリ、四時ニ本所ヨリ發シ、日暮レテ歸家す、

〇0(10)月4日、晴、金曜日、九月十日、

一、神拜畢る、
一、昨夕馬丁之妻霍亂ニて大苦痛、田村(喜進)ヲ呼テ治療ヲ乞ヒタリ、
一、夜中十二時過キテ腹痛甚シク、下利(痢)スルモ猶甚タシ、仍テ吐シ又腹部ヲ緩メタリ、昨日中山ニて豆腐幷ニ松茸ノ煮タルヲ食シタルニ、豆腐日ヲ經タルモノト見ヱタリ、
一、當日田村ヘ診察ヲ乞ヒタリ、

〇0(10)月5日、晴、土曜日、九月十一日、

一、神拜畢、
一、名鹽弓場の上ヨリ雁皮幷ニスキ込ミ辭令紙來着、

〇0(10)月6日、雨、日曜日、九月十二日、

一、神拜畢、
一、當日金龍丸ヨリ松茸ヲ鉢植ニシテ、母上江進上す、又北六江金三拾錢ヲ送リ、唐芋・里芋ノ注文ヲナス、

〇0(10)月7日、晴、月曜日、九月十三日、

一、神拜畢、
一、祖父公・宮子ノ月次祭執行、
一、午後四時ヨリ橋本小六同伴ニて、須广保養院ニ散歩、

觀月ノ詩ヲ四首ヲ賦シ、燭ヲ秉テ歸ル、

○(10)0月8日、晴、火曜日、九月十四日、

一、神拜畢、

一、橋本小六來ル、昨日之一禮ナリ、

一、昨日之詩ヲ有〔文〕新日報、矢野可宗へ送ル、

一、宮內(愛亮)來ル、廟堂本月中破烈〔裂〕ヲ來タスノ云ヲ告ケタリ、
山縣(有朋)惣理大臣、內務ハ松方(正義)、大藏西鄕(從道)、外務伊東(巳代治)、
樞密院寺島(宗則)、海軍樺山(資紀)、
左之如クニシテ、井ノ上(馨)・黑田(清隆)・大隈(重信)、宮中顧問ニ
テ、矢張因循說行レ、サシタル變動ハ有之間敷乎、

廟堂本月中破裂を來たすを告ぐ

一、市役所江出頭、過日所有地告訴一件、結局ノ一禮ヲ
鳴瀧(公恭)へ演、且ツ石川江彼之建增ノ戶締リノ一件ヲ示
談ス、

○(10)0月9日、雨、水曜日、九月十五日、

一、神拜畢、

一、有馬朝田常吉江書所囑詩以贈、

一、午後五時集會、于俱樂〔部脫〕議、天長節祝宴之叓、

○(10)0月(10)0日、晴、木曜日、九月十六日、

一、神拜畢、

一、赤穗之野上剛騰訪來リ、共ニ應酬之詩作アリ、

一、目賀田護法來、共談、神佛相議而擴張國敎之方策、

一、贈端書テ柊屋督促送金之告答、

○(10)0月11日、晴、金曜日、九月十七日、

一、神拜畢、

一、贈書辭花壇之招請、

一、投書北村新次郎、問畫帖達否、

一、答書荒木伊助命印囊之新調、又囑舊囊修繕之叓、

一、有櫻井能監之書曰、本月十三日至京都直皈、京蓋
聖上(明治天皇)東海道瀛車御巡幸ノ爲ナリ、

*櫻井能監より書面あり

○(10)0月12日、晴、土曜日、九月十八日、

一、神拜畢、

一、得贈松茸於岡守節謝狀、

一、宮內愛亮訪來、晩川添(爲二)亦來、

○(10)0月13日、晴、日曜日、九月十九日、

一、神拜畢、

一、西田茂八郎惠投、鷄卵五十個、

一、午後三時臨振美畫會、于善祥寺卅日令展覽藏軸八軸
所實來子之乞也、

○(10)0月14日、晴、月曜日、九月廿日、

一、神拜畢、

*延元帝御物硯

*大隈外相遭難す

内海忠勝知事の東上を送る

一、京都西村庄五郎寄書所贈金之證也、

一、吉野郡上京驛北村新次郎寄書曰、曾所送之畫無異違矣、當時北村之老母病氣、仍代筆也、

一、所送赤穗長尾(愼吾)之金員達否、以端書尋問焉、

一、午後四時臨倶樂部幹事會、

〇(10)月15日、雨、火曜日、九月廿一日、

一、神拜畢、

一、昨十四日解新兵衞之雇、禁止入社內、

〇(10)月16日、晴、水曜日、九月廿二日、

一、神拜畢、

一、橋本小六訪來、

一、明日午前第九時報倶樂部集會、爲議天長節之叓也、

〇(10)月17日、晴、木曜日、九月廿三日、

一、神拜畢、

一、岡部告大阪行、仍令買鯛味噌、猶投書於德松命送之、

一、啓梨木神社〻務所、問三十年祭執行之日、

一、縣知叓內海忠勝東上送之、于三ノ宮停車場、

一、會倶樂部廢、天長節之祝賀實轉議決、大和十津川震災遭逢之窮民、移住北海道、爲之各募金當補助之事、

〇(10)月18日、晴、金曜日、九月廿四日、

一、神拜畢、

一、小原竹香・櫻井雲(マヽ)來訪、(マヽ)席間畫山水及觀世音之圖而與竹香、訪宮內愛亮觀其藏軸、又訪若竹藤古觀山陽(賴)其他名家ノ巻、去行倶樂部觀其昌(董)所之屏風、于時本夕ハ晩餐之會也、與竹香餐日沒秉燭歸、

〇(10)月19日、晴、土曜日、九月廿五日、

一、神拜畢、

一、京都嵯峨村隅山吉左衞門來、刻所囑之混玉硯、此硯者延元帝(後醍醐天皇)之御物也、今尙保存吉野吉水院模型、於櫻木而令刻隅山也、

一、晩景宮內(愛亮)來閑話、

一、本日新聞記(事脫)來電、大隈重信被狙擊、凶徒直(來島恒喜)自殺、

〇(10)月20日、晴、日曜日、九月廿六日、

一、神拜畢、

一、新聞曰、大隈重信負傷甚重、右脚之膝上骨碎、仍切斷云、

一、松下祐助訪來云、午後四時解纜向琉球國、

一、京都在棋堂訪來、又尾崎雪濤來客來多矣、

〇(10)月21日、晴、月曜日、九月廿七日、

一、神拜畢、

一、大阪松屋友次郎送カルカン一函、

一、宇田川謹吾來乞診察、

○(10)0月22日、晴、火曜日、九月廿八日、

一、神拜畢、

一、乾魚蹲鴟到着、北堂君之賜也、

○(10)0月23日、晴、水曜日、九月廿九日、

一、神拜畢、

一、奈良縣警部來曰、十津川罹災窮民、爲北海道移住、今至本港求止宿之間、乞令休憩于社内許焉、仍八百餘名也、

一、廟堂内閣破裂之急報、以號外新聞告之、

○(10)0月24日、晴、木曜日、十月朔日、

一、神拜畢、

一、西宮小松重三贈清酒二斗、

各大臣辭表提出

一、有内閣諸大臣悉辭表之電報、

○(10)0月25日、晴、金曜日、十月二日、

一、神拜畢、

○(10)0月26日、晴、土曜日、十月三日、

一、神拜畢、

伊藤博文の宿を訪ひ閑話す

一、日暮宮内愛亮來報、伊藤博文止宿、於宇治川常盤閑話移時、

○(10)0月27日、晴、日曜日、十月四日、

一、神拜畢、

*海江田信義土方久元へ電信にて謝罪す

一、以電信謝海江田義信(信義)・土方久元、曾被採用所建言之辱、昨今黒田清隆辭總理大臣之故也、

*伊藤博文を訪ひて一詩を賦す

一、訪伊藤博文於光村氏之別荘、閑話、移時席間賦一詩寄焉、博文亦次韻而被寄、

○(10)0月28日、雨、月曜日、十月五日、

一、神拜畢、

一、(爲)川添所産第三女也、依令名稱三惠、

○(10)0月29日、晴、火曜日、十月六日、

一、拜(マヽ)拜畢、

一、命荒木令造硯嚢、

一、見楠公之軍旗鑑定、眞贋實玩物也、

一、辭爲弓削守屋紀念碑建設之賛成者、

一、得澁谷國安死于浪華之報知、

○(10)0月30日、晴、水曜日、十月七日、

一、神拜畢、

一、爲元冠(寇)紀念碑設置、投金十圓、

一、吉田久胤訪來、寄詩四首、石見國邇磨郡大森村五百

*伊藤博文來訪す

嘉仁親王立太子奉祝の詩を賦す

*忠義公に拜謁

七十七番地之人也、
一、從午後六時臨倶樂部議定所、惠與十津川移任人金員送遣之叓、蓋有志者之惠金殆四百圓也、

〇0(10)月31日、晴、木曜日、十月八日、
一、神拜終、
一、中村源藏來曰、乞借應擧(圓山)所畫之常盤女幅許之、又買所賚雪舟(等楊)梅竹之畫、
一、管補策來訪、淡州津名郡釜口村人也、
一、所囑托西田茂八郎、鷄卵達矣、

〔十一月〕

十一月　〇11月1日、晴、金曜日、十月九日、
一、神拜畢、
一、神川清七報知、舊知事公(島津忠義)、當日御發船之事、
一、得橋本海關之簡日賦立太子盛典祝詩、

〇11月2日、晴、土曜日、十月十日、
一、神拜畢、
一、賦奉祝立太子七律詩一章寄橋本海關、
一、赤穗長尾愼吾送致塗盆、仍送金三圓五十錢于使人、
一、小原竹香來、閑話移時、
一、命神田生於戴文進之幅裝、

〇11月3日、晴、日曜日、十月十一日、
一、神拜畢、
一、天長節、
一、昨夕伊藤(博文)故大臣訪來、閑談移時共開胸懷、又有詩唱和入筥統拜毫、
一、當日爲奉迎知事公、從日暮行神川、相會者、有大阪平田・相良・本縣宮內、京師財部也、然有電報曰、午後一時發油津、于時午後九時也、依之皆解散、
一、今正午清客梁震東・橋本海關來訪、共傾樽盡歡、梁震東者清人學校之教師也、頗能文筆又長畫牡丹、

〇0(11)月4日、晴、月曜日、十月十日、
一、神拜畢、
一、舊知叓公(島津忠義)御着船ニ付、爲奉迎會神川、然𪜈御延(マヽ)引ニ付、引ニヨリ更ニ問合セタルニ、明四日朝御着船トノ事ナリ、

〇0(11)月5日、晴、火曜日、十月十一日、
一、神拜畢、
一、午前九時行神川、奉迎舊知叓公、卽刻拜謁開申廟堂之形況及民間時情、

一、忠濟(島津)公者在海岸薩广屋、仍直拜謁、
一、宮內愛亮來訪、閑話移時、
　○0(11)月6日、晴、水曜日、十月十二日、
一、神拜畢、奉送舊知叓公御東行、
一、瓜生某齎來馮崎之書七絶詩也、
　○11月7日、晴、木曜日、十月十三日、
一、神拜畢、
一、行宮子之月次祭典、
　○11月8日、金曜日、十月十四日、
一、神拜畢、
一、清客梁震東來訪、畫所屬之牡丹眞妙手也、
一、松原・直木等五名來、議本社頭煉瓦塀、構造事、
一、寄海江田(信義)議官、又新日報及七律詩一章、
一、贈明石新報社七律詩所寄海江田之詩也、
　○11月9日、雨、土曜日、十月十五日、
一、神拜畢、
一、命佛國產送豌豆種子於川田商店、仍郵送爲換金七十五錢證、
一、寄書林田良平托送櫻炭一車、
一、寄謝大藪文雄惠贈牡蠣之書、尙附絶詩、

一、山本村坂上新九郞送致牡丹苗十三種、舊知事公所被命也、
一、寄備後時任義當、問豌豆種子、可送否、
一、球陽丸着神、北堂君、賜里芋等之珍品及新米、
　○11月0(10)日、晴、日曜日、十月十六日、
一、神拜畢、
一、午後二時赴倶樂部詩會、與刺賀華民・橋本海關、清客梁震東、唱和吟呻、秉燭盡歡、九時解散、
　○11月11日、晴、月曜日、十月十七日、
一、神拜畢、
一、牡丹苗十三種、囑球陽丸、松下裕助、送磯邸皆吉、又鶴子柿樹、送松下裕助、
一、午前八時、從瀛車登阪、行小笠原病院乞診察、買得一周間之內外藥歸、
一、訪眞木米七於道修町囑送團炭一千貳百餘、
　○11月12日、晴、火曜日、十月十八日、
一、神拜畢、
一、命中井(甫三)令送金二圓三十九錢、于大阪眞木米七香炭價也、
一、命令中井、送詎(拒)絶皇典講究所費金之書、

○11月13日、晴、水曜日、十月十九日、

一、神拜畢、

一、香炭二函、自眞木送、其數、一千三百三十五個也、内大四百九十五、小八百四十個也、此價金、貳圓五十錢九リン、然則十一戔〔錢〕五厘不足也、

一、昨十二日與金二圓、於尾崎雪濤、密畫十二葉之價金、而不足一圓六十戔〔錢〕也、

一、晩宮内（愛亮）訪問、閑談移時、共嘆世叓、

○11月14日、晴、木曜日、十月廿日、

一、神拜畢、

一、貸金二圓、於橋本海關、

一、苗代川市來利行之書達卞周熊携來、送曾所命之茶器、而托周熊奉仕之叓、

○11月15日、晴、金曜日、十月廿一日、

一、神拜畢、

一、午前八時訪、宮内囑卞周熊巡査志願之叓、置履歴書歸ル、

一、訪試驗場、日外（藏）告送來桃、

一、面接川添爲一於水上警察托、卞生之志願書進達之事、

一、奈良縣吉野郡役所玉置某來、述北海道移住民取扱之深切、

一、岡田俊之介來訪、

一、本日菊水開店式也、應招行秉燭歸、

○11月16日、晴、土曜日、十月廿二日、

一、神拜畢、

一、河野徹志有報知曰、來十七日娶京師之醫家神戸某女、伏乞、臨其席、仍與芳女送諾臨席之書、

一、杉本元平來、乞須磨保養院之詩、而談本院將來之計畫、

一、小原竹香來、乞曰、明人虚白銘之書軸者大阪某之藏也、某窮將鬻價甚廉也、願買之、即隨其意價六圓金也、因曰虚白銘・元明二名也、今所買之者明人也、

○11月17日、晴、日曜日、十月廿三日、

一、神拜畢、

一、午後三時四十分、從滊車登阪、至薩摩堀河野徹志述新婚祝詞、又臨婚儀之場、本日芳二ツ同伴、夜九時四十五分發、大阪歸、

○11月18日、雨、月曜日、十月廿四日、

一、神拜畢、

一、投書於京都東洞院三條上ル上田喜助、囑雇小婦、又

令松依書更囑小婦之叓、

○11月19日、晴、火曜日、十月廿五日、

一、神拜畢、折簡小原約明日觀楓、

一、宮內・川添(爲一)二名來、談世移時及深更散、

○11月20日、晴、水曜日、十月廿六日、

一、神拜畢、

一、午前七時五十五分、與橋本海關携瓢嚢駕瀛車、至神崎・竹香(小原)、已至自玆買車向箕面山、十一時投秋錦樓共吃晝飯傾瓢賦詩、霜葉爛熳滿山飄錦繡唯呼快耳微醉散步沿溪流行恨紅葉過半呼前顧後駐杖賞替、遂達瀑布、益覺愉快上、一小店更開酒瓢賦詩唱和、

一道飛泉落碧空侶吟楓樹醉霜紅吐成詩酒豪壯氣疑在盧山圖畫中、

更買車上歸途、神崎與竹香別袖乘瀛車、至三宮皈途投唫松亭吃晝飯、

○11月21日、晴、木曜日、十月廿七日、

一、神拜畢、

一、橋本海關來、撰昨日之詩令鈴木改書之、

○11月22日、晴、金曜日、十月廿八日、

一、神拜畢、

一、命鈴木騰寫觀楓詩稿、書法失體、詰責令改、

一、聘橋本(海關)於社務所、命開講之叓於中井乕三、

一、清客肅瑞梁、藍桂森、鄭祖厚、三子來訪、告曰、梁震東昔日歸國、仍遺額面、其一乞遺橋本海關、余諾而直遺之于海關、藍桂森者解詩、年僅十七年也、書與箕面山觀瀑七絕詩、明日爲和韻之約歸去、三氏共在仕滙豐銀行云、

○11月23日、晴、土曜日、十月廿九日、

一、神拜畢、

一、飾西內藤鼎號松籟、乞詩批評及和韻、

一、宮內愛亮、惠鹿枝一、

一、清客藍桂森、送和韻詩二章、

○11月24日、晴、日曜日、十一月二(朔)日、

一、神拜畢、

一、送佛國產豌豆種三合、於時任義當、附書翰也、

一、清客肅瑞梁三名來訪、惠廣東紙、和藍桂布引觀瀑詩寄焉、

○11月25日、晴、月曜日、十一月三(二)日、

一、神拜畢、昇殿、

一、神(新)嘗祭執行奉幣使、尾越梯輔參拜、

新嘗祭執行す*

○11月26日、晴、火曜日、十一月四日、(三)

一、神拜畢、

一、投書西田茂八郎、囑鷄卵送致、又贈建白三通之寫、

○11月27日、晴、水曜日、十一月五日、(四)

一、神拜畢、

一、寄書於小笠原、謝廿五日間病狀之勞、併報告病狀、又寄須磨卽叓之詩、

○11月28日、晴、木曜日、十一月六日、(五)

一、神拜畢、

一、投書藤澤南山(岳)、寄(面脱)箕山行之詩稿、乞批評、又封入忠告黒田淸隆等之艸書、添爲換證壹兩、

一、從午後六時、於社務所開講、ゝ師者橋本海關也、本日講論語、

○11月29日、晴、金曜日、十一月七日、(六)

一、神拜畢、

一、寄岡守節之書、及石摺梅花於倶樂部、

一、有仕女雇入之報知、是齋藤德松也、仍報明日上阪、

一、責社務所員之怠惰、昨日小兒輩、土足上拜殿故也、

一、投書小原竹香盧白銘之軸、金五圓則、告可買事、

○11月30日、晴、土曜日、十一月八日、(七)

一、神拜畢、

一、午前八時訪後藤松吉郎、後藤轉職東京故也、

一、從三番滊車上阪、憩青觀樓呼仕女・母子共(捨三)晝飯、又一覽博物場、至備後町、買唐紙、歸途訪西村知叓、殘名刺去、不在故也、

〔十二月〕

○12月1日、晴、日曜日、十一月九日、(八)

一、神拜畢、

一、金壹圓證爲替而、送西田茂八郎、鷄卵代價也、

一、投書東京川田商店、問豌豆種子價額、蓋種子壹升代金七十五錢云、卽送之、然現種子三合五勺來故問之、

○12月2日、晴、月曜日、十一月十日、(九)

一、神拜畢、

一、午前第八時、從大野代電信達云、親大病速皈來、是卽仕女梅女之親也、仍直、裝令駕九時五十五分滊車、又與旅費、

一、從午前十一時浴天王溫泉、憩菊亭日沒而皈途至倶樂部晚食、

○12月3日、晴、火曜日、十一月十一日、(十)

一、神拜畢、
一、折田來訪、本日東行故也、
從午行溫泉、日沒歸、
○12月4日、雨、水曜日、十一月十二日（十一）、
一、神拜畢、
一、呼社內露店掛員禁大井直三、家族之露店者、
一、仕女阿梅皈家、曰親源助、新迎醫、令針遂發激痛死
去、可憐也、
○12月5日、晴、木曜日、十一月十三日（十二）、
一、神拜畢、
一、午前訪工藤、欲問詩會之事不在不果、直行天王溪、
逢工藤議詩會之事、
○12月6日、晴、金曜日、十一月十四日（十三）、
一、神拜畢、
滯浴溫泉、谷勘（谷勘兵衛）及大井田（留三郎）、贈物品等又橋本海關訪來、
酌酒共賦詩、
○12月7日、晴、土曜日、十一月十五日（十四）、
一、神拜畢、
午前九時出菊亭、墓參拜禮、歸家行月次祭、
○12月8日、雨、日曜日、十一月十六日（十五）、

一、神拜畢、
一、早朝尾崎雪濤來、爲本日之詩會出席也、十時相伴至
倶樂部、相會者、雪濤海關（橋本）、松崎、晴江女史也、南（藤澤）
岳・竹香（小原）不來、唱和賦十首盡雅情歸、
○12月9日、晴、月曜日、十一月十六日、
一、神拜畢、
一、早朝雪濤來、與二幅之價金十圓、相約後日無違背、
一、午後粧、而更行菊亭、入浴二回、
○12月0日（10）、雨、火曜日、十一月十七日、
一、神拜畢、
一、撰謾遊日誌、
○12月11日、晴、水曜日、十一月十八日、
一、神拜畢、
一、終日無異、撰日誌、
○12月12日、晴、木曜日、十一月十九日、
一、神拜畢、
一、中井乕三訪來、
○12月13日、晴、金曜日、十一月廿日、
一、神拜畢、
一、芳千代・ウサ爲見舞來、設酒肴嚮、日將沒皆皈、

○12月14日、晴、土曜日、十一月廿一日、
一、神拝畢、
一、村田寅之助來、告地所之吏、熟不調也、
○12月15日、晴、日曜日、十一月廿二日、
一、神拝畢、
一、吉冨之家族來神、恵輕羹一函、又從北堂君、賜丸ホロ數十、
一、午後橋本(海關)・川添(爲一)訪來、設酒肴饗、日暮皆歸、
○12月16日、晴、月曜日、十一月廿三日、
一、神拝畢、
一、呼高橋於社務所、令金壹圓五十錢爲換證、送於東京、高木、是綿裏銕筆之價金也、

西郷隆盛銅像製造の件

一、宮内愛亮中原來、于時西郷隆盛之銅像、製造之件也、樺山資政(紀)、投依頼書於内海忠勝氏、令醵金委員撰三名、仍撰余及村野山人・宮内愛亮云、余無異儀、承諾之、
○12月17日、晴、火曜日、十一月廿四日、
一、神拝畢、
一、田口松次郎、夫婦携蕎麥訪來、
○12月18日、雨、水曜日、十一月廿五日、
一、神拝畢、
一、早朝訪谷勘兵衞、謝過日恵菓、今日歸家之故也、
一、午前十時、粧物品歸、
一、訪宮内愛亮、與隆盛(西郷)銅像建築之廣告文草稿、歸、
一、勝木菊正訪來、談明年大廟、參拝人之吏、

*島津忠義の旅館に伺候す

一、午後六時於神戸停車場奉迎舊知事公(島津忠義)、薩广屋ニ供奉、此日獻榼柑二函、又贈一函御次、
○12月19日、晴、木曜日、十一月廿六日、
一、神拝畢、
一、伺公(候)忠義(島津)公之御旅館、同武宮行常盤花壇、命御晝飯之料理、奉迎御着樓、午後二時御歸館也、從此御乘船、夜十一時皈家、今日拝領御召一反、
○12月20日、晴、金曜日、十一月廿七日、
一、神拝畢、
一、午前第八時、從瀛車行神崎、買車至山本村、休坂上新九郎家、拂牡丹代四圓六十錢、吃晝飯上皈塗(マヽ)去、又塗(マヽ)中買楳花、更從神崎至大阪、命扇子拂金二圓、至松友拂菓子料一圓、至藤井命二重マント之新製、從之至文玉堂、買吳絹七尺、遂投宿多景色樓、
○12月21(22)日、晴、土曜日、十二月朔日、

宮内愛亮來訪西郷隆盛銅像製造の事を談ず

*谷勘兵衛に鹽鰤子一尾を贈る

*折田彦市來る

*内海忠勝を訪ふ

一、神拝畢、

一、早朝至藤井買手袋、壹圓十八錢也、又依頼ハンケツ十三函、從之、縦覽博物場、買數品至博多山飯午後二時半、上瀛車皈、

○12月23日、晴、土曜日(月)、十二月二日、

一、神拝畢、

一、宮内愛亮訪來、談隆盛銅像製造之事、

○12月24日、雨、日曜日(火)、十二月三日、

一、神拝畢、

○伺(候)公(島津)忠濟公之御旅館海岸薩广屋、又報知宮内、

一、橋本海關訪來、惠菓子函、

○12月25日、晴、月曜日(水)、十二月四日、

一、神拝終る、

一、執父上之月次祭、

一、法例規、臼餝餅、從曉三時初、

一、上榺柑二函於忠濟公、

○12月26日、晴、火曜日(木)、十二月五日、

一、神拝畢、

一、從午後二時、浴天王温泉、此夕一泊、

○12月27日、晴、水曜日(金)、十二月六日、

一、神拝畢、

一、早朝歩皈、途上墓參、

一、得宮内愛亮之折簡、曰知事内海忠勝、轉任長野縣、仍馳車而訪宮内、談數剋皈、

○12月28日、晴、木曜日(土)、十二月七日、

一、有北元之一書、贈鹽鰤子三尾、

一、神拝畢、

一、贈鹽鰤子一尾、於谷勘兵衛、謝平素之懇情也、

一、有川熊次郎來、曰罹肺疾、常有咳血、皈國欲療、故出綿袍、使蒙之遣、蓋乘湊川丸、卽電信通矢九郎、

一、折田彦市來、云從之將行麑府、爲學校視察云、

○12月29日、雨、金曜日(日)、十二月八日、

一、神拝畢、

一、早朝訪大島(邦太郎)書記官・佐ゝ木收稅長、又訪内海忠勝氏、演轉任之賀皈、

一、佐ゝ成家幷ニ堀百千訪來、又川添(爲一)・宮内(愛亮)モ亦來、

○12月30日、晴、土曜日(月)、十二月九日、

一、神拝畢、

○12月31日、晴、日曜日(火)、十二月十日、

一、神拝畢、

（表紙）

日誌　従廿三年一月一日
　　　至廿四年四月卅日　三十六

〔明治二十三年正月〕

○明治廿三年庚寅一月一日、晴、水曜日、舊十二月十一日、

一、昇殿、神拜畢、又墓參畢、

一、從午前十一時、行商法會議所、臨新年會、都合一百六十名也、

○1月2日、晴、木曜日、十二月十二日、

一、神拜畢、

長田神社に參拜

一、早朝參拜長田神社、

○1月3日、晴、烈風、金、十二月十三日、

一、神拜畢、

內海知事の新年宴に臨む

一、從午後四時臨內海(忠勝)知事之新年醮醉、倒返、

○1月4日、晴、土曜日、十二月十四日、

一、神拜畢、

*久邇宮へ沖縄産胡瓜を獻ず

一、獻胡瓜二本、於久邇宮(朝彦親王)殿下、蓋沖縄產也、

○1月5日、晴、日曜日、十二月十五日、

一、神拜畢、

*西村大阪府知事に新年を賀す

一、行大阪賀正于知事西村(捨三)、訊藤澤南岳等之諸子、日暮皈、

○1月6日、晴、月曜日、十二月十六日、

一、神拜畢、

*藤澤南岳橋本海關等來り詩を賦す

一、藤澤南岳・尾崎雪濤來、又橋本海關來、賦詩唱和、當買廣道周、及明清畫三幅、價金二十八圓也、

○1月7日、晴、火曜日、十二月十七日、

一、神拜畢、

一、祖父公・宮子月次祭執行、

○1月8日、晴、水曜日、十二月十八日、

神拜畢、

一、午後三時四十五分上阪、臨偕行舍、高嶋(鞆之助)夜會、從此皈會根崎一泊梅廼屋、

○1月9日、晴、木曜日、十二月十九日、

神拜畢、

*内海知事に詩を贈る

神田兵右衛門等訪ひ來る

*林董を訪ふ

一、訪高嶋(鞆之助)中將轉入博物場、十一時駕滊車皈、

　○1月0日(10)、晴、金曜日、十二月十九日、

一、神拜畢、

一、神田兵右衛門・嘉納信太郎訪來、

　○1月11日、晴、土曜日、十二月廿日、

一、神拜畢、

一、宮内愛〔亮脱〕來、約同村野山人會議之日、蓋爲議隆盛(西郷)銅像製造費募集順席也、

　○1月12日、晴、日曜日、十二月廿一日、

一、神拜畢、

一、午後一時至倶樂園、出會六名、秉燭散會、

　○1月13日、晴、月曜日、十二月廿二日、

一、神拜畢、

一、宮内(愛亮)・村野(山人)來會、近日宮内東行、仍百叓稟議銅像製造幹事、而后決起業之叓、

　○1月14日、晴、火曜日、十二月廿三日、

一、神拜畢、

一、晩迎田村喜進、破乳房小瘡、膿出殊甚、

　○1月15日、晴、水曜日、十二月廿四日、

一、神拜畢、

一、贈送詩二章、及隻鯉於内海知叓、附尺牘也、

一、新知事及内海夫婦名稱、夜會報知來、

　○1月16日、陰、木曜日、十二月廿五日、

一、神拜畢、

一、解使女松雇爲慰勞、給久米縞一反、

一、訪林董、告夜會缺席、又投書於東條三郎告缺席、

　○1月17日、晴、金曜日、十二月廿六日、

一、神拜畢、

一、昨十六日岡守節、揮書於絖地十六葉以寄、

一、嶌津庸來、携河合正鑑之書、

一、金壹圓爲證〔替脱〕郵送西田茂八托鷄卵也、

　○1月18日、晴、土曜日、十二月廿七日、

一、神拜畢、

一、土州森新太郎訪來、本人ハ精忠慷慨家也、

一、午後五時、臨知事(内海忠勝)送別會、

　○1月19日、晴、日曜日、十二月廿八日、

一、神拜畢、

一、目加田環、其他客來續〻、

　○1月20日、晴、月曜日、十二月廿九日、

一、神拜畢、今日藤代亂暴、

＊久邇宮朝彦親王へ酒肴獻ず

○1月21日、晴、火曜日、壬十二月朔旦、
一、神拜畢、
○1月22日、晴、水曜日、壬十二月二日、
一、神拜畢、
○1月23日、晴、木曜日、壬十二月三日、
一、神拜畢、
一、本日設本社新年宴、於音羽花壇、爲感冒不行、
○1月24日、晴、金曜日、壬十二月四日、
一、神拜畢、
一、森田正太郎來、卽告藤代亂暴令作掛合ノ準備、
○1月25日、晴、土曜日、壬十二月五日、
一、神拜畢、
一、行父上月次祭、
一、本日爲盆梅之粧師、
○1月26日、晴、日曜日、壬十二月六日、
一、神拜畢、
一、爲病氣辭來客、
○1月27日、晴、月曜日、壬十二月七日、
一、神拜畢、
一、午前第七時五十五分向京師、發車十一時半、京師投

＊久邇宮朝彦親王へ拜謁

松華樓大鯛一尾、白鹿十二瓶獻、(久邇宮)朝彦親王又牡蠣二
桶、贈小藤(孝行)・鳥居川(憲昭)二子、
一、午後具梅女詣、清水觀音訪、清風(與平)氏皈途訪在梅堂訪、
硯工渡邊(勝二)各贈牡蠣一桶、
○1月28日、晴、火曜日、壬十二月八日、
一、神拜畢、
一、午前九時拜謁(久邇宮)朝彦王賜茶菓、又獻勸告黑田清隆等之
文艸陳時勢之衰運、蓋此日逢赤松僧共嘆時勢、
一、後二時發京師日暮皈神、
○1月29日、晴、水曜日、壬十二月九日、
一、神拜畢、
○1月30日、晴、木曜日、壬十二月十八日、
一、神拜畢、
一、倶樂(部脫)惣會也、此日更被推薦幹吏、
○1月31日、晴、金曜日、壬十二月十一日、
一、神拜畢、

〔二　月〕

○2月1日、土曜日、晴、壬十二月十二日、
一、神拜畢、

前田吉彦來訪閑談す*

一、従當日許觀梅、

○2月2日、日曜日、晴、壬十二月十三日、

一、神拜畢、

○2月3日、月曜日、晴、壬十二月十四日、

一、神拜畢、

○2月4日、晴、火曜日、壬十二月十五日、

一、神拜畢、

一、午前第九日(マヽ)徳松従大阪來、午後令松女皈阪、此日托徳松贈金八圓、於藤井又與一圓於梅女之母、

○2月5日、晴、水曜日、壬十二月十六日、

一、神拜畢、

一、午後三時半行、須广保養院煩訪、河野徹志云已皈阪、仍入浴飯而歸家、

○2月6日、晴、木曜日、壬十二月十七日、

一、神拜畢、所勞ニ付終日臥、

○2月7日、晴、金曜日、壬十二月十八日、

一、神拜畢ル、

一、祖父公并ニ宮子月次祭執行、

○2月8日、晴、土曜日、晩ニ風雨、壬十二月十九日、

一、神拜畢、

一、午後五時仕女梅脱走、直飛端書報徳松、又追書告脱走之本末、

一、従梅之母電信報皈家、

○2月9日、晴、日曜日、壬十二月廿日、

一、神拜畢、

一、梅女親族携梅女來、說諭其始末而返之、

一、前田吉彦來、閑談數刻、

○2月0日(10)、晴、月曜日、壬十二月廿一日、

一、神拜畢、

一、投書荒井与左衞門令送梅苗六十餘本送附、爲替證二圓五十戔(錢)、

一、投書赤穗長(長尾)愼吾、令造黑桼盆三枚、期以四月、即報毎月送金三圓五十錢、

○2月01日(11)、晴、火曜日、壬十二月廿二日、

一、神拜畢、

○2月02日(12)、晴、水曜日、壬十二月廿三日、

一、神拜畢、

一、大日本農會之答書來、爲米質改良人西田茂八郎賞譽

之返書也、
○2月13日、晴、木曜日、壬十二月廿四日、
一、神拜畢、
送日本農會脫會之届書、及特別會員證、
○2月14日、晴、金曜日、壬十二月廿五日、
一、神拜畢、
○2月15日、晴、土曜日、壬十二月廿六日、
一、神拜畢、
一、從午後三時、會須广保養院、株主會也、議客亭新築費、會者十二名、各諾增株之叓、予諾二株、蓋百金也、議畢皆獨止泊、
○2月16日、日曜日、風雨、壬十二月廿七日、
一、神拜畢、
此日從早朝雨、佐藤虎吉訪來、閑話移時、午後田口文藏携婦人來、饗晩飯而共上歸途、
○2月17日、晴、月曜日、壬十二月廿八日、
一、此夕大嘔吐、夜明猶甚、乞治田村喜進、
○2月18日、晴、火曜日、壬十二月廿九日、
一、今朝吐〔嘔脫〕猶不已、腹中絕水穀、疲勞煩悶、至夕吐初止、然思水穀則口沫頻也、

○2月19日、晴、水曜日、正月朔日、
一、今夕初仰葛湯二合、腹中大穩、殆有再生之思、然穀粒不態食也、
○2月20日、雨、木曜日、正月二日、
一、午後四時、俄然血便、田村〔喜進〕來診曰尿道破、水銃射藥水直止血、憶數日絕水穀尿道不通、俄然通故破烈〔裂〕也乎、今日祈年祭也、爲病痾不奉仕、

*祈年祭病の爲奉仕せず

○2月21日、晴、金曜日、正月三日、
○2月22日、晴、土曜日、正月四日、
所荒木之送梅苗六十六本着、
一、從今朝初忘苦悶頗覺食味、
○2月23日、雨、日曜日、正月五日、
○2月24日、晴、月曜日、正月六日、
父上月次祭也、爲病痾不奉仕、
○2月25日、晴、火曜日、正月七日、
一、今夕初食粥無嘔氣、
○2月26日、晴、水曜日、正月八日、
一、今夕初入湯、
○2月27日、雨、木曜日、正月九日、
一、無異、

○2月28日、晴、金曜日、正月十日、

一、令中井（帰三）奉書於北堂君云近日歸省、

〔三　月〕

○3月1日、晴、土曜日、正月十一日、

一、今蕃〔播〕野菜種子自立初歩園中、

○3月2日、晴、日曜日、正月十二日、

○3月3日、月曜日、正月十三日、

一、神拝畢、

一、贈田村喜進於明人沈三復淡彩山水幅一軸、謝乞治之禮、

*九時半發船夜明け讃州路に至る

一、投書丸山作樂、問人名字書之事、

○3月4日、火曜日、正月十四日、

一、神拝終る、

一、午後訪宮内愛亮、

○3月5日、水曜日、雨、正月十五日、

一、神拝畢、

一、金參圓、以爲替證郵送、赤穗長尾愼吾、黑塗丸盆代價也、

終日歸省の準備を調ふ

*鹿兒島灣に著

一、終日整歸省之粧

○3月6日、晴、木曜日、正月十六日、

一、神拝畢、

訪宮内愛亮、告皈省之叓、

○3月7日、晴、金曜日、正月十七日、

一、神拝畢、

一、午前八時上阪、抵博物館及諸店、買土産物、九十五圓、午後三時歸家、

○3月8日、晴、土曜日、正月十八日、

一、昇殿、奏歸省之事、

一、午後五時發家、抵水上警察所〔署〕駕蒸氣、送人皆歸、夜九時乘球場丸、九時半發船、至讃州路夜明、

○3月9日、晴、日曜日、正月十九日、

一、風氣不順、然波平舟穩矣、抵豐後洋日沒、

此日發神戸、過播广洋有詩、

蓬窓愁破夢還閑、已過南溟播備間、一夜煙波三百里、孤帆載月向家山、

此夜抵美々夜明ケタリ、

○3月0（10）日、晴、月曜日、正月廿日、

日州洋波濤甚穩也、家族皆平安可歡也、午後九時至鹿兒島灣、北元文藏來訪、于艦亦北堂君之使者亦來

矣、然夜已深更、仍以明早朝欲上陸、皆返焉、一泊船中、

〇3月11日、晴、火曜日、正月廿一日、

早朝北元文藏及北堂君之使人等來、仍皆引家族上陸、直乘車歸家、此日、

北堂君倚門待吾輩歸、共雙淚欲言亦方忘却矣、

一、午後五時客來滿家、有川矢九郎携愛女兒來、有舞踏之興、抵十一時散、

〇3月12日、晴、水曜日、正月廿二日、

從昨夕寒氣甚、船中疲勞食欲斷、

〇3月13日、晴、木曜日、正月廿三日、

一、神拜畢、

終日客來、

〇3月14日、半陰、金曜日、正月廿四日、

一、神拜畢、

一、午前九時謁正二位公(島津忠寛)、于磯歸途訪北元、又買藥品歸家、

正二位公に謁す

〇3月15日、雨、土曜日、正月廿五日、

一、神拜畢、寒氣五十度可恐也、

〇3月16日、風雨、日曜日、正月廿六日、

一、神拜畢、

終日無叓、

〇3月17日、晴、月曜日、正月廿七日、

一、神拜畢、

午前九時携家族、初訪宮ノ原次抵興國寺阪下遙拜、

*父上祖父公の墓参

從此拜祖父及父上墓、又拜祖先之墓、從此轉奉拜久(島津)光公墓、皈抵舊淨光明寺、弔西鄕(隆盛)等之墓有一詩、皈途訪吉冨氏、此日爲胃痛絕食而出故苦痛甚矣、辭飮食、從此訪有川、抵北元有酒肴之饗、暫時而皈、

*久光公の墓を拜し西鄕等の墓を弔ふ

一、此夕胃痛甚、使人于病院、

〇3月18日、雨、火曜日、正月廿八日、

一、午前七時半、病院醫來診、卽叓投藥胃病粗上、

一、今日谷山日高助七訪來、

〇3月19日、晴、水曜日、正月廿九日、

一、神拜畢、

一、午前第八時引家族抵谷山別莊、正午達別莊、吃午飯廻林步畠、午後三時發別莊上歸途日未沒皈家、

*家族を率ゐて谷山別莊に至る

〇3月20日、雨、木曜日、正月晦日、

一、神拜畢、

終日無異、本日球陽丸入船、直出帆故、不得乘船待

鳳瑞丸、

○3月21日、晴、金曜日、二月朔日、

一、神拜畢、

終日無異、

○3月22日、雨、土曜日、二月二日、

一、神拜畢、

一、北元使人言日本饗、仍令家族行焉、

○3月23日、晴、日曜日、二月三日、

一、神拜畢、

一、鳳瑞丸入津、明日出帆、

○3月24日、雨、月曜日、二月四日、

一、神拜畢、

鳳瑞丸に乗船　歸途に就く

正午客來、酌別盃二時發家、三時乘鳳瑞丸、送人從茲皈、此行乎携家僕德次郎、午後四時半與瀛笛發、佐多波穩艦中、平座過宇土山而夜明、

○3月25日、晴、火曜日、二月五日、

一、神拜畢、

此日過日州洋平和如昨日、船全不動搖、于時余胃痛已息、至今日欲食大勸、仍廢粥喰飯味甚美也、此夜抵三垂井泊安藝國也、夜明發、

○3月26日、晴、水曜日、二月六日、

兵庫に著船*

神拜畢、

此夕抵過舞子洋、而日沒八時半、泊兵庫、川添爲一以小蒸氣迎ヱタリ、從此歸家、皆來客賀平安、

○3月27日、晴、木曜日、二月七日、

神拜畢、

配賦土產物、

○3月28日、晴、金曜日、二月八日、

神拜畢、

終日客來、無寸暇、

○3月29日、雨、土曜日、二月九日、

一、神拜畢、

○3月30日、晴、日曜日、二月十日、

一、神拜畢、

○3月31日、晴、月曜日、二月十一日、

一、神拜畢、

〔四　月〕

○4月1日、晴、火曜日、二月十二日、

一、神拜畢、

造神宮作所奉職中の慰勞金下賜の達しあり

爲造神宮作所奉職中、慰勞金二十圓賞賜令達、

○4月2日、晴、水曜日、二月十三日、

一、神拜畢、

○4月3日、晴、木曜日、二月十四日、

一、神拜畢、

○4月四(マヽ)日、晴、金曜日、二月十五日、

一、神拜終る、

一、午前八時上阪、初抵四ツ橋買煙管、從此抵梅女宅、入博物館買可奉贈北堂君之物品、午後四時乘車皈神、

○4月5日、雨、土曜日、二月十六日、

一、神拜畢、

作奉北堂之書、

一、作讀永義尙所有之楠公遺書及池田氏家譜之記、

○4月6日、晴、日曜日、二月十七日、

一、神拜畢、

明石神社碑銘を書す

一、書明石神社碑銘堀名彥之所囑也、

○4月7日、雨、月曜日、二月十八日、

○4月8日、晴、火曜日、二月十九日、

神拜畢、

山本村より中山寺寶塚に達す

午前八時具梅女・喜代松向山本村、發抵神崎上陸、

訪新九郎從茲抵中山寺、塗抹熊谷氏墓銘、於朱而行寶塚從茲上皈途、

○4月9日、晴、水曜日、二月廿日、

一、神拜畢、

○4月0(10)日、晴、木曜日、二月廿一日、

神拜畢、

○4月11日、雨、金曜日、二月廿二日、

神拜畢、

○4月12日、雨、土曜日、二月廿三日、

神拜畢、

○4月13日、晴、日曜日、二月廿四日、

午後七時、北元文(文藏)母子幷ニ叔父同伴來神、

神拜畢、

○4月14日、雨、月曜日、二月廿五日、

一、神拜畢、

本球陽丸出帆(日脱カ)、仍積可奉贈北堂君之物品于本船、其品目如左、駄手籠二個、此中諸物品大九四十餘、又有樹苗四種、石炭油一個、投書于松下囑焉、

送明石神社碑銘于橋本小六祭日近故也、

○4月15日、雨、火曜日、二月廿六日、

一、神拝畢、
一、北元文藏外三銘、共向大阪發、爲伊勢参宮也、
一、北堂所賜之荷來着、
一、赤穗長尾愼吾、贈香合一、自製物也、仍發禮書、
一、接手西尾篤長阿孝(女脱)於東京病死之報知、阿孝者頗才女兒也、誠可悲矣、

○4月16日、雨、水曜日、二月廿七日、
一、神拝畢、
一、齋藤德松及伊藤染、竹兒(筍)ノ注文書ヲ出ス、

○4月17日、晴、木曜日、二月廿八日、
一、神拝畢、
一、有川矢九郎之書達、曰贈夏橙木十株也、
一、訪杉田(雄)病院乞診察、通ゴム管于尿道大快、

○4月18日、晴、金曜日、二月廿九日、
一、神拝畢、

聖上神戸港に海軍觀兵式を行はる

一、午八時ヨリ正服ニテ正門ニ奉迎、駐輦、此日離宮着、御直御乗艦觀艦式畢、向呉港御發船、時午後二時也、
一、投書櫻井能問(能監)不供奉之故、又寄挽孝女之詩於西尾篤、
一、所囑染女之筍來着、
所有川(矢九郎)氏送致之夏橙受取、

○4月19日、晴、土曜日、三月朔旦、
一、神拝畢、
法華僧古森日經返却、昔年所借之山河脉圖艸併贈藥一鑵、

○4月20日、雨、日曜日、三月二日、
一、神拝畢、
一、訪高嶋(鞆之助)中將不在、面山口榮之介而皈、

○4月21日、晴、月曜日、三月三日、
一、神拝畢、
一、午前七時五十五分上阪、訪高嶋中將不在、遺書去抵四橋買煙管等歸神、

○4月22日、晴、火曜日、三月四日、
一、神拝畢、

○4月23日、雨、水曜日、三月五日、
一、神拝畢、

○4月24日、雨、木曜日、三月六日、
一、神拝畢、

○4月25日、晴、金曜日、三月七日、
一、神拝畢、
一、訪高島中將別荘不在、

前田吉彦観艦式圖作成す

一、前田吉彦所繪之観艦式圖成矣、携來示蓋所欲供天覽
之者也、

○4月26日、晴、土曜日、三月八日、

一、神拜畢、

一、早朝訪高嶋又不在、訪宮内(愛亮)閑話而歸、

一、北堂君之御書達無異、仍奉返書、

○4月27日、晴、日曜日、三月九日、

一、神拜畢、

高嶋中將を訪ひ閑話す

一、訪高嶋中將閑話數時間、依賴西長敬進退之事、中將
直承了、

一、贈書於西長敬報中將(高嶋鞆之助)承諾之叓、

○4月28日、陰、月曜日、三月十日、

一、神拜畢、

聖上神戸御上陸

一、聖上(明治天皇)、今曉御着艦、本日九時四十分西京還幸也、

○4月29日、晴、火曜日、三月十一日、

一、神拜畢、

所囑愛甲新介之泡盛一瓶、從神川送致、豚肉ハ不來
也、

一、相良甚之丞訪來、聞球陽丸着神、

○4月30日、晴、水曜日、三月十二日、

一、神拜畢、

一、使社務所員、毎一時巡回社内、

一、松下裕介贈胡瓜十二本、配光村井(彌兵衞)工藤(八郎)、

〔五　月〕

○5月1日、雨、木曜日、三月十三日、

一、神拜畢、

投人名辭書壹部可送致之書、仕〔經〕濟雜誌社、

一、櫻井能監之書、從京都達ス、

一、昨四月三十日投書、長尾愼吾辭製盆之叓、愼吾之所
行不當故也、

○5月2日、雨、金曜日、三月十四日、

一、神拜畢、

○5月3日、半晴、土曜日、三月十五日、

*和樂園開業式に臨む

高尾艦樂隊於繪馬所奏樂、

從午後三時臨和樂園開業式、

○5月四(マヽ)日、雨、日曜日、三月十六日、

一、神拜畢、

○5月5日、雨、月曜日、三月十七日、

一、神拜畢、

○5月6日、半晴、火曜日、三月十八日、
一、神拜畢、
一、午前八時上阪、訪小柴景起及辦諸用、午後六時歸家、

○5月7日、水曜日、三月十九日、
一、神拜畢、
從北堂君賜左之品物、干鯖及茶酒等也、
有川矢九郎之書面達有、送石鉢云々、

○5月8日、晴、木曜日、三月廿日、
一、神拜畢、
祖父公・宮子月次祭濟、

○5月9日、晴、金曜日、三月廿一日、
磯御邸に朝權種子奉送す
一、神拜畢、
朝權種子二種、奉送磯(島津忠濟)御邸、
寄和樂園開業式記及詩稿於明石新報幷若山、

○5月0(10)日、晴、土曜日、三月廿二日、
一、神拜畢、
一、投書于有川矢九郎、謝石鉢送致、
一、奉書于北堂君、奉謝御贈品到達、
一、宮內愛亮訪來、閑話移時、

○5月11日、晴、日曜日、三月廿三日、
一、神拜畢、
一、北元文藏來矣、去月奉母爲伊勢參拜聞焉、自伊勢經大和地方、歸大阪、再船讚岐抵琴平宮、今日從琴平歸也、
一、橋本小六來矣、借國史略一部、

○5月12日、陰、月曜日、三月廿四日、
一、神拜畢、
一、許出店者之嘆願、
一、仕女阿梅之親以書乞暇許、
一、梅女今夕歸家、

○5月13日、半晴、火曜日、三月廿五日、
一、神拜畢、
一、金貳圓送致、三木平兵衛書藉(籍)之月賦也、

○5月14日、晴、水曜日、三月廿六日、
一、神拜畢、
一、北元文藏歸縣之報、仍奉書于北堂君又封入金壹圓、是乾大根美野原大根代價也、但北元者乗隅田川丸、

○5月15日、晴、木曜日、三月廿七日、
一、神拜畢、

○5月16日、晴、金曜日、三月廿八日、

一、神拜畢、
一、午前二番、瀛車ニテ上阪、訪藤澤南岳乞歸省詩稿之
評、又訪問諸方、晩投多景色樓、
○5月17日、晴、土曜日、三月廿九日、
一、神拜畢、
午前第八時行博覧會、午後一時歸家、
○5月18日、風雨、日曜日、三月晦日
一、神拜畢、
次藤（藤澤）南岳來遊之諸子、飲于長酡亭詩韻寄焉、
○5月19日、晴、月曜日、四月朔日、
一、神拜畢、
球陽丸入船、松下裕介贈黃胡蝶盆栽一、
○5月20日、晴、火曜日、四月二日、
一、神拜畢、
無異、
○5月21日、晴、水曜日、四月三日、
一、神拜畢、
一、寄書於櫻井能監子、謝書翰及送品、
○5月22日、晴、木曜日、四月四日、
一、神拜畢、
一、電信達、卽故山之信也、仕女友之叓也、
○5月23日、晴、金曜日、四月五日、
一、神拜畢、
一、奉書于北堂君、仕女友本日從鳳瑞丸令歸縣給金壹圓
于友、
○5月24日、晴、土曜日、四月六日、
一、神拜畢、
一、明日渡御也、供奉令畢、
○5月25日、晴、日曜日、四月七日、

*無事に渡御祭を了ふ

一、昇殿、神拜畢、
午前八時出御、無叓還御也、時已午後四時也、
○5月26日、月曜日、風雨、四月八日、
一、神拜終、

*花隈にて失火あり

一、今時四時、失火于花隈、燒亡三十餘戸、其中壹戸、
夫婦子三名燒死、騎馬出張、指揮喞噏（筒）、
○5月27日、晴、火曜日、四月九日、
一、神拜畢、
一、午後三時、抵倶樂部幹事例會也、披幹叓投票、神田
兵右衞門・杉山藤三郎、高點也、
○5月28日、晴、水曜日、四月十日、

一、神拜畢、
一、川添(爲一)來、閑話移時、
○5月29日、晴、木曜日、四月十一日、
一、神拜畢、
一、送金二圓、于西田茂八郎、令買鷄卵、
一、環石丈來、近日爲尾行也、又携所囑小片畫來、
○5月30日、雨、金曜日、四月十二日、
一、神拜畢、
一、北堂君ヨリ御書、仕女友歸着ノ御報ナリ、
○5月31日、雨、土曜日、四月十三日、
一、神拜畢、
一、久濟公(島津)、着神延引ノ報アリ、

〔六　月〕

○6月1日、晴、日曜日、四月十四日、
一、神拜畢、
一、同小領須磨保養院有詩、共盡觀歸、
○6月2日、晴、月曜日、四月十五日、
一、神拜畢、
○6月3日、晴、火曜日、四月十六日、

*藤澤南岳を訪ふ

一、神拜畢、
一、木崎儀德訪來、是岡游齋孫也、
○6月4日、晴、水曜日、四月十七日、
一、神拜畢、
一、午後四時行倶樂部、蓋新撰幹亊會也、新幹亊者、杉山藤三郎・神田兵衞(兵右衞門)也、
○6月5日、晴、木曜日、四月十八日、
一、神拜畢、
一、午前九時五十五分發神戸上阪、畢諸方之用、晩投宿多景色、
○6月6日、晴、金曜日、四月十九日、
一、神拜畢、
一、早朝訪藤澤南岳、而訪染紙屋、又訪尾崎雪濤、行北野吃晝飯、午後三時皈神戸、
○6月7日、晴、土曜日、四月廿日、
一、神拜畢、
一、祖父公・宮子之月次祭濟、本日仕女菊爲老親病氣皈鄕、與反布遣焉、
○6月8日、晴、日曜日、四月廿一日、
一、神拜畢、

一、仕女松得親父大病之電信、俄然乞歸省、仍而許焉、
一、謁忠濟(島津)公于海岸薩广屋、
一、北堂君賜諸品又棕梠繩達、
一、奉贈公債利子拾圓金、
一、石鉢代價壹圓九十五錢、外ニ六十七戔(錢)、夏橙代也、
托松下裕介送有川矢九郎、

○6月9日、晴、月曜日、四月廿二日、
一、神拜畢、
一、崎元計助夫婦訪來ル、

○6月0(10)日、晴、火曜日、四月廿三日、
一、神拜畢、

○6月11日、晴、水曜日、四月廿四日、
一、神拜畢、
一、但間平藏及梅女之實母來矣、

○6月12日、晴、木曜日、四月廿五日、
一、神拜畢、

*高階幸造來訪

一、爲感冒終日臥枕、

○6月13日、晴、金曜日、四月廿六日、
一、神拜畢、
一、感冒終日平臥、

○6月14日、晴、土曜日、四月廿七日、
一、神拜畢、
上書于北堂君、
一、寄書于界(堺)鍛冶本(庄市郎)命送菜刀幷裁刀事、

○6月15日、晴、日曜日、四月廿八日、
一、神拜畢、
一、宮ノ原藤八來、從東京皈途也、仍托養子之事、
一、三木宮本(野)平次郎來矣、

○6月16日、晴、月曜日、四月廿九日、
一、神拜畢、

○6月17日、晴、火曜日、五月朔日、
一、神拜畢、
一、佐多彦訪來、與愛甲秀實着神也、

○6月18日、晴、水曜日、五月貳日、
一、神拜畢、
一、送致蝮草種子幷詩稿于佐ゝ木素行、
一、皇典講究分所委員高階幸造訪來、諾分所出頭之事遣歸、

○6月19日、晴、木曜日、五月三日、
一、神拜畢、

○6月20日、晴、金曜日、五月四日、
一、神拜畢、
一、昨夕前田元漚・渡邊轍等、於村野(山人)氏閑話數刻歸、
○6月21日、晴、土曜日、五月五日、
一、神拜畢、
一、與渡邊・村野山人・神田兵右衞門・余四名送致乞令牧野伸顯爲兵庫縣知(事脱)之書面、于松方正正(マヽ)義、
○6月22日、晴、日曜日、七(五)月六日、
○6月23日、晴、月曜日、五月七日、
一、神拜畢、
一、宮内愛亮來訪、閑話移時、
*高階幸造廣田神社禰宜拜命
一、分所監督辭退ノ願面ヲ受取、蓋高階(幸造)送致、從此出務也、
○6月24日、晴、火曜日、五月八日、
一、神拜畢、
一、高階・堀二名來、
林知事を訪ふ
一、縣知事(林董)ヲ訪問、約須广觀月會、
一、告分所監督出務于大島・藤井・後藤之諸子、且告高階廣田社禰宜登揚、于藤大島退廟、
一、出頭分所、
○6月25日、晴、水曜日、五月九日、

一、神拜畢、
一、執行嚴父君之月次祭、
一、佐多彥來、告曰、本夕乗船歸縣、仍約饗晩飯囑、佐多以奉北堂君荷物、
一、銀貨一圓、此椶梠繩代金也、外者酢價也、
一、寄書于宮ノ原督促、養子之叓、
○6月26日、晴、木曜日、五月十日、
一、神拜畢、
○6月27日、晴、金曜日、五月十一日、
一、神拜畢、
一、高階幸造來、昨日拜命廣田神(社脱)禰宜、
○6月28日、晴、土曜日、五月十二日、
一、神拜畢、
一、南岳(藤澤)之書來曰、明日將爲保養院觀月、仍送返書、
○6月29日、雨、日曜日、五月十三日、
一、神拜畢、
*藤澤南岳橋本海關と共に須磨にて作詩す
一、午前十時、南岳侵雨來、又海關(橋本)來、偕行須磨保養院、各有詩晩雨霽、見新月然癡雲掩天、大失望秉燭歸有小引及七絕二件七律二什(件)、
○6月30日、晴、月曜日、五月十四日、

一、神拜畢、

大祓式執行す

一、執行大祓、

〔七月〕

*娘宮子の七年祭執行す

○7月1日、晴、火曜日、五月十五日、

一、神拜畢、

○7月2日、水曜日、雨、五月十六日、

一、神拜畢、

○7月3日、木曜日、雨、五月十七日、

一、神拜畢、

一、駕午前九時滊車上阪、買宮子姫七年祭贈品、午後七時歸家、

○7月4日、雨、金曜日、五月十八日、

一、神拜畢、

○7月5日、雨、土曜日、五月十九日、

一、神拜畢、

林知事に面接す

一、出廳面接林(董)知叓、明日東上之故也、

○7月6日、雨、日曜日、五月廿日、

一、神拜畢、

娘宮子の七回忌法會を廣巖寺にて執行す

*楠公の忌日私祭にて執行す

一、行宮子姫七回法會于廣巖寺、

一、林田量平來、給木炭代參圓卅錢也與量平、

一、石橋尙寶訪來文人也、

○7月7日、晴、月曜日、五月廿一日、

一、神拜畢、

一、執行宮子七年祭、依賴祭主於古白川錄郎、饗宇田川(謹吾)・田村(喜進)等之醫、

○7月8日、晴、火曜日、五月廿二日、

一、神拜畢、

一、昨七日午後、加古川之菊仕女來也、

○7月9日、水曜日、晴、五月廿三日、

一、神拜畢、

一、命竹棚二個于職人、

一、與金二十五圓、于大井田(留三郎)見抵當品、

○7月0(10)日、晴、木曜日、五月廿四日、

一、神拜畢、

一、投金壹圓于西田茂八郎囑送鷄卵、

一、郵山河脈圖附錄一冊、於藤澤南岳中入須广行之詩稿、

○7月11日、晴、金曜日、五月廿五日、

一、昇殿、神拜畢、

一、本日行私祭大陰暦五月廿五日也、即建武之五月楠公

戰沒之日也、

○7月12日、晴、土曜日、五月廿六日、

一、昇殿、神拜畢、

○7月13日、晴、日曜日、五月廿七日、

例祭執行

一、例祭執行、奉幣使者尾越書記官(悌輔)來社、

○7月14日、晴、月曜日、五月廿八日、

一、神拜畢、

○7月15日、晴、火曜日、五月廿九日、

一、神拜畢、

一、東京之佐田白芳訪來、詩人也、

一、駕瀛車上阪、泊洗心館、

○7月16日、晴、水曜日、五月晦日、

一、神拜畢、

四條畷小楠公墓を拜し寶劍を獻ず

一、午前六時發、大阪從今福入河内經諸福住道諸村、抵甲河村已十時也、從大阪抵四里程也、有大豫樟樹傳・小楠公墓標也、建一大石碑題曰、楠中將正行墓、故大久保利通之其他碑石數碁在焉、甲河村即四條畷也、小楠公祠壇者在飯盛山、古城外郭從大碑石、九五丁也、行拜祠壇、此日獻寶劍一口、去投菊壽亭吃午飯、記小引及長短古詩一章、七絶三章寄禰宜三牧文子、午後三時上阪途、日暮達大阪、投宿江波樓、

○7月17日、晴、木曜日、六月朔日、

一、神拜畢、

一、午前八時發、大阪辨諸用抵北野村休魚市亭四時十八分上阪途、

○7月18日、晴、金曜日、六月二日、

一、神拜畢、

○7月19日、晴、土曜日、六月三日、

一、神拜畢、

○7月20日、晴、日曜日、六月四日、

一、神拜畢、

○7月21日、晴、月曜日、六月五日、

一、神拜畢、

○7月22日、晴、火曜日、六月六日、

一、神拜畢、

一、解雇馬丁、

○7月23日、晴、水曜日、六月七日、

一、神拜畢、

○7月24日、晴、木曜日、六月八日、

一、神拜畢、

一、寄河内行詩稿于南岳(藤澤)乞評、又贈金一圓、
○7月25日、晴、金曜日、六月九日、
一、神拜畢、
一、執行父上月次祭、
一、有川矢九郎之娘、從東京來訪、
○7月26日、晴、土曜日、六月十日、
一、神拜畢、
一、有川春女乘船、托奉北堂之書及菓、又奉贈素麵代價壹圓、
○7月27日、日曜日、六月十一日、
一、神拜畢、
○7月28日、雨、月、六月十二日、
一、神拜畢、
○7月29日、晴、火、六月十三日、
一、神拜畢、
櫻井能監托林源吾贈美墨、此日初聞、櫻井閑散、轉任之叓、仍直作書告哀情、
○7月30日、晴、水曜日、六月十四日、
一、神拜畢、
○7月31日、晴、木曜日、六月十五日、

一、神拜畢、
香山桃坪來、携山陽(頼)之書乞金四圓、仍限九月貸與之、
桃坪者兵庫佐比江町百八十二番地住也、

〔八月　九月　十月〕

○八月　○九月　○十月、
右三月有事故、息日誌、

〔十一月〕

○十一月1日、晴、土曜日、九月十九日、
一、神拜畢、
一、寄送宮内愛亮詩文於新潟縣、
○十一月2日、晴、日曜日、九月廿日、
一、神拜畢、
一、早朝訪書記官平山(靖彦)・警部長野間口於官舍、
○十一月3日、晴、月曜日、九月廿一日、
一、神拜畢、

*天長祭の祝筵に臨む

一、午前十一時、臨天長節祝莚、蓋設莚於商法會議所官民合併之醮也、
○十一月4日、晴、火曜日、九月廿二日、

一、神拝畢、
一、粧盆菊、本月七日開莚也、
　○十一月5日、雨、水曜日、九月廿三日、
一、神拝畢、
一、送金三圓卅錢、於大日本農會、
一、送金四圓、於名鹽弓場上、
一、送金三圓、於清風与平、以山本秀生名前已ニ皆拂也、
一、送金貳圓於西田茂八郎、
一、寄書平野洲應問書籍之有無、又封入郵税八錢、
一、投書渡部勝二告硯價之云々勝二之書達故也、
一、投書於篠田芥津、答石印彫剋〔刻〕端書、
　○11月6日、晴、木曜日、九月廿四日、
一、神拝畢、
一、早朝訪小林警部不在、仍行神戸警察署面會、問獵銃鑑察之件、
一、出頭分所歸否上阪、抵川田商店支店買苺苗五十株、又抵解安陶器店買盆十五上歸車、
　○01(11)月7日、晴、金曜日、九月廿五日、
一、神拝畢、
一、祖父公・宮子姫月次祭執行、

*盆菊の縦覧を許可す

一、從今日許盆菊縦覧于諸人、
一、西田茂八郎送鶏卵、
　○01(11)月8日、晴、土曜日、九月廿六日、
一、神拝畢、
一、午前十時出頭、縣廳從大島太郎渡講究分所寄附百圓之賞狀幷銀盃壹個、
一、午前十一時出頭、分所議堀名彦之叓、
　○01(11)月9日、雨、日曜日、九月廿七日、
一、神拝畢、
一、觀菊之客、殊多々、
　○01(11)月0(10)日、晴、月曜日、九月廿八日、
一、神拝畢、
一、午前十一時、藤南岳訪來、又相携、爲舞妓〔子〕行登左界樓分韻賦詩、夕陽上瀛車皈、
　○01(11)月11日、晴、火曜日、九月廿九日、
一、神拝畢、
送昨日所賦之詩於南岳(藤澤)、
　○01(11)月12日、晴、水曜日、雨、十月朔日、
一、神拝畢、

*林知事等観菊會に來る

一、催觀菊會、來客者林知叓(董)已下、各課長及屬員十四人

夜會也、午後十時散會也、

○01⑪月13日、晴、木曜日、晴、(マヽ)十月二日、

大阪住友吉左衞門より記念の銅鏡文鎭一面惠送さる

一、神拝畢、

一、大阪豪商住友吉左衞門(登久)惠送銅鏡文鎭一面、蓋住友祖先開伊豫別子銅鑛、已二百年經住友氏之世代十代連綿繼續、仍表祝意鑄之以頒諸方云、

一、贈味噌漬鯛壹尾於東京平野洲應、

鳴瀧神戸市長等觀菊會に來る

一、今夕亦有觀菊會來客、鳴瀧市長(公恭)已下、九十五名也、

○01⑪月14日、晴、金曜日、十月三日、

一、神拝畢、

一、今夕招社内人開莚令見花十名也、

○01⑪月15日、晴、土曜日、十月四日、

一、神拝畢、

一、菊花縱覽人、午後四時九(マヽ)三百四十餘人、

從午後四時抵諏方山中店、臨山本龜太郎祝莚眞盛會也、

○01⑪月16日、晴、日曜日、十月五日、

一、神拝畢、

○01⑪月17日、晴、月曜日、十月六日、

一、神拝畢、

一、午後四時會倶樂部議祝山本莚會之叓以來廿日期之、

○01⑪月18日、晴、晩雨、火曜日、十月七日、

一、神拝畢、

一、菊花縱覽人殊多、

○01⑪月19日、晴、水曜日、十月八日、

一、神拝畢、

＊林知事を訪ふ

一、午後第四時訪林知叓(董)、明日上京故也、

一、今日仕女梅松脱走、令人搜索不知所在故、投書於但間平藏、

○01⑪月20日、晴、木曜日、十月九日、

一、神拝畢、

一、送林知叓上京、

一、脱走仕女二人、昨夕(今晩)午前二時、架梯於屋軒密皈來、夜明吃驚、仍更投書于但馬平藏、

一、從午後四時行商法會議所、迎山本龜太郎及一族設祝莚、盛會讀祝詞、

一、放免仕女阿松與親族梅女之家族不至故、以電信督促之、

○01⑪月21日、晴、金曜日、十月十日、

一、神拝畢、

一、昨夕梅女母來鳴、女之不品行放逐之、
一、投書於長山帍岳告廣嵓寺住職之叓、
○01(11)月22日、晴、土曜日、十月十一日、
一、神拜畢、
一、昨夕笠(マヽ)汀來矣、議住職之叓、又今日世話掛リ來矣、
乞爲惣代仍諾焉、
○01(11)月23日、晴、日曜日、十月十二日、
一、神拜畢、
一、高德藤五郎・木南保之助訪來、乞木南父碑銘、
一、午後抵葺合村觀菊、
一、投書於南禪寺長山帍岳、告惣代件諾之事實、
○01(11)月24日、晴、月曜日、十月十三日、
一、神拜畢、
一、縣會議長岡精逸來曰、輦下國會開院爲廿九日、仍欲
奉賀表問書法于衆人一無知之者、敢乞艸焉、余諾之
期以明日、午後三時精逸去、

縣會議長岡精逸來り賀表文を依賴さる

一、行嚴父君之月次祭、
一、午後秉燭、揮毫所囑也、
○01(11)月25日、晴、火曜日、十月十四日、
一、神拜畢、

行嚴父君之月次祭、
一、淸書賀文送之、于岡精逸時十二時也、
○01(11)月26日、晴、水曜日、十月十五日、
一、神拜畢、
一、片山猪三次來、爲岡精逸代理曰、在要賀表之簡短曰、
議員八十餘名不知表文、爲何物故唯要簡短余微笑曰、
嗚呼盲者可恐、直採筆刪一段落與焉、片山大歡而、
懇教逞送之本末片山皈、
○01(11)月27日、晴、木曜日、十月十六日、
一、神拜畢、
一、球陽丸出帆、送麥酒二瓶・菜二株、于松下更囑挐來
豚肉十斤、
○01(11)月28日、晴、金曜日、十月十七日、
一、神拜畢、
一、昨二十七日高陛〔階〕幸造來曰、退堀名彥之議案件、仍出
却下書裂本案爲此事情有不可言之臭體、他日必可聞
混雜之事故裂議案也、
寄弔西〔郷脱〕隆盛之死所半切書、於神戸停車驛長伊東周藏
又寄進藤某、
一、廣巖寺番僧并大森喜代三來、議本寺住職之事、仍訓

示諸事二人皈、

○01(11)月29日、晴、土曜日、十月十八日、

一、神拜畢、

○01(11)月30日、晴、日曜日、十月十九日、

一、神拜畢、　十月廿日、

〔十二月〕

○02(12)月1日、雨、月曜日、十月廿一日、

一、神拜畢、

早朝騎馬訪佐藤寅一於須广旅宿、

○02(12)月二(マヽ)日、晴、火曜日、十月廿二日、

一、神拜畢、

知事を訪ふ

一、訪知事(林董)歸路問日外藏歸家、

○02(12)月3日、晴、水曜日、十月廿三日、

一、神拜畢、

寺田易堂訪來、謂鈴木子順復職之事、余悉談子順之不品行、倘忠告易堂、

○02(12)月4日、木曜日、十月廿四日、

神拜畢、

早朝騎馬訪大澤於禪昌寺不在也、上皈途、

○02(12)月5日、金曜日、十月廿五日、

一、神拜畢、

一、投書有川矢九郎乞甘蔗・青芋、

○02(12)月6日、土曜日、十月廿六日、

一、神拜畢、

○02(12)月7日、日曜日、十月廿七日、

○02(12)月8日、晴、月曜日、十月廿七日、

一、神拜畢、

一、祖父公并ニ宮子姫月并〔次〕祭執行畢、

○02(12)月9日、晴、火曜日、十月廿九(八)日、

一、神拜畢、

○02(12)月0(10)日、晴、水曜日、十月廿九日、

一、神拜畢、

○02(12)月11日、晴、木曜日、十月晦日、

一、神拜畢、

一、風邪ニテ引入ル、

○02(12)月12日、雨、金曜日、十一月朔日、

○02(12)月13日、晴、土曜日、十一月二日、

○02(12)月14日、晴、日曜日、十一月三日、

○02(12)月15日、晴、月曜日、十一月四日、

一、神拝る、(マヽ)
一、詩牋摺物畢、
　○02⑫月16日、晴、火曜日、十一月五日、
　○02⑫月17日、陰、水曜日、十一月六日、
　○02⑫月19日、晴、木曜日、十一月七日、
一、神拝畢、
　○02⑫月20日、晴、金曜日、十一月八日、
一、神拝畢、

*インフルエンザに罹る

　○02⑫月21日、晴、土曜日、十一月九日、十日、
一、神拝畢、
　○02⑫月22日、晴、日曜日、十一月十一日、
一、神拝畢、
　○02⑫月23日、晴、十一月十二日、
一、神拝畢、
　○02⑫月24日、晴、十一月十三日、
一、神拝畢、
一、三番瀛車ニ駕上阪、先ツ博物場ニ入リ、諸品ヲ買ヒ妓方山店ニテ飯シ、是レヨリ諸所ニテ歳末品ヲ調達シ、多景色ニ至リ投宿ス、
一、金不足故ニ、徳松ヲ使トシテ、神戸ニ送リ、金拾圓ヲ持参セシム、此行ヤ重女ヲ召シ具シタリ、
　○02⑫月25日、雨、水、十一月十四日、
一、神拝畢ル、
一、早朝ヨリ更ニ御靈前江至リ、反布類ヲ買ヒ、午前十一時之瀛搭シテ皈ル、
　○02⑫月26日、晴、木曜日、十一月十五日、
一、神拝畢、
一、當時流行ノインフルエンサ風邪症ニ罹リ、春る(マヽ)打臥シ并ニ千代・芳・染一同感シタリ、
　○02⑫月30日、晴、金曜日、十一月十六日、
一、神拝畢ル、
午後ヨリ臥床、是レハ流行ニ罹ルナリ、
　○02⑫月31日、晴、土曜日、十一月十六(七)日、
神拝ヲ止ム、

〔明治二十四年正月〕

△明治廿四年一月一日、木曜日、十一月廿一日、
神拝畢、
家中年始ノ祝盃ヲ酌ム、床中ニ安座シ朝拝一切ヲ廢

ス、
神拝一切ヲ息メ、田村喜進ニ治ヲ乞、
○1月2日、晴、金曜日、十一月廿二日、
○1月3日、晴、土曜日、十一月廿三日、
○1月4日、晴、日曜日、十一月廿四日、
○1月5日、晴、月曜日、十一月廿五日、
○1月6日、晴、火曜日、十一月廿六日、
○1月7日、晴、水曜日、十一月廿七日、
○1月8日、晴、木曜日、十一月廿八日、
○1月9日、雨、金曜日、十一月廿九日、
○1月0(10)日、晴、土曜日、
今朝東京ヨリ揖宿貞火歸リ、尾張陶器ヲ惠投ナリ、臥床中ニ付、家內ヨリ面會ヲ辭シタリト云、仍テ使ヲ止、宿屋ニ遣リ、明日十時面會之叓ヲ通ス、
○1月11日、晴、日曜日、十二月朔日、
一、午前第十時、揖宿姪永山ヲ同伴シテ來ル、仍而昔年來ノ疎遠ヲ話ス、時ニ今度尾張陶器販賣ノ叓ニ付、百般ノ指指(マヽ)ヲ得タキトノ叓ナリ、仍テ小林島平ヲ呼ヒ、是レニ引合セテ、英商ト示談ノ事ヲ謀ラシム、
○1月12日、晴、月曜日、十二月二日、

○1月13日、晴、火曜日、十二月三日、
神拜畢、
一、有川矢九郎ヘボケ芋、ゴイトセ、屋久島三種ノ甘蔗・種芋幷ニ大根占產赤榕柑苗ノ注文書ヲ出タス、
一、大阪車夫德松ヱ、牛房種二合仕送リ方ノ端書ヲ出タス、大藪文雄年始ニ來ル、
一、揖宿貞火來リ、陶器販賣一件、明日英人江協議(マヽ)ノ打テ皈ル、
○1月14日、晴、水曜日、十二月四日、
一、神拜畢、
一、揖宿貞火ヨリ書面アリ、本日居住地談合濟ミノ上、午後二時ヨリ來ルトノ書面ナリ、
一、午後三時ニ揖宿幷ニ姪永山、尾州人陶器製造資本家猪飼猪太郎、同國人揖宿之番頭高木新太郎來リ、英國六十三番館江引合之首尾好結果ヲ告ケタリ、仍而商法之精神及販賣之方法等ヲ簡短ニ演說して、充分堪忍力ヲ缺可ラサルヲ指示ス、談話中、小林島平洋館番頭山本義三郎來會、猶販賣之手續キヲ談シテ歸ル、
支那人藍桂森ヨリ菜物ヲ惠送シタリ、
○1月15日、降雪、木曜日、十二月五日、

一、神拝畢、
一、午前十時、揖宿貞火幷ニ永田〔山〕來リ、本日歸尾之云々ヲ告ケタリ、仍而額面三枚幷ニ半切四枚ヲ揮毫す、
一、東京荒井與左衞門より梅苗、何レモ有合之返事來着す、

*弔西郷之詩改書して郵送す

一、揖宿ヨリ白磁水指幷ニ花生壹個ヲ陳列品トシテ殘シ置キタリ、
○1月16日、陰、金曜日、十二月六日、
一、神拝畢、
一、昨日ヨリ下利〔痢〕ヲ催シ、終日臥ス、晩ニ田村喜進乞藥劑、
○1月17日、晴、土曜日、十二月七日、
一、神拝畢、
一、有川矢九郎より小鳥十八羽ヲ恵送す、又崎元之はるより頼ミ置し卷莨十二函ヲ送致ス、
一、藍桂森江有川之贈リシ小鳥ヲ贈ル、是レハ過日之返禮ナリ、又箕面觀楓之二律詩ヲ附シタリ、
一、卷莨三函、但百個入、東條三郎へ贈ル、

山田伯に寄せたる詩二律を又新日報へ投ず

一、山田伯〔顯義〕ニ寄セタル詩二律ヲ、又新日報矢野ニ宛てゝ之レヲ投ス、

一、河井貞一ヨリ野梅園ノ記ヲ寄セタリ、
○1月18日、晴、日曜日、十二月八日、
一、神拝畢、
一、崎元之船出帆ニ付、有川矢九郎へ昆布・數之子、又崎元之はるへ菓子ヲ返禮トシテ贈る、
一、名古屋揖宿へ書面ヲ出シ、古器物圖譜ヲ求メテ、陶器之形チ（マヽ）ヲ改正スルヿヲ忠告す、又過日揮毫ノ弔西郷之詩落字アルニヨリ、絖地江改書シテ郵送ス、
一、荒井与左衞門江、寒開次第梅苗注文之金員仕送ルノ叓ヲ端書キニテ出タス、
○1月19日、陰、月曜日、十二月九日、
一、神拝畢、
一、弓場上龜松へ爲替證達スヤ否之端書ヲ出す、
一、揖宿ヨリ禮狀來ル、又有川ヨリ榁柑盗取リ一件之返書來ル、
一、月ケ瀬久保田兵藏へ書面ヲ投し、梅期ヲ問合セタリ、
一、崎元之奥陸丸、本日午後四時ニ出般〔帆〕す、荷物ハ之レニ出タす、
一、仕令女、尙本日午後暇ヲ乞ニヨリ出タス、
○1月20日、晴、火曜日、十二月十日、

帝國議會議事堂全焼す

藤澤南岳へ二律詩の批評を乞ふ

一、神拜畢、
一、荒井与左衞門より梅苗五十一本着す、仍テ此代金貳圓五十二戔〔錢〕、爲替證ニテ郵送す、
一、午後一時ニ新聞號外ニて、東京貴衆兩今〔院〕、午前一時ヨリ失火、焼失ノ電報す、又日暮ニ至リ、右出火ノ原因ハ、衆議院政府委員室ノ電管ヨリ發火ノ報知アリ、當日東雲新聞上ニハ、豫算案ノ件ニ付、政府ハ解散ヲ命スルノ風說ヲ出タセリ、實ニ國家之變故、過日山田伯〔顕義〕ニ寄セタル二律詩ヲ、豫言ト云モ又可ナリ、

○1月21日、晴、水曜日、十二月十一日、

一、神拜畢、
一、貴衆兩院焼失ニ付、貴ハ華族會館江、衆ハ工部大學校跡へ移轉之報告アリ、
一、本日社頭ノ蓄積金百九十九圓、縣廳より受取、金庫へ治メタリ、
一、山田伯へ送リシ二律詩ヲ、藤澤南岳へ送リ批評ヲ乞、

○1月22日、晴、木曜日、十二月十二日、

一、神拜畢、
一、河井貞一來リ、蔬菜品評會記叓ヲ殘シ歸ル、
一、はる子飲用蘆芩丸ヲ調合す、
一、彫刻師石井より柳譜上板出來ニ付、猶摺方五十枚ヲ命シタリ、

○1月23日、晴、金曜日、十二月十三日、

一、神拜畢、
一、保養院支配人鈴木勉來リ、廿五日株主惣會之協議ヲ遂ケタリ、仍而出席スルヿヲ諾ス、
一、高陛〔階〕・關口等來リ、監督辭退之件幷ニ堀名彥ノ一件等ヲ、子細ニ協議シタリ、
一、晩ニ日外〔藏〕ニ書面ヲ投シ、明廿四日晩ニ河井・菊地同伴ニて、參るへキヿヲ記シタリ、

○1月24日、晴、土曜日、十二月十四日、

一、神拜畢、
一、藤〔藤澤〕南岳より詩稿之正刪ヲ贈リタリ、
一、弓場ノ上江、爲替證受取タル否ノ返詞ヲ督促す、
一、北元文藏江紙巻莨貳十函之注文ヲ出タス、但、大之見本壹ツヲ添エタリ、
一、午後四時より河井貞一・日外藏來る、洋食ヲ饗シテ閑話シ、蔬菜品評會記叓一件ヲ協議シテ、九時ニ解散シタリ、

○1月25日、晴、日曜日、十二月十五日、

一、神拜畢、

一、父上ノ月次祭執行、

一、當日ハ保養院株主惣會之處、病氣ニ付斷出席セス、

櫻井能監へ時氣見舞の書を送る

一、櫻井能監江時氣之見舞書、幷ニ山田伯へ寄る之詩四五首ヲ記して送る、

一、大阪橋本青江女史之書面有、銕道役人倚賴書ナリ、

一、當日之寒氣甚タシ、三十度ニ下レリ、

○1月26日、晴、月曜日、十二月十六日、

一、神拜畢、

一、梅花集ノ版木成る、惣數二百六十三種ナリ、外ニ又本年集メタル分五十二種、都合三百十五種ナリ、

一、山田伯ニ寄ルノ詩ヲ有〔又〕新日報ニ投シタリ、

○1月27日、晴、火曜日、十二月十七日、

一、神拜畢、

一、石炭壹函ヲ買入ル、

一、菊水お昌女之凶音ヲ聞ク、

○1月28日、晴、水曜日、十二月十八日、

一、神拜畢、

一、晩ニ佛人ロベール、久〻ニて來訪閑談す、

○1月29日、木曜日、十二月十九日、

一、神拜畢、

一、上駒込荒井与左衛門江梅苗二十八本注文之書面ヲ出タス、

○1月30日、晴、金曜日、十二月廿日、

一、神拜畢、

○1月31日、晴、土曜日、十二月廿一日、

一、神拜畢、

一、球陽丸着船、鰤子壹尾、北元（文藏）より達す、是レハ注文品也、代價八十錢也、

一、北堂君より切干大根幷ニ蕎麥粉、又宮ノ原氏（藤八）より鹽鯛、おすまよりアマ鯛ヲ送リタリ、

〔二月〕

○2月1日、晴、日曜日、十二月廿二日、

一、神拜畢、

一、京都渡邊勝二江瓦硯ヲ通運より送致ス、

一、東京南傳馬町穴山篤太郎へ書籍之書面ヲ出タス、此代價金貳圓十〇五リンノ處江貳圓十壹錢ヲ送る、本金ハ通運會社早達之手數ヲ歷テ送ル、

右注文之書ハ、植物書八種ナリ、

○2月2日、月曜日、十二月廿三日、

一、神拜畢、

一、金壹圓貳十錢、日本農會江廿四年分納金也、

一、金貳圓、志築西田茂八郎ヘ鷄卵代、

一、金八拾錢、渡邊勝二江硯代殘金也、

右之行書留ニて郵送す、

一、仕女重ヲ宿許ヘ遣リ、奉公年限ヲ三ケ年ト相定ム、

一、晩ニ仕令女みつ親族病氣ニ付、爲看病暇遣ス、

○2月3日、火曜日、晴、十二月廿四日、

一、神拜終る、

一、奧陸(陸奥)丸着船、崎元江囑シタル琉球甘蔗拾本着す、外ニ有川(矢九郎)より書面有之、甘藷六俵ヲ送る云ゝ有之、

○2月4日、晴、水曜日、十二月廿五日、

一、神拜畢、

一、當日仕令女重ノ衣裳幷ニ帯ヲ買入ル、

○2月5日、晴、木曜日、十二月廿六日、

一、神拜畢、

一、有川江注文之藷六俵着す、藷ハ三種ナリ、外ニ有川家內より附ケ揚ケ一籠ヲ贈ラレタリ、

一、甘藷三種、此目方卅貫、本縣ヘ種用トシテ獻納ス、

書面ヲ添、又甘蔗四本株モ仝シ、試驗場日外(藏)ヲ呼ヒ、此手繼キヲ囑ス、

一、折田彦市子訪來ラレタリ、此レハ福山清藏上京ノ賦リニて、當地迠出掛ケタルニ、常盤舍ヘ滯在中、病氣ニテ俄然死去ニ付下リシトノ事、驚愕ニ不堪ナリ、

*折田彦市訪來る

一、夕刻ニ相良甚之丞來リ、東京舊知事(島津忠義)公御改革ニて、武宮等ノ云ゝヲ初メテ聞キ知ルヿヲ得タリ、甚タ遺憾ナリ、

○2月6日、雨、金曜日、十二月廿七日、

一、神拜畢、

一、陸奥丸出帆ニ付、有川矢九郎江薯六俵代運賃共金貳圓卅錢書中ニ封入シテ崎元江托ス、又崎元ヘハシヤホン六函ヲ贈リ、甘蔗ノ禮ヲ演フ、

一、甘藷四十日種子小函壹個、甘蔗五本壹株ヲ贈リ、書面ヲ附シ、猶本縣知事(林董)ニ建白書ヲ明日送ルヿヲ記シタリ、

一、昨五日東京穴山篤太郎ヨリ、注文ノ書藉(籍)六種送致ス、二種ハ當分品切ニて、殘金九十錢余預リトナル、

一、當日ハ春子ノ產レ日ニ付、うサ初メ一同ヲ饗シタリ、

○2月7日、晴、土曜日、十二月廿八日、

一、神拜畢、

一、祖父君・宮子姫ノ月次祭濟、

一、西田茂八郎へ諸井ニ甘蔗獻納ノ文章ヲ謄寫シテ贈、

一、荒井与左衛門江楳苗注文之書面相達スルヤ否、端書ヲ以テ問合セタリ、

[保養院存廢會議に出頭]

一、午後一時より保養院存廢會議ニ出頭シテ、夜ニ入リ歸家、決議調査委員ヲ以、調査ノ上ニ決スルニ畧決ス、

○2月8日、晴、日曜日、十二月廿九日、

一、神拜畢、

一、穴山篤太郎へ書藉(籍)問合セノ書面ヲ出タス、但發兌目錄より抜粋セシモノナリ、

一、球陽丸出帆ニ付、金八拾八錢鰤子代トシテ、北元(文藏)江返濟可致、又鰤子壹尾幷ニ酢三升送るべく、大井田(留三郎)へ書面爲認テ送る、

一、晩景ニ川添(爲一)來リて閑話す、

○2月9日、晴、月曜日、晩ニ暴風、正月元旦、

一、神拜畢、

一、岡守節之書面達す、

一、入山正仙訪來ル、

○2月0(10)日、晴、火曜日、正月二日、

一、神拜畢、

一、田村喜進明十一日北海道江流人護送ニ付暇乞之爲ニ來る、仍而佐々木瑞城行之椪柑函壹個ヲ托シタリ、又白鹿五瓶ヲ田村へ贈る、但瑞城江ハ、山田伯(顯義)ニ寄スルノ詩幷ニ拜小楠公祠壇之古詩ヲ寄ス、

○2月11日、晴、水曜日、正月三日、

一、神拜畢、

[＊境内地觀梅を許す]

一、昨十日より觀梅ヲ許ス、仍而當日も觀客多シ、

一、荒井与左衛門梅苗二十六種送致ス、

○2月12日、晴、木曜日、正月四日、

一、神拜畢、

[＊御一新の際殺害の爲屠腹して謝したる福知山藩士の姓名を問合す]

一、林鼎一江書面ヲ送リ、福知山藩士御一新之際、大坂安治川筋ヲ堅メ、大野正右衛門ヲ殺害シ、屠腹シテ謝シタル本人之姓名ヲ問合セタリ、封中ニ對雪五律五首ヲ寄セタリ、

一、安積九龍へも、右同斷之書面ヲ送る、是レニハ過日茶器ヲ贈リシ一禮ヲ記ス、

一、昨二(マヽ)日、京都之龍雲堂訪來ル、先年吹田江囑シタル玉之水滴ヲ届ケ呉レタリ、仍而水晶印之磨リ直シヲ、

同人江托シテ、吹田へ送致ス、猶刻ハ龍雲堂へ托シタリ、
一、相良甚之丞江書面、梅花之期ヲ報す、
○2月13日、金曜日、正月五日、
一、神拜畢、
一、金壹圓七十八錢、荒井与左衞門江梅苗代トシテ、爲換ニて郵送す、
一、北元(文藏)より注文之煙草幷ニ唐芋貳俵・酢四升到着ス、煙草ハ注文間違ニて大形なり、依而更ニ中形貳十函送致スへク押返して、書面ヲ出タス、

*縣より祈年祭執行の達しあり

一、高階(幸造)等之三名來リ、辭表一件ノ事ヲ示談ス、尤藤井三郎より之書面ヲ持參なり、依而何レ面議ノ上、辭表之道理ヲ談スヘキト、返辭シタリ、
一、昨日小川鉧吉より琉球豚肉壹壺ヲ惠投なり、仍而當日野間口江贈る、
○2月14日、陰、土曜日、正月六日、
一、神拜畢、
一、車夫德松ニ夏大根・夏蕪種子一合ツヽ注文ノ端書ヲ出タス、

飼犬を盗まる

一、昨日飼犬ヲ盗マルヽノ届ケヲ出タス、
一、河井貞一江甘藷ヲ贈ル、
○2月15日、晴、日曜日、正月七日、
一、神拜畢、
一、藤井一郎へ分所一條ニ付、辭退云々ノ件ヲ細記シテ送る、又關口・高陛(階)へハ、右艸稿ヲ參考ニ投す、
一、松島良藏より保養院株主之名薄ヲ送致ス、是レハ本院取調、委員撰定依賴ノ爲ナリ、
一、本日ハ觀梅客一百四十九人ト云、
○2月16日、月曜日、晴、正月八日、
一、神拜畢、
一、兵庫縣より祈年祭執之達シ有之、
一、相良甚之丞、尾島ヲ從へ觀梅之爲ニ來ル、仍而晝飯ヲ饗シタリ、而シテ兩人共ニ書ヲ乞カ故ニ、書して與へタリ、
一、高陛(階)來リ、藤井へ書面ハ至極同感ノ旨ヲ告ケタリ、
一、齋藤江注文之大根・蕪之種子到來す、
一、昨日ハ權田孝至來リ、藥業雜史等ヲ携へ、序文ヲ乞ヒタリ、仍而藥種繁植(殖)ノ談ニ及ヘリ、
○2月17日、火曜日、雪、正月九日、
一、神拜畢、

一、甘藷一籠を後藤龜へ送る、

一、小龜永七観梅之爲ニ友人二名ト共ニ來ル、麥酒ヲ饗す、

*祈年祭執行す
*光村彌兵衞死去の報知あり

一、山本村之乾ニ名來リ、上告一件之談ニ及、島鴨之方へ送る、

　○2月18日、晴、水曜日、正月十日、

一、神拝畢、

一、本縣知叓林董より甘藷幷ニ甘蔗獻備、聞届クルノ指令書有之、

　○2月19日、晴、木曜日、正月十一日、

一、神拝畢、

三條内大臣公薨去の電報達す

一、昨十八日、内大臣(三條實美)公薨去之電報ニ達す、

一、午後四時ヨリ倶樂〔部脱〕幹叓會ニ出席、十時ニ歸家、

　○2月20日、晴、金曜日、正月十二日、

一、神拝畢、

一、本日ハ寶塚泉山幷ニ寶樂亭之家内観梅ノ爲ニ來、酒飯ヲ饗す、

三條公薨去に就き弔詞を電信にて奉る

一、(三條實美)條公薨去ニ付、弔詞ヲ電信ニて奉ル、

*光村の靈前を拝す

一、午後六時倶樂部へ出席之處、誰壹人も出席無之、仍而名刺ヲ殘シテ歸ル、

　○2月21日、晴、土曜日、正月十三日、

一、神拝、昇殿、

一、本日祈年祭執行、奉幣使南貞助ナリ、

一、光村從六位死去之報知ニ付、早束〔速〕使ヲ以テ弔詞ヲ報シタリ、

　○2月22日、晴、日曜日、正月十四日、

一、神拝畢、

早朝より観梅客多し、

　○2月23日、晴、月曜日、正月十五日、

一、神拝畢、

一、金壹圓、故(實美)三條内大臣公江御花料トシテ郵送シ、又川鰭實文殿江弔詞ヲ送る、

　○2月24日、晴、火曜日、正月十六日、

一、神拝畢、

一、球陽丸着船、北元(文藏)より巻煙草貳十函、永田(猶八)より鹽鯛送リ越シタリ、煙草ハ即刻東條三郎へ送る、本人之注文品ナリ、金貳圓四十錢受取ル、

一、午後二時登廳、知叓・書記官幷ニ三課長林氏初而面會シ、猶神山江面接して歸途、光村ヲ訪ヒ靈前ヲ拝シタリ、

一、志摩三江立寄リ、メイトル二個ヲ買取リ、猶電燈會社江立寄リ、佐畑信之江保養院一件ヲ談シテ返ル、

○2月25日、晴、水曜日、正月十七日、

一、神拜畢、

光村彌兵衛の葬儀に參會す

一、午後一時ヨリ光村從六位ノ葬儀ニ會す、

一、但馬林鼎一より書面到ス、

○2月26日、晴、木曜日、正月十八日、

一、神拜畢、

一、午前十一時登廳、履歴之件幷ニ同職投票之件ヲ神山屬江示談シテ歸ル、

一、午後四時より倶樂〔部脱〕ノ惣會江出頭す、

○2月27日、雨、金曜日、正月十九日、

一、神拜畢、

一、入山正仙ヲシテ、第一國立銀行江公債ノ一件ヲ問合セタリ、

○2月28日、雨、土曜日、正月廿日、

一、神拜畢、

一、入山正仙ヲ縣廳ニ遣し、保存金賣拂一件ヲ伺ハシメタリ、

一、奉職履歴書ヲ差出す、

一、小林島平來訪す、

〔三　月〕

○3月1日、晴、日曜日、正月廿一日、

一、神拜畢、

一、終日觀梅客多し、

○3月2日、晴、月曜日、正月廿二日、

一、神拜畢、

一、佐畑信之來リ、保養叓件相談約投票高點ニ付、承諾スヘキ旨内談、且ツ當日大阪・京都ヨリモ來着ニ付、午後二時ヨリ本院江出會ノ叓ニ承諾シ、午後二時之滊車ニて行キ、粗維持法ヲ議シテ日暮歸ル、

一、巻煙草貳拾函、代價三圓、北元〔文藏〕江郵送ス、是レハ注文ハツレノ分ナリ、

○3月3日、晴、火曜日、正月廿三日、

一、神拜畢、

*大清理事署書記官來訪す

一、大清理叓署書記官洪超來訪、仍テ詩論ヲ聞キ、五律一首ヲ賦シテ寄ス、

○3月4日、晴、水曜日、正月廿四日、

一、神拜畢、

＊磯御邸姫樣方御著に就き御機嫌を伺ふ

一、午後五時ヨリ知（林董）叓・書記官等七名ヲ迎ヱ、観梅宴ヲ開キ、洋料理ニテ饗す、

○3月5日、晴、木曜日、正月廿五日、

一、神拜畢、

一、金貳圓ヲ通運會社江托シ、穴山（篤太郎）江送リ、又端書ヲ穴山へ投、植物二部ヲ注文す、

一、大清理事署へ盆梅四種ヲ送リ、尺牘ヲ洪超江送ル、

一、家山北堂君より赤貝ノ鹽辛幷ニ菓子ヲ贈リタリ、

○3月6日、晴、金曜日、正月廿六日、

一、神拜畢、

一、淡路之菅補策江端書ヲ以テ、郵便局有無之叓ヲ問合す、

一、尾形惟照幷ニ島鴨江產樹會社之一件ヲ問合セタリ、

一、乾忠右衞門之弟來リ、差押へ之品、本日下渡し之旨ヲ告ケタリ、

一、和州上市北村へ書面ヲ以、條公（三條實美）御染筆不相叶之返詞ヲ投す、

一、薩广屋より磯（島津忠濟）御邸御姫樣方御上京、今夕御着之報知有之、

○3月7日、晴、土曜日、正月廿七日、

一、神拜畢、

一、午前第九時、薩广屋江御機嫌伺之爲ニ伺（候）公、同十二時御乗船なり、當日爲御土產金五百疋被下タリ、

一、加世田愛甲病氣ノ爲ニ歸縣スルニ付、北元（文藏）方へ金貳圓八十錢送る、內四十錢ハ唐いも代ナリ、

○3月8日、晴、日曜日、正月廿八日、

一、おすまへ書面ヲ送リ、ミガシキ種幷ニとういもから・里いもの種子、各三十錢かのヲ注文す、

一、神拜畢、

一、正午より家內一同相携ヱて、保養院江遊ヒ、六時ノ滊車ニ搭シテ皈家、

○3月9日、陰、月曜日、正月廿九日、

一、神拜畢、

一、穴山篤太郎より諸菜譜送致ス、注文之有用植物見本ハ送致セス、仍而代價ニ不拘送致スヘキヲ記シタリ、

○3月0（10）日、雨、火曜日、二月朔日、

一、神拜畢、

一、本日各社登廳之達有之、故ニ病ヲ以而不參ノ屆ケヲ社務所より出サシム、

○3月11日、水曜日、雨、二月二日、

松野勇雄來る

小藤孝行來訪櫻井能監の事情を親問す

*勳賞局より木盃賞賜の狀達す

*社寺局長國重正文へ神職及び祠官掌輦下に群集するの弊害を建言す

今曉金五十餘圓盜難に罹る

一、神拜畢、
一、松野勇雄來ル、
一、大原美能理來ル、午後高陛〔階〕幷ニ關口モ來ル、

○3月12日、晴、木曜日、二月三日、

一、神拜終る、
一、大藪文雄來リ、神社改名ノ件ヲ依賴アリ、
一、又新日報ヲ讀ムノ記叓ヲ五州社ニ投す、
一、去年今日ハ歸省、北堂君ヲ拜セシカナリ、
一、德島縣人冨士清光、御分靈云〻ノ件ヲ回答ス、

○3月13日、晴、金曜日、二月四日、

一、神拜畢、
一、關口・高陛〔階〕來リ、神職上京ノ叓ニ就キ示談ス、
一、東京ノ小藤孝行訪來リ、櫻井〔能監〕ノ叓情ヲ親問す、

○3月14日、晴陰雨、土曜日、二月五日、

一、神拜畢、
一、端書ヲ林田江投シテ炭代ヲ問合セ、更ニ又送致ノ叓ヲ命ス、

○3月15日、晴、日曜日、二月六日、

一、神拜畢、
一、今曉四時盜難ニ罹ル、金〻〆九五十餘圓ナリ、巡査幷ニ探偵等ニ依賴す、
一、昨日ヨリ廣田ニ乞テ藥用す、
一、上井來ル、明後日東行スルカ故ナリ、

○3月16日、晴、月曜日、二月七日、

一、神拜畢、
一、森田福次郎及東京より勝田孫彌來ル、勝田ハ西鄉〔隆盛〕等ノ傳ヲ記スルカ爲ニ參リタリ、
一、大清〔理事署〕洪超江盆三種幷ニ白羽鷄子畫ヲ送る、

○3月17日、雨、火曜日、二月八日、

一、神拜畢、
一、染之叔父病氣危篤之報知有之、仍而早速赴カシム、是レハ桂ニ居住スト云ヘリ、午前十時之滊車ニて發ス、

○3月18日、晴、水曜日、二月九日、

一、神拜畢、
一、勳賞局ヨリ奈良縣民北海道移住ニ付、金十圓差出シタル賞トシテ、木盃賞賜ノ狀達す、
一、社寺局長國重正文江神職及祠官掌、輦下ニ群集スルノ弊害ヲ建言ス、
一、晩ニ倶樂部幹叓會ニ出頭、

一、神拜畢、

○3月19日、雨、木曜日、二月十日、

一、午後三時大清理叓署ニ行キ、洪超ヲ訪ヒ、惠墨ノ禮ヲ演ヘテ、歸余〔途〕淡路江行キ加菲〔珈琲〕碗等ヲ買歸、

○3月20日、晴、金曜日、二月十一日、

一、神拜畢、

一、有川矢九郎より唐いも壹俵輸送す、

一、今夕崎元外壹名來ル、晩喰ヲ饗す、

一、松下裕介訪來ル、今夕出帆なり、依而黑砂糖ヲ依頼シタリ、

○3月21日、雨、土曜日、二月十二日、

一、神拜畢、

一、奧陸〔陸奥〕丸出帆ニ付、有川矢九郎江書面ヲ以而大根占ミカン苗ヲ注文シ、又唐芋ほり代トシテ金八十錢壹リンヲ封入シ、外ニ牛肉ヲ送ル、

一、泡盛代トシテ金貳圓ヲ崎元江依頼す、

一、ミノハル大根漬并ニ唐いも本日到着す、

一、晩ニ廣嵓寺和尚來ル、

○3月22日、晴、日曜日、二月十三日、

一、神拜畢、

一、河田日周和尚來ル、青蓬ヲ贈ル、

一、ミノバル大根漬ヲ平山・大島・菊池・河井等へ送ル、

○3月23日、月曜日、晴、二月十四日、

一、神拜畢、

一、上井・林ノ二子より、廿三日開會ノ報告有之、

一、折田彦市備前行之由ニて立寄リ、晝飯ヲ饗シ、午後二時之滊車ニて發途す、本日フランケツテンヲ貸與シタリ、

*折田彦市來訪す

一、岩本玄三來リ、碑銘ヲ書ヲ依頼す、即絖地ヲ持參なり、

一、穴山篤太郎へ端書キヲ出タス、是レハ過日注文ノ有用植物見本之督促書なり、

一、賞勳局より之木盃着す、

一、清客洪超江尺牘ヲ送リ、和韻二首ノ添作ヲ乞、

○3月24日、晴、火曜日、二月十五日、

一、神拜畢、

一、穴山篤太郎より有用植物見本到着す、

○3月25日、晴、水曜日、二月十六日、

一、神拜畢、

一、午前第九時忠濟〔島津〕公之御旅宿へ伺公〔候〕、午後被爲成タリ、

*忠濟公の旅宿へ伺候す

仍而梅二種幷ニ穗數種ヲ獻す、又葡萄三本ヲ添ユ、

○3月26日、晴、木曜日、二月十七日、

一、神拜畢、

一、忠濟公今晩御乗船なり、幸便ニ付北堂幷ニすまへ書面ヲ認メ、呑用刻煙草ヲ注文す、又金五十錢ヲ封入シテ、西田大根漬ヲ注文す、

忠濟公より御召縮緬等を賜る

一、忠濟公より御召縮緬壹反、幷ニ金貳百疋ヲ下シ賜ル、

一、午後二時ヨリ御旅宿ニ伺公〔候〕、同七時ニ御上船ナリ、

一、東京賞勳局江木盃幷ニ辭令御受書ヲ出タス、

○3月27日、雨、金曜日、二月十八日、

一、神拜畢、

一、禪昌寺大澤協洲訪來ル、

一、晩ニ洪超來ル、古詩ヲ寄セタリ、仍而絖ニ書センヿヲ乞、

○3月28日、晴、土曜日、二月十九日、

一、神拜畢、

一、若森高久千葉縣へ轉任ニ付爲暇乞來ル、

一、西田茂八郎へ玉子金貳圓カノ注文す、又同人より東京へ出品ノ玄米二品ヲ送致ス、

○3月29日、日曜日、晴、二月廿日、

一、神拜畢、

一、洪超ヨリ古詩幷ニ薫〔董〕其昌書畫鑑定書ヲ送ル、

一、風邪ニて引入ル、

○3月30日、晴、月曜日、二月廿一日、

一、神拜畢、

一、風邪ニて來客ヲ辭ス、

○3月31日、晴、火曜日、二月廿二日、

一、神拜畢、

一、風邪ニて引入リタリ、岩本玄三竹杖ヲ惠投ス、文武ノ意匠ナリ、

一、昨日より田村喜進ヲ乞治療ヲ乞、

〔四月〕

○4月1日、晴、水曜日、二月廿三日、

一、神拜畢、

一、終日客來ヲ辭ス、

○4月2日、晴、木曜日、二月廿四日、

一、神拜畢、

*舊知事公を神戸停車場にて奉迎す

一、鹿兒島之高木來リ、本日舊知事〔島津忠義〕公御着ノ報知有之、仍而午前十一時ニ神戸停車場ニて奉迎シテ、常盤花

壇ニ被爲成タリ、

一、午後二時より濱田・越後・大橋等ノ道具店ヲ御見物有之、御歸館有之タリ、

○4月3日、晴、金曜日、二月廿五日、

一、神拜畢、

一、知叓公十二時御出帆ナリ、仍而棧橋へ奉送、

一、午後二時より岩本玄三ノ宅ニ行ク、銕道ノ役人山田モ來ル、

○4月4日、晴、土曜日、二月廿六日、

一、神拜畢、

祖先氏神の春祭及び吉冨直次郎の七年祭を執行す

一、祖先春季祭幷ニ氏神春祭及吉冨直次郎ノ七年祭ヲ執行シ、直次郎知己ヲ呼ヒ饗ス、又崎元・山田モ來レリ、

○4月5日、晴、日曜日、二月廿七日、

一、神拜畢ル、

一、一昨日球陽丸出帆ニ付、金五十錢西田大根トシテおすまへ送ル、又外ニ金壹圓、是レハ唐いも・みかしき里芋種ノ代價トシテ內江送ル、

一、金壹圓八十錢、砂糖小樽二挺代トシテ、松下裕介へ送ル、

一、崎元出帆ニ付、有川(矢九郎)江榕柑代二圓二十錢、又崎元江砂糖樽二挺代ヲ送ル、

○4月6日、雨、月曜日、二月廿八日、

一、神拜畢、

*櫻井能監より詩艸稿幷に毛皮を送らる

一、林源吾歸神ニ付、櫻井能監より詩艸稿幷ニ毛皮ヲ送附ス、毛皮ハ日光山ノ名物ト云ヘリ、

○4月7日、晴、火曜日、二月廿九日、

一、神拜畢、

一、祖父公・宮子月次祭執行、

○4月8日、晴、水曜日、二月晦日、

一、神拜畢、

一、加藤新助より七條土二樽送致有之、仍而安着之端書ヲ差出ス、

一、名所舊跡之詩ヲ謄寫シテ、横田孝次江送る、

○4月9日、晴、木曜日、三月一日、

一、神拜畢、

*久邇宮家御家扶より伊藤博文上京の折參殿致すべき書面あり

一、久邇宮(朝彥親王)御家扶より書面、伊藤博文上京之折參殿可致、又南岳(藤澤)參殿之叓モ有之、仍而早期伊藤氏ヲ諏(マヽ)方山へ訪問シテ、書面ノ趣キヲ告ケ、又南岳翁へも右書面ヲ封入シテ送致ス、

一、加藤新助へ、土貳樽安着之趣ヲ報ス、

○4月0日〔10〕、晴、金曜日、三月二日、

一、神拜畢、

一、今曉下利〔痢〕甚タシ、仍而本日登廳ヲ廢シ、岡部ヲ出頭セシメリ、

一、額面ヲ坂上新九郎へ出ス、

一、三木ノ宮野平次郎來ル、

○4月11日、陰雨、土曜日、三月三日、

一、神拜畢、

一、平山一部長より神官決議ノ報告書達ス、

一、當日ハ舊三月節句ニ付、家内山行辨當ヲ食す、

一、晚ニ上井榮雄訪ヒ來ル、

○4月12日、晴、日曜日、三月四日、

一、神拜畢、

一、有川矢九郎より書面、過日金貳圓貳十錢封入之書面ニハ、金圓取落シノ旨通知有之、但取調候處、果シテ取落有之、仍而右之形行端書ヲ以テ、有川江報知す、

一、川添〔爲一〕來、櫻井驛ノ圖ニ讃ヲ乞、仍而卽座ニ一詩ヲ書す、是レハ安田氏ノ囑ト云、

一、晚ニ専崎來リ、銕鳥居ノ談判ニ及ヒタリ、

廣巖寺文明和尚七年祭*

銕鳥居の談判に及ぶ

○4月13日、晴、月曜〔日脱〕、三月五日、

一、神拜畢、

一、南禪〔寺脱〕近藤良弼江鈴木子順ノ一件ヲ報スル書ヲ出ス、

一、中井庽三江手織キ書面ノ一件ヲ達す、

一、西村補三江行、義齒新調ヲ依賴ス、

○4月14日、晴、火曜日、三月六日、

一、神拜畢、

一、當日ハ廣巖寺文明和尚七年祭ニ付、代理トシテ染ヲ遣ス、

一、角抵當日より興行有之、

一、藤澤南岳へ詩ヲ送リ、又金壹圓鮮魚代トシテ送ル、

○4月15日、雨、水曜日、三月七日、

一、神拜畢、

一、京都加藤新助へ端書ヲ以、廿三日上京ノ旨ヲ報す、

一、備前之九兵衞來ル、

○4月16日、晴、木曜日、三月八日、

一、神拜畢、

○4月17日、晴、金曜日、三月九日、

一、神拜畢、

一、午後一時五十分ノ滊車ニて上阪、天王寺種子屋ニ行、

玉葱及ヒ諸種子物ヲ買入レ、此レヨリ諸方ニて買物、日暮専崎江投宿す、

○4月18日、晴、土曜日、三月十日、

一、午前八時専崎ヲ發シ、西村補三ニ抵リ、義歯之細工ヲ依頼シ、此レヨリ博覧會ニ至リ、備一亭ニ於テ晝飯ヲ吃シ、後三時ノ滊車ニて歸神、

○4月19日、晴、日曜日、三月十一日、

一、神拜畢、

林知事を暇乞の爲に訪ふ

一、林知叓(董)上京ニ付、暇乞ノ爲ニ訪、且煙草ヲ町田正介江届ケ方ヲ依頼す、

前田正名を訪ふ

一、前田正名ヲ訪ヒ、土方(久元)宮内大臣ノ着神ヲ聞キ、常盤西店ヲ訪ヒ、不在故ニ歸ル、

○4月20日、晴、月曜日、三月十二日、

一、神拜畢、

土方宮内大臣を訪ひ内閣に人無きの云々を建言す

一、早朝土方大臣ヲ訪ヒ、惣理大臣(山縣有朋)幷ニ内閣ニ人無キノ云〻ヲ備サニ建言シ、此レヨリ榮町西村補三江行、義歯ノハメ方ヲ畢リ、歸リ直チニ金十四圓ヲ爲持タリ、

一、陸奥丸出帆ニ付、有川矢九郎へ榁柑代二圓二十錢ヲ封入シテ、崎元江送リ、又同人頼ミノ半切ヲ送る、

○4月21日、晴、火曜日、三月十三日、

一、神拜畢、

一、諸種物ヲ植附ケタリ、

○4月22日、晴、水曜日、三月十四日、

一、神拜畢、

一、明廿三日球陽丸出帆ニ付、煙草拾斤代貳圓二十錢、幷ニ種子物代不足卅錢ヲ宿許江送ルノ書面ヲ記す、

一、金壹圓廿錢、是レハ紙巻煙草代、北元(文藏)江送ル、

○4月23日、晴、木曜日、三月十五日、

一、神拜畢、

一、日外(藏)來リ、蓮芋苗五株ヲ携へ呉ル、

一、玉置(國里カ)御邸御家扶江七條土送狀等ヲ認ム、

一、金壹圓四十錢、是レハ松下江鉢四組代、

一、球陽丸本日出帆ニ付、荷物ヲ仕送ル、

一、月ケ瀬ノ梶谷兵衞來ル、止宿セシム、

○4月24日、雨、金曜日、三月十六日、

一、神拜畢、

*魯國皇太子に獻ずる湊川戰爭の寫眞準備を命ず

一、湊川戰爭之寫眞ヲ市田ニ命す、是レハ魯國皇太子(ニコライ二世)ニ獻スルノ準備なり、

○4月25日、晴、土曜日、三月十七日、

一、神拜畢、父上之月次祭濟ム、

一、產樹會社配當金受取ノ爲、大井田ヲ大阪尾形江遣ス、
一、財部羌より書面、諏方(マヽ)山西常盤江止宿スト、所勞ヲ以招キ辭ス、無程本人見舞之由也、

○4月26日、雨、日曜日、三月十八日、

一、神拜畢、
一、大井田江電信ヲ通シタルニ無程歸着す、金拾壹圓五十錢受取歸リタリ、

○4月27日、雨、月曜日、三月十九日、

一、神拜畢、
一、當日皮膚病ニ付、病院長江來診ヲ乞、

○4月28日、晴、火曜日、三月廿日、

一、神拜畢、

○4月29日、晴、水曜日、三月廿一日、

一、神拜畢、

前田正名來訪閑話す

一、前田正名來訪、閑話す、
一、河井貞一江甲州葡萄栽培書ヲ貸ス、

○4月30日、晴、木曜日、三月廿二日、

一、神拜畢、

西郷從道へ忠告文を送る

一、西郷從道江忠告ヲ送ル、

從六位折田年秀誠惶謹言

伯爵從二位西郷從道公閣下白、洞察時勢、守死當遜讓、余不忘故大將(西郷隆盛)之友誼、謹爲閣下忠告、敢不要多言也、

皇明廿四年四月卅日

辱知折田年秀再拜

□印□

（表紙）

日誌　従廿四年五月一日　至廿五年九月卅日　卅七

〔明治二十四年五月〕

廿四年　○五月1日、晴、金曜日、三月廿三日、

一、神拜畢、

魯國皇太子本社へ入御の報知あり

一、本縣より魯國皇太子（ニコライ二世）本社江入御ノ報知有之、

一、仕令女菊、本日故郷淡路ヨリ皈來ス、

○5月2日、陰、土曜日、三月廿四日、

一、神拜畢、

一、加藤新助へ金二圓、土代之内トシテ爲換證ヲ郵送す、

前田吉彦より掛幅借用申來る

一、前田吉彦より架（掛）幅借用申シ來ル、仍而三幅ヲ渡ス、

○5月3日、陰、日曜日、三月廿五日、

一、神拜畢ル、

一、本日より病院長ヲ辭シ、田村（喜進）之治療ヲ受ク、

一、晩ニ川添（爲一）來リ閑話す、

○5月4日、陰雨、月曜日、三月廿六日、

一、神拜畢、

一、昨日ヨリ摘（マヽ）ヲ初ム、

一、入山正仙ヲ呼ヒ、中川庯三復命之件ヲ尋問セシム、但シ右ニ付辭表差出シタルハ却下ス、

○5月5日、晴、火曜日、三月廿七日、

一、神拜畢、

一、中井庯三、去月十日登廳之復命書ヲ出タス、不分明條々ヲ問糺、

一、川添爲一來、石碑建設ノ禮狀案文ヲ下書シテ與ヱタリ、

一、玉里御家扶折田信夫より書面、七條士着之由ヲ報す、

一、大阪天王寺種子店江胡蘿蔔種三種、縮緬蕎麥二種、花椰菜種子ノ注文書ヲ出タス、

○5月6日、晴、水曜日、三月廿八日、

一、神拜畢、

*中井庯三の辭表を却下す

一、中井庯三ノ辭表ヲ却下ス、

一、大井田留三郎ヲ主典ニ撰擧ス、

藤澤南岳來訪

一、藤澤南岳訪ヒ來ル、

○5月7日、晴、木曜日、三月廿九日、

一、神拜畢、

*月山貞一精錬の劍并に湊川合戰油繪の寫眞を皇太子に奉る

一、大井田留三郎被補湊川神社主典ニ付、呼出シノ上辭令相渡ス、

宮内愛亮鹿兒島縣警部長へ轉任

一、宮内愛亮來神、是レハ鹿兒島縣警部長江轉任ノ筈也、然レトモ未タ發表セス、

○5月8日、晴、金曜日、四月朔日、

一、神拜畢、

魯國皇太子社參に付き社内粧飾を命ず

一、明九日魯(露西亞)ノ皇太子御社參ニ付、社内粧飾一切之叓務ヲ命シタリ、又明日ハ兼而用意之寫眞、并ニ月山(貞一)ノ劍ヲ獻納スルノ準備ヲ爲ス、

一、球陽丸出帆ニ付、松下來レリ、植木鉢并ニ酢買入方ヲ依賴ス、

一、村橋久成訪來リ、久々ニて面會す、

○5月9日、晴、土曜日、四月二日、

一、神拜畢、

*魯國皇太子の凶報を聞く

魯國皇太子正門より入御先導す

一、午後一時海上砲聲發ス、魯國之皇太子入艦ヲ知ル、仍而大禮服ニて社内ヲ巡視シ、三門ヲ堅メ、諸人之出入ヲ禁ス、三時廿分正門ヨリ入御、先導シテ神殿ニ進ミ、是レヨリ拜殿ニテ油繪ヲ御覽ニ供ヱ、直チニ劍并ニ油繪ノ寫眞ヲ三奉(方)ニ受ケテ、之レヲ奉ル、太子ニ御手ニ執ラセラレ、御受ケ有之、是レヨリ更ニ正門ヨリ御歸車、時ニ四時十五分ナリ、停車場ヨリ御乘車ナリ奉ル處ノ劍ハ、

明治十八年七月吉日、爲折田年秀君於楠公神前月山貞一精錬焉ト銘アリ、程ナクシテ兵庫縣屬丹羽氏右劍并ニ寫眞爲受取參ル、仍而渡之、

○5月0(10)日、晴、日曜日、四月三日、

一、神拜畢、

一、大阪尾形惟昭江產樹會社落着ノ謝狀ヲ出ス、

一、丹波佐治村中島与右衞門并ニ但馬養父和田山安積九龍右衞門江蔬菜品評會報告書ヲ出タス、

一、堺鍛冶本(庄市郎)へ鋏破損ノ修繕ヲ命スルカ爲ニ通運ニテ破損物ヲ出ス、

一、淡路江注文ノ橀柑卅果來ル、壹個三錢ツヽナリ、

○5月11日、晴、月曜日、四月四日、

一、神拜畢、

一、午後四時魯ノ皇太子(ニコライ二世)ノ凶報ヲ聞ク、賊ハ巡査津田三造(藏)、御負傷ハ左ノ頬ニ四寸、深サ四分位ト云ヱリ、

賊ハ護術ノ警部、深手ヲ負セテ捕獲スト云、
抑金甌無缺〔闕〕ノ國モ、此ノ凶漢ノ爲ニ悪名ヲ地球上ノ歴史ニ記載セラレ、笑ヲ世界ニ遺シ怨ヲ隣國ニ醸シ、百年ノ後、彼レノ蹂躪スル處トナルヘシ、此報アルヤ寢食ヲ安スル能ス、

一、神拝畢、

○5月12日、晴、火曜日、四月五日、

聖上魯國皇太子御慰問の爲京都へ御發輦

一、聖上（明治天皇）、京都ヘ御發輦（マヽ）ノ報ス、是レハ魯皇太子御慰問ノ爲ト云ヘリ、

○5月13日、晴、水曜日、四月六日、

一、神拝畢、

聖上魯希両皇子を御同伴にて御著神

一、昨十二日午後六時四十分、聖上、魯・希（希臘）両皇子ヲ御同伴テ御着神、魯皇子ハ御乗艦有之、聖上ハ暫時御休息、八時臨時還御アリ、市街ノ雑沓謂ハン方ナシ、

一、今般大津凶變ノ源〔原〕因ヲ推窮スルニ、國會ニ於テ、政費節減ニ如何トナレハ、政府ノ機關ヲ運轉シテ、世ノ治安ヲ維持スルハ、警察ニ在リ、國防ヲ嚴整シテ、社稷ヲ保存スルハ、海・陸ノ軍務ニ因𪜈、然ルヲ意ヲ玆ニ注カス、警察ノ費途ヲ非常ニ節畧スルカ故ニ、警部・巡査ヲ解放スル各府縣共ニ夥シ、故ニ大津市ノ巡査モ常在員ニシテ行届カサル故ニ、僻地ヨリ募集シ來リテ、警衞ニ當テタリ、所謂、田舎間ニ在リテ、頑且愚ナルノ巡査、遂ニ玆ニ至レリ、故ニ節儉質素ハ人間ノ法律決シテ侵ス可ラサルモノナリ、然レ𪜈、治安ヲ保護國防上ノ叓ニ於テオヤ、決シテ減スヘキモノニ非ラス、苟モ之レヲ減スルハ、世ハ亂レ國守ラス、鑑ミスレハアル可ラス、

○5月14日、木、四月七日、

*忠義公鹿児島より御著

一、本日午後十時、忠義公（島津）鹿児島より御着、常盤ノ花壇ニ御旅宿ヲ御定〆有之、

○5月15日、陰後豪雨、金、四月八日、

一、神拝畢、

*中井庯三の辭表を受取る

一、中井庯三ノ辭表ヲ受取ル、

一、大阪種子屋種子物送致ス、

○5月16日、晴、土曜日、四月九日、

一、神拝畢、

一、指宿貞爺訪來リ閑談す、

○5月17日、晴、日曜日、四月十日、

一、神拝畢、

一、大阪小磯吉人江アコール（ル脱）半打ノ注文書面ヲ投、上等

ニコライ皇太子に盆栽等を献ず

ハ二壜、其外ハ中等ノ注文なり、
一、本日盆栽五個、菊・薔薇・楓、ニコライ魯皇太子ニ献シ、併て御機嫌ヲ伺ヒタリ、此レハ湊川神社内惣代ヲ以テ目錄ヲ製シ、高間新助等ヲ以而、御用邸宮内省出張官江差出ス、

○5月18日、晴、月曜日、四月十一日、

一、神拜畢、
一、晩ニ指宿訪來リ閑話、

○5月19日、晴、火曜日、四月十二日、

一、神拜畢、
一、大阪小磯ヨリアルコール半打着す、九十錢也、

聖上御著輦正門前にて奉迎す

一、午前十一時三十分、聖上（明治天皇）御着輦、正門前ニて奉迎す、而九午後四時京都へ還幸ナリ、
一、安積九龍江半切紙地二枚ニ揮毫シテ送致ス、

＊忠義公御乗船なり

魯國皇太子發艦

一、午後六時、魯國皇太子御發艦ナリ、

○5月20日、晴、水曜日、四月十三日、

一、神拜畢、
一、横濱西村新七より書注文ノ小縄買入レノ書面達す、
一、指宿より金二十五圓借用之書面來ル、仍而大井田（留三郎）ヲ遣し示談セシム、

＊中井靑三禰宜罷免

一、日外（藏）來リ、蔬菜品評會、來月下旬開會之示談有之、

○5月21日、晴、木曜日、四月十四日、

一、神拜畢、
一、惠林寺訪來リ、鈴木子順復職之一件談判有之、南禪寺より之達、不都合ノ廉有之ニ就而之事也、
一、金壹圓爲替證ニテ、横濱西村新七江郵送ス、荷物ハ海岸西村より送致ニ付、小縄代外紙物代三十二錢拂渡シタルモ、壹圓金不相拂ニ於テハ、荷物卽小縄荷差返スヘキ旨申遣シ、直チニ差返し、又西村新七江ヘハ形行之書面ヲ出す、
一、指宿貞父より金談ニ付、貳十五圓貸渡ス、受取證有之、
一、西村新七江琉球産すのりを贈る、
一、忠義公（島津）、今日御乗船ナリ、然レ𪜈病氣ニ付奉送ヲ得ス、

○5月22日、晴、金曜日、四月十五日、

一、神拜畢、
一、神山幹吉病氣ニ付、神饌、撤鯛・ふとう酒ヲ送る、
一、中井靑三ハ祢宜ヲ被免、後任ヲ大井田留三郎其跡ヲ岡部基智江辭令書、縣廳より被達ニ付、各正服呼出

シニテ相達す、

一、岡見達ナル者ハ、舊水戸藩士ニテ、馬術之師範家ヲ初メタリト云、今般牧畜會社創立ノ見込ミヲ以テ、名越ニ來リ、指宿ヲ慕テ當港迠下リ、面接ヲ乞カ故ニ、午後三時ヨリ指宿同道ニテ訪ヒ來リ、右會社ノ物裁ヲ依頼ス、仍而篤ト勘考ノ上ニテ、承諾否ノ返辭ニ及ヒ置ク、

○5月23日、晴、土曜日、四月十六日、

一、神拜畢、

一、内田愛次郎來ル、仍而篤与異見ヲ加ヱ歸國ノ叓ヲ申諭ス、

一、北元文藏より端書到來、加世田江托シタル金子入リ之書面ハ、遲着之旨申遣シタリ、

一、時任義當江蔬菜品評會報告ヲ贈ル、

一、大阪車夫德松江薼拂仕送リ之事ヲ督足(促)す、

○5月24日、晴、日、四月十七日、

一、神拜畢、

＊神輿渡御無事に還御す

一、北元文藏江書面ヲ投シ、近日内田叓、球陽丸より差下シ方之件ゝヲ詳細ニ申遣す、

一、廣嵓寺世話掛リ大森江出訴ニ付、入費金百圓調達之

旨ヲ申遣す、

＊林知事に枇杷を贈る

一、陸奥丸着船、枇杷ヲ澤山、崎元より贈ル、

一、林知叓(董)并ニ菊池武和江枇杷ヲ贈ル、

一、備中高梁時任(義當)江蔬菜附錄ヲ送ル、

○5月25日、風雨、月曜日、四月十八日、

一、神拜畢、

一、播州三木より鹽蒸鯛ヲ送致ス、

一、西村よりグク縄より送致ス、仍而形行ヲ横濱江報知ノ端書ヲ出タ(マヽ)、

一、今夕宮内愛亮ニ餞ス、川添(爲一)モ陪食す、

一、崎元彥二郎訪來ル、宮内(愛亮)乘船ノ叓ヲ依頼、

一、球陽丸着船、北堂君より肴ノ干物ヲ送リ被下、又菱ノ初穗ヲ賜リタリ、

一、北元(文藏)より唐いも一カマケ(マヽ)ヲ贈リタリ、

○5月26日、晴、火曜日、四月十九日、

一、神拜畢、

一、午前八時、神輿出御例年ノ通リニて、午後四時還御、渡中万叓無叓ナリ、

○5月27日、晴、水曜日、四月廿日、

一、神拜畢、

一、宮内愛亮叓、陸奥丸ニ乗船ニ付、旅宅江見舞、午後二時桟橋迠見送ル、
一、揖宿來リ、不貳峰ノ額面ヲ惠投シタリ、眞美術之極ト謂ヘシ、
○5月28日、晴、木曜日、四月廿一日、
一、神拜畢、
○5月29日、晴、金曜日、四月廿二日、
一、神拜畢、
一、午後五時ヨリ諏方山(マヽ)一力亭江行、指宿幷岡見・三輪等參リ、產馬會社惣裁承諾ノ件ヲ依頼アリ、未タ決答セス、

産馬會社惣裁承諾の件依頼あり

一、昨日東京谷本清兵衞江種子物注文之處、練馬大根種子不足ニ付、今日更ニ壹升貳合ヲ追注文書ヲ出タス、
○5月30日、晴、土曜日、四月廿三日、
一、神拜畢、
一、馬丁之松來リ、馬寄ニ付飼馬差出し方ノ依頼有之、
一、當日之馬寄セニテ、一番ヲ占メ褒賞アリ、九六・七十頭中抜ケタルハ三疋ナリト云、
○5月31日、晴、日曜日、四月廿四日、
一、神拜畢、

一、川添幷ニ小林島平來、指宿之陶器幷ニ產馬會社ノ件懇談シタリ、
一、兵庫惠林寺・千葉實參來、鈴木子順廣巖寺復ノ件ニ付、本山出張員ト談判ノ手繼キ幷ニ往復ノ書面等照會濟之叓情ヲ談シタリ、依而本書類ハ惣別預リ置ク、

〔六　月〕

○6月一日、月曜日、四月廿五日、
一、神拜畢、
一、一社消防費取調方ヲ社務所江命ス、
一、東京谷本清兵衞・佐々木素行、大阪天王寺種子物店ヘ蔬菜第一回品評會報告書ヲ送ル、
○6月2日、火曜日、四月廿六日、
一、神拜畢、
○6月3日、雨、水曜日、四月廿七日、
一、神拜畢、
一、午前十一時、天王溫泉江入浴、日沒して皈ル、
○6月4日、雨、木曜日、四月廿八日、
一、神拜畢、
○6月5日、晴、金曜日、四月廿九日、

一、神拝畢、
一、午後一時より天王溫泉江行、菊ノ屋江投宿ス、
○6月6日、晴、土曜日、四月晦日、
一、神拝畢、
一、本日歸家、牧畜會社總〔裁脱〕承諾書ヲ岡見達ニ渡ス、
○6月7日、晴、日曜日、五月朔日、
一、神拝畢、
一、午前八時墓參、祖父公・宮子ノ月次祭執行、十一時天王溫泉江行、
一、岡見幷ニ揖宿ヨリ請書ヲ差し出ス、但シ、岡見・永田共に菊亭江參リ、謝辭ヲ演べタリ、
○6月8日、晴、月曜日、五月二日、
一、神拝畢、
一、昨日小林島平來リ、牧畜會社會計主任ノ叓ヲ囑シタリ、
一、數日之入浴効ナク、却而再患ノ氣味有之ニ付歸家、終日客ヲ絶チテ平臥ス、
一、社内出店者、地所拜借繼續願、書面奥印ノ叓ニ付、壹兩名ヲ拒絶シテ却下ス、
○6月9日、晴、火曜日、五月三日、

*社内出店寄席業者三名の繼續願を却下す
牧畜會社總裁承諾す

一、神拝畢、
一、北元文藏より書面、內田愛次郎歸着ニ付、謝禮狀ナリ、
一、社内出店者ノ中、寄席業三名之者、魯國新王〔ニコライ二世〕御遭難ノ時節、社内謹愼可致旨說諭ニ及ヒタルモ、種〻ノ苦情申立タルニ付、忠告ニ從ハス、仍而右說諭ハ取消シタリ、然ルニ此度繼續願差出スニ付、奥印難捺ヲ以テ却下シタリ、抑社内出店者ノ儀ハ、元〻德義上ヨリ成立チ、即出店御差許シ有之、已上ハ御社内之規則、堅固ニ遵守可致トノ願面ニ仍リ、願之筋聞屆ケ、於社頭御借渡有之候とも、故障無之、奥印ヲ捺シテ、地方廳ハ聞屆クル叓ニテ、右奥印無之以上ハ、地方廳カ自儘ニ所斷可致筋ニ無之、無論三ケ月ニテ出店不相成次第ナリ、右奥印却下ニ付、住吉・高間・小山ノ三名詑ノ爲參リタリ、仍而斷然不相成ノ返辭ニ及ヒタリ、
一、去十七年より實生セシ唐枇杷ヲ採收シテ知幷ニ日外〔藏〕へ送ル、
○6月0〔10〕日、晴、水曜日、五月四日、
一、岡見達來ル、病氣ヲ以不面接、

三條家より御遺物を受く

一、三條家(實美)より御遺物トシテ、御自筆ノ孝經壹部幷ニ墨壹函ヲ御贈リ被下タリ、

○6月11日、晴、木曜日、五月五日、

一、神拜畢、

一、岡見・永田來リ、小林承諾書ノ一件示談有之、仍而小林へ書面ヲ認メ、岡見江渡ス、

播州龍野脇坂安斐より楠公御召の腹巻を獻納

一、播州龍野ノ關口啓之丞來ル、舊主人脇阪(坂)安斐氏より楠公御召ノ腹巻ヲ獻納ナリ、實ニ珍品ナリ、仍而直チニ神前ニ奉納ス、由緒も粗供レリ、

具足師を召し楠公御召の甲冑の修覆を命ず

一、具足師岩井矢三郎ヲ召シ、甲冑ノ修覆ヲ命ス、

○6月12日、晴、金曜日、五月六日、

一、神拜畢、

○6月13日、晴、土曜日、五月七日、

一、陸奥丸着船ニて崎元(彥二郎)來ル、明日出帆トノ事ナリ、

一、球陽丸着船、松下より豚肉二十斤送リ呉レタリ、

一、小松重三、其外安積・米澤等へ、蔬菜品評會報告書ヲ送ル、

一、中西市藏ヨリ會費、又渡邊弘より本會承諾書來ル、

○6月14日、晴、日曜日、五月八日、

一、神拜畢、

一、具足師岩井へ甲冑ノ修覆ヲ命ス、

一、崎元江牛肉及混(昆)布ヲ贈ル、

一、小林島平來リ、牧畜會社一件ヲ示談シ、又岡見江明朝八時可來ノ書面ヲ出タス、

一、品評會費幷承諾書ヲ、日外江送ル、

○6月15日、陰、月、五月九日、

一、神拜畢、

一、指宿・岡見來、仍而會社一切ノ事ヲ談、一旦引揚ケテ發起人決議ノ上、更ニ出神ノ叓ヲ説諭ス、

一、指宿江取替金貳十五圓返却セリ、

一、北堂君より干肴幷ニ麥粉ヲ御惠投被下タリ、

一、球陽丸出帆ニ付、豚代貳圓壹錢封入シテ松下へ遣ス、

○6月16日、陰、火曜日、五月十日、

一、東京谷本幷ニ大阪代理店江書面ヲ出タス、

一、神拜畢、

一、所勞ニて來客ヲ辭ス、

○6月17日、晴、水曜日、五月十一日、

一、神拜畢、

一、有川矢九郎飛魚干物百疋注文ノ書面ヲ、大井田(留三郎)へ命シテ投函、

一、大阪ノ醫山田俊郷訪來、皮膚病ノ診客（マヽ）ヲシ歸阪セリ、
升蒙水二瓶ヲ送リ呉レタリ、

○6月18日、晴、木曜日、五月十二日、

一、神拜畢、

一、河井訪來ルト云、病氣ニテ面接セス、

○6月19日、陰、金曜日、五月十三日、

一、神拜畢、

一、石川武夫・小林市次二名、蔬菜品評會贊成承諾書ヲ日外ニ送致ス、

病症執筆書見を禁じられ日誌を廢す
二十五年四月一日神戸を發し歸省す

一、此後日々不快、八月ニ至リ、已ニ人事ヲ辨セス、殊ニ執筆書見ヲ被禁ニヨリ、日誌ヲ廢ス、仍而廿五年四月一日神戸ヲ發シ歸省、鹽浸温泉行ノ、當日ヨリ誌ス、缺筆全ク十ケ月間ナリ、

△明治廿五年四月七日、於加治木誌ス、

○4月6日、晴、水曜日、三月十日、

一、神拜畢、

一、午前八時、北元より荷車到來ニ付、都合廿七品ヲ車并ニ馬壹疋ニ駄シ先發セシメ、同九時三十分拜別、北堂等去抵下街小牧藥店、買龍且越幾斯并沸騰散、乗風帆船、正午發岸、此日風暖波浪穩、午後四時半點針、達加治木、止宿原口傳太郎、金問屋云、此行具僕助八・喜次郎、今夜十時示針雨降、

加治木に達す*

○4月7日、半雨、正午、晴、木曜日、三月十一日、

一、神拜畢、

一、昨六日、送書於廻幸吉、謝不伺磯公（島津忠濟）之缺敬、

一、投書於鹽浸、井上藤太郎、明八日通應着之旨、

一、投書於小根占、岩松親愛、囑小海苔送附、

○4月8日、晴、金曜日、三月十二日、

一、神拜畢、

一、午前七時半點針、發加治木、越龍門寺阪、經板宿、加例川、午後一時鐘針、達鹽浸休憩井上藤太郎家、飧晝飯而一浴、移本人之持家、途上春色滿眼、鞍上作數詩、

○4月9日、晴、土曜日、三月十三日、

一、神拜畢、

一、早朝工ヲ傭ヒ、机并ニ棚ヲ構、

一、作神戸行之書與大井田（留三郎）・川添（爲一）・田村家（喜進）、又四周（週）間暇繼續之願也、但五月五日、日數充ツルカ故ニ、更ニ四周間ノ願繼キヲ申出ス、封入シテ大井田ニ送ル、

*橋本海關へ近作の詩等を送る

又家ニハ禪衣送リ方ヲ報ス、
○4月0(10)日、晴、日曜日、三月十四日、
一、神拝畢、
一、仁次郎皈府、托神戸行之書、又送金五十戔(錢)於須广、令加須的良(カステラ)一函送神戸、與貳圓金於仁次郎、
一、投書於薩陽社、投書楠社造建上申書寫、
○4月11日、晴、月曜日、三月十五日、
一、神拝畢、
終日無叓、
○4月12日、雨、火、三月十六日、
一、神拝畢、
一、今暁より雨、終日降雨、
一、神戸津田より書面達ス、本月五日出ナリ、
一、神戸行キノ書面ヲ出シ、平メ餅ニ飴ヲ入ル丶ヿヲ報ス、
○4月13日、晴、水、三月十七日、
一、神拝畢、
一、加治木旅亭原口傳太郎、遣人送ランフ薬、仍作書謝懇情、又封入貳圓金囑托、左之品鰤子一尾、鷄二三、麻五六、又與使丁於金卅錢、

○4月14日、晴、木曜日、三月十八日、
一、神拝畢、
一、原口(傳太郎)送鷄二羽并麻、又惠投饅一函、
○4月15日、晴、金曜日、三月十九日、
一、神拝畢、
一、鹿児島より送リ荷達す、丸ほろ・野菜、外ニ土產用ノ反布類ナリ、
一、鐵瓶壹個等也、又千代・橋本ノ書面アリ、
○4月16日、土曜日、三月廿日、
一、神拝畢、
一、橋本(海關)行、啓ヲ作る、
○4月17日、晴、日曜日、三月廿一日、
一、神拝畢、
一、橋本海關江途上之詩十六章及啓ヲ副エ、又大井田へハ五月二日橋本へ月給五圓渡方等ヲ依賴ノ書面ヲ作リ、猶千代へもミカシキ植方ノ云〻ヲ申遣ス、
一、鹿児島行之書面ニハ、昨日御送リ品〻正ニ相達、且ツ病氣快氣ノ大畧ヲ申上、又おすまへミカシキ種五十錢カノ買入、神戸へ送リ方ノ事ヲ依賴ス、
一、都城持木當日歸郷ニ付、安樂冨太郎へ書面并ニ海鼡

少ゝ贈ル、又持木ニハ扇子貳本ヲ送る、

○4月18日、晴、月曜日、三月廿二日、

一、神拜終る、

一、母上様より干肴幷ニ漬物、北元（文蔵）より同斷、幷菓子一重來着す、猶卽日來着之書面ヲ出タシ、外ニカステイラ一函注文す、

○4月19日、雨、火曜日、三月廿三日、

一、神拜畢、

一、井ノ上藤太郎へ白米貳斗注文す、

一、一昨十七日横川和田與左衞門尋來リ、猪肉少ゝ、鷄一羽幷ニ野菜等持參シタリ、是レハ廿二年前入湯之折、叟役ニ而世話ニ預リシ人ナリ、其節掛物二幅、對一函ヲ贈リ置、右旁之爲ニ來リシナリ、仍而手拭幷ニ扇子ヲ送リタリ、

○4月30（20）日、晴、水、三月廿四日、

一、神拜畢、

一、母上江病氣之様子委細申上候、猶北元江見舞ニ不及旨ヲ申遣シ候、

○4月21日、晴、木日〔曜脱〕、三月廿五日、

一、神拜畢ル、

一、千代江扇子十五本、仕〔送脱カ〕方之書面ヲ出タス、

一、都之城瀬尾猪右衞門、明日歸ルニ付、額面壹枚幷ニ半切・扇子・ヒル壹本ヲ贈ル、是レハ先日極上茶壹斤ヲ惠ミシ謝禮ナリ、

○4月22日、晴、金、三月廿六日、

一、神拜畢、

○4月23日、晴、土、三月廿七日、

一、神拜畢、

一、藥品ヲ加治木より買取、入浴ニ硫黃花ヲ塗ル、

一、晩前薇ゝ野ニ採ル、往來殆壹里ヲ步シ、疲勞ヲ覺ヱス、

○4月24日、雨、日、三月廿八日、

一、神拜畢、

一、鹿兒島北元よりカステイラ一函、二十三日附ケ之書面相添來着、仍而相達候端書ヲ差出す、

○4月25日、雨、月、三月廿九日、

一、神拜畢ル、

一、加治注文之藥品相届ク、制酸劇〔劑〕幷ニアルコウル等ナリ、

○4月26日、雨、火、三月晦日、

一、神拜畢、

一、鹿兒島北元江豚肉四・五斤ヲ注文スルノ書ヲ出タス、
又金山問屋原口（傳太郎）へ書面ヲ投シ、豚肉送リ方ヲ囑シ、
過日注文之鰤子送リ方ヲ促シタリ、

○4月27日、雨、水、四月朔日、

一、神拜畢、

一、鹿兒島江味噌品々、麥酒四本送リ方之事ヲ申遣ス、

一、廿五日出鹿兒島より之書面ニ、神戸仕出シノ荷物來着、幷ニ田村喜進之書面達ス、仍而更ニ書面、神戸荷物ハ荷物ヲ開キ方致致（マヽ）シ呉レラレ度旨申遣す、

○4月28日、雨、木曜日、四月二日、

一、神拜畢、

一、廿二日附ケニて、爲換金五十圓、三十八銀行江取組ミ北元方へ差當、宿元狀幷ニ北元方本爲換證受取候書面、同時ニ相達ス、仍而千代江ハ、右相達候返書卽刻差出ス、

一、北元方へハ金員受取之上、仕送リ方之件申遣ス、尤仕送リ方ニ付而ハ、母上江相伺呉レ候樣相認メ、書面ヲ母上樣及須磨ノ名前ヲ記載シ置キタリ、

○4月29日、雨、金、四月三日、

一、神拜終る、

○4月30日、雨、土、四月四日、

一、神拜畢、

一、神戸大井田ノ書面達ス、

〔五月〕

○5月一日、日曜日、四月五日、

一、神拜畢、

一、重冨人川瀨清秀訪來ル、是ハ深見之娣ナル由也、揮毫ヲ乞カ故ニ、半切ヲ書シテ與ヱタリ、然ルニ鷄一羽ヲ贈リ呉レタリ、

○5月2日、半晴、月、四月六日、

一、神拜畢、

一、仁次郎來ル、此レハ神戸より之送金之內二十五圓、外ニ注文ノビール四本、味噌・醬油、又芳・重ノ兩人ニ緋カナキンノ着物、見舞トシテ御贈リ被下タリ、又北元より野菜幷ニ燒肴・竹輪・蒲鋒〔鉾〕・菓子、又注文之豚肉四斤送リ呉レタリ、文藏（北元）未タ歸家ナシトノ書面ナリ、此ノ便ニ喜代・松・寅・村瀨等湯治見舞ノ書面到來す、

○5月3日、晴、火曜日、四月七日、

一、神拜畢、

一、仁次郎差返スニ付、御贈金二十五圓、正ニ落手之御請書、幷ニ兩人江被下衣賴之御禮申上ル、又北元（文藏）方ヘハ送リ、幷ニ惠投品〻ノ禮書ヲ作リ、又送リ、書面上ニハ皆見留〔認〕印ヲ捺して封入ス、又外ニ神戸千代ヘ家內無事否ノ一左右聞度ニ付、書面可差出、此度四人より之書面上ニ、家內無叓ノ事ヲ記シタル書狀無之叓モ申遣す、

一、仁次郎ヘ江ハ金貳圓ヲ惠ミタリ、又下人助叓（助八）一夜泊リニて、歸リ度旨申出候間差許、是レニハ金五十錢ヲ與ヱ、同人月給之儀ハ、二十五金ノ內より可拂遣旨、母上樣ヘ申上ケ越シタリ、

一、手拭壹反、又土鍋壹ツ、便器用ナリ、其外ノミ取粉仕用等之叓ハ、端書ニシテ仁次郎ヘ相渡シタリ、

一、有川矢九郎より之書面到來、崎元彥太郎之娣死亡、是レハ流行病後、俄カニ死去之云〻ナリ、仍而崎元江ハ悔ミノ書面、又矢九郎ヘハ形行之書面ヲ出ス、

一、金山問屋ヘ預ケ置キタル鰤子買入方止メニシテ、本金員ハ仁次郎受取、是レニテ鹿児島之買物可致旨ヲ申附ケタリ、

○5月4日、晴、水、四月八日、

一、神拜畢、

一、今晚八時、下人助事鹿兒島ヨリ歸着シ、北堂君御風邪之御容體、委細ニ承リ、一同安心致ス、猶又神戸送リ之荷物ヲ開キ、書狀惣而五通リ幷ニ芳・重兩人之着物、外ニ小刀・扇子・若芽・ヒール等持參ス、仍而神戸家內無異、殊ニ春子元氣之一左右有之、皆〻大悅、前日之懸念一時ニ散シタリ、是レハ柳籠ヲ開カサルカ爲也、

○5月5日、雨、木、四月九日、

一、神拜畢、

一、千代・大井田（留三郎）・川添（爲一）行ノ書面、又鹿兒島宿許書面ヲ出タス、尤神戸ヘハ書面籠中ニ有之ニ付、遲着之形行申遣シ候、

○5月6日、晴、金、四月十日、

一、神拜畢、

一、一日附ケ之書面達シ、御祭リニ付兒ニ出シ度云〻申遣シタリ、仍而本年迠ハ兎ニ角ニ差扣ヘ、可然旨ノ返詞書ヲ出タス、

○5月7日、晴、土、四月十一日、

一、神拜畢、
一、鶴田丈童ノ人々訪來ル、

櫻井能監へ書面を送り罹災の弔慰を述ぶ

一、東京櫻井能監江書面ヲ送リ、罹災之弔慰ヲ延〔述〕ベタリ、

○5月8日、雨、日曜日、四月十二日、

一、拜〔神〕拜畢、
一、川添爲一三日出之書面相達す、跡家內何レモ無㕝ナリ、

○5月9日、雨、月、四月十三日、

一、神拜畢、
一、北堂君より御贈リ品枇杷壹籠、外ニ北元〔文藏〕より野菜送リ來ル、卽日端書ニて着報ヲ出タス、
一、舊下人德次郎爲見舞來、玉子・干肴等持參ナリ、
一、芳㕝、一昨日より胃病ヲ發シ、甚タ心配セリ、幸ニ鶴田生滯在ニ付、診察ヲ乞ヒ今晝より大ニ快シ、初テ安心す、

○5月0〔10〕日、雨、火、四月十四日、

一、神拜畢、
一、加治木ノ丈童・鎌田等、本日歸鄕ニ付書ヲ乞、仍而揮毫シ與、又鶴田醫師も發足す、

○5月11日、晴、水、四月十五日、

一、神拜畢、
一、神戶行キノ書面ヲ認メ、田村〔喜進〕・佐野兩方ノ塗藥ヲ注文シ、又近日ヨリ霧島江入浴ノ趣キヲ申遣す、
一、德次郎ヲ差返スニ付、母上江書面ヲ差上、金十圓并ニ吳座〔茣蓙〕五枚、カステイラ一函、外禪物貳枚、禪羽織、又よし・重の着物、又ヒール送リ方願上候、又金山問屋ヘ荷物受取之書面ヲ出タス、
一、德次郎ヘハ金壹圓五十錢ヲ爲取タリ、

○5月12日、晴、木、四月十六日、

一、神拜畢、

*隱見瀧を一見し安樂に到る

一、午前八時粧シテ隱見瀧ヲ一見シ、此ヨリ安樂ニ到リ、舊作次郎之家ヲ訪ヒ、家內一同江土產物并ニ金員ヲ與ヱ、晝飯ヲ喫シテ休憩シ、此レヨリ川ヲ傳テ新湯ヲ經、山之湯ニ到リ、湯守之家ニ休シ、日暮歸途ニ上ル、今日路程二里、木履ニテ步甚疲勞セリ、

○5月13日、晴、金、四月十七日、

一、神拜畢、
一、昨日之散步ニヨリ足甚タシ、
一、晩ニ仁次郎來着、卽金拾圓并ニ注文之品々、外ニ種々之御品、又ハ北元よりも飴香之物等ヲ贈リ吳レタ

リ、又春子ノ寫眞モ着シタリ、

○5月14日、土、晴土、(マヽ)四月十八日、

一、仁次郎ヲ霧島江遣シ、宿手配爲致一泊シテ、風彩ヲ見セシム、

○5月15日、晴、日、四月十九日、

一、神拜畢、

一、仁次郎霧島より歸リ、彼之方一切ヲ聞キ取リ、明後十七日發途ニ決ス、仍而諸方之書面ヲ認ム、

田村喜進へ病症を詳記して送る

一、田村喜進江病症ヲ詳記シ、硫黄谷江轉浴之云〻ヲ、家內江申聞ケノ叓ヲ囑ス、又○川添ニハ愈硫黄谷江差越スヘク、跡家ノ一件ヲ囑ス、○宿許千代ヘハ、牛旦丸・緩下丸、牛ヱキス壹個送リ方ヲ申遣ス、○大井田(留三郎)江ハ六月初旬ニ金員送リ方、幷ニ神叓一件御暇繼續願之書面ヲ封入ス、○松原良太・柴仁・吉田ノ三名ニ宛テ、渡御祭典一件ヲ依賴スルノ書面ヲ認ム、又○崎元江ハ砂糖代、大樽二挺代、神戸宿許より受取吳レ云〻ヲ記ス、○有川矢九郎ヘハ家內汐浸ノ入浴ハ、害ハアレトモ効ナキ云〻ヲ記シテ差止メタリ、

一、薩陽新聞社ヘ端書ヲ以、霧島江差越スヘキニ付、夫迠ハ差扣ヘ候樣通知スルノ趣キヲ記ス、

○5月16日、晴、月、四月廿日、

一、神拜畢、

一、早朝ヨリ秋山依賴之書ヲ揮毫、又家內ハ荷物之調ヘニ掛る、

一、井ノ上藤太郎方之諸拂幷ニ下男・下女一般ニ金拾錢ツヽヲ給シ、又金五十錢ヲ湯之神江神饌トシテ井上ニ遣ス、

一、北堂君ヘ明日發途之叓ヲ申上ケ、又北元江も同斷、

○5月17日、晴、火曜日、四月廿一日、

一、神拜畢、

一、午前第八時出發、路岨ナリ、然レトモ加木ヨリ汐浸路ニ比スレハ較安シ、中津川ニ至ル、此ノ地舊伊集(院脱)氏ノ名一荘ト云、淺水ニ副テ村落アリ土地饒ナリ、

*硫黄谷に著す

一、午前第十一時三十分、硫黄谷ニ着シ、支配人堀切武兵衞方ニ到、武兵衞ハ不在ナリ、國分林彦左衞門止宿ノ家ヲ開ケテ之ニ入ル、本屋ハ別荘ニシテ、隣屋ナリ、殊ニ溫泉ヲ室中ニ控キ、甚タ便ヲ得タリ、原(元)來當地ハ桑原郡牧薗村字中津川硫黄谷ト云、

島津公邸に伺候御物語等申上げ御茶菓を下さる

一、薩陽新聞社ニ硫黄谷ニ休泊ノ趣キヲ報知ス、
○5月18日、晴、水、四月廿二日、
一、神拝畢、
一、島津(忠義)公邸ニ伺候ス、暫時御物語等申上退出、御茶菓ヲ被下、廻幸吉等供奉す、公(島津忠義)五月二日迠ニ御皈府トノ御沙汰ナリ、
一、當日ハ支配人堀切(武兵衛)方より板類ヲ取寄セ、家内ノ住居ヲ構ヱタリ、
○5月19日、晴、木曜日、四月廿三日、
一、神拝終る、
一、今朝仁次郎差返す、仍而餅米其外注文物ヲ囑ス、
一、書面ヲ薩陽社ニ投シ、金壹元(マヽ)ヲ内拂トシテ拂渡スヿヲ申附クル、
○5月20日、晴、金、四月廿四日、
一、神拝畢、

*島津家より猪肉一枝を下さる

一、國分之町人林彦左衛門此内より知人トナリ日々見舞なり、
一、千代町之鬼塚、今日歸家之由ニて尋ネ呉レタリ、
○5月21日、晴、土、四月廿五日、
一、神拝終る、
一、風氣發熱、休息、
○5月22日、日、四月廿六日、
一、神拝畢、
一、去十五日幷ニ十九日出之書面、神戸より着す、十五日出ニハ、榁柑仕送リ之云々相見得候、又十九日出ニハ田村(喜進)・佐野之塗藥仕送リ之叓有之、
○5月23日、雨、月、四月廿七日、
一、神拝畢、
一、田村氏ニ硫黄谷温泉試驗成蹟幷ニ一七日入浴之効驗ヲ細記シ、千代幷ニ大井田(留三郎)へも書面ヲ出ス、
○5月24日、風雨、火、四月廿八日、
一、神拝畢、
一、終日風雨激し、
一、嶋津家より猪肉一枝ヲ被下タリ、此レハ昨日御狩ニて、御得物之由なり、
一、晩ニ濱ノ市若松藤左衛門より熊人(マヽ)ニて鹿兒島より荷物、都合七個相達す、此ノ中十九日出之千代幷ニ染之書面有之、田村・佐野之藥モ來着、又榁柑も有之、其外調文之カステイラ・野菜・蒸籠等ナリ、
○5月25日、水、晴、四月廿九日、

一、神拜畢、
一、大神弁ニ父上之月次祭執行、
一、林彦左衞門依頼之書畫數枚ヲ認ム、
一、晩景より知事公(島津忠義)ニ拜謁、猪肉拜領ノ御禮申上、又明日御立之筈なり、于時　龍伯公(島津義久)別格官幣社御差支之有無、言上致置候、又國會ニ付云々ノ事情言上致置候、

舊知事公に拜謁猪肉の御禮申上げ種々言上す

○5月26日、木曜日、五月朔日、

一、神拜畢、
一、神戸千代へ書面ヲ出タス、梅壹斗五升漬方ノ事、又夏橙三十斗、鹿兒島へ送リ方弁ニ送リ品々、正ニ相届キタルヲ報す、
一、午前第八時、島津公御立ニ付、爲奉送一同榮ノ尾へ參リタリ、
一、加治木町之川畑ナルモノ訪來リ、揮毫ヲ乞、

○5月27日、大風雨、金曜日、五月二日、

一、神拜畢、
一、昨日知事公奉送ノ歸途、堀切ニ立寄リ、主人武兵衞ニ面會す、仍而明後廿八日〔九〕神宮參詣可致ニ付、乘輕尻三疋依頼ス、

一、都城瀬尾淺右衞門江書面ヲ出シ、汐浸ニて點茶之禮ヲノベタリ、

○5月28日、晴、土、五月三日、

一、神拜畢、
一、早朝より參詣之支度ニ掛ルモ馬到ラス、仍而本日ハ休息ス、
一、林彦左衞門當日歸鄕、暇乞ノ爲ニ立寄ル、但本人江金貳十錢ヲ托シ、胃散藥味ヲ注文す、

○5月29日、晴、日曜日、五月四日、

一、神拜畢ル、
一、午前第八時、馬ニ駄シテ硫黄谷ヲ發シ、參詣道ニ上ル、十一時半ニ神宮ニ達シ、卽時ニ參拜す、境内之不潔云ヘカラス、草ヲ拔キ箒ヲ執リシ跡、更ニ不見、玉垣内外塵芥ヲ以テ埋メタリ、但シ手水鉢二ケ所共ニ、水一滴モナシ、不得已社務所ニ至リ、常有之手水鉢ニて、手ヲ洗ヒ、上殿幣一圓ヲ奉リ、祝詞ヲ奉リ退殿、宿屋ニ至リ鷄羹ヲ命シ晝餐シ、午後二時ニ發ス、客舍ニ達スルニ三時半ナリ、

*硫黄谷を發し神宮に達し參拜す

○5月30日、月、晴、五月五日、

一、神拜畢、

一、昨廿九日歸リシ處ニ、神戸大井田より之電信達ス、御祭無叓ニスム、卽廿六日出之信ナリ、
一、濱之市松若直右衞門より鹿兒島荷物相達す、神戸より丸藥二種、粉藥、香牛ヱキス、苺ナリ、苺ハ腐敗シタリ、又北元(文藏)より枇杷幷ニいんけンヲ惠投す、いんけんハ初物ナリ、
一、大井田江電信ノ返書ヲ出タシ、又北元ヘハ荷物安着ノ禮書ヲ出タス、

○5月31日、火、五月六日、

一、神拜畢、
一、炭四俵ヲ鹽浸、井ノ上(藤太郎)ニ注文ノ書面ヲ出タス、
一、雪隱雨覆ノ事ヲ、堀切江示談す、

〔六　月〕

○6月1日、晴、水、五月七日、

一、神拜畢、
一、大井田(留三郎)・川添(爲一)・松原(良太)・高陛(階)(幸造)・千代行キノ書面ヲ造ル、高陛(階)ヘハ、分所建築委員請諾ノ了ヲ記ス、又松原・柴仁・吉田ヘハ神事ノ謝禮狀ヲ出タス、其外ニハよし叓、暫時歸社ノ了ヲ記シ、又大井田・川添ヘハ御暇繼續願ノ書面ヲ封入シタリ、

○6月21(2)日、雨、木、五月八日、

一、神拜畢ル、
一、昨日ヨリ面部又ゝ腫レタリ、

○6月3日、晴、金、五月九日、

一、神拜畢、
一、鹽浸井ノ上(藤太郎)ヨリ炭四俵、幷ニ節句ノ物ヲ贈リ呉レタリ、仍テ豚肉ヲ贈ル、
一、雪隱ノ雨覆出來す、

○6月4日、晴、土、五月十日、

一、神拜畢、
一、下人助ヲ濱ノ市ニ生肴、其外買物有之遣す、

○6月5日、日、晴、五月十一日、

一、神拜畢、
一、北元文藏來ル、夜八時過キナリ、
一、神戸より之送リ品、反物幷ニ北堂君よりノ御贈リ被下候野菜、永田(猶八)・宮ノ原(藤八)ヨリ之菓子、北元(文藏)より之蒲鋒(鉾)・野菜等澤山ナリ、今晩ハ久ゝふりノ物語リニて、午前一時ニ臥シタリ、
一、神戸ヨリ金員六十圓爲替ニて、受取タル趣キ、文藏(北元)

より聞キ得タリ、
一、よし事、球陽丸ニ乗船ニ決着す、
○6月6日、晴、月、五月十二日、
一、神拝畢、
一、文藏歸鹿兒、
一、踊之永田與右衞門より鷄壹羽、竹ノ子（筍）、野菜ヲ贈リ吳レタリ、仍テ鼠加すリ壹反、又使人江ハ木綿縞ヲ與ヘタリ、
○6月7日、雨、火、五月十三日、
一、神拝畢、
一、千代へよし歸家、幷ニ金子到着ノ返書ヲ出タス、千代ヨリノ書面ハ五日附ケニテ、本日達す、
○6月8日、雨、水、五月十四日、
一、神拝畢、
一、北元文藏來リ、球陽丸出帆之報知有之ヲ伺待ツ、本船又已ニ六月十二日出帆之廣告ニ付ニ付（マヽ）、歸省如何之心配致ス、
○6月9日、雨、木、五月十五日、
一、神拝畢、
一、夜ニ入リ仁次郎着す、是レハ球陽丸出帆、早ゝナリ

*周布知事へ病症傳ふるべく申附く

シ故ナリ、仍而明日本地ヲ出發ニ着手す、又北元より五錢より貳十錢迄、金拾圓ヲ送ル、大井田江買物用之金三十圓調達ノ事ヲ申遣ス、又川添へも同斷之書面ヲ造ル、尤芳持參品ノ用向キハ、皆分ケニて一、内ニ在合之品、二、神戸ニて買調品、三、大阪ニて買取品、四、鹿兒島調達品、五ニ津田方へ注文、又病症ハ田村（喜進）・佐野ノ兩人江委細質すべく申附ケタリ、
一、周布知叓（公平）江ハ芳自身面會、病氣之形狀ヲ可申演申附ケタリ、
○6月0（10）日、晴、金、五月十六日、
一、神拝畢、
一、午前六時、芳・仁次郎召具シ出發す、本日ハ踊迄歩行、爰ニて馬ヲ雇乗馬シ、加治木江達スルノ目論ニて發ス、踊ハ永田與右衞門之出入之内ヲサシテ行キタリ、
一、國分林彥左衞門より乾肴數品・野菜三種・甘蔗一袋・鰻十二疋ヲ惠投す、仍而謝禮之書面ヲ馬便ニ托ス、
一、端書ニテ、郵便端書持參ノ事ヲ、芳アテニテ鹿兒島へ差出ス、
一、都ノ城安樂冨太郎へ、折葉ノ新茶壹、貳斤送リ方ノ

端書ヲ出タス、

○6月11日、晴、土、五月十七日、

一、神拝畢、

一、國分林(彦左衛門)ヨリ大根數本ヲ惠投ナリ、

○6月12日、晴、日、五月十八日、

一、神拝畢、

一、北堂君江書面ヲ奉リ、又龜ノ卵御無心申上候、

一、芳名宛ニて、神戸へ書面ニ昇汞水高橲鼻緒下駄買入方ヲ申遣す、又芳出發後ノ樣體ヲ詳記ス、

○6月13日、大雨、月、五月十九日、

一、神拝畢、

一、昨晩ヨリ大風雨ニ付、芳カ乗船中如何ト、終夜心配眠ラス、仍而本日ハ疲勞極ル、

○6月14日、雨、火、五月廿日、

一、神拝畢ル、

一、午前十一時半、國分濱ノ市若松ヨリ雨ヲ侵シ、左之品々馬壹駄送リ來ル、

一、風呂敷包箱壹ツ、一、ツト入瓶貳ツ、

一、小風呂敷包瓶壹ツ、

一、箱入　壹ツ、　一、叺入　壹ツ、

一、醬油樽　壹挺、　一、味噌樽　壹ツ、

一、油紙包柳箇壹ツ、一、肴入籠　壹ツ、

一、飴　壹坪、　一、バケツ　貳ツ、

仍而若松方へ落手之請取差出シ、賃錢六十五錢ト申立ルニ付、五錢ヲ增、七十錢ヲ與フ、

一、北元(文藏)方へハ、右之品物正ニ相達スルノ書面便ニて出ス、

一、松若(若松)へ煙草入壹個・金五十錢、肴料トシテ贈ル、

一、小箱雨紙包壹ツ、內ニ時計入ル、是レハ北元江至急仕送方ヲ若松へ申遣す、

一、神戸行、芳へ宛テ歸せるラ(煙管)ヲ竹井ニ白色コム・寶丹香水等之品々ヲ持參可致申遣す、

一、北堂君へ芳出立後、病躰ヲ申上ケ、又上等雨笠貳本、袋幷ニ竹袋揜へ方ヲ仁次郎へ御命シ被下度旨ヲ奉願候、

一、神拝畢、

○6月15日、半天、水、五月廿一日、

一、北堂君へ細書ヲ上ル、又永田(猶八)江訪問之禮狀、北元へ小牧方より之藥價幷ニ昨日到着荷物之書面、小牧德藏へ下劑丸藥幷ニノミ蠅退治ノ新藥、高橋盛大堂よ

り發賣ノ云〻問合セタリ、

一、榮ノ尾ノ湯守永崎より蕎麥三蒸籠ヲ贈リ呉レタリ、使人ハ先年湯守之安藤カ二男ナリ、

○6月16日、木、晴、五月廿二日、

一、神拜畢ル、

一、神戸よりラムネ・鳴渡（鳴門蜜柑）ミカ等ヲ送ルノ十一日出ノ書面達ス、

一、都ノ城安樂善助初、西村理兵衞・安樂嘉助・森八重藏・瀬尾錢右衞門、五名ヨリ寒猪三斤、舞竹〔茸〕拾斤、茶壹斤、態人ヲ以テ湯治見舞トシテ贈リ呉レタリ、又善助へ注文之折二斤モ達す、

○6月17日、晴、金、五月廿三日、

一、神拜畢、

一、都城小林ノ姉見舞トシテ訪問ス、是レハ惣兵衞之妻なり、

○6月18日、晴、土、五月廿四日、

○6月19日、晴、日、五月廿五日、

一、神拜畢、

硫黄谷湯の試験結果電信あり

一、神戸電信達ス云、硫黄谷兩湯共、佐野試驗スシヲキアル病氣極惡シ入湯止メ、芳今日球陽降〔丸脱〕ル、

全ク湯試驗ノ事ノミニテ、外用向ノ善惡ハ全ク見ヱス、入湯止メテ歸神スルノ考案ヲ下タスノ外ナシ、大ニ驚キ、夫レ引拂ノ準備ニ掛ル時、已ニ神經ニ感觸シタリ、仍テ急ニ北元へ通知、北堂君ニ申上ル叓ヲ囑ス、卽刻投ス、

一、芳へハ別段書面ヲ荒田迠遣シ、至急引拂ニ於てハ、外注文品〻有之候得共、最早入用無之云〻、又今半途ニ立返リ、昨年如苦ミテハ、此レ限リニて、微運命數ノ所令然、返リテ待チテ、發足可致旨ヲ申シ遣ス、實ニ當惑千萬トハ此ノ叓ナリ、

一、今晩十一時半、すま、下女壹人幷ニ仁次郎召ツレ着す、此レハ母上樣芳之不在ヲ懸念ニ思召、俄カニ御遣し被下候由ニ、難有落涙致候、但シ芳之電信ハ、當地へノミ引キ、母上樣ニハ不差上、仍而如斯御心配ヲ奉懸恐入候、又野菜、其外雨〔笠脱カ〕二本、兩人江御贈リ被下候、

○6月20日、雨、月、五月廿六日、

一、神拜畢、

一、仁次郎幷ニ助次郎差返ス、仍而北堂江書面ヲ奉リ、すま參着ノ形行、厚ク御禮申上候、又北元へも書面

ヲ出タス、仁次郎へハ金壹圓を爲取候、助次郎へハ路用五十錢ヲ與ヘタリ、

一、仁次郎ヲ汐浸ニ廻し以來、贈リ品ハ加治揚ケニて汐浸シ屆ケ之㕝ニ約束セシム、濱ノ市若松直右衞門㕝、不注意千万ニて、此内より之送リ品〻數個相滯リ、中ニハ已ニ腐敗セシモ有之由也、困切リタル親爺なり、當日ハ終日大風、

○6月21日、風、雨、火、五月廿七日、

一、神拜畢、

一、神戸千代へ電信ノ不都合より、おす磨殿態〻參リ、且北堂江御心配ヲ奉掛候㕝情ヲ申遣シ、又ラムネハ屆キ候得共、榼柑ハ不相届趣キヲ記シタリ、

○6月22日、風、雨、水、五月廿八日、

一、神拜畢、

一、數日降繼キノ大雨ニて通行留リ、郵便配達モ遲滯、神戸十六日仕出シノ芳書面モ、今日六日目ニテ相達す、

○6月23日、雨、木、五月廿九日、

一、神拜畢、

一、北堂君より芳電信廿日ニ來着之爲、御知之端書幷ニおす磨ヲ御遣し被下候御書面相達す、

一、北堂君幷ニ芳へ宛テ封書ヲ出タス、又千代江コム合羽幷ニ郵便端書仕送ルヘキ書面ヲ出タス、又大井田〔留三郎〕・千代兩名ニテ、金員仕送リ方之書面ヲ出タス、

一、芳㕝、北堂君ノ御書面ニてハ、昨廿二日ニハ着船可致トノ御書也、

一、鹿兒島ニてハ大風之噂サ有之、

○6月24日、雨、金、六月朔日、

一、神拜畢、

一、神戸より送金幷ニ芳着鹿兒之上、萬㕝ノ都合金員仕送リ方之㕝ヲ、北元へ芳兩名ニテ出ス、又風雨ノ爲、野菜漬物類一切仕切リ、梅干ヲ子〔舐〕フリ居候、實際又芳參ルニハ、加治木より參る方、便利之形行ヲ詳記ス、

一、北元より端書ニテ芳廿日球陽へ〔丸脱〕乘船報知有之、前ノ電信・此電信一向ニ不相分也、

一、國分小村之肴賣ノ親爺へ、野菜買入方ヲ依賴シ、金卅錢ヲ渡ス、

○6月25日、半晴、土、六月二日、

一、神拜畢、

一、北堂君へ近狀ヲ具申シ、又仁次郎へ書面ヲ投し左之物品ヲ、

一、鼠取籠　一、洋布壹反　一、雨笠二本　○山鋏壹挺

一、味噌漬樽　一、棕梠繩　一、鼻緒　一、肴包丁　一、銅針金　一、マッチ

右之外、野菜漬物一切無之ニ付、持參可致旨ヲ申遣す、

○6月26日、雨、日、六月三日、

一、神拜畢、

一、午後二時、よし・仁次郎ヲ召具シテ着す、兼而注文之諸品持參、家内一同安心ナリ、神戸ノ都合モ充分ナリ、

○6月27日、雨、月、六月四日、

一、神拜畢、

一、午前八時、須磨幷ニ下女枝・仁次郎歸途ニ着ク、仍而鹿兒島より買入品之目錄ヲ須磨へ渡シ、又喜代松ノ妻ウタスクオコセトノ電信ヲ鹿兒島より通セシム、

一、川添及千代等歸着之報信、且ツ病狀ヲ詳記ス、

一、鳴門榁柑十三ヲ磯御殿へ獻上ノ㕝ヲ須磨江依賴ス、

一、枝へ金貳十錢、浴衣綿壹反ヲ與ヘタリ、

一、堀切(武兵衞)へ紺カスリ一反、龜卵少〻送ル、但下人江モ同斷、

一、汐浸より炭幷ニ荷物ヲ持參す、井上ヨリ乾香魚及野菜ヲ投與ス、仍而鼠カスリ壹反ヲ贈ル、

○6月28日、晴陰未定、火、六月五日、

一、神拜畢、

一、踊永田與右衞門より鹽漬梅壹斗・午(牛)房・玉子三十・胡瓜・筍、雇人ニて送リ吳レタリ、仍而禮狀ニ菓子ヲ添へ送る、

一、福島之神戸歸家暇乞ニ見得タリ、年數煙草ヲ惠ミタリ、仍而額面幷ニ扇子ヲ贈ル、

○6月29日、陰雨、水、六月六日、

一、神拜畢、

一、千代へ當地之形狀幷ニ病氣、近〻快キ次第ヲ記スノ書面ヲ出タス、

一、金三圓ヲ春子ニ毎月給シ、中壹圓ハ積金トスヘキ㕝、

一、西洋手拭三ツ　一、銕瓶ふし形一個　一、若芋三百目

一、かなひき二百五十日　一、鋸壹本　一、巻紙十巻　一、白糖　買置ノ分　一、石硼粉　二鑵　一、刻混布壹袋

此書中ニ以來送荷ハ球陽之松下へ依頼ス可キヲ報す、
一、北元井ニ須磨へ書面ヲ出タス、
一、ヨチムテンキ三瓶　一、炭酸　一瓶　一、ホルト油
一、瓶
　右者小牧江注文、北元へ托ス、
一、なた壹挺　一、蠟燭　貳斤
　右北元へ、
一、崎元彥次郎へ書面ヲ出タシ、ウタ乗船ノ禮ヲ記ス、
一、安樂善助へ書面ヲ以、折葉茶代如何程ヲ尋問ス、此レハ神戸へ托ス、
○9(6)月30日、半晴、木曜日、六月七日、
一、神拜畢、
一、北堂君より御狀被下、すま磯御邸江獻上品持參ノ事を御通知被下候也、

〔七　月〕

○7月1日、半晴、金曜日、六月八日、
一、神拜畢、

田村喜進へ禮狀を記す

一、田村喜進江芳歸神ニ付、種々心配相掛ケ、且ツ病症ニヨリ入浴得失、忠告之禮狀ヲ詳細ニ記シタリ、尤即今患部井ニ攝生ニ付、暑中滯在之理由ヲ記ス、
一、千代へ下駄井ニ鼻緒・銅之筆立送致スヘキ書面ヲ出タス、
一、大井田(留三郎)江素麵壹函、無心ノ書面ヲ出タス、
○7月2日、半晴、土、六月九日、
一、神拜畢、
一、千代へ左ノ品ヲ注文す、
一、ほしいゝ十二袋八戔〔錢〕ツヽ、
　〆九十六錢
一、御神饌菓子十二函六戔〔錢〕ツヽ、
　〆七十二錢
一、角砂糖二函三十八戔〔錢〕、
　〆七十六錢
一、シヤホン十五函五錢ツヽ、
　〆七十五錢
　〆三圓卌一錢也、
外ニ鹽數ノ子・すのリナリ、
一、北堂君へ、うた一日乗船ニ付、明三日ニハ必す着船可致、尤兼テ注文之品々持參可致ニ付而ハ、荷物澤山ニ可有候間、仁次郎叓、海岸へ御差出シ被下度旨

願上候、尤本人本地江参リ候折ハ、野菜ノ中、茄子・新午〔牛〕房・大根・胡瓜御送リ被下度願上候、

一、霧島神社ヨリ、中鯛貳枚・黑鯛壹枚、瀬川礫ヨリ態人ヲ以贈ル、仍菊水玉すたれ貳包ヲ返シ、使人江金拾錢ヲ與ヘタリ、

一、榮ノ尾安田江煙草入壹ツヲ贈ル、是レハ先日蕎麥幷ニ新茶ノ返禮なり、又茶幷ニ椎茸ヲ贈リタリ、

○7月3日、半晴、日、六月十日、

一、神拜畢、

一、北元〔文蔵〕江樟腦廿目、至急郵送ノ端書ヲ出タス、

一、永田猶八江書面ノ一禮幷ニ本地滯在費用等、故障無之豫備ヲ詳記シ、猶當時ノ世勢ヲ記ス、永田叓、民常ヘ傾ケルヲ聞クカ故ナリ、

一、鹿〔見脱〕島新聞ヲ神戸江郵送シ、謄寫ヲ津田ヘ命ス、

○7月4日、晴、月、六月十一日、

一、神拜畢、

一、午後八時二十分、歌幷ニ仁次郎着す、荷物貳駄ナリ、母上樣ノ御樣子幷ニ神戸之直左右ヲ聞ク、

一、おすまどのへ注文之鹿兒島物品、何レモ到着す、

○7月5日、晴、火、六月十二日、

一、神拜畢、

一、歌持參之物品ヲ片付、藤筵ヲ敷キ所〻棚ヲ造ル、

一、芳ヲ堀切ニ遣シ、板其外木材之示談ヲ作サシム、猶物品ヲ贈ル、

○7月6日、晴、水、六月十三日、

一、神拜畢、

一、仁次郎ヲシテ諸器物ヲ造ラシム、

*菅廟幷に遙拝祠壇修繕の下案を記す

一、大井田江菅廟幷ニ遙拜祠壇修繕建設之書面下案ヲ記ス、

一、千代ヘも書面ヲ出タス、半切不足ナラハ、五・六寸ノ薄キ處ヲ遣スヘク、又弟貞治叓ウサ相談ノ上、内江引取ルヘキ旨ヲ申遣ス、上校學費六十錢ハ手許より月分遣スヘキヲ記ス、

一、北元ヘ玉水羔幷ニ金釘・氷砂糖ヲ注文す、又松下祐助ヘノ書面ニハ、金壹圓八錢ヲ添、壹圓四錢ハキツヒヤシ代、四錢ハ初ノ注文不足分也、

一、諸注文品ハ左之通リ、

一、便壺壹個　一、荒砥石壹丁　一、枕藤製壹ツ、
一、飯碗五人分　一、海羅少〻　一、寒天十貳本　一、中皿拾人前 小皿同斷
一、天衝壹本　一、婦人下駄貳束　一、鼻緒二束分

一、煙草二十包　一、突立屛風壹折　一、水剣壹本
一、金五圓ハ野菜、其外小仕〔遣〕トシテ、狀袋、端書・印紙
相添ヘタリ、
一、仁次郎ヘハ五日分幷ニ船賃等ヲ拂渡ス、
　○7月7日、晴、木、六月十四日、
一、神拜畢、
一、仁次郎午前七時發足、仍而國分林彦左衞門江琉球丸
盆貳ツ・櫻花漬ケ七色・シャホン壹函、書面ヲ附シ
テ贈ル、
一、志布志和田吉五郎江カマス干物五六十、鹿兒島迠送
リ方ヲ注文す、
一、祖父公・宮子姫ノ月代〔次〕祭ヲ執行ス、
　○7月8日、晴、金、六月十五日、
一、神拜畢、
一、當日ハ北堂君御延〔誕〕生日故、兼而御祝トシテ、乾烏賊
御贈リ被下置故、彼是料理シテ、赤小豆飯ヲ拵ヘ奉
祝タリ、
一、午後八時ニ、有川矢九郎湯治見舞トシテ來リタリ、
今夕堀切方ヘ止宿す、
　○7月9日、晴、土、六月十六日、

一、神拜畢、
一、北堂君ヘ書面ヲ奉リ、昨日祝詞ヲ申上ル、又金壹圓
ヲ奉ル、
一、球陽丸十一日ニハ、必鹿兒島着船、神戸より之荷物
可參、又金員モ必す到着スヘキニ付、仁次郎御遣し
被下度旨ヲ申上ク、
一、北元ヘ端書ヲ出ス、注文之樟腦、仁次郎ノ便ヨリ仕
送リ方、幷ニ神戸より之爲換金、去一日午前九時ニ
拂込ミタルニ付、多分到着ノ筈ニ付、例之通リ受取
方致ニ取替分ヲ差引、殘分ハ仁次郎便より仕送リ方
ノ叓ヲ記ス、
一、鷄ヲ割キ、午飯ヲ有川ニ饗ス、
　○7月0(10)日、晴、日、六月十七日、
一、神拜畢、
一、有川當日ハ鋒鑵ノ溫泉見物之爲ニ馬行ス、本泉ハ當
所ヨリ三里、道路甚タ嶮岨ニシテ、硫黄谷ヨリ高キ
丁、九三百六十尺ト云、而湯勢ハ微少ニシテ、硫黄
谷ノ汐湯ト兄弟タリ、此溫泉ハ昔我維新公〔島津義弘〕木崎原ノ
戰後御入浴有、二ケ所射瑕御平癒、其後關ケ原御退
口後、泉州堺ヨリ御船ニサセラレ、綱島江御着船、

負傷者ヲ召具セラレテ、御入浴有之、何レモ平癒ス、
公ハ其後帖佐ニ御在城相成ルト云、古代ヨリノ温泉ナリ、有川日暮ニ歸、更ニ鷄ヲ割キ晩飯ヲ饗ス、

一、堀切ノ養子出鹿ニ付、書面ヲ北元へ投シランム、幷ニキツヒヤシ拾斤、卽効紙十枚ヲ注文ス、是レハ仁次郎登山ノ折持參スヘキヲ記ス、

○7月11日、晴、月、六月十八日、

一、神拜畢、

一、福島今町神戸常治より禮狀五日出ニテ達す、又神戸千代ヨリ五日出之書面達す、注文ノ荷物球陽〔丸脫〕ニ托スル云〻、又春子三圓金ヲ悅ヒタルノ叓ヲ記シ有リタリ、

○7月12日、晴、火、六月十九日、

一、神拜畢、

一、當日ハ例祭日ニ付、床上ニ神饌ヲ奉リ遙拜、

例祭日に付き遙拜す

○7月13日、雨、水、六月廿日、

一、神拜畢、

一、有川囑之額面ヲ書ス、是レハ新城別莊ノ額ナリ、三海面ヲ眺望スルノ故ヲ以テ、三海庵ト記ス、今夕有川ト共ニ晩飯ヲ吃ス、

一、神戸より電信アリ、オマツリスム、フジ、

○7月14日、雨、木、六月廿一日、

一、神拜畢、

一、北堂君江書面ヲ奉リ、球陽〔丸脫〕着荷御送致被下旨奉願上候、又野菜已ニ盡キ候叓モ申上ル、

一、神戸千代江も書面、球陽〔丸脫〕ハ十一日ニ着船、併シ雨天ニて鹿兒島より着荷無之趣キヲ記ス、

一、昨日之電信、追徵不足ニ付、可拂渡書面ヲ態人ニて被達タリ、仍而不足幷ニ人夫賃錢拂渡シ、猶書面ヲ附シテ、不都合ヲ謝シタリ、

一、國分林彥左衞門より美叓之茄子七個ヲ送リ呉レタリ、

○7月15日、晴、金、六月廿二日、

一、神拜畢、

一、有川〔矢九郎〕相宿ノ判官高田某ヲ同伴シテ來リ、閑話ス、

一、本日ハ早朝ヨリ新城村梗木野ノ池田助八ノ小傳ヲ記ス、時ニ高某〔田脫〕モ有川江〔マヽ〕額面ヲ見テ、仍而額面幷ニ絖地ノ小片ニ五律詩ヲ書す、

一、午後四時、仁次郎神戸幷ニ鹿兒島注文ノ荷物ヲ馬三頭ニ駄して來ル、諸注文品〻遺憾ナシ、

○7月16日、晴、土、六月廿三日、

一、神拝畢、
一、仁次郎ヲ返ス、北堂君ヘ書面ヲ奉リ、御贈リ被下候野菜十二品ノ御禮申上ル、又北元ヘ書面、荷物逓送ノ禮ヲ延〔述〕ヘタリ、
又神戸千代ヘ荷物、無滞相達シタル趣キヲ報シ、ヨチム三瓶ヲ注文ス、今般ノ金五十圓ハ北元江取替分、拂渡貳圓六十四錢殘額ノ事ヲ記シ、來月ハ早目ニ送リ方ヲ申遣す、
一、下人寅ヲ仁次郎ヘ附シ、汐浸江遣シ、又踊ヘも同斷、汐浸井ノ上ヨリ生魚數頭ヲ惠與ス、甚美味ナリ、
一、加治木原口傳太郎ヘ、琉球鼠飛白一反ヲ贈リ、從前より之謝義トス、
一、小牧德藏ヘヨチム二瓶幷ニ膏ヲ返却ス、
一、堀切ヘ素麵、幷ニ野菜ヲ贈ル、暑中見舞ナリ、

○7月17日、晴、日、六月廿四日、

一、神拝畢、
一、高田依賴ノ書ヲ揮、西郷隆盛ヲ弔ノ長短古詩ヲ書ス、

西郷隆盛を弔ふの古詩を書す

一、加治木町之婦人連四人、見舞ニ參ル、

○7月18日、晴、月、六月廿五日、

一、神拝畢、
一、終日無異、

○7月19日、晴、火、六月廿六日、

一、神拝畢、
一、汐浸井上藤次郎より注文ノ炭六俵、鶏雌四羽、外ニ雄鳥壹羽、野菜數品惠送ス、又炭幷ニ鶏四羽、駄賃錢、都合貳圓拾九錢拂渡シ、馬方ヘハ金拾錢ヲ與ヱタリ、
一、井上江返謝義トシテ、泊〔舶〕來角切砂糖壹函、素麵ヲ贈ル、
一、川添爲一江湯治御暇日數、幷ニ暑中賜暇ニ引繼キ滯浴シ度之旨趣ヲ詳細ニ記シ、繼續願認メ用之片紙ニ捺印シテ封入シタリ、尤大井田初メ、家內ヘも形行申聞ケ方ヲ依賴ス、
一、大井田江書面、湯治御暇願ハ、川添ト協議、可然取計方ヲ依賴シ、又長州產夏橙十二・三ヲ注文す、
一、宿許千代ヘ書面、寒曝幷ニ麻ノ實・海鼠ヲ注文す、又佐野病院よりイチョウルヲ貰ヒ、仕送方ヲ球陽丸ニ托スヘキヲ記ス、

○7月20日、晴、水、六月廿七日、

一、神拝畢ル、

橋本小六へ書面を出し楠公御召具足の片袖奉納の一件等を記す

一、終日無異、
　○7月21日、晴、木、六月廿八日、
一、神拝畢、
一、午後八時半、仁次郎參着、荷物馬壹駄なり、
一、北堂君より野菜幷ニ煮粉餅澤山、味噌・醬油御送リ
　被下タリ、
　○7月22日、晴、金、六月廿九日、
一、神拝畢、
一、濱ノ市蒸氣問屋八木伊右衞門江荷物仕送リ方ノ一件
ヲ依頼シ、反物幷ニ煙草入等ヲ倅へ與へ、又若松ヲ
斷リ、八木方へ仕立ツヘキ旨ヲ北元江申シ通シ、又
此ノ球陽〔丸脱〕より米桃一籠ヲ神戸春子へ仕送方ヲ依頼
ス、
一、神戸へ端書ヲ以テ、桃ヲ春子へ遣ス叓ヲ通シタリ、
一、仁次郎召留メテ、湯殿ノ修繕ヲ命す、
　○7月23日、晴、土、六月晦日、
一、神拝畢、
一、仁次郎召留、器物ノ蓋等ヲ造ラシム、
一、霧島神宮前ノ宿屋竹之内常次郎訪來リ、巨大ナル蜆
貝ヲ惠ミタリ、依而蝦蟇口幷ニ扇等ヲ與ヱタリ、

一、濱ノ市之嘉次郎、見舞ノ爲ニ蛤ヲ持參シタリ、是レ
ハ元治元甲子六月榮ノ尾江入湯後、廿九年目ニ面會
す、仍而金壹圓ヲ爲取、又煙草入ヲ惠ム、
　○7月24日、半晴、日、(壬六)七月朔日、
一、神拝畢、
一、橋本小六江書面ノ返辭ヲ出タス、楠公御召具足ノ片
袖奉納ノ一件、枕才集二卷兵燹ニ失却ノ事、又人丸
社宮司云〻ヲ記ス、
一、北元文藏江書面、球陽丸着荷次第仕送ルヘキ乛、又
小牧德藏へ、
　○酒石酸一瓶　○ペフシネ　スホイトコム製一個
右ヲ注文ス、○硼砂　十二匁、
一、北堂君ニ書面ヲ奉リ、蜆貝・蛤・素麵ヲ奉ル、
一、ランフホヤ　二ツ　一、芭蕉　二把　一、黒白砂糖各
十斤ツヽ　一、生豚　三斤　一、石炭油壹函　一、曲尺
尺又八尺二シンチウ
外ニ、カホチヤ・茄子・高漬・芋・冬瓜・黒芋、右
ヲ奉願金貳圓ヲ封入す、
右者、仁次郎へ托シテ、午前七時ニ出發ス、
　○7月25日、晴、月、(壬六)七月二日、

一、神拜畢、

一、濱ノ市若松直右衞門見舞ノ爲ニ來ル、大西瓜壹個ヲ惠ミタリ、又鹿兒島北元より之送リ荷物モ本人持參す、仍而手拭壹ツ、金五十錢ヲ爲取タリ、

一、北元より之送リ荷物ハ、神戸より鉈二挺幷ニ御祭典ノ神饌、御菓子・昆布ナリ、外ニ松下へ注文ノキツヒヤシ壹壺、米・桃李なり、是レハ神戸へ半ヲ仕送リトノ事ナリ、

一、濱ノ市八木(伊右衞門)より大蛤壹苞ヲ仕送リ呉レタリ、

○7月26日、雨晴未定、火、(壬六)七月三日、

一、神拜畢、

一、北元江荷物、若松持參ノ旨ヲ報す、

一、北堂君へいり粉餅ノ御無信(心)、幷ニ芭蕉二把ヲ四把御送リ被下叓ヲ申上ケタリ、

一、神戸千代へ反物買入ノ爲ニ上阪可致叓ヲ申遣ス、

一、陸軍小(少)尉永井源之進幷ニ土橋等參る、永井ハ書ヲ乞、仍而弔西郷詩ヲ書シ、又城山ノ詩半切ニ書シテ贈ル、鷄一羽ヲ惠ム、是レハ明日發程ストノ事なり、乃テ松方(正義)・副島(種臣)ノ二伯ニ送リシ詩ヲ扇面ニ書シテ贐トス、

一、濱ノ市嘉次郎之倅來、西瓜四個ヲ持參す、是レハ過日嘉次郎へ金圓等惠與スルカ故なり、仍更ニ金五十錢幷ニ手拭ヲ倅へ與ヱタリ、

○7月27日、雨晴未定、水、(壬六)七月四日、

一、神拜終る、

一、千代へ上阪ノ節ハ、喜代松ヲ召ツレ、又書飯ハ備一亭ニ於テ吃スヘキヲ報ス、

一、有川ノ下男歸鹿兒(島脱)ニ付、北堂君幷ニ北元行之書面ヲ造ル、

○7月28日、雨、木、(壬六)七月五日、

一、神拜畢ル、

一、鹿兒島行之書面ヲ有川ノ下男ニ托ス、寅吉ヲ野菜買ニ山ヲ下ラシム、

○7月29日、雨、金、(壬六)七月六日、

一、神拜畢、

終日無異ナリ、

○7月30日、雨、土、(壬六)七月七日、

一、神拜畢、

一、濱ノ市八木伊右衞門・加治木原口傳太郎・汐浸井ノ上藤太郎へ書面ヲ出タシ、南瓜・唐いも・里芋送リ方ヲ依頼す、

一、北元江神戸送リ荷遞送方ヲ督促す、端書キニ郵便印紙五十枚ヲ注文す、

一、千代ヨリ廿二日出ノ書、清治幷ニ同人母よりノ書面モ來ル、

一、有川矢九郎之家内來着す、

○7月31日、晴、日、○壬六月八日、

一、神拜畢、

一、午後三時ヨリ發熱打臥、

〔八月〕

○8月1日、雨、月、○壬六月九日、

氣管支炎にて高熱發す

一、昨夕より今朝ニ至リ、熱度四十度三ニ昇リ、苦痛ニ不堪、卽氣〔管脫〕支炎ナリ、日當山國分より醫生馳付キ治療す、殊ニ有川矢九郎夫婦介抱シタリ、

一、午後八時ニ至リ、鹿兒島より仁次郎到着す、

○8月2日、雨、火、壬六月十日、

一、當日ニ至リ、熱勢減す、日當山國分之醫生ハ、兩人共ニ皈ル、踊ノ人春田齊來診シテ藥ヲ乞、

○8月3日、雨、水、壬六月十一日、

一、當日ハ熱勢三十八度弱ニ下リ食欲アリ、此ノ熱氣烈シキヨリ、皮膚病ハ全ク跡ヲ絶チ、處〻小瘡ノ如キモノ生シタルハ、悉ク平癒シタリ、

○8月4日、晴、木、壬六月十二日、

一、當日ハ全ク平脉ニ復ス、咳モ止ム、

一、北堂君ニ書面ヲ奉リ、全快ノ祝トシテ金壹圓ヲ上ル、

一、此度之病氣ニ付、踊永田與右衞門見舞ニテ、野菜幷ニ鷄玉子等ヲ惠與シタリ、依而當日素麵ヲ馳走シテ、快氣祝ヲ表シタリ、

○8月5日、晴、金、壬六月十三日、

一、皮膚病快氣ニ付、九月三・四日ニハ本地引揚ケ之内定ヲ、大井田〔留三郎〕へ報ス、又北元〔文藏〕幷ニ北堂君へ申上ル、

○8月6日、晴、土、壬六月十四日、

一、當朝より有川矢九郎ノ履歴ニ掛る、

○8月7日、晴、日、壬六月十五日、

一、北元へ書面、又北堂君へも書面ヲ奉リ、金員受取トシテ寅吉ヲ遣ス、

○8月8日、晴、月、壬六月十六日、

一、寅吉晩ニ歸リ、金員等持參す、

一、今日初メテ入浴、中途ニテ倒レ、醫春田〔齊〕馳付キ介抱ス、只ツマツキシ故ナリ、輕我〔怪〕ナシ、

○8月9日、晴、火、壬六月十七日、
一、北元へ書面、今後拙者検印無之ニハ取替金ヲ斷る、
一、踊之永田與右衞門歸家、暇乞ノ爲ニ來ル、厚ク謝シテ返ス、又家人松田へハ木綿島壹反ヲ爲取タリ、
○8月0（10）日、晴、水、壬六月十八日、
一、今後爲替取與ヲ有川矢九郎へ依頼す、
○8月11日、晴、木、壬六月十九日、
一、當日ヨリ諸方へ書信ヲ出タシ、病氣見舞ヲ謝ス、
一、踊村へ西瓜買人ヲ遣ス、西瓜壹個金拾錢ツヽナリ、
○8月12日、晴、金、壬六月廿日、
一、川添爲一　○田村喜進　○鹽浸ノ井ノ上（藤次郎）、炭五俵ヲ注文ス、
一、荒田宿元　○和田吉五郎　○北元文藏
一、安樂吉助　○大井田　○千代　〆九通ナリ、
○8月13日、晴、土、六月廿一日、
一、神拜畢、
一、神戸荷物ヲ、北元より若松へ托シ遞送す、
一、反布九反　外ニ曝アン等ナリ
北元江書面受取、幷ニ若松（直右衞門）へハ金四十錢ヲ與ヱタリ、
又小牧江消酸キニーネ半弖壹千倍、昇汞水壹瓶ヲ注文、
一、早朝有川（矢九郎）幷ニ堀切（武兵衞）、春田病氣ニ付、世話ニ預リ三人江謝禮ノ爲見舞シタリ、
一、岩崎江書面、駄手籠幷ニ壹石ハラ製造ノ件ヲ依頼ス、
一、諸人依頼ノ書ヲ振毫す、
一、仁次郎來ル、北堂君ヨリ御菓子幷ニ干肴等ヲ下サル、
○8月14日、晴、日、六月廿二日、
一、今朝仁次郎鹿児島へ返す、又有川矢九郎之家内も同斷歸家、
一、北元行之書面、幷ニ神戸行ノ書面ヲ、仁次郎へ托ス、
○8月15日、晴、月、六月廿三日、
一、賞勳局江褒詞ノ御受ケヲ出す、又大井田江金員仕送リノ叓ヲ記ス、
○8月16日、晴、火、六月廿四日、
一、若松直右衞門來ル、キニーネ幷ニ昇汞水ヲ持參す、又味噌小樽壹ツ、酢徳利一ツ、高須芋壹俵、若松へハ金五十錢ヲ與ヘタリ、
○8月17日、晴、水、六月廿五日、
一、早朝より惡寒ノ氣味アリ、仍而キニーネヲ頓服ス、發汗ナシ、

○8月18日、晴、木、六月廿六日、

一、早朝春田（齊）來診シ、サリチールサンソウ達十二ル（マヽ）ヲ服セシム、三十分時ニ大發汗、禪衣ヲ浸タス、於爰氣色快然タリ、

一、時ニ春田醫師、已ニ明日歸鄕ニ付、絖壹枚・紙之半切貳枚ニ揮毫シ、又過日書シタ西鄕（隆盛）ヲ弔之書、都合四枚ト、紺飛白壹反、二合縞壹反、金三圓ヲ謝禮トシテ贈之、

一、小杉清彦江サリチール酸遭達半弓、コロンホ壹弓○胡椒末半弓三品ヲ注文す、

○8月19日、晴、金、六月廿七日、

一、鹿兒島北堂君へ返書ヲ奉る、煙草拾斤、キサミ沾壹斤ニ付拾九錢、惣而買入方ヲ願上、又神戸送金着次第、當地發足ニ付、可相成ハ早ゝ有川方沾送金可致、御申遣し被下度旨奉願候、

一、田村喜進江書面、春子病氣之謝禮、又拙者其後ノ病狀、一日モ早目ニ歸神致度之旨趣ヲ申送る、

一、是沾世話ニ預リシ醫師春田齊、本日歸家、于時本人ノ兄、同幸藏揮毫を乞ヒタリ、

○8月20日、晴、土、六月廿八日、

一、都城安樂善助へ、折葉茶金貳圓カノ仕送方依賴ノ書面ヲ出タス、

一、永田猶八江病氣快氣ニ付、近ゝ引拂之叓ヲ報ス、

一、枕才集之餘燼ヲ、菊水文庫橋本へ贈ル、

○8月21日、晴、日、六月廿九日、

一、今朝下利（痢）ヲ催シ、又腹痛ヲ發ス、

○8月22日、晴、月、七月朔日、

一、昨晩より膿尿ヲ下ス、仍而寅吉ヲ踊春田江遣ス、春田幷ニ大重來診シテ、腸加答兒（カタル）ト診シテ、水藥幷ニ散藥ヲ配劑ス、

一、十八日出千代之書面達シ、金六十圓、有川へ仕送ルノ叓ヲ報ス、仍而北堂君へ右金員不殘御送リ被下度トノ書面ヲ奉る、

一、千代へ書面ヲ出シ、金子仕送リ之叓ヲ謝ス、

○8月23日、晴、火、七月二日、

一、下利（痢）益甚敷、膿益下る、安眠ヲ得ス、大ニ疲勞す、

一、晩ニ仁次郎來着、金員六十圓持參す、

○8月24日、晴、水、七月三日、

一、昨晩より安眠セす、大ニ疲勞スルカ故ニ、明日來診ヲ春田へ乞、

一、病ヲ勤メテ千代へ金員落手之返詞ヲ出タシ、又北堂君ヘハ仁次郎より金員正ニ受取、早々出立仕舞取掛るニ付、仁次郎𠥔、召止メ候𠥔情ヲ申上候、

○8月25日、晴、木、七月四日、

*當地神宮へ參詣す

一、晩一時半ニ便通ノ處、膿屎絶ヱテ黄色屎トナル、此レヨリ氣色快然シ、夜明ケテ益快シ、

一、午前十時、春田來診す、實ニ欺クカ如シ、甚氣之毒ナリ、時ニ松田モ來ル、素麵ヲ饗す、

○8月26日、晴、金、七月五日、

一、千代より廿二日附ケニて、實ニ金七圓、有川方へ仕送ルノ書面達し、又北堂君よりも有川氏より七圓御受取ニ付、本金如何可取計哉ノ御書面ナリ、千代ヘハ本金正ニ相達候𠥔ヲ報シ、又母上様ヘハ本金ハ御預リ置、駄手籠代等へ御拂被下度申上ル、

○8月27日、晴、土、七月六日、

養子の一件依頼す

一、下利〔痢〕全ク止ミタリ、早朝有川ヲ訪、前日より禮ヲノへ、又明後日、本人夫婦歸ルトノ𠥔故ニ、彼是懇談ニ及ヒ、猶夫婦へ養子ノ一件依頼ニ及ヒタリ、

一、本日ハ朝より揮毫す、

○8月28日、晴、日、七月七日、

一、早朝春田江藥味ヲ貰ニ寅吉ヲ遣ス、猶明日神社參詣ノ𠥔ヲ通知シタリ、當日モ揮毫終日、

○8月29日、晴、月、七月八日、

一、早朝六時半、駕シテ神宮江參詣、前九時着シ、卽神拜畢リ、竹ノ内江休息シ、晝飯ヲ吃シ、十二時ニ發シタリ、途中ニて夕立、雨ニ逢ヒタリ、午後三時前、明礬湯ニ達シタリ、湯守ノ家ニ入リ、茶ヲ吃シテ直チニ歸リ浴、

○8月卅日、晴、火、七月九日、

一、川添・大井田江汐浸移轉中止ノ報知ヲ出タス、

一、昨廿九日、北元より神戸送リ之マキノウヤ一鉢、若松より着スルノ返書ヲ出タス、

一、北堂君へ汐浸移轉幷ニ神戸田村〔喜進〕より滯在可致書面ノ形行ヲ申上ケ、尙田村之書面ヲ添ヘタリ、

一、晩ニ仁次郎來リ、前日注文ノ紅藍棒幷ニ絖持參す、絖ハ尺五ニて尺貳十五錢ナリ、間ニ合す、又北堂君より飴御送リ被下タリ、

○8月31日、晴、水、七月十日、

一、大井田江絖壹反、白紙壹本ヲ注文シ、大阪絖幷ニ紙問屋等ヲ指圖スルノ書面ヲ出タシ、又千代ヘハマキ

ノーヤ安着之返禮ヲ申遣ス、

一、寅江マキノーヤ幷ニ數日間認メシ書ヲ春田齊江贈リ、病症も詳細ニ申シ遣す、マキノウヤハ、啓文ヲ絖ニ書して贈ル、

一、伊藤伯(博文)へ別啓幷ニ詩ヲ贈ル、

伊藤伯へ詩を贈る

一、當日ニて、諸人依(頼脱)ノ書畫ヲ書シ畢ル、

〔九　月〕

○9月1日、晴、木二百十日、七月十一日、

一、早朝仁次郎ヲ返す、

一、永田(猶八)・宮ノ原(藤八)・北元(文藏)ハシ一ツ、鷄二羽ツヽ、

一、肥後・庄吉・仁次郎・小野ノ善、鳥壹羽ツヽ、

一、母上幷ニ須磨へ鷄三羽、

都合拾三羽、是レハ湯治土産トシテ、配膳ノヿヲ申上ル、

但シ鳥者、惣而二十羽ヲ仁次郎へ相渡し、殘リ七羽ハ可然御取計被下度旨ヲ申上ル、

一、鰹節八本　一、皮紙五束　一、醬油五升

白砂糖八斤　一、菓子二色

右之品ゝ贈リ方奉願上候、

一、口上ニて、谷山松樹賣拂方之一件ニ、藤八(宮ノ原)殿江依頼スヘキヿヲ申遣シタリ、又屋番人十月限リ立除ヲ命スルヿヲ、御須磨江申シ遣ス、

一、松下裕助江金壹圓ヲ封入シテ、蘇鉄二鉢土産用買入方ヲ依頼シ、神戸宿許居ケ之叓ヲ書シテ、北元江添書シテ、仁次郎へ相渡ス、

○9月2日、晴、金、七月十二日、

一、鷄二羽、有川(矢九郎)方役人猪太郎へ御遣し被下度旨、端書ヲ以而追申ス之書面ヲ北堂へ奉る、

一、大井田(留三郎)より御暇繼續願ニ付、川添(爲二)殊ノ外盡力ノ形行幷ニ額面印紙仕送リ方申遣候、尤九月十日ニて滿期ノ云ゝ申遣し、御社內ノ安否・宿元ノ安否等無之、又上封ノ認メ方、不都合ニ付、印紙壹枚幷ニ一切ノ安否、又上封ノ認方等、朱書シテ返ス、

一、霧島茶店竹ノ內常次郎へ、都ノ城折葉壹・貳斤仕送リ方依頼ノ書面ヲ出タス、

○9月3日、晴、土、七月十三日、

一、神拜畢、

一、川添へ書面ヲ出タス、大井田ノ云ゝニ付、硫黃谷滯在ハ、全ク難症ヲ平癒セシメ度一存ニシテ、他ニ非

ラス、鹿兒島親族、朋友中より非常ノ炎熱ニ付、再患豫防ノ爲ニ滯在可致トノ忠告、殊ニ田村喜進より神戸九十度已上ニ付、是又滯在可致旨、誰壹人如斯懇切ナル忠告致シ呉ルモノ無之、仍而家內落其親切ヲ感シタリ、尤今般ハ平癒於不致ハ、白骨ニ當所ニ埋メ、生テハ返ラサルノ決心ニて、萬一縣ニテ繼續願受不致ハ、電報ニて形行申シ遣ス、直ニ辭表差出シ、(周布公平)知叓親展ニ別啓ヲ附スヘシ、又轉地療養・湯治御暇、日月制限有無ハ、(西郷從道)內務大臣ニ可伺出云〻ヲ記シ、少激烈ノ書面ヲ出タス、

一、醫春田(齋)江休藥ノ尋問書面并ニ依賴ノ咏、又詩短册ニ記して送ル、菅相公(菅原道眞)○道鏡(弓削)○清麻呂(和氣)○大石良雄○伯夷叔齊ナリ、

一、宮ノ原江駄手籠拵方之禮并ニ屋敷松樹賣拂方、又番人追出シ方、依賴之書面ヲ出タス、

一、夜ニ入リ、仁次郎着す、濱ノ市より馬ニて、兼而注文ノ品〻并ニ八木方より大根并ニミの原漬物ヲ送リタリ、

○9月4日、晴、日、七月十四日、

一、神拜終、

一、昨晚川添より廿九日出之書面達す、大井田ト反對なり、依而今朝實ニ一書ヲ作リ、大井田ノ不都合等ヲ記シテ、川添ノ配慮ヲ謝ス、又千代へ金仕送リ方ノ叓ヲ申遣ス、岡部へ依賴スヘキヲ記ス、

*宗近の太刀を鑑定す

一、踊之春田(齋)より野菜并ニ餅ヲ態人ヲ以テ惠ミタリ、又弟ノ西よりも同斷、西ハ古來持傳ヘタル宗近ノ太刀ノ鑑定ヲ乞ヒタリ、研キ古サヒテ分リ難シ、仍而形行ノ返書ヲ出タス、

一、志布志ノ和田(吉五郎)江書面、未タ硫黃谷滯在ニ付、于宿謝禮遲〻之叓ヲ記ス、

○9月5日、晴、月、七月十五日、

一、神拜畢、

一、仁次郎ヲ鹿兒島江返す、小牧江龍旦湯藥味ヲ注(文脫)シ、又釣道具之注文ヲ本人江申附ル、

一、北元江カマス三十五日目ニ食シタルノ禮ヲのベタリ、

一、北堂君へ書面ヲ奉リ、野菜ノ御禮申上候、又カステイ(ラ脫)一函ヲ御送リ被下度奉願候叓、

一、安樂善助より書面、折葉茶ノ一件申遣シ、十日比ニ本地江參ルトノ、

一、春田齊江玉蘭培養法之畧ヲ記シテ郵送す、

○9月6日、晴、火、七月十六日、

一、神拜畢、

○9月7日、晴、水、七月十七日、

一、神拜畢、

一、午前六時、寅吉ヲ濱ノ市江遣シ、仁次郎江注文ノ品受取ノ爲也、

一、志布志和田ヘカマス代價壹圓カノ買入、干物ニシテ送リ方ヲ囑スルノ書面ヲ出タス、是レハ神戸ヘ土產ノ云〻ヲ記ス、

一、千代行之書面ヲ出タス、絖幷ニ唐紙ハ十一日方出帆ノ陸奥丸より可成送リ方ヲ認メ、又送金ノ云〻ハ、岡部ヲ呼ヒ可申附叓ヲ記ス、

一、右代、何レモ皆國分ニ出タス、

一、二階召(仕脱カ)女之一件幷ニロウトウ膏送リ方ヲ申遣ス、是レハ踊ヘ出タス、

一、夜ニ入リ八時半寅歸着す、仁次郎ヘ注文ノ品〻幷ニカステイラ來着す、

○9月8日、雨、木、七月十八日、

一、神拜畢、

一、昨晩寅、神戸より仕送リ之箱貳ツ、葡萄入リ着之報知ヲ千代ヘ出タス、

一、志布志和田ヘ鹿兒島着次第報知スヘキヲ告ク、

一、北堂君ヘ仁次郎江申附ケタル注文品〻落手ノ御禮申上ル、又葡萄ハ腐敗ニ付、不差上趣キヲ申上ル、又谷山大根御送リ方願上ル、

一、北元ヘ日當山知人ノ方ヘ鮎ノ生魚ヲ仕送リ方ヲ依頼ス、

一、小牧(德藏)ニ胡椒香華無之趣キヲ報シ、棹樅末ヲ注文す、

一、濱ノ市蒸氣問屋八木より茄子ヲ澤山ニ贈リタリ、

一、三日附ケニて、千代ヨリ書面アリ、彼ノ地ハ六十日降雨無之、爲ニ井水モ涸レ日〻九十度已上ニテ炎熱甚シキ由、過日田村(喜進)氏より歸神ヲ止來リレハ、右樣之炎熱ニ感觸してハ一大叓ニ付、千代等申合セ、田村氏ニ依頼シタルノ趣キ、誠ニ深切ノ至リ、初メ田村氏ノ書面到來ノ節、是レハ千代ナト親ヲ思ノ切ナルヨリ、玆ニ至リタリト云ヒシニ、果して愚案ノ如し、

○9月9日、金、七月十九日、

一、神拜畢、

一、千代ヘ本月三日附ノ書面、六十日モ降雨無之云〻ノ

返辭ニ、神戸之暑氣七十度リ下リ候ハ、報知可有之、
夫迠ハ當地ニて養生可致、又御暇願之印紙二枚ヲ入
レ置候、
一、北堂君へ千代より之書面ノ趣ヲ申上ル、
一、踊之松田へ鮎ノふゑん仕迗リ方ヲ依賴す、
一、千代より二日出之書面遲着す、
一、午後春田訪來ル、うた胃病ヲ診シタリ、便祕ノ故ナ
リト云、仍而緩下丸ヲ投シタリ、
一、八木伊右衞門之家內見舞ニ參る、
○9月0(10)日、雨、土、七月廿日、
一、神拜畢、
一、津田へ山水四枚ヲ注文スルノ書ヲ出タス、
一、鹿児島より谷山屋敷內ノ一件ハ、藤八郎近〻出張ノ
上、何分ニモ申遣スヘシ、又神戸迗リノ金子幷ニ紙
包ハ、早〻仕迗るヤ、又ハ煙草ハ袋カ卷キカ、早〻
申遣スヘシトノ書面達ス、仍テ金子幷ニ紙包ミハ、
早〻仕迗リ方又煙草ハ大巻ト注文シ、此ノ前ノ如ク
袋ノ中ニ六十匁餘、四袋中ニ有之ニ付、注意ノ旨ヲ
申上ケ、外ニカステラ・かるかん壹函ツヽ、松風卅
錢かの、ふゑんふた三四斤、うるめ樽漬卅錢かの願
上ル、猶仁次郎へ迗リ方申附ケ置タル大根ハ、當地
ニて澤山ニ付、息ニスヘキヲ書添、又ホルト油壹瓶
小牧江注文ノ書面ヲ入レタリ、
○9月11日、雨、日、七月廿一日、
一、神拜終る、
一、千代ヱ和歌集郵迗スヘキ書面ヲ出タス、
一、霧島竹ノ內常次郎より端書ニて、折葉茶近日迗ルヲ
告ク、仍而直チニ返詞ヲ出ス、
○9月12日、雨、晝より晴、月、七月廿一(廿二)日、
一、神拜畢、
一、志布志和田より書面來、
一、都ノ城持木愼一郞家內ノ娣見舞ニ來ル、
一、霧島より折葉茶貳斤ヲ迗リ呉レタリ、又丸盆貳枚、
是レハ壹枚三十錢ツヽナリ、茶代共ニ金四圓五十錢
ヲ拂、外ニ金卅錢ヲ足勞トシテ迗る、
一、今朝松茸ヲ買ヒ、堀切又(武兵衞)有川(矢九郎)へ迗る、又踊ノ春田へ
も迗リタリ、九五百目代價三十三錢ニテ買入ル、
○9月13日、晴、火、七月廿二(廿三)日、
一、神拜畢、
一、昨日北元より日當山湯ノ元川畑嘉右衞門江鮎ノ注文

致置候間、猶又問合候様トノ叓ニ付書面ヲ出ス、
一、有川矢九郎出立ニ付、昨晩芳ト共ニ行キ、折葉壹斤幷ニ五郎ヘ鷄壹羽ヲ持参シタリ、猶將來神戸送リ品ハ、有川方ヘ屆ケルニ付、受取方ヲ依頼す、
一、崎元彥次郎ヘ書面ヲ送リ、猶大井田・岡部ヘノ書面ヲ入ル、紅花墨三挺ヲ至急ニ送ルヘキヲ申達す、
一、昨十三日寅、踊より汐浸江遣ス、踊ハ春田江鹽數ノ子、永田ヘせんじ、松田江鹽莘（辛）、春田ノ兄ニ道明寺橘氷ナリ、仍彼ノ方よりハ野菜品々ヲ返禮トシテ送リタリ、又汐浸ヨリハ生肴ヲ持歸る、久々ニて晩餐ニ生魚ヲ食す、
一、木脇啓四郎ヘ水戸議論ノ扣ヱ、幷ニ楠公社獻言ノ寫ヲ有川江托して送る、
一、大井田より七日附ケ之書面達、注文ノ絖・白紙、球陽丸ニテ送致之趣キヲ申遣シタリ、
一、宮崎川越卯之吉より禮狀達ス、
一、北堂君より御狀、北元方よりハ取替無之旨ヲ御申遣シ相成リ候、
一、仁次郎ハ用心して召仕候様トノ御申越し被下候、
一、冬瓜貳ツ、大根、北堂君より濱ノ市ヘ御送リ被下、

同所之嘉次郎持致候叓、嘉次郎ハ内ニ止宿セシメタリ、

○9月14日、朝雨、水、七月廿三（廿四）日、
一、神拜畢、
一、嘉次郎ヲ返ス、金五十錢ヲ給與す、
一、北堂君ヘ書面ヲ奉る、仁次郎之叓ニ付、御申越シノ承知仕御受る、
一、大根・冬瓜ノ御禮、今後大根・唐いも御送リ無之様申上ル、カルカンノ代リニカステイラ二函、外ニヤウカン（羊羹）ノヿモ申上ル、
一、神戸より絖入紙包ミ、球陽丸より着スヘキ之形行申上ル、

○9月15日、晴、木、七月廿五日、
一、神拜畢、

○9月16日、晴、金、七月廿六日、
一、神拜畢、
一、千代ヨリ十一日附之書面着す、
一、日當山川畑（嘉右衛門）より生鮎四十送致ス、仍テ金四十錢、又川畑ノ下人江同四十錢、煙草入壹ツヲ與ヘ、川畑ヘ

ハ双子鰯壹反ヲ贈ル、
一、鹿ノ前枝ヲ買、壹斤十三錢也、
一、大井田へ絖送リ方ノ一禮ヲ申遣シ、千代へハ田村氏ノ塗藥瓶船中用心之爲、荒田迠送るべきヲ申遣ス、又上開封紙ヲ注文ス、
一、右ハ掛ケ張リニて、郵便ニ出スヘキヲ大井田江申告ス、
一、春田江短册何枚入用カヲ問合セタリ、

○9月17日、晴、土、七月廿七日、

一、神拜畢、
一、有川矢九郎夫婦江禮狀ヲ送ル、
一、國分ノ林彦左衞門江龍伯（島津義久）公祠壇建設募勸記ヲ艸稿ノ儘送附ス、郵便ニ托、
一、嘉次郎之倅生魚幷ニ鹽魚ヲ濱ノ市より持參す、
一、若松直右衞門神戸仕送リノ毛布包幷ニ菓子箱ヲ持參す、毛布包ハ絖幷ニ白紙ヲ容レ有之、又仁次郎へ命シタル鑪も屆ク、
一、今晩十二時ニ踊之春田（齊）より生鯵二十七尾ヲ、下男ニ爲持贈與シタリ、

○9月18日、晴、日、七月廿八日、

一、神拜畢、
一、直右衞門（若松）・嘉次郎之倅、春田ノ下人、何レモ昨夕ハ止宿セシメ、今朝發足ス、直右衞門・嘉次郎ノ倅ニハ、夫々相當ノ賃錢幷魚代ヲ拂渡ス、又春田氏へハ玉すたれノ菓子函、酒料五十錢包ミ、禮狀ヲ添へ、下男ニハ卅錢ト下ケ煙草入レヲ與ヱタリ、
一、寅吉ヲ鹿兒島江差上ル、又此使より神戸千代行之書面ヲ作リ、是レニハ田村殿（喜進）塗リ藥ヲ鹿兒島江仕送ルヿヲ申遣す、
一、田村より十二日附ケ之書面達す、同人之老母死去之趣キヲ通知ス、仍而早速悔ミ狀ヲ本日出タス、
一、鹿兒島へハ味噌壹〆（貫）五百目、鰹節八本幷ニカステイラ二函、豚肉三斤、又小牧（德藏）江龍腦壹匁五分注文す、右見當トシテ金四圓ヲ封入す、
一、北元（文藏）江鑪別品ノ禮ヲ申遣ス、
一、岡部より洋ハンカチフ一函ヲ贈リ呉レタリ、
一、川添（爲一）ヨリ十二日附ケ之懇書達す、大井田（留三郎）不都合詑狀ナリ、
一、有川より端書達す、北堂君へ御話シ致シタルヲ記シタリ、

一、神拝畢、

　○9月19日、晴、月、七月廿九日、

一、川添爲一江書面ニて一禮ヲ申遣シタリ、岡部ヘ禮狀ハンカチフノ禮也、

一、千代より十三日附ケ之書面、金六十圓、日本銀行江ふり出シタルノ書面アリ、依而即右返㕝ヲ出タシ、十月二日・三日之両日ニハ、爰元出立、鹿児島江帰リ、月見ハ鹿児島ニて観月之内定ヲ記ス、

一、大井田・津田江封紙六百枚、摺立ノ書面ヲ出タス、

　○9月20日、晴、火、七月晦日、

一、神拝畢、

一、今朝八時半、寅吉馳帰リ仁次郎同道而、昨日濱ノ市より上陸、三時發足ノ處、途中ニて仁次郎嘔吐下利〔痢〕ヲ發シ、横瀬村ヲ去リ、一歩モ進ミ得ス、馬番小屋ヘ止宿、今朝發足スルモ、何分疲勞極ルト、依而直チニ氣付薄爲持テ馳付ケシメ、又下女江者茶ヲ爲持テ遣シタ、頓而帰着之處、眼球溜リ疑虎病ノ見脉ノ如シ、仍而直チニキニーネ五九ヲ投シテ、溫臥セシメ、又五苓散ヲ煎シテ服用セシメタリ、

一、母上樣ヘ御禮狀ヲ差上候、

○カステイラ二函　○羊羔〔羹カ〕壹函　○味噌・醬油・酢　○鰹節八本　○煮肴壹鍋　○いと二色　○生豚三斤　○ウルメ干物類　○松風菓子

右之御禮申上候、

一、金六十圓、神戸送リ之分、仁次郎持參落手、右之御禮も同斷、

一、大井田・岡部・千代ノ三銘ニ對シ、送リ金六十圓落手報知ヲ、書面ニて出タス、

一、有川〔矢九郎〕ヘ金子落手之禮狀ヲ出ス、又北元ヘ肴惠贈ノ端書ヲ出ス、

　○9月21日、晴、水、八月朔日、

一、神拝畢、

一、春田〔齊〕江十月二日・三日出發ノ報知書ヲ出タス、

一、榮ノ尾江辨當ヲ持參シテ休息す、又狩之一件ヲ談シテ帰ル、

一、都ノ城安樂善介ヨリ折葉茶壹斤幷ニ舞茸ヲ送致シタリ、受取證ヲ出タス、

　○9月22日、雨、木、八月二日、

一、松竹〔茸〕幷ニ舞茸・鼠茸・生木ノ子〔茸〕、折葉茶、武刀〔葡萄カ〕、右者、仁次郎差返スニ付、北堂君ヘ上リ、猶十月二日・三

日ニ、當地出立ノ事ヲ申上ル、
一、有川・北元江松茸・鼠茸ヲ贈ル、
一、千代・大井田・岡部・川添・田村へ、十月二日・三日出立ノ旨ヲ報スルノ書面ヲ出ス、又千代へハ梨子四五十送致ノ叓ヲ申遣す、
一、大井田より十八日附ケ之書面達す、紅花墨ハ陸奥丸崎元(彦次郎)江托シ、又須田之書面ハ安治川丸ニ托シタルノ趣キ、津田同斷也、
一、踊之春田より栃實幷栗ヲ惠贈ナリ、

○9月23日、晴、金、八月三日、

一、神拜畢、
一、安樂善介江禮狀ヲ出タス、
一、北元へムツ(陸奥)・安治川ノ兩艦より神戸送リ品取調へノヿヲ申遣す、
一、濱ノ市八木(伊右衛門)江病氣見舞ノ書面、又蛤大小三升計送致ヲ命ス、
一、日當山川畑(嘉右衛門)へ鮎仕送リ方ノ端書ヲ出ス、
一、午前八時發馬、芳ヲ召具シ踊ニ行、道ヲ横瀬ヨリ左リニ取リ、壹リ半餘ニシテ、春田(齊)方へ着す、書飯ヲ吃シタリ、又某ヲ召シテ枇杷ヲ彈セシム、春田ノ兄及松田・永田老人モ集リ來リタリ、午後二時ニ踊ヲ發シ、歸途ニ上リ、日未沒ニ旅亭ニ歸着す、當日ハ春田江獵ノ叓ヲ囑シタリ、
一、神戸より千代十八日出ノ書面幷ニ和歌集書留ニて着す、

○9月24日、土、晴、八月四日、

一、神拜畢、
一、持永松太郎訪來ル、

○9月25日、晴、日、八月五日、

一、神拜畢、
一、大井田(留三郎)江カーフル修繕之件ヲ申遣す、又千代へ和歌集到着之返詞ヲ出タス、
一、端書ヲ春田へ遣し、一昨日ノ禮ヲノベ、又狩之一件ヲ當地同樣ノ叓申遣シタリ、
一、十九日附ケニて千代より之書面相達す、
一、崎元彦次郎へ數之子之注文ヲ依賴ス、
一、北元(文藏)より端書ニて神戸仕送リ之荷物二個ヲ、八木伊右衛門江仕出シタルヲ報ス、依而右端書ヲ封入して八木方へ問合セタリ、
一、濱ノ市八木ヨリ態人ニて神戸仕送リノ紙包二個着す、

又八木より蛤三升、是レハ注文ノ品ナリ、
一、雅仙紙〔畫〕　一、畫　一、墨三挺　一、ロウト膏幷小午渡
一、千代へ荷物ノ書面幷ニ大井田へ、

○9月26日、雨、月、八月六日、

一、神拜畢、
一、都ノ城桑原善兵衞訪來ル、茶ノ土產ヲ惠ム、依而蛤ヲ贈ル、
一、金皮時計壹ツヲ北元へ送リ、修覆ヲ命ス、是レハ八木伊〔伊右衞門〕へ送リヲ附シタリ、運賃拾錢ヲ添、
一、仁次郎來着す、北堂君よりウルメ鹽漬ヲ御贈リ被下タリ、
一、有川矢九郎より玉水羊羔〔羹カ〕ヲ贈リタリ、

○9月27日、陰、火、八月七日、

一、神拜畢、
一、田村喜進子江書面ヲ出タ（マヽ）、來二日方當地引揚ノ趣キヲ報ス、
一、金壹圓九十五錢、折葉茶壹斤幷ニ武刀〔葡萄カ〕・茶入代〆ニ而、仝貳圓、是レハ舞茸注文ノ金員也、右ヲ持永松太郎へ屆ケ方及依賴候也、

○9月28日、晴、水、八月八日、

一、神拜終る、
一、北堂君へ書狀ヲ奉る、粟餠ノ無心ヲ申上ル、
一、有川矢九郎へ菓子ノ禮狀ヲ出タス、
一、大井田・岡部兩人江仕用金之豫算ヲ申達す、
一、安樂善介江茶代幷ニ舞茸代金、持永江相渡シ、持永受取證ヲ封入シテ送致ス、
一、都城小林德兵衞・黑岩今朝訪來、

○9月29日、晴、木、八月九日、

一、寅吉ヲ横瀨ニ遣シ、野菜幷ニ栗ヲ買ハシム、
一、神拜畢ル、
一、當日ハ當地之獵師ヲ拾壹人ヲ雇入、猪獵ヲ催ス、鹿ノ二歳子ヲ壹疋打留メタリ、
一、終日春田依頼之書ヲ認ム、

○9月30日、晴、金、八月十日、

一、神拜畢、
一、有川（矢九郎）行ノ端書ヲ郵便ニ出タス、
一、過日來認メル書畫ヲ春田江送ル、

○0（10）月1日、土、

（表紙）

日誌 従廿五年十月一日 至廿六年五月卅一日　卅八

〔明治二十五年十月〕

○廿五年壬辰十月一日、晴、土、八月十一日、

一、神拝畢、

一、濱ノ市嘉次郎より人夫四人來ル、是レハ輿丁ナリ、明朝八時發途之内定故、荷造リニ取掛る、

○0〔10〕月2日、晴、日、八月十二日、

一、神拝畢、

荷を繰出し鹿児島に向け發す

一、午前八時出發ノ豫定ナルニ、已ニ九時ニ至ルモ、荷物ノ操〔繰〕出シ方遲々ニ付、大聲ヲ發シテ、家族ヲ勵シ、漸クニシテ九時半ニ及テ發ス、十時四十五分中津川ニ達シ、須崎某ノ家ニ休憩ス、踊ノ春〔田脱〕齊出張ス、十一時三十分中津川ニ發シ、又春田ノ娣ノ家ニ休シ、茲ニて春田ニ別袖一時五十分、松永ニ抵リ晝飯ヲ喫シタリ、

一、午後五時、新川渡口ニ抵レハ、林彦左衞門等逢迎ノ慇〔懇〕勤ヲ取リ、又神官主典壹名出迎ヒ、宮ニ行キ社參ス、昇殿して祝詞ヲ奉シ、一社ニ別ヲ告ク、一、煙草・カステイラ、一、社より贈リタ〔マヽ〕此ノ日神饌壹圓、又社中ニ麥酒、葡萄酒二本ヲ贈、宮内ヲ夜ニ入リ〔マヽ〕、林ノ宅ニ休ス、又鷲木政右衞門迎ノ爲來ル、仍而同伴して本人之家ニ泊ス、

一、今土地ノ有志者數名訪來、一々記スルニ遑アラス、又鶴田醫師、小村ヨリ訪來ル、

一、當日ハ惣荷物ハ小村ニ送リ、荷船ニ積ミタリ、

○0〔10〕月3日、晴、月、八月十三日、

一、神拝畢、

一、早朝林彦左衞門誘引ニて、古ノ御殿跡ヲ一見シ、又龍伯公〔島津義久〕ノ御墓ヲ拝シ、歸ル時ニ小村ノ鶴田ヨリ、挽車ニて迎人ヲ遣ス、仍而國分ノ一統ニ面會セス、芳ヲ林ニ遣シ、謝シテ小村ニ向テ發シ、硫黃谷堀切〔武兵衞〕ノ實弟ノ宅ニ抵リ、鶴田其外依頼ノ額面及半切ニ揮毫

シ、十二時ニ乗船、直ニ發ス、荷船者干潮故ニ汐ノ至ルヲ俟タシム、

一、午後三時半、心岳寺ニ到リ參拝ス、于時順風帆ヲ揚ケ、日沒シテ荷船ト同時ニ下濱ニ着ス、予壹人、鹿枝壹ツ、蛤一籠ヲ携へ、有川矢九郎ヲ訪ヒ、二品ヲ贈リ、此レヨリ電信局ニ行キ、着鹿兒〔島脱〕ノ㕝ヲ神戸ニ報シ、是レヨリ歸家、北堂君ヲ拝ス、

○0(10)月4日、晴、火、八月十四日、

一、神拝畢、

一、午後三時、五代德夫訪來、互ニ昔日ヲ高談シ、共ニ韻ヲ探リ詩ヲ賦ス、德夫胃病ニて苦シム、仍テ永谷醫師ヲ迎ヱ診察セシム、全ク醉ヒタルカ爲ナリ、

一、當日ハ諸方へ土產品ヲ配ル、又磯嶌津(忠濟)邸江ハ梨子幷ニ松茸ヲ進上ス、

一、神戸へ金到着ノ電信ヲ引ク、是レハ本月一日九十圓爲換ニて仕送リシ爲ナリ、

一、大井田(留三郎)・千代江書面ヲ出タス、又林彥左衞門江禮狀ヲ出タス、

○0(10)月5日、晴、水、八月十五日、

一、神拝畢ル、

一、有川(矢九郎)夫婦訪來ル、本夕有川方へ可參トノ事ニて、北堂君ヲ奉して家內中行ク、大馳走ナリ、夜更ケテ歸ル、

○0(10)月6日、木、雨、八月十六日、

一、神拝畢ル、

一、神戸ヨリ書留達ス、大井田・岡部二名ニて、金九十二圓ノ爲換也、

一、本日ハ六日町江土產物買入ノ爲ニ行キ、琉球產器物ヲ買入、惣而六圓金也、

○0(10)月7日、雨、金、八月十七日、

一、神拝畢ル、

一、千代幷ニ田村喜進より時候已ニ涼氣之報知ナリ、仍而大井田幷ニ千代へ答書ヲ出タス、

一、志布〔志脱〕ノ和田吉五郎干肴等ヲ澤山ニ持參ナリ、

○0(10)月8日、土、雨、八月十八日、

一、神拝畢、

一、安田五兵衞來、有川子一件ヲ懇談ス、

○0(10)月9日、日、雨、八月十九日、

一、神拝畢、

一、有川へ行キ、爲換金受取方ヲ依賴シ、歸途宮內愛亮

ヲ訪ヒシニ不在、名刺ヲ置テ歸ル、
一、午後三時、木脇啓四郎方訪ヒ、帋狩之畫ヲ依頼シ、
閑談シテ歸ル、此ノ日中島一三ノ一件ヲ聞ク、
○0(10)月0(10)日、雨、月、八月廿日、
一、神拝畢、
一、和田吉五郎歸途ニ上ル、仍而禪衣幷ニ金壹圓ヲ爲取
タリ、
*磯御邸に伺候
一、踊之春(齊)田幷ニ內田訪ヒ來ル、依而依賴セシ須崎ノ書
ヲ與ヘタリ、
○0(10)月11日、雨、火、八月廿一日、
一、神拝畢ル、
一、昨十日芳ヲ有川(矢九郎)ヘ遣シ、爲換金爲受取、右落手ノ電
信ヲ神戸ヘ報ス、
一、安樂善介訪來ル、
一、新照院之煙草屋ヘ行キ、煙草ノ注文ヲナシ、又御臼
屋角山口勘左衛門江立寄リ、煙草ヲ買ヒ、或ハ鰹節
又琉球碗十人前ヲ買ヒ歸ル、
○0(10)月12日、雨、水、八月廿二日、
一、神拝畢、
一、午前九時、中島一三ヲ西田三ノ迫ニ訪、帋獵ノ畫幷
ニシツノオタマキノ謄寫ヲ依賴シテ、歸途地藏角ノ
紙店ニて美紙ヲ買、極上ニて壹束五十錢也、又小牧
ニ行キ、藥籠・輕粉等ヲ買歸ル、
○0(10)月13日、雨、木、八月廿三日、
一、神拝畢、
一、午前第九時、陸奥丸着船ノ報知、岡田より有之、仍
而直チニ本社ヲ訪ヒ、船長宮城江も面會シ、崎元(彦次郎)ヲ
訪ニ不在、御磯御邸ニ伺公(候)、拝謁して歸路有川ニて
飯シテ歸ル、途中陶器製造所ニて、陶器三、四品ヲ買
取リ、又小牧德藏ニ立寄、藥籠入附ケヲ囑シテ歸ル、
一、日暮荷物拾荷ヲ郵船會社ニ送る、運賃金壹圓拂、
一、川添(爲二)幷ニ千代ヘ書面ヲ出タシ、荷物十個ヲ仕送ルヲ
報す、
○0(10)月14日、晴、金、八月廿四日、
一、神拝畢、
一、早朝郵船會社ニ抵リ、宮城ニ面接シ、此レヨリ有川
ニ行、崎元彦太郎ヘ面會して、海岸迠送リ、又安樂
冨太郎ヲ坂本伊太郎ヘ訪ヒ、矢九郎(有川)より依賴ノ婦人
一件ヲ托して別袖ス、
一、中島一三江美濃壹束、三祐金貳圓筆工料內金、又常

一相倭事、龐〔芊〕環寫方ヲ依頼ス、

○○(10)月15日、土、晴、八月廿五日、

一、神拜畢、

一、神戸へ電信ニて、陸奥丸より荷物拾個仕送ルヲ報シタリ、

一、小牧德藏へ野菜ヲ贈ル、

一、午前第八時、荷馬五疋ニて、花屋山江參詣ス、有川矢九郎モ騎馬ニて同伴す、參拜畢ツテ石出ニ歸リ晝飯ヲ喫す、此レヨリ有川之別荘ニ來リ休憩して歸家す、

一、千代ヨリ十日出之書面達シ、安治川丸より仕送リ之荷物受取之、一左右ヲ報す、

○○(10)月16日、晴、日、八月廿六日、

一、神拜畢、

昨日花屋山參詣ニて疲勞セリ、

一、永田猶八來リ、谷山屋敷番人善右衞門納石代四石ノ內ヲ五斗減稅ノ願有之、依而三石五石(マヽ)五斗トナシ、本人立退キ方ハ、實地檢査ノ後チト申聞ケ置キタリ、

○○(10)月17日、雨、月、八月廿七日、

一、神拜畢、

一、仁次郎ヲ雀宮長四郎ニ遣シ、一ツ葉モカシ都合六十本持參可致旨ヲ申遣す、

○○(10)月18日、晴、火、八月廿八日、

一、神拜畢、

*玉里御邸に伺候茶菓を賜る

一、早朝安田五兵衞ヲ訪ヒ、是レヨリ玉里(島津忠濟)へ御機嫌伺トシテ伺公(候)致シ、茶菓ヲ賜リ退殿ス、

一、十四日附ケ之書面、千代ヨリ來着す、

一、永田猶八ヲ訪ヒ、谷山屋敷松井雜木拂方及石垣積方等ヲ依頼シタリ、

○○(10)月19日、晴、水、八月廿九日、

一、神拜畢、

一、午前七時半、芳野雀宮ニ向ツテ發ス、重女ヲ召具シタリ、道を後迫ヨリ戶越ニ取リ、途中ニて車ヲ捨てゝ步シ、土民金太郎ノ家ヲ訪、金太郎吃驚シタリ、家內ハ死して卽今獨身ナリ、兄ノ子熊吉十七才ヲ養子トシタリ、兄之妻等馳來リ、靑芋等ヲ煮テ饗ス、又モカシ及槇ヲ注文して、十二時五十分ニ發シ歸路ニ上ル、

○○(10)月20日、半晴、木、八月晦日、

一、神拜畢、

一、昨日ニて庭手入濟ム、
一、庄吉來リ、門口地面一件之一札ヲ入レタリ、
一、荷物拾貳個ヲ造リ、安治川丸ニ運賃積ミヲ出す、仍而千代幷ニ大井田（留三郎）・川添（爲一）へ依賴狀ヲ出タス、
〇〇（10）月21日、金、九月朔日、
一、神拜畢、
一、前八時家内一同谷山屋敷ニ行テ、町之助市カ宅ニ立寄リ、辨當ヲ拵へサセ、十一時五分ニ假屋ニ達して飯し、境内ヲ巡回して後三時二十分ニ發ス、
一、松樹、九壹萬五千本ト見賦リタリ、雜樹ハ惣而八百本餘ナリ、貳本ヲ伐レハ一はへ位ノ樹多し、
一、陸奥丸着船ニて、崎元見舞ニて神戸より之荷物ヲ持參セリ、宮ノ原（藤八）・北元（文藏）・永田（猶八）・有川等へ松茸ヲ千代より贈リタリ、又十四日出之文、千代・染より參る、陸奥江積ミ入レタル荷物片付方相濟ミタリト云、
〇〇（10）月22日、晴、土、九月二日、
一、神拜畢、
一、早朝芳へ命して、電信ヲ以テ安治川丸江荷物積出シヲ報ス、千代ニ宛テタリ、
一、志布志和田吉五郎より鯆幷ニウルメ干肴ヲ贈リ呉レタリ、依而直ニ禮狀ヲ出ス、
鯆ハ六十ウルメ、
一、芳ニ命シテ、鮪壹尾ヲ岡田・宮城・崎元ノ三人ニ贈ル、又崎元へハ豚肉ヲ金壹圓カノヲ依賴セシム、
一、安田五兵衞訪來リ、兼而談判セシ養子ハ六次郎ニ粗定メタリ、又溫泉行之一件ヲ新聞ニ投ス、
一、中島一三ヲ訪ヒ、佞叓麻〔芋〕環謄寫料壹錢六厘ト定メタリ、
一、木脇啓四郎ヲ唐湊ニ訪ヒ、種々ノ古物ヲ一見す、歸途永田猶八ヲ訪ニ不在なり、是レヨリ歸ル、
〇〇（10）月23日、晴、日、九月三日、
一、神拜畢、
一、當日ハ門ノ造築初メヲ國生大工ニ命ス、仍而神事ヲ執行シ、右之一件ハ庄吉ニ依賴ス、今夕大工等數人ニ晚飯ヲ饗ス、
〇〇（10）月24日、月、晴、九月四日、
一、神拜畢、
一、午前第七時、家内ヲ具シテ、舊福昌寺ニ抵リ、前左大臣公（島津久光）ノ御墓ヲ拜シ、此レヨリ祖先幷ニ父上之墓前ヲ拜シ、舊淨光寺跡西郷隆盛之祠壇ヲ拜シ、玆ニて

*左大臣公父上の墓前幷に西郷隆盛の祠壇を拜す

晝飯ヲ喫シ、舊興國寺外祖父公之御墓ヲ拜シ、歸途吉冨ヲ訪ヒ、岩崎・宮ノ原ヲ訪ヒ、又宮內(愛亮)ヲ訪ヒ畢ツテ歸ル、

○0(10)月25日、晴、火、九月五日、

一、神拜畢、

一、永田猶八ニ依賴シタル一ツ葉三本、昨日ニて移植濟ミタリ、

一、午前十時之小蒸滊ニて、國分ニ向ツテ發ス、濱ノ市八木ニ上リ、晝飯ヲ食シ、國分林ニ抵ル、時ニ三時五十分也、石塚・山內等之諸子集リ來リ談ス、龍伯公祠壇建設願面ニ募勸記ノ文面ヲ修飾ス、

○0(10)月26日、晴、水、九月六日、

*內田政風を訪ふ

一、神拜畢、

一、早朝ヨリ依賴之書ヲ揮毫す、凢四十枚、筆ヲ閣シテ一時ニ林ノ家ヲ發シ、濱ノ市八木ニ休憩シテ、三時五十分小蒸滊ニ乘リ、午後六時五十分ニ下濱ニ着す、

○0(10)月27日、晴、木、九月七日、

一、神拜畢、

一、雀ケ宮ノ金太郎、熊吉ヲ具シ來ル、注文ノ猿呉座(蓑)四株ヲ持參ス、凢長廿四尺ナリ、奇大ノ猿呉座ナリ、金太郎ニハ金五十錢幷ニ島地壹反ヲ與ヘタリ、

一、有川六之介來ル、隆盛(西郷)カ祠前ニ歌之詩ヲ書シテ與ヱタリ、

○0(10)月28日、金、雨、九月八日、

一、神拜畢、

一、林彥左衞門倅及ヒ石塚來リ、願面ニ捺印シ、又彥左衞門江右ニ付代理委任狀ヲ認メテ送リ、前日揮毫ノ書ニ捺印シ、又石塚ヨリ依賴之書ヲ揮毫す、

○0(10)月29日、晴、土、九月九日、

一、神拜畢、

一、早朝五代德夫ヲ訪ヒ、先師文安先生ノ靈前ヲ拜シ、閑談中、安田五兵衞モ訪來リて談ス、

一、田ノ浦燒物所ニテ茶碗四ツヲ買取リ、歸途內田政風ヲ訪歸家す、

一、木脇啓四郎訪來ル、又甘蔗幷ニ桑苗ヲ惠投す、是レハ沖繩產ナリ、甘蔗ハ三種ナリ、

○0(10)月三十日、晴、日、九月十日、

一、神拜畢、

一、早朝永田猶八來リ、谷山松樹伐採ノ件ヲ談ス、仍而曩キニ朱引ノ如ク、假屋より西南面ヲ皆拂之叓ニ決

ス、此金九二百五六十圓ナリ、
一、晩景永田ヲ訪ヒ、暇乞して歸ル、今夕北元幷ニ岩金
庄吉來、北堂君酒肴ヲ賜ル、
一、崎元幷ニ岡田ヨリ陸奥丸着船ノ報知有之、
○(10)0月31日、晴、月、九月十一日、
一、神拜畢、
神戸へ向け出帆す
一、午前七時ニ飯シ、旅粧して芳・重・ウタ召具して海
岸ニ行キ乘船す、送人ハ須广幷ニ永田・北元・崎元
幸吉・冨尙母子等ナリ、乘船後午前第十一時ニ出帆、
海上甚タ穩也、日州志布洋ニて日沒す、

〔十一月〕

○11月1日、晴、火、九月十二日、
一、神拜畢、
一、今朝鳥の岬ニて夜明ケタリ、海上甚穩カナリ、
一、尾山岬ニて日沒す、
○11月2日、晴、水、九月十三日、
一、神拜畢、
神戸港に著す
一、午前第三時半神戸港ニ着す、水上ノ水夫江平迠船參
る迠、可相待旨ヲ報シ、又小川錪吉(マヽ)より小蒸滊船迠

ニ參る、然レ𪜈斷リ返す、
一、五時ニ上陸、水上之蒸滊ニ乘ル、海岸ニハ春子初メ、
社内一同出迎ヒ、一同社内ニ迎ヱタリ、
一、上縣、知吏(周布公平)・書記官(小野田元熈)ニ面接、歸社ヲ届ケ、又品評會
場へ出頭シ、佐野病院ニ行キ、是レヨリ歸家、今夕
社内一同を饗應す、
一、日暮ヨリ山之西店ニ行キ、福羽・品川ニ送別宴ヲ張る、
○01(11)月3日、晴、木、九月十四日、
一、神拜畢、
一、午前第九時出縣、聖影ヲ拜シ歸ル、
一、土產品ヲ調、柴仁・吉室・桑原等之家ヲ訪ヒ、不在
中之謝禮ヲ演ヘテ、更ニ天長節會ニ商法會議所ニ至
リ、祝賀ヲ奉して歸リタリ、山林區所ノ伊藤見舞ヒ
タリ、是レハ御社頭ニ獻木人ナリ、
一、午後三時より品評會ニ出頭す、
○01(11)月4日、晴、金、九月十五日、
一、神拜畢、
一、大阪吉井茂右衛門江十六本、骨白扇五十本ヲ注文ス、
一、小磯吉人・松本幸江亞爾固保爾母氏ノ五十度入リヲ
壹打注文す、

*佐々木素行に歸社を報ず

*前田吉彦訪來る

藤澤南岳に土產幷に謝禮を呈す

一、大井田(留三郎)より金貳十圓ヲ受取、

一、午前十時ヨリ品評會江出頭ス、本日報告會ヲ開キ、褒賞授與式之典ハ後日ニ延し、追而送附ノ事ヲ演舌す、

○01(11)月5日、雨、土、九月十六日、

一、神拜畢、

一、永田(猶八)・北元(文藏)・踊之春田(齊)・國分之林(彦左衛門)・郵船會社ノ岡田等へ禮狀ヲ仕出シ、又北堂君へ安着ノ報ヲ申上ケ、金五圓ハ門造作之作料、貳圓ハ下人ノ給料、ミの原大根二十錢、朝漬大根十五錢、此ノ處ニ金八圓差上ル叓ニ、書狀ヲ差上ケタリ、

一、午後五時より宮城・堤・崎元・川添(爲一)四人ニ洋食ヲ饗す、

○01(11)月6日、晴、日、九月十七日、

一、神拜畢、

一、大井田ヲ大阪ニ遣シ、藤澤南岳ニ故山之土產幷ニ論語彙纂ノ謝禮トシテ贈一圓金、又令買薫香藥料於錦谷、又令買黑於文玉堂、

一、砥石三種、鉋一刃、鑢三挺、是レハ鹿兒島造門大工ニ送ル、

一、金五圓大工料二回分、又壹圓五十錢下男給料、外ニ漬物三十五錢、此ノ處ニ金七圓ヲ北堂ニ奉る、

一、歸社ノ報知ヲ、佐ゝ木素行ニ出タス、

一、陸奥丸出帆ニ付、荷物ヲ托ス、鶴ノ子梯十、磯御邸(島津忠濟)ニ奉ル、

一、金拾圓、是レハ北元江返濟、書狀中ニ封入す、

一、宮内愛亮訪來ル、陸奥丸より歸縣ナリ、

一、午後三時陸奥丸ニ行キ、宮城・堤・崎元ニ暇乞シ、崎元ヘハ水天宮錨リノ叓ヲ托ス、

一、昌福寺毛利噚應幷ニ廣嵓寺ノ僧觀菊ノ爲ニ來ル、

○01(11)月7日、晴、月、九月十八日、

一、神拜畢、

一、前田吉彦訪來ル、

○01(11)月8日、晴、火、九月十九日、

一、神拜畢、

一、球陽丸着船ニて、曩キニ注文セシ竪野陶器之薄茶ゝ碗拾個、無難ニ着す、北堂君之御狀相添、仍而即刻到着之書ヲ奉ル、

一、有川六之助之書面到來、一身上之件ゝヲ詳記ス、仍而平素之事情ヲ書シテ送ル、

一、同(有リ)矢九郎東京より之書面有リ、仍而返書ヲ送ル、
　○01(11)月9日、晴、水、九月十(廿)九日、
一、神拜畢、
一、午前九時高階(幸造)來リ、分所事件ヲ談ス、
一、小川銕吉(マヽ)ヲ訪不在、試驗場ニ行、日外(藏)ニ面會シ、又村野(山人)ヲ訪、家内ニ逢而歸墓參ス、
一、山手通リ六番ノ英人ホア觀菊ノ爲ニ來ル、
　○01(11)月0(10)日、晴、木、九月廿(廿一)日、
一、神拜畢、
一、午前九時目加(田脱)ヲ訪不在、仍而祥福(寺脱)ヲ訪、兼而依賴之額面ヲ記シテ持參、其字乎吹毛軒也、又林源吾ヲ訪歸家す、
一、田村喜進ヲ迎ヱテ診察ヲ乞ヒ、今後療養ノ事ヲ托ス、

造士館生徒修學旅行に付き應待を約す

一、夜ニ入リ、川上彦次來リ、造士(館脱)生徒修學旅行ニ付、參拜致度、右ニ付社頭都合ヲ依賴ス、生徒ハ二百名ニシテ教員二十二名ナリト云、仍而生徒ニハ御神札幷ニ影像、教員ニハ石碑ニ、又一同ハ茶店休息所ヲ設クル叓ヲ約ス、
　○01(11)月11日、晴、金、九月廿一(廿二)日、
一、神拜畢、
一、北堂君へ書面ヲ以テ氏神ノ鳥居寸法ヲ奉伺候、又カルカン二函奉願候、又荷車買入レ、近日差下シ候叓ヲ記ス、
一、電信ヲ北元へ引、カルカン二函ヲクレ、

*山田顯義肺病危篤の報

一、山田顯義生野ニて肺病危篤之電報、號外ノ新聞有之、
　○01(11)月12日、晴、土、九月廿二(廿三)日、
一、神拜畢、

*松方正義を訪ふ

一、午前九時、高嶋(鞆之助)ヲ訪ヌ、松方(正義)ヲ川崎ニ訪歸ル、當朝山田(顯義)死去報ニ接ス、

*池田侯爵著神にて奉迎す

一、午後四時三十二分、池田侯爵(義政)舊岡山藩主ニテ報告義會々頭也(マヽ)、着神ニ付、神戸停車場ニ奉迎す、仍而觀菊ノ爲ニ立寄ラレタリ、茶菓ヲ饗す、今夕ハ小曾根氏ニ一泊ノ筈ナリ、
一、製茶會社ヨリアルコール半打着す、代價壹圓五十錢也、
　○01(11)月14日、晴、日、九月廿三(廿五)日、
一、神拜畢、

*池田侯爵を見送る

一、午前八時、池田義政侯出發ニ付、見送リノ爲神戸驛ニ至リ、九時三十分發車、
　○01(11)月15日、雨、月、九月廿四(廿六)日、
一、神拜畢、

＊造士館修學旅行生參詣す

玉里公御著船觀菊の爲御成あり

＊折田彥市等來る

一、上縣、福羽逸人ノ書面ヲ知叓(周布公平)令一見テ歸ル、

○01(11)月16日、晴、火、九月廿五日(廿七)、

一、神拜畢、

一、玉里公(島津忠濟)御着船ニ付、薩广屋ニ伺(候)公、莉子・榕柑ヲ進上、午後三時觀菊ノ爲御成リアリ、依而馬車ヲ奉リ五時半御歸館ナリ、

一、北元よりカルカン二函、北堂君より大根二種御贈リ被下タリ、然ルニカン二函共ニ腐敗、ズダ〳〵ニて臭氣甚タシ、是レハ蒸方不足ト見ヱタリ、仍而腐敗ノ趣キヲ電信ニテ送ル、

○01(11)月17日、木、晴、九月廿六日(廿八)、

一、神拜畢、

一、隈元八郎太玉里ノ御使トシテ來リ、公より紬島壹卷、金千疋下賜ル、又馬丁別當へ貳百疋、又百疋ヲ賜リタリ、

一、北元(文藏)幷ニ北堂君へ書面ヲ奉る、北元へハカルカン腐敗ノ模樣ヲ報ス、○門ノ腕木ハ檜ノ木ヲ用ルヿヲ申上ケタリ、

○01(11)月18日、金、雨、九月廿七日(廿九)、

一、神拜畢、早朝川上彥次京都停車場より電信アリ、

一、午前九時、鹿兒島造士館生徒修學旅行畢リテ參詣ス、都て二百卅銘ナリ、拜畢リ拜殿ヨリ簡短ノ演舌ヲナス、而神酒及御守リ、教員へハ石碑ノ表テ與ヱ、惣人數ニハ畫像ヲ與、水新等五軒へ休息所ヲ設ケ、豚汁ヲ煮テ辨當ヲ、御廟所ヲ廻リて東門より退社、

○01(11)月19日、晴、土、十月朔日、

一、神拜畢、

一、晩ニ鈴木潔・日外藏、外壹人訪來、洋食ヲ饗、

○01(11)月20日、晴、日、十月二日、

一、神拜畢、

一、折田彥市・大河原・小森・宮ノ原來ル、

一、板二種、杉・槻ナリ、又荷車壹輛、莚包ニして信農(濃)川丸へ運賃積ミニして出ス、賃三種ニて五十二錢也、

一、金三圓內貳圓五十錢、第三回大工拂也、三十五錢屋久島、芋壹俵十五錢、ミの原大根代右北堂君へ御贈リ方奉願、

一、金貳圓四十錢、カルカン代トシテ、北元文藏へ贈ル、

一、宮ノ原藤八、當日ノ舟ニて歸縣す、

一、陸奥丸着す、北堂君よりウルメ幷ニ白米御贈リ被下候、又兼而注文ノカルカン貳函御贈リ被下候叓、

一、有川よりカン一函、阿幸より文櫃、榎井より榕柑ヲ贈與セリ、
一、須广保養院より料理ヲ惠投ナリ、
○01(11)月21日、晴、月、十月三日、
一、神拜畢、
一、早朝小川ヲ訪ニ不在、又佐野ヲ訪ヒ、親父死去ノ悔ミヲノヘテ歸ル、
○01(11)月22日、晴、火、十月四日、
一、神拜畢、
一、鹿兒島江書面、氏神鳥居ノ寸尺ヲ申遣し、又山本庄吉江門材木之一件ヲ申遣ス、
○01(11)月23日、晴、水、十月五日、
一、神拜畢、
一、晩ニ宮城・堤・崎元ヲ呼て洋食ヲ饗す、
一、小川來リ材木積送リ方ヲ依賴す、
一、去十八日、造士館生徒ニ演說ノ艸稿ヲ大河平(平二)ヨリ申遣シタルニ依リ、認メテ送ル、

新嘗祭執行す

一、當日ハ新嘗祭執行、小野田(元熙)書記官奉幣使タリ、屬官ハ神田ナリ、
○01(11)月24日、風雨、木、十月六日、
一、神拜畢、
一、陸奥〔丸脫〕出帆ニ付北堂君江書面ヲ奉リ、金壹圓六十錢、是レハカルカン二函代、幷ニ三十錢者酢三升代、外ニ大豆貳斗、菓子・梯ヲ奉る、又材木ノ積下シ、惣數及大工ヘカンナ壹枚、ヤスリ二挺、錐リ三通リヲ送リタリ、
一、有川氏江書面カルカンノ禮ニ漬物ヲ送ル、
一、端書ニテ材積出シノ事ヲ北元江報知す、永田江家叓依賴ノ書面ヲ出タス、
一、大迫喜右衞門ヲ中井ニ訪ヒ、是レヨリ陸奥丸迠見送リタリ、大迫江ハ龍伯公之一件ヲ依賴シ置キタリ、
○01(11)月25日、晴、金、十月七日、
一、神拜畢、
一、高階幸造來、明日より分所會議之談ニ及ヘリ、
一、林喜左衞門江大迫江示談ノ件ヲ報知す、
一、野間口氏神祭リニ付、大井田・岡田ノ二人ヲ遣す、
○01(11)月26日、晴、土、十月八日、
一、神拜畢、

*講究所會議開催す

一、本日講究分所會議ニ付、於文庫相會、所長ハ小野田書記官、出張委員ハ縣屬神山出席、

一、副所長缺員ニ付、投票ノ處藤井六トル、余十二點、外ニ二點、仍而承諾、

○01⑪月27日、晴、日、十月九日、

一、神拜畢、

一、講究所會議終る、

一、有川六之助江十八日之演說寫シヲ送る、

○01⑪月28日、晴、月、十月十日、

一、神拜終る、

一、本日ハ氏神幷ニ祖先ノ御祭執行、晩ニ川添等ヲ呼て晩飯ヲ饗シタリ、

一、北元より書面、輕虁ノ返詞有之、依而直チニ其失言ヲ尤メ、又仁次郎倅ノ一件不品行ニ付、世話致し難キ返信ニ及ヒタリ、

一、上井上京之て(マヽ)付立寄る、仍而平生之熱心ヲ吐露シ、神官運動ノ一件ヲ不贊成シタリ、猶金千疋、餞別トシテ贈ル、

○01⑪月29日、晴、火、十月十一日、

一、神拜畢、

一、安政來ル、

○01⑪月30日、晴、水、十月十二日、

一、神拜畢、

一、當日ハ大井田舍ニ於千家(尊福)ノ說教有之、

〔十二月〕

○02⑫月1日、晴、木、十月十三日、

一、神拜畢、

一、鹿兒島より鳥井ノ寸法幷ニ門馬起之板金寸法來ル、

一、右之御書面到着之御返詞ヲ奉リ、猶外ニ北元(文藏)方へ注文品取入レ方、御依頼無之樣申上ル、此レハ輕虁ノ一件ニ付、不當之返詞爲有之ナリ、

一、越前矢尾正景、藤島之神社脇屋之轉書ニて參る、卽矢尾別當之子孫ト云、

○02⑫月2日、晴、金、十月十四日、

一、神拜畢、

○02⑫月3日、晴、土、十月十五日、

一、神拜畢、

一、造士館長幷生徒より一禮狀來ル、

○02⑫月4日、晴、日、十月十六日、

一、神拜畢、

○02⑫月5日、晴、月、十月十七日、

*有馬を經て三田町に著す

書記官に面議して明日の發程を告ぐ

一、神拝畢、
○02(12)月6日、晴、火、十月十八日、
一、神拝畢、
一、明後八日より縣下一般巡回ノ叓ヲ決す、
一、文武會ノ件ニ付、發起人東上ニ付、銘刺(名)ヲ七人ニ渡ス、○副島(種臣)伯・龍伯・高嶋(鞆之助)子○西園寺(公望)侯○土方(久元)子○品川(彌二郎)子○池田(義政)侯、
○02(12)月7日、晴、水、十月十九日、
一、神拝畢、
一、午前八時登廳、小野田(元熙)書記官ニ面議シテ、明八日發程ヲ告ケ、猶各部長ヘノ云々ヲ聞キ、又神田屬江巡回ノ叓ヲ告ケテ歸家す、
一、鹿児島須磨より之書面ニテ、家計之苦情ヲ縷述シタリ、依而當地節畧之折柄、殊ニ門造營等存外之費用有之ニ付而ハ、造作モ一旦中止不致して難計云々ヲ記して返詞ヲ出タシ、又右之書面ヲ永田猶八ニ封入して、悉ク同人ニ依頼スルノ書面ヲ出タス、
○02(12)月8日、晴、木、十月廿日、
一、神拝畢、
一、午前八時五十五分ノ滊車ニ塔(搭)シテ、住吉ニ向ツテ發スノ内定、故ニ粧して出テントスルニ、高階(幸造)昨夕より俄カニ發病、仍而村山壹人随行ス、又力藏叓ハ、天王ヲ越シテ、有馬湯山町ニて可相待叓取計、當朝午前六時ニ荷物ヲ才(宰)領シテ發ス、六甲越ヱハ甚寒シ、
一、正午湯山町素麵屋ニ達し、玆ニて晝飯ヲ吃シタリ、有馬郡ノ神官、何レモ出迎ヒタリ、本所伊東竹次郎事、當分詮義中ノケ條有之、面謁ヲ差留メタリ、本所ヲ發スルニ及テ、雨雲寒骨ヲ穿ツ、五時二十五分三田町柴橋ニ着ス、
一、神官某ヲ以テ、郡役所ニ明日出頭可致旨ヲ、郡長ニ通シタリ、
○02(12)月9日、陰雪、金、十月廿一日、
一、神拝畢、
一、午前九時郡長出所之報知ニ依リ、村山ヲ具して宍戸ニ面會シテ、巡回ノ旨意小野田(元熙)ノ代理云々ヲ告ク、宍戸快ク承諾シタリ、本郡ノ戸數三千六百戸餘ナリ、
一、講究分所新築ニ付キ云々ハ、即今各地方天災引繼キ、民家ノ苦難云迠モナキ折柄、新築費募集、行政官モ實忍ヒサル處、然レ𪜈又一方ヲ顧ミルニ、内々ハ兄弟相セメキ、外ニハ敵國障ヲ窮(窺)ヒ、容易ナラサル世

内國の急務とするものは國防と教育の二途にあるのみ

勢ニ際してハ、第一ニ教育ノ大基ヲ立テサルヘカラス、今ヤ内國ノ急務トスルモノハ、國防ト教育ノ二途ニアルノミ、殊ニ此國防・教育ハ一朝一夕ノ間ニ効ヲ奏シ難キハ論ヲ待タサルヘシ、依而縣知吏・書記官モ茲ニ見ル處アリテ、民家ノ苦酸〔辛〕中不得已、此ノ擧ニ及ヒシナラン、又講究所ノ性質モ又辨セサルヘカラス、是レハ維新ノ初メヨリ神祇官・神祇省・教部省ニ至リ、神道吏務局ヲ組織シテ、生徒ヲ教育シタルニ、明治十五年ニ至リ、神道大會議ヲ被仰出、爾後神道吏務局ヲ廢スルニ及テ、生徒ハ方向ヲ失者七・八十餘人、時ノ内務卿山田顯義之レヲ文部ニ隷セント云ニ至リ、岩右府（岩倉具視）、是レハ執奏者ナリトテ、卽日執奏アリシニ、敕して曰ク、文部ハ雜學ナリ、皇典ハ朕カ宗法ナレハ、之レヲ專門學トスヘシトノ敕アリ、仍而御手許金ノ内より年分一千四百圓ツヽ、今ニ下シ賜リ、之レカ總裁ハ御親裁ヲ以テ、故有栖川一品親王（幟仁親王）ヲ敕リシテ、久我（建通）従二位副總〔裁脱〕タル、今ニ至リタリ、然ルニ皇典ハ神官ノミト思ハ、誠ニ了解シ難キ失典ニシテ、卽日本國民ハ必ス之レヲ講シテ、國體ヲ辨ヘ、尊王ノ大義ヲ奮發セサル可ラサル者ナ

リ、仍而今般知吏・書記官モ、此ノ重大ナル講究所ヲ縣下ニ置キナカラ、有名無實ニテ、蓋缺典ナルカ故、遂ニ此擧ヲ保護セラルヽニ至レリ、殊ニ今般、辱モ下シ賜リシ敕語ヲ奉讀スルニ、朕カ祖宗云ゝ初メ終リニ至リ、忠孝大義ヲ敕して、教育ニ依ラサルハナシ、然ルニ國體ヲ辨セス、大不敬ノ所行アルハ、果シテ皇典講究ノ足ラサルニ依ルヘキナリ、又今回新築シ漸ヲ以テ教育ノ復期ヲ設ケシ、以上ハ誰人ニ不限、入學セシメ或ハ講莚ヲ開キ、衆庶ノ聽聞ヲ廣クセント欲スルノ計畫ナリ、抑又年秀老髦〔耄〕臆病ノ然ラシムルモノカ、眼ヲ轉シテ地球上ヲ熱視スルニ、聖利伯ーノ鐵道ハハ（マヽ）着ゝ歩ヲ進メ、明春三・四月迠ニハ、必全通スト云ヒ、浦鹽斯篤ニハ全通シ、剩ヘ本港ニハ東洋艦隊ヲ組織シテ、明春ニハ早ゝ東洋ニ猛鷲ノ旗章ヲ飜スト云ヘリ、顧念スルニ是東洋ニ一着目ヲ敷シ事明ナリ、其向フ處ハ、朝鮮カ支那・印度カ日本カ、然レハ此ノ艦隊ヲ碇泊シテ、本部ト定ムル山海ノ地位ヲ相スル勿論ナリ、依テ之ヲ豫定スル肥前長崎カ小灣ナリ、對嶋〔馬〕ハ據ルヘキノ地ナシ、大村灣カ小ナリ、淺海ナリ、又博多カ適セス、馬關

*講究所新築の醵金を指示す

カ暗礁多クシテ、艦隊運動ニ適セス、然レハ則薩隅ニ接スル鹿兒島灣ナラン、本灣ハ出テ東洋ヲ蹂躪シ、引テ守ルニ堅固ナレハナリ、然ルニ、四海九分ノ一ヲ保チ、地球ヲ一獲セント欲スル、魯國皇太子殿下（ニコライ二世）ニハ、御入朝ノ日ニ我カ聖上ニ、未タ御對面モナキニ、鹿兒島舊藩主島津氏ハ古來武勇ノ名家、朝鮮ノ役ノミナラス、小國ナレ𪜈、海外之琉球國ヲ征伐シテ、己レノ版圖ニ入レ、又維新ノ革命タルヤ卒先シテ、大効ヲ奏スル故ニ、島津氏ニ面會セントシテ、長崎より直ニ鹿兒島灣御乘込ミ御對遇アルヤ、兄弟同格之御懇切アリト云ハ、吾輩鹿兒島出身ノ者ニ於てヤ、實ニ面目ヲ施スト雖、一歩、二歩、三歩も退て考ルニ、果して島津氏ノ武名ヲ御慕シてカ、或ハ後年東洋艦隊を以テ、東洋運動ノ節、本部ト定ムルノ豫定ニハ非ラサルカ、然ラハ、魯國ハ我レニ對シテ異義無くハ、素より之叓ナレ𪜈、彼レ玆ノ地ニ據ルニ於テオヤ、他ノ各國必ス玆ヲ指シテ攻撃センモ計ラレス、其時ハ局外中立ヲ布告スルハ無論ナルカ、苟モ局外中立ヲ宣布スルヤ、彼我對等ノ勢力ヲ有セスンハアルヘカラス、此ノ時コソ、我皇國ノ危急存亡ト謂ツヘク、此危急ノ時ニ及テ人物ニ乏シク、縱令國ハ富ミ、兵器ハ供ルトモ、何モ用ル處無ク、然ラハ則チ一人ノヒスマーク公一人之カンヘツタネニナトアラハ、東洋ニ孤立スルモ、必す獨立ノ體面ヲ傷ハサルヘシ、仍而今より教育ヲ開キ、國體尊王ノ大義・愛國ノ正氣ヲ養ハサルヘカラス、憶ニ、今ヨリ二、三十年内外ニハ、是非とも壹人ノ英雄ヲ拵ヘサルヘカラス、但人才ヲ生スルニハ、天然ノ人才アリ、又人造ノ英才アリ、我カ太閤ノ如キ、淡高ノ如キ、天然ノ人才、一世ナホレヲンヒ公等ノ如キ、即人造教育ノ人才ナリ、當時天然ノ人才ヲ待ツヘキノ時節ニ非ラス、故ニ玆ニ教育ノ急務タルヲ辨スルナリ、仍テ此度ハ各郡ノ人民ヲ上中下三等ニ分テ、三分ノ一ハ赤貧ト見テ、中等以上ニ壹戸高度ヲ三戔〔錢〕、低ヲ二錢トシ、遍ク講究所新築ノ事實ヲ知ラシメ度、尤此高底ノ額ハ、明治八年大政太臣番外廿五號ヲ以テ、五戔〔錢〕ヨリ多カラス、二戔ヨリ少カラサルノ勸進寄附ハ、信徒人ノ適宜ニ任セ、不苦トノ布告ニ基ツクモノナリ、而シテ募金額ハ町村長ニ於取纏メ、郡役所ニ於テ總括シテ、三井銀行ニふり込ミ賜度、又別ニ小野田所長(元熙)より請求ハ、各地ノ神社神官不品行之者、又ハ社殿内ヲ不潔ニスル等有之由、此等ハ郡長・村長より十分ノ説諭ヲ加ヱ、苟モ改心セサルモノハ、所長江御申立有之度、於本縣モ追〻此邊ニ着手可致、又明春ニ至ラハ、元熙(小野田)モ各部ヲ巡回直接ニ御示談可致、其内ニ不肖年秀ヲ代理者トシテ差遣ス云〻ヲ演ス、

右之外、神官給與、氏子より施與セサル等ノ事ヲ、其筋ニ説諭有之度旨ヲ、郡長ニ依頼シタリ、

有馬より丹波古市に達す

一、有馬郡役所より引取リ、午後三時ヨリ車ヲ馳セテ、丹波古市ニ達して、旅店森ニ投宿す、爰ニて氷上郡長芦田辰左衞門旅行不在ノ旨ヲ聞ク、

○02(12)月0(10)日、晴、土、十月廿二日、

一、神拜畢、

篠山に至る

一、早天神官日置某、迎ノ爲ニ見得タリ、依而急ニ發程ノ用意ヲナス、又主人森額面ヲ乞、仍而絖地ニ書シテ與ヱタリ、當日ハ午後五時半、篠山一旅店ニ投シ、芦田ハ果して旅行不在代理す、後藤龜旅宿へ見ヘ、又郡書記長谷川モ訪ヒ來リシニヨリ、請願ノ次第ヲ委細ニ陳述シ、後藤承諾シタリ、

本郡戸數、凢壹萬ナリ、凢百五十ヨリ八十沾ノ見込ミ、

○02(12)月11日、晴、日、十月廿三日、

一、神拜畢、

柏原に至る*

一、午前九時發車、五島初、各神官送リタリ、金カ阪隧道ニ至レハ、武山初メ、神官出迎ヒタリ、午後四時、柏原一旅店ニ投シ、郡長藤井雅太ニ着ノ叓ヲ報ス、此ノ内より書通三回ニ及ヒ、十二日村長會ニ臨テ、寄附ノ勸誘アリ度トノ事故ニ、武山ヲ以テ、其謝禮モ演ヘタリ、日暮、藤井幷ニ郡書記犬塚・城戸訪ヒ來リ、明日會場ノ叓ヲ議シタリ、

○02(12)月12日、晴、月、十月廿四日、

一、神拜畢、

一、早朝より揮毫、

額面十枚、全紙十三枚、半切七枚、扇十面、

一、當日關根來報シテ曰、高階(幸造)病床未癒ト云〻、又宿許より菓子幷ニ金貳十圓送致ス、

一、午後四時、町村長會場ニ臨、巡回ノ理由ヲ演説シ、六時ニ退場、

○02(12)月13日、晴、火、十月廿五日、

和田山に達す

八鹿に向って發す

一、神拜畢、
一、郡長并ニ書記犬塚等暇乞ノ為ニ來訪、各別ヲ告ケ、和田山ニ向ツテ發ス、
一、途中粟賀村ニ立寄リ、安左衛門江面會シテ、和田ニ〔山脱〕達シ、安積九龍ノ家ニ投ス、
○02⑫月14日、晴、水、十月廿六日、
一、神拜畢、
一、早朝より揮毫、全紙三枚、半切二枚、扇三、
一、午前十時、郡衙ニ抵リ、山崎規〔矩〕員ニ面議ス、山崎承諾シタリ、仍而直チニ別ヲ告ケ、八鹿ニ向ツテ發途シタリ、
一、今朝生鮭ノ魚三尾ヲ宿許へ送る、
○02⑫月15日、晴、木、十月廿七日、
一、神拜畢、
一、午前七時、八鹿村橋本屋ヲ發シ、關ノ宮ニて飯シ、此ハ井谷峠ヲ起ス、雪深キヿ五尺ニ及フ、午後二時半、村岡ニ達す、旅宿ニ上ラス、直チニ郡衙ニ抵リ、小林并ニ郡書記丹羽ニ面議シタリ、于時郡長及ヒ書記丹羽等ノ依頼ニ、午前二時ニ及フモ筆ヲ閣セス、扇十、額三面、全紙五枚、半切六枚、

○02⑫月16日、晴、金、十月廿八日、
一、神拜畢、
一、午前九時發スルニ臨ミ、郡長・郡書記盡ク暇乞ノ為ニ來ル、又明治元年生野在務中、村岡警衙兵隊長、又中島誠并ニ神官田中等ノ乞ニ任セテ揮毫ス、
一、關根輩不注意散〻ニ付、茲レヨリ歸神ヲ達シ、又書面ヲ高階ニ送リ、本人ハ創業ノ仁ニ非ラス、依而差返ス云〻ヲ記シタリ、
關宮ニテ飯スル、食味ナシ、後四時八鹿村ニ達シ、例之橋本ニ投宿シ、直チニ臥ス、發熱甚タシ、
○02⑫月17日、晴、土、十月廿九日、
一、神拜畢、
一、午前八時、關根ヲ發途セシム、午後二時ニ至リ熱度四十度ニ進寒慄ス、仍テ几〔器〕量ヲ採ル能ハス故ニ、キニーネヲ九十匆位、頓服シテ大發汗ス、
○02⑫月18日、晴、日、十月晦日、
一、神拜畢、
一、當日ハ熱勢大ニ挫ク、然レトモ後ニ至リ又寒慄ス、仍テキニーネヲ服シテ發汗ス、
一、主人山根額面并ニ幅ヲ乞、仍而揮毫ス、

一、鮎ノ酢一樽ヲ神戸ニ送ル、

一、主人甚叮嚀（丁寧）ニシテ、日〻ソツフヲ煮テ食セシム、

○12月19日、晴、月、十一月朔日、

一、神拝畢、

一、熱氣全ク退クト雖、大ニ疲労ス、仍テ休息ス、主人ノ需ニ應額面ニ洗心樓ト名附ク、

○02（12）月20日、雪、火、十一月二日、

一、神拝畢、

豐岡に向つて發す

一、午前九時、豐岡ニ向ツテ發セントスルニ臨ミ、高木順造豐岡ヨリ迎ヒノ爲ニ來ル、仍而直チニ發シ、道中雪深クシテ車進マス、後一時ニ豐岡ニ達シ、岡本醫師ノ別荘ニ投宿す、

一、郡長上石保直訪來リ、百烎打合セタリ、今夕ハ上石ノ宅ニ晩飯ヲ振舞タリ、高木モ同道す、

一、早朝より揮毫ス、額九面、全六枚、半三枚、

出石に達す

一、午後三時發車、出石ニ向ツテ發ス、日暮ニ達シテ、一旅店ニ投ス、時ニ郡長谷野孝訪ヒ來ル、又出石神社宮司西川・林鼎一等見舞ナリ、

○02（12）月21日、水、雪、十一月三日、

一、神拝畢、

一、郡長谷野幷ニ林（鼎一）・西川等訪ヒ來リ、本日滯在ヲ乞ヒテ不已、仍テ休息ス、本夕兒島某ノ家ニ小集ス、櫻井勉主トナル、

○02（12）月22日、雪、木、十一月四日、

一、神拝畢、

一、早朝より揮毫、全二枚、半切六枚ナリ、

○02（12）月23日、晴、金、十一月五日、

一、神拝畢、

一、午後一時發ス、櫻井勉幷ニ諸子大河端ニ送リテ別袖ス、午後四時半八鹿ニ達す、當日雪深クシテ道中困難ナリ、積雪一尺餘也、

○02（12）月24日、晴、土、十一月六日、

一、神拝畢、

一、神戸東午太郎來リ、宿許よりノ荷物ハ山口村ニ殘シ、一人來リテ八鹿ニ滯在ス、又金六十圓ヲ持參受取、

○02（12）月25日、晴、日、十一月七日、

一、神拝畢、

一、東部太郎ヲ神戸へ急行、東ニテ差返シタリ、

一、後四時、和田山ニ達す、安積（九龍）幷ニ山崎郡長訪來ル、

○02（12）月26日、晴、月、十一月八日、

一、神拜畢、
一、午前九時發ス、山口村山口九郎三郎之宅ニ投シテ書飯シ、山田貞助・太田垣等集令揮毫、全四枚、半三枚、額二枚ナリ、

山口村より生野町に達す

一、殉節忠死墓ヲ拜シ、後三時生野町柴橋ニ投ス、
○02(12)月27日、晴、火、十一月九日、
一、神拜畢、
一、昨夕竹井ニ喜一郎見舞タリ、是レハ銀山在務中召仕共なり、
一、金貳圓ヲ柴橋ニ預ケ、猪仕送リ方ヲ依頼ス、
一、前八時半ニ發ス、發シテ行ヿ壹里半ニシテ、雪全ク無シ、暖氣大ニ異、後一時辻川ニ達シ、直チニ郡衙ニ抵リ、倉本雄三ニ面議シ畢テ發途、姫路ニ抵リ、市役所ニテ市長有留清ニ面議シ旅宿ニ投ス、

姫路に抵り市長有留清に面議す

○02(12)月28日、晴、水、十一月九(十)日、
一、神拜畢ル、
一、午前八時ノ滊車ニ搭シ、赤石(明)ニ抵リ、郡衙ニ於テ赤堀ニ面議ス、此日力藏叓、赤石(明)より先發シテ歸ラシム、
一、後三時ニ着神、一社各迎ノ爲ニ停車場ニ在リ、久ゝ無異ヲ賀ス、
○02(12)月29日、晴、木、十一月十(十一)日、
一、神拜畢、
一、前十一時登廳、知叓(周布公平)井ニ書記官(小野田元熙)ニ復命ス、
○02(12)月30日、晴、金、十一月十一(二)日、
一、神拜畢ル、
一、巡回旅行之拙作ヲ謄寫セシム、
○02(12)月31日、晴、土、十一月十三日、
一、神拜畢、

〔明治二十六年正月〕

○明治廿六癸巳○明治廿六年癸巳一月一日、戊戌、十一月十四日、
一、神拜畢、

*拜賀式に臨む

一、午前第九時登廳、拜賀式ニ臨ミ、直チニ退廳、是レヨリ新年宴會ニ出頭シ回禮ヲ廢ス、
一、縣許北堂君ヘ年始狀ヲ奉る、
○1月2日、月、晴、十一月十五日、
一、神拜畢、

一、神拜畢、

○1月3日、晴、火、十一月十六日、

○1月4日、晴、水、十一月十七日、

○1月5日、雨、木、十一月十八日、

○1月6日、晴、金、十一月十九日、

*龍野町に達す

○1月7日、晴、土、十一月廿日、

○1月8日、晴、日、十一月廿一日、

一、神拜畢、

一、高階幸造訪來リ、明後十日より再旅行ヲ約ス、

○1月9日、晴、月、十一月廿二日、

一、神拜畢、

一、明日旅行ニ付、粧具ヲ整理ス、又來ル十八日宮司會ニ出場スルノ叓ヲ約定ス、

*演題を設け演説す

○1月0日⑩、微雨、火、十一月廿三日、

一、神拜畢、

*赤穗に向つて發途す

一、午前九時ノ滊車ニ搭シテ、赤穗ニ向ツテ發途ス、後一時那波ニ到リ、車ヲ降リ陸行ス、後三時赤穗ニ達シ、柴田縫ニ投ス、神官木村庄次郎外四銘〔名〕迎ヒタリ、又長尾愼吾訪來ル、

*佐用郡に向つて發す

○1月01日⑪、晴、水、十一月廿四日、

一、神拜畢、

一、郡長原千之介訪來リタリ、仍而巡回ノ旨趣ヲ演ヘタリ、時ニ本郡ハ本年七月中之水難ニテ慘狀筆紙ニ盡サス、原氏ト懇談畢リ途ニ上リタリ、于時龍野ヨリ關口啓之丞迎ノ爲ニ見得タリ、後三時、那波ヨリ正條ニ到リ、此レヨリ陸行シ、龍野町關口奉仕〔啓之丞〕社ニ參拜、此レヨリ渡邊之宅ニ投宿ス、

○1月02日⑫、晴、木、十一月廿五日、

一、神拜畢、

一、諸氏ノ需ニ依リ揮毫ス、○額四面○全紙三枚○半切三枚○扇四本ナリ、

一、前十時郡衙ニ抵リ内海ニ面議、

一、當日ハ雨天ナラントス、仍而滯在、今夕有志者五十餘名令集スルニ仍、演説ヲ乞ヒタリ、仍而演題ヲ設ク、國體ヲ維持スル、何レノ點ニ在ルカ、又物ノ順逆輕重ヲ知ラスンハアル可ス、是レヲ縷迹スル、凢四十分ニシテ息タリ、

○1月13日、晴、金、十一月廿六日、

一、神拜畢、

一、前九時ニ發途、佐用郡ニ向、新宮・千本・大廣・三

日月等ヲ經テ、後四時半紙屋ニ投宿ス、神官出迎者一人モナシ、時ニ郡長武間叓姫路行不在ニ付、郡書記吉田光章訪來ル、仍而示談シテ承諾ス、仍而明日發途ヲ告ケタリ、

○1月14日、陰、土、十一月廿七日、

一、神拜畢、

一、午前九時發途ニ臨ミ、郡衙ニ抵リ、更ニ吉田(光章)ニ面會、一禮ヲ演ヘ發車ス、龍野より本郡ニ至ル、道路甚タ嶮難、山阪ヲ越スニ到レハ、午ヲ挽、車ヲ挽カシムルニ至ル、正午ヲ過ルモ飯ヲ吃スル人家ナク、不得(止脱)民家ニ入リ粥ヲ煮テ飢ヲ凌ク、一詩アリ、後四時山崎町ニ達す、

山崎町に達す

○1月15日、晴、日、十一月廿八日、

一、神拜畢、

一、當日ハ日曜ニ際シ滯在、諸人之需ニ應シテ揮毫、

絖地四枚　○半切三枚　○額六面　○扇五本

○1月16日、晴、月、十一月廿九日、

一、神拜畢、

一、午前九時郡衙ニ抵リ、郡長笠井及郡書記重邦利數ニ面接シテ、直チニ發シ、後四時龍野ニ達シ、渡邊ニ投ス、此日道中寒氣、肌ヲ裂ク、

龍野に達す

○1月17日、晴、火、十一月晦日、

一、神拜畢、

一、午前九時、龍野ヲ發シ、飾東郡衙ニ上リ、海內承諾ノ旨ヲ傳ヘタリ、本郡ハ飾西合郡なレハなり、此レヨリ網干ニ達シ、十一時十七分之滊車ニ搭シ、後二時着神す、

*網干を經て歸神す

○1月18日、晴、水、十二月朔日、

一、神拜畢、

一、午前十一時、廣田社宮司能勢并ニ高階同伴シテ、生田社內宮司會ニ臨場す、諸社宮司・禰宜集會す、林(源)原吾祕密云〻ノ語等アリ、悉ク駁シテ取消サシム、

*生田社にての宮司會に臨む

一、本夕染陸奧丸ニ乘船シテ、鹿兒島ニ赴カシム、

○1月19日、晴、木、十二月二日、

一、神拜畢、

一、前十時廿五分ノ滊車ニ搭シテ、西ノ宮ヘ抵リ、直チニ郡衙ニ上、郡長土橋病氣故ニ郡書記ニ面議シ、此レヨリ御影ニ到リ、渡邊徹ニ面會シテ、新築事情ヲ談シテ、費金ヲ請求シ承諾ス、直チニ歸途ニ上リ、日暮旅宿ニ投ス、

一、今夕小松重三ヲ呼ヒ、南宮社不都合ノ件ヲ詰責ス、

○1月20日、晴、金、十二月三日、

一、神拜畢、

一、前十時ノ瀛車ニ上リ、神崎ニ至リ、此レヨリ馬車鐡道ヨリ伊丹ニ向ヒ、直チニ郡衙ニ抵リ、小島郡長ニ面議シテ承諾ヲ得タリ、此レヨリ皈途ニ就キ、於市(大)郘ニ入リ松元織之介ヲ訪ヒ、事故ヲ示談シ、又途中廣田山櫻井忠與ヲ訪ヒ、西ノ宮ニ歸宿す、

伊丹より西宮を經櫻井忠與を訪ふ

○1月21日、晴、土、十二月四日、

一、神拜畢、

一、午前九時半、吉井良光ヲシテ村長誘ハシム、不在ナリ、仍テ直ニ停車場ニ至リ、乘車シタリ、高階ハ此レ廣田社ニ歸ル、十二時ニ歸家す、

一、今夕、倶樂部員ノ會合ニ付出席、福島(安正)少佐歡迎相談ナリ、十時散會シテ歸ル、時ニ川添ノミゐ(爲一)急死ノ報知ニ付、直チニ到ル、全父母ノ無念ニヨルモノナリ、可憐可哀、

○1月22日、晴、日、十二月五日、

一、みゐ死去ニ付神拜ヲ休ス、

○1月23日、晴、月、十二月六日、

一、神拜ヲ止ム、

一、須磨ノ離縁狀ヲ出タス、

一、永田猶八江離縁ノ事ヲ報スルノ書ヲ出タス、

○1月24日、晴、火、十二月七日、

一、神拜畢、

*明石より陸行三木町へ達す

一、前九時高階同行ニテ搭車、明石より陸行、午後奈(マヽ)三木町ヘ達シ、奈良茶屋ヘ投宿、神官及宮野(平次郎)・丹田等訪來ル、

○1月25日、晴、水、十二月八日、

一、神拜畢、

一、諸子ノ需ニ應シテ揮毫、額二面、全紙一枚、半切三枚、扇一、

一、午前九時郡衙ニ上リ、郡長古田庸二面會、巡回ノ旨趣ヲ告ク、快ク承諾、

○1月26日、晴、木、十二月九日、

一、神拜畢、

一、午前九時發車、途中宮野平次郎之家ニ立寄リ茶を吃シテ發ス、途中小野町ニ休息シ、後四時社ニ抵リ、肥田屋ニ投宿ス、

一、今夕收税分所長小山九甫訪來ル、

孝明天皇祭*

○1月27日、雨、金、十二月十日、

一、神拜畢、

一、午前十時郡衙ニ抵リ、渡邊・財部へ面議シ、後日町村長會ニ出頭之叓ヲ約シタリ、

一、諸子ノ需ニ應シテ揮毫、

○全紙三枚、○半切三枚、○額四面、○扇四、

一、雨雪甚タシキニ付滯在、

○1月28日、晴、土、十二月十一日、

一、神拜畢、

姫路に達す*

一、前十一時四十分發車、此日寒氣、殊ニ酷タシ、四時中村町岸本屋ニ投ス、

○1月29日、大雪、日、十二月十二日、

一、神拜畢、

一、神官取締關根出頭セサルニ依リ、小島ヲ以テ片山郡長ニ面會ノ事ヲ告ク、仍テ九時半自宅ニ至リ面議ス、快ク承諾す、仍テ歸宿雪ヲ冒シテ發セントスルニ及テ、關根來ル、冷淡ナルヲ詰ル、關根服セス、故ニ

北條町に達す

叱責シテ直チニ發ス、後四時半北條町ニ達し、肥田某ニ投宿ス、

○1月30日、晴、月、十二月十三日、

一、神拜畢、

一、當日　孝明天皇祭ニ付、滯在諸人ノ需ニ應シテ揮毫、

○全　三枚　○額六面　○短册十二　○扇十四　○半　五枚

一、當日力藏神戸より着す、

○1月31日、晴、火、十二月十四日、

一、神拜畢、

一、前九時郡衙ニ抵リ、郡長神氏ニ面議、快ク承諾ス、仍テ午後一時發シテ姫路ニ向ら、當日ハ中途ヨリ降雪、道路甚タ苦ム、後五時姫路之結城五一郎ニ投す、

一、郡長木幡旅宿ヲ訪、仍而明日郡衙町村長會席ニ臨場之事ヲ約ス、

〔二　月〕

○2月1日、晴、水、十二月十五日、

一、神拜畢、

一、早朝より需ニ應シテ揮毫、

○絖額二　○聯落一　○扇二

一、後二時、郡衙之案内ニヨリ、町村長會席ニ臨ミ、巡回ノ旨趣及ヒ卽今世勢之形勢ヲ演說スルニ、感動落

加古川に著す

涙ノ者ヲ見、町村長一同無異條承諾ス、仍テ厚ク禮謝シテ退出シ、直ニ滊車ニ乘して加古ニ五時ニ着ス、

一、昨日於姫路三木常七江皮手提壹個ヲ注文シ、内金壹圓ニ渡し預リ證ヲ受取、

一、今夕大井田(留三郎)江明晩歸家ノ書面ヲ出タス、又明石大藪江貝仕送リ方之依頼書ヲ出タス、

○2月2日、晴、木、十二月十六日、

一、神拜畢、

一、午前九時郡長阿部光忠ニ、於郡衙面議、直ニ承諾ス、仍テ直ニ滊車ニ就キ、阿尓陀ニ至リ、印南郡曾根郡衙ニ上リ、冨田耕司ニ面議シテ承諾す、時ニ正午ナリ、一鰻店ニ於テ晝飯ヲ命シ、又曾根菅廟ヲ拜シテ、阿尓陀ヨリ搭車、午後三時半歸神ス、

○2月3日、雪、金、十二月十七日、

一、神拜畢、

*芳本妻に繰上げの届け依頼す

すま離縁送籍済みの書面達す

一、永田猶八ヨリ須磨離縁ニ付、送藉(籍)濟ミノ書面達す、仍而禮狀幷ニ北元(文藏)江も書面ヲ出タス、

一、此度離縁ニ付而ハ、北堂君より離縁不相成トノ御書面、御名前ニテ二通有之、仍而離縁之理由再三申上越シ置タリ、

○2月4日、晴、土、十二月十八日、

一、神拜畢、

一、後五時ヨリ陸奥丸乘附三名ヲ饗す、

○2月5日、晴、日、十二月十九日、

一、神拜畢、

○2月6日、月、十二月廿日、

一、神拜畢、

一、後二時登廳、多賀郡等之不都合ヲ小野田(元熙)幷ニ神山等ト談シテ退廳、

○2月7日、雨、火、十二月廿一日、

一、神拜畢、

一、社郡長渡邊より派出之書面到來す、

一、平來幷ニ金十圓ヲ鹿兒島ニ送ル、

一、芳夏、本妻ニ操(繰)上ケノ届ケニ、永田(猶八)ニ依頼ス、

○2月8日、晴、水、十二月廿二日、

一、神拜畢、

一、前五時十八分ノ滊車ニ搭シ、明石ニ至リ夜明ケタリ、直チニ車ヲ買テ三木ニ至レハ、前九時ナリ、正午社ニ着シ、渡邊ニ到着ヲ報ス、

一、後三時半、郡衙ニ至リ、町村長會場ニ臨ミ演説ス、

一同承諾ス、此夜渡邊旅宿ヲ訪ヒ、町村長本日募集ノ手繼キヲ議定シタルヲ報知ス、

○2月9日、晴、木、十二月廿三日、

一、神拜畢、

三木より明石を經て歸家

一、午前九時肥田ノ旅宿ヲ發シ、正午三木ニ着シ、奈良茶屋ニ休シテ飯シ、後三時明石ニ出テ、四時ノ滊車ニ搭シテ、五時半ニ歸家ス、

○2月0(10)日、晴、金、十二月廿四日、

一、神拜畢、

一、兵庫縣へ歸社ノ屆ケ書ヲ出ス、又分所へも同斷、

一、本日ヨリ病氣ヲ以來客ヲ辭ス、

○2月11日、晴、土、十二月廿五日、

一、神拜畢、

一、櫻井能監へ魚物ヲ贈ル、

○2月12日、晴、日、十二月廿六日、

一、神拜畢、

一、北堂君へ書面ヲ奉リ、巡回無異ニ歸家ノ叓ヲ具申ス、

櫻井能監へ巡回演說の筆記を送る

一、櫻井能監江書面ヲ出タス、巡回演說ノ筆記ヲ送ル、

○2月13日、雨、月、十二月廿七日、

一、神拜畢、金獻百八十圓、

○2月14日、晴、火、十二月廿八日、

一、神拜畢、

一、關口啓之丞訪來ル、

○2月15日、晴、水、十二月廿九日、

一、神拜畢、

一、午後四時半、永田(猶八)ヨリ電信アリ、門造作棟揭(上)祝スト、仍テ直チニ打返シタリ、

○2月16日、晴、木、十二月晦日、

一、神拜畢、

一、鹿兒島行キノ書面ヲ出タテ、門造作ノ一禮ヲ演ヘタリ、

○2月17日、晴、金、正月元旦、

一、神拜畢、

一、當朝ヨリ昇殿、神拜、

○2月18日、晴、土、正月二日、

一、昇殿、神拜畢、

○2月19日、晴、日、正月三日、

一、昇殿、神拜畢、

○2月20日、晴、月、正月四日、

一、昇殿、拜式畢、

○2月21日、晴、火、正月五日、

一、昇殿、神拜畢、

○2月22日、雪、水、正月六日、

一、昇殿、拜式畢、

○2月23日、晴、木、正月七日、

一、昇殿、神拜畢、

○2月24日、晴、金、正月八日、

一、昇殿、神拜畢、

○2月25日、晴、土、正月九日、

一、昇殿、神拜畢、

○2月26日、晴、日、正月十日、

一、昇殿、拜式畢、

○2月27日、雪、月、嚴寒、正月十一日、

一、昇殿、神拜畢、

〔三　月〕

○3月1日、大雪、水、正月十二日、

一、神拜畢、

○3月2日、晴、木、正月十三日、

一、神拜畢、

○3月3日、晴、金、正月十四日、

一、昇殿、神拜畢、

○3月4日、雨、土、正月十五日、

一、神拜畢、

一、川添〔爲一〕來ル、昨三日より清治語學ヲ傳習セシム、

○3月5日、晴、日、正月十六日、

一、昇殿、神拜畢、

*廣巖寺山林拂下の一件を依頼す

一、大森喜代三來、廣嵓寺山林拂下ノ一件ヲ依頼ス、

一、文秀女王（圓照寺、伏見宮邦家親王王女）御永續金ノ內壹株上納、但十株御受ケナリ、壹株壹圓八戔〔錢〕なり、例月三日ニ上納ノ㕝ニ取極メ、帳簿ヲ以テ、御渡し申ス㕝ニ定メタリ、

一、高階幸造來リ、陳情表ノ文言ヲ正シテ相渡ス、右ニ付、東京滯在上井榮雄へ書面ヲ出タシ、廣田神輕擧ノ始末ヲ報ス、

一、染より廿九日出之書面達ス、陸奥丸より之品〻落手、且ツ金四圓受取候報有之、但タトン入ル叺幷ニ空樽不相達ノ趣キニ付、會社長岡田國兵衞へ折田家內ノ名稱ヲ以テ、右ノ叺等ノ取調方ヲ依頼シ、猶又染へ端書ニて右之趣キヲ通す、

○3月6日、月、晴、正月十七日、

＊橋本海關來る

一、昇殿、神拜畢、
一、タンク油開業式、叓務所より來ル九日開業式招待券ヲ贈ル、
一、鹿児島より左之品〻到着す、干物ウルメ○こんニヤク○からいも・里芋・酒ナリ、
一、又新日報岩崎より梅信ヲ問合セタリ、廿日比滿開ノ返答ヲナス、

○3月7日、晴、火、正月十八日、

一、昇殿、神拜畢、
一、祖父母・宮子姫月次祭濟、
一、林源吾へ懇親會拒絶ノ啓ヲ投ス、
一、志布志和田吉五郎より鰤壹尾達す、
一、午後祥福寺ニ到リ、工藤八郎ノ墓碑ヲ書す、
一、林田ノ額面幷ニ巡回筆記ヲ送ル、
一、タンク露油商會招待ニ付、返書ヲ出タス、
一、關根神官訪來ル、面接ヲ斷る、
一、昇殿、神拜畢、

○3月8日、水、正月十九日、

一、取締小山ヲ呼テ、菊野亭前ノ掃除ヲ內命ス、
一、卵二百貳十、淡路西田茂八郎より達す、金貳圓ノ卵ナリ、
一、池田林田愼ヨウクノ木炭十二俵達す、俵三十八錢ツヽ、
一、今夕又新日報社岩崎水哉ヲ迎テ晩飯ヲ饗す、橋本海關モ來ル、

○3月9日、木、正月廿日、

＊石油會社開業式

一、德島滯在佐藤關二ニ端書ヲ出シ、在宿ヲ造ク(マヽ)、
一、昇殿、神拜畢、
一、昨八日氏子小野田來リ、遙拜所建築一件ノ示談有之、
一、永田猶八より四日出之書面達シ、門造作濟之報知有之、仍而右之禮狀ヲ直チニ出タシ、又染へも書面ヲ封入す、
一、播州小野町長尾八藏へ小鳥送致之依賴書面ヲ、執叓名前ニて出タス、
一、當日ハ石油會社開業式ナレ𪜈、不快ニ付臨場セス、
一、日外(藏)來リ、淡路江渡船ノ由ニ付、鷄卵代價金貳圓ヲ、西田(茂八郎)江屆ケ方ヲ依賴ス、又西田より十二日品評會ニ付、分所新築費募集ノ爲ニ、渡航可致叓情ヲ、日外ヲ以而ヲ(マヽ)通ス、仍而十一日之滊船ニて、西田ヲ指シテ可參叓ヲ粗約シタリ、

一、晩ニ松原良太訪ヒ來リ、天滿宮御社一件ニ付、集會ニ付出席ヲ乞ヒタリ、仍而出席ヲ約ス、

○3月(10)0日、晴、金、正月廿一日、

一、昇殿、神拜畢、

一、明日淡路行ニ付、旅行御暇願面ヲ本縣へ差出ス、

○3月(11)21日、晴、土、正月廿二日、

一、神拜畢、昇殿、

一、午後小野田(書記官)元熙ヲ訪ヒ、淡路行之叓ヲ告ケタリ、于時本人叓、警保局長江榮轉シ内報アリト云、驚愕ニ不堪、嘆息シテ歸途家ニ歸ラス、兵庫海岸ニ行キ淡州行之瀛船ニ搭ス、

一、海岸より高階(幸造)へ書面ヲ以テ、凶報ヲ接スルヲ告ク、

淡路洲本に著す

一、午後八時半ニ洲元〔本〕江着、銅藤江投宿ス、

一、志築町西田江書面ヲ飛シ、洲元〔本〕江着之報知ヲナス、

一、鈴木三郎へハンカテウヲ贈リ、書面ヲ添、

○3月12日、晴、日、正月廿三日、

一、神拜畢、

一、午前七時發車、鮎ノ原天神ニ向ツテ行ク、九四里程ナリ、前十一時ニ着ス、直チニ品評會場ニ臨テ、出品ヲ一覽シ、又褒賞授與式ニ於テ、極簡短ノ演舌ヲナシテ後、酒肴已ニ三・四杯ニ及テ起チ一禮ヲ演へ、分所新築費金請求ノ演說ヲ畢ル、坂本義治直チニ應シテ、大贊成ノ答辭アリ、仍而一同承諾、甚タ容易ナリ、仍而更ニ起テ答禮シタリ、津名郡有志者及町村長、惣而七十九人なり、郡長鈴木三郎も列席ナリ、

一、今夕ハ是非滯在ノ請求ニ付、止宿ニ決シタリ、晩ニ西田茂八郎ヨリ酒肴ヲ設ケテ、鄭重ノ待遇ヲ受ケタリ、本郡ノ有志者、皆旅宿ニ來リ、十二時ニ退散シタリ、

○3月13日、晴、月、正月廿四日、

一、神拜畢、

一、諸人之需ニ應シテ揮毫ス、○額面四○全三枚○半切十二枚○扇五本○短冊八枚、

一、午後二時天神ヲ發ス、森田福二郎先導シテ、新田某ノ宅ニ抵ル、當家ハ西田茂八郎之親族之由ニテ、是非一泊ヲ乞ト雖、辭シテ志築ニ向ツテ發ス、主人之乞ヒニ隨ヒ、全紙壹枚、短冊三枚ヲ書ス、途中ニテ日沒シ、九時ニ西田ノ家ニ投ス、今夕又扇面五本ヲ書ス、十二時後ニ伏ス、

一、今夕明日歸家ノ電信ヲ發ス、

○3月14日、晴、火、正月廿五日、

一、神拝畢、

兵庫に著す

一、午前七時、西田(茂八郎)氏ヲ發シテ滊船ニ搭ス、森田福二郎見送リ呉レタリ、前十一時ニ兵庫ニ着シタリ、

一、今夕陸奥丸出帆ニ付、門之瓦九百九拾餘枚ヲ積ミ入レタリ、運賃ハ貳圓ナリ、

一、金貳圓ヲ染ヘ贈ル、一圓ハカルカン・カステイラ代、又壹圓ハ注文ノ漬物等之代ナリ、

一、陸奥丸ヨリ○モヤシ○漬物○目サシ○コンニヤク○海苔○反物壹反ナリ、

一、崎元より大根、有川より菓物、宮城より菓子入ヲ贈リ呉レタリ、

○3月15日、晴、水、正月廿六日、

一、昇殿、神拝畢、

一、不在中、小野町長尾八藏ヨリ山鶏幷ニ小鳥送致ニ付、一禮狀ヲ出タス、

一、上市町北村新治郎より金談ニ付、返書ヲ出タス、

一、中川武俊江連合會辭退ノ書面ヲ出タス、但シ林源吾江過日之書面ヲ添ヘタリ、

一、江州高島郡川上村字桂ナル松原愛大郎、請求スル短册ヲ書シテ送致ス、

一、高階幸造江伊丹町林田江出會ノ叓ヲ報ス、

○3月16日、晴、木、正月廿七日、

一、神拝畢、

*奈良市に至る

一、午前七時廿五分ノ滊車ニ搭シテ上阪、湊町發十時三十分ノ滊車ニて、奈良市角屋ニ至レハ十二時五分ナリ、

*文秀女王に參內拝謁を賜る

一、添上郡帯解村圓照寺文秀女王ニ參內、盆梅二鉢、菊水菓子二函幷ニ菊水饅二函ヲ獻上ス、即拜謁ヲ賜ル、又三輪素麵幷ニ菊御門附石杯三層一組ヲ賜リ、三時ニ退殿、歸途、大佛內博覽會ヲ一見シ、春子ヘノ土產品ヲ買ヒ、又角屋江投宿ス、

一、有川矢九郎ヘ、梅期ノ通知書面ヲ本地より出ス、

一、永田猶八江門瓦一件之書面ヲ出タス、

○3月17日、晴、金、彼岸ニ入ル、正月廿八日、

一、神拝畢、

一、午前九時角屋ヲ發シ、三十(分脫)發ノ滊車ニ搭シ、十一時ニ着阪、備一亭ニテ晝飯ヲ吃シ、博覽會場ニテ銀瓶等〻買ヒ、二時十六分ノ滊車ニて着神、

○3月18日、晴、土、二月朔日、

仲町古手屋町にて失火あり

＊池田侯爵葬儀に付き花代を郵送す

一、昇殿、神拝畢、
一、今曉午前第二時半より仲町古手屋町江失火、火勢猛烈、四時ニ至リテ熄ム、三十戸餘ヲ焼失す、
一、金拾圓、罹災者江施與願之書面ヲ市役所へ出タス、
一、西田茂八郎より稲種三種ヲ送致ス、仍而國分林彦左衞門幷ニ母上樣へ送リ上ケタリ、
一、竹内卓郎訪ヒ來ル、

○3月19日、晴、日、二月二日、

一、昇殿、神拝畢、
一、當日ハ浦井(利政)ヲ大阪ニ遣シ、半ノ切幷ニ鋏ミ錫籠ヲ買入レシム、又吉井へ白扇五十本ヲ注文す、
一、伊丹ノ林田量平來リ、同書之津田文吾不都合ノ次第ヲ謂、仍テ小池逸平ヲ呼テ、事情ヲ達しタリ、
一、社ノ坪内訪來ル、又明日歸郷ニ付、ハンカチウヲ贈ル、又旅宿肥田へ扇面幷ニ嚢口ヲ送ル、

○3月20日、晴、月、二月三日、

一、神拝畢、

○3月21日、晴、火、二月四日、

一、昇殿、神拝畢、
一、終日刀劍ヲ拭ク、

○3月22日、晴、水、二月五日、

一、昇殿、神拝畢、
一、岡山縣池田侯爵(義政)葬儀ニ付、會葬辭退ノ電信ヲ引キ、花代金壹圓、爲替證ヲ郵送ス、

○3月23日、晴、木、二月六日、

一、永田猶八江稲種子仕送リニ付、掛作云〻ヲ報ス、
一、昇殿神畢、

○3月24日、晴、金、二月七日、

一、神拝畢、
一、廣巖寺之壇中惣代寄合ニ出席シテ、後ノ山二反九畦、寄附一件ヲ熟議シタリ、

○3月25日、晴、土、二月八日、

一、昇殿、神拝畢、
一、市役所より獻金願書、却下アリ、
一、今夕佐野・前田幷ニ日外、淡路ノ西田・森田五人ヲ饗す、

○3月26日、晴、日、二月九日、

一、昇殿、神拝畢、
一、當日ハ周布知事(公平)幷ニ書記官(秋山恕郷)・參事官(大庭寛一)、其他ヲ迎エテ饗す、

＊玉里公御著神

周布知事有栖川親王観梅の為に来社
＊玉里公御旅宿に伺候

○3月27日、晴、月、二月十日、

一、昇殿、神拝畢、

○3月28日、晴、火、二月十一日、

一、昇殿畢、

一、東京芝ノ後藤氏より榎本宗大郎ヲ以、音信ヲ通シタリ、仍而後藤平作幷ニ家内千代へ書面ヲ出ス、但榎本氏江宛テタリ、此レハ同芝區兼房町十二番地ナリ、

一、永田猶八より積下しノ瓦破損ナク届キ、只サン瓦拾枚不足ノ由ニテ、地製ヲ求メタリト云、

○3月29日、雨、水、二月十二日、

一、神拝畢、

一、昨廿八日、氏子二十二名観梅ノ為ニ呼ヒ、酒肴ヲ饗ス、

一、三木之宮野平次郎来リ、注文之鋸出来持参ス、

○3月30日、晴、木、二月十三日、

一、昇殿、神拝畢、

一、大分縣書記官中村與八訪来ル、是レハ舊警視ナリ、此回轉任シテ赴任ノ途中ナリト云、

一、周布(公平)知事来リ、千代田鑑有栖川親王(熾仁親王)、観梅ノ為ニ被為成トノ事ナリ、仍而五時より縦覧ヲ禁止ス、夜ニ入リ八時半ニ被為成、御茶・香菲(珈琲)ヲ献シタリ、

一、當日ハ家族ヲ呼て、酢ヲ振舞ヒタリ、

○3月31日、晴、金、二月十四日、

一、昇殿、神拝畢、

一、早朝奈良原繁家族ヲ引て来訪、當日十二時之滊車ニて東上す、婦子病氣ノ由なり、

一、玉里公(島津忠濟)御着神ノ筈ニ付、六時廿分停車場ニ奉迎す、川崎之御止宿なり、鴨二羽ヲ進献す、

〔四　月〕

○4月1日、晴、土、二月十五日、

一、昇殿、

一、北堂君より御送リ品ゝ来着す、漬物幷ニ鯖干物・甘蔗及飴等ナリ、又當日陸奥丸出帆ニ付、金八圓五十銭ヲ封入ス、是レハ是レハ(ママ)反物貳反代六、下人給壹五十戔(銭)、小仕(遣)壹圓也、

一、玉里公(島津忠濟)陸奥丸より御歸縣ナリ、仍テ御反物壹反、金千疋、限元(八郎太)ヲ御使トシテ下シ賜リタリ、

一、午後二時より御旅宿ニ伺公(候)、三時半御出帆なり、

一、有川矢九郎へ昆布幷ニ高野豆腐、鋸壹挺ヲ送ル、

一、硫黄谷堀切武兵衛へ櫻苗五十本ヲ送ル、此レハ北元(文藏)

へ端書ヲ以テ托ス、尚武兵衞(堀切)へも報知す、

一、龍野關口啓之丞江電信ヲ通シ、明日參詣ヲ辭シタリ、

○4月2日、雨、日、二月十六日、

一、昇殿、

一、龍野關口江參詣、斷リ之端書ヲ出タス、

一、柴仁・小曾根二人訪來ル、

○4月3日、晴、月、二月十七日、

一、昇殿幷ニ遙拜式畢、

一、岩崎虔先生案下敬啓者、今夕以六時指針點相會息吹笛對棣花欲餞飲于茅堂中、伏乞、與矢田先生賜來幸甚也、蓋ニ先外獨橋本海關翁來耳、頓首不具、

一、矢田等胥會食ス、

○4月4日、晴、火、二月十八日、

一、昇殿畢、

楠氏一族の取調方井上不鳴に囑す

一、安井政〔藏脱〕來ル、阿波渡航ニ付、楠氏一族ノ取調方ヲ囑スル書面ヲ、井上不鳴ニ宛テタリ、

一、高階幸造來リ、銀行出納ノ帳簿へ證印ヲ捺ス、

一、晩ニ田村喜進來ル、又三木ノ丹田ヲ(マヽ)來ル、

○4月5日、雨、水、二月十九日、

一、昇殿畢、

一、祥福寺和尚幷ニ吉田定訪來ル、

一、奈良市角谷幷ニ月ケ瀬梶谷兵藏江、明後七日神戸發途之書面ヲ出タス、

一、姫路ノ中西幸光ニ勤務、盡力ノ叓ヲ斷ル端書ヲ出タス、

○4月6日、晴、木、二月廿日、

一、昇殿畢、

一、當日ハ祖先之靈祭ニ祖父公・宮子姫ノ月次祭ヲ合祭す、

一、今夕高階(幸造)及小池ニ飯ヲ饗セント欲シテ、書面ヲ投シタルニ、二人共不在ニて愬メタリ、

○4月7日、金、晴、二月廿一日、

一、神拜畢、

*女子を伴ひて奈良月ケ瀬に至る

一、午前六時一番滊車ニ搭シテ、大阪ニ向ツテ發途ス、蓋芳・千代・春子ヲ携、下女重ヲ具、大阪湊町奈良行ノ滊車ニ搭ス、午前十一時ニ奈良市角屋定七ニテ、晝飯ヲ喫シ、挽車二臺ヲ買ヒ、後五時月ケ瀬梶谷兵藏ニ投す、詩數章アリ、別ニ記ス、

○4月8日、晴、土、二月廿二日、

一、神拜畢、

谷干城に會ふ

一、喫朝飯同家人散歩、渡杜鵑川、行數弓、憩一茶亭、此日春風暖、日光清朗、楳花碧流、清香冷淡、遊人往來溪流之兩岸、皆忘皈途、實如入仙境矣、興未盡遂振袂去、抵渡口遇然會谷干城、共航河抵梶屋、

柳生町より笠置に至る

一、喫午飯畢告別谷干城、搭挽車發、數町達桃野、有村翁舊識也、昔年乞書於余、仍與短册三葉、今有二葉、翁曰失其一、大失望、余笑直執筆、書四絶詩與焉、翁低頭百拜、余又笑去行三里程、抵柳生町捨車買駕向笠置、蓋從此至笠置路太嶮也、故令車到笠置村也、

旅宿に賊侵入失物あり

一、後四針點發笠置達奈良、則日已沒泊角屋、此夕賊入本亭、家人夢覺盗走故、失物品少〻、止眞天幸也、

○4月9日、晴、日、二月廿三日、

一、神拜畢、

春日社大佛殿を拜す

一、早朝飯後買車、拜春日社一覽寶藏品、退出抵大佛殿、覽展覽會、已正午針也、皈逆旅飯、以二時指針點搭瀛車、到浪華、搭五時指針點瀛車、六時皈家、

一、安井政藏從德島皈、寄楠氏之系圖、一見則後世之擬書也、但和田某之系圖乎、好事家混淆楠氏之世代者乎、其鎗者關兼景而在銘、刀則無銘也、蓋兼景者有二代建武・貞治間之刀工也、去今已五百餘年也、

○4月0日(10)、晴、月、二月廿四日、

一、昇殿畢、

一、分所試驗ニ付出頭スヘキ照會アリ、客人ヲ以辭ス、

○4月11日、晴、火、二月廿五日、

一、昇殿畢、

一、阪本へ依賴ノ土佐半切到着、壹束九十錢也、即刻川添(爲こ)へ金員ヲ送リ、又壹束買入方ヲ賴ミ、都合金壹圓八十錢封入シテ、水上察警(マヽ)(署)所江送ル、

一、以午後二時指針點臨監神官試驗、

一、染之書面達シタリ、

○4月12日、晴、午後ヨリ雨水、二月廿六日、

一、神拜畢、

一、午後一時分所へ出頭、試驗ヲ監督ス、

一、三浦・高階(幸造)・庭山・小池江夕飯ヲ振舞、

○4月13日、晴、木、二月廿七日、

一、昇殿畢、

一、宍粟・佐用ノ二郡ヨリ注文書ヲ認ム、絖地二十二枚、雅仙氏(畫仙紙)二十六枚ナリ、

一、鹿兒島江書面ヲ出タシ、高菜五十錢かの、漬ケ物ノ注文ヲナス、

○4月14日、晴、金、二月廿八日、

一、昇殿畢、

一、揮毫畢ル、仍而分所高階ニ送ル、

周布知事母堂逝去の報あり

一、秋山(恕郷)書記官より周布(公平)知叓ノ北堂長逝ノ報知ニ接シ、直チニ電信ニテ弔詞ヲ送ル、猶官舎ヲ見舞タリ、

一、晩ニ五島亀訪來ル、是レハ知叓ヨリ呼返シタルナリ、

○4月15日、晴、土、二月廿九日、

一、神拜、昇殿畢、

一、正午ヨリ能福寺ニて、橋本海關親之十年祭ニ臨ム、

一、陸奥丸着船ニて鹿児島荷物到着す、○鰤二尾○大根三本○菓子二重○葛粉一重○タイクチ○海苔○鰹又有川六之助ヨリ菓子ヲ送リタリ、

○4月16日、晴、日、三月朔日、

一、昇殿畢、

一、昨日周布知叓江花料一圓ヲ郵送す、

○4月17日、晴、月、三月二日、

一、昇殿畢、

一、高階幸造但馬行ニ托シ、安積九龍ヘ扇子三本ヲ送ル、是レハ過日笠三枚ヲ贈リシ答謝ナリ、

○4月18日、晴、火、三月三日、

一、昇殿畢、

一、祥福寺江佛參、本日ハ先住關山和尙ノ七年ノ佛叓ヲ修スルカ爲ナリ、

○4月19日、晴、水、三月四日、

一、昇殿畢、

一、今夕陸奥丸宮城初メ三人ヲ呼ヒ、例之洋食ヲ供ス、川添モ呼ヒタリ、

○4月0(20)日、晴、木、三月五日、

一、神拜畢、

一、染ヘ書面ヲ遣シ、過日注文之鰤代二尾、代金壹圓十二戔ヲ北元(文蔵)江送ル、又北元之弟火災ニ罹リヲ弔シ、陶器數品ヲ送ル、

一、金壹圓ヲ崎元江囑シ縄卷豚之注文ヲナス、

○4月21日、晴、金、夜雨、三月六日、

一、神拜畢、

*遙拜所改築の件にて過去の願記録を縣廳に差出す

一、本日遙拜所改築ノ事ニ付、縣廳三課より大井田(留三郎)江明治八年中屆ケ、書面可差出トノ事ニ付、當時ノ日誌幷ニ願伺等ノ記録ヲ本人江爲持差出ス、

一、昨日より風邪ニて引入ル、

○4月22日、晴、土、三月七日、

一、神拜畢、

一、春子事、昨夕より熱氣アリシニ、今朝ニ痘ノ如キモノヲ發シタリ、仍テ田村喜進ニ診察ヲ乞、當時流行ノ水痘ト診斷ス、先安心セリ、

○4月23日、晴、日、三月八日、

一、神拜畢、

一、球陽丸出帆ニ付、春子ノ水痘極〻輕症ノ叓ヲ北堂君へ上申ス、又御注文ノ牛膽丸ヲモ進上ス、

一、大阪硫黃會社江、過燐酸肥料拾貫目ヲ注文、

一、京都松川友吉江竹(筍)ノ子五・六本ヲ注文、

一、加藤新助へ七條土小壹樽ヲ注文、右三行端書ニて出タス、

一、原口南村より菊苗ノ無心書達す、

○4月24日、晴、月、三月九日、

一、神拜、昇殿、

一、昨晩景ヨリ春子頻リニ苦痛安眠セす、仍而直チニ神前ニ參詣、心願ヲ籠メタリ、今朝ニ至リ、面部及口中惣身ニ發痘シ、殊ニ昨晩ハ安眠セス、心配セシ故ニ、當日佐野(譽)院長ニ乞テ診察ヲ乞ヒ、田村(喜進)ト協シタリ、

一、夕景より大ニ快ク食糧モ進ミ初て安心す、

○4月25日、烈風、火、三月十日、

一、神拜畢、

一、烈風ニ雨ヲ降ラス、仍而昇殿ヲ止メ、父上ノ月次祭ヲ靈室ニて執行、

一、肴壹尾・麥酒半打幷ニ野菜・漬物等ヲ、佐野幷ニ田村ニ贈、

一、京都松川より注文ノ筍六本達す、仍而端書ヲ以着荷ノ禮ヲ演、

一、淡路之原口南村ニ書面ヲ出シ、菊苗送リ方ヲ諾ス、書中ニ笠置ノ詩及福島(安正)小(少)佐歸朝歡迎ノ詩二首ヲ送ル、

一、高階幸造より書面、有馬・多記(紀)等之報知有之、

一、春子之熱度大ニ減シタリ、故ニ機嫌モ極テ宜シ、一同安心す、

○4月26日、晴、水、三月十一日、

一、昇殿畢、

一、過日縣廳江櫻苗百本獻備セシニ、曰ク、常置委員江協議セサレハ、廳內ニ植附ケも不調、又市役所之手繼ヲ不歷ハ、受ケ難シトノ叓、故ニ神山江三浦(純一)へ可然取計候樣申遣シ、知叓(周布公平)之官房ト病院へ五十本ツヽ

送る叓ニシタリ、サテ〱（難）六ケ敷世之中ナルかな、

一、松川友吉へ筍之一禮申遣ス、

一、大黒座主淺海嘉祐へ、明日一時參拜可致書面ヲ出タス、

○4月27日、晴、木、三月十二日、

一、昇殿畢、

一、午後一時半、大黒座稲荷ニ參詣、

一、登廳、秋山（恕郷）書記官へ面會、此レヨリ三浦純一江面會、社內營膳一件ニ囑して退出す、

一、內海忠勝丈ヲ訪ヒ、閑談シテ歸る、

○4月28日、晴、金、三月十三日、

一、昇殿畢、

一、前田正名母子同伴ニテ訪來、

一、品川（彌二郎）子爵ヲ光村ニ訪ヒ、轉シテ小曾根喜一ヲ訪、此テ品川と閑談シテ歸ル、

一、有川六之助へ書面ヲ以、虎狩繪圖ヲ陸奥丸より仕送ルヘキ旨ヲ依賴ス、

一、大阪アルカリ肥料拾貫目到着、代價ハ直ニ拂渡ス、

○4月29日、晴、土、三月十四日、

一、昇殿畢、

登廳し書記官へ面會

內海忠勝を訪ふ

前田正名來訪

品川子爵を訪ひ閑談す

*登廳し秋山書記官に露店の一件具申

*市役所にて鳴瀧に談ず

*小松宮彰仁親王を奉迎す

一、午前九時縣廳呼出シニ出頭、露店一件之苦情ナリ、仍而一通リ內幕之詳細ヲ告ケテ歸リ、猶小山等召呼て將來之叓實ヲ申含メタリ、此レハ大井直三カ申立ニ由ルモノト云、

○4月30日、晴、日、三月十五日、

一、神拜畢、

一、當日社內露店十五日迠ニて禁止ノ令ヲ達ス、

一、河合屬營繕ケ所檢分トシテ來ル、諸方實檢畢、水新ニて洋食ヲ饗ス、

〔五　月〕

○5月1日、晴、月、三月十六日、

一、神拜、昇殿畢、

一、午前九時半登廳、秋山（恕郷）書記官ニ面謁シテ、露店之一件ヲ具申シ、猶片岡掛リ長（マヽ）江形行ヲ辨し置キ、歸途市役所ニ行テ、鳴瀧（公恭）へ事情ヲ談シ置歸ル、

○5月2日、晴、晩雨、火、三月十七日、

一、神拜畢、

一、當日ハ赤十字社惣裁小松宮（彰仁親王）御入縣ニ付、爲奉迎三ノ宮停車場江參リ、宇治川常盤ニて御中〔晝〕餐、又一時四

山階宮村雲宮を奉迎供奉す

一ノ谷神宮造立地所を見分す*

須磨病院海邊須磨寺へ供奉す*

小學校教員會議にて演舌す*

十五分山陽鉄道江奉送シタリ、

一、高階幸造巡回より昨夕歸局、訪ヒ來ル、

○5月3日、晴、水、三月十八日、

一、昇殿畢、

一、小池來ル、宍粟郡ノ復命ス、又絖地六枚ヲ請求ス、

一、五嶋龜訪ヒ來ル、

一、陸奥丸着船、北元（文藏）江注文之酒・糠漬ケモノ着し、又北堂君より春子江被下タル衣類、外ニ芋種・味漬魚等也、

一、有川六之助より虎狩ノ繪本來ル、

○5月4日、晴、木、三月十九日、

一、昇殿畢、

一、永田猶八近隣出火之由ニ付、見舞ノ書面ヲ出タシ、又染へも荷物着セシヿヲ報す、

一、出廳、明日須广行并ニ山科〔階〕（晃親王）宮御着神ノ事ヲ打合セタリ、宮之家夫〔扶〕モ登廳す、

一、讃岐之大須賀五郎へ依頼ノ屋島神社ノ詩ヲ書シテ送ル、是レハ絖地ナリ、

○5月5日、晴、金、三月廿日、

一、神拜畢、

一、午前九時より神戸停車場ニ抵リ、山科〔階〕・村雲宮（日榮、伏見宮邦家親王王女）兩宮ヲ奉迎供奉して須磨驛着シ、保養院ニ被爲成、又後一時ニ及て小松宮（彰仁親王）岡山より御着、同保養院ニならせられタリ、

一、一ノ谷神宮造立地所ヲ御覽有之、本院江御一泊被遊タリ、

○5月6日、晴、土、三月廿一日、

一、午前須广病院ヲ御覽有之、從此海邊ニて網引キ御覽、御晝喰畢リ、須广寺へ被爲成、須磨驛より御乗車、御歸京被遊、神戸驛ニて御暇申上歸家、

一、本月二日出ノ染之書面着、母上樣御病氣ノ報知有之、早速御見舞ノ書面ヲ差出ス、

一、松川友吉より筍十二本着す、

○5月7日、晴、日、三月廿二日、

一、神拜畢、

一、當日近府縣小學校教員會議ヲ、本縣議叓堂ニ開設ニ付、演舌之請求有之、大河平態〻來乞ニヨリ出席、一場之演說ヲナシテ、直チニ歸家す、

一、晩ニ崎元來訪、明八日陸奥丸出帆ノ筈なり、

一、祖父公・宮子姫月次祭執行濟、

＊北野社へ參拜す

＊愛宕山に向って發す

月輪陵朝彦親王墓へ參拜す

＊三宅八幡に參詣す

一、小野田元熙江悔ミ状ヲ出タス、
一、神戸又新ノ日報江金章彫刻之文句質問書ヲ投す、
一、京都加藤新介より土代受取ノ端書達す、

○5月8日、晴、月、三月廿三日、

一、昇殿畢、
一、陸奥丸出帆ニ付、永田猶八江罹災ノ見舞ノ爲、陶器ヲ送ル、
一、北元(文蔵)へ漬物幷ニ酒糠代六十五戔(銭)ヲ送る、
一、田村(喜進)ヲ迎ヱテ、ウサノ病氣如何ヲ聞ク、

○5月9日、晴、火、三月廿四日、

一、神拜畢、
一、午前二番ノ瀛車ニ駕シ、芳・重二人ヲ具シ、上京す、松華樓ニ投シ、午後より月輪山陵ヲ拜シ、朝彦親王(久邇宮)ノ御墓ヲ拜シ、是レヨリ歸途四條祇園萬開樓ノ牡丹ヲ一覧シ、又吉田へ到リ、折田氏ヲ訪ヒ歸途ニ上ル、
一、晩ニ篠田芥津來リ、母子印幷ニ扇面印ヲ囑ス、

○5月0日[10]、雨、午より晴、水、三月廿五日、

一、神拜畢、
一、早朝雨ヲ侵シ、春子注文ノ品〻ヲ買ヒ、又荒木ニ狩衣注文ヲ囑ス、

一午後より元誓願寺ニ郷(健)建造ヲ訪ヒ、河野之一左右ヲ聞キ、又同人之荷物受取方ノ依頼ヲ聞ク、
一、北野ニ參拜シテ歸ル、

○5月11日、晴、水、三月廿六日、

一、神拜畢、
一、午前第七時、愛宕山ニ向ツテ發ス、鳴瀧ニて隅山ニ立寄リ、土產物ヲ投シ硯ヲ托シ、又清瀧より駕ヲ命シ登山ス、
一、清瀧ニて飯シテ歸途ニ上ル、

○5月12日、晴、金、三月廿七日、

一、神拜畢、
一、昨日神戸へ電信ヲ引キ、明日一時ニ出立ヲ報ス、
一、午前七時、三宅八幡ニ參詣、春子精願(誓)ノ御禮ヲ申ス、
一、寺町綾小路西邨へ立寄、印肉地ノ注文シテ歸ル、
一、午後一時ノ瀛車ニ搭セントスルニ、途中變故アリ、三時ニ發ス、六時ニ歸家ス、

○5月23日[13]、晴、土、三月廿八日、

一、神拜畢、
一、縣廳より片岡數回尋來リシト云、是レハ姫路招魂祭ニ出席依頼ノ爲ナリ、然レトモ未歸家ヲ斷ル、高階モ

同斷ナリ、
一、有川矢九郎より枇杷ヲ送リタリ、
一、水越耕南ノ實母死去ノ報知ニ付、代理人ヲ差出ス、
○5月14日、晴、日、三月廿九日、
一、昇殿畢、
一、陸軍少將川村景明、周布公平宛ニて招魂祭出張ヲ斷ルノ書面ヲ出タス、又高階幸造へも同斷、
一、高階ヨリ電信ニテ出張ヲ促カス、依而辭退ノ返信ヲ出タス、
一、晩ニ川添(爲一)來ル、
○5月15日、晴、月、三月晦日、
一、昇殿畢、
一、當日入梅洗ヲ執行、
一、鄕健藏へ書面ヲ出タシ、河野荷物ノ一件ヲ問合セタリ、
一、西尾篤へ茶苗買入方ノ書面ヲ出タス、
一、廣嵓寺ノ後山切平ケ方ノ叓ヲ、市長(鳴瀧公恭)へ協議ス、
一、日外藏ヲ訪タリ、
一、小野田(元熙)警保局長江詩二章ヲ送ル、
○5月16日、雨、火、四月朔日、

招魂祭出張を断る書面を出す
*須磨寺内の公園開拓に賛同す

一、神拜畢、
一、染より十二日附之書面達ス、母上樣御病氣御快癒ヲ報シ、又石屏已ニ成熟之云〻有之、仍而直ニ御祝義ノ書面ヲ出タス、
一、有川矢九郎江枇杷ノ禮狀ヲ出タス、又六之助へ彼岸花ノ黄色ナルヲ注文す、
一、須广寺之住持僧來ル、該寺內ニ公園開拓ニ付贊成ヲ乞ヒタリ、承諾す、
○5月17日、雨、水、四月二日、
一、神拜畢、
一、午前九時關浦清次ヲ訪ヒ、石燈爐寄附之禮ヲ演へ、歸途登廳、秋山書記官(恕鄕)ニ面シ、猶神叓ニ缺席ノ謝罪ヲ申シ入レ、又片岡ヲ訪ニ不在、仍而名刺ヲ遺シテ退廳、
一、松原良太來リて社內下水等之叓ヲ議ス、
一、坪井多三郎より金鎖一筋ヲ月掛拂ニて借入ル、此金四十六圓ナリ、
一、關浦等寄附燈爐之据所ヲ定ム、
○5月18日、半晴、木、四月三日、
一、昇殿畢、

一、篠田六吉へ肴之味噌漬幷ニ饅頭ヲ贈る、

○5月19日、晴、金、四月四日、

一、昇殿畢、

一、大阪曾根崎露天神祠掌山上有幸より書面、兵庫縣下神社明細簿貰入レノ願なり、仍而不用之旨回答ニ及ヒタリ、

○5月30(20)日、雨、大風、土、四月五日、

一、昇殿畢、

一、午より烈風吹發ル、苗樹皆倒、

○5月21日、晴、日、四月六日、

一、神拜畢、

一、片山ヲ訪ヒ、姫路行之件〻ヲ謝シ、歸途五島龜ヲ訪ヒタリ、

一、秋山恕郷訪來リ、閑話ス、

一、八尾板正依頼ノ書二枚ヲ認メ送ル、

一、山本憲親ノ七十壽詩二章ヲ送ル、

○5月22日、晴、月、四月七日、

一、昇殿畢、

一、八尾板正より來翰、

一、京都停車場兒玉江小鯛壹尾ヲ贈ル、

*遷御祭畢りて進輦す

○5月23日、晴、火、四月八日、

一、昇殿畢、

一、陸奥丸着船ノ由ヲ川添(爲一)より報知、北堂君より左ノ品〻、

○鯖の干物　○垂口干魚　○カラ芋

○芋粉　○芋飴　○貝ノ袴　○菓子

○枇杷、北元(文藏)より、

一、枇杷幷ニイチゴ少〻秋山(恕郷)ニ贈ル、

一、中鯛二尾ヲ櫻井江瀛車ニ托ス、

一、西尾(篤)江茶苗幷ニ茶代價ノヿヲ問合セタリ、

一、高階(幸造)訪來ル、姫路祭式ノヿヲ聞ク、又淡路募集金ノ事ヲ談シテ返ス、

○5月24日、晴、水、四月九日、

一、神拜畢、

一、北野天滿宮頁圖ニ贊ス、

曾向祠前感拜回、滿衫時帶涙痕來、千年不獨文華美、大德之馨如此梅、

○5月25日、雨、木、四月十日、

一、昇殿、神位ヲ鳳輦ニ遷奉リ畢ツテ出御、縣廳高等官拜禮畢リテ退出、例之通リ氏子町邨ヲ進輦、湊川堤

防より還行、降雨ノ故ナリ、午後二時半着御畢ル、
一、當日ハ師範學校生徒、神殿左右ニ幷列シテ拜禮ス、其他至ル處、學校生徒途中ニ奉迎す、行樂和洋合奏セリ、
一、大阪綿谷增吉江藥品八味ノ粉末ヲ注文す、
一、陸奥丸人數幷ニ坂本四人江洋食ヲ嚮〔饗〕應す、

○5月26日、雨、金、四月十一日、
一、神拜畢、
一、明日陸奥丸出帆ニ付金貳、染へ遣ス、外に品々北堂君ニ奉る、
一、小川錨吉江水茄子苗注文ヲ依賴ス、

○5月27日、雨、土、四月十二日、
一、神拜畢、

○5月28日、晴、日、四月十三日、
一、神拜畢、
一、午前九時之滊車ニ搭シ上阪、山本憲〔親脫〕ノ壽宴ニ臨ミタリ、
一、諸所ニて買物ヲ調へ、五時ノ滊車ニて歸ル、

○5月29日、雨、月、四月十四日、
一、神拜畢、

○5月30日、半晴、火、四月十五日、
一、昇殿畢、
一、昨日京都鄕健藏より河野荷物之一件ニ付、河野より之書面ヲ送ル、仍テ直樣返書ヲ出タス、
一、川添〔爲二〕來リ、鹿兒島行便船ヲ隅田・信濃川ノ二船ト內定ス、

○5月31日、半晴、水、四月十六日、
一、昇殿畢、
一、國分小村之鶴田清助より依賴セシ一件ヲ、當分官途六ケ〔難〕敷次第ヲ返詞之書面ヲ出タス、
一、踊鄕春田齊依賴ノ內田出仕之叓モ、當分六ケ〔難〕敷時情ヲ返詞ス、
一、硫黃谷堀內武兵衞へ、近日之內本地出帆ノ叓ヲ報す、
一、染へも近日便船次第歸家之書面ヲ出タス、
一、尾崎雪濤江畫幅打替ヱノ催息〔促〕狀ヲ出タス、
一、京都篠田芥津へ饅〔頭脫カ〕五ツヲ贈ル、

（表紙）

日誌　從明治廿六年六月一日
　　　至仝二十七年二月十四日　卅九

〔明治二十六年六月〕

明治廿六年六月1日、晴、木曜、舊四月十七日、

一、昇殿、一日祭執行、

一、午前十一時登廳、書記官（秋山恕卿）ニ答禮シ、又片岡ニ同斷、其他三浦・高山・石井等ニ修繕許可之答ヲ演〔禮脱〕ヘ歸家、

一、染ヘ十日前出帆、船ニ乘込ミノ書面ヲ出タス、

○6月2日、雨、金、四月十八日、

一、神拜畢、

一、明三日上阪ノ報ヲ徳松ヘ出ス、

一、當日河野之荷物ヲ受取ル、即刻京師鄉（健藏）江運送方ヲ問合ス、

一、篠田江饅頭ヲ送ル、

一、有川矢九郎ヘ注文ノのミとり粉二鑵ヲ小包郵便ニて仕出タス、

一、製藥會社江亞爾箇保兒半打注文す、

○6月3日、晴、土、四月十九日、

*上阪種々買物す

一、貳番滊車ニ搭シテ上阪、福壽扇并ニ道修町蚤取粉、

一、雅仙紙〔畫〕小野源、一、博覽會、一、絖吉村、一、古梅園、

一、文玉堂、一、洋銀板、一、海鼠、一、御靈筋

右之所々ニて買物ヲ濟セ、後五時ノ滊車ニ搭シテ歸ル、

○6月4日、半晴、日、四月廿日、

一、神拜畢、

一、周布知支（公平）歸縣ニ付、中鯛二尾、玉菊二輪ヲ贈リ、猶訪ヒテ歸途、日外ヲ訪ヒ歸ル、

一、越後八尾板正江楠公之石盤摺御像并ニ五百五十祭ノ祝詞・橡〔豫〕樟記抜粋ヲ送ル、

*支那領事館を訪ひて談ず

一、前十一時、支那領事館ヲ訪ヒ談シテ歸ル、

*藤澤南岳來訪

一、藤澤南岳訪來ル、仍而支那領事ヘ面會ノ媒介ヲナシ、馬車ニテ南岳ヲ送ラシム、

一、本月九日・十日之出帆、船ニて歸縣豫定ナリシニ、

天滿宮砂持により歸縣を日延す

氏子惣代より天滿宮砂持、來ル十日より初ルニ付、是非其間歸縣ヲ見合呉レトノ請願ニ付、十日間ノ内四日間日延之叓ヲ諾す、

一、河野ノ荷物ヲ通運ニ托シテ、郷健藏江出タシ、猶鍵〔健〕〔藏脱〕其外之書面ハ書留ニて出タス、

○6月5日、雨、月、四月廿一日、

一、神拜畢、

*櫻井能監へ書面を出す

一、染へ書面ヲ出タシ、八日隅田川丸より歸縣之豫定なりシニ、砂持ニ付十二・三日延引之形行ヲ報す、

周布知事より燒鯛を贈らる

一、周布知叓より濱燒鯛一尾ヲ被贈タリ、

○6月6日、雨、火、四月廿二日、

一、神拜終る、

一、尾崎三良、杉本元平と共ニ訪來リ、一ノ谷神宮一件ヲ談シタリ、

一、南山史伊丹小西藏本無之旨、林田より報知有之、仍而尚注意致シ呉レトノ趣キヲ書面ニて依賴シタリ、

○6月7日、晴、水、四月廿三日、

一、昇殿畢、

佐野樞密顧問官參詣す

一、佐野〔常民〕顧問官參詣ニて社務ニて面會、是レハ赤十字社一件ノ事ナリ、

一、越後高橋より書面、是レハ八〔正〕尾板ノ師ト云、餘程文學アリト見得タリ、楠公ヲ祭ルノ文章ヲ示セリ、

一、祖父公・宮子姫ノ月幷〔次〕祭濟ム、

○6月8日、晴、木、四月廿四日、

一、昇殿畢、

一、昨日郷健藏より送郵之爲替金四圓五十四錢請取、直チニ同人形行之返書ヲ出タス、

一、櫻井能監江書面ヲ出スニ付、拙稿ヲ封入ス、

一、京都冨小路御池上ル萬成堂江繪ノ具見本ヲ副へて注文す、

一、藤澤南岳江書面、今朝故障アリテ上阪セサルヿヲ報ス、鄭孝胥ト筆談ノ艸稿ヲ送ル、

○6月9日、雨、金、四月廿五日、

一、神拜畢、

一、陸奥丸着船ノ由ニて、有川矢九郎より枇杷幷ニ彼岸花ノ根ヲ送致ス、

○6月0日（10）、晴、土、四月廿六日、

一、昇殿畢、

*遙拜所の地鎭祭執行

一、當日ハ遙拜所建設地〔鎭脱〕祭執行、

一、午後より洋樂隊文庫ニ於て奏樂アリ、

天滿宮の砂持始まる

一、當日より社内砂持ニて、殊之外賑ヒタリ、
一、夜ニ入リ、崎元彦太郎來ル、
一、攝津島上郡櫻井村之太十郎へ、櫻井之書册返却ノ書面ヲ出タス、

○6月11日、晴、日、入梅、四月廿七日、

一、昇殿畢、

*鳴瀧市長より奠都祭に就きての照會あり

一、京都冨小路萬成堂より繪ノ具送致シタリ、代價四圓八十三戔(錢)ナリ、五品ナリ、
一、京都篠田(芥津)へ書面、過日依頼ノ木材印着手ヲ差留メタリ、此度之小印餘リ高價ナルカ故ナリ、
一、北元文造(藏)江豚肉幷ニコシキ誂ヘノ書面ヲ出タス、

○6月22(12)日、雨、月、四月廿八日、

一、神拜畢、
一、晩ニ宮城初メ、陸奥丸人數、又坂元平八郎ニ洋食ヲ饗す、

*周布知事來訪す

一、兒玉實清訪來ル、因州人ヲ同道す、

○6月13日、晴、火、四月廿九日、

一、神拜畢、
一、陸奥丸出帆ニ付、有川矢九郎江書面ニて、神川一件之叓ヲ問合セ、又六之助(有川)へハ中島一三行キノ書面ヲ封シ、繪絹幷ニ寫本之紙受取方之一件ヲ依頼す、
一、北元(文藏)へ荷物積出シノ書面ヲ出タス、荷物ハ都合七品ナリ、
一、砂持一件ハ、大賑ヒナリ、
一、波多野央訪來、一ノ谷神宮一件ヲ示談ス、

○6月14日、晴、水、五月朔日、

一、昇殿畢、
一、市長鳴瀧(公恭)より奠都祭ニ付、御社祭典ノ一件ヲ照會有之、
一、京都萬成堂江爲替金四圓八拾三錢ヲ郵送す、
一、波多野(央)幷ニ杉浦元平訪來ル、一ノ谷神社ノ一件ナリ、

○6月15日、晴、木、五月二日、

一、昇殿畢、
一、染へ書面ヲ出タシ、今後ノ陸奥丸迠歸家延引ノ叓ヲ報ス、
一、周布知(公平)叓過日來ノ禮謝トシテ訪問アリタリ、
一、波多野來リテ、須磨一件談判之事情ヲ聞キ得タリ、

○6月16日、晴、金、五月三日、

一、昇殿畢、
一、球陽丸出帆ニ付、ツクタ(佃)煮二函、母上様へ進上、又

壹函ヲ有川(矢九郎)へ送ル、

○6月17日、晴、土、五月四日、

一、昇殿畢、

一、午前登廳、周布之訪問ニ答禮ス、又秋山(恕卿)ニ面接シテ分署長承諾ノ禮ヲ演ベタリ、

前田吉彦を訪ふ

*周布知事洋客接待の爲の幅を貸與す

一、前田吉彦ヲ訪、幅借用ノ事ヲ談シテ歸家、

一、今夕ハ家内女中ヲ始メ、七・八人舞蹈ノ爲ニ出タリ、

○6月18日、晴、日、五月五日、

一、昇殿畢、

一、松原(良大)來リ、砂持日延ノ談アリ、

○6月19日、晴、月、五月六日、

一、昇殿畢、

砂持本日にて終了す

一、砂持執行、今日限リニて濟ム、

一、染へ書面、本日ニて砂持濟ミニ付、此回ノ陸奥丸ニ乘船、歸家ヲ報ス、

○6月20日、雨、火、五月七日、

一、神拜畢、

一、大井田(留三郎)江委任狀ヲ渡シ、明石五十六銀行江遣シ、借用金ノ談判を囑スルニ、談判首尾能ク調ヒ歸家す、

一、有川六之助より中島一三方之絹幷ニ賤をたまき(倭文の苧環)等、受取濟ミノ書面達す、仍而直樣禮答之書面ヲ出タス、

一、畧履歷活字濟ミニ付、實ニ上表ヲ替ヘシム、

○6月21日、雨、水、五月八日、

一、神拜畢、

一、川添爲一セン檀木幷ニ櫻ヲ貰ヒニ遣シタリ、是レハ兵庫水上警察構内ニ植ルカ爲ナリ、

一、周布知事、洋客ヲ饗スルニ付、幅幷ニ盆栽等ヲ服部へ渡す、幅五幅ハ前田吉彦より借リ入レ之品ト相合シテ渡ス、

一、高階幸造より過日來面接ヲ拒ムノ理由ヲ問、依而事實ヲ以テ答ヘタリ、

○6月22日、雨、木、五月九日、

一、神拜畢、

一、和田山町安積九龍より鮎ヲ贈リタルニ依リ、禮狀ヲ出タス、

一、龍野之關口訪來リ、是又鮎ヲ惠ミタリ、

一、晩ニ氏子ノ集會ニ臨ミ、砂持之一禮ヲ演ベタリ、

○6月23日、半晴、金、五月十日、

一、昇殿畢、

一、明廿四日福島歸朝ニ付、出迎之一件ヲ倶樂(部脱)より問合

有之、仍而馬車ハ小川江向ケ差出スノ返詞ヲ、多賀江書面ヲ以報シタリ、

一、大井田より金五十圓ヲ受取ル、

前田吉彦來訪

一、晩ニ前田吉彦訪來ル、

○6月24日、晴、土、五月十一日、

一、神拜畢、

福島中佐著港参拜す

一、今日福島（安正）中佐着港ニ付、大井田ヲ代理者トシテ、出迎サセタリ、當人も參拜ス、

一、有川矢九郎より地券之寫遣スノ書面達スルモ、寫ハ取殘シタリト見得封中ニ無之、

○6月25日、晴、日、五月十二日、

一、神拜畢、

一、有川より地券之寫仕送リタリ、

一、電信アリ、ムカイヲクルマテ、多分本日陸奥丸出帆ト察ス、

一、神川清七ヲ呼テ談判ス、內實ハ甚混雜ヲ極メタリ、

○6月26日、晴、月、五月十三日、

一、神拜畢、

一、有川矢（九郎脱）着船ノ由テ訪來ル、

一、北堂君より御送リ品屆ク、干鯖幷ニ小供ノ手遊等ヲ下シ賜ル、仍而右品ゝ安着之御禮、且ツ七月一日本港出帆之趣ヲ染、又ハ北元（文藏）方へ通知之書面ヲ出タス、

一、六之助（有川）へ矢九郎安着之次第ヲ通す、

一、崎元より書面アリ、矢九郎東行ノ意アリ、引留メ呉レトノ事なり、

○6月27日、晴、火、五月十四日、

一、神拜畢、

*略履歴を伊藤首相に獻ず

一、略履歴ヲ伊藤（博文）首相ニ獻スルニ、別啓ヲ附ス、

一、宮城、有川ト同道して來ル、

一、明石米澤へ書面ヲ出タス、是レハ過日彼之方より之書面ニ封シテノ叓ナリ、

*神殿前住友より獻備の銅燈籠を倒し賊難あり

一、昨夕神殿前住友（登久）ヨリ獻備ノ銅燈（籠脱）ヲ倒シ賊難アリ、

○6月28日、晴、水、五月十五日、

一、神拜畢、

一、福島大佐（中）ニ書面幷ニ履歴一卷ヲ寄ス、

○6月29日、晴、木、五月十六日、

一、神拜畢、

一、越後矢尾板正江履歴一部ヲ寄セ、又高橋竹之介江禮狀ヲ出ス、

○6月30日、晴、金、五月十七日、

一、昇殿畢、

川崎正造を訪ひ寄附金を依頼す

一、早朝川崎正造ヲ訪ヒ、銕管幷ニ天満宮寄附金之一件ヲ依頼シタリ、

一、登廳、明日出發之届ケヲ申立、知叓(周布公平)・書記官(秋山恕郷)其他江暇乞、三課へも各員ニ面會シテ歸、

＊磯御邸に伺候す

一、今夕有川(矢九郎)初メ皆洋食ヲ饗す、

〔七月〕

○7月1日、晴、土、五月十八日、

一、神拝畢、

鹿児島に向け出帆す

一、午後三時より五島・大河平等之諸士友皆集リタリ、家族一同共ニ川崎桟橋ヨリ陸奥丸ニ乘附キタリ、有川矢九郎モ同乘船ニテ正四時ニ出帆ス、

○7月二(2)日、晴、日、五月十九日、

一、神拝畢、

＊玉里邸に伺候す

一、海上平穏至極ナリ、伊豫地ニて日没ス、

○7月3日、晴、月、五月廿日、

一、神拝畢、

鹿児島に著上陸す

一、午後一時鹿児島ニ上陸、有川六之助・岡田國兵衛等出迎ヘタリ、上陸否北元(文藏)ニ行テ休息、晝飯ヲ吃シテ三時歸家、北堂君ヲ拝ス、暑熱殊ニ甚タシ、時ニ無異着ノ電信ヲ神戸ニ通ス、

○7月4日、晴、火、五月廿一日、

一、神拝畢ル、

一、午後三時ヨリ芳・繁ヲ具シ、磯御邸(島津忠濟)ニ伺公(候)、長州夏橙八個ヲ獻シ、又西寛次(二)郎ヲ貝倉ニ訪ヒ、歸途天満宮ニ參詣シテ、春子ノ寶賽(奉)ヲ奏シテ、歸途有川(矢九郎)ニ立寄ル、(有川)矢九郎初家内不在ナリ、當日ハ陸奥丸人數ト伊敷之別荘ニ遊ヒシト云ヘリ、

○7月5日、晴、水、五月廿二日、

一、神拝畢、

一、早朝ヨリ土産物ヲ配當す、

○7月6日、晴、木、五月廿三日、

一、神拝畢、

一、午前七時發車、玉里邸(島津忠濟)ニ伺公(候)、夏橙八個ヲ獻シ、歸途折田信夫ヲ訪ヒ、賤ノオタマキ(倭文の苧環)拝借ノ叓ヲ依頼シテ歸ル、

一、昨今非常之炎暑ニて九十度已上ニ達シ、殊ニ降雨ナキ丁、已ニ廿日以上ト云、實ニ難堪、

○7月7日、晴、金、五月廿四日、

一、神拝畢、
一、午前九時家ヲ發シ瀛船ニ乗ル、芳・重・金太郎三人ナリ、又荷物ハ仁次郎ヘ才領爲致上荷船ニて、濱ノ市ニ向ハシム、
一、午後二時濱ノ市ヘ上陸、暑熱如焜、八木伊右衛門ノ家ニ投ス、暫時ニシテ寒凓、卽キニーネヲ仰キ伏ス、國分行ヲ休止す、

大熱發し伏す

一、日暮ヨリ大熱ヲ發シ、一同驚愕シテ、土地之醫師川畑ヲ呼ヒ、又國分ヨリ桑原ヲ出迎ヱ、又鷲貫政右衛門・林彦右衛門等馳セ付キタリト云、更ニ知覺セス、夜明ケテ初テ覺ヱタリ、

○7月8日、晴、土、五月廿五日、
一、早朝起テ床ニ座ス、又桑原來診ス、熱全解ケタリ、然レトモ猶下利〔痢〕、
一、午前九時、春田齊來訪シテ藥ヲ投ス、當日ハ八木ノ家ニ休息ス、

○7月9日、晴、日、五月廿六日、
一、神拝畢、

*硫黄谷に向け發す

一、早朝車ニ駕シ國分ニ向ツテ發シ、鷲貫ノ家ニ投ス、春田（齋）モ同道す、午後桑原來診シ、春田ト協議シテ調藥ス、
一、後四時、春田ハ辭シテ歸ル、今明休息シテ十一日硫黄谷行ヲ約シタリ、林・石塚其他知己、皆訪來ル、

○7月0（10）日、晴、月、五月廿七日、
一、神拝畢、
一、桑原來診ス、當日ハ暑熱殊ニ酷シ、九十度已上ニ至ル、降（マヽ）雨已ニ二十日ヲ過ルカ故ニ雨乞踊リ雑沓ス、
一、當日端書ヲ鹿兒島ニ出タス、
一、桑原來診ス、當日八木ノ家内依賴シ置キタル下女ヲ召具シタリ、仍テ明日發足ノ折、同道ノ事ヲ約シテ返ス、
一、仁次郎ヲ濱ノ市ヨリ呼ヒ、明早天發程ノ用意ヲ命ス、

○7月11日、晴、火、五月廿八日、
一、神拝畢、
一、未明輿ニ搭シテ發ス、行二里半、文阪ニ至リテ朝旭昇ル、下中津川村島田ノ家ニ休息ス、是レハ春田ノ娣婿ノ家ナリ、春田幷ニ永田老人出迎ヱタリ、暫時ニシテ家族皆着す、荷駄ハ仁次郎ニ命シテ先發ス、
一、休息中古塚ヲ一見ス、島田ノ家ヨリ行ヿ九二町餘、西ニ折レタリ、此ノ地ノ字ヲ「オソン」ト云、五輪塔

ニシテ、都合四ツアリ、塔ノ圓形ノ中ヲ穿チ焚キタル人骨ヲ入レタリ、塔四ツノ内三ツハ、悉ク骨ヲ入レ、其一ハ穴ヲ穿タス、尤是ハ四個ノ中ニテ尤小ナリ、但シ此レハ此ノ地開拓セントシテ堀リ出セシト云、其形容數百年ヲ歴シモノナラン、此ノ塚ヲ發見セシ山ヨリ相隔テシ山ハ、九三四丁、此間ヲ西行スル川ハ、卽中津川ナリ、又此古塚ヨリ數丁ニシテ温泉アリ、此ノ湯ヲ湧湯ト唱ユト、抑此中津川村ナルハ、一片之人村連テ風景實ニ可愛、山ニ倚リ川ニ對シテ、東南ニ連山ヲ隔テタ、仍テ土和氣昔大隅ニ流セラレ、此地ニ住セラレシナラント、又湧湯ト唱ルハ、和氣ノ湯ニテ清磨〔麻〕呂ノ入浴之湯ナラント、又彼ノ古塚ハ和氣公ヲ火葬セシ塚ナラント、又「オソン」ハ保存ナラント、然レトモ之レト云ヘキ證跡ナシ、後日ノ參向ニ供ス、

和氣清麻呂入浴の湯

硫黄谷に達す

一、島田之家ニテ晝飯ヲ喫シ、午後一時ニ發ス、四時ニ硫黄谷ニ達シタリ、

〇7月12日、晴、水、五月廿九日、

一、神拜畢、

一、終日荷物ノ取片付ヲ命ス、寒暖計六十度、

〇7月13日、晴、木、六月朔日、

一、神拜畢、

〇7月14日、晴、金、六月二日、

一、神拜畢、

一、仁次郎ヲ鹿児島へ返ス、依而金太郎ヲ令同行、踊井ニ汐涵〔浸〕等へ土產品ヲ贈ル、

〇7月15日、晴、土、六十一度、六月三日、

一、神拜畢ル、

一、神戸へ硫黄谷江着之書面ヲ出タス、

一、飯肥ノ人伊東直記訪來リ閑話ス、書ヲ乞、書シテ與、

一、神戸橋本小六ヨリ八城并ニ浦井(利政)之一件ヲ報シ越シタリ、

〇7月16日、晴、日、六十二度、六月四日、

一、神拜畢、

一、橋本之書面ニ付、二人之所〔處〕分方ヲ本人并ニ大井田(留三郎)江申遣スノ書面ヲ造ル、又外ニ宿許川添(爲一)・田村(喜進)・五藤龜・大河平等へ禮狀ヲ出タス、又大井田へハ常傭ノ一件ヲ記シタリ、又鹿児島染へハ麻ヲ買入レ、糸ヨリ方ヲ申遣ス、

*貞宗の脇差名刀ならず

一、都之城人山之內外壹人訪來ル、貞宗ノ脇差壹本ヲ持

参ス、名刀ナラス、
一、醬油樽弁ニ野菜等、八木(伊右衛門)ヨリ持参ス、
一、昨夕春田(齊)ヨリ大鯉壹尾ヲ贈リ呉レタリ、仍而今朝金太郎ヲ春田へ遣シ、藥水弁ニ右之一禮ヲ演ヘシム、
一、伊東直記煙草名葉五ツヲ贈リタリ、仍而返禮トシテ、扇壹本ヲ贈ル、

○7月17日、晴、月、六十度、六月五日、

一、神拜畢、

御暇繼續願面を出す*

一、染弁ニ北元(文蔵)方へ野菜荷物ノ達シタル書面ヲ出タス、

○7月18日、陰雨、火、六月六日、

一、神拜畢、
一、神戸十三日附ケ之書面千代より達、唐藥等ヲ贈ル云〻アリ、此書面ハ染ヨリ轉達す、神より林(マヽ)江紙袋ヲ送リシヲ記シタリ、
一、春田齊江下利(痢)全快ノ報書ヲ出タス、
一、北元江書面ヲ以テ下男金太郎給與全額ノ叓ヲ問合セタリ、

○7月19日、晴、水、六月七日、

一、神拜畢、
一、都ノ(之脱カ)城山内訪問、明後日出發ノ叓ヲ聞、

○7月20日、晴、木、六月八日、

一、神拜畢、
一、淡路之森田福次郎大阪より書面、米袋之注文書達す、
一、都之城安樂源介行之書面ヲ認メ、同地人深川藤七へ托ス、

○7月21日、晴、金、六十五度、六月九日、

一、神拜畢、
一、御暇繼續願面ヲ大井田・川添両名ニて出タス、拙職叓、願濟ノ上、硫黄谷ニ於テ療養處、未全快不致、御暇日限滿期ニ付、更ニ四周(週)間御暇御許容被下度、社頭之義ハ故障無之樣取計候間、此段相願候也、
但シ、一日神戸出發、三日鹿児島着、此ヨリ硫黄谷迠十四里、都合五日間ナリ、然レハ八月二日ニテ滿期トナルナリ、仍而此叓ヲ両人ニ報す、又爲替金送リ方之件も通報す、
一、秋山(恕郷)書記官、片山左矢馬・三浦純一・神山鈴吉等江書面ヲ出タス、千代へも十三日附ケ之書面達シタルヿヲ報す、
一、千代ヨリ十五日附ケ之書面ニテ、陸奥丸より送リ品着之禮申來ル、

一、濱ノ市嘉次郎之倅來ル、鰍ノ魚幷ニ蛤持參ナリ、本日ハ令一泊タリ、
一、加治木ノ藥店小杉恒右衞門江、華播林壹弓・古倫僕根末五弓、廿草廿目ヲ注文ノ書面ヲ出タス、
○7月22日、晴、土、六月十日、
一、神拜畢、
一、早朝嘉次郎ノ倅ヲ返ス、金五十錢幷ニ素麵ヲ與ヱタリ、
一、國分林彥左衞門江龍伯(島津義久)公御筆短册ヲ讓るの記叓、短册ニ認幷ニ過日來之禮狀ヲ嘉次郎之倅ニ托シタリ、
一、鹿兒島染へ書面ヲ出タシ、菜種子仕送リ方ヲ申遣ス、又小仕〔遣〕不自由故之使、北元より貳圓位取替ユヘキヲ申遣る、
一、林彥左衞門より野菜數品ヲ贈リ呉レタリ、
○7月23日、晴、日、六月十一日、
一、神拜畢、
一、神戸岩崎叓ヨリ書面達す、
一、踊之春田、端書之訪問達す、
一、霧島宮司福崎(季連)江答禮書ヲ出タス、
○7月24日、晴、月、六月十二日、
一、神拜畢、
○7月25日、晴、火、六月十三日、
一、神拜畢、
一、春田齊江書面ヲ以、鷄買入之叓ヲ依賴ス、又下男ヲ橫瀨ニ遣シ、同斷買入レヲ爲サシム、
○7月26日、晴、水、六月十四日、
一、有川六之助鹿兒島ヨリ見舞ノ爲ニ來訪す、
一、神拜畢、
一、國分嘉次郎より水漉器修覆難計ヲ報シ越シタリ、
一、今般春田齊訪來ル、鮎幷ニ野菜種〻惠投ナリ、但シ、前以テ端書ニて通知有之、久〻ニて鮮鮎ヲ食す、甚美味ナリ、
○7月27日、晴、木、六月十五日、
一、神拜畢、
一、六之助(有川)事、霧島江參詣、
一、春田齊、其外林江素麵ヲ振舞ヒタリ、
一、八木伊右衞門より鹿兒島荷物ヲ送リ呉レタリ、
一、北堂君より野菜品〻・干肴等御贈リ被下タリ、北元(文藏)より米桃ヲ惠投す、
右之荷物中ニ神戸より之品〻入レ有之、

一、北元江荷物着之書面幷ニ染へも同斷之書面ヲ出タス、
一、又新日報岩崎(虔)江書面、送詩ニ次韻シテ、又外ニ口號一絶律五首ヲ寄ス、

○7月28日、晴、金、六月十六日、

一、神拜畢、
一、六之助當日歸家ニ付、矢九郎(有川)へ六之助見舞ノ一禮狀ヲ書シ、又賤ヲタマキ(倭文の苧環)寫方筆工料之義ヲ、北元文造〔藏〕ニ依頼スルノ書面ヲ托ス、
一、六之助出立後、更ニ書面ヲ出タシ、矢九郎夫婦へ宛テ、北元方不都合ナラハ、筆工料ハ歸府迠取替呉候樣、依頼狀幷ニ六之助江謝狀ヲ出タス、

○7月29日、晴、土、六月十七日、

一、神拜畢、
一、昨日林彦左衛門書面幷ニ菓子一重ヲ贈リ呉レタリ、書中ニ約束ノ米袋、大井田(留三郎)より送致、正ニ受取ノ文面アリ、
一、小杉藥舗ヨリ藥品三種ヲ送リタリ、
一、大井田江書面、賴母〔子脫〕講ノ名稱幷ニ福島(安正)中佐之寫眞ノ掛ケ場所等之叓ヲ返シ〔事〕致シ、又奥〔墺〕國皇太子御參詣ニ付而之次第ヲ申遣ス、

一、林彦左衛門江禮狀ヲ送リ、又山東菜種子外一種ヲ送ル、此レハ當日又々西瓜幷ニ茄子ヲ送リ呉シニヨリ、禮狀ニ煮鼠ヲ少シ添エタリ、
一、鷲貫政右衛門江書面ヲ出タシ、先般ノ禮ヲ申シ遣ス、本人江モ山東菜幷ニ蓟菜二品ノ種子ヲ送リタリ、

○7月30日、晴、日、六月十八日、

一、神拜畢、
一、牧薗村郵便局江直接配達之件ヲ依頼スルノ書面ヲ出タス、
一、霧島神宮茶店竹之内恒次郎ヨリ見舞トシテ倅ヲ遣シ、蜆貝幷ニ西瓜貳個ヲ贈リタリ、依テ反布幷ニ品々取合セ土產トシ與ヘタリ、

○7月31日、雨、月、六月十九日、

一、神拜畢、
一、安樂善助より書面到來ス、過日仕送リシ、海鼠未タ不屆トノ書面なり、
一、踊永田與右衛門より鷄幷ニ野菜、又春田幸助よりも干鮎等送リ呉レタリ、

〔八　月〕

＊燈籠募勸記を記す

○8月1日、雨、火、六月廿日、

一、神拜畢、

一、北元(文藏)江書面ヲ以而安樂源助ハ善助ノ誤リニ付、過日送リタル紙包ミ差返し相成リ候ハヽ、善助ト書改メ呉レトノ叓ヲ申シ遣ス、

一、神戸千代ヘ綸子表紙詩稿ヲ郵送方申遣スノ書面ヲ出タス、

一、千代ヨリ廿七日出ニテ金六十圓ノ爲替證入書面、書留ニて到着す、外ニ大井田(留三郎)・川添(爲一)、又秋山(恕卿)書記官之書面來着す、

一、春田齊江書面、又同人弟江横川郵便局より爲替受取方委任狀ヲ封入シテ依賴書面ヲ出タス、齊之弟ハ春田靜哉ナリ、

○8月2日、陰、水、六月廿一日、

一、神拜畢、

一、千代幷ニ大井田江書面ヲ出タシ、爲替證到着ノ叓ヲ報ス、又小川鉧吉江書面、水茄子苗ノ一禮ヲ演ヘタリ、又日外藏ヘ宿許植物之看護方依賴ノ書面ヲ送ル、

一、染ヘ書面ヲ出シテ、無叓ヲ告ケタリ、

一、濱ノ市嘉次右衞門之倅蛤ヲ持參す、

一、榮ノ尾安田彌之助ヨリ、西瓜幷ニ茶ヲ送リ呉レタリ、

○8月3日、陰、木、六月廿二日、

一、神拜畢、

一、嘉次右衞門之倅歸ル、反布壹反幷ニ金ヲ與ヘテ返す、

一、春田齊より端書ヲ以金圓受取、明後日持參ノ叓ヲ通ス、

一、大井田江關浦清次郎等、石燈籠募勸記ヲ記シテ送ル、

○8月4日、雨、金、六月廿三日、

一、神拜畢、

一、春田齊より書面ニて、横川郵便局爲替金受取方、委任狀之件〻態人ヲ以而申遣シ、尤證劵印紙貼用之叓ニ付、右印紙無之ニ付、下人金太郎ヲ態人同行爲致、印紙買入方トシテ差出す、

一、春田(齊)より野菜ヲ贈リ呉レタリ、仍而才のり少〻ヲ贈ル、

一、崎元彦太郎卅一日附ケ之書面到來ス、

一、六之助(有川)ヨリ書面、筆工料三圓、北元方より受取候報知有之、

○8月5日、半陰、[土脱]六月廿四日、

一、神拜畢、

一、踊より歸ル、爲換金受取ニ付、印紙貼用ノ委任狀ニ不及、證劵裏書ニ左之通リ記載捺印ニテ宜ロシトノ事ナリ、仍而直ニ記載シテ齊(春田)宛ニテ郵便ニ出タス、

拙者儀事故有之、桑原郡牧薗村宿窪田百五番戸西靜哉ヲ以テ、本表ノ金額請求方ヲ委任ス、

明治廿六年八月五日

大隅國桑原郡霧島硫黄谷溫泉場在

折田年秀印

一、崎元彦太郎幷ニ宮城・堤等江書面ヲ送ル、上封ヲ有川六之助ニして出ス、

一、北元江金三圓筆工料トシテ、有川六之助へ渡し呉レ候一禮ヲ申シ遣ス、

一、大井田より爲替取組ミニ付、受取方ノ一件申遣シタリ、

○8月6日、晴陰、日、六月廿五日、

一、神拜畢、

一、上之薗居住海軍兵學校將校・生徒新納司訪來ル、是レハ藤助之倅ナリト云、前源七郎より書面持參ナリ、

一、鹿兒島より荷物到着、野菜數品、菓子・切滔・干肴・鹽辛、又北元よりも菓子・切滔壹ツ、外ニ有川より

水漉器械壹ツナリ、仍而開手籠貳個中ニ干鮎少々ツヽ北堂幷ニ北元江書面ヲ附、當日濱ノ市八木伊右衞門江送リ狀相添へ、返リ馬ニテ差遣ス、

一、有川矢九郎江書面、水漉ノ禮狀ヲ出ス、

一、北元より端書ヲ以而、下男給料之一件ハ永田(與右衞門)より追而可申遣トノ返詞來ル、猶今後報知ノヿヲ囑ミ、外ニ芭蕉三把送リ方ヲ注文す、

一、大井田より卅一日附ケ之書面達す、賴母シ(子)講名義ノ件等ナリ、此レハ巳ニ去廿九日附ヲ以而、及返詞タリ、

○8月7日、月、六月廿六日、

一、神拜畢、

一、齊之弟西靜哉橫川郵便局より爲換金六拾圓受取持參也、仍而齊より野菜品々惠投なり、此方よりハ鹽辛ヲ贈ル、

一、神戸より高階幸造幷ニ三浦純一ノ書面達す、

○8月8日、晴、火、六月廿七日、

一、神拜畢、

一、千代幷ニ大井田へ書面ヲ出タシ、爲替金無異受取之叓ヲ報ス、但シ宛所相違之件も通す、

橋本海關へ詩艸を送る

一、姫路之小野、本日汐涵〔浸〕江發途す、

　○8月9日、半日雨、水、六月廿八日、

一、神拜畢、

一、汐涵〔浸〕溫泉場井上藤太郎へ、炭壹駄送致之端書ヲ出タス、

　○8月0〔10〕日、晴、木、六月廿九日、

一、神拜畢、

一、春田齊井ニ西靜哉江禮狀ヲ出タス、

一、本縣警部種子島武治訪來ル、本人横川警察署長ナリ、昨年春田ノ依賴ニて半切壹枚ヲ書キ送リシ人ナリ、扇面ヲ認メテ與ヱタリ、

　○8月11日、晴、金、六月晦日、

一、神拜畢、

一、濱ノ市嘉次右衞門之倅來リ、注文ノランフ持參す、又海老幷ニ蛤ヲ惠ミタリ、又過日揮毫ヲ乞ヒシ森喜右衞門より蛤ヲ惠投ナリ、依而扇面貳本ヲ謝禮トシテ送ル、

一、巡査佐土原來ル、依賴ノ書二枚ヲ與ヱタリ、干鮎ヲ當人ヨリ惠ミタリ、

一、神戸高階幸造江書面ヲ出タシ、投書之答禮ス、

一、橋本海關江書面ヲ出タシ詩艸ヲ送ル、外ニ書藉〔籍〕現在數取調ノ事ヲ依賴ス、今日詩稿掛ケ張ニて郵便ニて達す、

　○8月12日、晴、土、七月朔日、

一、神拜畢、

一、嘉次右衞門之倅ヲ返ス、金六十錢ヲ與ヱタリ、

一、神戸行千代へ春子ノ便リヲ五日間位ニ報スル樣申遣ス、外ニ梅干ノ小ナル處五・六十個、ミリキ〔マヽ〕壹打ノ注文す、又昨十一日詩ノ艸稿安着ノ事ヲ記ス、書中ニ大井田ニ宛テミリキノ叓ヲ依托ス、

一、八木伊右衞門より鹿兒島ヨリ之荷物到着す、手籠貳ツ・小樽一個ナリ、中ニ神戸より之送リ品幷ニ川添爲一江依賴シ置キタル、烏賊餌ト五ツ函入ニて有之、鹿兒島よりハ野菜・干肴等ヲ被下タリ、又神戸ハ千代病氣之云〻有之、是レハ脚氣ニて田村〔喜進〕江治療ヲ乞、當分海水浴中之由、併シ心配ニハ不及トノ書面ナリ、川添ノ書面ニおたか緣付キノ一件有之、

一、右荷物到着ノ趣キ幷ニ荷物ハ叓之都合ニヨリ、後便ニ返スヘキ丆、又醤油不足ニ付送リ方、外ニ丸ほろ貳十錢、松風貳十錢カノ送リ方ヲ注文す、又北元〔文藏〕へ

も端書ヲ以テ着荷ノ叓ヲ報す、

○8月13日、雨、日、七月二日、

一、神拜畢、

一、千代江養生方ノ一件ニ付、佐野ニ診察乞ヒ候様申遣ス、

一、川添へ烏賊餌ヱ(マヽ)トノ一禮、且たか緣付承諾ノ叓ヲ返辭シタリ、

一、千代へたか緣付キニ付、衣類又ハ帯なり、五・六圓ノ品ヲ見立テ、遣スヘキ旨ヲ申シ遣ス、

一、田村喜進江書面ヲ遣シ、千代之病氣ヲ依頼す、

一、郵便切手壹圓かの郵便達人ニ托シテ依頼ス、

○8月14日、雨、月、七月三日、

一、神拜畢、

一、種子嶋武治へ依頼ノ書、全紙四枚、半切八枚ヲ贈ル、又加治木町川畑江梅畫ヲ贈ル、

○8月15日、晴、火、七月四日、

一、神拜畢、

湯ノ神へ參詣す

一、種子嶋武治ヲ堀切方へ訪ヒ、湯ノ神江參詣す、桑原等ヲ訪歸ル、

一、本月八日出之神戸書信落手、千代幷ニ藤城之母ノ書面アリ、千代病氣少シハ快キトノ報知ニて大安心、

又春子ハ至極ノ元氣ト云、

一、牧薗春田より態人參リ、野菜澤山ニ惠投ナリ、又山下よりも同斷、鷄一羽ヲ贈リ呉レタリ、

一、新納司來リて揮毫ヲ乞、三人ニ書して與ヘタリ、

○8月16日、風、雨、水、七月五日、

一、神拜畢、

一、神戸行書面ヲ出タス、千代へ病氣養生ノ注意ヲ申遣ル、牛ヱキス飲用ノ叓、又たか緣付キニ付、二階ノ簞笥壹個ヲ遣シ、又鏡臺洋鏡壹面ハよしより相遣し、猶又藤城ノ母江書面ヲ遣シ、千代・春子ノ叓ヲ依頼ス、

一、川添へ書面、千代養生一件ヲ依頼ス、大井田へも同斷、外ニ御暇繼續願指令可差遣旨申遣ス、

一、汐浸井上ヨリ端書ヲ以而、炭當分無之ニ付、注文セシ故、參リ次第可遣云〻申來ル、

一、小川銁吉より之書面達す、

○8月17日、晴、木、七月六日、

一、神拜畢、

一、鹿児島染行之書面ヲ出タス、一昨日より之暴風雨ヲ報シ、又陸奥丸より丸ほろ春子へ贈リ方ヲ托シ、千代ノ不鹽梅之叓ヲ通知シタリ、此書面ハ桑原之倅ニ

托シテ、國分迠出タス、

一、北元江周布(公平)知吏病氣見舞之電信ヲ依賴ス、

一、八木伊右衛門江病氣見舞之書面、且ツ鹿兒島江開手籠ナト差返シ度ニ付、馬便爲立寄呉トノ事ヲ依賴す、

一、春田より態人ニて炭四俵、幷ニ野菜、又過日依賴シタル郵便印紙五十五枚トヲ贈リ呉レタリ、依而禮狀ヲ出タシタリ、書中金壹圓ヲ入炭代也、但シ今後神戸より爲換金ハ、春田又ハ西ノ名宛ニて爲差出度、差支無之哉之吏ヲ問合セタリ、

一、國分ノ山田一之丞來リテ書ヲ乞、書して與ヱタリ、

○8月18日、晴、金、七月七日、

一、神拜畢、

一、有川矢九郎行之書面ヲ郵送ス、

一、桑原(善兵衛)・川畑(嘉右衛門)見舞なり、

一、八木伊右衛門より使立寄候間、開荷手籠二個、酒樽壹個、小風呂敷壹ツヲ相渡シ、八木江送リ幷ニ書面ニて依賴ス、

一、染へ書面ヲ出シ荷物中ニ入レ、金五圓ヲ封入す、うるめ干肴幷ニいものこ酒五升ヲ注文す、

○8月19日、晴、土、七月八日、

一、神拜畢、

一、昨七日晩ニ都ノ城案樂善助到着、茶貳鑵・舞茸惠贈ナリ、

一、染江開手籠幷ニ酒樽・風呂敷包等之三品、八木方江差出候趣ヲ通シ、又北元へも右荷物着次第、荒田江報知方ヲ依賴スルノ端書ヲ出ス、

一、安樂善助見舞ナリ、

一、西靜哉入湯ノ爲ニ來リ、爲土產鷄幷ニ鮮鮎ヲ惠投なり、

一、當日種子嶋武治等、本所ヲ去ル、又春田(齊)よりも野菜ヲ惠投なり、

○8月20日、晴、日、七月九日、

一、神拜畢、

一、昨日八木ヨリ態馬ニて、鹿兒島より之荷物ヲ送ル、野菜幷ニ醬油・干肴なり、又北元より高須芋・カマス干物ヲ惠投なり、仍而右之荷物移リ開品〻、直クニ八木方へ送リ返シ方ヲ依賴ス、

一、大井田幷ニ千代・川添へ書面ヲ出タス、一、御暇繼續願書幷ニ爲換振出シ名宛ノ雛形ヲ西靜哉ト致シタリ、又先般書面之上、封ニ脇書キ無之ニ付、裏書キニ朱

ニて書キ、大井田・千代ノ名宛テニテ封入す、

一、汐浸井上（藤次郎）ヨリ西瓜幷ニ茄子ヲ惠投なり、仍而鮑糠漬・菓子ヲ返禮トシテ返ス、

一、染ヨリ十七日出之書面相達す、

○8月21日、大雨、月、七月十日、

一、神拜畢、

一、神戸ヘ西靜哉江送るヘキ書面ノ下書ヲ、昨日封シ殘シタルニ依リ、更ニ本日仕出ス、此レハ大井田・千代ノ兩名ニテ出タス、此ノ書中ニ薄葉紙ノ卦貳册計リ、折掛ケ郵便ニて仕送リ方ヲ申遣す、

一、千代ヨリ十六日出之書面達シ、病氣快癒之報アリ、依而早速ニ神前御酒・洗米ヲ供ヱテ御禮申上候、又大井田ノ不幸ヲ記シ有之、

一、有川六之助ヨリ十九日出之書面達シ、賤雄（倭文の孝環）多未幾已ニ三卷迠ハ寫濟ミノ報アリ、

一、安樂善介訪來リ閑話、數時ニ及ヘリ、

○8月22日、晴、火、七月十一日、

一、神拜畢、

一、有川六之助ヘ返詞之書ヲ出ス、

一、北元文造（藏）江小牧行之書面、幷ニ藥品三種仕送リ方之叓ヲ依賴ノ書面ヲ出タス、

一、諸方より依賴ノ書額面ヲ書ス、

一、新納司幷ニ川越（卯之吉）・瀨川小石磨訪來ル、瀨川ハ皇典講究所卒業生徒ニテ、當分鹿兒島造士館教員、本所野〻湯ヲ統理スト云ヘリ、本日野〻湯ニ行クトノ事故ニ、堀切之宅江見舞シタリ、

○8月23日、晴、水、七月十二日、

一、神拜畢、

一、大井田（留三郎）江母死去之悔ミ電信ヲ、北元より神戸江報スル樣、堀切ノ養子出鹿ニ托シタリ、

一、社務所江大井田除服申立ノ書面下書ヲ達す、

一、大井田江悔ミノ書面ヲ出タス、

一、千代ヘ書面、十六日附ケ之書面ノ返詞ヲ出タス、

一、宮崎縣尋常師範學校長遠藤正訪來リ閑談ス、

一、新納司本日出發ス、

○8月24日、晴、木、七月十三日、

一、神拜畢、

一、廿日之橋本（海關）書面達す、浦井（利政）ノ一件ヲ詳細ニ報シタリ、

一、日外より十九日附之書面達シ、旱魃之云〻ヲ記シタリ、

一、有川矢九郎より之書面達す、
一、周布知叓(公平)より病氣快氣電信ノ禮狀達す、
一、國分鶩貫(政右衛門)より書狀幷ニ梨子五十個贈リ呉レタリ、
一、川越卯之吉明日歸郷ニ付、暇乞ノ爲ニ來ル、過日來依賴之書ヲ認メ贈リタリ、

○8月25日、晴、金、七月十四日、

一、神拜畢、
一、川越卯之吉・遠藤正歸郷ニ付、見舞ニ往來ス、

周布知事へ病氣平癒祝詞書面を出す

一、周布公平知叓ニ病氣平癒祝詞書面ヲ出タス、
一、鹿兒島より野菜願ノ荷物、昨日の仕出シにて到着致候、
一、田村喜進十九日附之書面到着シ、千代の病症詳細ニ申來リ候、
一、踊之春田(齊)幷ニ永田氏(猪八)より盆之餠及菓子・野菜ヲ贈ラレタリ、又榮之尾舊湯守安藤よりモ餠ヲ持參シタリ、
一、西靜哉之宿許より前同斷之贈リモノ有之、

○8月26日、晴、土、七月十五日、

一、神拜畢、
一、西靜哉歸郷ニ付、兼而實兄春田より依賴ノ書、都合拾七枚ヲ渡し屆ケ方ヲ依賴ス、又西江ハ浴衣地幷ニハンカチウ半打及扇面書畫等ヲ贈ル、
一、田村喜進江書面ノ禮狀ヲ出タス、

*千代入院の報知

一、廿一日附ニて、千代・川添・大井田・藤城母之書面達す、千代病氣ニ付、佐野病院江入院之報知ナリ、但子宮病ノ輕症云〻ナリ、

○8月27日、晴、日、七月十六日、

一、神拜畢、
一、安樂善助訪來ル、
一、有川六之助書面中ニ五代德夫之書面有之、云ク、着鹿兒ノ節梅花詩稿ヲ贈リシニ、淸國領叓鄭氏ノ評無之トノ事ナリ、仍而卽時五代ニ書面ヲ投シ、神戸へ問合越シタリ、萬一無之ハ、歸神ヲ以可送旨ヲ記ス、
一、川添・大井田江書面、千代、佐野(病院)へ入院ノ禮幷ニ宿許看護ノ件等ヲ謝ス、又千代へハ只今之中充分ノ養生可致、又春子ニ念入レ候樣申遣シタリ、
一、佐野譽江千代入院ニ付而ハ、馳療(施)依賴スル旨ヲ記シタリ、

○8月28日、晴、月、七月十七日、

一、神拜畢、
一、川津川在勤巡査佐土原江ハンカチウ幷ニ手袋ヲ贈る、

是レハ過日干鮎恵投ノ禮なり、

一、國分鷲貫政右衞門江梨子恵投ノ禮狀ヲ出タス、

一、安樂善助江鷄卵五十并ニ煮物ヲ贈ル、

一、新納司より廿六日出之書面達す、北堂君へ直左右申上候云〻ヲ記シタリ、

○8月29日、晴、火、七月十八日、

一、神拜畢、

橋本海關へ詩稿を送る

一、橋本海關并ニ津田江書面、浦井所分〔處〕ノ書面、津田江送ル、海關老ヘハ詩稿ヲ入ル、

一、日外藏へ書面、不在中植物之一般ヲ依頼、又西田茂八郎方紙之一件ヲ同人より、森田なり西田ナリへ通知之叓ヲ依頼シタリ、

一、川添〔爲一〕より廿四日出之書面達す、千代之病狀ヲ叮嚀ニ報シタリ、

一、安樂同道ニて神宮司光徳訪來ル、

○8月30日、晴、水、七月十九日、

一、神拜畢、

一、神戸并ニ鹿兒島ヨリ之荷物八木（伊右衞門）ノ倅持參なり、

一、神戸よりハ牛乳壹打、リンコ、バラナ（マヽ）、洋酒貳本、川添より其外菓子・ブトウ等なり、リンコ・ブトウハ腐敗シタリ、又鹿兒島ヨリ野菜・干雜子等ヲ送リ來ル、

一、都城神宮司光徳より菓子數品ヲ贈リ呉レタリ、是レハ昨日額面ヲ認メタル禮なり、仍而ふとう（葡萄）酒壹瓶ヲ禮トシテ返す、

一、鹿兒島染へ書面、荷物到着ノ禮ヲ云遣ス、

一、西田茂八郎并ニ森田兩名ノ書面ヲ出タス、此レハ末嚢用ノ紙一件ノ返辭なり、近日中安樂善助より見本之紙二種可仕送云〻ヲ記シタリ、

一、小牧注文之藥品三昧、此代價貳十貳分三リン、北元（文藏）方より相屆ク、又北元より金玉糖一重ヲ贈リ呉レタリ、

一、千代江書面、十九日并ニ廿五日附ケ之書面、且ツ荷物到着之叓ヲ報ス、

一、川添江書面、千代病氣一件之禮、且ツ廿一日附ケ書面一禮、又此節送リ品之禮等ナリ、

一、佐野譽江千代入院之禮ヲ記ス、

一、川越卯之吉より禮狀達す、

一、染江書面ヲ出タシ、今度陸奥丸便よりカステイラ壹函、千代・春子へ仕送リ方ヲ依頼ス、

一、バラナ（マヽ）并ニリンコヲ春田齊ニ贈ル、

一、國分林彦左衞門より茄子等惠贈ニ付、飽糖漬ヲ贈ル、
一、春田より野菜ヲ送リ呉レ、西靜哉ヨ（マヽ）書ノ依賴アリ、此レハ國分野村平次郎・野村桑助二人なり、

○8月31日、晴、木、二百十日、七月廿日、

一、神拜畢、
一、安樂善助ヨリ葛粉・小豆寒晒粉ヲ惠投、依而フトウ（葡萄）酒壹瓶ヲ返禮トシテ遣ス、
一、崎元彦太郎行キノ書面ヲ出ス、九月末之便船より歸神ノ叓ヲ依賴す、又有川矢九郎へ書面、六之助ニ同斷、
一、津田より廿五日出之書面、幷ニ竹印材仕送リタリ、此代價ノ件モアリ、
一、大井田よりも同斷相達す、
一、晩ニ堀切方より急病人出來ニ付、藥品所望有之ニ付、ロウ廿精ヲ芳ニ爲持遣シタリ、癲癇症ニテ直チニ快氣シタリ、

〔九　月〕

一、當日林之倅（彦左衞門）到着ニて、柿・ふとうヲ惠ミタリ、

○9月1日、金、晴、七月廿一日、

一、神拜畢、
一、林之倅（彦左衞門）訪ヒ來ル、蚤取粉ヲ配分す、
一、千代ニ書面、痢病ノ要心ヲ申遣シ、又竹印材手間料拂方ヲ申遣ス、此レハ大井田（留三郎）より不拂トノ叓ヲ、津田より報スルカ故ナリ、
一、津田江書面ニて、大井田より印材代價不仕拂トノ叓ナラハ、石井へ示談シテ、拙者歸神迠可相待旨ヲ申遣ス、
一、櫻井能監江書面ヲ出タス、硫黄谷口號詩稿ヲ送リ、又廿六年ハ郡司（成忠）ノ短艇行、福島（安正）ノ地球中斷獨行、澳國皇族來朝ノ美事アリ、最後ニ相馬之謀殺、錦織（剛清）之告發、星（亨）之悖德彼の美叓ヲ以テ、此醜惡ヲ價ヒ難ク、實ニ醜名ヲ海外迠不威ニ流スニ至レリ、併シ一歩ニ歩ヲ轉シテ見るニ、是レハ此レ伊藤（博文）惣理之洪運ト謂ツヘシ、抑改進・自由相提携シテ、政府攻擊ヲ試ミシニ、二黨ハ絶交シ自由破竹之勢ヒアリシニ、福〔副〕惣理星之悖德上ヨリシテ、內輪腐敗ヲ現出シタレハ、第五議會ニハ遂ニ統一ノ議纏リ兼ネ、其勢甚タ微弱、五議會ハ暗〻裡ニ經過スヘキ云〻ヲ記シタリ、

○9月2日、雨、土、七月廿二日、

一、神拜畢、

*櫻井能監へ書面を出す

*郡司海軍大尉の千島探検福島陸軍中佐のシベリア横斷相馬事件星亨の衆院除名決議

*社寺局長より履歴書差出すべく申入あり

一、當日加治木ノ原田歸郷ニ付、扇面二本ヲ贈ル、

○9月3日、雨、日、七月廿三日、

一、神拜畢、

一、雁皮卦紙二冊、廿五日出ニテ神戸ヨリ郵送着、

一、汐浸井上(藤次郎)江先達注文之炭仕送リ方、斷リノ書面ヲ出タス、

一、千代へ痢病大流行之由ニ付、春子ノ養生方ヲ記シ、又雁皮卦紙到着ノ返詞ヲ出タス、

一、川越卯之吉へ端書ノ禮、并ニ五百五十年祭擊劍會之祝詞ヲ送ル、

一、千代ヨリ廿八日附ケ之書面達し、金五十圓仕送リ之報有之、又佐野(譽)へ入院禮之書面云々申遣シタリ、佐野行之書面ハ、已ニ先日差出シタリ、

○9月4日、晴、月、七月廿四日、

一、神拜畢、

一、安樂善助、本日歸郷ニ付早朝見舞ス、又本人も暇乞ノ爲ニ來ル、仍テ扇面貳本ヲ送リ、又舞茸鹽漬ヲ依頼シテ、金壹圓ヲ預ケタリ、

一、爲替金到着ノ返詞ヲ、千代并ニ大井田江出ス、

一、卅日附ケニて大井田ノ書面達ス、爲換金ノ件并ニ周(公平)布知叓ノ病氣、又秋山(恕郷)書記官ヨリ履歴書可差出、社寺局長より之云々ナリ、但シ雛形添ヒタリ、

○9月5日、晴、火、七月廿五日、

一、神拜畢、

一、大井田并ニ津田江書面ヲ出タシ、履歴書雛形ヲ添へ、謄寫方等ヲ又周布氏より禮狀ヲ封入す、

一、履歴書ハ掛張郵便ニて出タス、

一、林彥左衞門より野菜ヲ惠贈ス、

一、踊春田(齋)より野菜ヲ贈リ、又炭之俵ヲ贈リ呉レタリ、

一、林熊次郎訪來リ、詩ノ轉作ヲ乞、又揮毫ヲ乞、三枚ヲ書シ、詩ハ次韻して返ス、熊次郎ハ彥左衞門之倅なり、

一、馬便リニて鷲貫(政右衞門)より鰍四尾ヲ贈リ呉レタリ、

○9月6日、晴、水、七月廿六日、

一、神拜畢、

一、八木ノ返リ馬ニて、過日鹿兒島より送リ來リし移リ籠ヲ返し、又小樽壹ツニ味噌贈リ方ヲ染へ書面ニて申遣し、又八木(伊右衞門)江ハ福山酢壹瓶ヲ贈リ方(マヽ)ヲ依頼す、

一、有川矢九郎へ書面ヲ以而蘇鐵三鉢ヲ陸奥丸便より取寄せ方ヲ依頼シ、又六之助へも同斷之書面ヲ出ス、

一、千代幷ニ川添(爲一)ヨリ本月一日附之書面相達ス、千代ハ一日ニて入院、十二日ヲ經、追〻快キトノ事ナリ、又春子事至極ノ元氣之由ナリ、川添よりモ千代病狀詳細ニ申遣シタリ、外ニ異條(常)無之、又兼而注文之烏賊餌ハ已ニ出來ニ付、三日ノ安治川丸ニて鹿兒島迠仕送ルトノ趣キヲ記シタリ、

一、都ノ城神宮司(光德)歸鄕ニ付、暇乞之爲ニ來ル、又鰻數尾ヲ贈リ呉レタリ、依而絖地壹枚ヲ書シテ贈ル、

○9月7日、晴、木、七月廿七日、

一、神拜畢、

一、神宮司光德暇乞之爲來訪、

一、川添へ禮狀ヲ出タシ、烏賊餌ト代大井田へ引合之叓ヲ記ス、

一、千代へ病氣、追〻快キトノ返詞ヲ出タシ(マヽ)、

一、大井田へ川添へイカ餌ト代金可相渡旨ヲ記シタリ、

一、佐野譽へ禮狀ヲ出タス、

○9月8日、晴、金、七月廿八日、

一、神拜畢、

*鹿兒島に強地震あり

一、昨夕十時ニ、春田齊幷ニ田島源藏同道ニて到着す、春田(齊)ヨリ種〻物品持參、又田島も同斷なり、金正川名品ノ鮎數尾惠ミタリ、

一、神戸仕送リ爲換金五十圓持參ニて、正ニ落手す、右金員ハ西靜哉ヨリ書面添タリ、

一、三日出テニて神戸日外藏ヨリ之書面ニ、千代叓、佐(譽)野院長之許可ヲ得、昨二日退院云〻ヲ記シタリ、右之外宿許植物云〻細カニ報知シ、又過日依賴シタル西田茂八郎米嚢一件之叓モ、直ニ西田へ通シタリトノ叓ヲ記ス、

一、六日出ニて染より之書面ニテ、陸奥丸出帆ニ付、カステイラ一函神戸へ仕送リタリトノ報知有之、

一、春田・田島(源藏)、本日歸鄕ス、依而春田江椎茸五・六斤買入レヲ囑シタリ、

○9月9日、土、七月廿九日、

一、神拜畢、

一、染江書面ヲ出シ、陸奥丸よりかすていら仕送リ之れい(禮)ならひに千代ひやうき(病氣)のことを申遣す、

一、踊之山下之倅訪來ル、野菜幷ニ鷄壹羽ヲ惠投なり、

一、神戸千代幷ニ川添・藤城より千代快氣退院之報知有之、是本月二日附ケなり、

一、染ヨリ去六日強地震ニ付、當所ハ如何、母上樣御心

配之報知有之、仍而即刻端書ニて硫黄谷ハ何叓も無之旨ヲ申遣す、

○9月0(10)日、晴、日、二百廿日ナリ、八月朔日、

一、神拝畢、

一、川添・大井田(留三郎)・日外・藤城・佐野(譽)幷ニ千代、又歌江書面ヲ作リ、各名ヘハ千代入院中之禮ヲ演ヘタリ、但シ大井田江ハ摺立テシ履歴四・五册掛張郵便物ニして、荒田江送致之叓ヲ依頼ス、

一、林熊次郎、桑原(善兵衛)ト同道ニて訪來リ、両人共揮毫ヲ乞ヒタリ、

一、宮崎之川越卯之吉より書面、幷ニ奈良漬瓜二個送リ呉レタリ、但本人之親入湯之爲ニ參リタリ、

○9月11日、晴、月、八月二日、

一、神拝畢、

一、川添爲一江書面ヲ出シ、地震ノ事ヲ報知す、

一、六日出之千代書面達シ、郵便税端書達す、又過日津田ヨリ之竹印材、手間代價大井田より拂方云々ハ、全ク同人一己之叓ニて、大井田ハ存知セサルトノ叓なり、

○9月12日、晴、火、八月三日、

*橋本海關へ詩稿を送る

一、神拝畢、

一、千代江郵便端書幷ニ印紙到着之返叓ヲ出タス、

一、昨十一日春田より印紙二拾五枚到着す、仍而右之禮狀ヲ出タス、

一、川越卯之吉之親ヘ天門(マヽ)各漬ヲ贈ル、

一、鷲貫靜太郎幷ニ赤塚より生魚ヲ惠投セリ、揮毫ノ禮なり、

一、小村之堀切より大カレイヲ惠ミタリ、揮毫ノ禮なり、

一、鹿児島ヨリ十一日出之荷物着す、野菜數品幷ニ干肴ナリ、又川添より仕送リ之烏賊餌ト、幷ニ印入リ之小箱有之、烏賊餌トハ四個なり、

一、橋本海〔關脱〕ハ七日附、大井田モ同斷、津田八日附ニテ過日仕送リ詩稿、橋本・岩崎二人之評入リヲ仕送リタリ、

一、津田より浦井一件之事情、備サニ通知有之、

○9月13日、晴、水、八月四日、

一、神拝畢、

一、橋本(海關)・津〔田脱カ〕両名江浦井ノ一件平和ニ調理可致旨ヲ申遣スノ書面ヲ、千代名前ニテ出タス、

一、桑原今日歸家す、

一、小村之堀切幷ニ鷲貫靜太郎訪來ル、

橋本海關等に詩稿を送る

一、下中津川田島源八ヨリ書面、銃薬ノ叓ヲ依頼シタリ、

○9月14日、晴、木、八月五日、

一、神拜畢、

一、橋本・津田兩名ニ宛テ詩稿ヲ送ル、

一、川添江烏賊餌ノ一禮并ニ千代病氣ニ付而ハ、入費ヲ厭ス養生可致旨申聞ケ方ヲ依頼す、

一、大井田江ハ橋本江月給金、従前之數ヲ減シタルハ、不在中之叓ニテ、歸神ノ上ハ舊ニ復スヘク、何分昨年來非常ノ入費難與云ミヲ、更ニ橋本へ掛合可致旨ヲ記シタリ、

一、浦井へ書面、今般ノ義ニ付而ハ、婦女子ノ流言取留ナキ叓故ニ、一先ツ中止、拙者歸社迠可相待旨ヲ懇諭ス、

一、千代へも橋本へ金圓不足渡シノ一件ヲ可申入旨申遣ス、

一、有川六之助へ過日書面ノ禮、又賎の雄多末幾〔倭文の苧環〕ノ寫料及紙合方ノ件ヲ申遣ス、

*霧島神宮へ參拜し福崎宮司へ面會す

一、染へ十一日出之荷物・野菜、十二日はんにとゝきタルヲ報ス、

一、國分之林熊次郎、今日歸郷、

一、春田〔齊〕氏より野菜并ニ栗・梨等ヲ惠投なり、依而此内ヨリ之書拾八枚、畫壹枚、神號壹枚ヲ記シタルヲ送ル、

○9月15日、陰、金、八月六日、

一、神拜畢、

一、宮崎之川越〔卯之吉〕へ書面ヲ出タシ、奈良漬ノ禮ヲ演へ、近作二首ヲ送ル、

一、端書ニ讀〔賣脱カ〕、星〔亨〕代言記事詩ヲ薩陽社ニ寄ス、

○9月16日、雨、土、八月七日、

一、神拜畢、

一、有川矢九郎より蘇鉄三鉢、沖縄江注文シタルヿヲ報シタリ、

一、國分ノ林ヨリ梨子及ヒ味噌漬ヲ惠贈す、

○9月17日、晴、日、八月八日、

一、神拜畢、

一、有川矢九郎へ蘇鉄注文ノ禮狀ヲ出タス、又崎元江蘇鉄神戸へ屆ケ方ノ叓ヲ依頼スルノ書面ヲ出タス、

○9月18日、晴、月、八月九日、

一、神拜畢、

一、午前七時駄馬ニテ霧島神宮へ參詣、十一時ニ參拜、福崎季連へ面會シ、吸物并ニ御神酒頂戴シテ退散シ、

町之茶竹ノ内江立寄リ、書飯ヲ喫シテ休息ス、

大迫鹿兒島知事と暫時面話す

一、大迫知叓(貞清)、明日御祭、奉幣使トシテ同家ニ着シタリ、暫時面話シテ別袖、明十九日硫黃ニ參るニ付、宿手當ヲ依賴ナリ、歸リ掛ケ堀切方へ申附ケ置キタリ、

一、中途野間湯江立寄リ、名刺茶代ヲ置キテ去ル、

一、鹿兒島より之荷物着す、中ニ神戸より之荷物幷ニ書面有之、

一、野菜色〻幷ニ新米、是レハ當春移種子差下候、福神なり、又星芋(干藷)・菓子なり、召仕共ニも三人江被下タリ、是レハ染より書面有之、

一、神戸ヨリ十二日附ケニて、ふとう(葡萄)澤山ニ送リ、千代ノ書面中ニ、郵便端書拾弐錢印紙四十五枚封入ス、又ふとう(葡萄)ハ周布知叓幷ニ秋山書記官江送リシ叓ヲ記シタリ、

一、大井田ヨリ書面ニて、暑中賜暇中ハ御暇繼續願ニ不及、屆ケニ爲濟、先般ノ繼續願ハ賜暇後ノ願面ニて致叓ニ取計タリトノ報知アリ、

○9月19日、陰、火、八月十日、

一、神拜畢、

一、染へ十七日出之荷物相屆キタルノ返禮狀ヲ出ス、

*摺立の履歴書送付を命ず

一、千代江十二日出之荷物中葡萄無異ニ屆キ、書面中印紙幷ニ端書相達スルノ狀ヲ出シ、大井田ヘハ履歷書出來ノ上ハ、姓名捺印ノ處、貳枚ヲ郵送シ、又兼而摺立テ有之、履歷四・五冊掛張郵便ニて可遣旨ヲ申遣す、

一、川越卯之吉より書面來ル、云日向炭八貫八百目ニテ、神戸屆ケノ相場、貳十七・八錢トノ通知なり、

一、崎元彥太郎又林熊次郎より之書面達す、

*大迫知事を訪ふ

一、午後三時半、大迫貞清着之報知、家扶池田正忠より通知有之、仍而堀切之宅へ見舞す、

○9月20日、雨、水、八月十一日、

一、神拜畢、

一、午後八時半比ヨリ芳叓、下利(痢)四回幷ニ嘔吐三回、仍而モルヒネ半丸ヲ投シテ、嘔吐腹痛ハ止ミタリ、明早朝春田(齊)ヲ迎ノ爲ニ、金次郎ヲ呼て支度ヲ命シ、形行之書面ヲ認ム、

○9月21日、晴、木、八月十二日、

一、神拜畢、

一、芳叓、今朝大ニ快シ大安心ナリ、

一、神戸仕出之履歷二冊掛ケ張ニて達す、又津田政久之

大迫知事訪ひ來る

書面モ附シアリタリ、
一、川添ヨリ地震報知ノ返詞來ル、
一、有川六之助ヨリ、賤ノ雄多卷(倭文の苧環)筆工料三圓之中貳圓五
拾錢拂渡シタリ、トノ事有之、
一、大迫(貞清)知叓旅宿ヲ訪來セラレタリ、

○9月22日、晴、金、八月十三日、

一、神拜畢、
一、都城安樂善介ヨリ菓子壹個、書狀ヲ附シ見舞トシテ
送リタリ、
一、野口庄三藏入湯ニ來リシ由ニて、茶一鑵ヲ惠ミタリ、
一、有川六之助江書面ヲ出タシ、賤雄多卷(倭文の苧環)筆工料三圓、
北元(文藏)方より相渡し置處、都合貳圓五十錢ニて相濟、
五拾錢ハ過金ノ旨申遣シタルニ付、右五十錢ハ筆者
へ菓子料トシテ遣シ呉レトノ叓ヲ記ス、
一、大井田・津田(政久)兩名ニて、本日謄寫ノ履歴書郵送ノ事
ヲ報シ、又津田へハ別段謄寫骨折之禮ヲ演へ、且ツ
支那領叓(鄭孝胥)、五代(德夫)ノ梅花廿詠之稿ヲ取調方ヲ申遣ス、
又大井田江ハ今後金圓仕送リハ、鹿兒島より一左右
迠ハ差扣へ候樣申遣ス、
一、千代へ無叓ヲ報シ、又金圓仕送リ方之叓モ申遣ス、

一、千代幷ニ田村(喜進)共ゝ十七日附之書面到着す、
一、踊之春田より栗・柿・梨等ヲ惠投なり、同所松下源
七郎ヨリモ同斷、是レハ書之禮ナリ、春田よりハ更
ニ又書二十一枚ノ注文有之、
一、有川六之助江正氣歌謄寫仕送リ之追書ヲ差出ス、

○9月23日、晴、土、八月十四日、

一、神拜畢、
一、當日大迫知叓、日當山迠發程ス、
一、田村喜進江禮狀ヲ出タス、

○9月24日、陰、日、八月十五日、

一、神拜畢、
一、神戸へ梨子六十個、鹿兒島へ仕送リ方ヲ注文す、
一、十月十日引拂之叓ニ決するヿヲ、千代へ申送ル、
一、川添・大井田兩名ノ書面ヲ出タシ、十月九日・十日
兩日、天氣次第引拂之叓ヲ通シ、又大井田へ金員仕
送リ方ハ、十月六日・七日兩日ニ爲替取組ニて、八
日・九日ニ書留ニて、爲替券仕送リ方ヲ申遣シ、爲
替願面二枚ヲ添へタリ、又芳より之口上トシテ、土
產用之金員モ餘計ニ仕送リ方ヲ認ム、
一、千代へハ春子ノ着物之寸法ヲ早ゝ爲知候樣申遣シ

タリ、

転地療養願書

一、轉地療養願、左之通リ、

拙職叓、願濟ノ上、大隅國桑原郡牧園村硫黄谷江療養處、未全快不致、御暇日限滿期ニ付、更ニ四周(マヽ)間御暇御許容被下度、社頭之儀ハ故障無之樣取計置候付、此段相願候也、

明治廿六年

兵庫縣知叓周布〔公脫〕平殿

*多聞通四町目に出火あり

一、午後春田齊來ル、此レハ病人爲有之なり、宅ニて晝飯ヲ振舞タリ、其後有川武利同道ニて參る、有川ハ踊學校ノ訓道なりト云、

○9月25日、晴、月、八月十六日、

一、神拜畢、

一、早朝春田齊訪來ル、

一、染ヘ十月九日・十日兩日、當地出發立ニ付、仁次郎叓、六日ニ出立差越シ候樣申附ケ方ヲ相認メ、又北元文造江書面、仁次郎ヘ道中小仕金五十錢取替方、依賴之書面ヲ出タス、

一、春田齊歸家之由ニて參る、依而椎茸五斤ヲ依賴ス、

一、川添ヨリ廿日附ケ之書面達シ、詳細ヲ盡シタリ、至極ノ無叓、

一、千代ヨリも同斷十九日附ナリ、至極ノ無叓ナリ、

一、浦井・津田兩人ヨリ同斷、無異ナリ、

一、濱ノ市ノ八木〔伊右衛門〕來ル、依而過日來ノ移辨當ナト、鹿兒島ヘ送リ候、

○9月26日、陰、火、八月十七日、

一、神拜畢、

一、仲秋之詩稿ヲ橋本幷ニ岩崎江贈ル、

一、川添幷ニ千代より廿一日附之書面相達し、多聞通リ四町目出火之報知有之、仍而卽刻右兩人江書面差出ス、

一、有川六之助より正氣歌謄寫シテ送致シタリ、

○9月27日、晴、水、八月十八日、

一、神拜畢、

一、川添江近火配慮之禮等、幷ニ河野徹志着神云々ノ禮狀ヲ出ス、

一、千代江近火心配之段ヲ認メ、又芳叓、廿一日晩より病氣之叓ヲ認メ(マヽ)、

一、大井田幷ニ社務所員江近火御社頭無異ノ叓ヲ認ム、

一、春田ヨリ野菜幷ニ栗・鮮鮎數尾ヲ贈リタリ、依而禮

状ヲ出タス、
一、都之城野口江生魚一鉢ヲ贈ル、是ハ過日茶ヲ贈リシ返禮ナリ、
一、踊之有川來リ、明日歸郷ニ付、兼而依賴ノ書ヲ認メて贈ル、

○9月28日、晴、木、八月十九日、

一、神拜畢、
一、有川ヨリ豚肉ヲ贈リタリ、尤當日發足ナリ、

○9月29日、金、八月廿日、

一、神拜畢、
一、宮内愛亮之娘溘焉之新聞ヲ一讀シテ、悔ミノ書面ヲ出タス、
一、日外藏ヨリ廿三日出之書面達シ、ヒカン花ノ一件幷ニ故（マヽ）梅等之叓ヲ申遣シタリ、
一、北元文造より廿七日出之書面ニて、何日比歸家否ヲ問合セタリ、右者廿五日出之書面、未達之爲ナリ、
一、濱ノ市嘉次右衞門之倅見舞ニ來ル、海老幷ニ蛤ヲ惠ミ呉レタリ、

○9月30日、晴、土、八月廿一日、

一、神拜畢、
一、永田猶八江ヒカン花ノ黄色ナルヲ注文す、
一、有川六之助江正氣歌送致ノ禮、且ヒカン花ノ一件ヲ申遣ス、
一、嘉次右衞門之倅歸ルニ付、烏賊引キノ糸幷ニ竿ノ注文ヲ致ス爲ニ、作料トシテ金五拾錢ヲ内トシテ渡ス、
一、廿五日出ノ書面、千代名前ニて達シ、金五十圓仕送リ之叓有之、
一、染ヨリ廿七日出之書面達シタリ、

〔十　月〕

○（10）0月1日、晴、日、八月廿二日、

一、神拜終る、
一、染へ書面ニて神戸仕送リ之品ハ、皆留メ置キ候樣申遣ス、
一、春田齊江書面ヲ出シ、爲換金五十圓西靜哉方へ到着と推考候付、受取方ヲ依賴シ、且ツ三日ニハ推參之叓ヲ報ス、
一、踊之親爺ヲ呼て獵ノ叓ヲ命ス、
一、鹿兒島染より廿九日附之書面達シ、中ニ津田より淸國公使鄭孝胥五代之梅花稿ヲ評シタルヲ送附シタリ、

○0(10)月2日、晴、月、八月廿三日、
一、神拜畢、
一、下男金次郎ヲ霧島神宮へ參拜サセタリ、又途中例之叓馬方夫婦へ、明三日踊行之叓ヲ申遣ス、
一、五代德夫江鄭孝胥ノ梅花廿詠之稿本ヲ送ル、
一、染へ味噌少々仁次郎便より送るへキヿヲ申遣ス、

○0(10)月3日、晴、火、八月廿四日、
一、神拜畢、
一、佐土原巡査來リ、更ニ揮毫ヲ乞ヒタリ、
一、午前第七時半、硫黄谷ヲ發シテ、十一時半踊へ抵リ、春田(齊)ノ宅ニて兼而依賴ノヲ相渡しタリ、○査子標ノ幅壹掛ケニ、シヤホン三函土產トシテ贈ル、又西(靜哉)江ハ○ハンカチウ一函○永田江菓子一函ヲ贈リタリ、田島源八・永田・山下ノ父子、何レモ春田氏江相乘リタリ、

＊旅行御暇願進達す

一、永田與右衛門より是非ト招待ニ付、同人之宅ニ行ク、直チニ吸物ヲ出シタリ、食シテ發ス、
一、西江仕送リ金五十圓春田より受取ル、仍而神戸へ金圓正ニ落手之書面ヲ、大井田(留三郎)・千代トノ兩名ニて春田ノ宅より出タス、又西靜哉へも、右金員受取之證ヲ記シ、禮狀ヲ横川學校江宛テ郵送す、

○0(10)月4日、雨、水、八月廿五日、
一、神拜畢、
一、薩陽社又新日報江硫黄谷引之通知端書ヲ出タス、
一、五月廿九日附ニて、大井田より宮司旅行、爾來內務省へ可申立旨之訓令到達す、又千代ヨリ廿八日附ニて、書面同時ニ達シ、過日注文ノ梨子并ニ春子着物之寸法等ヲ報知有之、
一、鷲貫政右衛門より蛤ヲ惠贈シタリ、

○0(10)月5日、雨、木、八月廿六日、
一、神拜畢、
一、大井田江書面ヲ記シ、今回周布知叓(公平)より訓令ニ基キ、宮司旅行御暇願面、內務大臣井上馨江宛テ進達す、

轉地療養御暇願　　　　拙職叓

明治廿四年爾來皮膚病ニ罹リ、種々治療之末施療二名ノ診斷書ヲ例シ、兵庫縣へ相附、轉地療養願濟之上、鹿兒島縣大隅國桑原郡牧薗村霧島硫黄谷溫泉ニ於テ、加養致居候處、未全快不致、御暇日數滿期ニ付、去九月廿四日ヲ以、更ニ御暇繼續願、本縣へ進達ニ及候處、自今宮司旅行

之義ハ、其叓故并ニ日數・地名等ヲ明記シ、兵庫縣ヲ經由シ、御省江可申出、兵庫縣知叓周布公平より九月廿八日附ヲ以、訓令有之候得共、何分隔絶之地ニ有之、彼是行違ヲ生シ、即今猶硫黃谷江滯在加養中、前文之形行、不都合ニハ候得共、事情御洞察被下、特別之御詮義ヲ以テ、來八日より更ニ四周〔週〕間療養御暇御許容被下度、此段奉願候也、

當分鹿兒島縣大隅國桑原郡牧薗村霧島硫黃谷溫泉滯在

明治廿年十月五日　湊川神社宮司折田年秀印

內務大臣井上馨殿

右之外ニ代理大井田留三郎より進達願案面ヲ添ヘタリ、

一、千代ヘ廿八日附ケ之書面并ニ春子着物寸法受取之返書ヲ出タス、

一、日外藏ヘ禮狀ヲ出タス、

一、有川矢九郎ヘ、陸奥丸、尾張丸ト交代ニ付、崎元・宮城如何之次第ヲ問合スルノ書面ヲ出タス、

一、春田江先日之禮狀ヲ出タシ、又椎茸屆ケ之節、栗五・六升ノ注文ヲ記ス、

一、都之城在勤中、西川理兵衞方ヘ召仕ヒタル下女見舞ニ參リタリ、

一、川添爲一ヨリ卅日附之大至急書面相達す、是ハ御暇願面、內務大臣（井上馨）江進達之件ナリ、仍而卽時ニ返詞ヲ出タシ、已ニ大井田ヘ送附ノ叓ヲ記ス、

一、濱ノ市ノ八木來（伊右衞門）ル、仍而十日立ノ馬手當ヲ命ス、此度ハ馬八疋ト定メタリ、

〇〇〔10〕月6日、金、八月廿七日、

一、神拜畢、

一、春田齊より栗ヲ澤山ニ送リ呉レ、又外山下其他書ヲ依賴ノ人々ヨリも同斷ナリ、

一、午後八時仁次郎鹿兒島より到着シ、北堂君より限分貳尾并ニ里芋御贈リ被下タリ、

〇〇〔10〕月7日、晴、土、八月廿八日、

一、神拜畢、

一、春田齊江書面ヲ出タシ、昨日之禮ヲ演、且ツ依賴之揮毫ハ斷リタリ、

一、染ヘ書面ヲ出タシ仁次郎到着之叓、并ニ十一日日暮下之濱着之叓ヲ通す、

一、神拜畢、
○0(10)月8日、雨、日、八月廿九日、
一、都ノ城森儀助ノ家內ニ繻子ノ半襟ヲ野口ニ依賴して贈ル、是レハ都ノ城在勤ノ節、西川理兵衞之宅ニ奉公して炊キタルモノナリ、
一、霧島竹之內ノ倅來ル、仍而テ(マヽ)認メ置シ額面、幷ニ幅二枚ヲ與ヘタリ、
○0(10)月9日、陰、月、八月晦日、
一、神拜畢、

渡邊內務次官へ轉地療養御暇願等送致す

一、渡邊(千秋)內務次官江轉地療養御暇願面相添ヘ、御許容有之樣內達依賴之書面、幷ニ硫黃谷之詩三四章ヲ送致ス、
一、明日發程ノ書面ヲ千代ヘ出タス、
一、晩景ニ及テ國分幷ニ濱ノ市より駕丁人馬發着す、
○0(10)月0(10)日、晴、火、九月朔日、
一、神拜畢、
一、前七時湯ノ神社ニ參詣、又堀切方ヘ暇乞して歸ル、
一、八時五十分發途上中津川ニ至レハ、春田幷ニ春田之從弟出迎ヒ、田島(源八)之宅江休憩シ、此レヨリ發、松坂茶屋ニ至リ、晝飯ヲ喫して、四時ニ國分鶯貫政右衞

門之家ニ投す、
一、晩ニ本地警察署長大山揮毫ヲ乞、明早〻揮毫ヲ約ス、
一、林彥左衞門・桑原次郎左衞門・中村源八等訪來ル、
○0(10)月11日、晴、水、九月二日、
一、神拜畢、
一、大山之書四枚ヲ認メ、又林彥左衞門ヲ訪ヒ、正午半ニ發シ、濱ノ市八木伊右衞門江休憩す、召仕シ下女なかの母幷ニ嘉次右衞門父子、各土產物ヲ持參シテ見送リタリ、小蒸氣三時卅分ニ濱ノ市ヲ發シ、日暮レテ下川濱ニ着す、有川六之助幷ニ北元文造出迎ヒシタリ、
一、昨日先キ荷之便より猪一枝、有川矢九郎ヘ送リ置キ故、今夕又蛤一手籠ヲ携ヘ、有川ヲ訪ヒ、此レヨリ歸ル、
○0(10)月12日、晴、木、九月三日、
一、神拜畢、
一、早天有川訪ヒ來ル、種〻ノ菓物ヲ持參ス、羊羔(羹)ヲモ惠ミタリ、
一、神戶ヘ歸着之書面幷ニ爲替金到着之書面ヲ出タス、千代幷ニ川添・大井田三書面ナリ、

*國里邸へ伺候

磯御邸へ伺候す

一、午後より春子ノ着物買入之爲、石燈爐山下方へ染・芳同行ニて、黄八丈ノひわちやに黄ノ竪島、カスリ入リ、モミノ裏、紅梅ちりめんの掃懸(八掛カ)等ヲ買入レ、又郵便局ニて爲換金五十圓受取濟、歸途舊御臼屋角山口ニて巻煙草多分買入レ、歸途ニて有川氏お重との、おからニ行逢ヒ歸宅ス、

〇〇(10)月13日、風雨、金、九月四日、

一、神拜畢、

一、午九時磯御邸(島津忠濟)江伺候シ梨子ヲ獻上す、ウトン(饂飩カ)ヲ拜領す、

一、皆吉より御前御用之牡丹拾株ノ注文有之、又三四梅樺ノ約束ヲ廻リニ約シテ退邸ス、

一、有川ニ立寄、晝飯ノ馳走ニ會て歸ル、途中海岸之池畑江立寄、松下へ縄巻豚貳圓かの買入レ、神戸へ送リ方依頼ノ書面ヲ殘シタリ、又蘇鉄ノ獅子ヲ注文シタリ、

〇〇(10)月14日、風雨、土、九月五日、

一、神拜畢、

一、千代へ書面ヲ出タシ、近日之尾張丸より先キ荷積送リ之一件ヲ報知シ、又春子へもへゝ(べべ)ハ、今日中出き掲(揚)ル叓ヲ申遣す、

〇〇(10)月15日、晴、日、九月六日、

一、神拜畢、

一、早朝國里江伺候、梨子幷ニ對州產之烏賊餌貳ツヲ獻ス、茶菓ヲ贈リ退殿す、御長屋ニて五代德夫ニ面會シ、關ケ原前後ノ談ヲナシテ歸ル、歸途高麗橋向之煙草店ニ立寄、壹袋四十目五錢入、十五同拾戔(錢)、二十五巻煙草百入函拾錢十注文シテ歸ル、

一、大井田(留三郎)より七日出之書面受取、

一、有川六之助來リ、賤の雄多巻(倭文の苧環)持參なり、插畫ナキニヨリ、木脇啓四郎の畫出來タル節ニ模寫シテ送リ方ヲ依頼シタリ、

一、千代へ書面、尾張丸より先キ荷送リ方之一件ヲ記シ、又春子ノ着物出來之叓ヲ報す、

一、明六日、尾張丸出帆トノ叓ニ付、荷物六泉郵船會社岡田國兵衛へ宛テ差出シ、荷物中ニ大井田江金貳十圓送リ方ヲ申遣ス、又千代幷ニ日外藏へも書面ヲ出タシタリ、

一、蒲(マヽ)燒之切手四枚五十錢ツヽ、岡田・宮城・堤・崎四人江送ル、

〇〇(10)月16日、晴、月、九月七日、

一、神拜畢、
一、木脇啓四郎訪來ル、昨日ハ同人より鄭嘉訓幷ニ支那人梅畫ノ幅・古硯等ヲ贈與シタリ、今日も田代產之棕梠ノ實幷ニ皮ヲ見本トシテ惠ミ呉レタリ、
一、有川喜左衞門訪來ル、大島櫻之約ヲナス、
一、松下祐介訪來ル、獅子蘇銕幷ニ豚肉之一件ニ囑ス、
一、北元（文藏）も來ル、
一、晩ニ五代德夫幷ニ有川矢九郎來リ閑話す、蕎麥ヲ振舞ヒタリ、

〇0（10）月17日、晴、火、九月八日、

一、神拜畢、

久光公幷に祖先の墓參す

一、午前九時芳・重ヲ具シ、墓參爲ニ出掛ケ、途中ニて（有川）矢九郎へ立寄、依賴セシ蘇銕三鉢代壹圓ヲ返シ、又久米島三反ヲ買取リ、此レヨリ（島津）久光公御墓幷ニ祖先之墓參終リ、舊興國寺田中家之墓參ヲ終リ、吉冨・宮内之両家江悔ミヲのべ、石燈爐之海江田へ行キ、陶器ヲ買、其他琉球產物等土產用ヲ買取、日暮前ニ歸家す、
一、千代ヨリ之書面達す、至極之無叓ナリ、

〇0（10）月18日、晴、水、九月九日、

一、神拜畢、
一、早朝大井平左衞門見舞なり、是レハ福冨吉左衞門之孫ト云、
一、崎元彥太郎訪來ル、今曉着船ト云、
一、岩城岩次郎・岡田國兵衞之両名訪來リ、大菓子函持參ナリ、尾張丸叓、本日午後五時出帆ト云ゝ、

〇0（10）月19日、晴、木、九月十日、

一、神拜畢、
一、有川矢九郎幷ニ川上訪來ル、
一、林彥右衞門父子幷ニ春田齊・田島源八・鷲貫政右衞門・濱ノ市之八木伊右衞門、都之城之安樂善介江各禮狀ヲ出タス、
一、小野之善來ル、黄色彼岸花之根球ヲ持參ナリ、
一、郡元高木助次郎之妻訪來ル、種ゝ土產物ヲ持參ナリ、依而金壹圓ヲ與ヱて返す、
一、晩ニ（有川）六之助訪ヒ來ル、蒲地啓介之叓ヲ依賴す、

〇0（10）月20日、晴、金、九月十一日、

一、神拜畢、
一、早朝永田猶八ヲ訪ヒ、此レヨリ家内一同具して谷山別莊ニ行キ、晝飯ヲ畢へ、山中ヲ巡リ、伐採スヘキ

櫻井能監へ書面出す

松樹ヲ番人善右衞門江申附ケ、歸途ニ上リ、未タ斜陽ナラサルニ歸家、

一、不在中相良甚之丞訪ヒ來リ、鷄一羽幷ニ自植之柿ヲ惠ミタリ、

○○(10)月21日、晴、土、九月十二日、

一、神拜畢、

一、終日無氣色ニて打臥ス、

一、大井田江電信ニて金電信爲替ニて送ルヘキ叓ヲ報す、

○○(10)月22日、晴、日、九月十三日、

一、神拜畢、

一、前九時より安田氏ヲ訪ヒ、花料壹圓ヲ置キタリ、又奈良繁ヲ訪、子供之病死ヲ弔ヒタリ、

大迫知事を訪ひ龍伯公祀壇の事を示談す

一、大迫知叓(貞清)ヲ訪ヒ、龍伯公(島津義久)祀壇之事ヲ嶋津家江示談之一件ヲ依頼シ、又有川(矢九郎)江立寄リ、北元文造方ニて休息シ、歸途相良甚之丞江立寄、過日之一禮ヲノベ歸ル、

一、山下幷ニ蒲地六之助等參リタリ、又安田五兵衞も見得タリ、

一、北元之お直參ル、仍而二男之藥法ヲ記シテ送ル、

一、千代へ書面ヲ出シ、球陽丸より歸神之叓等ヲ報知す、

一、櫻井能監江書面、拙稿正刪之禮ヲ申遣ス、

一、岩崎虔より十四日出之書面幷ニ仲秋之詩稿ヲ送リタリ、

○○(10)月23日、晴、月、九月十四日、

一、神拜畢、

一、千代へ尾張丸へ乗船之事ヲ報シ、又川添(爲一)へも同斷之書面ヲ出タス、

一、木脇啓四郎ヲ訪ヒ、過日來之禮ヲのべて歸ル、

一、國分林彥右衞門江龍伯公祠壇之叓、嶋津家へ願出タス一件ヲ大迫知叓江依頼セシヲ報知す、

一、五代德夫ヲ訪ニ不在故、先師之靈前ヲ拜シ、倅へ御酒料五十錢ヲ渡シ、又竹根印材一ツヲ殘シ、硫黃谷詩稿ヲ托シテ返リ、有川へ立寄リ崎元江面會シ返ル、

一、神戸千代幷ニ大井田(留三郎)より十八日出之書面幷ニ金貳十圓、松蕈(茸)少シ送リ來ル、仍テ五・六本有川へ贈ル、

○○(10)月24日、晴、火、九月十五日、

一、神拜畢、

一、早朝しひ魚壹尾ヲ買ヒ取リ、岡田・宮城・堤之三名へ宛て遣し、猶有川へ立寄リ、彥太郎ヲ訪ニ不在故、おかう(幸)ニ逢て歸ル、途中松下へ立寄リシニ不在故、

名刺ヲ遺して歸リニ、棕梠繩(マヽ)ヒ取リタリ、
一、永田猶八之倅、神戸ニて宅江滞在、且ツ路用取替之一件、千代ヨリ報知ニ付、今朝猶八方へ書面ヲ以歸宅否ヲ問合セタリ、
一、賞勳局ヨリ九月廿八日附ニて、淡路國洪水之節、救助金參圓施與之褒詞達す、仍テ御受書十月廿五日附ケニて進達す、

○(10)月25日、晴、水、九月十六日、
一、神拜畢、
一、球陽丸出帆ニ付、車夫ヲ川畑江遣シ、松下祐介江云ヽ申遣シタリ、
一、永田猶八之倅訪來ル、神戸千代之弟清治、不快之便リヲ聞ク、
一、國分林熊太郎より再書面來ル、

○(10)月26日、晴、木、九月十七日、
一、神拜畢、
一、千代ヨリ十八日附之書面達す、
一、永田猶八訪來ル、仍而谷山松樹伐採ノ叓ヲ囑ス、可伐本數ハ千四百餘本ト謂ヘリ、外(藤八)宮ノ原へ樟子并ニ銅火鉢返濟掛合之叓、茶種子ノ叓、門内石垣ノ事等ヲ囑シ、又家屋壹坪何程ノ叓ヲ囑シ置キタリ、
一、國分林熊次郎へ漢文ノ書面ヲ出タス、

○(10)月27日、晴、金、九月十八日、
一、神拜畢、
一、下町江行土產物并ニ仕用品ヲ買入、歸途川上彦二・山下常藏ヲ訪ヒ歸ル、

○(10)月28日、晴、土、九月十九日、
一、神拜畢、
一、芳ヲ下町へ買物之爲ニ遣す、

○(10)月29日、晴、日、九月廿日、
一、神拜畢、
一、昨夕北元(文藏)來ル、諸叓ヲ依賴シタリ、

○(10)月30日、晴、月、九月廿一日、
一、神拜畢、
一、早朝有川江立寄リ暇ヒシ(乞脱カ)、此レヨリ瀬川小石丸ヲ城ケ谷江尋ネシカとも、遂ニ所在ヲ知ラス、歸途川上彦二ヲ訪ヒ歸ル、
一、有川之書來リ、本人より輕カン壹函、又お幸より煙草ヲ二函致送シタリ、
一、晩ニ六之助(有川)訪來ル、

一、明後舊歷九月廿三日豐祭ヲ當日ニ取越シ、酒肴ヲ出タシテ來人ヲ饗、

○0(10)月31日、晴、火、九月廿二日、

一、神拜畢、

*周布知事宅を訪ひ面會す

一、午前七時四十分、北堂君ニ奉別一同發車、余壹人納屋へ行、鮹井ニ浮津鯛ヲ買ヒ、又柿ヲ買テ渡邊江立寄、一同乘船、海岸へハ見送人山ヲナス、

神戸へ向け發錨す

一、十一時卅分發錨、志布志洋ニて日沒す、

〔十一月〕

○11月1日、晴、水、九月廿三日、

一、神拜畢、

一、伊豫尾花崎ニて夜明ケタリ、至極ノ平和ナリ、

一、午後二時半、五古嶋ヲ過、所謂、千島艦沈沒ノ處ナリ、賦一詩、

一、高月島ニて日沒す、

○11月2日、陰、木、九月廿四日、

一、神拜畢、

神戸に著船

一、午前二時神戸ニ着船、水上之小蒸滊迎ノ爲ニ來ル、直チニ乘船、川添(爲一)・日外其他出迎人多勢なり、何レモ宅迠參リ、酒肴ヲ饗す、

一、午前十時登廳路、周布知叓(公平)ヲ訪ヒ、同家ニて秋山書(恕卿)記官へも面會シテ、是レヨリ當朝本日歸社奉職之届ケヲ、内務大臣(井上馨)ニ差出シ方ヲ依賴シ、此レヨリ佐野譽ヲ訪ヒ、千代入院之一禮ヲのへ歸途、田村(喜進)ヲ訪ヒテ歸家、

一、今朝前六時五十分安着之電信ヲ鹿兒島へ引ク、

一、染行之書面ヲ出タス、

一、今夕川添・橋本(海關)幷ニ一社之人員ヲ呼て晩飯ヲ饗す、

○11月3日、晴、金、九月廿五日、

一、神拜畢、

*天長祭執行

一、前九時天長節拜賀式ノ爲登廳、更於一社執行、

一、大河平・河合・岩崎等見舞客多シ、

一、川越卯之吉へ書面ヲ出タシ、炭ノ禮幷ニホンフ送リ方ヲ報知す、

一、今(マヽ)尾張丸乘組士官ヲ饗スルノ書面ヲ出タス、

○11月4日、晴、土、九月廿六日、

一、神拜畢、

一、諸方より之通書ヲ一覽す、

一、櫻井能監江書面シテ、詩稿送致之一禮ヲ申遣す、

一、川越卯之吉江書面、炭之麁惡ナルヿヲ報知す、

○11月5日、日、九月廿七日、

一、神拜畢、

一、山本村坂ノ上新九郎へ、牡丹拾株ノ注文書面ヲ出タス、

一、午後日外（藏）ヲ訪ヒ、不在中之一禮ヲ謝シテ歸ル、晩景ニ山ニ行、天滿宮社殿ノ增地ヲ見分す、

一、晩ニ崎元幷ニ坂元訪來ル、

○11月6日、晴、月、九月廿八日、

一、神拜畢、

一、尾張丸出帆ニ付、永田（猶八）・有川六（六之助）・北元（文藏）等へ禮狀ヲ遣す、

一、永田江ハ倅之一件ヲ記シテ忠告す、又松木伐採幷ニ石垣之件ヲ依賴す、

＊櫻井能監より書籍惠贈さる

一、染へ書面幷ニ金貳十三圓封入シ、是ニて北元方拾六圓貳十五戔（錢）ニリンヲ拂渡方ヲ申遣す、外ニ菓子・松茸・ジヤカ芋・大豆二斗ヲ送ル、又カステいら二函一口・香五十戔（錢）かの、唐いも少ゝ、ブンタン（文旦）三十ヲ注文す、代金ハ知レ次第仕送ル叓ヲ記ス、

一、六之助（有川）江ハ蒲地（啓介）之一件ヲ報す、

一、大中春愛訪來ル、午飯ヲ饗す、

一、後四時、水上敬察（警）之小舟ヲ借リ入レ、尾張丸へ暇乞ノ爲ニ行、

○11月7日、晴、火、九月廿九日、

一、神拜畢、

一、高階（幸造）來、明十一（マヽ）日ヨリ通常會之叓ヲ議シタリ、

一、日外來リ、盆栽等之手入ヲナシ呉レタリ、

○11月8日、雨、水、十月朔日、

一、神拜畢、

一、川越卯之吉江木炭拾俵代壹圓六十錢、爲換證ヲ書留ニて仕出す、一、ホンフ幷ニ銕管壹寸五分ロ十四尺、此代價十三圓五十錢ノ書面ヲ差出す、

一、當日ヨリ分所通常會ヲ文庫へ開ク、

一、河野徹志より書面、淸次之一件問合セ越シタリ、

一、櫻能（井脫）監より日本國家學談幷ニ浙西六家詩鈔一二部賜惠セリ、

○11月9日、晴、木、十月二日、

一、神拜畢、

一、川越卯之吉ホンフ一臺、新製ヲ見出シタルヿヲ報スルノ書面ヲ郵送ス、

一、阿部浩ヨリ親展書達す、是レハ神職政黨ニ加入、或ハ集會之席上、演說等ヲ禁スルノ內訓ナリ、
一、分所通常會今日ニて閉會、依而酒肴ヲ出シテ饗す、
一、小川錙吉より書面、過般依囑之菜ノ種、到來ノ報知ナリ、
一、安治川丸より志布志ノ和田吉五郎贈ノ鰍干肴ヲ染より送致ス、
○11月0〔10〕日、金、陰、十月三日、
一、神拜畢、
一、川越卯之吉より六日附之書面達す、
一、川上彥二昨日着舟ニ付、今朝宿所ヲ常盤舍ニ問合セシニ、昨二時之瀛車ニて、東上セシト云ヘリ、
○11月11日、晴、土、十月四日、
一、神拜畢、
一、當日より於文庫菊花縱覽ヲ許ス、

*櫻井能監へ書面惠本の禮を謝す

一、櫻井能監江書面、惠本之禮ヲ謝シ、分所會議ノ新聞ヲ切拔キテ送ル、
一、有川六之助ヘ書面、姉之心臓病之叓ニ付、上阪ノ上診察ヲ乞ヿヲ促（ウナカシ）、河野徹志トク廣告等ノ新聞ヲ切拔キ遣ル、

一、山下與助ヘ謝狀ヲ出タス、
一、書家齋藤百外訪來、八十翁ナリ、
○11月12日、晴、日、十月五日、
一、神拜畢、

*周布知事秋山書記官を訪ふ

一、早朝知叓周布〔公平〕氏ヲ訪ヒ、過日贈品之禮ヲノヘ、秋山〔恕卿〕氏ヲ訪ヒ菅田神戶警察署長ヲ訪ヒ歸ル、
一、岩崎水哉より今夕觀菊會ヲ謝絕之書面到來す、仍日外井ニ河井貞一ヲ招ニ決す、
○11月13日、晴、月、十月六日、
一、昇殿畢、
一、山本之阪〔坂〕ノ上江牡丹之催〔促〕息書面ヲ出タス、
一、近藤瓶城江續史藉〔籍〕集覽豫約書ヲ出タス、
○01〔11〕月24〔14〕日、晴、火、十月七日、
一、昇殿畢、
一、陸軍將校續々觀菊ノ來訪シ度トノ叓故ニ、大河平ニ名刺ヲ托シテ見舞之爲ニ遣ス、川村〔景明〕少將も來訪セリ、
一、山本村新九郎より牡丹苗箱入レニシテ屆ケタリ、
一、大製局小磯吉人江、此度アルコホル半打送リ方ヲ依賴スルノ狀ヲ出タス、

*分所建築地所買入方を囑す

一、分所建築地所買入方ヲ高階より申出テタルニ、幸ニ

波多野央參會故ニ同人ニ囑托シタリ、

○01(11)月15日、晴、水、十月八日、

一、染より尾張丸仕送リ之物品受取之書面、十一日附ケニて達す、

一、今夕ハ縣員ヲ迎ヱテ、観菊會ヲ催す、都合十二人なり、

○01(11)月16日、陰、木、十月九日、

一、昇殿畢、

○01(11)月17日、雨、金、十月十日、

一、神拜畢、

一、永〔長〕田新宮司、伊勢より赴任ノ由ニて訪來ル、

一、波多野央・高階幸造來リ、分所建築地所之協議ヲナス、

一、晩景より佐野(譽)・前田・田村(喜進)之人ヲ呼て、観菊會ヲ催す、

一、鹿児島磯詰メ皆吉五右衞門江御前(島津忠義)御機嫌伺ヲ依頼シ、又牡丹苗ヲ球陽丸より積下シ方之叓ヲ端書ニて通す、

○01(11)月18日、晴、土、十月十一日、

一、神拜昇〔殿脱〕畢、

一、田川謙三・大藪文雄訪來ル、

一、高階ヲ呼て、分所地所一件之爲ニ、波多野行(央)之叓ヲ囑シタリ、

一、米澤長衞訪來ル、

一、川越卯之吉より十三日出之書面達す、ポンフ仕送方ノ書面ナリ、

○01(11)月19日、晴、日、十月十二日、

一、昇殿畢、

一、磯(島津忠濟)御邸御注文牡丹苗十株入リ之筵荷ニ球陽丸ニ送方ヲ書面ヲ添ヘ、川添ヘ依頼シ、本船松下ヘ豚肉代殘分廿錢、外ニ蘇鉄代壹圓ヲ封シ、菊花一盆ヲ贈ル、

一、京佐賀ノ隅山より硯代金送リ呉レトノ書面達す、

一、午後一時より橋本同伴ニて、倶樂〔部脱〕ニ至リ、百外(齋藤)之書會ニ列す、夜ニ入リテ散會す、

○01(11)月20日、晴、月、十月十三日、

一、昇殿畢、

一、嵯峨隅山榮文堂江郵便爲替仕出スヘキ局名ノ問合書ヲ遣、

一、尾張丸着船ニて、有川矢九郎上神す、

一、染より駄手籠貳ツ到着、○カステイラ二函○一口香七弓○唐芋・小鯛廿鯛○文檀○附揚ケ○カン一重○

麥等之諸品〻也、
一、奈良幸五郎より書面ニテ、豚肉ヲ送リタリ、此レハ菊花ノ返禮ナリ、
一、宮城・有川同伴ニテ訪來ル、
一、小池保正ヲ呼テ、地所一件之叓ヲ示談シタリ、
一、田川謙三江揮毫ヲ送リ、且ツ金談ノ一件ヲ斷リタリ、
一、晩ニ、有川矢九郎來リ、晩飯ヲ饗す、

○01(11)月21日、晴、火、十月十四日、

一、昇殿畢、
一、高階(幸造)・小池之二名訪ヒ來リ、共ニ分所建築之地所ヲ一見す、又外ニ瀬(關)之浦ニ托シテ、茸合村邊ヲ捜索す、

○01(11)月22日、晴、水、十月十五日、

一、昇殿畢、
一、尾張丸乗組人數江廿三日晩食之回章ヲ出タス、
一、東京近藤圭造より續史藉(籍)集覧第三集幷ニ史料通信叢誌第一編送致有之、但史藉(籍)集覧ハ文庫用壹部、都合二部也、

○01(11)月23日、晴、木、十月十六日、

新嘗祭執行

一、新嘗祭執行、奉幣使秋山(恕郷)書記官、屬三浦純なり、
一、當日擊劍奉納有之、
一、大阪人より青江正廣幷ニ美人畫雙幅獻ナリ、
一、晩ニ有川・宮城・堤・川路・崎元ヲ呼て、洋食ヲ饗す、

○01(11)月24日、晴、金、十月十七日、

一、昇殿畢、
一、新嘗祭典式萬叓不行届之義ヲ、主典浦井ヲ呼テ嚴令ス、
一、關之浦より分所地所一件報アリ、依而明朝檢査ノ約ヲナス、
一、縣會書記宇作利昌より書面ニて、縣下水災ニ付、本會より縣民ニ代リテ謝表ヲ宮內大臣(土方久元)江捧クルノ艸案ヲ依頼スルヲ諾す、
一、當日尾張丸出帆ニ付、北元(文藏)・永田(猶八)江書面、又北元へハ打替ヱノ掛幅ヲ函ニ入レ付ケテ送ル、此代金貳圓卅錢ナリ、右者宿許染方へ可相渡旨申遣シタリ、又書面中ニ永田猶八江明治七年中居屋敷書入レニテ、金借之書面差入レ置候付、右之書面取返し方ヲ依頼シ遣す、
一、永田江ツヽほう地件(襦袢)壹枚ヲ贈リ、又谷山屋敷松樹伐採等之叓ヲ依頼す、

一、染ヘ北元より貳圓卅錢相受取、是レニテ菓子幷ニ文檀代ニ拂渡スヘク申遣シ、又大コ朝漬・ミノ原大コ・甘鯛等ノ贈リ方ヲ申遣す、

一、沖縄知叓奈良繁〔原脱〕江豚肉贈リ呉タル禮狀ヲ崎元江托ス、

○01（11）月25日、陰、土、十月十八日、

一、神拜畢、父上月次祭濟、

一、縣會書記宇〔利昌〕作來ル、依而表文ヲ相渡ス、又送達ノ手繼ヲ口授す、

一、有川矢九郎叓、當日近江丸より東航す、

*廣田社宮司來訪

一、百〔齋藤〕外明日より有馬行之由ニて、暇乞ノ爲ニ來訪、仍而絖地之額面幷ニ梅花ノ五律中聯句三枚ヲ乞ニ付與ヱタリ、

一、廣田神社氏子惣代二名高階同伴す、南宮社修繕費ノ內ヘ金拾圓ヲ寄附シタリ、

○01（11）月26日、晴、日、十月十九日、

一、昇殿畢、

一、秋月雅樹觀菊ノ爲ニ、河合香と同伴ニて參ラル、

名刀一文字を鑑定す

一、三木之末野〔宮〕平次郎來リ、劍ノ鑑定ヲ乞、一文字ノ監〔鑑〕定中心ヲ見ルニ、菊章ヲ鐫リタリ、名刀ナリ、

一、大阪硫酸會社ニ骨粉拾貫注文す、

一、村瀨呼て川越行之ホンフ修繕之叓ヲ囑す、

○01（11）月24（27）日、晴、月、十月廿日、

一、昇殿畢ル、

一、川越卯之吉江書面ニて、銕管ノ叓ヲ申遣す、壹寸三分口壹尺拾五戔〔錢〕、壹寸口ニて拾三錢位、一切ニて十圓ノ內ニて可相整ニ付、陸より水底迄之寸尺ヲ申シ越スヘク申シ遣リタリ、

○01（11）月28日、晴、火、十月廿一日、

一、昇殿畢、

一、廣田社宮司中田正朔來訪、

一、嵯峨隅山より金員受取之正書來着、

一、當日ハ氏神祭幷ニ祖宗之祭祀執行、晩ニ川添・橋本社務所員ヲ呼て晚飯ヲ饗す、

一、姫路尋常中學校生徒十四人、修學旅行歸途參拜ニ付、校〔マヽ〕小森慶助、縣屬之佐藤來リテ休息ヲ依賴ニ付差許シ、文庫ニ於テ茶菓ヲ與ヱ、御石碑之表面ヲ壹枚ツヽ與ヱタリ、

○01（11）月29日、晴、水、十月廿二日、

一、神拜畢、

一、早朝野間口ヲ訪ヒ、川添之一件ヲ示談シタリ、猶周〔公〕

布(平)知叓江内願ノ叓ヲ囑シ置キタリ、
一、午後周布知叓ヲ訪ニ不在なり、此レより諏方(マヽ)山西常盤江秋月雅樹ヲ訪ヒテ歸ル、

○01(11)月30日、雨、木、十月廿三日、

一、神拜畢、
一、神宮大阪本部より大麻幷ニ暦配賦ニ付、御初穗五十錢ヲ獻す、

周布知事へ面接す

一、午後二時當廰(マヽ)周布知叓ニ面接、川添之進退一件ヲ依賴シテ、退廰掛ケ水上ニ行キ、川添へ面會シテ、野間口幷ニ知叓(周布公平)江依賴ノ叓通シ置キタリ、
一、東京日本橋區本町三丁目博文館へ群書類從豫約ノ照會書ヲ出タス、

*分所地所見分す

一、本縣山林區署長伊藤明日住所江出立之暇乞ニ參ル、仍而紙卷煙草二函幷ニ御社より菓(子脫)壹函ヲ餞別トシテ贈リタリ、

〔十二月〕

○02(12)月1日、晴、金、十月廿四日、

一、昇殿畢、
一、島津邸皆吉より牡丹着荷答書達す、

○02(12)月2日、陰、土、十月廿五日、

一、昇殿畢、
一、高木壽頴江壹圓五十錢、左之筆ヲ注文す、
　一、棉裏鐵十五支　妙品水筆十支　神品五支　寫奏十支
一、大阪之三木平兵衞來ル、書藉(籍)代價殘分貳圓ヲ拂渡ス、此レニて皆濟、
一、關浦清次郎より明日地所見分致呉レトノ便ニ付、分所へ問合セノ上、猶又關之浦へ明前八時より九時迠之間ニ可參旨ヲ通す、

○02(12)月3日、晴、日、十月廿六日、

一、神拜畢、
一、前八時半より小池同伴ニて、關之浦へ參リ、所々實見シテ歸ル、
一、京都より兒玉訪來ル、
一、日外(藏)訪來ル、蔬菜品評會叓務所ヲ大井田(留三郎)方參集所ニ設置スルニ決ス、
一、大野泉石訪來ル、是レハ郵便局雇ニて鋉筆ヲ内業トス、

○02(12)月4日、晴、月、十月廿七日、

一、昇殿畢、

有川六之助へ書面ヲ出タス、廿八日氏神祭之云〻返書ナリ、又蒲地(啓介)之一件ヲ申遣シタリ、

一、染ヘ書面、疊ノ表買入レノ一件ヲ申遣シ、又寒漬一圓かの漬方ヲ囑す、

○02⑫月5日、晴、火、十月廿八日、

一、昇殿畢、

一、午後二時之滊車ニ搭シテ上阪、河野徹志ヲ訪ヒ診察(マヽ)ヲ、是レより多景色樓ニ一泊す、

○02⑫月6日、陰、水、十月廿九日、

一、神拜畢、

一、京都鄉健藏病氣之由ニ付、書面ヲ以テ見舞タリ、

藤澤南岳を訪ふ

一、午前九時ヨリ諸方ヲ廻リ、藤澤南岳ヲ訪ヒタリ、

一、午後三時廿五分之滊車ニテ歸社す、

○02⑫月7日、晴、木、十月卅日、

一、昇殿畢、

一、神原信介江金員無心之返書ヲ出タス、

一、河野徹志江石炭酸調合之問合書ヲ出タス、

○02⑫月8日、晴、金、十一月朔日、

一、昇殿畢、

一、徳松より車上忘レ物無之旨之返詞、端書ニて來ル、

仍而直樣取調書面ヲ出タス、

一、尾張丸着神ニて、崎元(彦太郎)夫婦着ニて訪ヒ來ル、

一、崎元より橀柑四色、幷ニ鰤・鯛附揚ケヲ土產トシテ惠ミタリ、

一、五代(德夫)氏ヨリ泡盛德利ヲ贈ラレタリ、

一、北堂君より鰤、外ニ鹽肴・蕎粉・いも飴・ミカン御贈リ被下タリ、

一、正午之滊車ニて、崎元夫婦ニ芳ヲ附ケ上阪爲致タリ、

一、品評會江左之品〻、

○文檀三個○櫻島橀柑廿個○李順橘壹個○天狗橀柑壹個○金柑漬壹壜、

○國分大根三本○山東菜三本

○蘇鉄二個○鳴門ミカン壹個○菊　貳個

一、有川矢九郎へ崎元夫婦來着之件〻ヲ報知す、

○02⑫月9日、晴、土、十一月二日、

一、昇殿畢、

一、崎元大阪より歸來、

一、川上修吉着神之由ニて訪來ル、

一、九時より品評會場江出勤ス、

一、齋藤德松外壹人來リ、折詰ノ詑申入レタリ、此ノ便

ニ崎元お幸より書面來リ、病氣輕症ノ報知有之、大安神(心)なり、

一、晩ニ西田茂八郎・森田等ヲ招キ、晩飯ヲ饗す、

一、右お幸之書面ハ崎元江尾張丸へ送ル、

○02(12)月0(10)日、晴、日、十一月三日、

一、昇殿畢、

一、川上修吉來リ、頴川幷ニ堀在神ノ報知有之、

一、前九時ヨリ品評會場江出頭す、

周布知事來訪
珈琲を饗す

一、後周布(公平)知叓見得タリ、宅ニて加菲(珈琲)ヲ饗す、

○02(12)月11日、晴、月、十一月四日、

一、神拜畢、

一、前八時堀百千ヲ訪ヒ、川上修吉之一件ヲ懇願ス、頴川畏平ニハ、本人ヨリ示談ストノ叓ナリ、

一、山本之新九郎來リ、佛手柑幷ニ和菊・菖蒲ヲ惠投なり、仍而煙草幷ニ鹽鯛ヲ贈ル、

一、但馬朝來郡和田山安積九龍へ文檀幷ニ鳴門樒柑ヲ通運ニて出タス、又端書キニて通知す、

一、龍野關口啓之丞江額面三枚ヲ掛ケ張、郵便ニて出タス、

一、磯御邸皆吉續命江牡丹代金貳圓相渡、受取證ヲ封シテ郵送、

一、芳ヲ大阪江遣シ、(崎元)お幸之樣躰ヲ一見セシム、

○12月12日、晴、火、十一月五日、

一、昇殿畢、

一、高階幸造來リ、分所建築費金一件ヲ示談す、

一、昨夕崎元(彦太郎)參る、示談シテ大阪滯在之お幸へ尾張丸出帆ノ期日ヲ報ス、

一、有川矢九郎へお幸至極輕病ニて、十四日尾張丸より歸縣ノ時(事)情ヲ通す、

一、當日有川六之助へお幸十四日尾張丸より歸家之叓ヲ通す、

○02(12)月13日、晴、水、十一月六日、

一、昇殿畢、

一、ホンフ鋳管制(製)造ヲ浦井(利政)へ命す、

一、早朝崎元彦太郎來リ、金百卅圓ヲ預ル、

一、坪内俊夫訪來ル、大熊宇一郎兵隊一件ノ叓ヲ依頼す、

一、後四時、崎元幸大阪より歸着す、明十四日尾張丸より歸縣ナレハナリ、

一、品評會費金壹圓ヲ日外へ相贈リ候、

○02(12)月14日、晴、木、十一月七日、

一、昇殿畢、
一、尾張〔丸脱〕出帆ニ付、染へ金三圓ヲ封入、是レハ鰤幷ニ漬
物壹圓ナリ、殘分ハ下人之給料、其外小仕〔遣〕なり、又
母上樣へ歳暮トシテ金壹圓ヲ奉る、
一、永田猶八江書面、松樹幷ニ石垣又倅社務所へ取替金
之一件ヲ申遣ス、
一、北元〔文藏〕江書面、疊表替襖修繕之件ヲ依頼ス、猶先年之
證書一件取返シノヿヲ囑ス、染へも同斷ナリ、
一、送リ品ゝ備前表二十四枚へリ添、唐紙貳百二十枚、
外ニ數之子等ナリ、又寒肥用之油糖骨粉ヲ送ル、
一、五代德夫江書面、幷ニ菓子壹函ヲ送ル、
一、有川矢九郎へ尾張丸出帆之報知、幷ニお幸之樣體ヲ
告ケ、又ヒストル買入レノ注文ヲ依頼ス、
一、午後五時半、お幸江崎元より之預ケ金ヲ相渡し、棧
橋本船迠送リテ返ル、
一、小川錙吉より菜種三品ヲ送リ呉レタリ、是レハ過日
注文の種子ナリ、
一、今夕倶樂部幹亰會ナレ𪜈辭シタリ、
○02⑿月15日、陰、金、十一月八日、
一、神拜畢昇、

一、ホンフ屋ヲ呼て銕管ヲ命す、
一、生野銀山町柴橋撰次、外山口村山口九郎三郎方へ、
猪之注文書ヲ出タス、
一、北元幷ニ水田兩名ノ書面達シ、谷山松樹八十四圓卅
錢ニ落札之由ヲ申越シタリ、
一、寶塚泉山樓ニ家內、鯉鮎持參シ呉レタリ、
○02⑿月16日、晴、土、十一月九日、
一、北元文造〔藏〕江永田猶八兩名宛ニて松樹入札拂濟ミノ禮
狀ヲ出タ(マヽ)、
一、河野徹志江禮狀幷ニ藥劑之奇効、又モルヒネノ一件
ヲ報ス、
一、加藤高文江書面、幷ニ朱墨卷煙草ヲ贈ランカ爲、滯
在之同邦太郎へ書面ヲ附ス、
一、昇殿畢、
○02⑿月17日、晴、日、十一月十日、
一、有川矢九郎より十五日出之書面達、尾張〔丸脱〕出帆之期ヲ
問合セタリ、仍而來ル廿七日着船ノ返話(マヽ)ヲ出タリ、
一、和田山安積九龍よりヨリ鮎ノ糠漬ケヲ惠投セリ、
一、染へカルカン一函之注文書ヲ出タス、
一、都之城安樂善助江書面、舞茸屆ケ方ヲ依頼す、

○02⑿月18日、晴、月、十一月十一日、

一、昇殿畢、

一、六之助（有川）ヨリ十三日出之書面達す、

○02⑿月19日、晴、火、十一月十二日、

一、昇殿畢、

一、昨日駒林村角野豐吉訪來ル、是レ河合貞一紹介ニて漁業一件ノ爲ナリ、仍而烏賊釣道具ヲ貸シ與ヘ、サリチール酸ヲ惠ミタリ、然ルニ當日鯖四尾ヲ贈リタリ、

一、日外來リ、兼而依賴セシ蒲池（啓介）一件落着ニ付、早速電報ヲ六之助迠通す、然ルニ打返シテ、明後廿一日球陽丸ニ乘船ノ返報アリタリ、

一、金貳十圓、大井田（留三郎）ヨリ受取リタリ、

一、山平（力松）來リ、掛幅ノ鑑定ヲ乞ヒタリ、

○02⑿月20日、雨、水、十一月十三日、

一、神拜畢、

一、坪内俊夫、大熊與右衞門ヲ同伴シテ訪來ル、大熊ハ加東郡福田村之内木梨村之酒造家ナリ、

一、銀山町柴橋撰次ヨリ十九日附ケ之書面達ス、過日依賴ノ猪三才壹頭買入レ、差出ストノ事ヲ報ス、代金三圓廿五錢ナリ、

一、十五日附ケニテ都城安樂善介之書面達シ、舞茸樽北元文造（藏）江差出シタル書面ナリ、又上稻種壹斗幷ニ菊苗注文アリ、

○02⑿月21日、晴、木、十一月十四日、

一、昇殿畢、

一、崎元幸より十六日出之書面達す、

一、硯二面幷ニ盆棚修繕代金貳圓拂渡ス、津田へ渡ス、

一、午後、高階（幸造）地所一件ニて來ル、

一、坪内俊夫依賴ノ額面ヲ與ヘタリ、

一、三時ニ登廳、河井ニ面接シテ蒲地之一件ヲ謝シタリ、

*川崎正藏を見舞ふ

一、川崎正藏之病氣ヲ見舞シテ皈ル、

一、加東郡小野町之長尾八藏より小鳥幷ニ梅實ノ代金ヲ八藏ノ親父參る、仍而金貳圓壹錢五リン拂渡シ、卷煙幷ニ扇子等ニ書面ヲ添、親父江相渡ス、

○02⑿月22日、陰、金、十一月十五日、

一、昇殿畢、

*宮司中田正朔廣田神社氏子と協和を損ず

一、高階來リ、廣田神社禰宜江東邦太郎撰擧之依賴有之、仍而分所監督名義ヲ以、所長秋山江撰擧狀ヲ出タス、但中田正朔一社叓務上ニ付、氏子ノ協和ヲ損シ、大

葛藤ヲ生シタリト云、

一、銀山柴橋撰次より猪送致シタリ、代價三圓廿五戔〔錢〕なり、仍而直チニ金圓貳圓一株、壹圓廿五戔〔錢〕一株ニシテ、爲換證書郵送す、

○02⑫月23日、晴、土、十一月十六日、

一、神拜畢、

一、早朝南收税長ヲ訪ヒ、蒲地之一件ヲ依頼シ、猶歸途水上ニ立、川添〔爲一〕江面會、明夕鹿児島懇親會件ヲ談シテ歸ル、

一、夜ニ入リ八時半、蒲地啓助着ナリ、文庫江止宿セシム、大野清章より贈リタル煙草三ツ受取、

○02⑫月24日、陰、日、十一月十七日、

一、昇殿畢、

一、松下祐介着船之由ニて、琉人二人相具して來ル、

一、午後五時半より懇親會之人員近々訪來ル、野間口〔兼一〕警部長・児玉・菅田・五島龜・石井・川添等ナリ、

○02⑫月25日、晴、月、十一月十八日、

一、昇殿畢、父上月次祭執行、

一、早朝蒲地同伴、南挺一ヲ自宅江訪ヒ、蒲地ヲ引合セ置ク、

一、大野清章并ニ有川六之助・山下常藏へ蒲地一件、都合爲運タルヲ報スルノ書面ヲ出タス、

一、讃岐鐵道會社執務之福山秀雄へ書面ヲ出タシ、麥酒惠贈ノ禮ヲノフ、

○02⑫月16㉖日、晴、火、十一月十九日、

一、神拜畢、

一、早朝高嶋・小池來リ、分所地所買入方之儀〔議〕ヲ決ス、

一、蒲地奇留届ケヲ神戸市并ニ鹿児島市役所ニ届ケ出ツ、

○02⑫月17㉗日、晴、水、十一月廿日、

一、神拜畢、

一、ホンフ出來ニ付、川越卯吉〔之脱〕へ書面ヲ出シ、又婚嫁ヲ賀ス、

一、尾張丸着船之由ニテ、北堂君ヨリ御送リ品々左之通リ、

一、鰤一尾　○ムル數尾并ニヒケン鯛　○カルカン一函

一、唐いも・黒いも　○島大根　○鹽辛

一、附揚　○モヤシ等ナリ、其外春子・家内一同へ、夫々御歳暮、川添・田村〔喜進〕・大井田等へも同斷なり、

一、崎元幸より大鯛壹枚、又彦太郎より島大根等ヲ送る、

一、北元より鰤壹本到來す、
一、此便より安樂善助仕送リ之舞茸壹樽到着す、
○02(12)月28日、陰、木、十一月廿一日、
一、神拜畢、
一、川越卯之吉江ホンフ機械莚包三個、當夕出帆船江積
入方、船大工町岩切太郎へ宛て差出ス、
一、ネチ(螺子)廻し大小二本、一、鐵管二本、一、ホンフ一揃、
一、トンゴロス切レ、一、油一鑵、
一、明晩會食ノ書面ヲ尾張丸船員江出タス、
一、銀山町柴橋より猪代三圓二十五錢受取之端書到着す、
一、晩ニ崎元訪ヒ來ル、
一、宮城并ニ川路豚壺壹個ヲ惠投なり、
○02(12)月29日、晴、金、十一月廿二日、
一、神拜畢、
一、都之城安樂善助へ書面ヲ出タシ、舞茸到着之一禮、
且ツ菊苗稻種子仕送リ方、承諾ノ返話ヲ出タス、
一、川越卯之吉へホンフ積出シノ報知書ヲ出タシ、書中
ニハホンフ仕立ノ作用記、麁圖ヲ附シ、又船問屋岩
切大次郎預リ證ヲ添ヘタリ、
衆議院解散*
一、志築之森田福次郎へ稻種子ノ一件ヲ依賴スル書面ヲ
出タス、是レハ安樂善助之注文ニ依るナリ、稻種子
ナリ、
一、東京有川矢九郎より川上之叓ヲ依賴スル電信到來ス、
依而直チニ返書ヲ出タス、又今夕尾張丸船員并坂元
ニ洋食ヲ饗す、
一、川上訪來ル、仍而矢九郎より之電信之趣、且ツ歸縣
之叓ヲ勸メタリ、
○02(12)月30日、晴、土、十一月廿三日、
一、神拜畢、
一、明廿一日尾張丸出帆ニ付、鹿兒島行之書面ヲ認メタ
リ、
一、金四圓、是レハ鰤并ニ唐いも・漬物之代錢、又下
人之給料モコ(マヽ)モル注文品ハ二本宛ノ島大根十把・
鰤壹疋、
一、北元江書面ニテ島大根朝漬四斗樽壹挺注文す、
一、六之助(有川)へ石筆并ニブック筆ヲ贈ル、
一、お幸(崎元)へ書面ヲ出タス、彦太郎へ書翰・筒二把ヲ送ル、
○02(12)月卅一日、晴、日、十一月廿四日、
一、昇殿畢、
一、昨卅日國會解散ノ號外ヲ以テ通シタリ、

一、横濱西村より葱一把ヲ贈リタリ、

一、播州小野長尾八藏より小鳥十九羽送リ來ル、

一、磯御邸皆吉續命より牡丹代爲換券貳圓達す、

〔明治二十七年正月〕

明治廿七年甲午○1月1日、晴、月、舊十一月廿五日、

歳旦祭拜賀式執行

一、元始〔歳旦〕祭濟、

一、午前八時卅分、於文庫拜賀式執行畢、登廳拜賀式濟、

一、前十一時、商法會議所ニ於て執行アル新年宴ニ臨場す、

一、廣嵓寺へ參詣、

○1月2日、晴、火、舊十一月廿六日、

一、昇殿畢、

一、蒲地之從弟折田某訪來ル、

一、當日ハ川添〔爲一〕・橋本〔海關〕・田村〔喜進〕等之人々ヲ年始ノ爲ニ迎ヱタリ、

○1月3日、晴、水、舊十一月廿七日、

元始祭執行

一、元始祭執行濟、

一、當日ハ社内消防出染〔初〕執行、仍而祝儀壹圓ヲ爲取タリ、

*清國理事に盆梅雉を贈る

一、盆梅一・雉一羽、清國理叓鄭孝胥江贈與、

○1月4日、晴、木、十一月廿八日、

一、昇殿畢、

一、川添之孫三人江一月五十錢ツヽ給與スルヿニ決定、

*佐々木素行敍正七位

一、佐々木素行より昨年十二月卅日附ニて被敍正七位之通知書、仍而即刻悦之書面ヲ出タス、

一、晩ニ河合正鑑幷ニ波越四郎ナル者訪來リ、時勢ヲ談す、波越者大和新聞之記者ナリ、

○1月5日、晴、金、十一月廿九日、

一、神拜畢、

一、當日ハ社内消防初出ニ付一同へ面接ス、惣別六十名ナリ、

一、昨日牡丹代落手之證ヲ磯御邸、皆吉續命へ端書ニて出タス、

一、佐々木〔素行〕敍位ノ叓ヲ、北堂ニ言上スルノ書面ヲ出タス、

○1月6日、晴、土、十一月晦日、

一、昇殿畢、

一、續史籍集覽幷ニ史料叢書之代價貳圓九十錢ヲ近藤江郵送ス、

○1月7日、晴、日、十二月朔日、

一、昇殿畢、

*秋山書記官を訪ひ分所建築寄附金の一件を談ず

一、午前八時高島中將(鞆之助)ヲ訪ヒ、是より分所へ出席、試驗立會す、

一、晩ニ林田量平年始ニ來ル、

○1月8日、晴、月、十二月二日、

一、昇殿畢、

一、丹波之荻阪蕣訪來リ、菅田諒八ノ依賴ニ付、新年宴之詩ヲ書シテ與ヘタリ、

一、南挺三より書面、明九日より蒲地啓助出頭可致トノ事なり、

前田吉彦來訪

一、前田吉彦訪ヒ來リ、近ゝヨリ長田村へ轉宅ノ叓ヲ報シタリ、

○1月9日、晴、火、十二月三日、

一、昇殿畢、

一、蒲地叓、當日兵庫縣雇ヲ命シ、收税勤務ヲ命セラレタリ、

一、御社營繕願面ヲ認方ニ掛る、

○1月0(10)日、晴、水、十二月四日、

一、昇殿畢、

○1月11日、晴、木、十二月五日、

一、神拜畢、

一、早朝周布知叓(公平)ヲ訪ニ不在、仍而秋山書記官(恕卿)ヲ訪ヒ、分所建築寄附金ノ一件ヲ談シ、又歸途日外(藏)ヲ訪ヒ、昨日より蒲地出廳叓ヲ談シテ歸ル、

○1月12日、晴、金、十二月六日、

一、神拜畢、

一、社寺局長(阿部浩)より問合セノ御社頭祭神等ノ取調書、昨年十廿(月脱)三日附之者ヲ當日差出スニヨリ、大混雑ニて取調ニ掛る、

一、高階幸造同伴ニて、秋山書記官ヲ訪ニ不在、是レハ今晩周布知叓へ同伴之爲ナレ𪜈不在故ニ、明朝ニ約シテ返ル、

一、明石有志者より取締ニ掛る書面、并ニ多田神社云ゝノ一件ヲ林田より之書面ヲ高階ニ相渡ス、

一、海岸薩摩より有川矢九郎十三日着港ノ通知有之、

○1月13日、晴、土、十二月七日、

一、神拜畢、

*秋山書記官周布知事を訪ひ分所地所を決定す

一、午前八時高階ト同伴、秋山恕卿(鄉)ヲ訪、分所地所之一件ヲ治定シ、猶縣廳江行テ、周布知叓ニ面(會脱カ)、地所ヲ決定シ、且ツ建築寄附金貳十圓ノ事ヲ談シテ、卽寄

附帳江記載ノ叓ヲ承諾シテ退廳、
一、有川矢九郎迎ノ爲ニ、海岸薩摩屋へ出張セシニ、東京丸遲着トノ叓ニ付、引取リタリ、

○1月14日、晴、日、十二月八日、

一、神拝畢、

姫路に至る

一、午前七時卅五分之瀛車ニて姫路江至リ、大熊宇一郎ノ寄宿所ヲ訪ヒ、面會シテ共ニ川村中將(景明)(少カ)ヲ訪ニ、上阪ノ由ニテ面會セス、仍テ書面ヲ大熊ニ托シ、二時廿五分ノ瀛車ニて歸ル、
一、尾張丸着船之由ニて、北元より漬物壹樽、此代壹圓十七戔(錢)、
一、染より鰤七十五戔、一、ヒケン鯛五尾卅五戔(錢)、一、大根貳十本貳十錢、
一、酢　三十五戔(錢)、〆壹圓六拾錢、
一、門内ノ石垣六間ニて六圓トノ叓ニて、直ニ取掛リ候旨申通シタリ、

○1月15日、晴、月、十二月九日、

一、神拝畢、
一、午前八時五十五分瀛車ニ搭して、有川矢九郎與ニ神崎ニ達シタ、當所ノ垣陛ニて過て墜チ、面部ニ負傷シタリ、東野ニ至リ、久保武兵衞之家内ニて、有川樹苗ヲ買ヒ、此より山本村ニ到、新九郎へ立寄る、不在なり、此レヨリ歸途ニ上リ、日沒シテ歸神、直チニ田村喜進ニ行キ治療ヲ乞タリ、

○1月16日、晴、火、十二月十日、

一、神拝畢、
一、御社頭修繕之件ニ付、昨夕河合(正鑑)訪來、設計書不都合ニ付、一應取換へ代ヱヘキ忠告ニ付、直チニ松井儀七郎方へ大井田(留三郎)・浦井兩人差出シタリ、
一、昨夕より負傷所ニ封帯ヲ掛ケタル故ニ、終日引入ル、

*櫻井能監より聖上御下の手拭贈らる

一、櫻井能監より　聖上(明治天皇)御下ノ手拭貳ツ、幷ニ海苔ヲ贈リ呉レタリ、依而家内より到達之書面ヲ出ス、

○1月17日、晴、水、十二月十一日、

一、神拝終る、
一、牧薗村春田齊へ書面ヲ出タシ、明日出帆尾張丸より莚包小函壹個仕るニ付、受取方トシテ、下町北元(文藏)方へ受取人可差出旨ヲ書ス、
一、北元方へ春田行之荷物、尾張丸より仕送ルヘキ旨ヲ通スルノ書面ヲ出タス、

*ピストル讓受けの書面を郵

一、阿部恒方へヒストル讓受ケ之書面ヲ郵送す、

一、岡守節病死之報知ニ付、悔ミ状ヲ出タシ、花代五十
銭ヲ送ル、
一、今夕尾張丸船員ヲ饗す、
○1月18日、晴、木、十二月十二日、
一、神拝畢、
一、昨晩より面部ノ封帯ヲ解キタリ、
一、尾張丸出帆ニ付、染へ左之通リ、
一、買物代壹圓六十銭、一、壹圓十七銭北元方漬物、
一、壹圓六十銭下人料、
右之處ニ拾壹圓仕送ル、
一、鰤貮尾、島大根貮十銭かの注文す、
一、有川矢九郎乗船ニ付、馬車ヲ以而送リ、又芳井ニ春
子ヲ送リし爲ニ薩摩屋迠遣す、
一、銀山町柴橋撰次より猪壹丸仕送リタリ、
○1月19日、晴、金、十二月十三日、
一、神拝畢、
一、金三圓八十銭、柴橋へ猪代トシテ郵送す、
一、川越卯之吉よりホンフ到着之報知書到着す、
○1月20日、晴、土、十二月十四日、
一、神拝畢、

*有川六之助貰受け折田への改姓を申遣す

一、阪ノ上新九郎より書面ニて、苗樹之代價ヲ報知セリ、
依而有川へ本書ヲ添へ仕出ス、
一、矢九郎(有川)へ六之助貰受ケ之禮ヲ出ス、又同人妻幷ニ六
之助へも書面ヲ出タス、
一、染へ書面ニて、六之助愈貰受ケタルニ付、折田ト改
ムへキ叓ヲ申遣ス、
○1月21日、晴、日、十二月十五日、
一、神拝畢、
一、蒲地(啓助)叓、本日佐野病院へ遣し診察ヲ乞ハシム、
○1月22日、晴、月、十二月十六日、
一、神拝畢、

*大國隆正の書を惠投さる

一、加藤高文より隆正(大國)之書ヲ惠投なり、
○1月23日、晴、火、十二月十七日、
一、神拝畢、
一、當日上京、御暇願進達ヲ縣廳江差出す、
○1月24日、晴、水、十二月十八日、
一、神拝畢、

*川村陸軍少將來訪

一、陸軍少将川村景明幷ニ岩田大尉訪ヒ來レリ、仍而兼
盡力中ナル大熊宇一郎之一件ヲ依頼シ置キタリ、
一、晩ニ坪内俊夫ヲ呼て、宇一郎之一件ヲ少将(川村景明)へ委囑シ

*鹿児島にて大火

タルニ付、本人幷ニ親與右衞門江報知之叓ヲ達シタリ、

○1月25日、陰、木、十二月十九日、

一、神拜畢、

一、父上之月次祭執行、

一、生野町柴橋〔撰次〕江依賴之額面幷ニ半切ヲ送ル、

一、師範學（マヽ）吉積龍太郎へ親武山依賴之書ヲ送ル、

一、川越卯之吉よりホンフ吸水力ニ乏敷トノ書面達シタルニ依リ、直ニ返詞差出ス、

○1月26日、晴、金、十二月廿日、

一、神拜畢、

一、鹿児島市出火之報知有之モ、ケ所不相分、

一、晩ニ川添〔爲二〕來ル、

○1月27日、晴、土、十二月廿一日、

一、神拜畢、

一、有川六之助江火叓見舞幷ニ蒲地給與額幷ニ病氣之一件、又ハ學問之大躰備サニ申遣ス、

一、染へ火叓見舞ノ叓ヲ申遣す、

○1月28日、晴、日、十二月廿二日、

一、神拜畢、

一、去廿四日鹿児島大火之詳細新聞ニて、初メて知リタリ、仍而北元文藏へ書面之見舞ヲ申遣す、

一、牧薗村之春田齊江仕送リ之荷物受取方之一件ヲ督促シタリ、

一、川越卯ノ吉へ書面ニて、ホンフ不都合ならハ速カニ差返すへき書面ヲ仕出す、

○1月29日、晴、月、十二月廿三日、

一、神拜畢、

一、昨日西洋蠟〔燭脱〕壹函二十五袋入買入ル、六圓五十錢也、

一、岡田國兵衞へ、鹿児島大火之見舞狀ヲ出タス、

一、森田福次郎來ル、今回ノ尾張丸ヨリ都之城行之轉書一件依賴也、依而稻種子等之叓ヲ同人江托シタリ、

○1月30日、陰、火、十二月廿四日、

一、神拜畢、

一、高階幸造來リ、分所叓務ノ打合ヲナス、又孝養集之序文ヲ依賴セリ、

○1月31日、陰、水、十二月廿五日、

一、神拜畢、

〔二　月〕

○2月1日、晴、木、十二月廿六日、
一、神拜畢、

失火罹災者への施與願鹿兒島縣へ郵送す

一、金拾圓
右者、去一月廿四日錦失火罹災者へ、施與致度候
間、其筋江配賦方御達し被下度奉願候也、
上荒田廿一番地居住士族等分兵庫(當)
明治廿七年二月一日　縣神戸湊川神社內寄留
從六位折田年秀印
鹿兒島縣書記官野村政明殿
右者書留郵便ニて仕出シタリ、
一、尾張丸着船ニて、北堂君より之御荷物着す、注文之
鰤二尾も參る、
一、今夕荒木伊助(裝束店)京都より參着、仍而紫幙等之新誂ヲ命
す、
一、山口榮之丞より金談申來リ謝絕す、
○2月2日、雪、金、十二月廿七日、
一、神拜畢、
一、染へ書面ニて、昨日施與金之一件幷ニ森田福次郎、
尾張丸より參る㕝ヲ報ス、
一、北元文造江弟罹災之弔書、幷ニ森田福次郎之着之上
之一件ヲ依賴する書面ヲ出タス、
一、森田福次郎へ五日午後八時、尾張丸出帆之報知ヲ端
書ニて出す、
○2月3日、晴、土、十二月廿八日、
一、神拜畢、
一、案樂善助へ森田福次郎來ル、五日出帆より推參之㕝
ヲ報す、

*櫻井能監へ報知書を出す

一、櫻井能監江近〻上京之報知書ヲ出タス、
一、東京行ニ付、土產用酒ヲ命ス、四斗入二挺・貳斗入
壹挺、外ニ瓶詰貳打幷ニ檣柑六函なり、
○2月4日、晴、日、十二月廿九日、
一、神拜畢、
一、出石神社ヨリ御社頭修繕設計書到來ス、
一、後藤龜來リ、非職之命アリシト聞ケリ、
一、淡路之森田來リ、明日之尾張丸ニ搭ル㕝ヲ告ク、大
阪江行、
一、小池ヲ呼て諸郡長へ見舞ノヿヲ談す、
一、今夕ハ尾張丸人員ヲ饗す、岩崎虔も來會、
○2月5日、晴、月、十二月晦日、
一、神拜畢、

周布知事を訪ひ御社頭營繕の事等を依頼す

*有川六之助養子承諾し要藏と改名す

奈良原繁へ書面幷に盆梅を送る

*前田正名より招待狀を請く

一、周布(公平)知叓ヲ訪、御社頭營繕之叓實ヲ依頼シ、又五島龜進退之一件ヲ依頼して、歸途五島江立寄、歸家、

一、營繕設計書面ヲ高階幸造ヲ以而、縣廳江進達す、

一、尾張丸出帆ニ付、染へ書面、金三圓廿錢ヲ送ル、内廿錢ハ春子ノタン(誕)生祝トシテ、北堂君へ奉ル、

一、永田猶八江半切幷ニ書翰袋ヲ贈リ、六之助(有川)一件ヲ依頼シ、又地租ノ納メ高ヲ問合セタリ、

一、奈良原繁江書面幷ニ梅二盆ヲ宮城江依頼して送ル、

一、森田福次郎尾張丸江搭シテ、鹿兒島行ニ付、安樂善助へ數之子幷ニ半カチフ(ハンカチーフ)ヲ贈ル、又榎幷江メリヤス地はん(襦袢)ヲ贈ル、

○2月6日、晴、火曜日、正月元旦、

一、神拜畢、

一、昨日午後縣屬二名、御社頭營繕ケ所檢査トシテ出張也、

一、東京成勢館江三・四日上京延引之報知ヲ達す、

○2月7日、晴、水、正月二日、

一、神拜畢、

一、祖父公・宮子姫之月次祭濟、

一、五島龜訪ヒ、非職辭表聞屆ケ濟ミヲ報シタリ、

一、三日附ケニて、有川矢九郎より之書面達す、六之助叓、愈養子承諾ニ付、安田五兵衞同道ニて、母上樣江參リ、盃之取替等も相濟ミ、要藏と改名之屆ケも致スべきとの趣キナリ、

一、六之助へも書面ヲ出タシ、折田要藏ト上封シタリ、

一、五島龜來リタルニ付、森岡昌純へ本人奉仕之依頼書面ヲ出タス、

一、分所高陛(階)(幸造)江祭典編輯ノ爲ニ、書藉(籍)ヲ貸與シタリ、

一、淡路鈴木三郎ヨリ電信到來、アスクルカシラセ、

○2月8日、陰、木曜日、正月三日、

一、神拜畢、

一、周布知叓江淡路渡海否ヲ伺越シタルニ、不得渡海トノ叓故ニ、右ノ形行ヲ以テ、鈴木江返信セリ、

一、昨夕前田正名より當日午後二時ヨリ諏方(マヽ)山中店江招待狀ヲ請ケタリ、

一、前田正名江當日斷リ之書面ヲ出タス、

一、淡路之西田より書面、幷ニ代理者ヲ以テ當日渡海之請求アリ、辭ス、

○2月9日、晴、金、正月四日、

一、神拜畢、

○2月0〔10〕日、晴、土、正月五日、

一、神拝畢、

○2月11日、雨、日、正月六日、

一、神拝畢、

一、松下より島大根五本ヲ恵投セリ、

一、佐野譽より煙草ノ注〔文脱〕アリ、依而直チニ三十袋ヲ注文す、

○2月12日、陰、月、正月七日、

一、神拝畢、

一、林〔源〕原吾ヨリ御結婚式ニ神職ヨリ献納品之照會有之、仍而賛同之念書ヲ出タス、

一、森田福次〔郎脱〕鹿児島着之一左右を染、并ニ森田より報有之、

一、吉野山福住より書面、屏風畫ノ鑑定ヲ乞ヒタリ、仍テ狩野光忠ノ返詞ヲ出タス、

○2月13日、晴、火、正月六〔八〕日、

一、神拝畢、

一、永田猶八より八日出之書面相達シ、六之助養子來リ之一件屆濟ミヲ報シタリ、又茶之實壹斗着次第送るへキ了ヲ報知有之、

一、六之助ヨリ九日出之書面相達す、

一、越後矢尾板正より小包郵便ニて、自刻之石印三顆ヲ贈シタリ、

一、永田猶八へ八日附之書面返詞ヲ出タス、六之助へも同斷、

一、午後登廳、秋山書記〔恕郷〕江東上之叓ヲ申入レ退廳す、

一、染へ明後十五日東上之叓ヲ報す、

一、越後矢尾板正へ石印ノ禮狀ヲ出タス、

*神戸丸に搭し出帆

*横濱へ著す

(表紙)

日誌　従二十七年二月十四日　至仝年十二月卅一日　三十八(四十)

〔明治二十七年二月〕

○2月14日、晴、水、正月九日、

一、神拝畢、

一、早朝南挺三ヲ訪ヒ、分所建設寄附金拾圓ヲ帳薄〔簿〕ニ記シ、此レヨリ野間(兼一)口口(マヽ)ヲ訪ニ不在、依而日外(藏)ヲ訪ヒ、不在中之後叓ヲ托シ、更ニ野間口ヲ訪、又不在ナリ、波多野(央)ヲ訪ヒ一禮ヲのべて歸ル、

一、午後野間口ヲ訪ニ又不在ナリ、登廰、明日之上京ヲ届ケテ歸ル、

一、地震ノ候兆(兆候)云〻ヲ鹿児島薩陽社ニ報知す、

○2月15日、晴、木、正月十日、

一、神拝畢、

一、午前送別人他人數來ル、十時半常盤社江會シ神戸丸へ搭ス、正午出帆、

○2月16日、晴、金、正月十一日、

一、神拝畢、

昨日より風波殊ニ穩なり、午後二時半横濱江安着、西村之倅迎ノ爲小蒸滊ニて來リ、直チニ上陸す、時ニ西村之舊宅ハ燒失シ假宅ニ休シ、午後四時五十一分之滊車ニて着京、新橋ハ島田并ニ西村新七出迎ヱタリ、

一、横濱着否神戸へ電信ヲ通シ、又東京へも同斷、

○2月17日、晴、土、正月十二日、

一、神拝畢、

一、甲府市深町佐〻木(素行)江書面ヲ以テ出京ノ了ヲ報す、

一、昨夕神戸へ無異着京ノ叓ヲ書通す、

一、荒井与左衞門江梅注文之書面ヲ出タス、

一、午後五時半、西村より樽等ノ荷物安着、子細ナシ、

一、今夕西村より娘參リ遲着之挨拶ナリ、

○2月18日、晴、日、正月十三日、

一、神拝畢、

一、午前八時牛込千駄木町ノ伊藤景裕ヲ訪、紺カスリ幷ニ酒三瓶ヲ土産トシテ持參す、上京之旨趣ヲ熟談シテ百叓ヲ依賴す、

一、上駒込谷之荒井与左衞門ヲ訪ヒ、梅苗六十三本、外ニ東雲壹本、又櫻草三十株ヲ買入ル、〆此代三圓三十九錢ナリ、明日中陸送迠差出ス叓ニ約シ置キタリ、

一、歸途、櫻井(能監)へ立寄不在ニて歸ル、當家へハ貳斗樽壹挺・椪柑二種ヲ送ル、

土方久元へ神饌撤品を送る

一、四斗樽壹挺、玉簾壹函、土方久元江神饌撤品トシテ送る、

伊藤伯へ詩を副へ酒樽を送る

一、伊藤伯(博文)江四斗樽壹挺ヲ送ル、右兩家共ゝ書面ヲ添へ、又伊東伯(藤)へハ詩ヲ副ス、曰ク、

織出心腸錦繡文、春風無限拂妖雲、須斟瑞穗殷丹酒、笑指山川五色雲、

一、神戸へ梅苗仕送リ之書面ヲ出タシ、又日外へも同斷、

一、午後四時、穴山篤太郎ヲ訪ヒ、參考太平記・南山史買入方ヲ依賴シ置ク、

一、同時ニ森岡(昌純)ヲ尋ネシニ不在、又家內ハ風邪ニて引入リ居タリ、面會セすして歸ル、

○2月19日、晴、月、正月十四日、

一、神拜畢、

一、午前八時より小野田(元熙)ヲ訪不在、名刺ヲ遣して歸途、櫻井へ立寄リ、夫婦ニ面會シ、是レヨリ宮司詰所ニ至リ、秋山光條へ名刺ヲ遣シテ社寺局へ出頭ス、

*阿部社寺局長と面談す

一、伊藤景裕幷ニ坂上(美成)ト協議シ而後チ阿部(浩)局長へ面談ス、阿部內分ニテ願面ヲ預リ、取調之上ニて、何分決答可致トノ事なり、仍テ退出、

一、神門幷ニ玉垣改築ノ文案ヲ作り、已ニ取調置タル拜殿面面と絡リ方ヲ詳記して、大井田(留三郎)江仕出タス、

一、三浦幷ニ高階(幸造)へ書面ニて改築、文案拵方ヲ依賴ス、

一、文庫積立金ニて、幕新調ヲ申立ノ書面ニ捺印シテ送ル、

一、芳より十八日出之書面達す、

一、佐ゝ木(素行)より十八日出之書面相達す、

一、芳へ浦井(利政)叓、都合ニヨテハ近日中差返す叓ヲ報す、

一、金貳圓、鹿兒島江送り方も同斷、

一、胃痛甚タシキニヨリ、野村將曹ニ浦井ヲ遣す、卽刻見舞ニて水藥ト散藥ヲ與へタリ、

一、梅苗六拾四本、荒井与左衞門より送リタリ、仍而急行車ニて積送ル、

一、鰤三疋ヲ同斷、是レハ御祭典獻備用ナリ、

○2月20日、晴、火、正月十五日、

一、神拜畢、

一、前八時半森岡（昌純）ヲ訪ヒ、五島龜之一件ヲ依賴シ、大九警部へ奉職之叓ニ內決シタリ、都合ヲ以テ森岡より警視惣監（園田安賢）江依賴スルノ叓ニ內約シ、又或ハ京都中井（弘三）へ森岡より依賴狀差出ストノ叓迄も協議ス、

秋山光條を訪ふ

一、秋山光條ヲ神田旅籠町十五番地ニ訪ニ不在、仍而榕柑壹函ヲ置キテ歸リ、

一、內務省へ出頭、阪上美成ニ面談ス、阿部ハ出局無之、依而直チニ退出す、

土方久元よりの招待狀達す

一、土方久元氏より廿三日對酌之招待狀、郵便ニて達す、

一、後淺草廣小路吉田屋ニ行、左之書藉ヲ買入、

一、日本書紀十五冊　一、舊事記五冊　一、南朝補任四冊

一、南山史三冊　一、紹運錄一冊　一、太平記大全五十冊

一、楠一生記（マヽ）十二冊　一、北畠物語七冊

一、歸途、榛原ニて厂（雁）皮紙九百六十枚ヲ買入、

一、春子ノ注文前髮留へツ（鼈）甲製ヲ買入、六十五戔（錢）ナリ、

○2月21日、晴、雪、水、正月十六日、

一、神拜畢、

*胃痛により土方の招待を辭し建言書を出す

一、早朝雪ヲ侵して、土方久元氏ヲ訪、明後廿三日晚酌之書面ニ付、右之一禮ヲ演へ、且ツ胃病ニ付、對酌ヲ辭シ、平素之建言書ヲ出シ、歸ル途中ヨリ胃病甚タシク歸宿否打臥ス、

一、昨日より野村將曹ヲ迎ヱテ藥用す、

*櫻井能監より料理を惠投さる

一、晚ニ櫻井能監より料理ヲ惠投なり、是レハ今夕參るべきとの約束ヲ、廿二日ト心得違ニて參らす、仍而能ゝ爲持吳レラレシなり、

○2月22日、晴、木、正月十七日、

一、神拜畢、今朝浦井ヲ櫻井へ一禮之爲ニ遣す、

一、明日浦（井脫）利政ヲ差返すニ付、再願之下案幷ニ高德・松原行等之書面ヲ浦井へ代筆爲致タリ、終日平臥す、

○2月23日、晴、金、正月十八日、

一、神拜畢、

一、今夕九時之瀛車ニて浦井發程す、

一、胃病少シク止ム、

○2月24日、晴、土、正月十九日、

一、神拜畢、

一、高階幷ニ宿許より神叓無異相濟ム之報知有之、社頭よりハ報知無之、

○2月25日、晴、日、正月廿日、

一、神拜畢、
一、未明より胃痛、殊ニ甚タシ、野村(將曹)ニ人ヲ馳セ、モルヒネ劑ヲ飲ム、
一、ヨシ(芳)ヨリノ電信アリ、仍テイタミツヨクツカレタ返信ヲ引ク、
一、伊藤景裕見舞ナリ、臥中面會セス、

○2月26日、晴、月、正月廿一日、

一、神拜畢、
一、ヨシヨリ電信スクキシヤニノル、
一、高陛〔階〕(幸造)・大井田(留三郎)より之書面相達す、初メニ願面ニテ一先ツ何分ノ辭令ヲ得ヘトキノ返事ナリ、

○2月27日、晴、火、正月廿二日、

一、神拜畢、
一、浦井ヲ上京可爲致書面ヲ、高階幷ニ大井田江出タス、
一、午前九時ヨシ幷ニ千代、春子・浦井(利政)ヲ具して着す、何レモ無叓なり、
一、今朝ヨリ氣分大ニヨロシ、皆〻安神〔心〕セリ、
一、神戸へ電信ヲ通す、無異ニ到着、病氣快キヲ報す、
一、ヨシヲ高木軍醫頭(榮廣)ニ遣シ、診察ヲ乞ヒタキヲ申込ム、
一、松露ヲ櫻井(能監)へ送リ、家内看病之爲ニ着ヲ報シ、又野村へも同斷なり、

○2月28日、晴、水、正月廿三日、

一、神拜畢、
一、滯京追願十日間許可之願書ヲ出タス、
一、昨日高木榮廣ヲ聘シテ診察ヲ乞、
一、大井田ヨリ林原吾〔源〕宮内省獻備品照會、廿三日附ケ之書面ヲ送致ス、
一、御社頭修繕幷ニ神門改築之書面達す、又金七十七圓、三井銀行へ振込之手形到來す、
一、橋本海關・日外藏等江見舞之禮狀代筆ニテ出タス、

〔三　月〕

○3月1日、晴、木、正月廿四日、

一、神拜畢、
一、今朝より拂褥、座す、
一、千代ニ命シテ、一口香壹圓・カステイラ壹函ヲ、鹿兒島江注文セシム、
一、午後三時半より馬車鐵道ニて三井呉服店ニ行、袴幷ニ春子ノ服地ヲ買取リ歸ル、
一、今朝櫻井(能監)ノ家内見舞ノ爲ニ參ラレタリ、

*三井呉服店にて袴等を買取る

一、爲替金員七十七圓、銀行より受取、

○3月2日、晴、金、正月廿五日、

一、神拝畢、

一、前九時ニ出省す、伊藤ト別席シテ、上申書面ヲ本人江相渡シ、且ツ表門通リ塀之一件も受附ケニ出タス、

一、局長阿部浩(社寺)選擧區江旅行不在ナリ、

一、內務大臣(井上馨)祕書官ニ面會ヲ乞ヒタルニ、病中故ニ進達書ヲ相渡シ、尙上京ノ旨趣ヲ縷朮(述)シテ、建言書面ヲ相渡しタリ、內務大臣祕書官安廣伴一郎ナリ、

小野田警保局長に面會す

一、警保局長小野田元熙ニ面會シ、上京ノ旨趣ヲ演へ、阿部浩へ深ク依賴ノ件ヲ囑托シテ退省す、

一、芳ナトノ荷物、今朝西村より到達す、

一、湊川神社保存資金、賴母子講ニ係ル委任狀ヲ、大井田(留三郎)江出タサシム、

○3月3日、陰、土、正月廿六日、

一、神拜畢、

一、昨日通リ旅籠町高木江左ノ筆ヲ注文す、綿裏銕廿五枝、寫奏廿五枚、妙品水筆廿五枝、右ハ何レモ出來合無之ニ付、代金拂渡跡より郵送スル叓ニ命ス、

○3月四(4)日、晴、日、正月廿七日、

一、神拜畢、

一、午前伊藤伯(博文)ヲ伊皿邸ニ訪、不在なり、依而書面ヲ遣シ執叓ニ別ヲ造(告)ケ歸ル、途中三田育種場種子物店ニて、水茄幷ニ大莢豌豆種子ヲ買ヒ取リタリ、

一、午後三時ヨリ、芳幷ニ千代・春子ヲ具シテ淺草ニ向、馬車ニテ發ス、外ニハ觀世音ニ參詣、余ハ朝倉屋屋(マヽ)ニ行キ書藉(籍)ヲ買取ル、

一、歸途、永住町種子屋谷本衞へ立寄、種子物數品ヲ買入、日暮ニ歸館、

○3月5日、雨、月、正月廿八日、

一、神拜畢、

一、川添(爲一)ヨリ電信金ノ問合セアリ、仍而返信ヲ出シタリ、キンイラスアスタツ、

森岡昌純を訪ふ*

一、森岡(昌純)ヲ訪ヒ別ヲ告ケ、五島龜ノ一件ヲ談シテ歸ル、

一、後四時岩屋松兵衞ヲ訪ヒ、土產用ノ反布ヲ買入レタリ、

一、越後屋より袴仕立揚ケ屆ケ來ル、

一、旅籠料幷ニ人力車夫・下女等へ之拂皆濟、島田ヘハ藥料五圓、外ニ炭代貳圓ヲ與ヱタリ、

一、醫師野村(將曹)ヘハ薬料ノ外金五圓謝禮トシテ送リ、車夫ヘも貳圓ヲ投ス、

一、醫師高木寛ヘ診察料三圓ヲ送ル、

○3月6日、雨、火、正月廿九日、

一、神拜畢、

新橋停車場を發し歸途に就く

一、午前八時旅宿ヲ立出、新橋停車ニて西村新七父子幷ニ島田家内中見送リ、人ト別ヲ告ケ五人共、中等室ニ乗リ發ス、

一、午後三時半、靜岡ニ達シ大東屋ヘ宿泊ス、

○3月7日、陰、雨、水、二月朔旦、

一、神拜畢、

一、午前七時、大東屋ヲ發シ乗車、終日陰天、後五時半草津ニ達シ大藤屋ヘ投宿す、

一、電信ヲ神戸ニ發シ、明午後二時ニ着神、

○3月8日、陰雨、木、二月二日、

一、神拜畢、

神戸へ著す

一、前九時大藤ヲ發シ、午後二時半神戸ヘ着す、停車場ニハ川添・大井田初メ、社内一同出迎ヒ、直チニ介抱セラレテ歸社、又大阪より河野徹志も來迎す、

一、逢(奉)迎人江挨拶ノ上、直チニ二階ニ打臥シタリ、東京ヨリ發セシヨリ、滊車中用意之服薬ニて胃痛モ左迠之激痛モナカリシニ、歸家後頻リニ刺痛ス、田村喜進來珍、手術施薬ヲ盡シタリ、

○3月9日、晴、金、二月三日、

一、神拜ナシ、

*結婚式祭典

一、本日ハ御結婚式、祭典ハ大井田代理ニて執行、

○3月0(10)日、晴、土曜、二月四日、

一、佐野譽ヲ乞、田村(喜進)ト會診、

一、病勢激シク、仍而一日牛乳五合ト定メ、他ノ食物ヲ禁止ス、身體大ニ疲勞ス、

一、本日より日誌ノ筆記ヲ廢ス、

○　3月11日、日、當日より已後諸方ヘ之書信ハ惣別、浦井利政ニ代筆ヲ命シタリ、

○　3月12日、月、二月六日、

○3月13日、火、二月七日、

○3月14日、水、二月八日、

○3月15日、木、二月九日、

○3月16日、金、二月十日、

○3月17日、土、二月十一日、

○3月18日、日、二月十二日、

○3月19日、月、二月十三日、

○3月20日、火、二月十四日、

○3月21日、水、二月十五日、

○3月22日、木、二月十六日、

○3月23日、金、二月十七日、

○3月24日、土、二月十八日、

○3月25日、日、二月十九日、

○3月26日、月、二月廿日、

○3月27日、火、二月廿一日、

○3月28日、水、二月廿二日、

○3月29日、木、二月廿三日、

○3月30日、金、二月廿四日、

○3月31日、土、二月廿五日、

〔四月〕

○4月1日、日、二月廿六日、

○4月2日、月、二月廿七日、

○4月3日、火、二月廿八日、

○4月4日、水、二月廿九日、

○4月5日、木、二月晦日、

○4月6日、金、三月朔日、

○4月7日、土、雨、三月二日、

＊野間口警部長を訪ふ

一、神拜畢、

一、前八時拜殿より拜禮、當日初テ出勤、野間口警部長(兼一)ヲ訪ヒ五島龜ノ一件ヲ依頼シ、猶協議ヲ熟談セシニ、甚タ難議(儀)故引取、五島龜へ右ノ粗通知シテ歸家ス、甚タ疲勞ヲ覺得タリ、

一、五島之一件ヲ詳記シテ、森岡昌純へ報知ス、

一、五島來訪、仍而本人叓至急東、(上脱カ)直チニ森岡ニ面談スル上策タルヲ忠告ス、

一、大井田(留三郎)禰宜ノ親爺ヲ呼て、留三郎不注意万〻ノ叓より、當人より懇篤ニ忠告シテ將來ヲ誡ムルヲ命ス、

○4月8日、陰雨、日、三月三日、

一、本日ハ舊三月節句ニ付、蛤幷ニ白酒ヲ女孫一同へ施與す、

一、大河平武二來リ盆栽幷ニ古筆ヲ借用ス、是レハ卒宮當日高嶋(鞆之助)中將ノ別莊ニ被爲成故ナリ、

○4月9日、陰雨、月、三月四日、

一、大阪道修町上村長兵衞江アルコール壹打ノ注文ヲ出タス、

一、同地同町堺筋綿谷增吉江牛膽丸一劑調制〔製〕ヲ命ス、
一、大井田江命シテ、周布〔公平〕知更江歸廳ノ見舞代理セシム、
一、京都篠田六吉江石印代殘額貳圓ノ爲替證ヲ郵送シ、
併て饅頭一函ヲ送ル、
○4月0〔10〕日、晴、月〔火〕、三月五日、
一、長野縣より伊藤重介落葉松之種子貳合ヲ送附シタリ、
一、落葉松之種壹合、有川矢九郎へ仕送リ、猶六之助へ
書面、右仕送リ之書面ヲ出シ、又染へも同斷ナリ、
○4月11日、晴、火〔水〕、三月六日、

＊神門玉垣の改築許可達せらる

一、神拜畢、

社務所員へ年中行事十條の達しを命ず

一、昨十日、社務所員年中行事十條ノ達シヲ命シテ、一
同之請書ヲ出タサシム、
一、秋山光條より書面達す、
一、後藤龜東上之由ニて、訪來リタリ、
一、高階幸〔造脫〕明日より各郡巡回之由ニ付、但〔州脫〕粟賀之安左衛
門江書面ヲ遣ス、又秋山光條へ送リシ服制書面ノ寫
ヲ送る、
○4月12日、陰、水〔木〕、三月七日、
一、神拜畢、
一、有川矢九郎より八日出之書面達す、仍而返禮狀ヲ出
タ、
一、林原〔源〕吾訪來ル、
一、高島中將訪來ル、是過卒宮御息所御成リニ盆栽等遣
シタルノ禮なり、
○4月13日、陰、木〔金〕、三月八日、
一、神拜畢、
一、五嶋龜ノ一件ヲ森岡昌純江依頼スルノ書面ヲ出タス、
一、野村將曹へ禮書ヲ出タス、大阪河野徹志へも同斷、
一、神門玉垣ノ改築許可相成ルヲ縣廳ヨリ達セラレタリ、
○4月14日、晴、金〔土〕、三月九日、
一、神拜畢、
一、神門改築許可ニ付、左ノ人々江禮狀ヲ出ス、警保局
長小野田〔元脫〕熙・社寺局長阿部浩・伊藤餘太郎・坂上・
秋山光條五名ナリ、
○4月05〔15〕日、晴、日、三月十日、
一、神拜畢、
一、昨日ハ前十時社務所江出頭、一同江忠告シタリ、
一、崎元幸十日出之書、函館より達す、青野菜ノ注文アリ、
一、電燈會社江發、遲刻之書面ヲ送ル、
一、崎元幸江野菜仕送リ方ノ書面ヲ出タス、十六日出帆

ノ駿河丸より送ヲ報ス、
一、伊藤景祐幷ニ坂上江神饌之鯛應急ヲ贈る、
一、山本村ヨリ砂八斗幷ニ大柚貳本送リ來ル、砂代運賃五十錢拂渡ス、
一、伊藤景祐江端書ヲ以、肴仕送リ之書面ヲ出タス、

○4月15日(16)、晴、月、三月十一日、
一、神拝畢、
一、酒精半打代價壹圓拾三錢、大阪道修町二丁目上村長兵衞へ、爲替證ニて送ル、
一、昨十五日山本村阪上新九郎より砂八斗、大柚貳本送ル、仍而運賃五十錢ノ分拂渡候、

○4月16日、月、晴、三月十二(一)日、
一、神拝畢、
一、金壹圓拾三錢、大阪道修町上村長兵衞江アルコール代、爲替證ニて郵送す、
一、和田山安積九龍より小包郵便ニて若芽ヲ惠ナリ、

○4月17日、火、晴、三月十二日、
一、神拝畢、
一、鹿兒島より御贈リモノ被下候、酒壹樽・鰹壹〆目、イタラ貝、モツク(水雲)、山蕨、丸ほろなり、尾張丸より着す、
一、宮城其外二名江、明夕會食書面ヲ出タス、

○4月18日、晴、水、三月十三日、
一、神拝畢、
一、宮城岩次郎來リ、今夕之會食ヲ斷リタリ、

○4月19日、晴、木、三月十四日、
一、尾張丸出帆ニ付、金五圓買物代幷ニ下人給料ヲ送る、
一、六之助江書面、甘蔗二株位ヲ注文す、又染へ高菜・小樽壹ツ送リ方ヲ申遣す、
一、有川矢九郎へ病人見舞之書面ヲ出タス、
一、金五圓、諸買物代幷ニ下人給料トシテ染へ送ル、外ニ半切・状袋等ナリ、
一、奈良原(繁)沖縄知事へ甘蔗送リ方依頼書ヲ出タス、

*奈良原沖縄知事へ甘蔗送り方を依頼す

○4月20日、晴、金、三月十五日、
一、神拝畢、
一、淡路西田茂八郎より鳴門樒柑ヲ送リ呉レタリ、
一、河合土木技手來リ、神門玉垣改築一件ヲ示談シタリ、

○4月21日、晴、土、三月十六日、
一、神拝畢、
一、御者力藏ヲ大阪江馬車聞合セノ爲ニ遣ス、又道修町綿谷江丸薬一件ヲ問ハシム、

一、西田茂八郎・森福次郎訪來ル、
一、三浦純一訪來ル、是レハ東京府へ奉職ニ決シタルトノ事ナリ、
○4月22日、晴、日、三月十七日、
一、神拜畢、
一、玉垣新築件ヲ松井儀一江申付ケ、條約書相受取候、
○4月23日、陰、月、三月十八日、
一、昨夕より風邪ニて引入、
一、五島龜江書面ヲ出タ、(マヽ)京都府之警察部も缺員無之旨ヲ報ス、
○4月24日、晴、火、三月十九日、
一、函館より崎元彦太郎ノ書面、十九日附ニテ達、家内ノ懐妊一件等、備サニ記載セリ、仍而右書面相添ヱ、(矢九郎)有川夫婦ニ宛て書面ヲ出タス、
○4月25日、晴、水、三月廿日、
一、赤十字社總裁宮(小松宮彰仁親王)奉迎、出頭斷リ之書面ヲ支部長周布公平ニ出タス、
○4月26日、晴、木、三月廿一日、
一、神門玉垣改築下渡シ、追願書面ヲ宮司詰所へ出タサシム、
一、縣之服部來ル、來ル卅日赤十字社惣裁宮、周布宅ニ奏請ニ付、盆栽幷ニ掛物借用之依頼アリ、又南收税長よりも同斷ナリ、
一、昨夜大日本農會江金貳圓四十錢、□光社江壹圓貳十錢、爲替證ニて郵送ス、又三浦純一來ニ付金貳圓ヲ贐トシテ贈ル、
一、北堂君より御荷物安治川丸より到來、干イタラ貝幷ニ注文ノ一口香、蓮芋等ナリ、直チニ御禮狀幷ニ六之助へ心㕝ノ書面ヲ出タス、
一、三浦純一東上ニ付、輕贐トシテ金貳圓ヲ贈ル、
一、日外訪來ル、
○4月27日、陰、金、三月廿二日、
一、六之助ヨリ沖縄產甘蔗ヲ尾張丸ヨリ送ルノ端書達す、
一、せんじ小壺壹箇ヲ、神田兵右衞門江贈リ、東京同宿中之謝禮ヲ演、
一、關口啓之丞江病氣見舞之禮狀ヲ出タス、
○4月28日、陰、土、三月廿三日、
一、三木町之末野平(平)次郎訪來ル、仍而菊一文字ノ刀ヲ返ス、
○4月29日、陰、日、三月廿四日、

一、崎元幸より廿五日出之函館(マヽ)達す、

一、五島龜之書面達す、依而宿元江報知ス、

○4月30日、晴、月、三月廿五日、

一、昨廿九日松川友吉へ注文之竹之子(筍)達す、兒玉より之送リ狀有之、

一、高陛(階)歸所ニて巡回ノ模様ヲ聞ク、日下安左衞門金十圓ヲ寄附シタリト云、

一、北白川宮(能久親王)御入縣ニ付、奉迎代理トシテ、大井田ヲ差出シ候事、

〔五　月〕

○5月1日、火、陰、三月廿六日、

土方宮内大臣に松茸等を贈る

一、土方(久元)宮内大臣入縣、諏方山西常(盤脱)(マヽ)ニ一泊ノ事ヲ聞キ、浦井(利政)ヲ代理トシテ見舞ハシメ、又松茸・鑵詰五個ヲ贈、

一、昨日崎元彦太郎より帆立ヲ(貝脱)贈リ呉レタリ、

○5月2日、晴、水、三月廿七日、

一、函館崎元幸へ帆立貝着荷之禮幷ニ歸家之忠告書面ヲ出タス、

一、大阪キリン商會、丸藥之代價八十九錢ヲ爲替證ニて郵送す、

一、林源吾、明三日東上之爲ニ訪ヒタリ、

*小松宮より御菓子拜領す

一、小松宮(彰仁親王)御菓子拜領被仰付、

○5月3日、陰、木、三月廿八日、

一、昨日姫路偕行社へ、出頭斷之書面ヲ出タス、

一、有川矢九郎尾張丸より來着、本日直チニ上京す、

○5月4日、晴、金、三月廿九日、

一、東京宮司會江建白書郵送す、

○5月5日、晴、土、四月朔日、

一、前日入港之尾張(丸脱)よりハ何之荷物モ到來致サスト思考之處、午後ニ到リ、○イタラ貝○小蜷○高菜漬壹樽○酢○沖繩甘蔗、幷ニ書面等到着す、

一、河合貞一より水茄(子脱)苗幷ニ白髮素麵送リ來ル、

○5月6日、晴、日、四月二日、

一、マキノーヤ十八本ヲ接木す、

一、川添之(爲二)うさ分娩す、女子死體ヲ産ス、親ハ幸ニシテ無難ナリ、金壹圓ヲ遣す、

○5月7日、陰、月、四月三日、

一、金壹圓五十壹錢、是レハ史藉(籍)集覽第五集より近藤圭

＊周布知事より葡萄等の贈品あり

＊舊水戸藩主德川篤敬侯の參詣あり

＊藤澤南岳へ鯛を贈る

藏江仕送ル、但過日貳圓十四錢仕送リ濟ミ、

一、金壹圓四拾錢、是レハ史料叢誌第五編代、但第二編後一册未達なり、仍而此旨申遣シタリ、

一、山本之新九郎來る、仍而過日來之砂代等貳圓九十錢餘拂渡ス、猶又釋〔石〕南花ノ注文ヲナス、

一、當日ハ周布(公平)知事宅客來ニ付、盆栽取合セテ贈ル、

一、今夕堀・川内・川添之三名ヲ招キ、洋料理ヲ饗す、

○5月8日、晴、火、四月四日、

一、尾張丸出帆ニ付、左之品〻ヲ六之助へ贈ル、

一、法帖二ツ、半切、書翰袋、雅〔畫〕仙紙、筆、小仕〔遣〕金壹圓、掛紙十帖、浴衣壹反、

一、山下與助・蒲池啓助へ書面ヲ出タス、

○5月9日、晴、水、四月五日、

一、鹿兒島磯詰メ、廻リ幸吉へ朝貌種數種ヲ出タス、

一、昨日ノ尾張丸ニて、菊苗ヲ都之城安樂(善助)ニ出タス、

一、有川矢九郎へ書面、上京中森岡(昌純)へ崎元產太郎轉航依賴、可致吳詳細申遣シタリ、

○5月0(10)日、晴、木、四月六日、

一、神拜畢、

一、大阪天王寺上田四郎江玉葱苗五百本注文之端書ヲ出タス、

一、高階(幸造)訪來リ、姫路招魂社祭典等ノ形勢ヲ聞ク、

一、周布知事ヨリ葡萄等之贈品アリ、使者ヲ以謝禮、

一、高崎(正風)從三位江昨日投書ノ禮狀ヲ出タス、

一、鹿兒島染ヘミノハル大根漬ケハ大ナルヲ贈ヘク、千代より書面ヲ出タサシム、

○5月11日、晴、金、四月七日、

一、神拜畢、

一、崎元幸へ書面ヲ出タス、

一、本日舊水藩主德川篤敬侯參詣有之、

○5月12日、陰、土、四月八日、

一、神拜畢、

一、菅廟ノ石(燈脫)爐圖面出來ニ付、浦井(利政)主典ニ上阪ヲ達候、

一、京都烏丸通リ中立賣下ル河合吉兵衞より玉葱苗五百本仕送リタリ、仍而代價問合之端書ヲ出タス、

一、浦井上阪ニ付、藤澤(南岳)へ中鯛壹枚ヲ贈リ、又扇子屋吉井へ裳金靑骨扇五十本之注文ヲ命ス、

○5月13日、晴、日、四月九日、

一、神拜畢、

一、東京穴山篤太郎へ薔薇栽培書注文ノ端書ヲ出タス、

一、京都松川友吉へ、竹ノ子〔筍〕注文ヲ出タス、
一、仝七條停車場運輸役兒玉實淸江鯛壹枚ヲ送ル、
一、浦井主典、大阪より歸社藤澤南岳へ依賴ノ石爐〔燈脫〕文字出來、持歸リタリ、

○5月14日、晴、月、四月十日、
一、神拜畢、
一、表四脚門葺替指令濟、
一、踊之春田〔齊〕江書面ヲ出タス、

○5月15日、陰、火、四月十一日、
一、神拜畢、

○5月16日、晴、水、四月十二日、
一、神拜畢、
一、京都松川友吉より竹之子〔筍〕送致セリ、

○5月17日、晴、木、四月十三日、
一、神拜畢、
一、東京谷本淸兵衞訪來ル、山東菜等之種子ヲ問ニ云ク、若林高久當時愛知縣名越〔古〕屋植物試驗場ニ在りと、之レニ無上之種子有りと云ヘリ、谷本ヘハ麥酒壹本ヲ贈ル、

○5月18日、陰、金、四月十四日、
一、神拜畢、
一、今朝より拂床、
一、昨夕植木商不都合之所行有之ニ付、當日同商惣代ヘ注〔意脫〕可致旨ヲ達シタリ、
一、鹿兒島江輕石之注文書ヲ出タス、
一、本日從前之馬車ヲ廢、大阪より新タニ百卅圓ニて約定す、

○5月19日、晴、土、四月十五日、
一、神拜畢、
一、六之助より十五日出之書面達す、
一、午後二時ヨリ馬車ニ搭シ、平野之植木屋ニ行キ、薔薇三種、外ニ二種ヲ買ヒ、是より日外氏江行、休息シテ歸ル、當日ハ芳・春〔子脫〕・里ヲ同伴ス、

○5月20日、晴、日、四月十六日、
一、神拜畢、
一、京都荒木より粧〔裝〕束出來、送リ來ル、

○5月21日、晴、月、四月十七日、
一、神拜畢、

○5月22日、晴、火、四月十八日、
一、神拜畢、

櫻井能監より聖上御下りの御手拭等惠贈さる

○5月23日、雨、水、四月十九日、

一、神拝畢、

一、尾張丸入船、北堂君より左之品々御送リ被下候、

一、鹽ムル　○飛魚　○イタラ貝　○新麥　○ミノはる大根　○酒

○5月24日、晴、木、四月廿日、

一、神拝畢、

一、日〔藏〕外依賴之書ヲ贈る、

一、當日より植木ヲ取替ヱタリ、

一、尾張丸明日出帆ニ付テハ、御神事故當日鹿兒島行之荷物ヲ取束ネタリ、

一、六之助へ書面、幷ニ國家學談幷ニ學則、金壹圓是レハ六月中之小仕〔遣〕ナリ、又染へ炮茶五斤之注文ヲ申遣す、是レハ卅錢ツヽナリ、

○5月25日、晴、金、四月廿一日、

一、昇殿、

楠公祭神輿渡御

一、本日午前七時神輿出御、縣廳ニて高等官拜禮濟、湊川堤上ニテ御休憩、午後四時還御、無滯相濟ム、

○5月26日、晴、土、四月廿二日、

一、神拝畢、

一、櫻井能監より〔明治天皇〕聖上御下リ之御手拭幷ニ半切壹函、胡桃菓子壹函贈リ來リ候、仍而直チニ禮狀ヲ出タシ、書面中、今度宮内書記官兼務之事ヲ賀ス、

一、崎元幸より曝アン幷ニカタクリ、仙臺丸阪野源太郎より届ク、

○5月27日、晴、日、四月廿三日、

一、神拝畢、

一、野菜品々一籠崎元幸へ、仙臺丸坂野ニ托シテ贈ル、

一、石田雄吉訪來リ、川崎庄〔正〕藏江八木幸吉爐壺ノ件ニ付、轉書ヲ乞ヒタリ、

○5月28日、晴、月、四月廿四日、

一、昇殿、神拝畢、

○5月29日、陰、火、四月廿五日、

一、昇殿濟、

一、陸軍歩兵中尉永井源之進訪來ル、此レハ大口士族ニテ硫黃谷溫泉場ニて魂〔懇〕意ノ人ナリ、

○5月30日、陰、水、四月廿六日、

一、神拝畢、

一、若林高久江書面ヲ投シ、山東菜等三種ノ種子ヲ申遣ス、又東京三田育種場へも同斷之書面ヲ出タス、

一、宮城川越卯之吉へ炭代價ノ叓ヲ申遣ス、
一、鹿兒島染へ御祭禮相濟ミタル次第ヲ、母上樣江報シ奉る、

○5月31日、木、四月廿七日、

一、昇殿濟、

〔六　月〕

○6月1日、晴、金、四月廿八日、

一日祭執行す

一、昇殿、一日祭執行、
一、夏橙十個、櫻井能監江贈ル、

○6月2日、晴、土、四月廿九日、

國會解散伊藤伯に電信す

一、昇殿濟、
一、午後五時半、新聞號外ヲ以、國會解散ノ勅令ヲ布告ス、仍而電信ニテ伊藤(博文)伯ニ左ノ如シ、
ツツシンテ(謹)エイタン(英断)ヲシクス(祝)

○6月3日、晴、日、四月晦日、

藤澤南岳來訪詩稿の序文を依托す

一、昇殿畢、
一、藤澤南岳父子幷ニ隨行人訪來リ、久々振リニて閑話、依詩稿之序文ヲ依托シタリ、

○6月4日、晴、月、五月一日、

一、昇殿畢、

○6月5日、晴、火、五月二日、

一、昇殿畢、
一、林原(源)吾より書、御結婚祭ニ付、獻備品代壹圓廿八錢報知ニ付、當日大井田(留三郎)江達シ爲遣タリ、
一、綿谷增吉江粉末ノ注文書ヲ出タス、

○6月6日、晴、水、五月三日、

一、昇殿畢、
一、高階(幸造)來リ分所吉井良秀試驗一件ヲ、櫻井(能監)へ申遣す、
一、伊藤景祐之倅景綱ヨリ金員ノ無心申遣スニ付、拒絶ス、

○6月7日、陰、木、五月四日、

一、神拜畢、
一、祖父君・宮子姫ノ次月(月次)祭執行、
一、大坂(マヽ)キリン商會江藥種代六十三錢五リン之處、貳錢印紙三十二枚封入郵送す、

○6月8日、晴、金、五月五日、

一、昇殿畢、

○6月9日、晴、土、五月六日、

一、居間座席之變構ヲ爲ス、

一、尾張丸昨日着船ノ由ニて、當日北堂君より之御投下荷物着す、

一、甘蔗少ゝ、飛魚ウルメ干物、茶四斤、春子へ髮指、

一、注文ノ輕石等ナリ、

沖縄知事より書面あり

一、沖縄知叓(奈良原繁)より書面、幷ニ注文ノ甘蔗四株惠贈ナリ、

右四株ノ中、淡路之西田江一株、又日外(藏)へ壹株贈ル、

一、今夕ハ宮城・河内・堤、晩食ヲ通知シタリ、

○6月0(10)日、晴、日、五月七日、

一、昇殿畢、

一、當日阿鷹事緣付キニ付、樺子壹ツ、外ニ帶地襟等之品ゝ取合セ、川添(爲二)方へ送ル、又晩ニ膳具贈リ候ニ付、金壹圓祝義トシテ遣ス、

○6月11日、晴、月、五月八日、

一、昇殿畢、

一、高階來訪、分所建築金ノ一件協議、又大熊宇一郎退營一件ヲ依賴シ、猶坪內幷ニ多可郡ノ門脇愛三郎同伴、明十三日姫路行之叓ヲ約す、

一、尾張(丸脫)出帆ニ付、護謨壹鉢・マキノーヤ壹鉢ヲ、沖縄ニ奈良原(繁)ニ甘蔗之返禮トシテ贈る、

一、六之助幷ニ染へ書面ヲ送ル、六之助へハ紋付羽織ヲ贈ル、

ブン〱時計ヲ送ル、外ニ品ゝ添、

○6月12日、晴、火、五月九日、

一、昇殿、神拜畢、

一、安樂善助へ、菊植付ケ手入之一件ヲ報知す、

○6月13日、晴、水、五月十日、

一、神拜畢、

一、九時四十六分ノ山陽滊車ニて姫路江行キ、吉田清一幷ニ川村景明江酒壹樽ツヽヲ贈ル、川村ハ大阪ニ行キ不在ナリ、吉田江大熊之一件ヲ備サニ依賴シ置キ歸ル、吉田ニて古森江も面會す、又吉田・古森共ニ旅宿ヲ見舞ニて發スルニ於テ、停車場迠二人共贈(送)リタリ、本日者坪內俊夫幷ニ門脇愛三郎同行ス、

○6月14日、晴、木、五月十一日、

一、昇殿濟、

一、津田・大中春愛江遣シ、薔薇接木臺買入方依賴ス、

○6月15日、金、五月十二日、

一、昇殿畢、

一、高階來訪、楠公之書畫幷ニ劍ヲ一覽す、皆贋品也、

*林源吾來訪にて東京宮司會決議案を受取る

一、林源吾來訪ニテ、東京宮司會決議案ヲ受取、過般建

白之條、帯劍幷ニ社頭榮(營)繕之件等、内務大臣(井上馨)へ建白等之云々ヲ聞ク、

皇典講究所財政困難の事實

一、皇典講究所財政困難ノ事實ヲ聞キ、當社從前ヨリ收(納)來リシ陪(倍カ)納ノ事ヲ諾シタリ、

○6月16日、晴、土、五月十三日、

一、昇殿濟、

秋山書記官に面會分所建築募集金の一件を示談す

一、午前十一時登廳、社寺課ニて神山・石井其他江面シ、又秋山(恕卿)書記官ニ面シ、分所建築募集金之一件ヲ示談シ退廳、右之形行ヲ高階江通知シタリ、

一、明十七日球陽丸出帆ニ付、過日之鉢代壹圓七十五錢ヲ、川添へ依頼して松下方へ仕拂、

一、有川矢九郎江尾張丸今後ノ出帆ハ、本月廿九日とノ叓ヲ報す、

一、崎元彦太郎幷ニ幸江書面ヲ贈リ、數之子ノ禮ヲ演ス、

○6月17日、晴、日、五月十四日、

一、神拜畢、

一、大中春愛江依頼セシ野薔薇數株ヲ採リ堀(掘)シテ、送リ呉レタリ、

一、姫路在營、吉田清一ヨリ書面、大熊宇一郎除隊、六ケ敷叓情之報知ナリ、依而坪内(後夫)ニ書面ヲ投して呼寄、形行ヲ談シタリ、

○6月18日、晴、月、五月十五日、

一、昇殿畢、

一、姫路川村(景明)少將より書面、過日贈リ置シ、酒ノ一件申來ル、依而書面ヲ以、前畧目下隣邦之形勢ニ就而ハ、自然御畫策モ有之へキと推考、御晩酌御醉談ノ爲ニ進呈候付、御案頭ニて御仕用被下候得者、大幸云々申遣ス、

一、消防之一件願書差出ス、

○6月19日、晴、火、五月十六日、

一、昇殿濟、東京大地震ニ付、

一、當日ハ竹醉日ニ付、山之猛(孟)宗竹ノ植替ヲ命す、

一、有川矢九郎之家僕船便ニて着神、矢九郎ハ陸路よりトノ叓也、

○6月20日、晴、水、五月十七日、

一、昇殿、

一、高階來リ、祭典式著求(マヽ)書ヲ受取、

*東京大地震の見舞電信す

一、縣内宮司會ニ出席、推撰(薦)ニヨリ議席ニ就ク、十一時ニ開會、午後三時ニ閉會す、昨廿一日東京大地震ニ付、宮内(土方久元)大臣、惣理大臣(伊藤博文)、櫻井(能監)へ電信ヲ以テ見舞、

○6月21日、雨、木、五月十八日、

一、神拝畢、

一、早朝矢九郎(有川)來ル、昨夕薩摩屋ヲ訪ヒシニ不在ナルカ故ナリ、

*市役所へ出頭分所募集金の手繼を依頼す

一、午前七時半、會場へ出席、午後三時退場、歸路有川ヲ訪ヒ、晩食ノ約定ヲナシテ歸ル、

一、晩ニ矢九郎幷ニ川上同伴ニて訪來ル、晩飯ヲ供す、

○6月22日、晴、金、五月十九日、

一、神拝畢、

一、矢九郎本日乗船ニて歸縣、

一、午前十時ヨリ會議場へ出席、閉會ヲ告ケタリ、懇信會ヲ開ク、

秋山書記官と同伴して分所寄附金を各所へ依頼す

一、出廳、秋山書記官ト同伴シテ、小寺・川崎・山本・池田等ヲ歴訪シテシテ(マヽ)、分所建筋(築)寄附金ノ件ヲ依頼ス、

○6月23日、晴、土、五月廿日、

一、神拝畢、

一、昨廿二日神門玉垣改築ニ取掛リタリ、

○6月24日、陰、日、五月廿一日、

*舊暦五月二十五日に就き私祭執行す

一、神拝畢、

○6月25日、晴、月、五月廿二日、

一、昇殿、月次祭執行、

一、當日ハ分所建築寄附金募集委員ヲ、文庫へ召集シ、募集之手繼キヲ協議ス、

○6月26日、火、五月廿三日、

昇殿畢、

一、午後二時ヨリ市役所へ出頭、助役石川へ面議シテ、分所建築委員四名ノ名簿ヲ出シ、募集金ノ手繼ヲ依頼ス、

一、神田兵右衞門ヲ訪ニ不在故ニ、家内ニ面會、東京ノ一禮ヲ演ヘテ歸ル、

○6月27日、陰、水、五月廿四日、

一、神拝畢ル、

一、尾張丸入港ニ付、北堂君より品々、銘々江御送リ被下タリ、

一、當社永遠資本金ヲ以テ、公債證買入レノ請求書ヲ出タス、

○6月28日、晴、木、五月廿五日、

一、昇殿、神拝畢、

一、當日ハ舊五月廿五日ナルカ故ニ、午後三時ニ私祭執行、赤飯ヲ諸家へ配る、尾張丸出ニ付、金井ニ書面

ヲ染へ送る、

○6月29日、晴、金、五月廿六日、

一、神拜畢、

一、神門玉垣修繕ニ付、本日より日拜ヲ休ス、

○6月30日、晴、土、五月廿七日、

一、神拜畢、

秋山書記官と同伴して兵庫部の有志者を歴訪す

一、秋山書記官ト同伴シテ、兵庫部ノ有志者ヲ歴訪シテ、分所建築之寄附金ヲ請求ス、

大祓式執行す

一、午後六時より大祓執行、

〔七　月〕

○7月1日、日、晴、五月廿八日、

一、神拜畢、

藤澤南岳を訪ふ

一、午前二番ノ滊車ニて上阪、藤澤南岳ヲ訪ヒ、是レヨリ諸方之買物ヲ調へ、五時之滊車ニて歸家す、

○7月2日、晴、月、五月廿九日、

一、神拜畢、

○7月3日、晴、火、六月朔日、

轉地療養願を進達す

一、神拜畢、當日兵庫縣ヲ經由シ、轉地療養願ヲ進達す、

○7月4日、晴、水、六月二日、

一、神拜畢、

○7月5日、晴、木、六月三日、

一、神拜畢、

一、若松高久ヨリ菜種三種送致ニ付、右代價ニ書面ヲ附シテ郵送す、

*社寺局長に轉地療養願依頼書面を出す

一、阿部(浩)社寺局長ニ、轉地療養願之件ヲ依賴ノ書面ヲ出タス、

一、大阪心齋橋順慶町吉村ヨリ絖壹疋送致ス、是レハ先日約束ノ絖ニて壹疋ナリ、

一、菜種代價ハ、山東菜壹合六錢、白菜同斷、體菜五錢、郵錢八錢、合計三十六錢也、

一、本夕ハ佐野弁(齋)ニ田村(喜進)ニ晩飯ヲ供セントスル故ニ、招狀ヲ出タス、

一、佐野弁ニ田村等來ル、午後十時ニ散會、

○7月6日、晴、金、六月四日、

一、神拜畢、

一、六之助ヨリ二日附之書面到來す、無㕝之報知ナリ、

一、昨五日附ニて踊之春田弁(齋)ニ六之助江書面ヲ出タ(マヽ)、來ル十七日出帆之尾張丸ヨリ歸縣之㕝ヲ報す、但シ、春田江ハ鹿児島江十九日着、三日間休息シ、廿三日

*例祭執行す
娘宮子祥月に就き讀經を依賴す
*轉地療養願御聞屆けあり

國分一泊、廿四日硫黄〔谷脱〕着之旨ヲ通シタリ、
一、大井田（留三郎）江御當社祭典式ノ草稿ヲ相渡ス、外ニ菅公正
遷宮式モ添エタリ、
○7月7日、晴、土、六月五日、
一、神拜畢、
一、本日ハ宮子姫正月〔祥〕ニ付墓參、於廣巖寺讀經ヲ依賴す、
○7月8日、晴、日、六月六日、
一、高階幸造來、分所一件ヲ談、
一、昨日宮子姫正月〔祥〕祭典ニ付、社務所員幷ニ川添（爲一）等ヲ呼
て直會ヲ催ス、
○7月9日、晴、月、六月七日、
一、神拜畢、
一、越後矢尾板正へ依賴之書幷ニ書面ヲ出タス、
一、永遠資本金ニて、公債證二千九百七拾餘錢（マヽ）買入之通
知、金庫ヨリ報知有之、
○7月0（10）日、晴、火、六月八日、
一、神拜畢、
一、今夕神ノ川淸七來リ、有川藤七ノ姉死シタルヲ告ク、
仍而面會ヲ斷リ指揮シテ返す、
○7月11日、晴、水、六月九日、
一、神拜畢、
一、芳ヨリ電信ニテ、有川へ藤七ノ姉死シタルヿヲ報セ
シム、
○7月12日、晴、木、六月十日、
一、午前七時、第一鼓ニて着用、第二・第三之進行、神
叓執行、奉幣使秋〔山脱〕書記官（恕郷）、屬ハ神山鈴吉ナリ、
一、轉地療養御暇願、九日附ニて御聞屆有之タリ、
○7月12（13）日、晴、金、六月十一日、
一、神拜畢、
一、午前七時半、林原吾〔源〕ヲ訪ニ不在、仍而出廳、書記官（秋山恕郷）・
神山（鈴吉）へ昨日之一禮ヲ演ヘタリ、此レヨリ海岸安場へ
行、川村江昨日態々見贈リ者之禮ヲ演ヘテ歸ル、
一、姫路之古森見得タリ、
一、金五圓、社務幷ニ外ニ五圓、是レハ在韓出兵慰勞ト
シテ、又新日報社江送附ス、
○7月14日、晴、土、六月十二日、
一、神拜畢、
一、六之助染へ書面、十七日出帆、尾張丸より歸省ノ報
知也、
一、日外幷ニ川添來訪、

*尾張丸に乗船鹿児島へ向ふ

一、神拜畢、

　○7月15日、晴、日、六月十三日、

一、終日荷物仕舞ニ掛る、

一、硫黄谷之堀切武兵衛へ書面、明後十七日神戸出發ノ旨ヲ報す、

一、今夕ハ堤・宮城(岩次郎)等へ晩饗之案内狀ヲ出シタルニ、船中修繕之趣ニて斷る、

　○7月16日、晴、月、六月十四日、

一、神拜畢ル、

神門玉垣見分

一、神門玉垣成熟見分ヲ執行す、

*鹿児島へ著す

一、不在中之代理委任狀幷地方廳分所屆ケ書ヲ浦井へ委托す、

　○7月17日、晴、火、六月十五日、

一、神拜畢、

周布知事を見舞ふ
周布政之助事變等の取調依賴あり

一、午前九時出車、周布知(公平)叓ヲ見舞タリ、祕書官ヲ以、實父周布政之助叓變、淺田孝助之叓歴ヲ取調吳レトノ依賴有、

秋山書記官へ面會各所へ暇乞す

一、出廳ヲ以、書記官秋山江面會、發途ノ屆ケヲ申出、其外參叓官初、暇乞シテ退廳、佐野病院へ暇乞シ、神戸警察署長へ面會シ後叓ヲ依賴シ、又松原(良太)へ同斷、

歸家、

一、昇殿、御暇申シテ午後二時半發車、棧橋より尾張丸江搭す、

一、姫(路脱)鎮營吉田清一江大熊(宇一郎)一件之禮狀ヲ出タス、

一、棧橋ヲ四時十五分ニ發ス、海上至極之平和なり、

　○7月18日、晴、水、六月十六日、

一、防州灘ニて夜明ケタリ、海上平和ナリ、

　○7月19日、晴、木、六月十七日、

一、志布沖ヲ過キテ、夜明ケタリ、

一、午前八時、鹿児島灣へ投錨、六之助幷ニ渡邊より出迎之人〻參リ、直チニ上陸、渡邊江休息す、

一、十一時ニ荒田江着シ、北堂君ヲ拜ス、

一、晩ニ矢九郎(有川)夫婦幷ニ吉冨之家内參る、夕飯ヲ饗す、

　○7月20日、晴、金、六月十八日、

一、神拜畢、

一、山下與助幷ニ蒲池啓助、發訪(マヽ)ヒ來ル、

一、昨夕仁次郎ヲ硫黄谷へ遣シ、道中ノ都合ヲナス、仍而鷲貫・林外、春田(齊)等へ書面ヲ出タス、

一、川添幷ニ大井田・浦井へ同斷、又五州社江新聞送致之叓ヲ、矢田磧江書面ニて依賴す、

*硫黄谷に著す

一、諸方へ土産物配賦ス、

　○7月21日、晴、土、六月十九日、

一、神拜畢、

一、早朝有川矢九郎ヲ見舞、當日六之助ヲ磯江御機嫌伺之代理ヲ勤メシム、

一、薩陽社江金壹圓貳拾五錢ヲ拂、本年九月迠之分也、是レハ六之助へ爲持遣す、

　○7月22日、晴、日、六月廿日、

一、神拜畢、

一、午前八時半、粧して下町石燈爐江至リ、小蒸滊ニ搭ス、艦長榎井へ洋酒壹瓶ヲ送ル、

濱ノ市へ上陸す

一、後壹時半、濱ノ市へ上陸、八木方ニて晝飯ヲ喫シ、直チニ國分本町鶩貫ニ投宿す、林彦左衞門訪ヒ來ル、

　○7月23日、晴、月、六月廿一日、

一、神拜畢、

一、前三時半拂床、四時半ニ駕ニ搭シテ發す、前十一時半ニ、横瀨ニ牧薗之春田齊出迎ヒ、永田與右衞門孫之家ニて、辨當ヲ開キ發ス、時ニ加治木町之川畑ニ逢ふ、本人ハ一昨年已來之知人ニて、共ニ硫黄谷へ入浴之爲なり、

一、午後壹時半、硫黄谷ニ着シ養神亭ニ入ル、

一、鹿兒島六之助行幷ニ川添行之書面ヲ作る、

　○7月24日、晴、火、六月廿二日、

一、神拜畢、

一、日暮ヨリ大雨、盆ヲ覆ス、

　○7月25日、晴、水、六月廿三日、

一、神拜畢、

一、當朝鹽湯・明礬湯ノ一泉ヲ養神ニ挽カシム、

一、父上ノ月次祭執行、

一、堀切幷ニ川畑等見舞ニ參る、

　○7月26日、晴、木、六月廿四日、

一、神拜畢、

一、仁次郎叓、用仕舞ニ付差返す、

一、染井ニ六之助へ書面ヲ附す、

一、大井田・浦井へ金員仕送り之都合ヲ申シ遣ス、

一、霧島之竹之内江土產物ヲ、仁次郎江托シタリ、

一、枚薗村春田より野菜幷ニ鷄ヲ贈リ呉レタリ、仍而土產物ヲ使江爲持返す、西・永田・山下之一家也、

一、枚薗郵便局江配達之一件ヲ報す、

一、廿五日之薩陽社新聞、當日より到達す、

○7月27日、晴、金、六月廿五日、

一、神拝畢、

一、春田齊、芳診察ノ爲ニ來、又中津川之堀之内同伴ナリ、

○7月28日、晴、土、六月廿六日、

一、神拝畢、

一、下人金次郎ヲ踊ヘ遣ス、芳之服薬ヲ乞カ爲ナリ、

一、霧島之茶店竹ノ内之倅來ル、大蜆貝幷ニ鷄卵等持參ナリ、

一、春田より薬用三人分來ル、

○7月29日、晴、日、六月廿七日、

一、神拝畢、

一、濱ノ市八木より下女ヲ送リ來ル、又鹿児島より野菜御送リ被下候、庄吉ヨリ丸ほろヲ贈リ呉レタリ、

一、國分より召具シタル飯焚ハ暇ヲ遣す、然レ𪜈過日落馬ノケ所、治療ノ爲滯留スト云、

一、濱ノ市嘉次郎之倅來ル、蛤ヲ澤山ニ持參ナリ、

○7月30日、晴、月、六月廿八日、

一、神拝畢ル、

一、嘉次郎之倅ヲ返ス、

一、春田齊江薬用快氣之書面ヲ出タス、

○7月31日、雨、火、六月廿九日、

一、神拝畢、

*渡韓日本兵勝運の祈念祭執行を命ず

一、大井田江渡韓日[本脱]兵勝運之祈念祭執行可致書面ヲ出ス、仍祈念之祝詞及屆ケ書ノ下案ヲ附ス、

此乃處尓大宮柱太敷立天鎭坐在須湊川大神乃廣前尓、宮司折田年秀尓代理天禰宜大井田留三郎恐美恐美母白左久、這回支那邦韓邦止尓狂津日乃狂事發利志尓依利、皇帝乃大勅乎以天猛支尓猛流英雄乃軍兵堅支尓固支戰艦方風尓搏飛鳥乃如、濤乎蹴留長鯨乃如久八重乃汐路乎越征天夷乃逆徒等乎罰志女玉布尓依利、掛巻毛恐支大神乃天地止共尓消滅玉奴精忠支神靈乃思頼乎以天、海陸乃戰方神風乃鎖霧乎吹攘布狀乃如、鍊鎌乃利鎌以天打攘布叓乃如久切靡計討沈女、皇帝乃大御心乎志天冨士獄乃安支加如守護幸閉玉天、皇御國乃御威稜乎東乃大洋尓射輝志彌高尓彌遠尓外國人尓聞閉滿志女玉閉止、種々乃神饌乎御前尓供高成天丹支精支眞心以天、恐美恐美毛乞祈奉良久止白須、

〔八月〕

○8月1日、水、風雨、七月朔日、

一、神拜畢、
一、都ノ城ノ小林喜助入湯ノ爲ニ來リ、安樂善助より之書面、幷ニ赤豆寒曝ヲ贈リ呉レタリ、小林よりハ干鮑及茶二鑵ヲ贈リ呉レタリ、
一、都ノ城西川理兵衛之倅入湯ノ爲ニ來リ、折葉贈リ呉レ、仍而葡萄酒壹瓶幷ニ菓〔子脱〕壹重小杯ト同樣ニ返禮ス、

○8月2日、木、雨、七月二日、

一、神拜畢、
一、安樂善助へ書面ヲ出タス、
一、小林〔喜助〕・西川〔理兵衛〕等見舞ノ爲ニ來ル

*清國に宣戰布告

○8月3日、晴、金、七月三日、

一、神拜畢、
一、六之助へ學術等之細書ヲ認メ、又永田猶八江明治六年中遣シ置タル空證文取返シノ件ヲ申遣す、但シ、近日爲替金受取參る折ハ、八木又ハ鷲貫江一泊シテ、馬ニて參るへく申シ遣ス、

日本艦隊豊島沖にて清國軍艦を攻擊す

一、朝鮮仁川近海之日清海軍之開戰ハ、七月廿五日之快報達シタリ、沈沒セシメシハ、英國商船幷ニ清軍艦庚乙號ニテ、操江號ハ降服シ、瑞遠號壹艦ハ遁走シタリと云、卽我カ浪花艦ナリ、

○8月4日、晴、土、七月四日、

一、神拜畢、
一、染へ書面ヲ出タシ左ノ如シ、爲替金之内金八圓ヲ引、殘内五圓下人ノ七月中給料、其他ハ小仕〔遣〕、内三圓ハ、六之助之路用ニ、又注文品々ハ左ニ、
一、櫻醋　一、高須いも　一、菓物　一、冬瓜　一、柚子
一、せんべ〔マヽ〕
一、金次郎ヲ殿湯ニ遣シ、胡瓜ヲ爲買タリ、

○8月5日、晴、日、七月五日、

一、神拜畢、
一、昨四日ノ新聞ニテ、八月一日日清宣戰ヲ各國公使ニ通牒シタリト有、
一、六之助神戸より仕送リ之爲替金五拾圓携帶シテ來ル、

○8月6日、晴、月、七月六日、

一、神拜畢、
一、川添〔爲二〕・大井田〔留三郎〕・浦井〔利政〕江宛テ、書面ヲ出タス、爲替金到達之禮ナリ、
一、銀拵ヘノサーベル仕送リ方ヲ、川添ヘ依賴シ越シタリ、
一、有川矢九郎へ六之助遣シ呉候禮狀ヲ出タス、

橋本海關へ詩集序文を送致し句讀點を附するを囑す

一、橋本海關江鄭孝胥カ詩集序文ヲ送致シ、本文ニ句讀ヲ附スルヲ囑す、
一、染へ六之助着之叓ヲ報す、
一、金貳拾圓を堀切方へ拂渡ス、
一、春田齊より書面、野菜ヲ贈リ呉レ、殿湯江居住スル親族持參ナリ、

○8月7日、晴、火、七月七日、

一、神拜畢ル、
一、早朝六之助ヲ見舞、又小林・西川ヲ見舞シテ歸家、

○8月8日、晴、水、七月八日、

一、神拜畢、
一、大井田より其筋ヨリ朝鮮叓件ニ付、達シノ書面達す、
一、堀切(武兵衛)・桑原訪來ル、
一、大井田・津田・浦井江書面ヲ出ス、
一、鹿児島より荷物到着、過日注文ノ品々參る、

○8月9日、晴、木、七月九日、

一、神拜畢、
一、六之助叓、當日唐國嶽江登る、

○8月0(10)日、晴、金、七月十日、

一、神拜畢、
一、都ノ城之婦人連十一名、見舞ノ爲ニ參る、
一、大井田江療養繼續願面ヲ仕出タス、但本月廿五日ニて、滿期ニ付更ニ五周(週)間願繼キナリ、
一、金貳十圓、日清事件ニ付、獻金願ノ件ヲ、大井田江代理ニて願出方ヲ托ス、

○8月11日、晴、土、七月十一日、

一、神拜畢、
一、春田醫師(齊)訪來、是レハ堀切方へ病人有之カ爲ナリ、
一、六之助叓、本日霧島神宮へ社參ナリ、
一、春田醫師より糸瓜等之野菜を贈リ呉レタリ、

○8月12日、晴、日、七月十二日、

一、神拜畢、
一、金次郎ヲ踊幷ニ汐浸溫泉場へ遣シ、春田・永田(猶八)江盆ノ見舞トシテ素麵ヲ贈リ、春田醫師へハ水薬壜ヲ遣シ水藥ヲ乞、汐浸宿屋へハ土產物ヲ贈ル、薬品幷ニ野菜ヲ惠投ナリ、

○8月13日、晴、月、七月十三日、

一、神拜畢、
一、昨日春田ノ兄幸造より洋鷄壹羽ヲ贈リ呉レタリ、

○8月14日、晴、火、七月十四日、

一、神拝畢、
一、兒玉源之〔之丞脱〕家内來、指ノ腫物ニ苦シミ膏薬ヲ恵ム、
一、今夕十一時春田弁ニ西・山下等より盆ノ餅ナト澤山ニ惠贈ナリ、

○8月15日、晴、水、七月十五日、

一、神拝畢、
一、高階幸造より十日附ケニて、講究所振出手形捺印ノ催〔促〕息書達す、右者本月七日附ニて仕出シタル返書ヲ直チニ仕出す、

○8月16日、晴、木、七月十六日、

一、神拝畢、
一、染ヘ川添より六之助宛ニて、刀壹本神戸より到來可致候付、預リ置クヘキ旨、又甘蔗・胡瓜之注文ヲ認ム、
一、晩ニ芳ヲ堀切（武兵衛）ヘ遣シ、六之助滯在中之諸費ヲ拂ハシメ、又荒田行之金五圓ヲ、六之助ヘ相渡し、染ヘ贈リ、又六之助ヘ八月中之小仕壹圓、幷ニ路用トシテ金三圓相渡し、是レハ矢九郎（有川）取替分ヲ返濟爲致ノ金圓ナリ、矢九郎より借用ハ金貳圓ナリト云、

○8月17日、晴、金、七月十七日、

*櫻井能監へ古詩入りの書面送る

一、神拝畢、
一、六之助叓、八時ニ出發、仍而染行之書面、注文品々幷ニ小牧德藏ヘ藥品二種ノ注文書ヲ六之助ヘ相渡ス、濱ノ市八木江蛤之注文書も同斷なり、
一、櫻井能監行之書面幷ニ日清之件ニ付賦スル處ノ古詩一篇ヲ入ル、
一、有川矢九郎ヘ六之助出立之叓幷ニ彼此レノ禮ヲ申遣ル、

○8月18日、晴、土、七月十八日、

一、神拝畢、
一、十二日附ケニて、大井田・浦井ヨリ書面、禱祀典十一・十二兩日ニ執行ノ報知有之、又林源吾より之照會狀封入、細帶木棉宮司拾反、禰宜五反、主典三反獻納ノヿヲ返報ス、
一、九日附ケニて振出切符相達候旨、高階幸造より端書ニて、十三日付ケヲ以テ達ス、

○8月19日、晴、日、七月十九日、

一、神拝畢、
一、倉岡之川口武雄訪來リテ書ヲ乞、
一、川添・大井田・浦井ヘ書面、爲替金仕送リ方ヲ申遣す、

一、神拜畢、

○8月20日、晴、月、七月廿日、

一、昨日端書ニて、荷物到達之報知ニ及シモ、猶當日六之助へ書面ヲ出タス、

一、川越卯之吉へ書面ヲ出タス、

一、牧薗村山下之倅訪來ル、

一、霧島之竹内父子、大西瓜幷ニ野菜ヲ持なり、西瓜ハ四尺圍ナリ、

一、小林訪來リ書ヲ乞、

一、川口・松井・森山等之諸生訪來ル、

一、國分林彦左衞門より金山漬壹樽惠贈ナリ、

一、十五日附ケニて、津田より書藉〔籍〕目錄送致ス、

○8月21日、火、七月廿一日、

一、神拜畢、

一、林彦左衞門江漬物惠投之禮狀ヲ出タス、

一、兒玉源之丞子供病氣ニ付、春田〔齊〕書面ヲ遣シ來診ヲ乞、當夕來診す、

○8月22日、晴、水、七月廿二日、

一、神拜畢、

一、早朝春田齊訪ヒ來ル、

一、六之助幷ニ染へ投書、爲替金持參之件等申遣す、

一、晩ニ春田より野菜、又冨田より鷄壹羽幷ニ野菜ヲ贈リタリ、

○8月23日、晴、木、七月廿三日、

一、神拜畢、

一、桑原幷ニ堀切・小林等訪來ル、

一、小林喜助明日歸都ニ付、書面幷ニ海鼠壹袋ヲ安樂善助へ贈るヲ依賴シ、又暇乞ノ爲ニ旅宿ヲ訪ヒタリ、

○8月24日、晴、金、七月廿四日、

一、神拜畢、

一、濱ノ市八木ヨリ蛤一苞ヲ贈リ吳レタリ、

○8月25日、晴、土、七月廿五日、

一、神拜畢、

一、父上ノ月次祭執行濟ミタリ、

一、午前十時より榮ノ尾江辨當ヲ携へ見物ニ參る、

○8月26日、晴、日、七月廿六日、

一、神拜畢、

一、昨廿五日、鹿兒島より之荷物到着中ニ、神戸より葡萄壹籠着ス、

一、荒田よりハ春子江遊道具幷ニカマスノ干物送リ來ル、

○8月27日、晴、月、七月廿七日、
一、神拜畢、
一、宮崎之住人井手氏來リテ書ヲ乞、書して與ふ、
一、川添へ書面ヲ出タス、
○8月28日、晴、火、七月廿八日、
一、神拜畢、
一、川添爲一より廿二日、仝三日附之細書相達す、
一、染幷ニ北元(文藏)江書面ヲ出タス、又爲換金ノ義ハ五圓ヲ染へ、三圓ヲ六之助へ、九月中小仕(遣)(マヽ)送ニ路用ナリ、北元へハ玉水カン・カステイラノ禮狀ナリ、
○8月29日、晴、水、七月廿九日、
一、神拜畢、
一、有川矢九郎幷ニ六之助ヨリ廿七日附之書面相達す、北堂急ノ御病氣ノ報知ナリ、一同大ニ驚キタリ、併ニ醫師之診斷ニヨレハ、一時之御病氣之由ヲ記シタリ、仍而直チニ矢九郎幷ニ六之助へ禮狀相認メ配達夫ニ托シタリ、

北堂君病氣の報知あり

一、神戸日外幷ニ大井田江書面ヲ出タス、
一、染へ藥品、左ノ注文書ヲ更ニ出タス、華攝林四弖、龍腦三瓦、水銀膏四弖、

右者三開社小牧江宛テタリ、
○8月30日、晴、木、七月晦日、
一、神拜畢、
一、有川矢九郎幷ニ六之助、染江書面、又母上樣へ伺之書面ヲ上ル、六之助へハ金圓持參之折、拾圓丈ケハ銅貨五錢タラ持參ノ叓ヲ誌シ、且ツ神戸又新日報、名古屋兵隊楠社江休憩ノ新聞ヲ切拔テ送ル、
一、六之助金圓持參之折ハ、拾圓計ハ銅貨幷ニ五錢タラノ注文ヲ記ス、
一、森田福了ヨリ安樂善助へ對スル紙一件ノ書面、幷ニ見本到來す、
○8月31日、晴、金、二百十日、八月朔日、
一、神拜畢、
一、當日ハ厄日ナレ𪜈好天氣なり、
一、六之助幷ニ染へ書面ニて、母上樣御病氣之御樣躰ヲ奉伺候、又北堂へも壹紙ヲ添へ置候、
一、國分驚貫・濱ノ市八木江端書ヲ以テ、六之助近日參るへキニ付、一宿幷ニ馬之手配壹ツ依賴シタリ、
一、矢九郎・六之助・染、廿九日附之書面達シ、北堂御病氣全ク便祕ノ御腹痛ニて、追〻御快氣之趣キ相記

シ有之、

一、國分驚〔貫〕木より大蛤廿五贈リ來ル、直チニ禮狀ヲ出タス、

〔九月〕

○9月1日、晴、土、八月二日、

一、神拜畢、

一、有川〔矢九郎〕幷ニ六之助、染江北堂君御病氣御快氣悅之書面ヲ出タシ、又北堂君ヘハ別ニ書面ヲ以、御悅申上越候、

＊橋本海關より藤澤南岳の自著序文を送らる

一、春田醫師〔齊〕之知音、殿湯居住人大胡瓜等ヲ持參致シ呉レタリ、

○9月2日、雨、日、八月三日、

一、神拜畢、

一、廿八日附ケニて書面、幷ニ荷物到來す、又神戸仕送リ之金圓ハ、六之助受取方之趣キ有之、○注文ノ藥品到來す、

一、牧薗村之西靜哉、野菜幷ニ鷄壹羽持參なり、高山氏ノ額面依頼ナリ、

一、都ノ城持永之安見舞ニ參る、

一、六之助幷ニ染ヘ書面ヲ出タシ、六之助參るニ付キ、馬之手當等ハ、濱ノ市ヘ申付置候旨ヲ記ス、

○9月3日、陰、月、八月四日、

一、神拜畢ル、

一、有川矢九郎ノ下人三次郎到着、書面幷ニ金圓五十二圓、外ニ野菜・芋、澤山ニ惠投なり、又染幷ニ六之助ノ書面有之、北堂君ノ御病氣、愈以御快よきトノ事なり、併シ彼是レノ懸念も有也、六之助ハ不參、爲ニ三次郎金圓持參ナリ、

一、橋本海關より藤澤南岳拙稿之序文ヲ郵送ス、仍而即日差返す、又大井田江爲換金到着落手之返書ヲ出タス、

○9月4日、晴、火、八月五日、

一、神拜畢、

一、有川下人三次郎歸りニ付、矢九郎幷ニ六之助、染ヘ書面ヲ出タシ、矢九郎ヘハ金圓五十二圓、正ニ落手之證ヲ送リ、野菜等惠投ノ禮ヲ述〆、六之助ヘハ書藉〔籍〕目錄壹冊ヲ送致シ、染ヘハ金五圓小仕〔遣〕トシテ送ル、

一、矢九郎ヘ鷄二羽幷ニ寒猪ヲ贈ル、下人三次郎ヘハ金壹圓ヲ路用旁トシテ與之、又鷄壹羽ヲ遣す、

*橋本海關へ詩稿の批評及び跋等を依頼す

一、都ノ城深川訪來リ書ヲ乞、貳枚ヲ書シテ與、

一、都ノ城小林(喜助)ヨリ種子ヒシオ、瀬戸山(源之丞)・兒玉より菓子ヲ惠投、又家内共見舞ナリ、

○9月5日、晴、水、八月六日、

一、神拜畢、

一、國分使ニ托シ、阿列布油壹瓶ヲ注文ス、又鷲貫(政右衛門)江書面ヲ差立蛤三四升注文す、代價六十錢ヲ添ヱタリ、

○9月6日、陰、木、八月七日、

一、神拜畢、

一、東京野村將曹ニ、當春爾來禮狀ヲ怠ルカ故ニ、卽今入湯之事情ヲ記して禮ヲ述ヘタリ、

一、淡路之森田福次郎へ紙之一件、安樂善助へ書面ヲ投シタルノ返詞ヲ出タス、

一、六之助へ北堂君御病氣伺之書面ヲ出タス、

○9月7日、晴、金、八月八日、

一、神拜畢、驟雨、雷鳴甚タシ、

一、函館元町之崎元幸へ書面ヲ出シ、男子出產ノ祝義ヲ演ベタリ、

一、川添爲一江細翰ヲ出タス、

一、大井田(留三郎)・浦井(利政)へ書面、橋本海關江詩稿上梓一件ヲ依賴ニ付、協議ノ上ニて適宜ノ所〔處〕分ヲ記ス、

一、橋本へ七絶詩中間同字有之ニ付、今一應調査幷ニ本人批評及跋ノヿヲ申送ル、

一、濱ノ市嘉次郎之倅來ル、小鯵幷ニ蛤ヲ惠投ナリ、又烏賊釣竿ヲ森某より貰受ケ持參なり、仍森江ハ卷煙草入・扇子・コツフヲ禮トシテ遣シ、嘉次郎へハ金五十錢ヲ與ヱタリ、

一、國分鷲貫より注文ノ蛤四升貳十錢幷ニ阿例〔列〕布油四十錢送リ來ル、

○9月8日、晴、土、八月九日、

一、蛤ヲ小林ヨリ瀬戸山・兒玉三人相中ニ贈ル、

一、神拜畢、

一、嘉次郎之倅早發、歸濱、

一、六之助幷ニ染より六日附之書面ニて、三次郎歸着之報、北堂君御快キ旨を記シ有之、

一、都ノ城小林宗兵衞より土產物ヲ惠ミタリ、

○9月9日、晴、八月十日、

一、神拜畢、

一、小林宗兵衞見舞ノ爲ニ來ル、

一、晩ニ春田齊より野菜幷ニ栗・柿ヲ送附シタリ、

○9月0日(10)、陰雨、月、二百廿日、八月十一日、

一、神拜畢、

一、春田江書面、幷ニ謝禮トシテ鮑鹽辛ヲ贈ル、又西靜哉より依賴セシ高山之額面及畫讚ヲ送ル、

櫻井能監へ詩正刪の謝狀を出す

一、櫻井能監江書面、詩正刪之謝狀ヲ出タス、

一、大井田・浦井兩士ニ緩下丸郵送スヘキヿヲ依賴ス、

○9月11日、風雨、火、八月十二日、

一、神拜畢、

一、都ノ城持永明後日歸鄕ニ付、暇乞ノ爲ニ來訪ス、

一、早朝より小雨降、至午後五時半東風激烈、暴雨繼之日沒從九時至十時、風雨增烈至十一時、風轉南漸鎭靜、

○9月12日、雨、水、八月十三日、

一、神拜畢、

一、川添(爲一)・大井田・浦井へ書面ヲ出タス、

轉地療養繼續願を內務大臣社寺局長へ送る

一、呈轉地療養願繼續書於內務大臣(井上馨)、又副別啓於社寺局長阿部浩、

鹿兒島縣大隅國桑原郡牧薗村硫黃谷溫泉ハ、拙職ノ宿痾ニ適應致、爾後增平癒ニ向キ候得共、未タ全快ニ至ラス、今數日浴治候ハ、愈快復可致時宜ニ際シ候間、再三ヲ顧ミス、別紙ノ通御暇繼續願書進達致候、右不得已之事情御洞察被降、特別ノ御詮議ヲ以テ、御許容相成候樣、奉懇願候也、

社寺局長阿部浩殿

轉地療養御暇繼續願

拙職叓、

鹿兒島縣大隅國桑原郡牧菅(薗)村硫黃谷溫泉ニ於、療養候處、追々快氣ニ向キ候得共、未全快不致、來廿四日ニて御暇日數滿限ニ付、更ニ五周(週)間御暇被下度、此段奉願候也、

明治廿七年九月

硫黃谷溫泉滯在　湊川神社宮司折田年秀印

內務大臣伯爵井上馨殿

一、有川矢九郎へ暴風雨之見舞書ヲ出ス、

一、作家信奉賀北堂君御不例全癒、又伺暴風雨變、又與六之助及染皆如奉北堂君之意、

○9月13日、晴、木、八月十四日、

一、神拜畢、

一、六之助へ端書ヲ以十二日附之書面、暴風雨ノ爲遲着可致叓ヲ報す、

○9月14日、晴、金、八月十五日、

一、神拜畢、
○9月15日、晴、土、八月16日（マヽ）、
一、神拜畢、
○9月16日、晴、日、八月十七日、
一、神拜畢、
霧島神宮へ參詣す
一、午前第八時發途、霧島神宮へ參詣、午後四時歸家す、
○9月17日、晴、月、八月十八日、
一、神拜畢、
一、來ル廿八日、當地出立之報知ヲ六之助幷ニ染へ申遣す、
一、神戸又新日報社江端書ヲ以而、今後鹿兒島市上荒田廿番地江送致之照會書ヲ出タス、
一、鷲貫政右衞門より蛤ヲ贈リ呉レ、又松永ノ茶店ノ老婆より春子へ文檀ヲ贈リ呉レタリ、
一、染幷ニ六之助より書面、神戸ふとう（葡萄）幷ニ菓子送達ノ書面來ル、
一、神拜畢、
○9月18日、晴、火、八月十九日、
一、高原ノ田口養拙書之禮トシテ來ル、甘蔗ヲ惠ミタリ、
一、浦井利政ニ書面、來ル廿八日硫黃谷引揚ケ之報知、且ツ御暇繼續願許可辭令大井田より送附無之云々ヲ書シタリ、
一、六之助幷ニ染へ書面、神戸より送致ノ品ハ手許ニて開クヘキ事ヲ申遣ス、又六之助へハ征清之愚見ヲ記ス、
一、國分之鷲木（マヽ）幷ニ林彥（林彥左衞門）江生椎茸ヲ送ル、
一、舊西川之下女タリシ阿さ、見舞ノ爲ニ土產品相携へて來訪、同人便より安樂善助之書面幷ニ菓子參る、又淡路森田福次郎紙一條申來ル、仍而右書面相添へ、森田江書面ヲ出タス、
一、春田より鮮鮎幷ニ鷄卵、又田島源八より乾鮎ヲ送リ呉レタリ、
一、神拜畢、
○9月19日、晴、水、八月廿日、
一、六之助江濱ノ市より乘船ニ付、小蒸滊上等室借切リ之叓ヲ申遣す、
一、投書、於安樂善助謝贈品、
一、投書、春田齊田島源八謝贈品懇志、
○9月20日、晴、木、八月廿一日、
一、神拜畢、

平壌占領の新聞記事を見る

一、九月十一日・二日両日ニ、朝鮮平壌落城ノ新聞ヲ見る、

一、大井田・浦井十五日附ヲ以、郵税印紙百枚投達す、緩下丸ヲ送ルノ趣ナレトモ未タ達（マヽ）す、

一、橋本海關江詩稿一切見込ミニ可任旨ヲ報す、

一、西靜哉より額面幷ニ半切揮毫ノ依頼書達す、

○9月21日、晴、金、八月廿二日、

一、神拜畢、

一、金次郎ヲ牧薗村春田（齋）江遣シ、從前ノ禮ヲナス、

一、金壹圓薄謝　一、コツフ貳ツ　一、古詩白紙金紙壹枚

右之外、藥價幷ニ炭代、合シテ金貳圓ヲ爲持遣す、

一、大井田・浦井へ書面ヲ出シ、印紙百枚落手之叓、幷ニ廿八日出發之形行、又橋本（海關）へ詩稿依頼ノヿ記ス、

一、崎元彦太郎より八月廿九日附之書面ヲ六之助ヨリ送致、卽彦太郎嫡子出生之報知ナリ、然ルニ六之助より右男子死去之電信、有川へ達シタル之報知ナリ、仍而彦太郎夫婦へ悔ミノ書面ヲ出タス、

一、有川（矢九郎）江孫死去之悔ミ狀ヲ出タス、

一、六之助へ、右報知之返詞幷ニ彦太郎より之書面ヲ添ヱタリ、

一、川添へ書面、御暇繼續願許可之書面、大井田より郵送ノ旨ヲ通す、

一、染より卅日歸家否之尋ネ申遣ス、仍而廿九日歸着可致候間、トンタフ壹個幷ニ酒五・六盃用意ノヿヲ申遣す、

一、神戸江注文ノ緩下丸郵便より到着す、分量等規則ニ悖ルノ譯ヲ以テ、罰税トシテ六十錢ヲ拂渡ス、

此惣目方、卅九目、貼用ノ印紙貳枚、四錢ナリ、丸藥幷ニ包紙ノ正味廿五目ナリ、規則通リニて差出ス時ハ、貳十五錢ノ印紙ニて到來スヘキ分量ナリ、右之形行、大井田等不注意より令然ノ譯ケニ付キ、書面ヲ両名ニテ出タシ問合セ越ス、

○9月22日、晴、土、八月廿三日、

一、神拜畢、

一、染江書面、廿三・四日後ノ神戸新報受取置ヘキヲ報す、

一、薩陽社江廿六日後ハ上荒田江、配達ノ通知書ヲ出す、

一、濱ノ市八木江荷馬十疋ノ手配幷ニ小蒸滊上等室借リ切ノ書面ヲ出タス、

一、中津川在勤巡査野崎正輔訪來ル、舊名佐土原ナリ、

○9月23日、晴、日、八月廿四日、

一、神拝畢、
一、小林家内より餅ヲ惠ミタリ、
○9月24日、雨、月、八月廿五日、
一、神拝畢、
一、上之親爺來リ、廿六・七ノ兩日間ニ狩ノ事ヲ談ス、
○9月25日、陰晴未定、火、八月廿六日、
一、神拝畢、
一、當日父上之月次祭ニ付執行、
一、牧薗之春田より栗壹斗幷ニ野菜ヲ惠投ナリ、仍而栗代五十錢ヲ添ヱ禮狀ヲ遣す、
○9月26日、半晴、水、八月廿七日、
一、神拝畢、
一、午前十時、仁次郎到着、染井ニ六之助より之書面來リ、濱ノ市より小蒸氣上等室借リ切リ濟之事ヲ報す、
一、殿ノ湯春田ノ娣婿來ル、椎茸幷ニ鷄・野菜ヲ惠ミタリ、
○9月27日、晴、木、八月廿八日、
一、神拝畢、
一、明日歸途ニ上ルカ故ニ、當日ハ狩ヲナス、惣人數八人ナリ、
一、晩ニ狩人歸來、不獵ナリ、

狩を催すも不獵なり

○9月28日、晴、金、八月廿九日、
一、神拝畢、
一、午前八時、硫黃谷ヲ發、横瀬ニ於テ春田夫婦出迎ノ爲來リ、暫時休息シ、午後二時松永村ニ着シ晝飯ヲ喫シタリ、
一、午後四時、國分本町鶉〔鷲カ〕貫江着ス、
○9月29日、晴、土、九月朔旦、
一、神拝畢、
一、今曉三時本町江出火、拾戶餘燒失、濱ノ市より嘉次郎幷ニ下女竹ノ兄ナト馳來リ見舞す、
一、午後一時半、國分ヲ發シ、貳時ニ濱ノ市江着セントスル時ニ、八木伊右衛門之使出迎ヒ、伊右衛門俄カニ死亡ノ叓ヲ報ス、依て外ニ宿ヲ兎〔需カ〕メテ休息シ、三時卅分に小蒸氣ニ搭シテ、六時半下濱ニ着陸、六之助幷ニ北元〔文藏〕之外仁次郎等出迎ヒタリ、
一、途中ニて藥品ヲ小牧德藏ニて買入、歸家、
一、今夕永谷醫師幷ニ有川夫婦等來會、北堂君之御快氣祝ヲナス、
○9月30日、雨、日、九月二日、
一、神拝畢、

一、今朝電信ヲ神戸大井田江報す、フシキカキンオクレ、
一、薩陽社江新聞不達之照會書ヲ出タス、
一、午後二時、大井田より電信、ハチマルオクリアトイカホトヘンジ、此ノ電信不通ナリ、憶ニ已ニ金員送リタルニ、此ノ方ノ電信ニ付、多分今明日爲換證來着スヘシトテ、返信ヲ控ヱタリ、

〔十　月〕

○(10)0月1日、晴、月、九月三日、
一、神拝畢、
一、爲換手形、午後ニ至ルモ到着セサルカ故ニ、電信不通ノ字句ニ朱點ヲ加ヱ、大井田・浦井(利政)ヘ宛テ郵書ヲ出タス、
一、蒲地(啓助)見舞ノ爲ニ來ル、又國分林彦(彦左衞門)ノ娣、茶道ノ叓ニ付參ル、
一、午後有川(矢九郎)江北堂御病氣ニ付、世話ニナリシ禮ノ爲ニ行ク、

○(10)0月2日、晴、火、九月四日、
一、神拝畢、
一、爲換證八十圓、廿七日附ノ郵書到着す、

○(10)0月3日、晴、水、九月五日、
一、神拝畢、

○(10)0月4日、陰、木、九月六日、
一、神拝畢、
一、百四十七銀行江行キ、金圓八拾圓ヲ受取、直チニ大(留三郎)井田江受取濟ミノ書面ヲ仕出ス、
一、刻之煙草四十袋ヲ注文す、
一、永谷醫師ヘ藥價幷ニ謝禮ヲ送ル、
一、有川矢九郎訪來ル、

○(10)0月5日、雨、金、九月七日、
一、神拝畢、
一、安田五兵衞ヘ金貳(圓脱)酒料幷肴二尾ヲ贈ル、是レハ六之助貰受ケ之周旋御禮ナリ、
一、金壹圓、肴壹尾町醫ニ送ル、

○(10)0月6日、晴、土、九月八日、
一、神拝畢、
一、安田五兵衞昨日之禮ニ來ル、
一、川添(爲一)ヘ書面ヲ出タシ、球陽丸ヘ乗込ムヘキヿヲ報す、
一、田村喜進江書面ヲ寄す、
一、球陽丸松下ヘ書面ヲ以テ、縄卷豚肉貳十斤・泡盛壹

壺・篝束方ヲ依頼スルニ金三圓ヲ附ス、
一、刻煙草四十袋持參す、
一、午後八時、日外藏より電信ヲ以、歸神ヲ促カス、
一、蒲井ニ書面ヲ出タシ、日外江通船無之次第ヲ申遣す、
○0(10)月7日、日、晴、九月九日、
一、神拜畢、
一、八幡江社參、祠官岩重ヲ訪、又永田猶八ヲ訪ヒ歸家、
○0(10)月8日、晴、月、九月十日、
一、神拜畢、
一、金卅圓仕送ル(マヽ)へ電信ヲ大井田江送ル、

磯*御邸へ伺候

一、蒲地啓助訪來ル、
○0(10)月9日、晴、火、九月十一日、
一、神拜畢、
一、當日號外ニテ、第三海戰芝罘砲臺占領ヲ配達す、
一、大祓祝詞ヲ肥後政安江送ル、
○0(10)月0(10)日、晴、水、九月十二日、
○神拜畢、

墓參久光公の御前を拜す

一、午前八時、一同相具シ、初メ興國寺ノ墓參、是レヨリ福昌寺祖先ヲ拜シ、且ツ久光(島津)公之御前ヲ拜シ、磯天滿宮ヲ拜シ、祇園洲ノ茶店ニて晝飯ヲ喫シ、歸途有川ヲ訪ヒ、午後三時ニ歸家、
○0(10)月11日、晴、木、九月十三日、
一、神拜畢、
一、前八時家ヲ發シ、谷山別荘ニ行ク、六之助家族一同ナリ、午四時ニ歸家す、
○0(10)月12日、晴、金、九月十四日、
一、神拜畢、
一、大井田・浦井より神叓內訓之書面七日附ニて達す、仍而右之返書又林源吾へ之下書ヲ仕出す、
○0(10)月13日、晴、土、九月十五日、
一、神拜畢、
一、午前九時ヨリ磯御邸ヲ伺、六之助ヲ同伴行、大鯛貳枚ヲ獻す、
一、九日附ニて、大井田幷ニ川添より書面、大井田よりハ金卅圓、爲換證着す、仍而當日百四十七銀行ニて受取、
○0(10)月14日、晴、日、九月十六日、
一、神拜畢、
一、蒲地啓助幷ニ岩下訪來ル、
一、正午より上町村田江煙草買ニ行キ、外土產品ヲ買入

歸家、
一、晩ニ有川矢九郎訪來ル、
一、五州社江十六日後ノ新聞ハ、楠社内江配達之書面ヲ出タス、
○0(10)月15日、陰、月、九月十七日、
一、神拜畢、
一、昨日蒲地(啓助)之母堂訪來、煙草壹函ヲ惠投なり、
一、永田猶八より手作ノ煙草ヲ惠ミタリ、
○0(10)月16日、晴、火、九月十八日、
一、神拜畢、
一、岩重暇乞ノ爲ニ、煙草ヲ携へて來ル、
一、晩ニ有川夫婦同伴ニて來ル、
一、球陽丸明日出帆之筈ナルニ、未タ入港無之ニ付、明日ノ出帆ハ見合セタリ、
○0(10)月17日、陰、水、九月十九日、

*神戸へ向け出帆す

一、神拜畢、
一、白石ノヨメ暇乞ノ爲ニ來ル、
一、晩飯ヲ山本・蒲地江振舞ヲ約す、皆來會、
○0(10)月18日、陰、木、九月廿日、
一、神拜畢、

一、海岸之池畑より手代來ル、是レハ初池畑江球陽丸ニ乘船ノ事ヲ通シ、猶荷物ヲ送リタリ、即球陽丸之事務所設置ノ故なり、然ルニ、渡邊方より是非とも本店より乘込ミ呉レトノ叓なり、依而形行ヲ仁次郎幷ニ六之助ヲ以申遣シ候得共、双方不承知之事故、問屋ニ不托シ乘込ム叓に申遣シタリ、
○0(10)月19日、晴、金、九月廿一日、
一、神拜畢、
一、有川矢九郎江暇乞ノ爲ニ行キ、是よりより(マヽ)魚類ヲ買歸家、
○0(10)月20日、晴、土、九月廿二日、
一、神拜畢、
一、午前九時ニ家ヲ發ス、濱ニ至レハ山下・蒲地又有川夫婦等待受ケ、池畑方ニて休憩シ、九時半ニ乘船す、
一、神戸行ノ電信ヲ六之助へ托ス、十時半ニ出帆、佐多岬ヲ越シテ日没す、
○0(10)月21日、晴、日、九月廿三日、
一、神拜畢、
一、今朝夜明テヨリ、海上至極平和ナリ、伊豫松山沖ニて日没す、

〇0(10)月22日、晴、月、九月廿四日、
一、神拜畢、

神戸へ著船す

一、午前九時、神戸へ安着、川添初メ一同、小蒸瀛ニて迎ノ爲ニ來ル、直チニ上陸、歸家出迎人江酒肴ヲ饗す、
一、午後一時昇殿、神拜、
一、鹿兒島染江無異、九時安着之電信ヲ通す、又六之助幷ニ染兩名へ書面ヲ出タシ、有川矢九郎へも同斷、

〇0(10)月23日、陰、火、九月廿五日、
一、神拜畢、

歸著の屆け等を進達す

一、内務大臣(井上馨)江歸着ノ屆ケ書幷ニ廣嶋大本營へ、天機伺、旅行之願書ヲ本縣ヲ經由シテ進達す、
一、皇典講究所へ歸社ノ屆ケ書ヲ出タス、
一、淡路國菓物會社ノ爲ニ、一文ヲ書シテ日外藏ニ贈、

〇0(10)月24日、晴、水、九月廿六日、
一、神拜畢、

〇0(10)月25日、陰、木、九月廿七日、
一、神拜畢、

折田彦市來る

一、折田彦市來ル、散財ノ叓ニ付金談アリ、
一、球陽丸出帆ニ付染へ書面、金七圓ヲ封入シ、又文檀卅個ヲ注文す、
一、朱塗ノ七寸重壹組(箱脱カ)ヲ松下祐助へ注文シテ、内金貳圓ヲ遣す、
一、球陽丸より六之助へ忠告之書面差出度之處、松田氏參リ、出帆ノ間ニ合兼候付、郵便ニて出タス、過日送リ來リシ文面ヲ正刪シテ返す、

〇0(10)月26日、陰、金、九月廿八日、
一、神拜畢、
一、六之助より廿二日附之書面達す、
一、折田彦市へ金件之書面ヲ出タス、

〇0(10)月27日、陰、土、九月廿九日、
一、神拜畢、

*櫻井能監へ書面を出す

一、櫻井能監江書面ヲ出、書面幷ニ詩之惠贈ヲ謝ス、旅宿ハ廣島市播磨町濱田治平方なり、
一、折田彦市へ金談不調之返詞ヲ出タス、

〇0(10)月28日、晴、日、十(九)月朔(卅)日、
一、神拜畢、
一、折田彦市金件之叓ニ付來ル、仍而上京スルニシカサルノ件ヲ談シテ返す、
一、帚田訪來ル、

一、小野田元熙ノ母死去之報知有之、仍而打電弔詞ヲ送ル、

〇0(10)月29日、晴、月、十月朔日、

一、神拜畢ル、

櫻井能監より詩稿の題字贈り來る

一、昨廿八日櫻井能監より詩稿之題字贈リ來ル、

一、爲換券壹圓、小野田元熙江花料トシテ書留ニて郵送す、

〇0(10)月30日、雨、火、十月二日、

一、神拜畢、

一、金五拾錢、市役所へ收ム、是レハ兵隊慰勞失費トシテ、赤十字江差出分也、

〇0(10)月31日、晴、水、十月三日、

一、昇殿、神拜畢、

渡清の兵隊御社頭にて休憩す

一、今曉より渡清之兵隊通過、御社頭江休憩セリ、

〔十一月〕

〇01(11)月1日、晴、木、十月四日、

一、昇殿、神拜畢、

一、大河平武二訪來ル、

一、外務屬ノ堀來リ、天長節ニ付客來有之故、盆栽借用ヲ周布(公平)知(事脫)より申込ミ有之、

一、六之助幷ニ染へ書面ヲ、是レハ六之助より谷山屋敷一件ナリ、依而見込ミ之通リ、維持法相立可然旨ヲ返詞す、又栗之注文有之ニ付、近日ノ便船ニて送ルヘキヲ書シ、染ヘハカマス幷ニふり之注文ヲ記ス、

〇01(11)月2日、晴、金、十月五日、

一、昇殿、神拜畢、

一、金七圓、林田江切炭代内トシテ爲換券ヲ郵送す、

一、御者力松暇申出ツルニ、永々精勤ノ角ヲ以テ、紺飛白壹反、金壹圓ヲ與ヱタリ、

一、陸軍工兵少佐木村才藏ヲ訪ヒタリ、

〇11月三日、晴、土、十月六日、

一、昇殿、

一、天長節、判任官ノ拜賀ヲ受ケ、宮内省江進達す、

一、陸軍歩兵大尉發波田景堯訪來ル、

〇11月四日、晴、日、十月七日、

一、昇殿、拜神(神拜)畢、

一、矢尾板正江書面ヲ送リ、詩稿ヲ添、即今在(マヽ)福岡縣博多新川端町松隈方ニ滯在ナリ、

〇11月五日、晴、月、十月八日、

*宮野平次郎來り鋸貳本注文す

一、神拜畢、昇殿、
一、一日附ニテ、六之助ヨリ北堂君病氣之書面達す、仍而直チニ返詞ヲ出タシ、且ツ今日玖磨川丸より丹波栗ヲ贈ルノ叓ヲ報す、
一、染へも母上樣御病氣ノ事ヲ申遣す、
一、丹波栗壹函、有川矢九郎行ヲ薩摩へ屬す、
○11月6日、陰、火、十月九日、
一、昇殿、神拜畢、
一、渡清兵隊、當日ニて通行濟ミタリ、
一、染より二日之書面達す、仍而右之返書を出タす、
○11月7日、晴、水、十月十日、
一、昇殿、神拜畢、
一、半切三折、菊水菓子壹函、書面幷ニ詩ヲ添、右者宮崎大濱村川越卯之吉江小包郵便ヲ以送ル、
○11月8日、晴、木、十月十一日、
一、昇殿、神拜畢、

尚武會特別會員に入會す

一、兵庫縣尚武會特別會員ニ入會す、
○11月9日、晴、金、十月十二日、
○11月0(10)日、晴、土、十月十三日、
一、神拜畢、
一、球陽丸より北堂君御品々御贈リ被下タリ、
一、鰤一疋　一、ウルメ　一、文檀　一、甘蔗
一、三木町之宮野平次郎來ル、仍而鋸貳本注文す、是有川矢九郎之注文ナリ、
○11月11日、晴、日、十月十四日、
一、昇殿畢、
一、森田福次郎訪來ル、
一、大中春愛同斷、
一、昨日旅行御暇願、追伺ヲ進達す、
○11月22(12)日、晴、月、十月十五日、
一、昇殿、神拜畢、
○11月23(13)日、晴、火、十月十五(十六)日、
一、神拜ヲ廢ス、腹痛下痢、
一、球陽〔丸脱〕出帆ニ付、左之通リ、
一、永田猶八江禮狀、又北元(文藏)江同斷、カステイラ鑵買入之注文、
一、蒲地(啓助)幷ニ山下へ禮狀、又山下甫藏江ハ蒲地同斷ツヽホ壹枚ツヽヲ贈リ、山下江ハ六之助へ實學研窮忠告ヲ依賴す、
一、染へハ金四圓ヲ送リ、內壹圓六之助、十一月分小仕

*實弟佐々木素行大病の電信到來す

社頭奉務取調

*濱松に著す

多聞通菊水菓子店に失火あり

*靜岡縣知事幷に前田正名に面會す

*興津に達す

周布知事父政之助の入薩件取調方依頼あり

壹圓ヲ封ス、
一、大根蕪　一、焼ふり　一、氷砂糖幷ニ菓子　一、昆布
右川添(爲一)方へ依頼シタリ、
一、松下へ書面幷ニ麥酒貳本幷ニ菓物壹籠ヲ送リ、又是
代殘不足、貳拾錢ヲ遣す、
一、菊二鉢、書面ヲ添ヱテ、奈良原(繁)江送ル、
一、内務屬坂ノ上美清、社頭奉務取調方トシテ、縣屬牧
野屬立會ニテ參社、諸帳薄(簿)取調方トシ社務所へ來ル、
無滯相濟ム、

○11月廿四日(14)、晴、水、十月十六日(十七)、

一、神拜畢、
一、六之助より十日附ニて、栗入箱到着之一左右端書到
着す、
一、多門(聞)通菊水菓子屋ニ、午後二時失火、

○11月十五日、木、十月十七日(十八)、

一、昇殿畢、
一、午後二時登廳、知事(周布公平)・書記官(秋山恕郷)ニ面接、周布知事(公平)ハ其
親政之助入薩之件ヲ取調方依頼ニ付、右之書面ヲ持
參す、
一、市役所幷ニ警察ニ出頭、不在中之謝禮ヲ申入ル、

一、午後八時、山梨縣東八代郡日川村ヨリ、佐々木(素行)大病
ノ電信到來、依而卽座ニ返信、アスタツタノム、此
レヨリ旅行之支度ニ取掛る、

○11月16日、晴、金、十月十九日、

一、神拜畢、
一、午前五時五十五分ノ瀛車ニ搭シ、芳ヲ召具シテ發シ、
京都ニて飯ヲ買ヒ、八幡ニて吃シ、五時半濱松ニ着
シ、大氷屋ニ投宿す、

○11月17日、晴、土、十月廿日、

一、神拜畢、
一、午前(マ)五十五分發ノ瀛車ニ搭シ、興津ニ向ツテ發ス、
大氷ニて早付行之道筋ヲ聞クニ、興津ハ卽山梨街道
ナルト云、依而初メ藤枝行ヲ止メ興津ニ達シテ下ル、
今日瀛車ニて靜岡知事(小松原英太郎)幷ニ前田正名ニ面會ス、
一、午前十一時、興津ニ達シ、水口屋ニ投シテ、晝飯ヲ
吃シ、爰ニて車夫四人ヲ雇、一時ニ發ス、冨士川ニ
添て行ク、道路尤險惡、車夫ノ苦酸甚タシ、午後五
時南部ニ達シ、仁井屋ニ投ス、但シ車壹挺ニ付、九
六圓ナリ、

○11月18日、晴、日、十月廿一日、

一、神拜畢、

甲府淺間神社に達し佐々木素行の死亡を聞く

一、午前七時ニ仁井田ヲ發車、午後三時カジカ澤（鰍）ニ着す、興津ヨリ十九里ナリ、此十九里間ノ道路、實ニ險難ナリ、午後三時カジカ澤ニ着、一茶店ニ休シ、車夫雇料等惣十二圓七十錢拂渡シ、酒代トシテ四人ニ貳十錢、又此レヨリ壹車一夫ニテ甲府ニ向テ發、道路極平坦ナリ、午後四時半、柳町佐渡屋ニ休憩シ、暖飯ヲ命シ畢リテ、直チニ發ス、六時半一櫻村淺間神社ニ達シ、社務所ニ於テ素行（佐々木）ノ死亡ヲ聞、當社ノ禰宜中込菊枝ニ面會シテ、病症等之叓實ヲ聞得タリ、曰ク、十六日午後四時落命ト云、然レハ彼レヨリ打電ノ明白ナリ、社務所ヲ辭シ、東山梨郡日川村三百九十二番地長谷川勘兵衞ノ貸家ニ達ス、即素行ノ居宅ニて、死尸床ニ横タハリタリ、孫ノ義行、其次キ榮三郎、又擊劍ノ友人三浦周次郎、并ニ小林源藏・相川・長谷川等幷居タ（マヽ）、依而素行ノ面部ヲ開キ、芳ト共ニ到着ノ事ヲ告ケ、此レヨリ先キ、神戸ヨリアスタツノ返電ヲ打シニ、兄上カ來ルトカト云ヒ、笑ヒ顏ヲシテ、居宅ハ手狹故ニ、外ニ宿所ノ手配ヲ長谷川ニ依賴シタト、依而直チニ長谷川勘兵衞ノ家ニ伴レタリ、

一、社務所ヨリ主典古屋望高來會シ相議シ、明日縣廳幷ニ村役所江屆ケノ上ニテ、明十九日夜ニ入リ、葬儀執行ノ事ニ手配一ゝ依賴シタリ、午前二時ニ寢ニ就クト雖モ眠ラレス、

○11月19日、晴、月、十月廿二日、

一、遙拜畢、

一、死亡屆ヲ社務所江差出ス、但醫師ノ診斷書ヲ副、古（望高）屋主典登廳ス、

一、正午古屋退廳シテ曰ク、何分縣達迠ハ死亡屆ケハ差扣ヘ置ケトノ事故ニ、本日之埋葬式ヲ延ハシタルニ、明廿日ハ寅ノ日ニテ葬儀ヲ忌ムトノ說アリテ、明後廿一日ト定メタリ、

一、神戸千代ヱ打電、金六十圓ヲ送ルヘキ旨ヲ通ス、返電達シタリ、

一、川添爲一忌引屆方ヲ打電ス、

一、本縣幷ニ寄留地江死亡屆ノ上ハ、原藉〔籍〕江屆ケ出テサル可ラス、依之鹿兒島永田猶八江向ケ、死亡屆幷ニ本人藉〔籍〕荒田ト同藉〔籍〕否ノ事、嫡孫嘉行ヘ家督相續ノ事ヲ內分申遣ス、

母上様へは素行死亡の事申さぬ様申遣す

一、六之助江書面幷ニ死亡届ケ之案文ヲ副ヱ、又染江も形行壹寸相認メ、永田(猶八)氏ヲ初メ、母上様へ死亡之叓ハ不申上様申遣シタリ、

一、今日葬式ノ準備整ヒタルカ故ニ、入棺ノ事ヲ執行シ、神官齋藤淨祓シタリ、仍而位牌ニ前淺間神社宮司正七位佐々木素行靈、明治廿七年十一月十六日沒、行年六十五歳ト記ス、

*素行を巖龍山に埋葬す

一、聞ク處ニ依レハ、初メ人々勸メテ養生爲致タルニ、某書生西洋流ニて藥用ノ効無之故ニ、自ラ注文シテ、近村ノ漢法〔方〕醫ニ診察ヲ乞ヒシニ、極大病ニて最早後レテ治療方無シトノ事、然ルニ、初メノ醫師ハ腹部燒鹽等ニテ、頻暖メタル、病人ハ苦テ水ヲ好ミ、又衣類ヲ剝キタリト云、漢醫ノ診斷書ニハ、極急性ノ腹膜炎トアリ、憶ニ、氷嚢ニテ熱ヲ散スヘキニ、却而暖ムルトハ、何叓苦熱ノ程知ルヘシ、

○11月20日、雨、火、十月二十三日、

一、遙拜畢、

一、甲府電信局より爲替金受取、證貳枚郵送す、仍而長谷川ノ倅梅助ニ依賴シテ、六十圓正ニ受取、卽刻受取之形行ヲ、川添・大井田(留三郎)・千代三名ニ宛テ丶仕立、

一、縣知事田沼健・書記官中原昂・參事官桑山遂風・田中章より屬官澤田惠隆ヲ遣シ、弔詞ヲ演ヘラレタリ、

一、縣知(田沼健)叓ヨリ內諭アリ、贈位ノ事ヲ具狀シタレ𪜈、昨年叙位餘リ早過クルカ故ニ不得已、甚殘念ナリト、

一、田沼健ヨリ金壹圓ヲ贈リタリ、

○11月21日、晴、水、十月廿四日、

一、遙拜畢ル、

一、古屋望高來リ、死亡屆ケハ十八日附ケニて差出ヘキ旨、廳命之由、仍而改書相渡ス、

一、當日十二時出棺、祭主ハ廣瀨護郎、外ニ神官三人歩行ニて、棺後ニ列ス、次ニ嘉行(佐々木)・榮三郎・芳ト同行ス、此後諸送リ人列シ、村海東巖龍山〔寺脫〕ニ埋葬ス、當寺ハ武田信玄公之廟所ニシテ、諸人之埋葬ヲ許サスト云、

○11月22日、晴、木、十月廿五日、

一、遙拜畢、

一、當日ハ世話ニ預リシ人々江、片見送リヲ執行ス、三浦周次郎へ棉入幷ニ古羽織、古屋望高へ縮緬縞ノ袷幷ニ祭服、又榮三郎ヲ貰ヒ受ケ居タル小林(源藏)江古襌子諸道具一切、

一、髪結夫婦江古衣類幷ニ茶道具なり、
右之撃劍道具二組ヲ三浦（周次郎）へ殘ス、
一、榮三郎事、是迠更〻聞キ得サル皃故ニ、取調ヘタルニ、東區神田神保町ニて駒ニ出來タル届ケ書有之、尤素行存生之中ニ、右小林ノ養子ニ遣シタトノ事、仍而此度改メテ源藏養子遣シ、送藉（籍）等ハ追可致旨ヲ以、双方證文取替シ置候、
一、昨日埋葬濟ミノ書面ヲ千代宛テ出タス、
一、嘉行退校届ケヲ日川學校ニ出ス、
一、日川村役所江寄留引拂之届ヲ出タス、
一、葬式之世話ニ預リシ人〻ヲ饗す、

○11月23日、晴、金、十月廿六日、

一、遙拜畢、
一、午前第八時、中込菊枝・古屋望高宅江謝禮幷ニ暇乞ノ爲、嘉行・芳同伴ニテ行ク、
一、カハン支那製貳ツ幷ニ柳籠、都合三個呉座（茣蓙）包荷ニシテ、石和通運會社へ賃錢先キ拂ニテ出タス、
一、素行月給外ニ金六十八錢受領證ヲ、社務所へ爲持受取タリ、
一、金六圓、是レハ長谷川（勘兵衛）江謝禮トシテ遣す、

一、午後第三時嘉行ヲ具シテ日川村ヲ發スル、送人數名各別ヲ惜ミ、又海東寺前ニて遙拜シテ行キ、午後六時前、甲府柳町佐渡屋ニ投宿ス、

○11月24日、晴、土、十月廿七日、

一、遙拜畢、
一、午前九時登廳、澤田（惠隆）江面接、知事（田沼健）幷ニ高等官江面謁シテ、一禮ヲ演ヘテ退廳、
一、春子へ甲州土産トシテ、郡內縞壹反買入、外ニフランケ貳枚ヲ買取、道中用ニ供す、
一、午後二時、甲府ヲ發シ、五時半ニカジケ澤萬屋江投宿す、

*甲府を發す

一、明日富士川下リハ、時間船ノ借切ヲ會社へ應對セシメ、此借切三圓ナリ、

○11月25日、雨、日、十月廿八日、

一、遙拜畢、
一、午前四時半、舟ニ搭、卽富士ニシテ有名ナル激流ナルカ故、舟疾キヿ矢ヲ射ルカ如シ、時ニ雨頻リ降ル、漸クニシテ十一時ニ岩渕江着、谷屋ニ投シ晝飯ヲ命ス、
風水蕭〻曉光寒、霧深兩岸失蒼巒、蓬窓結得浮鷗

多、冨士河中下急渕、

名古屋に著す

一、午後二時ノ滊車ニ搭シ、仝八時名古屋ニ着シ、丸萬ニ投宿ス、

○11月26日、晴、月、十月廿九日、

一、神拜畢、

神戸に著す

一、午前五時卅分發ノ滊車ニ搭シ、京都ニて晝飯ヲ喰シ、午後三時神戸着、大井田初、皆〻出迎ヒ馬車ニて歸家、

一、此回ノ通行中、通運會社有之ケ所ヘハ荷物三個、至急ニ届ク之義ヲ書面ニて依賴シ置着キリ（マヽ）、

○11月27日、晴、火、十一月朔日（十月三十日）、

一、遙拜畢、

一、昨廿六日書記官秋山恕郷より除服ノ達シ有之、

*佐々木素行十日祭執行す

一、鹿児島染ヘ書面ヲ出タシ、彼ノま叓ヲ委細ニ相認シ、嘉行列レ歸リ候叓共ヲ書キ、又永田猶八・六之助ヘも書面、素行跡相續人ハ嘉行ヲ届ケ出テ呉レノ素行之遺書ヲ添ヘタリ、右者呉〻モ母上樣ニ不申上候樣申遣す、

佐々木素行相續人届け出を依賴す

一、山梨縣知事（田沼健）幷ニ澤田江、知叓ハ茶半斤、澤田ヘハハンカチウ一打ヲ小包郵便ニ出タシ、又書面郵送す、

一、淺間神社禰宜中込（菊枝）江ハ菓子一函、絹ハンカチウ、

一、氏子惣代ヘハ風呂敷壹ツヽ、又ハ半切紙ヲ添ヘタリ、

一、長谷川江ハ紺飛白壹反、チリメン半襟貳ツ、筒地絆壹ツ、是又小包郵便ニ托ス、

○11月28日、晴、水、十一月二日（朔日）、

一、遙拜畢、

一、伊藤（博文）伯行キ幷ニ土方（久元）・櫻井（能監）行ノ神酒ノ手配、且書面ヲ作る、何ヘも詩ヲ寄セタリ、但明日浦井利政ヲ遣ス叓ニ命シタリ、

○11月29日、晴、木、十一月二日、

一、遙拜畢、

一、本日素行之十日祭執行畢テ、靈移相濟ム、

一、球陽（丸脱）着船、奈良（古澤滋）知叓より菊花之禮狀ニ添、封函壹個幷ニ黃胡蝶ノ種子到着す、

一、永田猶八幷ニ六之助より十六・七日附之書面達ス、素行死亡届ケニハ、醫師診斷書入用之趣ニ付、爾來山梨縣東山梨郡日川村役所江過日死亡届之書面、鹿児島市役所ヘ直接ニ回送相成候樣、書面ヲ差出ス、

一、安樂善助より紙一件之書面相達す、依而西田茂八郎ヘ仕送ル、

一、日川村より差出置タル三個之荷物到着、運賃三圓四十四戔〔錢〕拂渡シ、猶日川村長谷川方へ着荷之端書ヲ出す、

一、日川小〔村脱〕森〔林〕源藏より榮三郎入校之左右有之、猶教藤敬信より引受ケ、教育スルノ端書到來す、

一、福岡若松港本町櫻屋滯在之矢尾板正へ書面ヲ出タス、

一、神拜畢、

○11月30日、晴、金、十一月三日、

一、淺間神社主典古屋望高江書面、筒地ハ贈（マヽ）リ、日川村役ヨリ、佐々木（素行）死亡屆ケ書ヲ、鹿兒島市役所へ回送相成候樣取計方ヲ依賴ス、

〔十二月〕

○11（12）月1日、晴、土、十一月四日、

一、神拜畢、

○12月2日、晴、日、十一月五日、

一、神拜畢、

一、嘉行（佐々木）相生學校江入校屆ケ幷ニ市役所へ寄留屆ケヲ出タス、

*伊藤博文土方久元櫻井能監へ清酒贈る

一、崇敬丸より之荷物相達シタル旨ヲ染へ書通す、

一、山梨縣東八代郡一櫻村雨宮周造より佐々木氏江壹圓五十錢取替置キタリトノ書面達す、仍左之通リ回答、

拜啓、本月廿九日附之貴札致落手候、陳ハ佐々木素行へ御貸與金云々、篤ト取調候處、金錢出納ノ記錄一切無之候間、此旨及御答候、將又武術道具、拙者持返リ候樣トノ御紙面、奇怪千萬ニ不堪、彼レハ素行嫡孫、佐々〔木脱〕嘉行自己之所有品之內、貳組自ラ持越タル儀ニ有之候間、是又御承領有之度候、抑足下素行ト師タリ弟タリノ御盟約有之タル筋ニ候ハ、嘉行幷ニ拙者、日川村江數日間滯在之日、直接ニ御掛合可有之ニ、左も無之、今日ニ立到、無證據ノ貸借金御申越之義、敢而感服難致候條、此旨及御回答候也、

十二月一日　折田年秀

雨宮周藏殿

一、伊藤（博文）惣理大臣江四斗入酒壹挺、

一、土方（久元）宮內大臣江二斗樽、櫻井能監江同斷、浦井利政ヲ使節トシ贈リタルニ、今夕歸着す、

○12月3日、雨、月、十一月六日、

一、神拜畢、

一、球陽丸出帆ニ付、蕪其外取交シ(マヽ)ヱ北堂君江奉る、

○12月4日、晴、火、十一月七日、

一、昇殿畢、

一、六之助より書面、五郎事、宮崎ニて病氣ニ付、彼之地江看病ノ爲ニ旅行之形行ヲ記ス、

一、祭神之遺品受取方、大井田(留三郎)之弟ニ托シタル、右證書ヲ滊車中ニて被盗取候、依而屆ケ方可致旨ヲ命、

一、嘉行事、當日より相生學〔校脱〕江登校す、

*菊水文庫にて分所臨時會議を開く

一、六之助より卅日附之書面ニて、五郎叓、宮崎ニ於て大病ニ付、彼之地ニ差越ストノ書面ナリ、依而直ニ有川矢九郎見舞之書面ヲ出タス、

一、古屋望高より卅日附之書ニて、佐々木(素行)所用之靴取殘シタル所分〔處〕ニ、尋越シタルニ、右不用物故取捨可呉返詞ス、

一、大井田之弟歸來、楠公遺物證書道中ニて紛失之由申出テタリ、當惑之外無之、右者、滊車ニてカバンヲ切割レタトノ事ナリ、

一、日川村長谷川(勘兵衛)より墓碑圖面送致、代金六圓トノ事、仍而右ニて建築可致呉申遣候、初メ四圓預ケ置候、不足分貳圓、明六日爲替券郵送スヘキヲ申遣ス、

一、金貳圓、

右素行(佐々木)石碑代價不足分トシ、長谷川勘兵衛へ爲替證ヲ郵送ス、

○12月5日、水、十一月八日、

一、昇殿畢、

一、昨四日縣之内務長より浦井利政ノ辭表聞屆ケ有之、依而當日辭令相渡シ、猶本人叓常雇申附ル、

一、文庫ニ於テ、分所臨時會議ヲ開ク、

○12月6日、晴、木、十一月九日、

一、昇殿、

一、永田猶八ヨリ書面、醫師診斷書之云々申來ル、仍而日川村所へ掛合置候付、近々彼方より回送可相成ニ付、其筋ヲ聞合方返詞ス、

一、六之助宮崎旅宿より之端書相達す、五郎叓快氣之報知ナリ、

一、染より二日附ケ之書面到達す、依而返書ヲ出タス、

一、長谷川より郵便物受取之端書到來ス、仍而日川村役場より死亡屆ケ書ヲ鹿兒島市へ至急回送方ヲ申呉レトノ書面ヲ出タす、

○12月7日、晴、金、十一月十日、

嵯峨小楠公御首塚建築

*伊藤博文へ氷心鋏骨集の題字を依頼す

*藤澤南岳へ詩稿正刪を依頼す

湊川堤防に於て日清戰爭戰勝祝賀會開催

一、昇殿畢、
一、本日氏神井ニ祖先之秋季祭ヲ執行、
一、山本復一來リ、嵯峨小楠公御首級塚建築ニ付、寄附金請求也、仍而卅圓獻スルノ書面ヲ相渡ス、
一、山梨縣知吏田沼建より贈茶之禮狀達す、

○12月8日、土、十一月十一日、

一、神拜畢、
一、明八(マヽ)日征清戰勝ノ祝賀會ヲ湊川堤防ニ於テ可相催之通劵、柴仁より回送有之、

○12月9日、晴、日、十一月十二日、

一、神拜畢、
一、東京荻原光輝ヨリ五日附ケ之書面ニて、佐々木江預ケ置キタル楠公遺物之吏情ヲ記シタリ、尤大井田之弟東行ニ付、先年矢倉ニ於テ、素行ヘ預置キタル十一品、荻原之預リ證書有之ニ付、右ヲ大井田江爲持物品受取度之處、右ヲ途中ニテ盗難ニ逢タルニ付、同人より形行荻原へ通シタルノ返詞なり、
一、日川村長谷川より、素行借リ居リシ家之疊八枚、如何之所(處)分問合候付、右之墓碑建築費等へ程能ク取斗呉レ候樣、返詞端書ニテ出ス、
一、當日大勝祝賀會ニて大賑ナリ、

○12月0(10)日、陰、風、月、十一月十三日、

一、神拜畢、
一、在廣島在營伊藤伯博文春畝翁、氷心鋏骨集ノ題字ヲ乞之書面ヲ出タス、
一、藤澤南岳へ詩稿正刪ヲ乞ノ書面ヲ出シ、郵税印紙二十五枚ヲ菓子料トシテ贈ル、
一、日川ノ長谷川より金貳圓ノ受領證、端書ニテ達す、
一、鳴瀧(公恭)市長より豫餞會之義捐金依頼書達す、
一、苹果要覽配達方ヲ市長(鳴瀧公恭)より依頼シ越シタリ、

○12月11日、晴、火、十一月十四日、

一、神拜畢、

○12月12日、晴、水、十一月十五日、

一、神拜、昇殿、
一、昨十一日、田中家氏神、稲荷三社大明神ノ神位、鹿兒島氏神室へ合祀之處、素行(佐々木)歸省之時、我旅行不在中ナリ、自身奉護寄留地江崇祭ノ事ハ聞居タル、大阪より東行之日、右之神位ヲ奉護、再ヒ此レノ神床江奉鎭呉レトテ、右之理由モ不語、芳へ相預ケ置キタリト云吏ヲ昨日初テ聞得、大ニ驚キ、今朝神酒等ヲ供ヱ御詫

申シ、爾後毎朝崇祭ノ叓ヲ奏ス、此ノ三社ノ大神ハ、田中家代々ノ氏神ニて、田中家小根占在留ノ時より、代々参詣不斷御旗ヲ獻納、極メテ靈現アル神靈ナリ、然ルニ、如斯輕忽之取扱ニ及タル恐懼ニ不堪、今般ノ形狀必定神罸ヲ蒙リシト推考ス、

○12月13日、晴、木、十一月十六日、

一、昇殿畢、

一、姫路豫餞會ニ付、金參圓鳴瀧市長江宛テ差出ス、

一、淺間神社主典古屋望高并ニ長谷川江依賴セシ死亡屆ケハ、同役所より直チニ鹿兒島市役所へ回送濟ミニ返詞達す、

一、六之助より醫師診斷書之件申來リシニ付、右古屋(望高)并ニ長谷川より之二通書面ヲ添へ、已ニ回送濟ミノ理由ヲ詳記シ、市役所取調ノ叓ヲ申遣す、

○12月14日、晴、金、十一月十七日、

一、神拜畢、

*佐々木素行俸給受領證

大浦島根縣知事へ佐々木素行の病死を報ず

一、島根縣知叓大浦兼武へ佐々木病死と報ス、從前より之禮ヲ演へタリ、

○12月15日、晴、烈風、土、十一月十八日、

一、神拜畢、

一、芳・千代へ染より北元(文藏)方之一件申來リタリ、

一、高千穗正徑渡韓ニ付、暇乞之爲ニ來ル、仍而楠(公脫)御眞影并ニ麥酒壹本ヲ送ル、

○12月16日、晴、日、十一月十九日、

一、神拜畢、

一、當日ハ石燈爐發起人關之浦初メ氏子江、懇信會ノ爲、忘年會ヲ大井田宅江開クニ依リ、出席シテ挨拶シテ、成功之叓ヲ依賴ス、

一、芳・千代より北元一件之叓ハ、永田氏(猶八)江引合之上、何分之返詞可致旨ヲ申遣ス、

一、淺間神社より素行俸給受領證、改書シテ送リ呉レトノ書面達す、仍テ左之通リ、

故宮司俸給金拾圓、年百廿圓、十二分ノ一、右正ニ受領候也、

故佐々木素行遺族佐々木嘉行幼年ニ付、後見
人親族　折田年秀○
明治廿七年十一月廿三日
淺間神社々務所

○12月17日、雨、月、十一月廿日、

一、神拜畢、

○12月18日、晴、火、十一月廿一日、

伊藤博文に詩稿題字揮毫を催促す

一、神拝畢、

一、伊東(伊藤博文)春畝伯ニ題字揮毫ノ催息(促)書面ヲ贈、

謹啓、過日ハ突然之大願仕リ候段、平ニ御仁恕被下度奉願候、實ハ拙稿十二巻中氷心玉(鐵)骨集ノ分ハ、已ニ別紙之通リ摺立相濟ミ、粧本ニ着手仕度、然ルニ、卽今内外御繁激之時日ヲ不顧、御叱責ハ難免候得共、謝安テスラ作戰中ノ圍碁ハ平常より一層鋭カリシ由、況ヤ閣下ニ於テオヤ、連戰連勝之飛電中天晴ノ御筆鋒ヲ下シ賜リ候ハ、七十翁不日冥土ニ赴ト雖、詩句ハ拙シト雖、御營中題字ヲ賜ハ、値傭ノ鴻營ヲ末世ニ相遺候叓と奉存候付、何卒御許容被下度奉願候、恐惶再拜、

十二月十八日

伊藤(博文)伯春畝公閣下

一、神拝、昇殿、

○12月19日、晴、水、十一月廿二日、

周布知事に小楠公碑面寄附金件申入る

一、午後二時登廳、周布知(公平)叓ニ面會、山本復一より依頼シタル小楠公碑面寄附金之件ヲ申入レタリ、

一、淡路水川(氷カ)神社へ旅行願之書面ヲ差出ス叓ヲ石井へ示談シタリ、

一、日外藏ヲ訪て歸ル、

○12月20日、晴、木、十一月廿三日、

一、昇殿畢、當日ハ分所ニて試驗執行、片山幷ニ山田委員立會ナリ、

一、永田猶八江北元方預ケ金、引掲(揚)方依頼ノ書面ヲ出タス、病中ニ付浦井(利政)へ代筆ヲ命ス、

○12月21日、晴、金、十一月廿四日、

一、昇殿畢、

一、球陽丸着船荷物着す、魚類幷ニ種々澤山之御贈リ品々到着、

一、今夕クラク(マヽ)部ナイト會ナレ𪜈、辭シテ出テス、

○12月22日、晴、土、十一月廿五日、

一、昇殿畢、

一、染へ北元貸シ引揚ケ方ノ一件ヲ、縷々浦井へ書カセ仕出す、但明日方球陽丸出帆ニ付、委細ハ本船便より可申遣旨ヲ書す、

一、昨日藤澤南岳より近作之評出シテ達す、

一、金五拾錢爲換券ニて、日川村海東寺江佐々(木脱)(素行)一月間供物料トシテ郵送す、

洲本に達し上陸す

一、球陽丸より棉入地壹枚、小仕〔遣〕壹圓、半紙・卦紙幷ニ半切墨壹挺、水筆四本、外ニ新聞紙朝日二枚ヲ六之助へ送致す、

○12月23日、晴、日、十一月廿六日、

一、昇殿畢、

一、午後三時、高階幸造・赤松外ニ浦井ヲ具シテ發ス、送人等ニ別ヲ告、兵庫港之棧橋ニ達シ、一茶店ニ休憩シ、四時半ニ發艦、艇中乗客多人數ニて大混雜、然ト風波彌〻穩ニシテ九時洲本ニ達シ上陸、三野甚五郎出迎ヒ、幸町桑島治兵衞之家ニ投す、當日西田行之短冊丞（マヽ）ハ同所沖ニて、船員ニ托シテ送ル、

○12月24日、晴、月、十一月廿五日（マヽ）、

一、神拜畢、

一、午前八時ヨリ挽車ニ先挽キヲ雇ヒ、三原郡市村郡役所ニ行ク、途中ニテ廣田村役所ニ立寄、村長へ面會、新築費金之一件ヲ依賴シ、市村ニ到レハ、郡長ハ道路改修ノ爲ニ派出不在ナリ、仍テ一茶店ニ於テ、晝飯ヲ喫シ、榎〔列〕井村ニ至リ、原口泰ヲ訪ヒ、漸時面語、本人江も新築事件盡力アランコヲ依賴ス、尤此内ヨリ拙稿ノ評〔批評〕批ヲ、橋本海關より當人江托シ置キタルニ依リ、是等モ依賴シタリ、原口ヲ辭シテ行クノ途上、郡長へ面會す、依而一家ニ立寄、詳細ニ示談シ別袖ス、途上ヨリ微雪ニ逢有詩、

臥龍高閣秀竹梢、綠水春山相對遙、遺語上途情耐惜、晩鐘三點雨蕭〻、

一、今夕神戸へ書面ヲ出タシ、春子へ年始狀ノ手本ヲ贈ル、又橋本〔海關〕へモ同斷、原口泰江面會ノ叓情ヲ通す、

○12月25日、晴、火、十一月廿九日、

一、神拜畢、

一、早朝三野〔甚五郎〕來リ、昨夕周布知叓着之報有之、依而直ニ旅宿鍋藤へ至リ面謁シ、此レヨリ三野ニ被誘、崎元町長幷ニ上石郡長ヲ訪ニ、周布知叓着ニ付、何レモ不在ナリ、仍而音物ヲ遺〔遣〕シ置キタルニ、途中ニて知叓ノ一行ト出會シ、此レヨリ蜂須賀等ヲ訪ヒ歸リ、

一、午後一時高陛〔階〕・三野ハ、河上神社ニ向ツテ發シタリ、余ハ同時ニ志築ニ向ヘリ、西田茂八郎ヲ訪ヒ、分所新築事件ヲ囑托ス、晩ニ森田福次郎モ訪來、西田より手厚キ饗應有之タリ、

一、西田より山鳥幷ニ鳴門榴柑、森田よりハサヽイ等ヲ惠送ナリ、仍而當地より直ニ神戸送リ方ヲ依賴シ、

猶浦井ニ書面ヲ爲認郵送す、

○12月26日、晴、水、十一月朔日、

一、神拜畢、

一、森田福次郎ノ依頼ニヨリ、揮毫六枚終リテ、九時卅分發ス、

一、分所新築名薄三冊ヲ西田(茂八郎)江相渡シタリ、

周布知事を旅宿に訪ふ

一、鮎ノ原ニ達スレハ十一時ナリ、高階(幸造)ト共ニ社頭ヲ巡覧シテ歸リシニ、知叓(周布公平)到着ノ報有之、直ニ旅宿ヲ訪ヒ、神叓ノ件ヲ談シテ歸ル、

一、午後一時ヨリ祭典ニ掛ル、二時半ニ畢リ、直チニ直會席ニ列シ、三時ニ途ニ上リタリ、着否航船ノ都合ヲ問合セ、午後四時着ノ打電ヲナス、

○12月27日、烈風、木、十二月二日、

一、神拜畢、

一、昨曉ヨリ烈風、航海絶ヱタリ、依而打電シテ滯在ヲ報す、

一、午後板東ヲ訪ヒ、新築件ヲ依頼シテ歸ル、

一、今夕風益激シ、終夜眠ル能ハス、

○12月28日、金、十二月三日、

一、神拜畢、

一、高陛[階]井ニ赤松より揮毫ノ依頼アリ、終日執筆、

*鹿兒島北堂君御病氣の報知あり

一、午後五時五分、神戸より之打電アリ、鹿兒島北堂君御病氣ノ報知ナリ、仍而直チニ返電、明日六時發途ヲ打電シ、又直チニ書面ヲ作リ、神戸ヨリ打電シテ、御病氣如何返電有之候樣申遣ス、但偶留主[守]番看病人トシテ、差添ナカライツモ騷立ツヿ有之ニ依リ、彼是疑惑不少故ニ如斯、

○12月29日、晴、土、十一月四日、

一、神拜畢、

*兵庫へ著船す

一、午前四時ニ乘船、風未タ休マス、十一時兵庫江着船、大井田初出迎ヒタリ、

一、十二時打電、御病氣如何ヲ問セタリ、

一、後六時ニ鹿兒島返電ニテ、御鹽梅少シヨロシトアリ、依而先ツ安心す、

○12月30日、晴、日、十一月五日、

一、川添(爲一)初メ見舞ノ爲ニ訪來ル、

一、昇殿畢、

一、昨日ヨリ今朝ニ至リ、神前ニ御病氣御快氣之祈念有之タル故ニ御禮賽致ス、

一、永田猶八江書面ヲ以、御病氣之次第井ニ佐々木一件

之家事、又北元方(文蔵)貸金之一件ヲ依頼スルノ書面ヲ出シタリ、右者六之助ヨリ素行死亡届ケ、跡相續ノ一件、永田氏盡力不少趣申越シタルカ故ナリ、

*年秀幼年の文筆

一、右死亡屆相繼願ニ付、醫師診斷送附方、東山梨郡日川村〻長へ郵送依頼ノ書面寫有之故、即刻山梨縣書記官ニ宛テ、右書面類、鹿児島市役所へ通知有之候様、内達ノ依頼書ヲ差立、又古屋望高へ同斷依頼書ヲ出シ、猶六之助へモ、右之次第詳細申遣シタリ、

○12月31日、晴、月、十二月六日、

一、昇殿畢、

*年秀の印度國観

年秀の養子六之助評

一、六之助ヨリ廿五日附之書面ニて、御病氣御快キトノ書面有之タリ、仍而餘リニ騒方強ク、已ニ此内甲府行より疲勞病中之處ニ、又〻今度ノ之(マヽ)打電、何カ大隙ニテ在、神戸ノ様引受ケ一向留主(守)番ノ詮無之云〻ヲ細記シ郵送す、斯ク迠ハ有之間布と思考セシニ、全ク世事ニ不通、殊更書面等無茶苦茶、十五・六之子供ニ均シク、實ニ當惑ニ不堪、尤往復ノ書面モ此中より不文面ノ處ハ、朱書シテ教ルト雖、夫レモロクニ見モセスト相見、矢張リ義理ノ分ラヌ事ヲ書キ列ネハ、如何ニも氣之毒なり、全ク父子ヲ教育スル

ノ宜シカラサルヨリ、遂ニ廿四才迠何一ツ得タリト云藝無キノミナラス、寂戒空〻ノ佛學ノ爲ニ、虛談利口ヲ最上ト心得、苟モ實地ニ臨テハ人間通用之文筆モ不調、サレハ云ヘハ我國武士ノ第一トスル劍ノ取扱ハ素より、善惡之看定モ不心得とハ嘆息ノ至リト云ヘキナリ、吾輩ノ如キハ忘レモセス、十三才ノ正月三日ノ朝、祖父公膝下ニ呼テ、此レ此レノケ所ニ年頭狀ヲ差出セト、口ツカラ讀テ書カセ玉ヒシニ依リ、祖父公ノ口上ノ儘書キ、一字モ書キ損シタルナカリシニ、祖父大ニ悅ヒ玉ヒテ、最早一人前之男子ニなりタリト褒メ玉ヒタリ、此秋鹿児島ニて送リ狀ニ叺壹ツト記スヘク申附ケシニ、叺ノ字ヲ知ラス、手籠ト云ヲシラス、誠ニアキレ果テタリ、余曾テ印度論文ヲ記シタルヿアリ、其大意タルヤ、教育ハ人才ヲ育シ國體ヲ巍立スルノ根元タリ、印度ノ教育ハ人ヲ害シ世勢ヲ卑弱ナラシム、所謂、佛教ナリ、空〻寂〻ノ弊、此ニ至リ、獨リ心ヲ攻メ、虛喝ヲ専ラトシタリ、故ニ印度ノ中世ニ及テ一人ノ豪傑アルヲ聞ス、加之遂ニ英人ニ蹂躙セラルヽモ、奮發國難ニ投スル者一人モナシ、然レ𪜈、我皇國佛學ヲ信シタ

ル人ニ豪傑多キハ何ソヤ、曰ク、此レハ佛學ノ教育、豪傑ヲ育スルニ非、元來本朝人ニ於ケル豪傑ノ氣質、自然ニ備リシ風俗ナレハナリ、依テ世人、此ノ理ヲ看破スル能ハス、迷夢覺メス、又當時ノ印度人卑劣極ルノ然ル所以ヲ語ラス、支那人巳ニ二十二代ノ傳遷ニ由テ、國氣殆ト地ニ墜チ、人情浮薄ニ屬スト雖、孔子ノ教育十ノ四五保シテ、今時ニ到ル、孔子曰、齊一變セハ魯ニ到ラン、今支那モ一變セハ、又古三代ニ至ラン、印度ノ如キハ教育ノ性質殊別ナルカ故、幾變遷スルモ、其効アル可ラス、寧佛教ヲ廢スルアラハ、必ス豪傑輩出スルアラント云々、

一、祭典畧・和哥呉竹集ノ二部ヲ、古屋望高ニ小包郵便ニテ送ル、

一、赤松歸但ニ付、征清ノ詩二枚并ニ文檀三ツヲ赤松ニ托シテ贈ル、

一*日祭執行す

（表紙）

日誌 従廿八年一月一日 至仝年七月卅一日 三十九（四十二）

〔明治二十八年正月〕

明治廿八年乙未一月1日、晴、火、十二月六日、

一、昇殿、一日祭執行、

一、拭（マヽ）毫有此詩、

去歳征清仁義帥、連勝重輿祝新禧、西人欲識東洋武、整巧凌天冨嶽姿、

一、函館崎元幸より電信、新年ヲ祝シタリ、

○1月2日、晴、水、十二月七日、

一、昇殿畢、

一、メリ（目利）安地はん（襦袢）壹枚、永田猶八江歳暮取忘レタルヲ以、當日小包ニて郵送シ、又六之助へハ腦病神經ニて、

眩暈座臥難相成旨ヲ報知す、

○1月3日、晴、木、十二月八日、

一、昇殿、元始祭畢、

*鷹屋改造の祝祭執行す周布知事を訪ふ

一、周布(公平)知叓ヲ訪ヒ歸家、

一、卅一日附ニテ、六之助ヨリ書面達す、北堂御病氣、先ツ御同變ノ報知有之、

○1月4日、晴、金、十二月九日、

一、昇殿畢、

一、元旦之七絶二首、又新日報ニ記シタリ、

一、金五圓八十八錢、

右者、續史藉(籍)集覽十集迠、史料通信七編後迠、

合計五圓八十八錢、

東京飯田町近藤圭造江廿七年分、是ニテ皆濟ナリ、

一、午後六時、鹿兒島ヨリ打雷(電)、イサイアトタチヒカヱ、北堂ノ御病氣快氣之御樣子相分リ、一同大喜致シ、直ニ神拜致候、

*櫻井能監に佐々木素行死亡を報ず

一、永田猶八より卅日附ケ之書面相達す、此書面ニて御病症子細ニ相分リタリ、仍而永田江禮狀、又六之助ヘ書面ヲ以而、彼是不都合ノ文面、朱書ヲ加ヱタルナト、又清治ヘ執筆致候字體之文面ヲ郵送す、

○1月5日、晴、土、十二月十日、

一、昇殿畢、

一、當日ハ周布知事獻備セラレシ鷹屋改造ニ付、祝祭執行、大鯛二尾・赤飯一重、其外高等官中ニ配る、

謹啓、客年楠社頭ニ御獻備相成候鷹兒ハ、果シテ征清ノ前兆ニテ、神靈之顯應可有之事實ト、竊ニ敬承罷在候處、昨年來追〻成長ニ付、此回飼室改造致シ、北京城上ニ群集、益皇帥城下ノ盟ヲ速カナラシムルノ祈願祭執行仕、神饌撤品獻上候付、御受納被下度、敬具、

廿八年一月五日　　折田年秀

周布公平殿

一、鹿兒島江打電、金拾圓ヲ受取シ祝(マヽ)、

一、野村將曹江糸ヨリ一、鯛一ヲ味噌漬ニシテ送ル、又書面ニ素行(佐々木)死亡之報知ヲナス、

一、櫻井從四位(能監)ニ見舞狀ヲ出タシ、素行死亡之叓ヲ報ス、

一、越後矢尾板正之親一三郎より金十五圓爲換證到來ニ付、兼而正(矢尾板)より申遣置キニ付、受取方ニ差出シタルニ、今明日ハ休暇ニ付、明後日受取之叓ニ可致呉トノ叓ニて延引セリ、

*廣巖寺に於て後醍醐天皇楠公の位牌を拝す

*六之助宛の書簡甥の藤城誠治に代筆さす

登廳書記官へ面會す

○1月6日、晴、日、十二月十一日、

一、神拜畢、

一、一日附ケ之書面、染井ニ六之助より到着、卽四日ノ電報ト反對セリ、依而直チニ浦井(利政)之代筆ニて、兩人共ニ返書ヲ出タス、

右者、已ニ先日申遣シタル如ク、一家相續人相立、又北堂看護人迠、正ニ相定置キタルヲモ顧ミス、只歸省ヲノミ種々下ラヌ長文ノ書面ヲ遣シ、當日當地ニ私遊、物スキノ滯神ノ如ク考ヘ候次第、言語ニ絕シタル次第也、今ヤ淸征叓件ニ就而ハ、國家存亡之時日、夫々官社ニ於て、戰勝祈願祭執行可致ハ、神職タル勿論之事ナルニ、先般來其筋よりも右祭事祈念可致達シも有之折柄ナレハ、縱令臥床ナカラモ、日拜職ヲ奉スル、素より之義と可心得ニ、更ニ其邊之志(思)慮毛頭無之、如何ニも嘆息之至リ也、

一、南挺藏來訪、分捕品縱覽之一件談判致候、

○1月7日、晴、月、十二月十二日、

一、昇殿、神拜畢、

一、祖父公幷ニ宮子姬月次祭執行、

一、午後登廳、第三課山田・石井ヘ面會、又書記官(秋山恕卿)江面會シ、北堂君ノ御病氣ニ付、事ニヨラハ歸省可致旨ヲ相談シテ退廳、廣嵓寺ニ於、後醍醐天皇幷ニ楠公御位牌ヲ拜シテ歸ル、

一、河野徹志之家內見舞ナリ、是レハ子供死亡ニ付、芳見舞シ故也、

一、山梨縣日川村役所より佐々木(素行)死居ケ之書面、鹿兒島行之一封、古屋望高より送致セリ、

一、北堂君ヘ御病氣伺之書面ヲ差上ル、又六之助ヘ右日川村役所ヨリ之書面、幷ニ一日附ケ之書面ト四日之電信、彼是不都合之次第、又往復書面ニ朱書、其不都合ヲ記シテ送ル、皆誠治(藤城)ニ代筆爲致、本年十七才甥之藤城誠治ト爲配置、六之助一見セハ、何トカ悟ル處モアランカト存候也、

一、河井貞一より淡路名所圖繪(會)借用ノ書面到來、仍而五冊爲持遣す、

○1月8日、晴、火、十二月十三日、

一、昇殿畢、

一、六之助ヨリ四日附ケノ長文面幷ニ端書到達す、

一、河井貞一ヨリ、淡路名所圖繪(會)五冊返却ナリ、

一、日川村海東寺栗原俊道ヨリ、素行(佐々木)江供物料トシテ、

送リシ金五十錢落手ノ書面相達す、

○1月9日、雨、水、十二月十四日、

一、神拜畢、

一、五日附ニて染より千代等へ書面到來す、

一、今朝午前八時半打電、北堂ノ御樣子ヲヲ〔マヽ〕伺ヒタリ、スク返電ニテヨロシ、シ〔ノ脱カ〕ハイナシトノ事ナリ、一同大悅ヒなり、球陽丸よりノ乘船ヲ止ムルヿニ決ス、

一、六之助ヨリ四日仕出シノ書面ヲ朱ニテ直シ、且ツ日川村役所よりノ鹿兒島市役所行ノ照會書相添へ、六之助ニ宛テ差出す、

○1月0〔10〕日、晴、木、十二月十五日、

一、昇殿畢、

一、永田猶八〔文藏〕ヨリ北元方預ケ金ノ義ニ付、意外ノ返報ニ付、折返シ書面ヲ遣ス、

一、六之助江蒙古入寇ノ時日、中門伊勢大廟江勅使トシテ參向ノ石盤ニ、吾等日拜皇師戰捷ヲ禱ルノ事實ニ記シテ送ル、

周布知事來社靈鷹を一見す

一、周布〔公平〕知事・南收稅長ト同伴ニテ、靈鷹ヲ一件〔見〕シタリ、

○1月11日、晴、金、十一月十六日、

一、昇殿畢、

一、六日附ニて染より吉野川丸ニて荷物達す、キヒナコ〔黍魚子〕并ニ唐いも等ナリ、北堂君之御病氣益御快きトノ事なり、

一、當日ハ甲冑餠煮ニ付、分所高陛〔階〕〔幸造〕・小池・大井田〔留三郎〕・浦井〔利政〕・川添〔爲二〕ヲ迎ヱて雜煮ヲ饗す、

○1月12日、晴、土、十一月十七日、

一、神拜畢、

一、鹿兒島江打電、御塩梅ヲ伺ヒタリ、

一、當日より清韓分捕品ヲ繪馬所ニ於、縱覽ヲ許ス、

一、矢尾板正より書面、仍而爲換金受取濟ノ返書ヲ出す、

○1月13日、日、十一月十八日、

一、神拜畢、

一、染より八日附之書面達す、北堂君增御快キ趣キノ報知ナリ、

一、昨日ハ周布知吏、梅盆栽三ツ所望なり、仍而爲持遣す、

○1月14日、晴、月、十二月十九日、

一、神拜畢、

＊伊藤博文に書面を出し題字の請求を記す

一、伊藤伯〔博文〕ニ書面ヲ出シ、昨日一泊無キニ付、失望ノ趣キヲ書シ、猶又題字ノ請求ヲ記ス、

支那戰爭の繪出來す

戰利品の縦覽

一、當日球陽出帆〔丸脫〕ニ付、北堂君へ伺書面ヲ差上ル、又永田猶八同斷、今後生計之叓ヲ申遣シ、且門造築幷ニ谷伐木之惣計送リ方ヲ依賴す、

○1月15日、晴、火、十二月廿日、

一、神拜畢、

一、過日來注文之支那戰爭ノ繪出來す、

一、繪馬所、分捕品縦覽ニ付、秋山書記官〔恕卿〕より伺書面無之ニ付、形行可申旨被達タリ、仍而直チニ大井田江右照會書面相達す、

○1月16日、晴、水、十二月廿一日、

一、神拜畢、

一、淡路之原口南村より詩稿送附、仍而水越〔耕南〕・橋本〔海關〕・岩崎〔公恭〕・鳴瀧〔周布公平〕・知叓五人江配賦シタリ、

○1月17日、陰、木、十二月廿二日、

一、神拜畢、

一、飾東郡白濱村龜山運平江、拙稿批評之一禮狀ヲ出シ、外ニメリヤス地絆〔襦袢〕、朱墨・筆・詩牋壹函、又畧履歷一冊ヲ添ヱ、通運ニ出タス、

一、淡路榎幷之原口泰江過日來之禮狀ヲ出タス、

一、函館崎幸〔元脫〕・彥太郎へ書面ヲ送リ、來ル十八・十九日ノ便より野採〔菜〕類ヲ送ルヿヲ記ス、

一、鹿兒島六之助ヨリ打電アリ、文言讀ミカタシ、態々電信局ニ問合セタレ𪜈、推讀ノ外ナシ、仍テフミヨメス、スクヘンシト打チ返シタリ、

一、十三日附ケ之長文書到達、實ニ讀ミ難キ拙文ニテ、何ト云ヿカ、更々通セス、孔子曰、孟子曰クナト、小兒ニ教ユル如キノ文章ナリ、依而返書ヲ誠治〔藤城〕ニ代筆爲致タリ、

○1月18日、晴、金、十二月廿三日、

一、神拜畢、

一、鹿兒島より打電、返信アリ、委細跡〔マヽ〕ヨリ、先ツ下ルナトノ事也、如斯小事件ニ打電トハ、輕重之別もナク、當惑千万也、

一、昨日より腹部刺痛甚困却、

○1月19日、晴、土、十二月廿四日、

一、神拜畢、

一、熱勢〔マヽ〕強ク甚タ困却セリ、田村〔喜進〕ノ診察ヲ乞、

○1月20日、晴、日、十二月廿五日、

一、神拜畢、

一、上市此村新次郎來、吉野郡廿八ケ村山稅ノ事ニ付、

依頼ノ件アリ、
一、諸方より病氣見舞ノ客多シ、
一、六之助へ過日來書面返辭ヲ出タス、
一、十八日付ケニて崎元幸へ野菜ヲ贈ル、

○1月21日、晴、月、十二月廿六日、

一、神拝畢、
一、今朝より褥中ニ座ス、
一、十六日付ヲ以テ、六之助より無禮至極之長書面達す、是レハ違變狀ヲ與ヘトノ叓ナリ、依而拙者ハ已ニ一家之相續人ト定ル已上ハ、此方より違約スル理由ナシト、代筆ヲ以テ返礼す、

素行の墓建築濟みの端書到來す

一、十八日附ニて、日川村長谷川勘兵衛より墓建築濟ミノ端書到來、
一、舞子ニ御滯在之有栖川大將宮（熾仁親王）江鳴門榁柑弁ニ梅ノ盆、御機嫌伺ノ代理トシテ、大井田ヲ遣す、

○1月22日、晴、火、十二月廿七日、

有栖川宮熾仁親王薨去

一、神拝畢、
一、有栖川宮（熾仁親王）去十八日薨去、極御内分ニテ拜聴、
一、目加田榮訪來リ、久〻振リニ閑話す、
一、淺間神社主典古屋房（望）高井ニ長谷川勘兵衛へ書面ヲ出シ、佐〻木（素行）石碑建築之一禮ヲ演ヘタリ、

○1月23日、晴、水、十二月廿八日、

一、神拝畢、
一、染ヨリ打電、病氣ヲ問合セタリ、返電ニコントマテハイキルト報す、

○1月24日、晴、木、十二月廿九日、

一、大將宮（有栖川宮熾仁親王）ノ尊骸、當前三時、神戸停車場御通行なり、
一、神拝畢、
一、有川矢九郎より竪野燒一輪花生ケ送リ呉、提より屆ク、又外ニ書面有之、北堂君御病氣モ御快キ報知アリ、仍而直チニ禮狀、代筆ヲ以申シ遣す、

＊久邇宮朝彦親王靈祭參拜を辭す

一、明道教會ニ於、故久邇宮（朝彦親王）御祭參拜ヲ辭シ、御菓子料壹圓ヲ目加田（榮）ニ贈ル、晩ニ折詰來、

○1月25日、晴、金、十二月卅日、

一、神拝畢、
一、父上之月次祭執行、
一、去十七日出シノ小包郵（便脱）到着之由、龜山雲平より禮狀達す、
一、矢尾板正より書到來、二日・六日・七日之間、神着云〻ヲ記す、

戰利品文庫に陳列す

一、陸軍省より戰利品被下渡、本日文庫ニ陳烈〔列〕す、

○1月26日、晴、土、正月元旦、

一、神拜畢、

一、昨夕左足苦病、安眠ヲ得ス、

有栖川宮邸へ御花料を獻備す

一、有栖川邸江電信爲換ニて、御花料二圓ヲ獻備ス、

一、鹿兒島北堂君へ御病氣御見舞狀ヲ差上、猶六之助・染へ書面ヲ以、病氣之樣體ヲ申遣す、

○1月27日、雨、日、正月二日、

一、神拜畢、

一、湊川堤下裏家住、白髮六助之倅、從軍之跡難澁之新聞有之ニ付、金壹圓・白米三升施與方ヲ又新日報社ニ依賴ス、

○1月28日、晴、月、正月三日、

一、神拜畢、

○1月29日、晴、火、正月四日、

一、神拜畢、

*足の切斷を乞ふ

一、佐〔醫〕野病院長ニ乞テ、是ノ腫物ヲ療治ヲ乞、明日來リテ切斷スルニ決す、

淸國講和使著船

一、今夕淸國請〔講〕和使着船ノ筈なり、

○1月30日、晴、水、正月五日、

一、神拜畢、

一、球陽丸着船之樣子ニて、柳籠來着、飴丼ニ鈎大根、付掲〔揚〕ケ等到着す、

一、六之助より廿六日附之書面到着、過日罵詈云々、取消之書面也、

一、當日佐野院〔長脱〕來診、足ノ切斷ヲ乞ヒタリ、

○1月31日、晴、木、正月六日、

一、神拜畢、

一、芳・千代より六之助行之書面ヲ出ス、又蒲地〔啓助〕江書面、岩下訪問ノ禮ヲ謝ス、

〔二　月〕

○2月1日、雨、風、火〔金〕、正月七日、

一、神拜畢、

一、午後久々ニテ入浴す、

○2月2日、晴、風アリ、土、正月八日、

一、神拜畢ル、

*威海衞陷落の打電號外にて達す

一、威海衞陷落ノ打電、號外ニテ達セシ故、一同江祝トシテ、魚物之馳走ヲナシタリ、晩ニ川添〔爲一〕來ル、

○2月3日、晴、日、正月九日、

一、神拝畢、

一、球陽丸出帆ニ付、北堂君へ至極元氣之書面ヲ奉ル、

*伊藤博文へ詩稿題字を乞ふの書面を出す

一、踊之春田齊江ウルカ漬ノ禮状ヲ出タス、

*櫻井能監へ奈良漬を贈る

一、六之助へ罵詈一件ノ書面、幷ニ有栖川(熾仁親王)親王薨去御告示ノ書面ヲ送ル、

一、高陛(階)幸造來リ、來六日比上京ノ筈ナリ、

一、晩ニ橋本訪來ル、病褥ヲ以而斷ル、

○2月4日、晴、月、正月十日、

一、神拝畢、

○2月5日、晴、火、正月十一日、

一、神拝畢、

北堂君危篤の電信あり

一、有川矢九郎より北堂二度ナヱキトクノ打電アリ、仍而直ニ返電、コマツタ(困)ワレ(吾)アシ(脚)アユ(歩)メス「トホウース、

一、有川へ書面ヲ以テ禮ヲノヘ、又染へモ同斷、書面ヲ出タス、

周布知事より鴨井に蜜柑を寄贈せらる

一、周布(公平)知事より生鴨三羽幷ニ支那ミカンヲ寄贈セラレタリ、

一、桑苗百本ヲ、愛知縣三輪郡ノ安達幸三郎へ注文、

○2月6日、晴、水、正月十二日、

一、神拝畢、

一、早朝打電、北堂君ノ御塩梅ヲ伺、

一、浦井利政ヲ廣島伊藤(博文)伯ニ使シ、題字ヲ乞ノ書面ヲ出ス、

一、櫻井能監江奈良漬之瓜三個ヲ贈ル、

一、岡鹿川幷ニ矢尾板正訪來ル、岡ヨリ著著(マヽ)ノ觀光記遊ヲ贈リタリ、又矢尾板よりハ竹皮ノ印十九環ヲ惠ミタリ、

○2月7日、晴、木、正月十三日、

一、午後三時電信打返シ達す、スコシヨロシ、

一、神拝畢、

一、威海陷(衛脱)落ノ號外達ス、

一、祖父公・宮子姫月次祭執行、

○2月8日、晴、金、正月十四日、

一、神拝畢、

一、昨日古梅園より筆代受取人來、拂渡ス、

一、京都より玉葱苗代受取人江拂渡ス、

○2月9日、晴、土、正月十五日、

一、神拝畢ル、

一、昨日浦井(利政)ノ電信伊藤病氣云ゝ、仍而返電歸神ヲ促カ

北堂君逝去諸手配を各所へ依頼す

ス、

一、五日附ニテ、有川(矢九郎)より書面、北堂御末期ノ叓ヲ懇篤ニ報シ呉レ、親切ノ至、仍而直チニ代筆ニて、萬一ノ時ノ事ヲ、先日來芳へ申シ聞ケ置シ如ク、一ツ書キニシテ依頼シ遣シタリ、又染・六之助へも當分ノ内ニ棺、其外之製調(マヽ)物着手可致、又墓所等之叓詳細申遣シ、猶永田猶八へも書面ヲ以テ依頼シタリ、

○2月0(10)日、晴、日、正月十六日、

一、神拜畢、

一、浦井(利政)廣島より歸着、伊藤(博文)惣理江面語(晤)シタリト、情實ヲ談シ、題字ハ認メノ上、郵送ストノ懇切ナル傳言アリタリ、

一、東京德園事務所より佐々木素行ニ掛る掛合有之、右ニ付、答辨書ヲ浦井ニ命ス、

一、夜十二時電信、六之助より北堂御逝焉ノ報アリ、家内相集リ、此レヨリ眠ラス、明日打電ノ支度ニ掛ル、此報遲着、

○2月11日、晴、月、正月十七日、

一、棺ハ桶ニシテスクオサメ、中以下ノ支度セ、芳ケウタツ、

右六之助へ、午前六時五十分、

一、何カヨロシクタノム、仝、

右有川・永田(猶八)へ、仝、

一、有川ノ悔打雷(電)達ス、

一、仝アス御葬式、金如何シテ宜敷ヤ、矢九郎右之返電ニ、爲換休ミ、アス五十ヤル、トリ替タノム、午前九時、

一、川添其外社内一同より供物料到來す、

一、北堂御忌服ノ屆ケヲ社務所ニ出タス、

一、嘉行(佐々木)增(曾)祖父(マヽ)忌引ノ屆ケヲ學校ニ出タス、

一、淡路志築町森田福次郎・大阪河野徹志・京都折田彦市、奥ノ芳宿許等へ、報知書ヲ出タス、

一、芳事、當日七時出帆ノ吉野川丸ニ乘船ノ事ニ取極メタリ、

一、芳へ墓碑ノ事、榮三郎送藉(籍)ノ事、幷ニ靈(マヽ)構造ノ叓等ヲ托ス、

一、矢尾板(正)ノ依願ニ付、上市ノ北村、又ハ如意輪寺吉川法誓江書面ヲ出タス、

一、午後六時芳叓、吉野川丸へ乘船、金卅圓ヲ所持サセタリ、

一、千代ヨリ芳乘船之報知ヲ打電す、

一、端書ヲ以テ、德山事務所江浦井ヨリ北堂死去ニ付、追而何分之返詞ニ可及旨報知す、

○2月12日、晴、火、正月十八日、

一、遙拜畢、

○2月13日、晴、水、正月十九日、

一、遙拜畢ル、

葬式無爲に濟む

一、昨四時ノ電信十二時半ニ達シ、御葬式都合能相濟ミ、キンウケトルトアリ、

一、午前七時半、有川幷ニ六之助ヘ打電、御葬式濟ミノ禮ヲノブ、

一、有川・永田・六之助、又ハ染ヘ書面ニて禮狀ヲ出タス、藤城〔誠治〕より出タす、

一、千代ヨリ芳ヘあて出帆、後ノ事實ヲ書通す、

一、當日ハ祈念〔年〕祭執行ナレ𪜈、忌引ニて關係セす、

一、大阪河野徹志より花料壹圓相添ヘ、悔ミ狀到來す、

一、京都折田彥市ヨリ悔ミ狀來ル、

一、千代ヨリ芳ヘ打電、チヽヨロシ、ハヤクカヱレ、シナ物ヨケイニカヱ、

○2月14日、晴、木、正月廿日、

一、神拜畢ル、

一、今日號外ニテ、淸國北洋艦隊水師提督一〔マヽ〕汝昌、威海衞、一般之地ヲ提ケテ、降伏ノ叓ヲ報告す、

○2月15日、陰、金、正月廿一日、

一、遙拜畢、

一、高陛〔階〕幸造ヨリ、十三日出シ書面達す、仍而直チニ返書ヲ出タシ、此涯歸神可然云〻ヲ報す、

一、古屋高房より書藉〔籍〕ヲ贈リシ禮狀達す、

○2月16日、晴、土、正月廿二日、

一、遙拜畢、

一、備後小島郡之石工より石燈爐寄附問合之親展書到達ス、仍而關係無シ返書ヲ出タス、

○2月17日、晴、風、日、正月廿三日、

一、遙拜畢、

一、川添幷ニウさ見舞ヲ受ク、

一、越後古志郡矢尾板正之親一三郎ヘ、過日贈遺之越ノ書ノ謝、幷ニ正・芳野〔矢尾板〕より之書面到達、本月廿四・五日迠ニハ、此地江來着之云〻ヲ報ス、

○2月18日、晴、月、正月廿四日、

一、遙拜畢ル、

*有川矢九郎より北堂君葬式詳細書面來る

一、有川矢九郎より十三日出之書面達す、北堂君御葬式

ノ詳細を報シ、來ル御出棺、供奉人數有川・崎元計介・吉冨直次郎・尙義・蒲地啓助・永田良治・北元東次郎・伊座敷直次・永谷義徳、尤六之助・染・下女壹人なりと、
一、午前八時、千代ヨリ芳ヘマヽ喰ケス、歸リ待ツノ電信ヲ通ス、返信球陽〔丸脱〕より明日歸ルトノ報アリ、
○2月19日、風、火、正月廿五日、
遙拜畢、
一、十三日付ニテ、永田猶八幷ニ六之助・芳・染より之書面達す、
一、午後二時、芳ヨリノ打電、今球陽〔丸脱〕ニ乘タ、
○2月20日、晴、水、正月廿六日、
一、遙拜畢、
一、昨十九日、野間口名古屋愛知縣江轉、暇乞ニ見得ヘタリ、依而今朝川添〔爲二〕ヲ頼ミ、忌中暇乞ノ禮ヲ缺クヲ謝セシム、
龔都祭協議會を執行す
一、今夕ハ龔都祭ノ件ニ付、御社内一般ノ豫算千八百圓餘之金員ナルカ故、氏子惣代江協議會ヲ文庫ニ於テ執行セシム、
○2月21日、風雪、木、正月廿七日、
一、遙拜畢、
一、芳叓、當日九時・十時之間着船ノ日積ニ付、春子初メ、馬車ニて出迎ノ爲、海岸江出張、海岸薩摩屋江待受ケタルニ、午後三時ニ到着ハ未知之、十二時トノ風聞ニ付、一同引取リタルニ、何計ラン六時ニ着船ナリ、直ニ馬車ヲ送リ無異ニ歸家す、
一、北堂君御葬式、其他一切之御都合ヲ芳より聞キとりタリ、大安心致候、
一、矢尾板正、芳野ヨリ歸來ニ付、文庫江止宿爲致候事、
一、今朝より風雪ニテ、寒氣殊ニ甚タシ、
○2月22日、晴、金、正月廿八日、
一、遙拜畢、
一、浦井〔利政〕ヲ呼ヒ、奈良原〔繁〕行之書面幷ニ松下江生大根依頼ニ付、金卅錢封入シ、又有川行、染・六之助行之書面ヲ認ム、右奈良原ヘハ梅體〔マヽ〕二個ヲ送ル、
一、魯桑苗五十本、是レハ都ノ城小林宗兵衞行、内二十本ハ屋敷ヘ植附ケ用ナリ、
一、千葉香取郡小見川村千九百五十九番佐ゝ木駒ヘ送藉〔籍〕ノ件ヲ申遣す、
○2月23日、土、正月廿九日、

一、遙拜畢、
一、球陽丸今夕六時出帆ニ付、荷物ヲ托す、
　○2月24日、晴、日、正月晦日、
一、遙拜畢、
一、桑苗植附ケ方ヲ六之助へ申遣す、
　○2月25日、晴、月、二月朔日、
一、遙拜畢、

縣より除服命ぜらる

一、父上之月次祭執行、當日兵庫縣より徐〔除〕服ヲ命セラルヽ、
　○2月26日、晴、火、二月二日、
一、遙拜畢、

病氣届けを縣に出す

一、脚部潰瘍、歩行難澁ニ付、病氣居ケヲ本縣ニ出タス、
一、高陞〔陛〕歸神ニ付、東京之一般ヲ聞ク、
　○2月27日、晴、水、二月三日、
一、遙拜畢、

土方久元へ白鹿酒を贈る

一、白鹿半樽ヲ土方久元ニ贈リ、火災ノ見舞ヲ書面ニテ送ル、

伊藤博文來神見舞を遣す

一、昨夕伊藤伯〔博文〕來神ニ付、浦井利政ヲ見舞ニ出す、本夕廣島へ直行、

橋本海關朝鮮中興記の序文を書す

一、橋本海關、朝鮮中興記之序文ヲ書ス、
我日本之爲兵尤勁也、勝於豐島克於平壤、連取旅

順威海諸地、天下皆知其爲勇也、清之爲兵尤弱也、敗於牙山、挫於黃海、連失金州九連諸地、天下皆知其爲怯也、夫兵之强弱、未必在於器也、未必在於善鍊甲也、蓋氣而已矣、我國古來以武爲俗、故能以武養勇、所向莫不獲克焉、一又由於養氣耳、未必良器爲之用也、即以我之頸(マヽ)而加於彼之弱、若朽木無風而折、勝敗可以知也、劍者吾知其斬人、銃者吾知其殺人、利劍鋭銃不能以奪我勇矣、是其所以清軍百戰百敗、不能勝於我也、豈不快乎、橋本海關、著朝鮮中興記成、即書其所感以爲序、併賀我軍之克于豐島平壤、金州旅順威海數縣、而未嘗一敗走也、其取燕京、蓋又在近歟、
明治二十八年乙未二月
於嗚呼廟畔　折田五峰秀〔年脱〕拜序併書

一、梅苗八十六種ヲ東京駒込村荒井〔與左衛門〕へ注文狀ヲ出タス、
　○2月28日、晴、木、二月四日、
一、遙拜畢、
一、昨日奧之武兵衞來、弔詞ヲ受ケタリ、

〔三　月〕

○3月1日、晴、金、二月五日、
一、遙拜畢、
北堂君の二十日祭執行す
一、母上之廿日祭執行、
○3月2日、雨、土、二月六日、
一、遙拜畢、
○3月3日、晴、日、二月七日、
一、遙拜畢、
一、尾賀善より墨三挺ヲ買入ル、
○3月4日、晴、月、二月八日、
一、遙拜畢、
一、矢尾板正本日出發、ハンカチウ幷沖縄製丸盆等ヲ贈る、又豫テ預リ置シ金十圓ヲ相渡スト、同人江支那戰爭題詩六枚ヲ相托ス、
一、大河平武二幷ニ川添(爲一)見舞ニ参る、
一、六之助・染より之書面相達す、佐々木駒幷ニ榮三郎ノ戸藉(籍)、鹿兒島ニ無之由也、
*清國牛莊占領の號外あり
○3月5日、晴、火、二月九日、
一、神拜畢、
一、金參圓卅錢、東京北豊島郡上駒込村谷四百七十番地荒井与左衞門江梅七十本代價トシテ、爲換券ヲ書留ニて郵送す、
一、甲府之三浦周之輔江額面ヲ仕送ル、
一、軍隊通行費中ニ金參圓寄附ス、市長鳴瀧(公恭)へ差送ル、
○3月6日、晴、水、二月十日、
一、遙拜畢、
一、六之助ヨリ佐々木駒之藉(籍)、鹿兒島佐々木之戸藉(籍)面ニ無之通信之端書到達す、
一、佐々木駒方へ鹿兒島市役所藉(籍)面ニ無之旨ヲ報す、
一、函館元町寄留崎元幸江野菜色々ヲ贈ル、右之荷物中ニ金三十錢ヲ封入シ、鮭ノ卵、卽ス丶(筋)子・塩辛ノ注文致シタリ、是レハ別ニ書面ヲ添ヘタリ、
○3月7日、晴、木、二月十一日、
一、遙拜畢、
一、祖父公幷ニ宮子姫ノ月次祭執行、
一、先日義損(齒脫カ)シニ付、修繕ヲ西村甫三ニ托セシニ、今日小包郵便ニて到着す、
一、今日清國牛莊占領ノ號外公布アリ、
○3月8日、晴、金、二月十二日、
一、遙拜畢、
一、昨日北堂君御溢焉ニ付、諸方到來ノケ所へ、六十七

軒江琉球盆ヲ夫々配謝ス、

○3月9日、晴、土、二月十三日、

一、神拜畢、

一、明十日小白川(錄郎)ニ依頼シ、北堂君ノ靈移シヲ執行シ、併て卅日祭ノ準備ヲナサシム、

一、昨今甚疲勞ニヨリ、終日打臥ス、

○3月0日(10)、晴、日、二月十四日、

一、遙拜畢、

一、千葉縣小見川村千九百五十九番戸佐々木駒より御菓子料トシ金壹圓爲替ニて達す、

北堂君の遷靈幷に三十日祭を執行す

一、本日北堂君之靈遷幷ニ卅日祭及素行殿・かよ(佐々木)三人之靈ヲ靈屋ニ鎭座ノ奉ル、御鏡三座ヲ奉鎭、祭主ハ小白川錄郎ナリ、當日ハ川添初メ(爲一)數人來會、晝飯ヲ饗す、又諸方より御供物澤山到來、神前ニ供ヱタリ、弔ハ褥ヨリ漸ク匍ヒ出、御禮ヲ致シタリ、

年秀養子六之助を許す

一、六之助より五日出之書面達す、謝罪狀ナリ、已ニ廿三四ヲ打越シ、志慮(思)分別モなく、長キ月日ノ間何ヲシテ居リシカ、口ニハ能ク饒舌(シャベリ)、主意ノ違ヒシモ頓着無ク、漫リニ古人ノ語ヲ暗誦シ、或ハ筆記シ、無禮モ不敬モ知ラス、誠ニ氣ノ毒ノ至リ、仍テ何トカ

壹人前之人間トナシ度、殊ニ矢九郎(有川)ニ對シテモ相濟マサルカ故ニ、懇篤ナル忠告・教訓ヲナスト雖、却テ之レヲ憤リ、罵詈トカ何トカ、不法至極ノ書面ヲ送ル等、實以言語ニ絶シタリ、此レ他ナシ、我カ儘ニ長生シ教育ヲ受ケス、偶學フモノハ禪學トカ、心學トカ、惑ハ心膽ヲ練ルカ、惑ハ山中無人ノ靈地ニ夜籠リシテ、心氣ヲ練リ、悟ヲ開クトカ公言シテ小學より大學ニ入ルノ方則ヲ經ス、一身ヲ縦ニ安樂界ニ置キ、遂ニ今ニ及テ人幷ニ實業無ク、之レヲ恥トモ考ヱス、己レ得タリトスルモノハ、只空々寂々全ク無形ノ心、志ヲ吐キ識者ノ浩笑(哄)ヲ招ク、吾夙ニ利ロノ性質タルヲ看破シ、今ノ中ニ改心勉強セシメント欲シ、諷諫惑(或)ハ忠告シテ、當時勢ニ缺ク可カラサル洋學ヲ勸メシニ、蒲地啓助ハ純乎シテ師ヲ求メタリ、其後一年ヲ經テ面接ノ日、之レヲ聞クニ、曰ク、洋學・語學ハ、當世ノ急務ニ非ラス、尊君神戸ノ開港場ニ在ル故ニ、必用トナスハ甚タ迂ナリト、予聲ヲ發シテ一生涯此ノ邊土ニ生活スルカ、又遠カラス條約改正後ニハ、外國人ハ續々鹿兒島地方ニモ入リコムヘシ、又今般征淸以後ハ、語學ノ必用アル論ヲ

＊年秀天保十四年造士館句讀師助勤務を命ぜらる

待タス、然ラハ、將來何ヲ業トシテ家係〔系〕ヲ繼キ、家族ノ生計ヲ立ツルヤ、曰ク、甘諸（カライモ）ニテモ植ルト云、曰、植ルノ地無キトハ如何トカスル、玆ニ於テ初メテ其方針ノ定リ無ク、國家ニ報スルトカ、惑〔或〕ハ古人ノ語ヲ暗誦スルハ、盡ク口舌ノ虛談ニシテ、一身上一ツノ技能無シ、矢〔有川〕九郎曾テ曰ク、六之朝寢坊（アサネボウ）ニハ困ル、一回・二回ニテ起上ルヿナシト、之レハ予未タ其驗謬ヲ知ラス、矢九郎豈虛談センヤ、由レ之觀レ此ハ、卽チ古人ノ夙ニ起キ、夜半ニ寢ノ語ヲ何ト見シカ、十五・六才ノ小兒ナリセハ兎ニ角、二十才ヲ打起シタルヲヤ、初メ學校ニ上リシ時キ（マヽ）ニ、習字ノ科モ經シナルヘキニ、其手跡ヲ云ヘハ、字畫ヲ漫リニ崩シテ艸字ヲ書スル、實ニヌツヘツホウノ如ク、其醜其拙キ手ヲ額ニ加ルナリ、抑是レ習字ノ教育ヲ勉メス、良師ニ學ハス、草字法帖等ノ見本ヲ見テ、己レ勝手ニ筆ニ任スル故ニ、如此醜且ツ拙ナリ、夫レ習字ノ教育法則タルヤ、八歲ニシテ眞字ヲ學ヒ、之レヨリ行字ヲ學ヒ、九百般ノ文書ハ行字ヲ用ヒ、行字熟シテ自然草ニ及ホすハ布〔普〕通ニシテ、草字ヲ習ノ法則ハ、決しテ之レ無シ、今草字集ノアルモノハ、古人各一家ノ字體アルヲ、一見セシムルカ爲ニシテ、之レヲ日用ノ書文ニ用ルカ爲ニ、習ヘキモノニ非ラス、本人ハ是ヲ知ラス、眞行ノ筆法ヲ學ヒ得ス、直チニ草字ヲ見て、其形チヲ似セントスルカ故ニ人幷之書通モ出來シ得ス、已ニ二十四ケ年間何ヲシテ日月ヲ送リシカ、一向志慮〔思〕ニ及ハス、人ハ兎ニアレ角モアレ、我カ成育ノ事ヨリ推シ考ルニ、實ニ無教育・無志慮〔思〕ノ男子ト謂サル可ラス、顧ニ我カ鹿兒島ニ於ケル古來士人教育ノ法則、充分ニ供〔備〕リ、廢藩後、今ニ至ルト雖モ、文武ノ士道自然ニ備リ、官立ノ造士館アリ、文學ヲ敎ヱ、惑〔或〕ハ私塾ヲ開キテ教育シ、武道ハ師範家ヲ置キ、年祿ヲ與ヱ、弓ニ馬ニ劍ニ鎗ニ、又或ハ古實ノ禮式ニ兵學ニ、各官祿ヲ給セラ（マヽ）、其遊藝ニ於テハ、立花ニ末〔抹〕茶ニ書畫ニ、其欲スル處ニ乏シカラス、故ニ廿歲前後ニ、此ノ諸業ヲ學ヒサル（マヽ）ハ者ハ、無氣力無藝ノ不埒モノト、人每ニ輕蔑シタリ、故ニ志氣アルモノハ、自分ト（マヽ）進テ奮發勉勵シ、敢テ人ノ進メヲ待タス、仍テ二十前後ニハ、已ニ一家相續活計ヲ立テ、藩政ノ一部ニ奉職シタリ、予ヤ天保十四年正月廿日造士館句讀師助勤務ヲ命セラレ、

同年西郷吉之助も郡方書役を命ぜらる

童子卅二名ヲ受ケ持チ、句讀ヲ教ユ、此ノ年十九歳ナリ、畧履歴ニ詳カナリ、同年同月同日、西郷吉之助モ郡方書役ヲ命セラレタリ、我レノミナラス、大凡士人ノ壯者ハ、多クハ此ノ如クシテ諸藝ニ粉骨ヲ碎キテ、安眠・飽食スルモノ無カリシナリ、支那風ノ教育法ト謂モ、八歳ニシテ小學ニ入リ、水ヲ灑キ掃除（ソウヂ）ヲ正クシテ淨メ、人ニ應接シ、人ノ問ヒニ對ルノ禮儀、座上ノ進退、座作禮式謙讓ノ次第、禮樂ノ藝・弓術・馬騎ノ術・書筆・算術ノ業ヲ、十四歳迠七ケ歳ノ間ニ卒エ、十有五歳ニシテ大學ニ入リ、誠意〔誠〕正心・修身齊家・治國平天下ノ事業ヲ修メ、卅歳ニ及テハ從前學得タル技能ヲ以テ、一家ノ生計ハ素ヨリ、公務私事ヲ營ミ、國家ニ報ユルノ効勲無クンハアル可ラス、然ルヲ況ヤ漠々然トシテ、一モ得ル處ナシトハ、己レノ身ヲ以テ、身ヲ保存セサルハ、鏡ニ掛ケテ見ルカ如ク、我カ輩ノ落命後、一家ノ亡滅察スルニ足ル、併シ我レニ於テハ、主錢奴ニ非ラス、死ニ臨テ一錢一厘ノ貨ヲ齎ラスニ非ラス、數年間神戸ニ在住シテ、貯藏セシ物品資力ハ如此、不見識・無氣力、恬トシ恥サルノ人ニ與ルヲ遺〔憾〕感トスルカ故ニ、家内婦人共、又ハ甥共ニ分配シテ、成人ノ學資タラシメント欲ス、豈夫レ快ヨカラスヤ、九人ハ大事ニ遭逢シテ、氣膽ノ有無判然スヘク、所謂、世亂レテ忠臣ヲ知ルトハ是ナリ、大節ニ臨テ、奪可ラスト云モ、之レナリ、蓋シ北堂君ノ御病床ニ對シ、父子ノ情實孝子ノ忍ヒサルハ、素ヨリ論ヲ待タス、然ル時節ニ臨、甲府ニ佐々木〔素行〕變故ヲ生シ、之レカ爲病身一層疲勞ヲ來タシ、加之征清事件ニ依テ、各軍隊晝夜トナク、當社ニ休憩シ、祈願・祈禱、日夜ニ斷ク如此、公務ヲ鞅掌スルモ臥褥ニ在リテ、斷腸寢食ヲ廢シ、且ツ看病ノ爲ニ歸家シ、兩人ノ病患ヲ來タシ、且ツ佐々木凶音モ北堂ニ具申セサル可ラス、苟モ具申セハ、卽日病患ヲ重クスルノ苦情モ現ニ差見ヱ、親子ノ情義、實ニ谷ルノ事情モ察セス、漫リニ騷キ歸省ヲ督書面々々ニ及フ、夫死生ハ天ノ命數、況ヤ古來稀ナルノ長壽、自然ノ御溢遠、決シテ狼狽スヘキニ非ラス、況ヤ三百里外官途ニ奉仕スルヲヤ、進退ノ自由ヲ得サルノ規則ヲ考ヱス、己レ一家相續人ノ氣膽無キカ故、其ナス處ヲ知ラス、實ニ是レ亂世ニ忠臣ナキカ如ク、我レヲシテ、益以テ寒心シテ、類之無カラシム、依テ其時日源範頼、頼(源)朝冨士野ノ凶音ニ接スルノ所行ヲ訓示シタルモ、果シテ其旨趣ヲ得シカト思ヘトモ、源胸中怯懦、大義膽無ク、且ツ佛學ニ誤ラレ、因果報應(マヽ)ノ虚説、實力廉恥心ニ乏シク、只口舌ニマカセテ、其腕前ハ一ツモ二モ無、已ニ二十四歳ノ星霜ヲ、飽食暖衣ニ過コシ、曾テ佛學ノ非ナルヲ談シ聞カシメシニ、曰、如斯非ナラハ、楠公ヲ初メ、古ノ英雄皆ナ佛ヲ信シ、近クハ西郷先生ナトモ佛學ヲ信セシハ如何ト、夫レ楠公ヤ謙心(信)ヤ信玄ヤ壯年ヨリ飽食安座シテ、佛學ニ凝リシニ非ラス、夫々鞍馬控總〔倥偬〕ノ戰場、實地ニ艱難辛苦ヲ嘗メ盡シ、武將ノ膽畧熟スルノ後チ、佛ノ無慾虚心平氣ノ高尚ヲ欣慕セラレ、又西郷モ同一ケ武士ノ氣膽、事業胸中ニ餘裕アリテ、后(マヽ)ヲ慾情ヲ斷チ、其高雅ニ擬セント欲スルカ爲ナリ、敢テ事業無ク木石佛ノ如ク、壯年ヨリ彼レニ心ヲ傾ケシニ非ラト〔ズ脱〕、然トモ彼レハ敢テ之レヲ悟ラス、其所爲苦辛モナク、身ヲ安樂ニセント欲シテ、學ヒ安クシテ、其効勳ヲ見ント欲スルモ見エ難ヲ、口利虚談ヲ弁ヘテ、己レ得タリスルニ外ナラス、故ニ高識ノ眼ヲ照ラシ、一視スレハ掩ハント欲スルモ掩可ラス、仍テ筆記シテ、後人ノ一粲ニ供エントス、

乙未三月十日　北堂君卅日祭日記ス、

○3月11日、晴、月、二月十五日、

一、遙拜畢、

一、昨日卅日祭并ニ靈遷ノ一件ヲ染井ニ六之助ヘ報知セリ、

○3月12日、晴、火、二月十六日、

一、遙拜畢、

一、鹿兒島より荷物屆キ、染より之書面達す、鰤并ニムルノ干肴・赤貝ノ塩辛・甘藷等ナリ、

一、蒲地(啓助)より之書状モ有之、

一、高階(幸造)來リ、分所今後ノ章程等ヲ協議シタリ、

盛京斜日落花時、春色無光啼鳥悲、將見宮中嬪御散、景陽井裡漲臙脂、

○3月13日、雨、水、二月十七日、

一、遙拜畢、

一、但馬山崎誠藏長男、直田秀太郎ト稱シテ、金壹圓ノ無心ヲ願タレトモ拒絶セリ、

聞李鴻章來朝、

*李鴻章の來朝を聞くの詩

古稀白首列三后、未悟人間計路開、曾食天津帝國
誓、何顔今入我朝來、

一、都之城小林喜助へ桑苗仕送リ之書面ヲ出ス、

一、染へ昨日荷物相届キタル禮狀ヲ出タス、

一、過日庄平へ依願シ高知之酒盜壹壺到來、代價拂渡ス、

○3月14日、風、雨、木、二月十八日、

一、遙拜畢、

一、都ノ城小林吉(喜)助桑苗着之禮狀到達す、

一、梅苗壹個到着す、

＊岸田吟香へ清國全圖注文の書面投ず

小野胡山谷鋏臣より征清繪贊到來す

一、小野胡山井ニ鋏臣谷翁より征清繪贊到來す、是レハ
矢(正)尾板へ托シ置キタル分也、

一、佐ゝ木駒ニ婦久佐(服紗)井ニハンカチ絹地壹ツヲ、北堂君
之答禮トシテ、小包ミ郵便ヲ出タス、

一、都ノ城小林(喜助)江蠶種子ヲ贈ル、

○3月15日、陰、金、二月十九日、

一、遙拜畢、

＊皇后行啓に就き神官一同奉迎す

一、大阪天王寺鳥居前上田豐江櫻單株注(文脱)書ヲ出タス、

一、山本村坂上新九郎へも、右同斷之書面ヲ出タス、

○3月16日、陰、土、二月廿日、

一、遙拜畢、

一、東京荒井與左衞門江櫻單十株ノ注文書井ニ金壹圓四
十五錢ノ爲換劵ヲ封入す、
壹株十二錢、十株ニテ壹圓二十錢、新橋迠運賃二
十錢、荷造五錢、都合壹圓四十五錢ナリ、

一、東京岸田吟香江清國全圖壹折注文之書面ヲ投す、

○3月17日、晴、日、二月廿一日、

一、昨日ハ梅苗植方ヲナス、

一、日(藏)外より爲朝百合五ツ買入ル、壹ツ四錢四厘なり、

一、明十八日球陽丸より染へ之書面、浦井(利政)へ代筆ヲ命す、

一、十三日附之書面、六之助より達シ、北堂君五十日祭
無滯相濟、有川初、川藤九郎・崎元・吉冨・白石等
之諸人參會之報知有之、又御墓碑ハ建築不相濟由申
遣候、

一、川添(爲二)・橋本見舞ニ參る、

○3月18日、晴、月、二月廿二日、

一、神拜畢、

一、當日ハ皇后(一條美子)、廣島大本營行啓ニ付、午後離宮江御着
輦、第五時入御、神官一同正門ニテ奉迎致シ、家内
一同同斷なり、病中ニ付爲伺、代理人大井田留三郎
ヲ以テ爲相勤候、

一、離宮御座御飾付ケ之爲ニ、本縣より服部屬ヲ以テ貸入方申來リ候間、此檀臺二個差出候事、誠ニ營〔榮〕譽至極ナリ、

一、此内駒林角野より毎〻鮮魚ヲ贈ル呉ルニ、島大根幷ニ烏賊餌幷ニ丸盆ヲ贈リタルニ、又〻肴ヲ惠ミタリ、

○3月19日、晴、火、二月廿三日、

一、遙拜畢、

*北堂君御墓所建築濟む

皇后陛下廣島大本營へ御發輦

一、當日午前九時、皇后宮廣島大本營へ御發輦、

一、球陽丸出帆ニ付、六之助へ二月一日附ケ無禮之書面、朱書ヲ加ヱ、他日矢九郎〔有川〕江見セシムルノ心得ニテ、仕舞置キタルモ、先般謝罪ノ書面到來ニ付、朱書ノ分ハ塗抹シ、更ニ不心得之成行ヲ誠治〔藤城〕へ認メサセ、當日之便より仕送ル、又書面ノ上封幷ニ端書之認メ方法モ染より教へ候樣申遣ス、然ラサレハ、規則上罰金ヲ收入セラレ、甚不都合ナリ、

一、大井田〔留三郎〕ニ上阪ヲ申付ケ、月山貞一短刀ノ事ヲ申遣ス、

一、右同人江道修町二丁目綿谷方へ、牛膽丸調製ノ事ヲ囑す、

一、當日近衞兵四百餘人、廣島江赴ク、

李鴻章馬關へ著す

一、李鴻章馬關〔下關〕江前十時着之電報號外ニテ接手、

○3月20日、晴、水、二月廿四日、

一、遙拜畢、

一、東京荒井与左衞門より櫻單十二株着す、

○3月21日、晴、木、二月廿五日、

一、遙拜畢、

一、六之助ヨリ十六日附ケ之書到、本日北堂君御墓碑建築濟之一左右申來る、

一、函館崎幸〔元脫〕より鈴〔筋〕子漬二樽幷ニ干鱈七枚到着、

一、今日初メテ佐野病院ニ行テ診察ヲ乞、

一、川村雨谷畫、松枝竹ニ孤鶴ノ大幅ヲ、佐〔譽〕野院長ニ贈ル、

○3月22日、晴、金、二月廿六日、

一、廣田社之宮司〔中田正朔〕、病氣見舞ノ爲ニ來ル、

一、遙拜畢、

一、東京岸田吟香江支那圖送方之催〔促〕息狀ヲ出タス、

一、高階〔幸造〕來訪、分所募集金一件ヲ談ス、

一、十六日・十八兩度ノ書面、六之助・染より相達シ、北堂御碑石建築濟之報有之、

○3月23日、晴、土、二月廿七日、

一、遙拜畢、

一、染・六之助兩名ニ宛テ、御墓碑建方相濟ミタル禮状ヲ出タス、

一、函館崎元幸へよシ・千代兩名ニて、鈴〔筋〕子之禮状幷ニ野菜品ゝ送り方之書面ヲ出タス、

一、高陛〔階〕來リ、分所寄附倚頼ノ爲ニ、川崎正藏行之一件ヲ、秋山〔恕郷〕書記官ニ問合呉レトノ事ニ付、書面ヲ高陛〔階〕江相渡ス、

○3月24日、晴、日、二月廿八日、

一、遙拜畢、

サーベル幷に劍の研方を囑す

一、浦井利政ヲ大阪壽光堂ニ遣シ、サーヘル三振幷ニ白鞘ノ劍ヲ研方ヲ囑セシム、復命シテ曰ク、來月初メニ出來スト、

一、山本村新九郎へ、天神川沙壹車送リ方ヲ注文す、

李鴻章狙撃の號外

一、午後八時號外ニて、清和李鴻章狙撃セラルヽ報知、行凶〔マヽ〕者ハ群馬縣人外山六之助ト云者ナリト、惡ムヘキ野蠻ノ行爲、大本營ノ近傍且ツ國家之大事、大典ニ關スルモ顧ミス、實ニ大賊ト謂テ可ナルヘシ、

一、山本村新九郎より櫻單五株リ〔マヽ〕來ル、

○3月25日、陰、月、二月廿九日、

一、神拜畢、

一、京都七條土屋、加藤新助小粒壹樽ヲ注文す、

一、昨晩ヨリ近衛隊通過ナリ、

*近衛旅團長川村少將一行を接待す

一、午後一時半、近衛旅團長川村〔景明〕少將經過、正門迠相迎ヱ、周布〔公平〕知事同伴、近衛歩兵第二聯隊長大佐阪井重季幷ニ歩大尉拓原暖三郎、晝飯ヲ饗餞、宴ヲ開ク、秋山書記官・南收税長モ來席、又少將ヘハ白鹿酒貳斗・兎一頭ヲ贈ル、洋食事中ハ玄喚〔關〕ニて奏樂セシメ、食終リテ神前ニ參拜シ、又水新ニ立寄、外ニ將校十二名ニ挨拶シテ、後四時發ス、川村殊ニ滿足セリ、大愉快ナリ、

○3月26日、雨、火、三月朔日、

一、遙拜畢、

一、當日近衛惣裁宮〔北白川宮能久親王〕御征途御通過ニ付、奉迎代理ヲ大井田江申附ケタリ、

一、誠治事、當日より税關江奉仕セシム、

*北白川宮能久親王御參拜

一、北白川宮〔能久親王〕、當日御社參被遊候間、奉迎致候、

○3月27日、晴、水、三月二日、

一、神拜畢、

一、當日ニて近隊〔衞脱〕大輪送濟ミテ、明日より第四團大阪輪送ノ筈ナリ、

奈良原沖縄縣知事より師範學校生徒への演說依賴あり

○3月28日、陰、木、三月三日、

一、遙拜畢、

一、岸田吟香ヨリ支那圖之返辭有之、代價參圓五十錢、外ニ郵送賃貳十錢なり、

*北堂君の五十日祭執行す

一、京都七條土屋、加藤新助より返辭到來、壹樽代價壹圓卅貳錢なり、依而右岸田幷ニ加藤共〻爲換金差出す、

一、染へ昨今當地之形狀ヲ報知す、

○3月29日、晴、金、三月四日、

一、遙拜畢、

サーベル拵代價値上げの請願書達す

一、大阪壽堂よりサーヘル拵代壹本四圓ツヽノ價揭(上)ノ請願書相達す、

一、岐阜縣吉城郡坂下村水上豐助より依賴ノ詩歌ヲ認メ仕送ル、

○3月30日、晴、土、三月五日、

一、神拜畢、

一、矢尾板正江歸着、返書ヲ出ス、

大阪鎭臺兵社務所にて休憩す

一、當日ハ大阪鎭(臺脱カ)西下ニ付、山澤少將(靜吾)通過、仍テ社務所江休憩、周布知亊ヨリ立食ノ馳走有之、又四斗入酒壹挺ヲ送ル、

一、沖縄縣師範學校生徒百貳十名社參ニ付、教諭三木原廣介參リ、奈良原(繁)知亊より書面ニて演說ノ依賴アリ、仍而拜禮畢、神酒頂戴ノ後、拜殿上より演說ス、

一、東野村久保武兵衞へ長金柑三本ヲ注文す、

○3月31日、晴、日、三月六日、

一、故(北脱)堂君五十日祭執行、

一、新九郎より天神川沙壹車到着、賃錢七十錢拂渡ス、

〔四月〕

○4月1日、晴、月、三月七日、

一、遙拜畢、

一、新九郎へ唐蜀黍三本注文す、

一、鹿児島ニ於テ、北堂君御葬儀ニ預リタル人〻江禮狀十通ヲ出タス、

有川(矢九郎)・永田(猶八)・川上・白石・崎元(彦太郎)・北元(文藏)・肥後・吉冨・岩重・蒲地(啓助)、外ニ山本等也、

○4月2日、晴、火、三月八日、

一、遙拜畢、

一、球陽丸出帆ニ付、紙包壹個ヲ染へ送リ、猶芳・千代よりシテ球陽丸よりハ荷物相屆カサル旨ヲ報ス、

一、金壹圓貳十五錢、薩陽社江三ケ月新聞代價トシ封入

シテ送ル、

○4月3日、雨、水、三月九日、

一、遙拝畢、

一、東野久保武兵衛より金柑三本、外ニ明和金柑壹本ヲ恵ミタリ、依テ金十五銭、外ニ五銭運費トシ書面ヲ附シテ返す、

○4月4日、晴、木、三月十日、

一、遙拝畢、

一、岡千仭ヨリ書面、矢尾板(正)江托シタル畫賛ヲ送リタリ、

一、谷鐵臣江小楠公首級塚碑石寄附金之一件ヲ回答す、

一、午後一時高陛(階)(幸造)同伴ニて川崎(正蔵)江参リ、分所寄附金之依頼致置ク、

○4月5日、晴、金、三月十一日、

一、神拝畢、

一、今朝より初而神拝并祖靈社を拝ス、

一、午後二時登廳、是より山田(吉雄)敬(警)部長并ニ秋山(恕郷)・南・周(公平)布氏ヲ訪ヒ歸家、各名刺ヲ置キ歸ル、

○4月6日、晴、土、三月十二日、

一、神拝畢、

一、山畠迠歩行ス、

*鳴瀧市長を訪ひ分所建築費募集金一件を協議す

*龕都祭執行の打合せをす　谷鐵臣へ小楠公首級塚碑石寄附金一件を回答す　川崎正藏を訪ひ分所寄附金の依頼をす

○4月7日、晴、日、三月十三日、

一、神拝畢、

一、午前七時より高陛(階)幸造同伴ニて、鳴瀧(公恭)市長ヲ訪ヒ、分所ノ建築費募集金一件ヲ協議シタリ、此より馬渕・増野・片山ヲ訪ヒ歸ル、

○4月8日、陰、月、三月十四日、

一、山ニ茶ヲ植附ケタリ、

一、神拝畢、

○4月9日、晴、火、三月十五日、

一、松原良太訪來リ、龕都祭執行之打合ヲナシタリ、

一、神拝畢、

一、駄手籠壹個、吉野川丸江積入レシ報知端書到來セシモ、未タ着セス、

○4月0(10)日、晴、水、三月十六日、

一、神拝畢、

一、サーヘル拵、本日出來ニ付、浦井(利政)ヲ大阪へ遣ス、外用有之、延引す、

一、鹿児島より之荷物到着、貝ノ塩辛并ニ牡蠣ノ塩辛、薯・猪等達す、ミの原大根なり、牡蠣ハ肥後より到來す、

○4月11日、晴、木、三月十七日、
一、神拝畢、
一、分所より昨日之料理ヲ贈リタリ、
一、御廟所脇之公園、當日より着手、
○4月12日、晴、金、三月十八日、
一、神拝畢、
一、公園築造ノ爲、淡路石一般買入ル、
○4月13日、晴、土、三月十九日、
一、神拝畢、
一、當日ニて刀劍類、油引キ方畢ル、
一、芳病氣輕快ニて、當朝より拂床、
○4月14日、風雨、日、三月廿日、
一、神拝畢、
一、六之助ヨリ十四日附之謝罪書、ツマラヌ言譯ケ書到達セリ、
一、有川より仁之助近着之書面到達す、
一、芳叓、今夕胃痛甚タシ、田村(喜進)ヲ迎ヱ診察ヲ乞、
○4月15日、晴、月、三月廿一日、
一、神拝畢、
一、六之助へ昨日之書面返却す、又染へも書面、飴ノ一件ヲ申遣ス、
一、大阪本町四丁目赤志忠七江臺灣圖壹枚出版之由ニ付、邦〔郵〕便拾三錢封入シテ注文書ヲ出タス、
一、昨日ハ高知縣香美郡、當時德島縣三間郡定水村百十六番地寄留ノ濱田增太郎ナル者、劍鍛冶ノ由ニテ、自作二本ヲ携ヱ來レリ、
一、踊鄕之春田(齊)ヨリ書面ニテ、田島源八之倅來ル、浦井(利政)ヲ呼て應接サセタリ、
○四月16日、晴、火、三月廿二日、
一、神拝畢、
一、黑田清兼幷ニ石塚訪來ル、
一、春田より書面持參之人ハ、刀迫勇右衞門・置田伊三太なり、
○4月17日、晴、水、三月廿三日、
一、神拝畢、
*日清講和條約調印
一、當日講和調タリ、
一、球陽丸出帆ニ付、金員幷ニ塩鱈ヲ染へ送ル、仍而書面ヲ認、千代ノ病氣ヲ報知ス、
一、有川矢九郎へ仁之助着ニ付而ハ、川添(爲一)等へ依賴シ置キタル云々ノ書面ヲ出タス、

○4月18日、晴、木、三月廿四日、
一、神拝畢、

楠寺和尚訪ひ來る*

一、在廣島櫻井〔能監〕へ書面ヲ出タス、
一、當日浦井利政ヲ大阪壽光堂江遣シ、サーヘル受取之爲ナリ、然ルニ、サーヘル三本ハ明日成熟シ、吉野神宮江獻納スル備〔前脱〕長船宗長ノ劍者、成熟シテ持歸リタリ、

○4月19日、晴、金、三月廿五日、
一、神拝畢、

甥并に孫達へ遣す刀劍類*

一、有川并ニ宿許行ノ荷物ハ、球陽丸ノ見込ナリシニ、吉野川丸より積送リタリト、川添より報知シタリ、

○4月20日、晴、土、三月廿六日、
一、神拝畢、

○4月21日、晴、日、三月廿七日、
一、神拝畢、
一、大阪壽光堂よりサーヘル貳本到着す、
一、松原良太訪來、紀念祭一件ヲ示談す、

吉野神宮へ獻納の劍*

○4月22日、晴、月、三月廿八日、
一、神拝畢、
一、サーヘルノ研、次キヲ命ス、

一、村瀬依頼ノ屏風六枚并ニ額面一ツヲ揮毫、

○4月23日、晴、火、三月廿九日、
一、神拝畢、
一、楠寺〔廣嚴寺〕和尚〔大峰自徹〕訪ヒ來リ、當寺寳藏出品之件ヲ示談ス、
一、注文ノ盆栽鉢到着ス、

○4月24日、陰、水、三月晦日、
一、神拝畢、
一、染より書面來す、
一、今回甥并ニ孫共へ遣スサーヘルハ左ノ如シ、
古備前吉宗　一文字宗吉ノ子左衞門允ト號ス、二尺二寸五分、在銘、明治十七年迄、九六百六十一年ノ古刀最上品ナリ、
江義弘　正宗門人右馬允ト號、極銘〔名〕人ナリ、無銘長貳尺四寸五百五年、
關善定・兼吉在銘、長貳尺三寸五分、大業物ノ稱アリ、
一、今回吉野神宮へ獻納ノ劍ハ、古備前宗長作、在銘、長二尺四寸ナリ、

○4月25日、晴、木、四月一日、

一、神拜畢、

一、父上・母上之月次祭執行濟、

松方大藏大臣參詣面會す

一、松方(正義)大藏大臣參詣有之、社務所ニ於テ面會、久ゝ振りなり、

月山貞一より短刀三本届く

一、月山貞一ヨリ短刀三本出來、届キ來ル、

○4月26日、晴、金、四月二日、

一、神拜畢、

刀劍長船宗長を吉野神宮へ獻納す

一、備前長船宗長在銘、長二尺四寸白鞘入、

一、神饌料金壹圓、

右通運ニ托シ、大和國吉野郡吉野神宮江獻納す、

皇后陛下京都へ還行さる

一、今日午後卅五分、皇后陛下(一條美子)京都江還行ニ付、當地御通過アリ、奉迎人大ニ賑ヘリ、

○4月27日、晴、土、四月三日、

一、神拜畢、

一、染ヘ書面ヲ出タシ、千代快氣ニ向キタルヲ報す、

聖上京都へ還幸さる

一、當日　聖上(明治天皇)京都ヘ還幸アラセラル、

○4月28日、晴、日、四月四日、

一、神拜畢、

一、函館行黑田英七郎ヘ托シテ、荀(筍)・高菜漬等ヲ崎元幸ヘ送リ、又黑田ヘハハンカチウ一函ヲ贈ル、

一、川添訪來ル、

○4月29日、晴、月、四月五日、

一、神拜畢、

○4月30日、陰、火、四月六日、

一、神拜畢、

一、今曉四時、ウサ男子ヲ紛(分)娩ス、至ツテ健康ナリ、

一、家内より崎元幸ヘ鱈一件、間違ノ一件ヲ書通セシム、

〔五月〕

○5月1日、陰天、水、四月七日、

一、神拜畢、

一、高陛(階)幸造より病氣之訪問來ル、昨盆栽(マヽ)下知之爲ニ大疲勞セリ、

○5月2日、晴、木、四月八日、

一、神拜畢、

一、生田神社宮司(林源吾)、皇典講究所會惣代之件依賴狀ヲ出ス、

○5月3日、雨、金、四月九日、

一、神拜畢、

一、川上事、今夕ノ便船より歸省之由ニて、暇乞ノ爲ニ訪來ル、芳より病症等ヲ爲話、猶有川(矢九郎)ヘ干栗ヲ贈り

方ヲ囑す、川上ヘハハンカチウヲ送ル、

一、川添ノ二(爲一)男ニ爲雄ト名附ケタリ、

一、明日ハ赤十字社懇親會ノ催シアルモ出席セス、

○5月4日、陰、土、四月十日、

一、神拜畢、

尼ケ崎舊城主櫻井忠興病死の報知あり

一、尼ケ崎舊城主櫻井忠興子爵病死之報知ニ付、岡部基智ヲ使節トシテ、花料金貳圓ヲ爲持遣シタリ、基智者舊藩主(士)ナルカ故ナリ、

一、大阪赤志忠七方江日清韓分邦地圖壹冊ヲ注文す、但シ郵便印紙八十錢ヲ封入す、

日清講和條約批准の號外あり

*年秀の西郷隆盛評

一、當夕號外ニて、清帝(德宗)平和談判ニ批準(准)濟ミノ旨配賦アリ、今般ハ此レニテ、先ツ戰局ヲ結ヒ、今後清國カ虛談利口ヲ悔ヒ、實學ヲ勉メテ面目ヲ一新スルニ於テ、東洋ノ一大城郭ヲ維持、彼我親友唇齒之國運ヲ保ツヘシト雖、抑清國ノ優柔不斷・奮發ノ勇氣ニ乏シキハ、一般教育ノ宜カラス、且ツ古來君臣ノ妄ニ更逸、大義ヲ滅却スルカ故ナリ、依之之レヲ觀レハ、我一綵ノ天統萬古不易、加ルニ、大義名分、天孫降臨ノ肇ニ巍立シ、加ルニ、近年歐西ノ實學ヲ以テ子弟ヲ教育、今後日ニ月ニ增進歩發達、文武ノ業ニ於

ケル必す利口虛談ヲ卑シミ、實力ニ非ラサレハ、國家ヲ保存ノ無用ヲ以テス、是レ蓋シ實地ノ經驗アルニ依ルナリ、我十年ノ役(西南戰爭)、西郷隆盛ノ逆暴、誠ニ遺憾、限リ無シト雖、其武畧ノ如キニ於テハ、國家ノ爲ニ、幾分ノ經驗ヲ與ヱタル故ニ、清征ノ百戰百捷ヲ得ルナリ、如何トナレハ、隆盛カ豪雄、該黨(當)ノ強男ヲ以、團結力ニ富ムカ故ニ、征討ノ官軍將校非常ノ苦戰・辛酸ヲ嘗メ、漸クニシテ此レヲ斃スヲ得タリ、故ニ機械軍法一層精練ヲ加ヱタリ、此ノ精練ヲ擧テ、清國ノ弱怯ニ當ル、素ヨリ枯葉ヲ碎クカ如シ、初西郷如キ強敵キ(マヽ)ニ逢ハスンハ、何ソ今日ノ如キヿアランヤ、隆盛ノ一黨ハ躬犧牲トナリテ、大日本帝國ノ武技ヲ發達セシメタリト云ヘシ、豈夫他人ノ能クシ難キヲ能クシタルノ隆盛ノ隆盛タル所以ナリ、今ヤ世人擧テ曰ク、清征ノ武力五大州ヲ轟カシ至レリ盡セリト、甚タ早計ト謂ヘシ、彼ノ人弱謀拙ナルノ、清國臭下乳上ニ百戰百捷アルモ、敢テ勇武トスルニ足ラス、回顧セヨ、魯英ノ強大國アリ、是レト一戰鬪雌雄ヲ決セスンハアルヘカラス、苟モ是レト戰テ捷タハ無上、縱令五分〻〻ノ戰鬪アル以上ハ、我カ武以

テ世界ニ誇リテ、日本帝國ノ名聲ヲ地球トニ公報スルニ足ル、清征ノ日ニ當リ、英艦ノ妄狀、或ハ日清平和ニ干涉スル等ノ內情・形狀、實に無法・無禮、今時政府ニ於ケル彼レト兵端ヲ開カサルヲ以テ、得策トスルアルモ、征清之艦隊將校ニ於テ、恨ヲ暗ゝノ中ニ遺スカ故、今後如何ノ時情〔事〕ヨリ、遂ニ一戰ノ端緒ヲ開クハ、十年ヲ出テサルナリ、又今ノ我海軍力ヲ以テ、譬ヘハ英ト戰テ勝算ハ、果シテ我レニ在リ、我レハ我カ東洋ノ主戰ニシテ、彼レハ客戰ナリ、加之、彼レ數千里ニ航ノ軍費、我レニ七・八層ナラサル可ラス、又我レノ成算トスル處ハ、艦隊ヲ派シテ、香港ヲ襲ヒ、陸戰隊ヲ印度ニ上ケ、彼レノ蒼庫(マヽ)ヲ衝キテ、蹂躙スルニ於テオヤ、又魯ト鬪ンカ、先ツ浦塩斯德(ウラジヴォストーク)ヲ擊破シ、黑龍江ニ陸戰隊ヲ上セシ、東洋ノ通路ヲ遮斷シ、聖伯鐵道ヲ破毀シテ、其要地ヲ占領スルニ於テオヤ、其手足ヲ斷ツモノト云ヘキナリ、仍テ伊藤(博文)・土方(久元)江祝捷ノ電信ヲ通す、

*日清講和條約批准書交換

伊藤博文土方久元へ祝捷の電信を通ず

○5月5日、晴、日、四月十一日、

一、神拜畢、

○5月6日、晴、月、四月十二日、

一、神拜畢、

一、染より書面、千代ノ快氣返辭ナリ、

一、大阪赤志中七(忠)ヨリ分邦地圖來着す、

一、是迠招抱ヱタリ植木商、不都合ニ付暇差出す、

一、加東郡今村毘沙門之和尚訪ヒ來ル、

○5月7日、晴、火、四月十三日、

一、神拜畢、

一、去月廿六日仕出シタル吉野神宮奉納落手證等郵送シ來ル、

○5月八日、晴、水、四月十四日、

一、神拜畢、

一、茶苗千本、阪(坂)ノ上新九郎江注文端書ヲ送る、

○5月九日、晴、木、四月十五日、

一、神拜畢、

一、當日號外ニて日清平和交換結局ノ報ニ接す、

○5月0(10)日、雨、金、四月十六日、

一、神拜畢、

一、東野村之內助市ナルモノ來リ、文壇(檀)三本ヲ接續シタリ、

○5月11日、陰、雨、土、四月十七日、

一、神拜畢、

一、神拜畢、

○5月12日、晴、日、四月十八日、

一、昨日伊東四郎左衛門着船之由ニ付、浦〔井脱カ〕(利政)ヲ見舞ニ遣シタルニ、上京不在ナリ、仍而名刺ヲ遣シテ返リタリ、

知事市長よりの協議招請あり

一、當日周布(公平)知事・鳴瀧(公恭)市長より協議ノ筋有之、商法會議所へ集會之廻文ニ付出張す、

*祖靈月次祭の次第を取定む

○5月13日、晴、月、四月十九日、

一、神拜畢、

一、昨日田村(喜進)之診察ニて、暫時薬用ヲ廢シ、食前炭酸少シツヽ相用ヒ、然ルヘキトノ事ナリ、

一、茶苗壹千本、山本新九郎より送致ス、

一、球陽丸より鹿兒島送り荷到着す、飴丼ニ切手・干物・肴類ナリ、

○5月14日、晴、火、四月廿日、

*土方宮内大臣に頌徳表を捧ぐ

一、神拜畢、

一、午前九時、伊東中將(祐亨)ヲ薩摩屋へ訪問ス、清酒二打ヲ持參す、

一、午後四時伊東中將、今朝ノ謝禮ニ參ル、

○5月15日、晴、水、四月廿一日、

一、神拜畢、

一、午前八時半出社ニて、伊東中將ヲ神戸停車場ニ送リタリ、

○5月16日、晴、木、四月廿二日、

一、神拜畢、

(佐々木)素行之月次祭執行、かよ之靈モ合祭す、

一、月次祭ノ次第、左之通リ取定ルニ付、靈前江此旨ヲ奏す、

毎月七日祖父公・宮子姫、

仝廿五日父上・母上・素行・かよ合祭す、

一、八代事、當日上阪、梅ケ辻現菊庵江遣シ、菊苗ヲ書〔所〕望セシム、

○5月17日、金、四月廿三日、

一、神拜畢、

一、今日頌徳表ヲ土方大臣ニ宛テ捧ケ奉る、

一、高陞〔階〕幸造、明十八日東上ニ付、熊毛筆三本ヲ買入方ヲ依(マヽ)す、

謹テ、

湊川神社宮司従六位折田年秀、誠惶〻〻頓首〻〻

宮内大臣従二位子爵土方久〔元脱〕公閣〔下脱〕ノ左右ニ白ス、恭

惟ミルニ、

徳川慶喜帯せし國俊の拵刀*

湊川堤防に於て日清講和の祝宴開催*

伊藤惣理土方宮内大臣よりの傳言を聞く*

橋本海關來訪*

陛下神聖英武深ク内外ノ情ヲ審カニシ、遠ク治道ノ源ニ溯リ、供御ヲ減シ、宮室ヲ卑シ國防ヲ修メ、祖宗ニ追孝ニシテ、祀事ヲ肅敬シ、民力ヲ愛養シ、臣節ヲ旌表シ、治道上ニ美ク風俗下ニ敦ク、群元節ヲ盡シ、文武能ヲ効タスノ時、宇内何人カ感佩風靡セサランヤ、謹テ惟ミルニ、去年六月出帥膺懲ノ宣戰、

大詔ヲ發セラルヽヤ、陸陸ノ六軍百戰百捷、其勢怒涛ノ山岳ヲ崩スカ如ク、淸主玆ニ伏、罪節ヲ竭シテ、

陛下ノ慈仁寛典ヲ仰クヿ數回、加二・三友邦相協テ、中庸ノ和議ヲ請ニ至リ、彼レノ降和ヲ允シ、此レノ從愚〔慫慂〕ヲ容レ、恩威益八紘ニ光披〔被〕シ、隣交ヲ復シ、友誼ヲ厚セラル、實ニ此レ、

陛下ノ聖明

神祖ノ遺訓ヲ憲章シ、神器ノ靈德、國光發輝、

寶祚ノ盛隆、天壤ト共ニ、無窮ナキヲ執奏シ玉ハンヿヲ誠恐誠恐、地ニ伏シテ以テ聞、

皇明二十八年五月十七日

　○5月18日、雨、土、四月廿四日、

一、神拜畢、

一、光村利藻ヨリ新婚ニ付、招待ヲ受ク、病氣ヲ以斷る、

一、師範校長より書畫幅借用ノ申込ミニ付、敎育ニ關スル分九品ト、又外ニサーベル幷ニ德川慶喜帯セシ國(來)俊ノ拵刀ヲ添ヱテ差出ス、尤出頭ノ上、敎育ニ關スル演舌所望ナレ𪜈、病中ヲ以斷ル、

一、浦井利政ヲ京都ニ遣す、伊藤(博文)惣理・土方(久元)宮内・櫻井(能監)祕書官江遣ス、櫻井ヘハ刻之煙草壹函ヲ送る、

　○5月19日、晴、日、四月廿五日、

一、神拜畢、

一、大河平武二訪來リ、伊東祐亨より之謝辭ヲ告ク、又卅三チメートル(マヽ)炮彈奉納之見込ミナルニ付、右之書面ヲ伊東江遣ル叓ニ、談合シタリ、

一、今日ハ湊川堤防ニ於テ、講和濟ノ祝宴ヲ開キタリ、病中故出場ヲ辭ス、

　○5月20日、晴、月、四月廿六日、

一、神拜畢、

一、浦井利政、京都より歸來、伊藤・土方より之傳言ヲ聞ク、

橋本海關訪來ル、

一、小松(彰仁親王)總督宮、明日御神着ニ付、獻備ノ手配ヲナス、

夏橀柑十五、竹籠ニ盛ル、
一、有川矢九郎より電信、お梅事川上(修二)ト同伴シテ、乘船ノ事ナリ、

○5月21日、陰、火、四月廿七日、

一、神拜畢、

小松惣督宮御著船

一、今日午後一時半、小松惣督宮御着船なり、横濱丸ニ被召タリ、宇治常盤樓ニ御一泊ノ御都合なり、
一、浦井利政ヲ代理トシテ奉迎セシメ、夏橙十五個ヲ獻上す、直チニ一個ヲ御召シノ由なり、當夜ハ市中一般大賑ヒナリ、

○5月22日、晴、水、四月廿八日、

一、神拜畢、
一、川上修二、梅ヲ召具シ今朝着神ナリ、仍而有川江安着ノ雷(電)信ヲ通ス、又江平ヲ具シテ、夫婦共ニ來リ、居宅屋之探索ニ手配スルモ可然ケ所無之、仍而所有貸屋ノ内ニ居住スル事ニ取極メ、直チニ大工ヲ入レ、造作ニ取掛リタリ、猶三人共ニ宅ニて晝飯ヲ振舞ヒタリ、

小松惣督宮御發途

一、午後一時惣督宮(小松宮彰仁親王)御發途なり、社內幷ニ家內、皆正門ニテ拜シタリ、

一、六之助幷ニ染より之書面、梅より受取ル、染より新茶ヲ送リ呉レタリ、又川上より丸ほろ、有川より大枇杷一籠ヲ惠贈なり、
一、有川矢九郎幷ニ染へ書面ヲ出シタリ、贈リ品之禮狀なり、又染へハ鯖干物之注文ヲ金十五戔(錢)カノ注文す、

*伊藤博文の詩に次韻す

一、伊藤伯(博文)ノ詩ニ次韻シテ寄、

春晚孤鴻向北歸、雲間高滯國光飛、英雄韜畧縣經緯、織出扶桑錦繡機、

○5月23日、陰、木、四月廿九日、

一、神拜畢、
一、周布知叓(公平)江大枇杷數菓ヲ贈ル、

○5月24日、晴、金、五月朔日、

一、昇殿畢、
一、明日渡御祭ニ付神拜、

○5月25日、晴、土、五月二日、

一、昇殿畢、

*渡御の爲遷靈す

一、午前八時甲冑ニて昇殿、靈ヲ鳳輦ニ移シ、八時半出御、登廳す、知叓(周布公平)・書記官(秋山恕郷)不在、山田屬代拜畢リテ退廳、自由亭ニテ、暫時休憩、是レヨリ堤防ニて、例年ノ通御休憩、神饌ヲ奉リ、終て還行例之通リ、

*閑院宮へ拝謁す

*小蒸滊拝借の件を秋山書記官に懇願す
野津陸軍大將參社幷に閑院宮成らせらる

*周布知事を訪ひ御社頭修繕催促の件を依賴す

午後四時半御着神、

○5月26日、雨、日、五月三日、

一、神拝畢、

一、早朝野〔津脱〕〔道貫〕大將ヲ諏方〔マヽ〕山中常盤ニ訪ヒ、御國酢ノ約ヲナシテ、歸途高嶋〔鞆之助〕中將ヲ別荘ニ訪ヒ歸ル、

一、森岡昌純江書面、崎元彥太郎ノ事ヲ託シタリ、

一、矢九郎江昨日之返書ヲ出シ、お梅之叓ヲ申遣す、

○5月27日、陰、月、五月四日、

一、神拝畢、

一、今〔マヽ〕早第一軍着神、

野津大將參社、又閑院宮〔載仁親王〕被爲成、於社前將校一同寫影有之、又野津より軍歌ヲ神前ニ奉セラレ、而シテ一同江配賦相成リタリ、

一、八尾板正之弟矢尾板善次郎、臺灣行ノ由ニて參る、右宮御參拝中故、面會セサルハ、遺憾至極なり、

一、後六時卅分より商法會議所ニて、歡迎會發起人集會へ出頭、卅圓寄贈ヲ約す、十時ニ解散す、

○5月28日、晴、火、五月五日、

一、神拝畢、

一、午七時諏方〔マヽ〕山中常盤江到リ、野津ニ面會シ、四時四十分馬車ニ相乗り、神戸停車場江到リ、閑院宮江も拝謁ス、昨日夏十二〔橙脱カ〕ツヽ宮幷ニ野津大將江贈リシニ、宮よりも御直キニ御禮之御言葉ヲ賜リタリ、當日ハ山路〔澤〕〔靜吾〕中將も上京ニて、八時十分御發車被遊タリ、

一、土方宮内大臣より戰鬪畫贊投與セラレタリ、

一、當日ハ早朝より征討軍歸朝ニて、十日間大輸送之筈なり、

○5月29日、晴、水、五月六日、

一、神拝畢、

一、今明舊知叓〔島津忠義〕公御着神之筈ニ、水上備附之小蒸滊拝借之件ヲ、秋山〔恕卿〕書記官ニ懇願シ、又周布知叓ヲ訪ヒ、猶川添〔爲一〕江通知して歸ル、

○5月30日、晴、木、五月七日、

一、神拝畢、

一、早朝周布知叓訪ヒ、御社頭修繕催息〔促〕之件ヲ依賴シ、是より書記官〔秋山恕卿〕同馬車ニて停車場ニ到ル、八時十七分ノ滊車ニて上京す、

一、球陽〔丸脱〕着船ノ由ニて、芋焼酎幷ニ鰹塩辛壹壺、添〔染カ〕より着す、

一、今夕ハ川添爲一ノ次男初參宮ニ付、祝宴ノ筈、家内

一同參る、予ハ扣ヘタリ、

○5月31日、晴、金、五月八日、

一、神拜畢、

一、舊知叓公佃島御着之電報達セシ報知、薩〔摩脱〕屋より報知有之、

一、球陽丸出帆之由ニ付、奈良原〔繁〕沖縄知叓江泡盛四・五徳利贈リ方ノ無心狀ヲ出タシ、又染へも球陽丸より之品〻到着之禮狀幷ニ母上之御命日ヲ、父上ト同廿五日ニ取定メ、次郎幷ニかよモ同日ノ叓ニ申遣す、

〔六月〕

○6月1日、晴、土、五月九日、

一、神拜畢、

*舊知事公御旅館へ伺候す

一、舊知叓〔島津忠義〕公御着船ニ付、早朝五時半より海岸へ出張ス、九時ニ御着着〔マヽ〕船、知叓公ハ常盤花壇江、忠濟〔島津〕公ハ海岸薩摩屋江御一泊なり、又知叓公ハ自有之馬車ニ御召シ、御跡乘リ致シタリ、

金貳千疋島津公より下賜さる

一、金貳千疋御挨拶トシテ、島津公〔忠義〕より下賜、御使ヲ以て拜領す、

○6月2日、晴、日、五月十日、

一、神拜畢、

一、早朝舊知叓公御旅館江伺〔候〕公、七時三十五分御出發、神戸停車場ヨリ御乘車、玉里公〔島津忠濟〕御同車なり、

一、玉里公より金五百疋下賜リタリ、是レハ山本庄吉之倅持參なり、

一、但馬安積九龍ヨリ鮎ヲ贈リ呉レタリ、

一、高陸〔階〕幸造講究所會議ヨリ歸縣す、同人江依賴ノ熊毛筆持參セリ、

○6月3日、陰、月、五月十一日、

一、神拜畢、

一、高木壽穎江小楷二十枝、寫奏二十枝ヲ注文スル爲、金壹圓貳戔〔錢〕ヲ爲換劵郵送す、

○6月4日、雨、火、五月十二日、

一、昇殿畢、

一、出廳、秋山書記官ニ面接、小蒸瀛拜借ノ一禮ヲ演へ退廳、

一、昨三日ヨリ九日迠大輪送相初ル、

一、西田茂八郎より金貳圓、講究分所へ寄贈トシテ送致ス、

一、午後二時、陸軍歩兵少佐殿井隆興社頭通過ニ付、右奉

迎之爲、知叓之家(マヽ)初婦人連十七人文庫へ休息セラル、

○6月5日、晴、水、五月十三日、

一、昇殿畢、

一、當日モ將校數名休憩なり、仍而酒肴ヲ饗す、

○6月6日、晴、木、五月十四日、

一、昇殿畢、

一、午後九時、木村中佐外將校以下百五十餘名休憩アリ、門迠出迎ヒタリ、

一、縣屬增野より知事(周布公平)江願置タリ拜殿營繕一件、坂上より何トカ可致との音信有之、

一、午後一時十分、陸軍歩兵小(少)佐佐土原祐吉休憩ニ付、洋食ヲ六人ニ饗す、

○6月7日、晴、金、五月十五日、

一、昇殿畢、

一、秋山氏より書面、和泉艦入港水兵參拜之通知なり、然るニ艦長島崎好忠初メ、將校參拜畢、

林清國公使榊原警部長を訪ふ

一、清國公使林(董)氏ヲ常盤花壇ニ訪ヒ、是レヨリ榊原(以德)警部長ヲ訪、又大河平武二ヲ訪ヒ、過日贈品之禮ヲ演して歸る、

一、午後一時十分歸隊之中ニ、高島之養子モ見得タリ、

依テ水新ノ二陛(階)座ニテ、洋食ヲ饗す、

一、有川(矢九郎)より大枇杷種ゝ到來す、

○6月8日、雨、土、五月十六日、

一、神拜畢、

一、有川江枇杷ノ禮狀ヲ出タス、

一、川上親郷江書面ノ禮狀ヲ出タス、

一、崎元幸江、金圓拜領ノ悅狀ヲ出タス、

一、陸軍工兵中佐田村義一、仝少佐田井久敬參拜、久敬ナルハ御守禮ヲ無叓ニ歸朝シタルニ付、返納ストノ事、仍而記念ノ爲ニ奉納致候叓、

○6月9日、晴、日、五月十七日、

一、昇殿畢、

一、軍人貳名、早朝五時十分ノ滊車ニて來着、休憩所未タ開ケス、仍而文庫ニて休憩セシメタリ、

一、近藤活版所より史藉(籍)集(覽脱)第十一集價金督促端書到着、仍而未着之返書ヲ出タス、

○6月0(10)日、晴、月、五月十八日、

一、昇殿畢、

一、今朝五時十分より將校休憩す、

一、九時十分ニ陸軍砲兵大尉戸張胤邦并ニ仝一等軍醫大

槻靖休憩ス、
一、高木壽穎ヨリ注文之筆四十枝到着、
一、爲換金六拾八錢、更科通信第八編前後二冊料トシテ郵送す、

○6月11日、陰、火、五月十九日、
一、神拜、昇殿、
一、近藤活版所江史料通信第九編前壹册配達ヲ報す、
一、今朝大藪文雄親、去九日病死之報知書達す、依而弔ノ爲社務所員ヲ差立候事、浦井利政ナリ、

○6月12日、陰、雨、水、五月廿日、
一、昇殿畢、
一、社寺局より一社建物修繕ノ見込ケ所可届出達シ有之、
一、東門脇鹿蹈清潔法ヲ命令、
一、寶物陳烈〔列〕所地所樹木ヲ伐採セシム、

○6月13日、晴、木、五月廿一日、
一、昇殿畢、
一、高陛〔階〕幸造より明十四日試驗立會之通有之、
一、午後七時ヨリ商法會議所へ集會席江出頭、
一、本夕市長鳴瀧〔公恭〕より橘通リ屋敷地學校用借地之相談有之、

鳴瀧市長より屋敷地借用件に就き相談あり

*入梅に入る

○6月14日、雨、金、五月廿二日、
一、昇殿畢、
一、昨日より入梅ニ入ル、
一、午前十時分所江出頭、神職五名試驗、四時ニ退所、
一、五月廿四日附ケニて染より書面幷ニ鯖ノ干物幷ニ麥參着す、
一、兵庫大刀川又八郎來、船名ヲシキ島丸ト名附ケタキニ付、シキノ字ヲ如何ニ書キ可然乎ノ尋問ナリ、仍而雅言集覽ヲ調、敷島ノ字ヲ示シタリ、
一、周布知亥〔公平〕ノ姉氏死亡之由ヲ聞キ、電信ニテ弔詞ヲ送ル、

○6月15日、雨、土、五月廿三日、
一、昇殿畢、

○6月16日、晴、日、五月廿四日、
一、神拜、昇殿、
一、九時十分、兵隊通過出迎ヒ洋食ヲ饗す、
一、午後一時十分、同斷、

○6月17日、晴、月、五月廿五日、
一、昇殿畢、
一、昨日廣巖寺ニ於施餓飢〔鬼〕有リ、兵隊通過ヲ以、參拜ヲ

止メタリ、
一、周布知事ノ宅悔ミニ行、歸途、日外藏ヲ訪ヒ歸家す、

○6月18日、陰、火、五月廿六日、

一、昇殿畢、
一、鹿兒島染より鯖・飛魚ノ干物幷ニミの原大根漬澤山ニ到來す、
一、大阪球陽丸取扱所長堀玉造橋滯在松下祐助へ書面ヲ以、砂糖買入方幷ニ泡盛買入依頼書ヲ出タス、
一、高陞〔階〕（幸造）より明十九日試驗立會ノ通知書來ル、

○6月19日、雨、水、五月廿七日、

一、神拜畢、
一、海岸薩摩屋より玉黑〔里〕御着ニ付、屛風幷ニ掛物・花瓶借用申來ル、
一、正午より分所江試驗立會ノ爲ニ出張す、

○6月20日、晴、木、五月廿八日、

一、昇殿畢、

松方正義へ書面を認め辭職を勸む

一、松方（正義）伯行之書面ヲ認メ、辭職ヲ進〔勸〕ム、又一詩ヲ寄、
黨言紛亂忤良猷、神聖議場如冦讐、否決未乾三寸舌、卽今倦問尙長不、

○6月21日、陰、金、五月廿九日、

一、昇殿畢、
一、佐野（譽）院長より來廿三日開院式執行ニ付、招待狀有之候得共、又々皮膚病再患ニ付、缺席之云々を浦井（利政）ヲ以斷リ申遣す、
一、今日菊苗ヲ配植セシム、

○6月22日、晴、土、壬五月晦日、

一、昇殿畢、

*森岡昌純來訪

一、森岡昌純氏訪ヒ來レリ、

*大山大將を訪問

一、今朝大山大將（巖）ヲ常盤花壇ニ訪問す、今日より舞子ニ赴キタリ、
一、染へ先日之書面返書ヲ出タス、

○6月23日、晴、日、壬五月朔日、

一、昇殿畢、
一、佐野病院開院式ニ付、大鯛貳尾幷ニ松之盆栽壹個、玉蓮二花ヲ送ル、

○6月24日、陰、雨、月、壬五月二日、

一、神拜畢、

*玉里公御著神

一、今日磯玉里（島津忠濟）御殿樣、東京より御着神ニ付、御召馬車二臺ヲ用意シテ、三ノ宮停車場へ出頭、十時廿分ニ御安着、共ニ海岸薩摩屋へ御休憩、御晝後一時ニ求〔球〕

摩川丸ニ御乘船ナリ、

祕藏の曾我蕭白屛風磯公の所望により獻上す

一、兼而祕藏セシ蘇我小白（曾我蕭白）ノ屛風一雙ヲ薩摩屋御座ノ間ニ飾リ付有之處、磯公（島津忠濟）之御目ニ留リ、是非トノ御所望ニヨリ、不得已獻上御受ケ申上ケタリ、早速御持歸リ被遊タリ、

○6月25日、雨、火、壬五月三日、

一、神拜畢、

一、今朝一時ニ植中中將・大迫（尚敏）少將通過、神戸停車場江休憩ナリ、仍而洋料理ヲ贈リ、歡迎之實ヲ盡セリ、

一、大山大將行之銘酒壹樽ヲ常盤舍江出タス、

一、父上・母上之月次祭ヲ執行、

一、染へ書面ヲ出タシ、球摩川丸より荷物仕送リ之叓ヲ報す、

二十三珊砲彈獻備さる

一、山城丸乘組員より二十三棚（珊）砲彈二個獻備相成ル、右者、淸國威海衞劉公嶋之砲彈ナリ、又砲床一個モ副ヒタリ、

○6月26日、雨、水、壬五月四日、

一、神拜畢、

一、廿三棚（珊）砲彈獻備人江、神酒三打下賜ノ命ヲ社務所へ達す、

○6月27日、雨、木、壬五月五日、

一、神拜畢、

一、堂野爲藏奉納ノ彈臺ノ圖ヲ大森喜代三より出タス、

一、公債利子受取方ヲ浦井（利政）へ委任ス、

○6月28日、晴、金、壬五月六日、

一、昇殿畢、

一、高陛（階）幸造來、分所建築地所石垣崩壊之由ヲ聞ク、

一、東京芳野久弓廿五日出之書面達す、右ハ京橋區和泉町宿留篠原藤次郎方へ音信可致候叓、

一、奥より鯉子澤山ニ持參致ス、

一、大阪道修町綿谷增吉方へ、制酸藥品注文書ヲ出タス、

○6月29日、晴、土、壬五月七日、

一、昇殿畢、

*大山巖へ書面出す

一、大山巖江酒仕送リ之書面ヲ出タス、

一、大井田（留三郎）當日より出勤ス、

○6月30日、日、日、壬五月八日、

一、昇殿畢、

一、高雄艦長より大砲彈獻備ノ照會達すス（ママ）、仍テ返書ヲ出タス、

一、午前九時相原聯隊長通過有之、

〔七　月〕

○7月1日、月、壬五月九日、

一、神拜畢、

一、午前八時十分ノ滊車ニ搭シ、神崎驛より下車、此より池田ニ向ツテ發シ、松葉ト云ヱルニテ晝飯ヲ、此レヨリ挽車ヲ雇テ北行、細川村ニ至リ、小名來之福井万右衞門ヲ訪ヒ、菖莆〔蒲〕十三種・百合種ヲ買、百合ハ已ニ遲キモアリ、又早キモ有之、菖莆〔蒲〕ハ全ク花ナシ、

池田より山本村に至り花樹を購ふ

一、福井ヨリ一旦池田へ歸リ、更ニ山本村之新九郎江行キ、松壹鉢・椿・菊・石菖〔蒲脱〕ヲ、又松樹十五本根廻シノ叓ヲ托シ、池田ニ引返し、滊車ニ搭シ、五時五分之滊車ニテ歸家す、當日ハ芳壹人ヲ召具シタリ、

○7月2日、雨、火、壬五月十日、

一、神拜畢、

○7月3日、晴、水、壬五月十一日、

一、昇殿畢、

一、周布〔公平〕知叓歸縣ニ付訪問す、歸途日外〔藏〕ニ行、室構造ノ作ヲ談す、

奈良原沖縄縣知事より書面達す

一、東京滯〔繁〕在奈良原より書面ニテ、過日依賴之泡盛近ゝ仕送ルトノ書面達す、

一、細川村福井万右衞門より端書之禮狀到達ニ付、返書ヲ出タス、

一、川添爲一臺灣行之談有之、仍而自己ノ異見ヲ演、反對す、

○7月4日、晴、木、壬五月十二日、

一、昇殿畢、

*松樹を御廟所へ植附く

一、池田ヨリ松樹二十一本到着す、御廟所江植附ケタリ、

一、眞竹五株ヲ平野村ゝ田氏より貰、御山中ニ植附ケタリ、

○7月5日、晴、金、壬五月十三日、

一、昇殿畢、

一、鹿兒島私立教育會江西藩野史貳部豫約出版ノ廣告ニ加盟書ヲ送リ、右二部、半額七十錢ヲ爲換劵ヲ以郵送す、

一、山本村新九郎より買入置キタル盆栽、松井ニ石菖〔蒲脱〕等送致す、仍而運賃六十錢拂渡す、

○7月6日、晴、土、壬五月十四日、

一、昇殿畢、

一、今朝午前一時十分、聯隊長通行ニ付、出迎ヱタリ、
一、九時十分、砲兵柴原大佐通過ニ付出迎ヱタリ、
○7月7日、日、壬五月十五日、
一、昇殿畢、
一、當日ハ祖父公御命日、又宮子姫之正〔祥〕月ニ付祀典執行、
一、高津〔安正〕家々扶より御禮狀到達す、
一、福島大佐臺灣より歸途立寄ル、暫時面話す、曾テ蓋
城ノ闘ニ負傷シ、其後杖ニスカリ、猶戰闘ヲ缺カス、
携ヘタルステツキヲ乞執、記念ニ請求代リニ、高千
穗ニて採リ得タル黑鐵桂ノステツキヲ贈ル、
一、大阪第五銀行野元駿〔驍〕江金屏風問合之返書ヲ出タス、
一、高陛〔階〕幸造より曾我蕭白之畫六枚ヲ讓受ケタリ、

*曾我蕭白の畫六枚を讓り受く

○7月8日、月、雨、壬五月十六日、
一、昇殿畢、

*例祭執行す

一、岡部基知〔智〕樹木伐採ニ付、專斷不都合、
社則ニ悖ルニ付、懲罰ノ達シ書ヲ出タス、
一、東京々橋區南鍋町理化試驗所江人造麝香蟊〔マヽ〕取ノ粉製
法教授方、依賴書ニ郵便切手三十枚封入シテ出タス、
○7月9日、晴、火、壬五月十七日、
一、昇殿畢、

*詩集題字伊藤博文に乞ふも遲々に就き西園寺侯爵へ依賴す

一、西園寺〔公望〕侯爵江詩集〔氷魂鐵骨集〕之題字ヲ乞、書面ヲ出タス、卽チ
伊東〔藤〕博文江乞シモ遲々ニ付、不得已及之、
一、和歌山縣有田郡廣村仲町戸田太郎左衞門江「インセ
クトボーター菊之種子弁ニ苗所望書面ナリ、仍テ金
五十錢爲換證券ニて、送附右者蟊〔マヽ〕取リ粉ノ原料ナリ、
○7月0〔10〕日、雨、水、壬五月十八日、
一、昇殿畢、
○7月11日、晴、木、壬五月十九日、
一、昇殿畢、
一、伊勢神園會廣告ヲ、三宮神戸驛停車場江張出シノ件
ヲ、鐵道局へ願面ヲ添ヱテ願出タリ、
○7月12日、晴、金、壬五月廿日、
一、昇殿、大祭畢奉幣使ハ櫻井〔高尙〕典獄、屬石井ナリ、
一、球陽丸ヨリ荷物屆ク、松下より之書面、砂糖壹挺四
圓六十九錢也、外ニ八錢、〆四圓七十七錢也、預ケ
金四圓五十錢ナレハ、不足二十七錢也、
一、染より鯖并ニ垂口ノ干物・形菓子到來、
一、六之助より田村利親面會ヲ求ムルノ書面有之、
一、染へ書面ヲ出タシ荷物到着ヲ報す、
○7月13日、土、壬五月廿一日、

上阪し諸品を購ふ

一、神拜畢、

一、前九時之瀛車ニ搭シ上阪、長堀玉造橋球陽丸事務所ニ達シ、松下ニ面會シ、砂糖代殘分ヲ拂、又泡盛酒五升位ヲ注文シ、猶今後送荷物ハ、惣別送望社江着荷可致旨ヲ依頼シ、泡盛代ハ金貳圓渡シ置ク、

一、道修町綿谷(増吉)粉末藥店ニ立寄、寶丹料等ヲ買入レ、三時二十分之瀛車ニ搭シテ歸家、

○7月14日、晴、日、壬五月廿二日、

一、昇殿畢、

*秋山書記官を須磨保養院に見舞ふ

一、午後七時三十二分、野澤(津)(道貫)大將着之爲ニ停車場ニ出迎、西村江休憩ノ上、九時四十五分之瀛車ニて東行ス、

○7月15日、晴、月、壬五月廿三日、

一、昇殿畢、

*社内にて賭博者ありて捕獲せらる

一、球陽丸出帆ニ付、有川矢九郎へ久ゝニて自筆ノ書面ヲ送る、

一、大河平武二訪來ル、是レハ高嶋ノ養子歸朝之日、待過ノ謝禮ノ爲なり、

○7月16日、雨、火、壬五月廿四日、

*西園寺侯爵より詩集題字書面送附あり

一、神拜畢、

一、鹿兒島造士館生徒、卒業ノ生徒名簿ヲ六之助へ送る、是レハ奬勵之爲ナリ、惣別廿六年・五年、長年ニテ十六名、惣別廿三年ニ平均セリ、

○7月17日、雨、水、土用ニ入、壬五月廿五日、

一、神拜畢、

一、神馬之所(處)分ヲ大井田(留三郎)江達す、

一、染へ書面ヲ出タシ、橘氷金壹圓程ヲ注文す、又山城丸より獻備ノ礮彈二個ノ繪圖ヲ送ル、

○7月18日、雨、木、壬五月廿六日、

一、神拜畢、

一、午前九時ノ山陽瀛車ニ搭シテ、須磨驛ニテ下リ、秋(恕郷)山書記官ヲ保養院ニ見舞ヒタリ、病症餘リ快カラス、當日ハ分所之見舞モ兼帶セリ、保命酒ヲ持參す、

○7月19日、晴、金、壬五月廿七日、

一、昇殿畢、

一、一昨夕社内ニて賭博者アリ、五人ヲ捕獲セラルヽ、即日立退キヲ命ス、

一、大阪ノ野元驍訪來ル、用向無之、

一、川上修二渡臺ニ付、家内歸郷ノ叓ニ付、爲相談來ル、仍而球陽丸より歸郷之叓ニ決セシム、

一、西園寺侯爵(公望)江氷心銕骨ノ題字ヲ乞ヒシ處、本日送致

セラレタリ、又久〻振リニ書面モ附セラレタリ、

○7月20日、晴、土、壬五月廿八日、

一、昇殿畢、

一、社内幷ニ社務所員ヲ呼立、文庫ニ於一社取締之一件ヲ合議セシム、

○7月21日、晴、日、壬五月廿九日、

一、神拝畢、

土方宮内大臣へ寶物陳列所額面を依頼す

一、寶物陳列所額面精忠遺音ノ四字ヲ、土方(久元)宮内大臣へ依頼ヲ認ム、

一、駒ケ林ノ角野、大鯛ヲ携ヱ來リ面謁ヲ乞、麥酒二瓶ヲ返禮す、

一、大阪北濱四町目吉井茂右衞門江、妻(マヽ)金檀紙面扇子五十本注文す、

一、川添(爲一)訪來ルモ面會セス、斷ル、

○7月22日、晴、月、六月朔日、

一、昇殿畢、

一、土方行之絖地ヲ出タス、

一、西藩野史爲換證書改メヲ郵送す、

○7月23日、晴、火、六月二日、

一、昇殿畢、

一、六之助より反布幷小仕金之禮狀達す、

○7月24日、陰、水、六月三日、

一、神拝畢、

一、山天滿宮境界之叓ニ付、社務員ノ不行屆ヲ詰責す、

*清國軍刀獻納あり

一、收容軍艦昨廿三日着港ニ付、鶏四羽ヲ艦長有馬新一江使ヲ以而贈ル、本人より清國軍刀壹個ヲ當社江獻納ス、仍而直チニ神前ニ奉る、

一、從前山ニ仕立テタル梨子、未タ不熟ヲ盗ミ取リタルニ付、當日惣而伐採セシム、即社務員不注意ニ付、職工輩自儘ニ盗ミタルニ因ル者(マヽ)ナリ、

一、多賀重用訪來リ、杉山利助ノ依賴ニて、第五師團軍曹長定森逞凱旋ノ詩ヲ乞ハントテ、絖地ヲ持參す、

○7月25日、晴、木、六月四日、

一、神拝畢、

○7月26日、晴、金、六月五日、

一、昇殿畢、

*廣巖寺寶藏品盗難の報知あり

一、大森喜代三來り、廣巖寺寶藏品ヲ盗ミ取ラレシ叓ヲ報知す、仍而本住持鈴木子順ノ所行ナルヲ知ラシム、

○7月27日、土、六月六日、

一、神拝畢、

*周布公平より有栖川宮威仁親王を神苑會惣裁に仰せ奉りし通知あり

一、有川矢九郎吉野川丸より米桃ヲ贈リ呉レタリ、
一、染より廿二日出之書面達す、又六之助よりも同斷、
一、八丈島奥山六三郎より佐ゝ次郎居所尋問ノ端書達す、仍而死亡之形行ヲ報シ、猶八丈〔島脫〕松田敬一行ノ書面モ、奥〔山脫〕ニ向ケ出タス、
○7月28日、陰、日、六月七日、
一、神拜畢、
一、元町杉山利助訪來ル、是ハ第五師團軍曹長定森逞之依頼之爲ニ凱旋祝詩ヲ書シタルノ謝禮ナリ、詩ニ曰、
提劍從軍輝國威、凱歌高震地球歸、抱持忠勇無瑕玉、尙帶雄風舊戰衣、
祝定森軍曹長凱旋、乙未七月廿七日於嗚呼碑畔、
從六位折田年秀拜具
○7月29日、晴、月、六月八日、
一、神拜畢、
一、九時發之瀛車ニ搭シテ上阪、博物場ニ入リ、朝貌ヲ一覽、極上品、九四種アリ、各三寸內外ノ大輪ナリ、是レヨリ道修町上村ニて、檸檬油二弓（マヽ）、壹圓二十五戔〔錢〕、薄苛油壹弓（マヽ）ヲ買ヒ、又天滿之種子屋ニ立寄リ、大根蕪之種子ヲ買、三時二十五分ノ瀛車ニて歸ル、
一、神苑會委員長周布公平より有栖川威仁親王ヲ惣裁ニ奉仰リシ旨ヲ通知有之、
一、都ノ城小林吉助より繭ヲ澤山ニ小包ニて送附シタリ、
○7月30日、晴、火、六月九日、
一、神拜畢、
一、岩元少佐臺灣より歸朝ニ付、停車場へ出迎ヒ、壜酒貳本ヲ送ル、
一、鹿兒島縣屬田村ヲ呼テ晝飯ヲ饗シ、又額面ノ依頼ニ付、絖地ニ書シテ與ヱタリ、
一、前野荒吉囑之半切ヲ書シテ與、
一、球陽丸入船ニて、松下へ囑之泡盛、外ニ染より橘氷・百合棘姜、又春子・嘉行江着物等贈リ來ル、
一、肥後孫九郎より泡盛壹升入壹個屆ク、是レハ奈良原〔繁〕氏江依頼ノ分ヲ送リタルナリ、
○7月31日、水、晴、六月十日、
一、昇殿畢、

（表紙）

日誌　從二十八年八月一日　至二十九年一月二十九日（三月一日）　四十（四十二）

〔明治二十八年八月〕

明治廿八年八月一日、木、六月十一日、

一、神拜畢、

一、沖繩肥後孫九郎へ泡盛到着之禮狀ヲ出タス、

楠寺住持死去

一、昨日ハ楠寺（廣嚴寺）住持（大峰自徹）不快ニ付、佐野譽ヲ請テ診察スルニ、中風トノ事ナリ、當日見舞ノ爲菓子ヲ贈ル、然ルニ、日暮ニ及、死亡ノ通知アリ、依而早速芳ヲ悔ミニ遣す、

一、荷物到着之端書ヲ嘉行ニ爲認、鹿兒島へ出タス、

○8月2日、雨、金、六月十二日、

一、神拜畢、

一、昨夕ヨリ不快ニ付打臥シ、田村（喜進）ヲ呼て診察ヲ乞、

＊征清の詩藤澤南岳へ送る

一、藤澤南岳より拙作二・三首可送越書面ニ付、橋本海關へ撰ハセテ郵送す、但、征清之詩ナリ、

一、廣巖寺住持大峰自徹沒ス、四十三歳ナリ、コロタヱ（麻痺鎮痛藥）ンヲ呑ミシト云、

○8月3日、雨、土、六月十三日、

一、神拜畢、

一、球陽丸出帆ニ付、染江書面幷ニ橘氷代壹圓ヲ封入す、又六之助江巡査云々之書面ヲ返却シ筆記ヲ送ル、

一、有川矢九郎へ見舞旁之書面ヲ送ル、

一、廣巖寺大峰（自徹）葬式ニ臨場ス、

○8月4日、晴、日、六月十四日、

一、昇殿畢、

一、六之助（有川）より鹿兒島新聞到來す、何ノ故タルヲ知ラス、依テ返却ス、實ニ困ツタ人間ナリ、憶ニ、鹿兒島縣下暴風災害ニ就キ、新聞社より罹災者救助金募集之件ヲ記載シアルニ依リ、爲之ナランカ、併ニ今般ノ天災タル本縣ノミニ限ラス、兵庫縣ヲ初メ、全國一般ノ天災ナリ、仍而ハ其土地ニ在ル有志者ハ、義金（捐脫）ヲ投スルハ無論ナリ、他方災害ノ地ニ居スルモノ之

レヲ顧ミル時ハ、彼我ニ偏頗スルヲ得ス、一般ニ施サヽルヲ得サルニ至リハ、到底及フ可サルナリ、此等ノ思慮も分別モ無ク、井中ノ蛙見ヲ以而送シト見得タリ、

○8月5日、晴、月、六月十五日、

一、昇殿畢、

一、深澤轉へ願意、依賴ノ返書ヲ投ス、

一、此内より社務員不始末ニ付、謝罪ノ件ヲ聞届ク、

廣巖寺大峰和尚服毒の新聞記事

一、大峰(自徹)和(尚脫)毒藥ヲ服シテ、死亡之新聞有之ニ付、然ラサルノ旨ヲ、又新社矢田碩幷ニ岩崎江投書す、

○8月6日、陰、火、六月十六日、

一、昇殿畢、

一、暴風水害ノ新聞ヲ六之助ニ送リ、輕卒之所行ヲ戒シム、

一、西田茂八郎へ、分所寄附金ノ請取證ヲ封入スルノ書面ヲ出タス、

日清戰爭論功行賞祝儀の電信幷に祝詞を送る

一、伊藤(博文)侯爵幷ニ野津(道貫)伯・伊東(巳代治)ノ三氏江祝儀ノ電信ヲ通ス、又ハ大山(巖)・西郷(從道)二氏江ハ折掛ケニて祝詞ヲ送ル、西郷へハ折掛ノ裏ニ曰ク、爾後今一虎口東洋ノ節分豆マキヲ御執行、日夜奉禱云ヲ記ス、

○8月7日、晴、水、六月十七日、

一、昇殿畢、

○8月8日、晴、木、六月十八日、

一、神拜畢、昨7日川上修二江餞別ノ爲晝飯ヲ饗ス、夫婦共ニ來ル、

一、分所引出シ金證ニ捺印ス、

○8月9日、晴、金、六月十九日、

一、昇殿畢、

*氷心鋟骨集出來す

一、氷心鋟骨集出來す、仍而蒲地(啓助)・山下・櫻井(能監)等之諸家江送ル、

○8月0(10)日、晴、土、六月廿日、

一、昇殿畢、

一、川上修二明後日出發ニ付、梅吏明日出帆ノ球磨川丸より歸縣之吏ニ取極候間、形行ヲ有川(矢九郎)方へ通知す、

一、臺灣行之神酒壹樽幷ニ御守札壹千體ノ手當ヲナス、

一、庤狩ノ文章ヲ卷物ニ仕立方ヲ、神田江申附タリ、

○8月11日、晴、日、六月廿一日、

一、昇殿畢、

一、川上(修二)之梅吏球磨川丸より歸縣、又川上ハ明日發途ニ付、當日之晝飯等、惣而仕出シテ贈リ、又馬車ニて

*周布知事より洋鷄二羽惠投さる

芳ヲ添ヘ、船迠送ラセタリ、
一、廣島宇品兵站部江宛テ酒壹樽、河村少將（川村景明）ヘ輸送方ヲ願ノ書面幷ニ台灣兵站部江も、同斷之書面ヲ出ス爲ニ、川上江托シタリ、
一、河〔川〕村少將ヘ書面、清酒壹樽、神護札壹千體ヲ贈ルノ書面ヲ川上江托ス、

○8月12日、晴、月、六月廿二日、
一、神拜畢、
一、六之助江、返書ニ意見書ヲ添ヱテ返却す、

周布知事來訪閑話す

一、晩ニ周布（公平）知事訪來、暫時閑話す、

○2〔8〕月13日、晴、火、六月廿三日、
一、昇殿畢、
一、川上修二、午前九時山陽列車ニ搭シ、廣島江發スルカ故ニ、芳其外停車場迠見送リ之爲ニ行、
一、川上出發之報知ヲ、有川・梅兩人名前ニて差出ス、

○8月14日、晴、水、六月廿四日、
一、神拜畢、
一、有川より梅着鹿之電報達す、

○8月15日、晴、木、六月廿五日、
一、神拜畢、
一、周布知事より洋鷄雌雄二羽ヲ惠投ナリ、

○8月16日、晴、金、九十二度、六月廿六日、
一、神拜畢、
一、近來社務員之所行不都合ニ付一同呼立、物之輕重ト、順逆ト、公私德義ノ分ヲ説諭シタリ、

○8月17日、晴、九十二度、土、六月廿七日、
一、神拜畢、
一、球磨川〔丸脱〕船長飯手禮庄太郎便より有川之書面幷ニ鰹節贈リ來、梅之禮なり、又ことへも金員五十錢來ル、

○8月18日、晴、正午九十度、日、六月廿八日、
一、神拜畢、
一、有川矢九郎へ鰹節惠贈之禮狀ヲ出ス、
一、山城艦乘組員より獻納、砲彈臺石ノ凱旋紀念ノ題字ヲ書、

○8月19日、晴、月、正午九十度強、六月廿九日、
一、神拜畢、
一、川上・梅より禮狀達す、
一、球陽〔丸脱〕松下より端書ニて、鹿兒島より風呂敷預リ來ルノ書面なり、此中ニハ、染より高須薯ヲ贈リタリ、

○8月20日、晴、火、七月一日、

一、神拜畢、

一、稅關屬堀百千江水心(鋏)玉骨集壹册ヲ贈ル、

○8月21日、晴、東風强、水、九十度、七月二日、

市のコレラ對策不充分に就き投書す

一、神拜畢、過日來剌病(虎列剌)猖獗、已ニ日〻四十名以上ニ達す、然ルニ、本市病者取扱不充分ニ付、諸新聞市會之冷淡ナルヲ攻擊ス、仍而投書ス、

清國ノ客戰ニ運捷シ、我カ主戰ニ敗衄スル當局者、作戰之計畫妙ナラサルニ依ル、目下虎軍之神戶地方ニ猖獗日〻甚ク、不日數千ノ生靈、同胞ヲ見殺スルノ兆候アルハ、疑ヘキニ非ラス、誠ニ悲慘ニ不堪處ナリ、當局者孜〻防禦ノ妙算無カルヘカラス、顧念スルニ、其策堆二案アリ、自家隔室治療ヲ許シテ、陰蔽ヲ除クト、或ハ避病院ノ改良運搬、夫丁ノ整理ナリ、抑運搬夫丁ハ大卒不具ノ乞食ヲ徵集ス、爲ニ途中病者ヲ苦マシメ、或施與ヲ乞ニ至ルト云、夫レ乞食ハ、平常各自ノ門戶ニ立ツモ、人大ニ厭惡スル汚穢ノ輩之レヲシテ、親愛ナル病者ヲ護送セシムル病者ハ、素より父子・兄弟見聞情ノ忍ヒサル處ニ非ラスヤ、聞ク、神戶市會ハ避病改良ニ冷淡ナリト、之レニ冷淡ナルハ、我カ同胞ニ冷淡ナル所以ナリ、所謂、客戰ニ勇ニシテ、主戰ニ拙ク慨嘆ニ不堪、此不倒翁ハ那瀑子ノ言說ニ大贊ナリ、苟モ慈善有志者避病院改良ノ美擧アラハ、翁ハ義捐金二十圓ヲ寄贈セント欲ス、

八月廿一日、嗚呼廟下、不倒翁、

○8月22日、雨、木、八十二度、七月三日、

一、神拜畢、

*又新日報澁澤榮一の記事

一、球陽丸出帆ニ付、染ヘ書面ヲ出シ金參圓、外ニ素麵等ヲ贈ル、又又新日報ヲ送ル、是レハ澁澤榮一ノ叓ニ付、吾人ノ叓ヲ記シタルカ故、六之助ヘ一讀サスルカ爲ナリ、

一、山梨縣日川村海東寺江金五十錢ヲ、勝沼郵便局ヘ宛テ送ル、素行(佐々木)初盆祭之爲ナリ、

○8月23日、晴、金、九十度强、七月四日、

一、神拜畢、

一、明廿四日より三日間、皇太子(嘉仁親王)殿下御不例御平癒祈願、臨時執行ヲ達す、

一、球陽丸本日出帆、仍而松下ヘ繩卷豚肉壹圓金かのヲ注文す、

一、昨日ヨリ第五師團渡臺兵大輸送アリ、

○8月24日、晴、土、八十九度、七月五日、

一、昇殿畢、

一、皇太子殿下御脳〔悩〕御平癒之祈願祭執行、當日ヨリ三日間、

皇太子殿下御悩御平癒祈願祭執行

一、有川矢九郎より禮狀達ス、又五郎ノ叓依賴アリ、

一、鹿兒島小牧德藏ヨリ樟脳來着す、拾斤ナリ、

○8月25日、晴、日、七月六日、

一、昇殿畢、

一、皇太子殿〔下脱〕祭神叓執行、

一、父母上幷ニ素行夫婦之月次祭執行、

○8月26日、晴、月、九十度、七月七日、

一、昇殿、御祈禱神叓畢、

○8月27日、火、七月八日、

一、昇殿、御祈禱神事、當日ニて畢、

一、六之助ヨリ書面返事なり、例之通リ之文句ヲ幷へ立、言譯ケニて一向誠實之書面ニ非ラス、眞ニ氣之毒ノ男なり、書面ノ中ニ落涙云〻ト云、文句三ツアリ、貳三枚ノ書面ヲ作ルニ、泣テ計リ居タルト見ヱ、人〻馬鹿ニスル利口物ノ僻〔クセ〕なり、

○8月28日、晴、水、七月九日、

一、神拜畢、

一、昨日之便船ニ托シ、母上樣御靈前ヘ燈爐ヲ差上ル、依而端書ヲ染へ送ル、

一、豐島郡細川村福井万右衞門江芍約〔藥〕廿七種ノ注文書ヲ送ル、

一、東京芝區三田育種場種子物商店へ、玉葱白・赤種子壹合ツヽ、又練馬大根種子ヲ注文す、爲換金八十錢ヲ送致ス、

○8月29日、晴、木、八十九度、七月十日、

一、大阪北濱四丁目吉井江扇子催促ノ端書ヲ出す、

一、神拜畢、

一、細川村福井より返詞、幷ニ花木表到來す、曰ク、蜀茶ニ百種アリト云〻、芍約〔藥〕ニモ同斷ナリ、

○8月30日、晴、金、九十度、七月十一日、

一、神拜畢、

一、大阪扇子店吉井より靑骨無之端書到來ニ付、煤竹又ハ白骨ニて不苦、返詞ヲ出タス、

一、駒ケ村角野より大鯛壹枚ヲ惠ミタリ、

○8月31日、晴、土、七月十二日、

一、神拜畢、

一、庭前ノ葡萄ヲ採リ、知叓(周布公平)等へ送る、

〔九　月〕

○9月1日、日、七月十三日、

一、神拝畢、

一、橋本依頼之書揮、襖用なり、

○9月2日、月、晴、九十度、七月十四日、

一、神拝畢、

一、午前五時半、三ノ宮停車場ニ高嶋中將(鞆之助)ヲ迎ヱ、別荘迠送リタリ、

*高嶋中將征途に上るに就き桟橋まで見送る

一、大阪河野徹志之妻より見舞之書面達す、

一、鹿児島五代徳夫江、詩集一件ノ書面ヲ出タス、

○9月3日、晴、火、八十九度、七月十五日、

一、神拝畢、

一、金五拾錢、東京三田育種場江種子物代價不足トシテ、爲替券ヲ郵送す、

一、名古屋若林高久より山東菜種子送附有之、

○9月4日、晴、水、七月十六日、

一、神拝畢、

一、當日ハ舊盆ノ施餓鬼ニ付、皆家内中參寺ス、

一、川上修吉(二)より臺灣基陸(隆)江安着之書面達す、川村(景明)行ノ酒樽等モ臺地ニ兵站部より直チニ仕送リシトノ報有之、

一、函館崎元より塩數之子并ニシサ海苔仕送リ呉レタリ、

一、神拝畢、

○9月5日、晴、木、七月十七日、

一、染ヘ盆祭之禮狀ヲ出タス、

一、午後より高嶋中將ヲ訪ヒ、閑談シテ歸ル、明日ノ征途ニ上ルハ午前九時ナリ、

○9月6日、晴、金、七月十八日、

一、神拝畢、

一、午前七時半、馬車ニて高嶋中將ヲ訪ヒ、八時四十分發途、川崎淺橋(棧)横濱丸ニ送る、見送り人員山之如シ、

一、船中ニてシヤンハンヲ一酌シテ、万歳ヲ大呼シ、畢ニ中將ノ前ニ進行シテ送詩ヲ讀ム、

　臺灣之匪徒、不順 我 皇化、煽動土蠻而抵抗王師、人心悉怒、於此乎、

大元帥陛下敕、

子爵高嶋(鞆之助)將軍、航而使督征討之軍務、將軍夙上途過神戸南下、將軍勇武、善用兵、夫匪徒雖剛

強、焉得抗將軍乎、秋涼之日、一擊殪首魁滅之拭眼而可期也、今臨別恭賦七言八句、歌以奉送實此明治二十八年九月六日也、其詩曰、

聖敕如天國致祥、將軍韜畧壓南洋、風吹旌旆攘龍氣、山築波濤擊旭光、草賊自歸誠一字、市城先揭三章、壺觴簞食迎行處、應是流芳千載長、

折田年秀再拜

知事書記官に葡萄を贈る

一、秋山（恕卿）幷ニ周布（公平）氏等ニ葡萄ヲ贈ル、

○9月7日、晴、土、七月十九日、

一、神拜畢、

一、祖父公・宮子姫之月次祭濟、

一、金壹圓八十壹錢、東京飯田町近藤圭藏（造）へ續史藉（籍）集覽十一集幷ニ史料通信九遍之前後二回、十編前三回分トシテ送ル、

一、金十圓、鹿兒島縣暴風遭難者へ義捐金トシテ、兵庫縣屬小川幷ニ佐多兩人、領收證ヲ附シ、同縣內務部へ屆ケ書面ヲ出ス、

祥福寺住持より法名を附せらる

一、祥福寺住持ヨリ、墓石之法名ヲ附セラレタリ、空心院臨應勇退大居士トアリ、

○9月8日、陰雨、日、七月廿日、

一、神拜畢、

一、去月六日、大雨後降雨ヲ斷ツ〆三十日、昨夕午後九時ヨリ風雨終夜降、雨頗ル清涼ヲ覺エ正午七十一度なり、

一、大阪朝日新聞社員町田觀次訪來、高嶋將軍ヲ送リシ詩ヲ乞ヒタリ、仍而津田ヲ以テ下書ヲ與エタリ、

○9月9日、晴、月、七月二十一日、

一、神拜畢、

一、午前九時、祥福寺ニ登山す、過日法名ノ禮ヲ致ス、金千匹・葡萄ヲ持參す、

一、歸途、日外（藏）ヲ訪ヒ歸ル、

一、八丈（島脫）大賀鄉折田敬一より、九月四日出之書面ナリ、軍艦江乘組ハ折田福四郎ニて、乘附キノ艦名、更ニ不相分旨報知有之、

一、有川（矢九郎）・永田（猶八）・染へ、練馬大根幷ニ山東菜種ヲ種子物ニテ出す、是ハ卅目迠ハ貳錢印紙ニて達す、

一、墓面ノ文字ヲ書ク、

○9月0日（10）、晴、火、二百廿日、七月廿二日、

一、昇殿畢、

一、葡萄ヲ諸所へ配ル、

醉漢社殿板張りを破損す

一、壹人之醉漢、殿上ニ押昇リ、大砲彈ヲ突倒シ、板張ヲ破損ス、仍テ捕押ヱ、巡査江引渡シ直チニ告發ス、

一、橋本海關江托シタル詩集上梓、其外之事ニ付甚冷淡、已ニ四年ニ及モ成功無之ニ付、浦井(利政)・津田ノ兩名ヲ以、右書類引揭(揚)ケ方ヲ命す、

○9月11日、晴、水、七月廿三日、

一、昇殿畢、

一、六之助ヨリ、七日・八日共ニ風雨之報知有之、

○9月12日、晴、木、七月廿四日、

一、神拜畢、

一、鹿兒島屬田村利親より禮狀、九日附ニて達す、

一、高嶋中將へ禮狀ヲ出タス、

○9月13日、晴、金、七月廿五日、

一、神拜畢、

○9月14日、晴、土、七月廿六日、

一、神拜畢、

一、千葉縣香取郡小見川町石橋市太郎方より、佐々木駒緣付之問合有之ニ付、拙者幷ニ佐々木嘉行方へ關係無之返詞、猶又榮三郎送藉(籍)可然忠告書ヲ出タス、

橋本海關を解雇す

一、橋本海關事、五年前月給五圓ヲ與ヱ、午後三時間文庫ニ於テ取調物爲致置タルニ、成功不致、又文庫へも一切不參ニ付、過日來、浦井(利政)幷ニ津田ヲ以掛合、取調掛リ之詩稿引揭(揚)ケ、今日例月給與金廢止ノ書面ヲ送ル、本人叓、兼衣食住困却ニ付、百方手ヲ盡シタルモ、何分耳聵(ツンボウ)ニて、人品太險惡、彼是レト憐ミシ恩義モ一切辨セス、只文字有ルノミ、

○9月15日、陰、日、七月廿七日、

一、神拜畢、

一、有川矢九郎より書面、倅五郎歸縣ノ報知書なり、

○9月16日、晴、月、七月廿八日、

一、神拜畢、

一、五州社江端書ヲ以、新聞十四日不配達ノ事ヲ報ス、

○9月17日、晴、火、七月廿九日、

一、神拜畢、

*孤山沖海戰時の敵砲彈獻納あり

一、大河平武二來リ、舊吉野艦長海軍大佐河原要一ヨリ、孤山沖之海戰ニ、卽九月十七日敵砲彈、本艦ノ上甲板ヲ貫キ、下甲板士官室ニ於テ、破烈ノ彈片ヲ添ヱ、本社江獻シタリ、

○9月18日、晴、水、七月晦日、

一、昇殿畢、

一、野津〔道貫〕陸軍大將ヨリ其他獻備ヲ神前ニ奏、

*谷山地所の名義變更登記の手繼を依賴す

日清戰爭の戰利品

一、大砲彈三個、右軍艦より、

一、彈片河原要一より、

一、靑龍〔刀脫〕二本、小銃三挺、槍壹本、刀大小三號、喇叭壹個、旌壹流レナリ、

一、川添爲一本日發途之由なり、見送リハ廢シタリ、

西園寺侯爵へ書面を呈す

一、西園寺〔公望〕侯爵江書面ヲ逞〔呈〕ス、

○9月19日、陰、木、八月朔日、

一、神拜畢、

一、球陽丸入神、松下ヘ托シタル豚肉持參之端〔書脫〕達ス、荒田よりハ風呂敷壹個奉す、仍而荷物受取ノ返書ヲ染ヘ出す、

一、陸軍步兵大尉古賀太吉出征經過ニ付、暇乞ノ爲ニ來ル、

一、昇殿畢、

○9月20日、晴、金、八月二日、

一、本日老年植木屋ヲ解雇ス、

一、市役所ヘ奠都祭報告書ヲ出タス、

一、山本ノ新九郎ヘ召抱人夫ノ叓ヲ促息〔催促〕す、

○9月21日、晴、土、六十二度、八月三日、

一、昇殿畢、

一、球陽〔丸脫〕出帆ニ付、永田猶八江書面ヲ以、谷山抱地ヲ折田染抱主ニ取計、登記ノ手繼ヲ依賴シ、又六之助ヘも同斷之書面ヲ出タス、

一、人吉麝香藥品ノ內寒羔之叓ヲ、化學理學會社江往復端〔書脫〕ニて問合セタリ、

一、龍野町關口江廿三日鮎獵ニ參るニ付、船手配ヲ依賴ノ書面ヲ出タス、

○9月22日、晴、日、八月四日、

一、昇殿畢、

一、岩崎水哉來、詩稿ヲ托ス、

○9月23日、晴、月、八月五日、

一、神拜畢、

*龍野停車場にて周布知事に面接す

*鮎獵を觀て晝飯を吃す

一、午前八時四十分發シ、六〔マヽ〕時ノ山陽滊車ニ搭シテ龍野ニ向、

十一時半ニ達ス、停車場ニて周布〔公平〕知叓ニ面接ス、又關口氏より土屋ヲ停車場ニ迎〔マヽ〕セ、是より挽車ニて龍野町ニ達シ、社參畢リテ、獵船ニ乘シ獵ヲ觀ル、網ヲ投スル者四人、鮎ヲ獲ル無數、卽船中ニて料理ヲ命シテ晝飯ヲ吃ス、味甚美ナリ、畢テ四時高崎重次

郎ノ別荘ニ投ス、關口初皆訪ヒ來ル、

○9月14日(24)、雨、火、八月六日、

一、神拜畢、

一、午前龍野ヲ發九時ノ滊車ニ搭シテ、後一時半ニ歸家、

一、生鮎其外ヲ所々江配當ス、

一、有川矢九郎幷ニ六之助より崎元計助虎病(虎列剌)ニ死亡ノ報知有リ、直ニ矢九郎幷ニ崎元幸江悔ミノ電信ヲ通す、

○9月25日、雨、水、八月七日、

一、神拜畢、

一、父上・母上之月幷〔次〕祭執行、

一、東京理化試驗處より寒羔ハ廿松ノ誤植ノ回答有之、

一、細川村福井万右衞門より、百合十種送達す、

一、關口・高崎之兩人江禮狀ヲ出ス、

一、松下祐助へ球陽丸出帆ヲ問合セノ往復端書ヲ出ス、

○9月26日、晴、木、八月八日、

一、神拜畢、

一、細川村福井万右衞門江椿十種、芍約〔藥〕十種注文、金參圓前金ノ內トシテ郵送す、又百合根ノ保存方ヲ問越シタリ、

一、有川矢九郎へ崎元悔ミノ書面ヲ出タス、

一、松下祐助より球陽丸ハ、來月廿日前後ニ出帆之端書回答アリ、

一、矢尾板(正)江額面ハ拜殿ニ揭ケ方不相成旨ヲ回答す、

一、龍野關口(啓之丞)より伺書面達す、

○9月27日、陰、雨、金、八月九日、

一、神拜畢、

*櫻井能監へ書面を送る

一、櫻井能監氏江書面ヲ送ル、近來打絶テ無沙汰セシ故なり、

○9月28日、晴、土、八月十日、

一、昇殿畢、

一、細川村福井より郵送ノ金員受取證、幷ニ百合根園方法ヲ傳フ、曰ク、根球ヲ直チニ畠地ニ植ルモ宜シ、又盆栽ナレハ濕氣アル砂中ニ埋置、來年二月ニ矢張リ砂ニ植、油糠ヲ肥料トナスト云々、

○9月29日、晴、日、六十五度、八月十一日、

一、昇殿畢、

一、鹿兒島薩陽社より爲換證劵返付候、是レハ記名ノ位置不宜ル爲ナリ、

○9月30日、晴、月、八月十二日、

一、昇殿畢、

一、染より十六日附ケ之書面達す、

*駒ケ林にて漁獵網を挽く

一、關口啓之丞江高嶋重次郎依頼之額面幷ニ軸用之書ヲ小包ミニて仕出ス、仍而關口江書面、投ケ網新製又鮎之塩漬ヲ金貳圓計リヲ注文す、

一、鹿兒島薩陽社江郵便局證明書ヲ改書シテ郵送す、

一、本田定年訪來ル、藤澤南岳より教育博議ヲ奉納シタリ、

〔十　月〕

〇(10)月1日、雨、火、八月十三日、

一、神拜畢、

〇(10)月2日、晴、水、八月十四日、

*奈良原沖縄縣知事を訪ふ

一、神拜畢、

一、永山帋岳南禪寺より廣巖寺へ派出之由ニて訪來ル、

廣巖寺盜難品返却さる

一、廣巖寺寶物、過日盜難屆ケ之處、本日借用人返却セリ、

一、駒ケ林角野豐吉へ明三日漁獵ノ爲ニ參るへキ端書ヲ投す、

*松方伯を訪ひ談ず

一、芳ノ名前ニて、金貳圓鮎料トシテ、關口啓之丞江爲替劵ヲ出タス、

〇(10)月3日、晴、木、八月十五日、

一、神拜畢、

一、午前九時發車、家內一同駒ケ林江行、濱ニて網ヲ挽カシメタリ、仍而海幸ヲ料理シ、晝飯ヲ喰シ日暮ニ歸家す、

〇(10)月4日、晴、金、八月十六日、

一、神拜畢、

一、午前八時半、奈良原(繁)沖縄知事ヲ常盤舍ニ訪ヒ歸ル、

一、染より一日附ケ之書面達シ、谷山屋敷名前切替ノ件申來ル、

一、關口啓之丞より塩鮎送リ之一件申遣ス、惣入費壹圓七十錢トノ趣、殘額ハ投網製造費ニ見込ム云〻申來ル、

〇(10)月5日、晴、土、八月十七日、

一、神拜畢、

一、龍野高嶋重次郎より額面ノ禮狀來ル、

〇(10)月6日、晴、日、八月十八日、

一、神拜畢、

一、午前八時廿五分ノ瀛車ニ搭シ、住吉ニ達シ、是レヨリ椀(マヽ)車ニて御影ニ行、松方(正義)伯の別莊ヲ訪、談諸件ニ

*村野山人の母堂死去の報知あり

吉井侍從武官來訪

*自著詩集送付す

櫻井能監より書面達す

京都小楠公石碑建設に就き寄附金郵送す

*藤澤南岳へ書籍代送金す

及ヒ歸ル、頗ル快叓なり、何分目下ノ豪傑ナリ、

一、姆之西尾篤之宅ヲ訪ヒ、暫時談シテ十二時ニ歸家、

一、關口より通知之塩鮎、幷ニ甘煮ウルカ漬等到着シタリ、晝膳ニ供ス、頗ル美味ナリ、

一、不在中、侍從武官吉井海軍少佐幸藏伯訪來リタル由、是レハ幸介之娣子ナリ、臺灣江聖上(明治天皇)尉(慰)問使トシテ差進シタルナリ、

〇〇(10)月7日、陰、月、八月十九日、

一、昇殿畢、

一、昨晩より小供ニ抹茶之稽古ヲナサシム、

一、櫻井能監より五日附ケ之書面達シ、橋本海關朝鮮中興記所分(マヽ)ノ事ヲ申來ル、實ニ驚入リタリ、仍而浦井(利政)へ申付ケ、右始末次第ヲ橋本へ掛合候樣申附ケタリ、仍テ櫻井(能監)へも同斷之返書ヲ出タス、

一、爲替金三十圓、是レハ京都小楠公石碑建設ニ付、寄附トシテ山本復一江郵送シ、又端書ヲ以送金ノ件ヲ申送ル、

一、永田猶八より端書ヲ以、谷山屋敷ノ讓渡證書ノ一件申遣シ候、

〇〇(10)月8日、晴、火、八月廿日、

一、神拜畢、

一、村野山人ノ母堂死去之報知有之、仍テ小白川(古白川錄郎カ)江人ヲ遣シ、葬叓ヲ依賴セシム、

一、赤松歸但ニ付、安積九龍行キノ紙包ミヲ托ス、氷心玉(鐵)骨集ナリ、小左ノケ所江同斷、是レハ印紙ヲ附シ、安積より發郵セシム、出石神社林鼎一・山田貞一等ナリ、

一、六之助より四日附ケ之書面ニて、過般縣屬田村來訪之禮ヲ記ス書、例之噓言八百之書面ナリ、此書中ニも落涙ト云叓二ケ所ニ有之、哀願とモ有之、如何ナケヘソト云ヘキカ、書面每ニ泣カサル叓ナシト見ヱタリ、利口噓談ヲ筆頭ニ托シ、落涙トカ哀願トカ云ヘハ、ヨキ物ト心得、如斯一向誠實赤心ノ毛厘モ見難シ、困入リタ相續人(マヽ)ト云ヘシ、

〇〇(10)月9日、陰、水、八月廿一日、

一、神拜畢、

一、金壹圓五十錢、藤澤南岳江贈ル、是レハ教育博議十二部、前金五十錢、壹圓ハ本會江寄贈ナリ、

一、本日ハ村野山人母之葬儀ニ付、芳ヲ代理トシ、須磨ノ本宅江遣ス、

〇〇(10)月〇(10)日、晴、水(木)、八月廿二日、

一、神拜畢、

一、昨夕奥之山下(口)武兵衞大鯉壹尾、其他小鯉數尾ヲ持參シ呉レタリ、

*臺灣民主黨劉永福降伏の號外あり

一、有川矢九郎へ除虫菊、卽インセクトボーター種子ヲ郵送ス、

〇〇(10)月11日、晴、金、八月廿三日、

一、昇殿畢、

一、關口(啓之丞)より投ケ網送致シタリ、貳圓餘なり、

管內神職の形狀を聞く

一、高階幸造來リ、管內神職之形狀ヲ聞ク、又本所國重より之書面モ到來之由ニて、吉井一件ヲ云ヽセリ、本所(マヽ)ノ軍名モ殆危シ、

一、山本復一より卅圓金落手之證來ル、

〇〇(10)月12日、晴、土、八月廿四日、

一、昇殿畢、

一、船井書店江茶人花押叢買入方ヲ依賴ス、

〇〇(10)月13日、晴、日、八月廿五日、

一、神拜畢、

一、午前八時、鳴瀧市長(公恭)ヲ訪、不在故ニ歸ル、高陛(階)(幸造)同伴、分所新築ノ釀金依賴ノ爲ナリ、

一、永田猶八江谷山屋敷染へ讓渡之證書ヲ書留ニて仕立ツ、

一、鹿児島市役所江印鑑居書ヲ差出す、是レハ登記證明書ノ爲ナリ、

一、鹿児島染江永田氏(猶八)江禮トシテ參るべき書面ヲ送ル、

一、今午後三時、又新日報號外ヲ以テ、劉永福降伏ノ電報ヲ配達ス、

〇〇(10)月14日、晴、月、八月廿六日、

一、神拜畢、

一、松原良太ノ親死亡ニ付、花料ヲ贈ル、五十錢、社務所一圓トス、

〇〇(10)月15日、半晴、火、八月廿七日、

一、神拜畢、

一、橋本海關江給與五圓、昨日贈附シタリ、

〇〇(10)月16日、晴、水、八月廿八日、

一、昇殿畢、

一、昨夕奥之山口(武兵衞)より使來ル、明後十八日比松茸盛リト云、仍テ今朝使ヲ返シ十八日發程ノ叓ヲ報す、

一、三木町平野(宮)平次郎へ晝飯支度之休憩手當依賴之葉書ヲ出タス、明石停車場江挽車手當之依賴書ヲ出タス、

一、山本之坂ノ上新九郎へ嶋津（忠濟）公御注文牡丹拾株、廿日比迠ニ仕方申遣す、
一、松原（良太）江悔之爲ニ見舞シタリ、
○（10）月17日、晴、木、八月廿九日、
一、昇殿畢、

霧島嶽噴火の知らせあり

一、今曉有川矢九郎より電信、霧島嶽噴火震動ヲ報シタリ、
一、昨日途上ニて高德より承知ノ市長示諭ニ拘ル京都典（奠）都祭委員招待ノ件、暫時延引致度旨、書面ヲ以テ申遣ス、猶高德江も同斷申通す、
○（10）月18日、晴、金、九月朔日、
一、神拜畢、

明石驛に向って發す

一、午前六時、山陽滊車ニ搭シ、明石驛ニ向テ發ス、芳・千代・春子車上ス、明石町ニて魚類ヲ買ヒ、挽車ヲ買テ三木町奈良屋江休憩シタリ、廣瀬・末野等、中途ニ出迎ヒタリ、又丹田モ來ル、病中ニて兎角勝レス、
一、午後五時ニ黑石村ニ着す、山口ハ手燈ヲ携へ、途中ニ迎エタリ、
○（10）月19日、陰、雨、土、九月二日、
一、神拜畢、
一、爺父之墓參シテ歸ル、
一、晝より簟（茸）狩ニ行ク、松林中ニて簟（茸）ヲ割烹シテ飯ス、頗美味ナリ、

出去山村路不長、已臻丘下送芳香、交呼相顧松茸徑、老脚被扶兒女行、

扶老杖頭懸一瓢、擧家郊外好逍遙、筠烹鯉膾松林興、斜日酡顔醺濁醪、

微雨ニ付、一同雨ヲ侵シテ歸ル、筠（籠脱カ）ハ大獲ナリ、
○（10）月20日、晴、日、九月三日、
一、神拜畢、
一、當日ハ今寺參詣ヲ致ス時ニ、菖莆（蒲）谷之森本武兵衛竹輿ヲ持參ス、仍テ之レニ搭シテ行キ、暫武兵衛之家ニ休憩シテ行ク、九十餘町ニテ達す、此ハ毘沙門天ヲ祭ル、曾テ春子ノ禱願アルノ爲、住持病氣ニテ已ニ殆シ、仍而枕邊ニて暇乞ヲ爲ス、
一、山口より辨當之用意アリ、寛ゝ休シテ歸ル、
一、武兵衛之家ニ休憩、中學校教員三人面接ヲ乞カ故ニ閑談、
一、武兵衛より鄭重ナル晩飯之饗應アリ、日暮ニ歸ル、
○（10）月21日、晴、月、九月四日、

*獲物の茸を土方宮内大臣等に配る

*金十圓臺灣軍人へ義捐金として差出す

三木町に達す

一、神拝畢、
一、午前九時比より山口家ノ丘ニ茸狩ニ行、實ニ夥シク、子供大悦ニて拾採ス、
一、午後山口ノ所有溜池ヲ干シ鯉ヲ漁トル、大鯉拾數尾及ヒ鮒澤山ニ捕獲シ、日暮レニ歸家シ得物ヲ料理シテ食す、甚美味なり、

○(10)月22日、陰、火、九月五日、

一、神拝畢、
一、午前七時ニ黒石村ヲ發ス、行ク五里三木町ニ達シ、奈良屋ニ休ス、當日ハ明石町江通シ車ノ約ナルニ、車夫不法ニも中途轉ノ事ヲ云〻仍リ、是レニテ乗替ヱタリ、
一、奈良屋ヲ發スルニ臨ミ、微雨ニ逢ヱリ、途中雨休ス、明石驛ニ達、山口勝二ノ家ニ休シタリ、三時五十五分ノ滊車ニ搭スルノ電信ニ、神戸ニニ(マヽ)通ス、日暮ニ神戸驛ニ下車ス、一社惣而出迎ヒタリ、
一、市(山口)松外壹名ハ荷物ヲ荷車ニ積搭シテ、三田道より送ル、未タ達セす、仍テ迎人ヲ出タスニ八時比ニ達ス、

○(10)月23日、晴、水、九月六日、

一、神拝畢、

一、獲物之茸ヲ諸方ニ配當ス、東京ハ土方(久元)宮内大臣・櫻(能監)井・岡田・野村旅宿西村等なり、又佐野(譽)・田村(喜進)其外、九二十五六家ニ配る、
一、山口市松外壹人、晝より歸村ニ付、生魚ヲ持歸ラシム、
一、不在中、大井田(留三郎)江申付ケ之如ク、金十圓臺灣軍人江義捐金トシテ差出ス、
一、坂ノ上新九郎より牡丹苗十種送達シアリ、
一、高陛(階)幸造訪來リ、分所一件ヲ談ス、

○(10)月24日、雨、木、九月七日、

一、神拝畢、
一、牡丹苗入箱壹荷、郵船便より廻リニ贈ル、仍而送狀并ニ苗代ノ證書ヲ封入シテ、郵便ニ差出ス、
一、松下祐助より來ル卅日出帆之報知端書面達す、
一、染より十九日出之書面達シ、谷山屋敷登記等相濟ミ候次第ヲ報シ、又ハ霧島硫黃谷噴火シ、湯守ノ家内及子供・下人等死亡ノ報知有之候、
一、奥之山口より大鯉八尾ヲ送リ越シタリ、

○(10)月25日、晴、金、九月八日、

一、神拝畢、
一、縣廳より馬車借用申シ來ル、

一、小川鉧吉より千本ノ種子ヲ贈リ呉レタリ、

〇0（10）月26日、晴、土、九月九日、

一、昇殿畢、

一、染井ニ六之助へ書面、染ヘハ谷山屋敷ノ件ヲ申遣ル、又六之助へ黑住江呪詛依頼取消スヘキ事ヲ嚴重ニ申遣ル、

一、永田猶八江谷山一件之禮狀ヲ出ス、

一、牧薗村春田齊江硫黄谷變動ノ見舞狀ヲ出タス、

一、國分小村堀切友助江兄武兵衞兩名ニテ見舞狀ヲ出タス、

〇0（10）月27日、晴、日、九月十日、

一、昇殿畢、

一、高陛（階）幸造來ル、當日講究所ノ件ニ付、當地ノ有志者集會ニ出席ヲ乞カ爲ナリ、

一、縣廳服部屬より馬車借用之件申遣候付、西村（旅館）沾差立ツル、本日井上（馨）其他渡韓、且ツ同公使（三浦梧樓）乘船ニ付而ナリ、

一、午後五時より音羽ノ花壇ニ臻ル、市長（鳴瀧公恭）・副長・片岡・松野・小池・高陛（階）又兵庫ノ鎌口壹人來リ、外ハ不參なり、

〇0（10）月28日、晴、月、九月十一日、

一、神拜畢、

一、前九時より佐野病院へ行、診察ヲ乞ヒ、又菊ヲ小野下ニ觀テ歸ル、

＊秋山書記官川崎正蔵を訪ふ

一、午後三時より秋山書記官（恕鄕）ト川崎庄（正）藏ヲ訪ヒ、（マヽ）

一、鹿兒島郵便會社支店岡田國兵衞訪ヒ來リシ由なり、

〇0（10）月29日、陰、火、九月十二日、

一、神拜畢、

一、午前九時より平野村ニ行テ、菊花ヲ觀、珍花數株ヲ買入レ、歸途ハ外ニ立寄る、

一、當日津田大坂へ遣シ、絖地ヲ買ヒ取ラシム、

＊松平直溫へ詩稿の件を依頼す

一、當日浦井（利政）ヲ以テ、明石松平直溫へ詩稿ノヿヲ依頼セシム、

〇0（10）月30日、晴（雨）、水、九月十三日、

一、神拜畢、

一、球陽丸本日出帆ノ筈ナルニ、明日ニ延引、

一、染へ書面、半切・書狀袋・端書・印紙等ヲ送る、

〇0（10）月31日、晴、木、九月十四日、

一、神拜畢、

一、岡田國兵衞ヲ常盤舍ニ訪ヒ、今夕晩飯ノ約ヲナシタ

リ、

一、楠ノ化石ヲ玉垣内ニ案置ノ叓ヲ、大井田江命ス、

〔十一月〕

○(11)01月1日、晴、金、九月十五日、

一、昇殿畢、

一、昨卅一日服部屬來リ、來ル三日、外人及當地在職高等官ヲ節會スルニヨリ、盆栽幷ニ掛軸借用を依頼ス、

一、細川村福井万右衞門ヨリ柿ヲ惠投セリ、右先日椿井ニ芍(藥)約十種ツヽ送致ニ付、鑵(罐)詰ヲ送リ禮なり、

一、本秋山内務部長より主典岡部基智ノ履歴幷ニ印鑑取調可差出照會ニ付、大井田(留三郎)へ右之旨ヲ達す、

一、婦人會犒軍金貳圓、芳之名稱ニテ差出す、

○(11)01月2日、晴、土、九月十六日、

一、神拜畢、

一、大和上村新治郎外壹人來ル、是レハ大和地山林之一件ナリ、依而東京ニテ運動スヘキ旨ヲ諭シ、内務省小野田元興(熙)江書面ヲ以、依頼シタリ、

○(11)01月3日、雨、日、九月十七日、

一、神拜畢、

一、一社判任官ノ祝賀ヲ請ケタリ、

一、來ル十二日社藏品陳(列脱)ニ付、高徳江書面ヲ投す、

一、鹿兒島郵船會社長岡田國兵衞歸店ニ付、暇乞ノ爲ニ來ル、當日午後三時ノ出帆なりト云、仍而金入り之書面ヲ托シ、又本人江ハ洋手拭ヲ贈リタリ、

○11月4日、晴、月、九月十八日、

一、昇殿畢、

*社藏品曝涼願を縣へ出す

一、來ル十二日より社藏品曝涼願ヲ本縣江願出す、其他一般手配ノ準備ヲ、大井田・浦井(利政)江公達す、

一、牧薗村春田(齊)より霧島噴火之形狀ヲ報ス、

*谷鋕臣より禮狀達す

一、京都谷鋕臣より寄付金禮狀達す、

○11月5日、晴、火、九月十九日、

一、神拜畢、

*北白川宮能久親王薨去の報ありて弔詞を奉る

一、北白川宮(能久親王)薨去、今前七時晝後ニ電達す、仍而直チニ御家扶ニ宛テ電信、弔詞ヲ奉る、御歲四十八年ニ被爲成候、當夏御渡淸ノ折、御社參ニて御西下ニ付、鳴門榁柑ヲ奉リ拜謁ス、此レヲ御暇乞トナス、

○11日6日、晴、水、九月廿日、

一、日外藏ヲ當日迠偓ヒ、菊花飾付ケヲナス三日間ナリ、

一、神拜畢、

墓碑建設に就き廣巖寺に參詣す

一、午前八時、北白川宮御家扶ニ宛テ、折掛ケニ弔詞、幷ニ榊枝ヲ獻備ノ目錄ヲ作リ、榊料壹圓ヲ封入シテ郵便ニ出タス、

一、當日ハ墓碑建設ニ付、九時より廣巖寺ニ參詣、社務所員一同出會す、

*貸屋地を芳千代兩人に讓渡と決す

空心院臨應勇退大居士

右建設濟ミ、四時ニ歸家、

*遼東還付談判濟みを報ず

一、晩ニ大河平武二來リ、明日北白河宮薨去發表ニ付、師範學校生徒一同參拜之通知アリ、

○11月7日、晴、木、九月廿一日、

一、神拜畢、

藤澤南岳來訪

一、藤澤南岳訪來ル、橋本海關モ呼、共ニ吟詠す、

一、師範校生徒參拜す、秋山書記官(恕鄉)モ參拜、一同江觀菊セシム、

一、藤澤ハ午後三時廿分之瀛車ニて上坂す、馬車ニて停車場へ送ル、

一、千代ノ叔父中村、東京より來訪セリと云、面會セす、

○11月8日、晴、金、九月廿二日、

一、昇殿畢、

一、分所扇子注文ノ爲ニ、浦井ヲ(ママ)上坂ヲ命す、

一、貸屋地二ケ所、上ヲ折田芳、下ヲ折田千代兩人ニ讓リ渡シノ一願立ツルニ決シテ、印紙ヲ附ス、又米澤方之貸借ヲ返濟セシム、

○11月9日、晴、土、九月廿三日、

一、神拜畢、

一、當日號外ニて、遼東還付談判濟ヲ報ス、其納金庫平銀三千萬なり、

一、諸方依賴ノ揮毫ヲ試ム、

一、午後五時、醋禿(公恭)へ分所募集金之叓ニ付、湊東部之有志者ヲ會シテ、鳴瀧市長より依賴アリ、

一、去月八日、赤松歸省ニ托シ、安積(九龍)其外行之氷心鐵骨(魂)集、今以達セサルノ書面、安積より到來す、

○01(11)月0(10)日、晴、日、九月廿四日、

一、神拜畢、

○11月11日、晴、月、九月廿五日、

一、神拜畢、
一、鹿沼之大谷儀兵衞訪來ル、絖地貳枚ヲ與ヱタリ、

石川助役來る

一、石川市長助役來リ、分所一件ニ付集會ヲ十五日ニ決定ス、
一、駒ケ林之角野豐吉來ル、
一、但馬之安積九龍より種子ヲ贈リタリ、

○11月12日、晴、火、九月廿六日、

一、昇殿畢、

寶藏品縦覽を許す

一、當日より寶藏品縦覽を許ス、
一、從前より恩借セシ米澤長衞之金圓ヲ返却シ、地劵ヲ受取、今回芳・千代ノ所有主ニ變改スルカ爲なり、

○11月13日、晴、水、九月廿七日、

一、昇殿畢、
一、岡田國兵衞より文壇[檀]十八個より贈リ呉レタリ、仍而和田山町安積九龍へ三個ヲ小包ニて送リ、端書ヲ添タリ、

○11月14日、陰、霰、木、九月廿八日、

一、神拜畢、
一、當日ハ神戸市參吏員ヲ招待ス、本日ハ樂隊ヲ迎テ奏セシム樂譜ハ自作ナリ、

清き流レノ湊川いく千代へてもすめらきのミたてとなりてとなへたるそのいさおしはかむたから
いまにのこりてもろ人のめつるくさ〱菊水のにお[匂]似も高き
君か代をまもりますらむかミかきのいくよふりまてさかへなむ

○11月15日、晴、金、九月廿九日、

一、昇殿畢、
一、大藪文雄訪來ル、
一、高陞[階]來ル、今夕神戸部集會ノ協會ヲナス、
一、氏子惣代江招待、回狀を出タサシム、來ル十八日トス、

○11月16日、晴、土、九月晦日、

*東郷海軍少將著神臺灣戰利品獻備さる

一、神拜畢、
一、東郷[平八郎]海軍少將着神故、西村ノ旅館ヲ訪ヒタリ、又本人より台灣戰利品シヤス炮壹挺、一、青龍刀、一、鎗、砲彈ノ四個ヲ獻備シタリ、仍テ神酒一打ヲ旅館西村ニ贈ル、
一、今夕佐野病院正副井ニ田村[喜進]・日外[藏]ノ四名ヲ饗シタリ、

*日清戦争戦勝并ニ皇太子病氣御平癒の報賽祭執行す

*野津大將川村少將を文庫にて饗應す

周布知事等來り観菊す

*川村少將より戦利品贈らる

常盤樓にて知事の饗應を受く

一、神拝畢、

○11月17日、晴、日、十月朔日、

一、早朝淡州之原口泰訪ヒ來ル、酒肴ヲ饗す、

一、當日ハ神官集會ヲ初ム、秋山所長出席ナリ、其他松野・石井モ出席アリ、

一、和田山ノ安積より鮭ノ煮漬到來す、又明石ノ大藪(文雄)よりウルメ魚惠贈ナリ、

一、姫路より安積九龍之電信達す、コノキシヤテクル(マヽ)時ニ、十時四十分ニ周布(公平)知叓、安積等ヲ引ツレテ參リラレタリ、觀菊終リテ、安積ハ相生町加藤店ニサシ宿シタリ、前一時ナリ、

○11月18日、晴、月、十月二日、

一、昇殿畢、

一、安積九龍來ル、

一、分所ノ會當日ニて畢ル、

一、午後四時より諏方(マヽ)山中常盤江安積と共ニ行ク、知叓之饗應なり、

○11月19日、晴、火、十月三日、

一、神拝畢、

一、當朝近衞隊通過なり、水新ニて饗す、

一、午後三時、報賽祭執叓、是ハ戦勝祈願并ニ皇大(太子)御腦(惱)(嘉仁親王)御平癒ノ報賽ナリ、縣知叓(周布公平)・書記官(秋山恕郷)、其他縣廳高等官各參拝畢、文庫ニテ直會執行ナリ、

○11月20日、陰、水、十月四日、

一、神拝畢、

一、野津(道貫)大將・河村(川村景明)中(少カ)將通過ニ付、午前六時半神戸停車場へ共ニ文庫ニ於饗應す、野津・河村大悦なり、又野津ハ廣島迠出迎シ人、河村台灣より歸朝なり、河村ハ戦利品ノ品ヲ土產トシテ惠ミタリ、青龍刀一枝、長刀壹枚、鎗壹本、軍旗二流なり、直ニ陳列所江納附シタリ、

一、午後周布知叓、社藏品陳列ヲ一覽アリ、

一、今夕ハ氏子惣代ヲ招待ス、

○11月21日、陰、木、十月五日、

一、昇殿畢、

一、昨日球陽(丸脱)入神、宿許より干物并ニ菓子・甘藷到來す、又松下へ依賴之獅子壹鉢到着す、

一、昨廿日山本之新九郎來ル、仍而諸注文之諸品代金ヲ拂渡シタリ、

一、松下へ書面ヲ送リ、一禮ヲのベタリ、

一、波多野江次韻して送ル、
一、麻布第一聯隊第十一中隊長谷川梅甫江書面、入營ヲ賀シ、且ツ神護符一體ヲ封入シテ送ル、
一、鹿兒島江荷物到着ノ禮狀ヲ出タス、
一、越後高山村矢尾板正之弟近衞倍(マヽ)ニテ、凱旋ニて立寄リタリ、仍而握手シテ別ル、依而正(矢尾板)無叓歸朝之報知書ヲ出タス、
一、今夕五時ヨリ、社内出店者一同ヲ迎ヱテ観菊會ヲ作、午後九時一同歡ヲ盡シ散す、

○11月22日、陰、金、十月六日、
一、神拜畢、
一、今夕ハ社内出店者ヲ召テ饗應シタリ、各歡ヲ盡シ散會ス、

○11月23日、陰、土、十月七日、
一、昇殿畢、
新嘗祭執行す
一、本日ハ新嘗祭執行、奉幣使ハ南收稅長なり、
一、近衞陸軍大佐隈元通過ニ付、文庫ニ於テ晝飯ノ饗應ヲ盡シ、停車場迄送リタリ、將校凢五人なり、家内中立出テ饗シタリ、隈元瀛車中より台灣人所有之煙管壹本ヲ採リ出シ與ヘタリ、

○11月23(24)日、晴、日(月)、十月八(九)日、
一、神拜畢、
一、但馬氣多郡府中尋常高等學校教員前田秀太郎より書面ヲ以、遙拜式場ノ位置、其他古式ヲ尋ネ越シタリ、依而本人之記錄ニ朱書ヲ加ヱテ送致ス、
*神酒壹樽を土方宮内大臣へ獻ず
一、新嘗祭幷ニ皇軍戰捷幷ニ皇太子御腦(惱)御祈念報賽祭執行之神酒壹樽ヲ、宮内大臣土方爵(久元)江獻シ、又書面ヲ送致ス、

○（11月24日、晴、月、十月九日、）(マヽ)
一、昇殿畢、

○11月25日、晴、火、十月十日、
一、昇殿畢、
*所有書畫幅縱覽の廣告を張出す
一、來ル廿七日より所有書畫幅縱覧ノ廣告ヲ張出ス、
一、父上・母上ノ月次祭執行畢ル、

○11月26日、晴、水、十月十一日、
一、昇殿畢、
一、近衞軍隊凱旋ニ付、聯隊長外將校文庫ヘ休憩、陸軍中佐伊崎、聯隊旌ヲ文庫ノ床上ニ案シ、洋食ヲ饗シ、又別ニ豚烹ヲ饗ス、
*西郷の嫡子庰太郎に面會嗚咽す
一、西郷(隆盛)之嫡子庰太郎叓、小(少)尉ヲ以テ此中ニ在リ、余庰

*高嶋中將を訪ひ松方伯とも談ず

*藤澤南岳より保命酒惠投さる

楠公眞蹟の和歌幅を獻備さる

ノ手ヲ握テ嗚咽言能ス、舊時ヲ憶ヒ出シテ、潸悲難禁、停車場ニ於テ別袖ス、當年二十九歳ナリ、

一、當日ハ周布(公平)知叓、其他高等官、何レモ文庫ニ會集セリ、

○11月27日、雨、木、十月十二日、

一、神拜畢、

一、所藏之書畫幅ヲ出タサシム、

一、東京成勢館島田美龜方より鴨二羽ヲ贈リ呉レタリ、

一、大河平武二より明日午前五時より八時迠之間、高嶋(鞆之助)着神ノ通知有之、仍而明朝鷄烹三ノンコ待受ケノ爲ニ贈るヿヲ手配セシム、

○11月28日、陰、金、十月十三日、

一、神拜畢、

一、午前四時半より水上警察ニ出張ス、神戸丸着船ノ形狀無之、仍而一往引取リ、又午後二時ニ到、本船ハ沖繩ヲ廿七日ニ出帆ノ通知、鹿兒島ニ(マヽ)田子ノ浦より通報、就而ハ明後卅日着船ト見込ミ一同散會シタリ、

○11月29日、晴、土、十月十四日、

一、昇殿畢、

一、和田山安積九龍より楠公眞蹟和歌二首ノ領(料)紙、架幅ヲ獻備セリ、仍而三層盃壹個幷ニ神饌撤品、褒狀ヲ添ヱタリ、

一、過日奥之山口(武兵衛)江送致シタル書ハ、安積(九龍)江給シタル品ヲ誤リテ、送リタル次第分リタリ、是レハ家内ノ麁漏ナリ、

一、大河平より明卅日正午、高嶋着神ノ報知有之、

○11月30日、晴、土、十月十四日、

一、神拜畢、

一、午後高嶋ヲ訪ニ、松方(正義)伯モ座ニ在リ談スル、暫時ニ松方ハ歸ル、

一、高嶋より土產トシテ、大砲貳門幷ニ鎗壹、本彈二個、短銃貳ツ、幷ニ白花菊壹鉢ヲ贈ラレタリ、

〔十二月〕

○12月1日、晴、日、十月十五日、

一、神拜畢、

一、風邪ニて引入、

一、藤澤南岳之倅訪來リ、過日橋本海關會席之詩ヲ紀行中ニ書セントノ叓、依而橋本へ問合タルニ不在なり、又南岳より保命酒ヲ惠投なり、

○12月2日、晴、月、十月十六日、

一、神拜畢、

一、兵庫縣兵事掛より高嶋中將(鞆之助)發途時刻通知有之、

一、鹿児島より荷物到來、有川(矢九郎)より文壇[檀]幷ニ榁柑ヲ送リ呉レタリ、

高嶋中將より鷹一羽獻ぜらる

一、高嶋中將より鷹一羽ヲ獻セラレタリ、此鷹ハ將軍神戸丸ニテ臺灣着陸ノ時ニ、右艦中ニ飛來リシヲ、中將自ラ捕ヱラレト云、豐嶋之海戰ト謂ヒ、此ノ艦ニ飛來ルト謂、造物者自然之兆候ヲ示ス、奇ト謂ツヘシ、仍而右之鷹ハ、直チニ神殿前ニ圍ヲ造作シテ、飼置クヘキヲ命シタリ、

○12月3日、晴、火、十月十七日、

一、神拜畢、

一、加古川山田學堂ノ詩稿ヲ、大阪舟越町二丁目窪田勸堂より送致セリ、

一、大阪府第一尋常中學校より大川貞澄書面來、御石碑裏表二組請求書なり、

一、昨夕高嶋中將ヲ停車場ニ贈リ、シヤンハンヲ饗シ畢リテ、

明治二十八年冬十有二月二日、高嶋將軍(鞆之助)剿滅臺灣之強賊而凱旋過神戸東行伏禁闕欲奏捷於大元帥陛下(明治天皇)、嗚呼壯矣、今臨別歌一詩以奉送、共詩曰、乕翼飛來排險難、將軍風彩武桓々、合圍三面神機速、憶看劉郎寸膽寒、

○12月4日、雨、水、十月十八日、

一、神拜畢、

一、山口(武兵衛)江語リテ送リシ、安積(九龍)之紙包ミ歸リ來リシ故ニ、本日左之通リ之品々贈ル、近作三枚幷ニ過日社頭より之下賜物ナリ、惣テ通運江差出す、

○12月5日、晴、木、十月十九日、

一、神拜畢、

一、岩崎履之詩稿ニ批評ヲ加ヱテ返ス、

一、昨四日大阪第一尋常中學校大川貞澄江、御石碑摺物幷半切二枚ヲ送ル、

一、岡山より金陵書面達シ、大石良雄之畫物茂江讃二軸賣却依申遣シ、又絖地ノ自畫ヲ贈リタリ、

一、風氣荏苒、仍而田村喜進ヲ迎ヱテ診察ヲ乞、

○12月6日、金、晴、十月廿日、

一、神拜畢、

*大島少將凱旋の通知あり

一、大島少將義昌凱旋ノ通知有之、

一、午後六時四十分、於文庫食叓ヲ振舞タリ、

○12月7日、晴、土、十月廿一日、

一、神拝畢、

一、御祖父公幷ニ宮子姫之月次祭執行、

○12月8日、晴、日、十月廿二日、

一、神拝畢、

藤澤南岳へ近作二首を送る

一、藤(澤脱)南岳江書面、橋本(海關)未夕帰家セサルヲ報シ、又近作二首ヲ送ル、

伊東海軍大將へ大砲寄附の懇願書面を出す

一、伊東(祐亨)海軍大將へ大砲寄附ノ懇願書面ヲ出タス、

○12月9日、晴、月、十月廿三日、

一、神拝畢、

一、松下祐助より端書を以、宿許より荷物持參之通知有之、

一、染へ荷物届きシ書面ヲ出タス、

一、東京史料通信より、八十八錢外、七十壹錢受取證來ル、

○12月(10)日、晴、火、十月廿四日、

一、神拝畢、

一、鹿兒島新聞ニも西郷寅太郎來リシ叓ヲ記載シタルヲ、六之助より通知シタリ、

○12月11日、晴、水、四十八度、十月廿五日、

一、神拝畢、

一、球陽丸出帆ニ付、種〻ノ歳暮品幷ニ染へ金壹圓遣す、書面ニハ、今度ノ鰤ハ皆碎タル(マヽ)ヿヲ報知シ、爾後ハ塩ヲ能クマメシカタ申遣ス、外ニすヤシ酒の糠ヲ注文す、

一、岡田國兵衞へ金壹圓ヲ封入シテ、嶋大根送リ方ヲ注文す、

一、ようかん壹函、沖繩製封函壹個、右者明石米澤長衞へ送ル、是レハ先年來負債ノ謝禮トシテ遣す、但大井田留三郎ヲ代理人トシテ差立ツル、

○12月12日、晴、木、四十二度、十月廿六日、

一、神拝畢、

一、大井田ヲ大河平(武二)江遣シ、伏見宮(貞愛親王)御通過之日限リ問合セタリ、又外ニ伊東大將へ大砲寄附之書面ヲ差立方ヲ依賴セシム、

○12月13日、晴、金、仝、十月廿七日、

一、山莉(梨)知叓田沼健より佐〻木素行之靈前へ金壹圓送致ニ付、不取敢禮狀ヲ出タス、

○12月14日、晴、(土脱)十月廿八日、

一、神拝畢、

一、有川矢九郎より樟脳代價云ゝ問合セ有之、

一、生野銀町柴橋撰次江猪壹頭注文狀ヲ出タス、

一、今暁軍隊通過ニ付、三四ケ所へ焚火シテ兵卒ヲ接對〔待〕ス、

○12月15日、晴、日、四十度、十月廿九日、

一、神拜畢、

一、今午後七時四十二分、伏見宮御凱旋ニ付、大井田ヲ代理トシ、神戸停車場江差出候、

○12月16日、晴、月、十一月朔日、

*岩戸神社額面を書す

一、神拜畢、

一、横濱石工某より、高千穂艦より奉納ナリシ三十サンチ米突砲彈臺石之一件申來ル、仍而社務所より返書ヲ出サシム、

一、有川矢九郎へ樟脳代價問合セノ返書ヲ出タス、

一、金壹圓四錢、東京旅籠町高木壽穎江妙品水筆三十枝注(マヽ)、

一、仝五十錢、山梨縣東山梨郡日川村海東寺標原俊道江佐ゝ木素行位牌祭料トシテ送ル、

一、近衛歩兵第二聯隊第一大隊長陸軍歩兵少佐前田喜唯・陸軍歩兵中尉村上平右衞門ヲ以、手劍壹口ヲ獻納ス、仍而右受納證幷ニ三層盃一個、神酒一打ヲ、滊車便ニテ賜ルヿヲ命ス、

○12月17日、晴、火、十一月二日、

一、神拜畢、

一、高千穂艦より之砲彈臺石運搬ノ手繼キヲ準備セシム、石材凡三十個有之と云、

○12月18日、晴、水、十一月三日、

一、神拜畢、

一、岩戸神社額面ヲ書テ、大河平武二ニ送ル、

一、駒ケ林之角野〔豊吉〕來リテ、鯨ノ見勢〔世〕物ヲ社内ニ設ケ度云ゝ、仍而小山方へ引合セタリ、

一、陸軍歩兵中尉村上平右衞門幷ニ大河平武二來、明朝七時山澤〔静吾〕中將凱旋ニ付、文庫へ休憩ノ依頼アリ、仍而承諾ス、

一、鹿児島岡田國兵衞より島大根ノ問合セ端書來ル、仍テ中位之品宜敷旨之返辭ヲ出タス、

一、山口縣周防國熊毛郡生立村井上岩太郎親環歴〔還暦〕之賀詩ヲ贈ル、

○12月十九(19)日、晴、木、十一月四日、

一、神拜畢、

一、午前七時十六分、第四師團長山澤中將着神、直チニ文庫へ案内、大久保參謀大佐初十六人、其他之將校ハ水新亭江休憩ナリ、宅ニてハ豚羔ヲ出す、一時間休憩ニテ發程す、

有栖川宮威仁親王并に西郷海相著神

一、今夕有栖川威仁王并ニ西郷(從道)海相、本港江御宿泊ノ筈ナリ、仍而御伺ノ爲ニ、大井田(留三郎)ヲ遣ス㕝ニ約シタリ、又縣廳より所有之馬車ヲ貸與セヨトノ㕝ヲ、大河平(武二)より申越シタリ、

○12月二十日(20)、陰、金、十一月五日、

一、神拜畢、

一、有栖川(威仁)親王并ニ海相西郷、午前八時廣島ニ向テ發途、又馬車ヲ遣ス、

一、大河平、西郷ヨリ寅太郎凱旋ノ一禮ヲ報シタリ、

○12月二十一日(21)、晴、土、十一月六日、

一、神拜畢、

一、橋本海關但馬より歸ル、仍テ南岳(藤澤)注文ノ詩ヲ送ル㕝ヲ報シタリ、

○12月22日、晴、日、十一月七日、

一、神拜畢、

○12月23日、晴、月、十一月八日、

一、神拜畢、

一、山梨縣日川村海東寺住職(標原俊道)より歳末供物料之證書達す、

一、歳暮用塩漬松簟(茸)、左之通リ土方(久元)・西村・野村・櫻井(能監)旅宿等ナリ、

*小學校生徒を中心に川崎町棧橋より本社まで日清戰爭戰利品を挽き廻す

一、當日ハ午後より高千穗艦獻備ノ砲臺石材運搬ヲ執行、運輸車ニハ祭禮節神輿車臺ヲ用ヒ、三十三刪砲彈并ニ清國軍器種々ヲ積ミ、高千穗艦菊備ノ卅三刪砲臺、石材ト記シタル吹流旗ヲ押立、長繩ヲ以テ挽ク、挽子ハ小學校生徒壹千名并ニ社內男女四十餘名、川崎町棧橋ヨリ挽出シ、相生町多門(聞)通リより正門ニ入リ、挽子ハ新製ノ軍歌ヲ呼唱ヱ、行列ハ樂隊ヲ用ヒ、又生徒ニハ惣而小軍旗ヲ携帶セシメ、(マヽ)於拜殿ニ於テ神酒井ニ饌餅ヲ生徒ニ賜リタリ、

一、横濱より來リシ石工横溝豐吉へ面會、慰勞シタリ、

○12月24日、晴、火、十一月九日、

一、神拜畢、

一、堺刃物商より刃物代金受取方之一件書面有之、直ニ拂濟ミノ返書ヲ出タス、

一、詩集版出來ニテ、三十四冊受取、內御社江寄附壹冊、社務員江五冊、內江三冊、橋本

へ壹册、

一、石工横溝歸濱ニ付、高千穂艦長上村貞江禮幷ニ竣功〔工〕ノ報知、神酒壹樽、三層一個ヲ贈ルノ書面ヲ出ス、

一、横溝工江も賜物有リ、又拙者よりハ紀念ノ爲絖地之詩幷ニ扇面ヲ與、明廿五日發途ノ筈ナリ、

○12月25日、晴、水、十一月十日、

一、神拜畢、

一、父上・母上之月次祭執行濟、

一、關口啓之丞江名刺挾ミ壹ツ、又外ニ塚本(小堀)(鞆之助)江ツヽホ地〔襦〕袢、又高島江備前水指、沖縄珊瑚、遠州作茶杓等ヲ小包ニテ送ル、

常備艦隊入津す

海軍將兵參拜す*

一、作〔昨〕晩常備艦隊入津、旗艦嚴島、和泉・千代田・高雄・金剛・高雄(マヽ)等ナリ、乘組員ハ卽井上海軍中將ノ矢八郎ㇷ・鮫島中將(員規)〔少〕ノ吉之丞ㇷ・上村參謀長彥太郎ノㇷナリ、又鮫島ハ直チニ見舞呉レタリ、又鮫島ヨリ又彈痕アル鋏板ヲ獻納シ、明廿六日水兵參拜ストノ事ナリ、仍テ大井田ヲ代理トシテ、巖島ニ遣シ、御神壹樽(マヽ)、鷄三羽、右三名ニ宛テ贈ル、但シ追ゝ戰利品獻備ノ筈ナリ、

一、新納司江田島試驗ニテ級第ノ新聞ニ付、祝儀ノ爲ニ書面郵送ノ處江、河野ト兩人突然入來ス、金剛艦乘組ニテ、遠洋航海スト、實ニ大愉快ニ不堪、仍テ守リ刀貳本ヲ兩人ニ送ル、

一、明晩奧ヨリ猪一枝ヲ惠與ナリ、是レハ過日額面ヲ認メシ禮ト云、

○12月26日、晴、木、十一月十一日、

一、神拜畢、

一、前九時、佐野病院ニ到リ、診察ヲ請ヒタリ、

一、盆梅・猪肉ヲ贈ル、

○12月27日、金、雨、十一月十二日、

一、當日九時ニ碇泊艦隊より參拜ノ筈ナルニ、午後二時ニ延引セリ、

一、午後二時半、鮫島海軍少將、常備艦隊參謀長海軍大佐上村彥之丞、巖島艦長海軍大佐、水兵一聯隊・樂隊ヲ引テ參拜、文庫ニ休憩ノ上、將校參拜有リ、此時少將へハ用意之神護劍一口、神前ニ於テ賜リ、猶兵隊禮式畢リ、神酒幷ニ神護符・榕柑ヲ賜リ退社、於玆將校ハ馬車ニて送ル、

閑院宮御參拜*

一、午後三時半、閑院宮(載仁親王)御參拜畢テ、文庫ニて御休憩、海軍大尉加藤貞吉供奉ナリ、神饌撤品ノ篚子(マヽ)ヲ獻ス、

一、明廿八日忘年會之叓ヲ鹿兒島人ニ通牒す、

櫻井能監へ諸品送る

一、櫻井能監江アマ鯛・中鯛・松茸・榕柑、瀛車便ニ出タス、

○12月28日、晴、土、十一月十三日、

一、神拜畢、

神護劍幷に神護符を井上中將へ送る

一、神護劍一口幷ニ神護符壹千體、大井田留三郎ヲ以テ、井上(矢八郎)中將ニ送ル、是レハ昨日大砲・四口連銃ヲ中將より獻セラレ、又銕板ノ彈痕アルハ、鮫(島脱)少將より獻備アリシ故ナリ、右之大砲幷ニ銕板ハ社内より車臺ヲ海岸へ廻シテ、同人夫ヲ以テ拜殿江運搬シタリ、

一、伯州廣周(マヽ)ノ短刀一口、右江書面ヲ附、凱旋紀念ノ爲、上村大佐彦之烝(丞)へ贈ル、

一、野州鹿沼町大谷儀平幷ニ山口龜造より茶幷ニツグミ糠漬・麻ヲ贈リ呉レタリ、

一、今夕ハ鹿児島出身ノ人々十二人、忘年會ノ爲ニ招ク、大河平(武二)・岡田ヲ初メ參る、

一、球陽丸より左之品々着す、鰤壹尾、赤なモヤシ漬物・ミカン・ぶんたん(文旦)、又北元(文藏)より鰹節等なり、

○12月29日、晴、日、十一月十四日、

一、神拜畢、

一、金壹圓、歳暮トシテ橋本海關へ、

一、金壹圓藤澤南岳へ書面ヲ添ヱタリ、

一、鹿児島岡田(國兵衛)より注文ノ島大根到着、金壹圓カノニ百八十本來ル、仍而歳暮トシテ配ル、

*詩稿氷魂鐵骨集送付先

一、昨日ハ詩稿ヲ左之人々江贈ル、

黑田(清綱)正四位　櫻井(能監)正四位　田中正六位ニ　西園寺(公望)侯爵　安積九龍　藤澤南岳　福井縫　村田良平　伊東景祐　小野湖山　矢尾板正　五代德夫　高橋竹之助　山下乕藏　原口泰　大藪文雄　谷銕臣　山本復一　龜山雲平　蒲地啓助　林鼎一　原田貞一　水越耕南

〆廿三人ナリ、

一、島大根貳本ヲ安積九龍へ贈リ、猶端書ヲ以報知ス、

○12月30日、晴、月、十一月十五日、

一、神拜畢、

一、球陽丸出帆ニ付、詩稿ヲ氏神幷ニ御先祖江神酒料相添へ奉ル、又外ニ履足袋毛糸製、是レハ永田猶八江、

一、諸方へノ歳暮配リ方粗相濟ム、

一、鹿沼ノ大谷儀平・山口龜藏兩名江過日贈品之禮狀幷ニ近作二首ノ詩ヲ送ル

*周布知事來訪

一、周布(公平)知亊訪來リ、壺アナコ幷ニ羽子板、春子へ贈惠セラレタリ、

*判任官の拝賀を請け宮内省に執奏す

一、岡田國兵衞より到來之大根内五十本、他之注文ニ付、返濟致し呉レトノ掛合、三木乕七より申出タリ、然ルニ、已ニ諸方へ配賦ニテ、四十本ナラテナシ、此ノ旨三木江斷る、

○12月31日、晴、火、十一月十六日、

一、神拜畢、

一、安積九龍より大根着之電信達す、

一、大根百八十本ノ内貳十四本ハ破損物、殘リ四十本、三木乕七江返ス、受取人江相渡候内江、仕用百十六本ナリ、書面ヲ添ヘタリ、

乙未除夜感懷二首

流年頗痛首、未酬聖恩濃、人急迎新歳、僧忙敲晩鐘、躬犧牲後備、勇節義先鋒、老去霜枯髩、獨存丘壑胸、

四時回轉素難維、事物追隨不失明、飾戸椒景聳松竹、映窓春色笑楳枝、去歸人慟分離意、爲盡年應贈餞詩、新故多情今一夕、算臻霜下漏聲移、

〔明治二十九年正月〕

○明治二十八（九）年1月1日、水、舊十一月十七日、

一、午前昇殿畢、

午前九時、於文庫判任官ノ拜賀ヲ請ケ、宮内省ニ執奏す、

一、昨晩大井田留三郎江竹雲（山本）ノ畫幅、福祿壽ヲ贈ル、此レハ家夏件ニ付、配慮ノ勞ヲ謝スルカ爲ナリ、

一、當兵站支部員、年ノ爲〔賀脱カ〕ニ來リ、三名共ニ揮毫ヲ乞故諾す、

一、當日ハ縣廳拜賀式幷ニ新年宴會ニハ缺席、在宿保養す、

丙申春王一月元旦、試毫蓋民間政派者、流中欲協和擴張戰、後之軍備故及之、

列席家人擧壽盃、仰迎紅旭瑞祥來、去年吟意存殘菊、今日春光生早楳、强硬興論應外整、穩和情議遂順開、宜矣國體神靈氣、結出東方俊秀才、

老去今猶有錦袍、赤心日々拭霜刀、古稀加二持殘喘、空愧無逢涅髩毛、

春入神山不老門、躬迎七十二年元、丹心溫浴杯中物、醺仰蒼天叫聖恩、

新詩題得黑場開、紙上繁華筆來□、祝酒歡迎凱歌外、一簾春色一枝楳、

茶室開き

伯耆住廣賀の作刀

＊臨時招魂祭祭主を承諾す

賀客巾衣帯暖霞、五洲春景競豪奢、山無紫意別情著、林立旭旗飜若花、

○1月2日、雨、木、十一月十八日、

一、神拝畢、

一、早朝茶室開キニて、よし手前、家内五客畢ル、

一、安積九龍へ猪之注文書面、外ニ今朝之試筆七律ヲ書シテ送る、

二日有感

曾（難許）縦蘇張長舌流、臨機必定恨將酬、對峙海外須強硬、使勿英雄内顧憂、

一、當日占領惣督佐久間（左馬太）中將歸朝、神戸フラツトホームニテ休憩故、饗應ニ仕用ノ茶器一切ヲ、赤十字社員より借用申出候付貸渡シタリ、

一、大河平武二、年始ニ來、儀式ヲ出タス、

○1月3日、晴、金、十一月十九日、

一、神拝畢、

一、所労ニ付、元始祭ハ大井田へ代理セシム、

一、過日上村彦之丞江送リシ短刀ノ事ヲ、大河平より尋ニ付、左之通リ返辭ス、

伯耆住廣賀作、裏ニ天正十八年八月吉日トアリ、長サ壹尺壹寸五分、巾ハヽキ本ニテ壹寸、右廣賀ハ冬廣ノ子、幼ヨリ正宗ヲ慕ヒ、相州ニ到、次廣ノ門人トナリ、相劢傳ヲ鍛ヒ、天文ノ末伯耆ニ歸リ、高山ニ住ス、當時ノ大業物ト云々、

但伯州鍛冶系圖より抜書キシタル處、

一、當日春子舞琴ノ師匠ノ年始ナリ、

○1月4日、晴、土、十一月廿日、

一、神拝畢、

一、昨日英人デツキ女子二人ヲ年始ニ遣シタリ、是レハ過日オルゴルノ禮トシテ、七面鳥ヲ贈リ禮ト云、

一、今日より年始廻禮ヲ始ム、又左ノ人々江詩稿ヲ贈ル、岩崎虔・波多野央・廣巖寺・南挺三・惠林寺・出石神社・長田神社・伊藤侯（博文）、但侯へハ七絶壹道（マヽ）ヲ寄、其詩曰、

房杜高勳素所任、盤根錯節穩宸襟、青雲自有逢隆運、燕雀焉知鵬鵠心、

○1月5日、晴、日、暖氣、十一月廿一日、

一、神拝畢、

一、昨四日縣屬片山左治馬來リ、本月十八日姫路ニ於テ、臨時招魂祭、兵庫縣ヲ以テ執行ニ付、祭主承諾否ヲ、

周布（公平）知事より委囑トノ事候間、承諾之旨返詞致シ候叓、右本縣在勤之官衞高等官、惣體ノ供同祭典ニて、十八日神祭、十九日佛祭之筈ナリ、兩日共ニ餘興トシテ、角抵撃劍・煙花能樂等ノ催シ有之趣向ニて、地所ハ陸軍練場中江定マリタリ、本日之新聞ニモ已ニ記載セラレタリ、

一、鹿兒島郵船會社支店詰岡田國兵衞へ、大根仕送リ之一禮幷ニ三木帋七江六十七本損物共〻引渡し候次第ニ備サニ申遣す、

*黒田清綱より書面あり

一、橋本海關江、詩稿着手濟ミノ分ハ、原口へなり龜山へなり贈り度之旨ヲ申遣る、

一、司令官陸軍歩兵大尉西島守信、副官陸軍歩兵少尉由井敏之、陸軍三等軍吏一宮（ミヤ）額之三人ヨリ依賴之書ヲ認、司令部出張所へ遣す、

○1月6日、月、陰、十一月廿二日、

一、神拜畢、

臺灣匪徒蜂起の號外配賦さる

一、臺灣匪徒蜂起ノ號外ヲ配賦セリ、臺土匪徒平定ニ付、撤兵ノ說ヲ聞クヤ、撤兵ハ早シ、未タナリ、果シテ此ノ報ニ接ス、抑永（劉）副ヲ斬ルカ、生擒スルカ、彼ヲシテ世ニ在ラシメハ、臺灣ノ平定ヲ得ヘカラス、如何ト成レハ、彼レ實力ノ我レニ抗ス可カラサルヲ察シテ、循走遠サカリテ、所謂隱レ遊ヒノ軍畧ヲ用ヒ、我撤スレハ出テ、我行ケハ隱レ、奔命ニ疲カス、支那流得意ノ手段ヲ施スモノナリ、

○1月7日、晴、火、十一月廿三日、

一、神拜畢、

一、祖父公・宮子姬之月次祭執行、

一、黑田清綱ヨリ書面、詩稿ヲ送リシ禮狀達シタリ、書中大阪等ニて共ニ國叓ニ盡粹シタル叓實ノ詩ヲ吟テ、快呼ノ云〻アリ、

一、今後第四師團大久保外六將校、臺灣出征ノ南下、文庫ニ於テ休憩セリ、是レハ去月廿四日凱旋ノ各名ナリ、

一、拾遺詩稿二色ヲ原口南村ニ贈リ、評批（批評）ヲ乞、又別紙ヲ添ヱタリ、

一、東京矢田碩江書面ヲ送リ、過日端書ノ禮ヲ演、

一、六之助へ書面ノ不都合ヲ朱書シテ返ス、

○1月8日、晴、水、十一月廿四日、

一、神拜畢、

一、函館崎元夫婦江書面ヲ送リ、又播广丸江野菜種〻ヲ

贈ル、
一、東京麴町區飯田町四丁目廿壹番地、矢田碩書面ヲ贈ル、
一、河野徹志、年頭ニ來ル、婦子ヲ同道なり、
一、奥之山口(武兵衛)より猪壹頭并ニ水苔ヲ送致ス、猪ハ二才子ナリ、
一、周布知事より來十八日姫路招魂祭ゝ主依頼書來ル、仍承諾書ヲ出タス、

○1月9日、陰、木、十一月廿五日、

○一月0日(10)、晴、金、十一月廿六日、

一、神拜畢、
一、山口之叔父歸鄉す、
一、安政二年乙卯九月、幕囚トナル時ノ詩ヲ拾遺集ニ配スルニ付、舊記ノ中より取調ヘタリ、纔ニ存スル者五首ナリ、佐ゝ錄ス、憶ニ養子六之助カ如キハ、丈ゝ紛見セタ如キ叓ナレ𪜈、子孫何先カ書ヲ讀ム者アランヿヲ慮ク筆ヲ勞ス、

安政二年乙卯八月、客居下野國都賀郡、鹿沼士豪山口安良家、幕老安部[阿](正弘)伊勢守、發捕狀被收卽就縛、蓋此地昔時新田(義貞)公揭義旗之所也、其義故遺俗今猶存矣、又蒲生君平・高山(彥九郎)正之等皆出此邊云、

幾回疑獄激神人、殺伐覇權凌慕秦、去歲象山(佐久間)今又我、網羅志士作忠臣、

乙卯九月三日、町奉行井戸(覺弘)對馬守・池田(頼方カ)丹後守開獄廷詰問、再三余不敢應答、對馬守大聲叱問、余亦大聲吟此詩、而此日閉獄廷、泰西來客逐年多、臣子爭堪外侮加、廟議懇非維士氣、義人勃起倒干戈、

一、蒲[浦]井利政姫路より歸ル、止宿ハ例之忍町龍萬ニ約シテ歸ル、
一、阪[大脫]之河野(徹志)へ猪肉ヲ贈ル、又大河平(武二)へも同斷ナリ、
一、龜山雲平へ詩稿ヲ、橋本(海關)ノ名前ニて送ル、

○1月11日、晴、土、十一月廿七日、

一、神拜畢、
一、昨十日附ヲ以テ、年始狀ノ比例ヲ書スルノ狀ヲ、六之助へ出タス、
一、有栖川宮(威仁親王)より來十五日一周(熾仁親王)御祠典ニ付、御菓子料トシテ金參圓ヲ賜ル、
一、龜山雲平へ書面ヲ出タシ、詩稿添删ノ叓ヲ依賴す、

○1月12日、晴、日、十一月廿八日、

*有栖川宮家より御菓子料賜はる

一、神拜畢、

有栖川宮家へ榊料并に文檀を献上す

一、有栖川宮(熾仁親王)來ル十五日御一周祭ニ付、御靈前江榊料壹圓并ニ文壇(檀)五箇ヲ、瀛車便ニテ獻上す、

一、函館崎元江書面ヲ出サシム、

一、八時ヨリ擊劍客高橋江行キ、藤城(誠治)井ニ佐ゝ木ヲ入門セシメタリ、卽束脩五十錢ヲ持參ス、

天滿宮遷座式執行を社務所へ達す

一、天滿宮遷座式執行ヲ、本月廿五日或ハ二月廿五日ト內定ヲ社務所へ達す、

○1月13日、陰、月、十一月廿九日、

一、神拜畢、

一、鹿兒島薩陽社江、金壹圓新聞代トシテ郵送す、但是レハ十一月十日より達スカ故ニ、三ケ月分七十五錢ナリ、前金額二月十日ニテ三ケ月トナル、

一、櫻井能監より禮狀達す、

一、高階幸造來リ、招魂祭ゝ式ノ協議ヲ成ス、

一、三木丹田ノ倅より禮狀來ル、

○1月14日、陰、火、十一月卅日、

一、神拜畢、

一、淡路原口南村より詩稿批評濟ミニテ到來、

○1月15日、晴、水、十二月朔日、

一、神拜畢、

一、周布(公平)知叓より姫路招魂祭割引之瀛車付符(マヽ)二十枚ヲ送ラル、仍而六枚ヲ止メ、他ハ分所員ニ送付ス、

○1月16日、晴、木、十二月二日、

一、神拜畢、

一、高陛(階)幸造來、姫路出張ノ旨ヲ告ケ發途す、

*知事に面接姫路へ出發を告ぐ

一、午後三時登廳、知叓(周布公平)ニ面接、明十七日姫路へ出發ヲ告ク、

一、當日十七・八・九三日間、旅行賜暇ノ書面ヲ縣知叓へ出タス、

*銕製鳥居建築を示談す

一、昨十五日若竹藤左衞門訪來、銕製鳥井建築示談ヲ遂ケタリ、

一、當朝馬車ヲ發途セシメ、加古川一泊、明後日姫路停車ニ可待居申附ケタリ、

一、姫路宿泊所龍萬へ明日二番ニて發途ノ電信ヲ浦井(利政)より報セシム、

○1月17日、晴、金、十二月三日、

一、神拜畢、

一、午前九時之瀛車ニ搭シ、芳・浦井三人共ニ姫路へ向テ發シ、同十一時半到着す、馬車停車場へ見す、途

野田村旅團長を訪問す
*曾根村菅公廟を拜す
*招魂祭に獻詠す
臨時招魂祭齋行す

中ニて乗る、別當ノ油斷より令然處なり、忍町龍万へ投宿す、

一、神宮連中、追〻見得タリ、打合ノ爲午後二時より叓務所江出張ヲ乞カ故ニ諾す、大河平モ訪來ル、

一、晝飯シテ休息す、

一、二時より惣社(射楯兵主神社)江出張、神官五十餘名集會、習禮セシム、

一、四時半退出シ、野田村旅團長ヲ訪問シ、又兵庫縣叓務所ノ姫路神社内ニ出張シ、又周布知叓ノ旅宿ヲ訪ヒ歸ル、

○1月18日、晴、土、十二月四日、

一、神拜畢、

一、午前九時、正服馬車ヲ飛シテ、惣社ニ到リシニ、已ニ一同繰リ出タセシ跡故ニ、直ニ祭場ニ向ヒ、神官一同ト臨場、此日田村陸軍少將幷ニ正四位周布公平及鳥取・岡山二縣之知事、其外高等官整例〔列〕、頓テ神叓ニ係リ、一同順次ノ拜禮畢リ、九二時間ニシテ畢ル、

一、當日神官事務所ニ於テ、知叓より伊勢神苑會募集金依賴之手繼ヲ被談タリ、十一時五十分退出、

一、興倉大尉幷ニ小森・大河平等訪來ス、殊ニ興倉より清國製之履ヲ送ラレタリ、

一、關口(啓之丞)來リテ、明朝發途ノ時刻ヲ問合セ、又片山も見得タリ、

○1月19日、晴、日、十二月五日、

一、神拜畢、

一、午前第八時發途、直チニ滊車ニ搭シ、浦井ハ神戸へ直行セシメ、芳兩人ハ阿彌陀驛より下車シテ、曾根村菅公廟ヲ拜シ、鰻店ニ休憩シテ、更ニ阿彌陀ニ達シ、上リ滊車ニ搭シ、午後一時半ニ歸着ス、

招魂祭獻詠

從古英雄灑熱血、以報國家者、不乏其人也、楠公正成死湊川、其子正行沒四條畷、左高于世上、如村上義清之、如於吉野、亦素可爾也、夫義烈之著、與彼睢陽柴市、被坐刎者不可語也、恭惟、明治廿七歳次乙未、秋八月一日、宣戰
大勅一降
皇旗所向、戰無不勝焉、攻無不破焉、清都之陷、將在呼吸間、抑連戰連捷者、雖屬
皇運之恭、將士不有不由於、烈忠勇武、致死于彈

丸之効也、今茲一月十八日、崇祠故軍中尉辻村秀信君、及一百九十有八士且西南役、致死之靈位、舉採蘋以禮之日、恭歌短句一章聊以尉忠魂其詩曰、愛國英雄死報君、崇祠高名見寄勳、平生未灑雙行涙、始向祠前流濕裙、

祭場書感

烽火煙消春色新、群參隊〻看紅塵、曾灑熱血將酬國、今日生存却祭人、

愼終追遠序天倫、殺氣漸消春色新、瀏亮高吹君代曲、軍人感動我嗚咽、

姫路城

鎭臺粉壁映蒼空、勢若蟠龍雲霧中、遙照陰陽偃月陣、夜深鼓角帶雄風、（自註兵書曰、偃月陣者迎敵抱圍擊而鏖之陣形也故用之、）

○1月20日、晴、風、月、十二月六日、

一、神拜畢、

一、正午ニ馬車無事ニ歸家、

一、昨日歸社屆ケヲ出タス、

一、球陽丸松下より端書到來、宿許より之荷物持參之報知ナリ、

○1月21日、晴、烈風、火、十二月七日、

一、神拜畢、

一、鹿兒島より之荷物受取、直ク着荷の書面ヲ染へ出タス、

一、甘藷　大塩鯛　キヒナコ　附揭〔揚〕　モヤシ　酒糠　榕柑　大根漬

○1月22日、晴、水、十二月八日、

一、梅盆栽壹個、周布知吏へ送ル、

一、神拜畢、

一、櫻井能監江海苔之禮狀幷ニ近作之詩ヲ送リタリ、

＊櫻井能監へ近作の詩等を送る

一、招魂祭之撤品ヲ高階より送致す、

○1月23日、晴、木、十二月九日、

一、神拜畢、

一、當日球陽丸出帆之筈ナルニ、風波ノ爲延引ニて、送リ荷物ヲ皆持歸レリ、

一、原口南村より詩稿六・七ノ二卷ヲ送リ呉レタリ、

一、蒲地〔啓助〕行之書二枚ヲ揮、元旦ト招魂祭場之詩ナリ、

○1月24日、陰、金、十二月十日、

一、神拜畢、

一、櫻井能監江大箸及卷煙草入壹個、姫路土產トシテ贈ル、

八丈島折田より報知あり

一、八丈島大賀郷折田敬一より宗三郎病没ノ報知有之、又奥山六三郎より同斷之書面相達す、奥山亥、東京〻橋區本湊町河岸卅八號地江寄留ナリ、

○1月25日、陰、土、十二月十一日、

一、神拝畢、

一、父上・母上之月次祭執行、

一、龍野高島重次郎より醬油壹樽、爲音信贈リ越シ到來す、

一、高階幸造親成章ノ影像江記事一則ヲ書シ送ル、

一、右高島江ハ醬油來着ノ禮狀ヲ出タス、

○1月26日、晴、日、十二月十二日、

一、神拝畢、

一、和田山（九龍）安積より春子江湯島細工はこ（箱）貳ツ贈リ呉レタリ、

一、染へ書面、母上之一周年祭ヲ、三月十日迠延引之亥ヲ申遣シタリ、

○1月27日、雨、月、十二月十三日、

一、神拝畢、

*奈良原沖縄縣知事に梅盆栽を贈る

一、八丈島大賀郷江之郵便、爲替取扱局無之ニ付、東京京橋區本湊町河岸三十八番號滯在、奥山六三郎へ香典料取組ミ受取之上、大賀郷江仕送リ方之依賴狀ヲ出ス、香典料卅錢也、

一、球陽丸ハ昨晩出帆ニ付、宿許行之荷物ハ之ニて搭載ス、沖縄知亥奈良原（繁）江梅之盆栽二個ヲ贈ル、又松下より所望ニ付一盆ヲ贈ル、又松下へハ金拾錢ヲ添、胡瓜持參ヲ依賴ス、

○1月28日、晴、火、十二月十四日、

一、神拝畢、

一、細川村福井万右衞門江櫻草十種位送リ方ヲ（マヽ）依賴書ヲ送リ、端書九枚ヲ歳玉トシテ贈ル、

一、東京三田育種場種物店へ、櫻草十種送リ方之書面ヲ出タシ、右代價送リ方ニ付返書、送リ方ヲ記ス、

一、八代履道歸淡ニ付、原口南村へ書面ヲ送リ、詩稿十一巻ヲ贈ル、又八代江金壹圓ヲ渡し、酒ヲ原口へ持參可致亥ヲ申含メタリ、

*依頼有りて命名す

一、陸軍歩兵少尉正八位由井敏之一男子ヲ擧ケシニ付、名命（命名）ノ亥ヲ依賴ニ付、由井敏一（ヒイチトシノリ）敏德ト命スルノ書面ヲ認ム、

*小野湖山より書籍送付さる

一、京都小野湖山翁ヨリ大統明鑑抄ヲ送附シ、且ツ過日贈リシ詩稿ヲ厚ク謝シタリ、

○1月29日、晴、水、三十度、十二月十五日、

一、神拝畢、

一、昨日名附ケシ由井敏之、謝禮トシテ來ル、

一、昨日市役所より配當セシ正門前凱旋門、撮影額面製造方ヲ浦井へ命シタリ、

○1月30日、晴、木、十二月十六日、

一、神拝畢、

一、安政二年舊幕府ニ被拘タル時、獄中之詩ヲ橋本へ送リ批評ヲ乞、

一、廣島宇品軍港在勤、此山海軍少將江書面ヲ贈リ、爲記念戰利品獻納、依頼ノ書面ヲ遣ス、但大河平武二書面ヲ取仕立、持参致シ呉レタリ、

戰利品獻納の依頼書面を遣す

○1月31日、晴、金、三十四度、十二月十七日、

一、神拝畢、

一、志築町西田茂八郎より鶏卵五十個ヲ惠與セリ、

〔二月〕

○2月1日、晴、土、十二月十八日、

一、神拝畢、

一、染より廿六日附之書面達す、

一、教育博議社へ金五十錢、十二部分前金、外ニ壹圓五十錢寄付す、

○2月2日、晴、日、十二月十九日、

一、神拝畢、

一、姫路之中學校長小森訪ヒ來ル、

一、函館崎元幸より野菜ヲ贈リシ禮狀來ル、

一、細川村福井（萬右衛門）より櫻草苗十五株到着す、

一、東京三田育種場より櫻草ノ返詞來ル、壹株ニ付貳十五錢ナリト云ゝ、

○2月3日、陰、月、節分、十二月廿日、

一、神拝畢、

一、河井貞一非職否ノ問合ヲ、日（藏）外ニ遣ス、

一、川（爲）添より書面達す、河（マゝ）合ハ倉庫會社江入社ニて、自辭表ヲ奉シタリト云、

一、知夏（マゝ）知夏より姫路招魂江出浮、神職江謝狀來ル、仍而分所江差廻す、

○2月4日、雨、火、十二月廿一日、

一、神拝畢、

一、縣廳小川正一郎より河井送別會之件ヲ通知有之、

○2月5日、晴、水、十二月廿二日、

鳴瀧公恭より縮緬壹反を贈らる

*北堂君一周忌祭執行す

一、神拜畢、
一、周布(公平)知叓江悔ミノ書面ヲ出ス、
一、大阪ノキリン商會江焚香品ヲ注文す、
一、鳴瀧公恭より縮緬壹反ヲ贈ル、右犒軍有志者より凱旋ニ付、文庫ヲ貸與セシ禮ナリ、
一、原口南村へ書面ヲ送リ、詩稿依賴ノ件ナリ、十・十二巻ナリ、是レハ掛張リニて送る、

○2月6日、晴、木、十二月廿三日、

一、神拜畢、
一、高崎正風ノ倅見得タリ、病中ニて面會セス、
一、大河平(武二)之母訪來リ、鷄卵ヲ惠レタリ、
一、蒲(浦)井利政ヲ河井貞一江書面ヲ添ヘ、辭職一件ヲ問合セタリ、
一、奥之山口(武兵衛)より猪一頭ヲ贈リタリ、六貫三百目と云、

○2月7日、晴、金、十二月廿四日、

一、神拜畢、
一、河井貞一より蕎麥幷ニ小鳥ヲ惠ナリ、
一、祖父公・宮子姫ノ月次祭執行濟、

○2月8日、晴、土、十二月廿五日、

一、神拜畢、
一、昨日矢九郎(有川)倅九之助、大阪商船學校江入塾ニ付、着神仍(マヽ)而、
一、染より金柑砂糖漬ヲ贈リタリ、

○2月9日、陰、日、十二月廿六日、

一、神拜畢、
一、母上樣御通夜ニ付、靈前供物ヲ奉る、

○2月0(10)日、晴、月、十二月廿七日、

一、神拜畢、
一、北堂君御一周忌祭執行、祭主ハ小白川(錄郎)ニ依賴す、
一、御祭濟ミノ電信、鹿児島ニ報す、
一、右ニ付御茶之子諸方へ配當、惣而五十餘戸なり、

○2月11日、火、晴、十二月廿八日、

一、神拜畢、
一、廣嵓寺住職ノ件ニ付、福音寺幷ニ南禪寺理事大澤同道ニて來ル、
一、探幽(狩野)之一幅對表粧ヲ大井田(留三郎)ニ托ス、

○2月12日、水、晴、十二月廿九日、

一、神拜畢、
一、本縣石井(勇吉)より明十三日祈年執行之照會來ル、仍後三時執行之書ヲ石井へ報す、

一、原口南村より依頼、拙稿二回ニ送リ來、
一、晩刻本縣より來ル十四日祈年祭執行之達到來ニ付、明日延引之形行、諸方へ報知ス、
一、京都加藤新助へ七條小粒壹樽注文ノ端書ヲ出タス、
一、山本之新九郎へ天神川沙壹車ノ注文端書同斷、

○2月13日、晴、木、十二月晦日、

一、神拜畢、
一、今日
管玉貳ツ　劍（三條）宗近作　天然石　楠公御自石布袋
右獻納、仍而左之通リ下賜、
一、神酒料一千疋　一、三層盃壹個　撤品菓子壹函
右ニ賞狀ヲ添ヱテ贈ルヿニ、社務所ニ達す、

朝鮮國王及び皇太子露國公使館に移さるとの號外あり

一、號外ヲ以テ、朝鮮國王（高宗）及皇太子露國公使館江潛行、内閣員慘殺セラレシヲ報告ス、

*內務大臣より賀表進達書式の件達せらる

○2月14日、陰、金、正月元日、

祈年祭執行す

一、神拜畢、
一、祈年祭執行、秋山（恕郷）書記官奉幣使トシテ參拜、屬ハ石井勇吉、
一、銀山町柴橋撰次より書面、猪壹頭送ルノ書面達す、左之如し、
參圓六十五錢猪代、四錢箱代、運賃三錢、參十錢滊車代、〆四圓、貳錢（マヽ）也、

○2月15日、晴、土、雪、三十四度、正月二日、

一、神拜畢、
一、大井田へ御役附之三奉新製（マヽ）ヲ達す、
一、爲替金四圓、貳錢幷ニ印（紙脱カ）貳枚書留ニテ、柴橋（撰次）方へ出タス、

○2月16日、晴、日、正月三日、

一、神拜畢、
一、陸軍歩兵大尉興倉喜平、姫路より來ル、是より東上スと云、晝飯ヲ饗シテ返す、過日姫路ニ於清産履ヲ惠ミシ人なり、

○2月17日、陰、月、正月四日、

一、神拜畢、
一、內務大臣（芳川顯正）より賀表進達書式之件ヲ達セラレタリ、
一、國光社女鑑之代價貳圓貳十錢、爲替ニて郵送す、

○2月18日、晴、火、正月五日、

一、神拜畢、
一、昨十七日登廳、祈年祭奉幣使ノ禮ヲ、書記官（秋山恕郷）ニ演べ、又周布知叓ヲ訪テ歸ル、

柑橘供進會審査員長就任依頼を承諾す

一、日外藏訪來、淡路ニ於柑橘供進會審査員長依頼アリ、依而承諾す、

一、陸軍歩兵大尉西島守信交代ニ付、暇乞ノ爲ニ訪來リ、後任者仝大尉田崎小七郎同伴シ、今後社内休憩所、従前ノ通リ召置方之依頼有之、

○2月19日、晴、水、正月六日、

一、神拜畢、

一、浦井(利政)ヲ大阪ニ遣ス、絖壹反幷ニゴフン買入、且ツ藤[澤脱]南岳へ立寄リ、詩稿上梓一件ヲ聞合セタリ、又河野徹志江千代ノ薬リ貰ヲ依頼す、

一、昨十八日加藤捨吉より七條土着シタリ、又端書ニテ此代壹圓四十二錢也、

一、陸軍歩兵少尉由井敏之より鯣壹包ヲ贈ル、是レハ過日半切ヲ書キ贈リシ答禮ナリ、仍而蘭梅ノ扇子ヲ贈リタリ、

○2月20日、晴、木、正月七日、

*鳴瀧市長より軍人送別會招請狀來る

一、神拜畢、

○2月21日、金、正月八日、

一、神拜畢、

*天滿社正遷宮祭執行す

一、金壹圓四十貳錢、加藤捨吉へ土代トシテ郵送す、

○2月22日、土、晴、正月九日、

一、神拜畢、

一、龜山雲平より詩稿到着ニ付、直ニ書面ヲ附シ原口(南村)方へ郵送す、

一、午後菅廟江參詣、遷座式諸叓ヲ指揮セリ、

一、當日より盆梅ニ文庫へ掲ケタリ、

○2月23日、日、晴、正月十日、

一、神拜畢、

一、高階(幸造)來訪、募集金一件ヲ小野權四郎へ依頼之叓ヲ協議ス、

一、終日盆梅飾付ケ方ヲ指揮す、

一、大藪文雄江六十賀ノ歌二首ヲ送リ、轉作ヲ乞、

○2月24日、晴、月、正月十一日、

一、神拜畢、

一、鳴瀧(公恭)市長より軍人送別會ニ付、招請狀來ル、

○2月25日、陰、火、正月十二日、

一、神拜畢、

一、父上・母[上脱]之月次祭執行相濟ム、

一、午後六時より菅神之正遷宮執行、諸叓不都[合脱]無ク相濟、

○2月26日、晴、水、正月十三日、

秋山書記官を訪ひ觀梅の會を約す

＊高嶋中將并に周布知事夫婦來訪

周布知事を垂水別荘へ訪ふ

＊北白川宮家より御菓子料下賜あり

樺山惣督着神す

一、神拝畢、

一、歸省賜暇、追願書ヲ兵庫縣へ進達す、

一、小野權四郎へ行、分所募金ノ件ヲ依頼シ、又鳴瀧市長へ過日贈品之禮ヲ演ベタリ、

一、矢九郎(有川)之倅九助(マヽ)來訪、今夕止宿爲致候叓、

○2月27日、晴、木、正月十四日、

一、神拝畢、

一、周布知叓ヲ訪ニ、病氣ニて垂水之別荘江保養之趣キヲ聞ク、

一、秋山書記官ヲ訪ヒ、三月三日觀梅之會ヲ約シテ返ル、

一、九助并ニ安樂(善助)ヲ附シ、馬車ニて諸〻見物セシム、

一、矢九郎江九助學校進退一件ヲ問合セタリ、

一、高階江小野權四郎募集金一件、承諾ノ事情ヲ通知す、

一、午後二時ノ瀛車ニて、垂水ニ周布知叓ヲ訪ヒ、卽日返る、

○2月28日、晴、金、正月十五日、

一、神拝畢、

一、大井田(留三郎)へ依頼ノ三幅對掛幅出來す、

一、樺山(資紀)惣督着神ニ付、馬車ヲ縣廳より借用申來ルニ付承諾す、

○2月29日、晴、土、正月十六日、

一、神拝畢、

一、墓參御暇二月廿五日附ニて許可、縣廳より傳達有之、

一、關西商業日報記者藤尾木藏訪ヒ來ル、

〔三　月〕

○3月1日、晴、日、正月十七日、

一、神拝畢、

一、原口泰江書面ヲ投シ、梅信ヲ報シ、又序文ノ紙ヲ贈ル、

一、藤〔澤脱〕南岳より詩稿之代價云〻ヲ報シタリ、

一、高嶋中將(鞆之助)并ニ周布知叓(公平)夫婦訪來、知叓ハ病氣ハ頗ル快シトノ事、

一、高嶋中將ト同伴ニテ、柏田盛文訪來リ、初而面接す、

一、昨日矢九郎(有川)より歸家見合セノ電信ニ付、左之通禮報ヲ引ク、

ゴシンセツカタシケナシ、セヒカヱリタシ、

一、北白川宮樣御家扶より御菓子料トシテ、金壹圓爲換御下賜アリ、

*北白川宮家より御菓子料御下賜あり

（原表紙）

日誌　従明治二十九年三月一日　至同　年十一月卅日　四十三

〔明治二十九年三月〕

○3月1日、晴、日、正月十七日、

高嶋中將來訪

周布知事夫婦來訪

*高嶋中將周布知事に暇乞す

一、神拝畢、

一、原口泰江書面ヲ投シ、梅信ヲ報シ、又詩稿序文ノ紙ヲ封入す、

一、大阪藤南岳（澤脱）より詩稿仕立代價壹册ニ付、四十錢トノ報知有之、

一、高嶋（鞆之助）中將、柏田盛文・須永卓ヲ具して訪來セラル、

一、周布（公平）知叓夫婦見得タリ、病氣少シ快シトノ事なり、婦人ハ御禮ノ爲ニ參詣有之タリ、

一、昨廿九日、有川矢九郎より四・五月迠歸省見合セノ

電信ニ禮答スル、左ノ如シ、

ゴシンセツカタシケナシ、セヒカヱリタシ、

一、北白川宮（故能久親王）より御一周御祭典、御菓子料壹圓、家扶より御下賜有之タリ、

一、球陽丸出帆之趣、送迎、會社より報知有之、

○3月2日、晴、月、正月十八日、

一、神拝畢、

一、高嶋（鞆之助）將軍へ猪羔ヲ贈リ、又周布知叓江七面鳥卵ヲ贈る、

一、球陽丸着船、仍而出帆ノ問合セ狀ヲ、松下へ出タス、

一、岡田（國兵衛）より二月十八日附ケ之書面ニて、大根ノ一件通知有之、

一、金剛艦乗付、新納司江文壇（檀）・榁柑ヲ贈ル、

○3月3日、雪、火、正月十九日、

一、神拝畢、本日觀梅會ニ縣官ヲ招待す、

一、但馬安積九郎へ、養・朝（父脱）二（來脱）郡分割之虚傳ナルヲ報す、

○3月4日、晴、水、正月廿日、

一、神拝畢、

一、早朝高嶋幷ニ周布知叓ニ、暇乞之爲行キ歸ル、

一、和田山安積（九龍）江秋山（恕郷）書記官、分郡ノ爲上京ノ叓ヲ報知

す、

北*堂君一年祭の招待狀を出す

○3月5日、晴、木、正月廿一日、

一、神拝畢、

一、淡路滞在之岡鹿門江山河脈圖之序文依頼之書面幷ニ紙ヲ橋本海關より送與セシム、

鹿兒島に向け發す

一、午前九時より水上警察〔署脱〕江到リ、十一時卅分球陽丸廻航ニ付、小蒸滊ヲ搭して乗船見送リ人、數人アリ、午後二時卅分發ス、播州洋少ゝ動揺ス、僅ゝ之時間ニして靜穏なり、

○3月6日、晴、金、正月廿二日、

一、神拝畢、

風柔ラカニ濤靜ナリ、

○3月7日、晴、土、正月廿三日、

一、神拝畢、

鹿兒島灣へ投錨す

一、船中ニてハ松下初メ、至ツテ叮嚀ニ取扱ヒ吳レタリ、正午ニ鹿兒島灣へ投錨ス、有川（矢九郎）夫婦幷ニ六之助・川畑・永田（猶八）等出迎ヒ、直ニ挽車ニ投シ、途中ニて猪肉ヲ買ヒ歸家、

北*堂君一年祭を執行す

氏神幷ニ靈前ヲ拜シテ、後有川等と閑話す、

○3月8日、晴、日、正月廿四日、

一、神拝畢、

一、踊之春田齊江書面ヲ出タス、

一、來ル十日、一周祭執行之招待狀ヲ出タス、皆嘉行（佐々木）ヲシテ書セシム、

○3月9日、月、正月廿五日、

一、神拝畢、

一、大井田留三郎より五日附之書面達す、

一、今朝六之助（有川）、昨夕染・千代物詰（語カ）之一件ヲ申立、言語同斷〔道〕ナリ、其事實ゝ筆頭ニ難盡ニ付書セス、

一、當日ハ一同車ヲ馳セ墓參、且ツ前左大臣公（島津久光）之御墓前ヲ拜シ、此レヨリ磯御邸（島津忠濟）江伺〔候〕公、御機嫌ヲ伺ヒ歸途ニ就ク、

一、當朝六之助之一件、有川へ立寄、矢九郎夫婦江篤ト談シテ置ク、

一、晩ニ矢九郎來リ、六之助ト同座ニて、當朝六之助ノ振舞ヲ謝シタリ、依而本人江も心得違之件ヲ申含メタリ、

○3月0（10）日、陰、風、火、正月廿六日、

一、神拝畢、

一、當日ハ一周回祭典ヲ執行、自ラ祝詞ヲ奏シ、一通リ

玉里御邸へ伺候す
磯*御邸へ伺候
稅所篤を訪ひ閑談す

島津家より屛風の御禮として金參百圓賜る

之祭事ヲ畢タリ、時〔二脱カ〕井上氏齋主トシテ拜式相濟ム、客來惣而十二名ナリ、其他故障有之、不參ノ人江者料理ヲ配當シタリ、

○3月11日、晴、水、正月廿七日、

一、神拜畢、

一、今朝六之助、又々苦情申立、散々不都合ナリ、

一、午前第九時、玉里(島津忠濟)御邸江伺公〔候〕、御機嫌ヲ伺タリ、當日途中より安田五兵衞ヲ訪ヒ、病氣ヲ見舞、又六之助之一件ヲ示談シ置キ、更ニ路ヲ西田江轉シ、稅所篤ヲ訪ヒ閑談、數刻ニシテ歸ル、

一、磯嶋津(忠濟)家より御使者十河伊右衞門ヲ以テ、金參百圓ヲ賜リタリ、是レハ曩キニ金屛風ヲ獻上セシ御禮なり、

○3月12日、雨、木、正月廿八日、

一、神拜畢、

一、金壹圓十二錢五厘、廿九年一月廿八日ヨリ四月廿七日迄三ケ月分仕拂受取證有之、但郵稅共、

一、午後永田猶八江行キ、從前より之禮ヲノベ、又後事ヲ托シテ歸ル、

一、小倉氏ノ地所ハ、亡御母公之御申附ケ之如ク、佐々木氏之名義ニ相立置クヿヲ此際執行、登記等之件ヲ依賴致シタリ、

一、晩ニ北元庄吉訪來ル、六之助醉狂ノ容體ニ付叱リ置候、

一、大井田(留三郎)江廿六日球陽丸ニ乘船、歸神ノ事ヲ報す、

○3月13日、晴、金、正月廿九日、

一、神拜畢、

一、磯御邸江御暇乞、又御禮ノ爲ニ伺公〔候〕、

一、兼而望ミノ松盆栽、金貳圓ニ買取る、

一、午前九時、磯御邸江發途す、仍而有川矢九郎へ立寄リ、六之助ノ進退一件ヲ篤々熟議、手繼書之叓々托シ決定シ相濟ミ、是より御邸伺公〔候〕御禮申上、又福昌寺江墓參ヲ畢、又岡田ヲ訪ヒ、北元ヲ訪ヒ、途中ニて藥品ヲ買求メテ歸ル、

一、當朝永田猶八、昨夕北元(庄吉)之叓ニ付、謝罪ノ〔爲脱カ〕參る、

一、六之助叓、愈離緣ノ叓ニ決す、仍而左之通リ養子辭退手繼書、

六之助事、双方熟議濟ミノ上、養子盟約之處、不緣ニ付辭退候條、御承諾有之度、猶該事件ニ於テハ、双方共難題ケ間敷義不申立候、辭退手繼書如斯候也、

但所有手道具、別紙ケ條之通リ候條、御引渡有之
度候也、

廿九年三月十三日　　有川六之助印

折田年秀殿

一、右之書面貳通ヲ受取、壹通ヲ有川矢九郎へ送附ス、猶酒肴ヲ設ケ、別盃ヲ酌ミ歸シ、又荷物之義ハ、車壹臺へ積ミ、卽刻有川江送リ、是レニテ萬叓結局す、

養子六之助を離縁す

一、市役所届ケ書面ハ印ヲ捺シ、有川方へ送ル、

一、今夕六之助出立ノ際、おはやとの參リ居ラレ、六之助一件詳細聞取、大ニ驚キ入リタリ、

○3月14日、晴、土、二月朔日、

一、神拜畢、

一、昨日蒲地(啓助)・山下江六之助離縁之報知書ヲ出タス、

一、神戸誠治(藤城)方へ、六之助離縁ノ報知ヲ出タス、

一、永田猶八江芳ヲ遣シ、佐々木後見人之届ケ頼方ヲ依賴ス、

一、郵船會社支店支配人岡田國兵衞訪來ル、

○3月15日、晴、日、二月二日、

一、神拜畢、

一、新納司之宅ヲ訪ニ、親之壯之丞ニ面會す、是レハ慶

應ノ役、御兵具奉行ヲ以テ上京之節、御兵具所書役ヲ以テ、隨行ノ人なり、

一、安田五兵衞江行、六之助一件之禮ヲ演ヘタリ、不在故家内ニ面會シテ、事情ヲツケテ歸ル、

一、有川氏おしけとの參リ、琉球島六反ヲ被惠タリ、此レハ六之助之禮なり、

一、函館崎元彥太郎幷ニお幸へ、六之助離縁之形行ヲ報知スルノ書面ヲ出タス、

一、晩ニ矢九郎(有川)來リ、六之助へ遣シ置タル左之刀ヲ、是非受取吳レトノ叓ニテ返リタリ、

○3月16日、陰、風、月、二月三日、

一、神拜畢、

一、大井田・龜山雲平之書面達す、

一、永田猶八訪來ル、仍而後事ヲ依賴す、

一、新納宗之助來、刀壹本幷ニ書狀、其外刀用之油壹瓶ヲ、倅之司へ届ケ方之依囑有之、預リ狀ヲ出タス、

一、八幡神社御旗四流ノ神號ヲ記スヲ、氏子若衆より依賴ニ付書ス、

○3月17日、〔火脫〕大風雨、二月四日、

一、神拜畢、

一、海岸渡邊方へ球陽出帆ヲ問合セタレトモ、風雨ノ爲荷役不調故、當日之出帆覺束ナシトノ事ナリ、

一、六之助江遣シ置キシ銀拵、左之刀ハ矢九郎より返濟ナレトモ、矢九郎へ書面ヲ添エ、僞劍ナレトモ、贈ル叓ニ決シ、染へ預ケ置ケリ、

○3月18日、晴、水、二月五日、

一、神拜畢、

一、午前九時發途、高麗橋警察交番所江行、名刺ヲ出シ、跡家婦ノミ留主居ニ付、變事到來之日々ハ馳參スへキニ付、御保護被下度旨ヲ申出テ、是より一同ハ、石燈爐渡邊江芳ト與ニ有川江行、暇乞ヲ致スニ、矢九郎夫婦幷ニお梅、皆海岸迠見送リ呉レ、一同濱ニて相分レタリ、

*周布知事を訪ふ

一、當日海岸ニて買入タル大根一等ハ、五貫四百目ヲ最一トシ、都合三十一個ナリ、

艦船にて神戸に著す

一、前十一時ニ發艦、日州洋ニて濤高ク動搖セシモ、細島ヨリ平和、讃州洋ニ到、霧雨ニて航不明ニ付、碇ヲ卸シ停泊、九六時間休シテ五時ニ運用シ、午後三時四十分神戸ニ安着、一同小蒸ニて迎ニ參ル、都合能上陸す、

○3月19日、陰、木、二月六日、

一、神拜畢、尾花崎ニて夜明ケタリ、

一、風順ニ濤平なり、讃州洋ニて日沒す、前期ノ如シ、

○3月20日、晴、金、二月七日、

一、神拜畢、

一、着神、前期ノ如、

○3月21日、晴、土、二月八日、

一、昇殿畢、

一、原口泰、西田茂八郎へ書面、歸社ヲ報シ、兩人共大根ヲ贈リ、又西田へハ稲種子ノ注文ヲ依頼す、

一、安積(九龍)江大根ヲ贈ルノ書面ヲ出タス、

一、染へ安着ノ書面ヲ出タス、

一、午後日外藏ヲ訪ヒ、コム幷ニ肥料等之件ヲ召仕ニ依賴シ、是レヨリ周布知叓(公平)ヲ訪ヒ、高島江閑談シテ歸ル、

○3月22日、晴、日、二月九日、

一、神拜畢、

一、蒲池啓助江、知友ヲ撰フへキヲ忠告すルノ書面ヲ出タス、

一、松下祐助より端書到來、明廿三日出帆ノ報知ナリ、

○3月23日、晴、月、二月十日、

一、神拜畢、

一、球陽丸出帆ニ付、有川矢九郎へ書面幷ニ燐酸肥料二種、牛血各袋入、又干栗・菊菜・牛肉味噌漬壹壺、九五斤ヲ贈ル、

一、永田猶八江肥料二種ヲ贈ル、書面相添ヱタリ、

*盆梅等有栖川宮御息所へ獻納す

一、北元文造江書面、大根十二三本送リ方ヲ注文す、

一、染へ書面、各家江送リ方之紙包ヲ依賴す、

一、昨夕ハ水上警察所〔署〕幷ニ神戸葺合警署長へ觀梅之會食シタリ、

園藝會名譽顧問の依囑を承諾す

一、河井貞一來リ、川邊郡山本村私立園藝會實習場名譽顧問依囑ヲ承諾す、

一、岡鹿門訪來、拙稿序文ヲ持參す、

一、西田茂八郎より福冨稻種子廢絕之返詞到來ニ付、本書相添へ、永田方へ問合セタリ、

○3月24日、晴、火、二月十一日、

一、神拜畢、

戰利品大砲獻納の書面達す

一、伊東（祐亨）海軍中將ヨリ、支那分捕ノ大砲獻納ノ書面達す、

一、午前九時ノ山陽瀛車ニ搭シテ、明石ニ上リ、米澤長衞ヲ訪ヒ、昔年ヨリ之禮ヲノへ、鹿兒島カステイラ幷ニ島大根ヲ土產トシテ持參す、長衞（米澤）ハ不在ナリ、

仍テ家內へ一禮ヲ囑シ、是レヨリ舞妓ノ左海屋ニ投シ、晝飯ヲ支度シテ二時十四分ノ瀛車ニテ歸社、

○3月25日、晴、水、二月十二日、

一、昇殿畢、

一、父上・母上之月次祭執行濟、

一、盆梅紅白二ツ、外ニ文檀五個、舞妓〔子〕御別莊江御滯在被遊候、有栖川（慰子）御息所江獻納致シタリ、

一、新納司横須賀より書面到來、（新納）宗之助より贈リシ劍ハ、歸朝迠之間預リ呉レトノ㕝ニ付、早速返詞ヲ横須賀ニ宛テ差出ス、

一、安積九龍より栗貳升斗リ贈リタリ、是レハ過日干栗（クリ）ヲ注文セシ誤讀なり、

一、岡千仭より潤筆申出候間、金貳圓ヲ贈ル、是レハ小稿之序文ヲ記シタニ仍るナリ、堂ゝ儒者ト唱ヱ、潤筆ヲ請求ストハ、頗ル奇なり、兼テ別袖ノ日ニハ、自然贐スルノ見込ミナルニ、彼レヨリ乞トハ、實ニ可恥ナリ、其後來訪スルモ面接セス、

○3月26日、陰、木、二月十三日、

一、神拜畢、

一、伊東中將ヨリ大砲到達す、

一、昨晩刻有川ヨリ電信、ミナトトクヨレイトアリ、
一、陸軍省より回湊アリシ大砲、其外要具引渡スニ付、受取人可差出旨、本縣兵吏掛屬より照會アリ、
○3月27日、雨、金、二月十四日、
一、神拜畢、
一、和田山安積江書、本知吏（周布公平）上京不在之旨投書す、
○3月28日、陰、土、二月十五日、
一、昇殿畢、
一、高木壽穎江御賜摺筆幷ニ一修秋水各壹類ツヽ注文、郵稅共ニ金四十五錢ヲ郵送す、
一、今晩より臺灣守備兵通過、
一、陸軍省より奉納ナリシ大砲受取之爲、社内一同縣廳江出頭セシム、
○3月29日、晴、日、二月十六日、
一、神拜畢、
一、臺灣守備隊通過アリ、
一、アルムストンク（アームストロング）、其外小銃刀、陸軍省より獻備數品、本縣より引渡シ有之、惣テ拜殿上ニ飾リ附ケタリ、

戰利品アームストロング砲等の武器本縣より引渡しあり

○3月20日[30]、陰、月、二月十七日、
昇殿畢、

一、染より球陽ニて送リ品ゝ着之書面達す、
○3月21日[31]、晴、火、二月十八日、
一、神拜畢、
一、終日橋本（海關）依賴之揮毫、

〔四月〕

○4月1日、陰、水、二月十九日、
一、神拜畢、
一、安積九龍之養子誠一訪來ル、又九龍より古代ノ桑盆五枚惠投なり、
誠（藤城）二（治）吏、日給拾貳錢ツヽ給與之辭令ヲ得タリ、
○4月2日、晴、木、二月廿日、
一、昇殿畢、
○4月3日、晴、金、二月廿一日、
一、神拜畢、
一、高陛（階）幸造より御所柿ノ穗幷ニ祇園ほうを惠ミタリ、
○4月4日、晴、土、二月廿二日、
一、神拜畢、
一、岡善より墨二挺ヲ買入ル、
○4月5日、晴、日、二月廿三日、

一、神拜畢、

一、有川より書面、贈り物禮狀なり、パンニて下痢止リタルニ付、又ゝ仕送り方注文ニ付、即刻ハン(パン)幷ニジヤミ(ジャム)ヲ小包ニて仕出ス、

一、三木ノ宮野(平次郎)來ル、仍テ矢九郎(有川)注文ノ厚鋸切貳本注文す、

○4月6日、晴、月、二月廿四日、

一、昇殿畢、

一、山本村新九郎へ山櫻四十本・楓三十本・莘〔辛〕夷二十本、注文書面ヲ出タス、

一、晩ニ小野權四郎來リ、多門〔闕〕通リ堀涯之貸地一件之談ヲ聞ク、

一、岩崎虔江石柱ノ題字ノ件ヲ問合セタリ、其語ニ曰、

鞅掌産業勉收浩益表章誠衷〔恭〕恭祈宜福、

明治二十九年丙申夏吉日　香川縣成瀬岩太郎謹建

○4月7日、雨、火、二月廿五日、

一、神拜畢、

一、祖孝幷ニ宮子月次祭執行濟ム、

一、有川矢九郎より二度實枇杷幷ニ金九年母小包郵便ニて達す、

一、養氣館ノ額面出來セリ、揭方ヲ大井田(留三郎)へ達す、

○4月8日、晴、水、二月廿六日、

一、昇殿畢、

一、岩崎依賴ノ石碑ノ文字ヲ、同人江寄贈ス、

○4月9日、晴、木、二月廿七日、

一、神拜畢、

一、來ル十一日衞生會ニ付、近府縣より集會ニ付、爲縦覽海陸軍より寄附戰利及楠公遺跡飾附ケノ叓ヲ市長(鳴瀧公恭)より依賴アリタリ、仍而承諾す、

○4月0(10)日、晴、金、二月廿八日、

一、昇殿畢、

一、神戸市長鳴瀧より衞生會加入誘導之書面、周布知叓(公平)兩名ニて到來、仍テ左之通リ返書す、

拜啓、然者、私立衞生會員江加入可致御訓示敬誦致、拙老事、明治廿一年十二月十一日縣屬三浦純一より入會可致旨通知ニ付、即承諾致、爾後會員ト自信致候、就而ハ猶今般改メテ入會可申立義も有之哉、何分御指圖被下度恐惶頓首、

四月十日　折田年秀

神戸市長鳴瀧恭〔公恭〕公殿

一、右之如返詞セシニ付、通常會員ノ章幷ニ規則等廻送
セラレタリ、
一、球陽丸入津ニて、宿許より之荷物品々幷ニ松下へ依
頼ノ獅子蘇銕、外ニ注文ノ大根十二本到着す、
一、松下よりコム(護謨)三尺餘リ之樹二本注文有之、
一、明日ハ角野より小鮎ヲ贈リ呉レ、額面幷ニ幅ノ依頼
有之、

○4月11日、土、晴、二月廿九日、

一、昇殿畢、
一、奥之森本武兵衛ノ書、大病之趣、山口より報知ニ付、
卽刻田村喜進へ人ヲ遣シ、明日往診之叓ヲ依頼、仍
而よし叓里ヲ具シ、同伴ノ叓ニ決ス、病症ハ胸膜炎
トノ由ナリ、
一、松下江書面、荷物幷ニ注文ノコム三本送遞社迠差出
ス件ヲ報ス、

○4月12日、陰、日、二月晦日、

一、神拜畢、
一、よし事、田村ト同伴ニて、明石へ向ツテ發途セシム、
一、吉野郡上京之小村より十五・十六櫻花滿開ノ報知有
之、

一、有川(矢九郎)行キノ書面幷牛肉・パン、キンカン外ニ書三枚、
樟・キンカンノ穗等ヲ贈ル、又永田(猶八)江書面、楠木伐
採ノ件等ヲ依頼シ、又早稻ノ穗少々送ル、
一、染へ同斷、書面ヲ出ス、

○4月13日、晴、月、三月一日、

一、昇殿畢、
一、球陽〔丸脱〕出帆ニ付、荷物ヲ海岸へ送リ、松下へハ麥酒貳
本ヲ贈、
一、有川熊次郎東京ヨリ着す、

○4月14日、雨、火、三月二日、

一、神拜畢、
一、昨晩よし夜ニ入リ九時ニ奥ヨリ歸リ、姉ノ樣躰ヲ聞、
全肺炎症ニて田村(喜進)ノ香芬劑ニて、苦痛ヲ忘レ、安眠
ニ著タリトノ叓ヲ報シ、大ニ安心シタリ、
一、昨日山本之新九郎よりコフシ二十本・山櫻苗四十本・
楓苗卅本到來す、
一、(有川)熊次郎來リ、晩飯ノ約ヲナス、
一、(有川)矢九郎へ電信幷ニ書面ヲ出タシ、熊次郎ノ叓ヲ報す、
一、田村氏訪來、森本家內ノ病症幷ニ治療法ヲ聞ク、
一、森本より飛脚到來、病人漸次快シトノ事なり、仍テ

*東京山田淺右衛門方へ山田丸注文す

種〻滋養品ヲ取合セ贈ルノ手配ニ及フ、
○4月15日、晴、水、三月三日、
一、昇殿畢、
一、森本之飛脚ヲ返ス、
一、當地出張、陸軍小[少]佐遠藤敬吉・同大尉田崎之兩士官訪來、日清交戰軍隊通過之節、盡力ニ付謝狀ヲ携帶セリ、大井田留三郎へも同斷ナリ、
一、有川より書面、以來パン贈リ方ノ趣キナリ、少〻腐敗セシ趣ナリ、
一、昨晩森本より飛脚來リ、土地之醫師よりも田村へ書面來ル、仍而猶又藥品二種ヲ送リ返す、
○4月16日、陰、木、三月四日、
一、神拜畢、
一、森本江書面ヲ出タシ、スツポンノ肝ヲ用ユヘキヿヲ報知ス、何分ニも養生後レニて、如何ともシ難シ、
一、有川熊次郎、當日發途、廣島ヲ歷歸家ノ來レリ、
一、大河平[武二]へ山田丸ヲ貰ニ遣シタリ、依而本人持參ニ付、直チニ御門番ヲ奥江遣シ、スツホンヲモ贈ル、
○4月17日、晴、金、三月五日、
一、昇殿畢、
一、昨日東京平河町山田淺右衛門方へ、山田丸金壹圓カノ注文ス、仍テ本日爲替ヲ郵送すニヨリ、郵税貳錢三枚封入す、
一、奥之森本へ遣シタル御門番歸來、病人ハ依然タルトノ事ヲ報す、
○4月18日、晴、土、三月六日、
一、神拜畢、
一、東京後藤お千代へ、山田丸壹圓かの注文す、但居宅不明ニ付、野村將曹江封入シテ遣す、
一、午後四時奥之森本より三田出之電信到着す、家內遂ニ死去ノ報なり、又山田方より丸藥五包ヲ送ル、
一、當日ハ乃木[希典]陸軍旅團長及大久保[春野]參謀長ヲ文庫ニ迎エテ、犒軍之式を掲[揚]ケタリ、文庫ニてハ將校九名ノ分ナリ、
○4月19日、雨、日、三月七日、
一、神拜畢、
一、兵庫ノ人胞衣塚ノ表題字ヲ依ス、
一、稅關員廣田聰二郎、過日之額面ノ禮トシテ、茶壹鑵ヲ携テ訪ヒ來レリ、
○4月20日、晴、月、三月八日、

一、神拜畢、
一、佐野病院ニ行テ診察ヲ乞、
　○4月21日、陰、火、三月九日、
一、神拜畢、
一、八丈島行キ、士族藉〔籍〕願之下書幷ニ全功院殿ノ八丈流罪ノ一件ヲ摘錄ス、
　○4月22日、雨、水、三月十日、
一、神拜畢、
＊祖父公八丈島配流の一件を記録し士族籍願の請求額面を仕出す
一、後藤千代より注文之山田丸五包到着す、仍而價金壹圓、郵稅四錢ヲ添差出す、後藤幷ニ山田共ニ舊居宅ヲ變シタリ、別ニ扣へ有之、
大山陸軍大將よりの戰利品到著す
一、大山〔巖〕陸軍大將より獻備之戰利品〻到着、
　○4月23日、晴、木、三月十一日、
＊伊東海軍中將へ大砲獻納の禮狀を出す
一、神拜畢、
一、染より之書面達、風邪煩ヒシ書面なり、
一、大山〔巖〕大將通過ニ付、大井田ヲ名代トシ、獻納品ノ謝禮ヲのベタリ、
一、午後佐野〔醫〕病院長來診シ呉レ、近來貧ニ付充分攝養可致トノ事なり、
　○4月24日、晴、金、三月十二日、

一、神拜畢、
一、昨日ニて枇杷幷ニ文壇〔檀〕等之接木畢ル、
　○4月25日、雨、土、三月十三日、
一、神拜畢、
一、去廿三日宮崎縣之川越卯之吉より如何ニも珍敷、山芋澤山ニ函詰ニし贈リ呉レタリ、早束禮狀ヲ出タス、
　○4月26日、晴、日、三月十四日、
一、神拜畢、
一、御祖父公八丈島御配流ノ一件ヲ記錄シ、八丈嶋江贈リ、士族藉〔籍〕願之請求額面ヲ仕出す、
一、染へ病氣見舞ノ書面ヲ出タス、
　○4月27日、晴、月、三月十五日、
一、神拜畢、
一、伊東〔祐亨〕海軍大將〔中〕江大砲獻納之禮狀ヲ出タス、
一、高嶋〔鞆之助〕中將入閣ノ賀狀ヲ出タス、
一、郵船會社鹿兒島支店長岡田〔國兵衛〕訪來リ、本日出帆ノ尾張丸より歸鹿ニ付、清酒貳本ヲ贈ル、
一、球陽入船〔丸脱〕ニて、松下より胡瓜十二本、其外宿許より之品〻到着す、
一、高菜漬壹樽　一、甘藷　一、中鯛貳枚　一、蕎麥粉　芋燒

酎壹徳利なり、

○4月28日、晴、火、三月十六日、

一、神拜畢、

一、大井田ヲ須磨之西園寺(公望)止宿へ遣ス、

○4月29日、雨、水、三月十七日、

一、神拜畢、

櫻井能監へ書面等を出す

一、昨日附ケヲ以而、櫻井能監江胡瓜壹本、橘氷少ゝ贈リ、書面ヲ出タス、

一、西園寺通行ニ付、酒弐駄ヲ進上す、

一、球陽〔丸脫〕本日出帆なり、仍而荷物ヲ依賴す、

一、眼鏡ヲ買、貳圓五十錢也、

○4月30日、陰、木、三月十八日、

一、神拜畢、

一、蒲地啓助へ書面ヲ送リ、又伊藤侯(博文)へノ建白書ヲ贈、

〔五　月〕

○5月1日、晴、金、三月十九日、

一、神拜畢、

山本村にて牡丹を覽る

一、午前九時三十分ノ滊車ニ搭シ、神崎ニ到リ、是より池田線ニ轉乘シ、挽車ニ乘シ、山本村新九郎方牡丹ヲ覽ル、此行與枝・千代・春子・サト等ヲ具シタリ、午後六時ニ歸家、

○5月2日、晴、土、三月廿日、

一、神拜畢、

一、大河平武二訪來、日清戔ニ付酒、其外犒軍ノ大畧ヲ知ラセトノ事なり、

一、昨日内務社寺局屬〔省脫〕、御社頭修繕スヘキ箇所檢査シテ歸レリと云、

○5月3日、陰、雨、日、三月廿一日、

一、神拜畢、

一、染井ニ永田氏(猶八)より卅日附ケ之書面到來、谷山地所楠入札五十壹圓餘ニて落札ノ報有之、仍而直ニ永田并北元(文藏)方へ禮狀差出シ、猶所修繕ノ次第モ、夫ゝ依賴申遣ス、

*招魂祭齋主を辭す

一、小池逸平來リ、姫路招魂祭齋主之示談有之候得〔共脫〕、縱〔從〕前ノ例規ニ異ナリ、佛祭ノ跡〔後〕廻シトノ儀ニ付、斷然齋主ハ辭ス、

○5月4日、晴、月、三月廿二日、

一、神拜畢、

一、昨日西門之敬太歸縣ニ付、暇乞ニ來ル、

鮫島海軍少將等文庫にて休憩す

一、大阪赤志忠七江醫通之件ヲ問合セタリ、

一、招魂齋主辭退ノ廣告ヲ有新(文)日報ニ投ス、

○5月5日、晴、火、三月廿三日、

一、神拝畢、

一、明六日、常備艦隊御社頭ニ參拝ニ付、休憩之準備ヲ文庫ニ設ク、

一、田村(喜進)ヲ迎ヱテ診察ヲ乞、今夕ヨリ銕(マヽ)劑ヲ休ス、

○5月6日、晴、水、三月廿四日、

一、神拝畢、

一、常備艦和泉艦入津、指揮官鮫島(員規)少將之他、將校十一人餘リ、文庫へ休憩、洋食ヲ饗す、

○5月7日、晴、木、三月廿五日、

一、神拝畢、

一、有川矢九郎より牛肉鑵詰ノ禮狀達す、

一、崎元幸横濱より着神ス、彦太郎(崎元)今度尾張丸へ轉乘之叓ヲ聞ク、

一、晩、京より崎元彦太郎訪來ル、愈尾張丸ニ乘付、十一日出帆之由也、

○5月8日、晴、金、三月廿六日、

一、神拝畢、

一、田村氏來診、昨日佐野(譽)院長來診、仍テ川添(爲一)之子供モ診察ヲ乞ヒタルニ、心配スルニ不及トノ事なり、

○5月9日、土、三月廿七日、

一、神拝畢、

一、明後十一日崎元夫婦歸縣ニ付、餞別之爲洋料理ノ晩飯ヲ饗す、

○5月0(10)日、晴、(日脱)三月廿八日、

一、神拝畢、

一、當日小松宮(彰仁親王)御通過ニ付、大井田(留三郎)ヲ代理トシテ、御機嫌ヲ爲伺タリ、

○5月11日、晴、月、三月廿九日、

一、神拝畢、

一、當日尾張丸ニ搭シ、有川矢九郎着神、是レハ東京行なり、仍而よしを迎ノ爲ニ遣す、

一、染より七日附ケ之書面、幷ニ煎シから・ひねり大根送付す、仍テ直チニ禮狀ヲ出タす、

○5月12日、晴、火、三月晦日、

一、神拝畢、

一、有川幷ニ竹ノ内夫婦・崎元夫婦訪來、戰利品一覽アリ、

一、崎元(彦太郎)ハ尾張丸ニて、本日午後四時出船、又仍而よし・宮子(マゝ)見送ノ爲ニ海岸へ行ク、

○5月13日、晴、水、四月朔日、

一、神拝畢、

一、有川幷ニ竹内、東京へ出發、

○5月14日、晴、木、四月二日、

一、神拝畢、

一、吉冨お品とのへ、二男磯御邸江奉仕濟ミノ祝儀書ヲ出タス、

*七宮神社遷宮

一、大阪本町四丁目赤志忠七江、醫通注文之代價ヲ爲換券面壹圓九十二錢郵送す、

○5月15日、陰、金、四月三日、

一、神拝畢、

一、永井尙義より美菓ヲ惠ミタリ、

一、軍艦秋津洲　將校山下參拝アリ、拝殿ニ於テ神酒幷ニ御符ヲ一同江振舞ヒタリ、

○5月16日、土、晴、四月四日、

一、神拝畢、

一、河井貞一より明日阪(坂)ノ上平右衞門開業出頭否ヲ問合セ越シタリ、仍而不參ノ返書ヲ出タス、

一、醫通壹部、赤志忠七より送附ス、

○5月17日、晴、日、四月五日、

一、神拝畢、

一、本縣教育會より諸器返却濟ミタリ、

一、高千穗正繼より過日揮毫ノ禮トシテ、洋酒ヲ送惠セリ、

○5月18日、晴、月、四月六日、

一、神拝畢、

一、午前十時、七宮遷宮ニ付參拝、直チニ歸來シタリ、

○5月19日、晴、火、四月七日、

一、昇殿畢、

一、奥山六三郎より東舟松町江轉宅ノ報知有之、依而過般仕送リシ折、敬市(折田)江差出シタル書面到着否ヲ問合セタリ、

一、永田(長カ)宮司訪來ル、

一、永田猶八病氣危篤之趣、染より報知ニ付、昇殿ノ上祈念ヲ凝ラシ、御守幷ニ御洗米ヲ小包ミテ仕送リ、又見舞ノ書面ヲ出タス、

○5月20日、雨、水、四月八日、

一、神拝畢、

*西少將著神文庫に迎入る

一、西少將(寛二郎)來廿四日通過之筈ニ、文庫へ休息之準備ヲ命す、

一、午前十一時より强風雨、

○5月21日、晴、木、四月九日、

一、昇殿畢、

一、强風不止、

一、染へ書面ヲ出タシ、永田(猶八)之病氣ヲ問合セタリ、

○5月22日、雨、金、四月十日、

一、神拜畢、

一、大河平(武二)江書面、西少將通過之日ハ、文庫ニ於テ休憩之準備ヲ報ス、

一、藤城誠治事、再三不都合ニ付、昨日實母初メ呼集メ、所(處)分方ヲ命シタルニ、近來別人之如ク變シタルニ付、此涯差返シ、嘉行(佐々木)教育上ニ故障有之ニ付、出入ヲ禁止す、姓質殆ト六之助ト同斷、理ヲ詰ムレハ悲鳴スル等同物ノ如シ、

○5月23日、陰、土、四月十一日、

一、神拜畢、

○5月24日、晴、日、四月十二日、

一、昇殿畢、

一、西少將、午後五時着神、仍テ文庫江迎入レ、將校惣而廿五名江酒肴ヲ饗す、各歡ヲ盡シ、九時ニ發途シテ、宇品ニ向テ發ス、

○5月25日、雨、月、四月十三日、

一、神拜畢、

一、雨天ニ付渡御、御延引なり、

一、大阪柏木壽光堂江サーヘル拵方ニ付、都合ニヨリ人ヲ遣スヘキヲ通ス、

○5月26日、晴、火、四月十四日、

一、昇殿畢、

*神輿渡御

一、午前八時神輿出御、縣廳江渡御、地方官拜禮終リテ、氏子町村順廻、正午於御旅所神事、當日ノ祝(詞脫)ハ漢文ヲ用ヒテ祭ル、

一、午後四時還御アリ、

一、鹿児島染より品ゝ到着、播磨丸着船なり、

一、晩ニ崎元彦太郎訪來レリ、

○5月27日、晴、水、四月十五日、

一、神拜畢、

一、北海道石狩國佐藤竹造依囑ノ絖地ニ、敬神之二字ヲ書シ、又早水某之半切ヲ書ス、

一、牧野正明依頼ノ長谷部國重之件ニ付、浦井利政ヲ本人ノ旅宿ニ遣シ、事情ヲ告ケシム、

○5月28日、晴、木、四月十六日、

一、神拝畢、

一、田川謙三江移居之祝儀トシ、鯛壹尾ヲ贈ル、

一、渡御祭文ヲ大阪朝日新聞社江投書す、

○5月29日、陰、金、四月十七日、

一、神拝畢、

備前吉宗銘の劍等獻納あり

一、因州鳥取ノ士族尾崎武久ヨリ、備前吉宗在銘ノ劍壹振、紀ノ内作ノ鍔壹枚、古錢二十四獻納也、右尾崎氏ハ、伊勢國畠〔北脱〕具教ノ名將ニ、楠七郎左衞門ナルモノアリテ、織田信長ヲ防キ効アリシ人アリ、具(北畠)教敗没後、彼ノ七郎左衞門更ニ分明ナラサリシニ、本人之系譜ヲ見ルニ、伊勢ヲ去リ、石山ノ本願寺ニ及ヒ、又因州尾崎ニ潛ミ、仍テ姓ヲ尾崎ニ改メシト云、當時ノ武久ハ已ニ九代ノ胤ナリ、

井上海軍中將より黄海之戰鬪寫眞圖を惠送さる

一、井上(良馨)海軍中將より黄海之戰鬪寫眞圖ヲ惠送なり、但上村彦之丞大阪より態々人ヲ以而贈リ呉レタリ、仍而井上氏ヘハ直チニ禮狀ヲ出ス、

一、大河平來リ、艦隊上陸ノ休憩所ヲ文庫ニ依頼ス、

○5月30日、晴、土、四月十八日、

一、昇殿畢、

一、晩ニ有川矢九郎東京より歸着、明日出帆、尾張丸より歸縣ノ筈なり、又崎元も歸神す、

○5月31日、晴、日、四月十九日、

一、神拝畢、

一、有川・崎元共ニ來訪す、又崎元ヘハ宿許行之柳籠ヲ依頼す、よし并ニ春子を本船迠送せタリ、

一、大河平より松嶋號、明日神戸江回艦無之報知有之、

〔六　月〕

○6月1日、陰、月、四月廿日、

一、昇殿畢、

○6月2日、晴、火、四月廿一日、

一、神拝畢、

一、鹿児島染よりせんじから届ク、依而禮狀直ニ出タス、

○6月3日、晴、水、四月廿二日、

一、昇殿畢、

○6月4日、晴、木、四月廿三日、

一、神拝畢、

池田細川村へ至り樹花を購ふ

一、七月一日より第三回神戸市製產品評會ニ付、御社繪馬所借用ノ依賴ヲ、市長(鳴瀧公恭)より照會有之、承諾候事、

○6月5日、晴、金、四月廿四日、

一、昇殿畢、

一、北元文藏より卅日出ニて、永田猶八病氣、追而快氣之報、仍而卽刻禮狀ヲ北元(文藏)江送る、

一、當日ハ舊惠林寺千暮、廣嵓寺ヘ入寺ニ付、金五圓・奉書百枚ヲ送リ、該式ニハよしヲ遣す、

○6月6日、晴、土、四月廿五日、

一、神拜畢、

一、永田猶八江電信、御願成熟之御禮祭濟之事ヲ報す、

○6月7日、晴、日、四月廿六日、

一、神拜畢、

一、有川矢九郎より禮狀幷ニ金柑之一件、仝二度實榲柑ヲ買入レタリトノ云々申遣す、

一、永田猶八より御禮ノ電信達す、

一、午前七時ノ瀛車ニ搭シ、池田細川村之福井江到る、萬右衛門(福井)ハ旅行不在ニ付、倅ヘ面會シ、槇地ノ部五種、天ノ部五種、地ノ部六種、外ニ百合十五種ヲ注文シ、金三圓ヲ內渡シテ歸途ニ上ル、

一、橋本青江訪來ル、暫時談シテ歸ル、

○6月8日、雨、月、四月廿七日、

一、昇殿畢、

○6月9日、半天、火、四月廿八日、

一、神拜畢、

一、永田(猶八)倅田中淸外壹人來リ、猶八(永田)ノ病狀ヲ聞、案之如肺炎ノ由也、已ニ危篤ニ逼レイト聞ク、依而淸江(田中)も早々歸縣ヲ進(勸)メタリ、今日大阪ニ向テ發ス、

一、北元文藏江電信ニて、猶八ノ事ヲ依賴シタリ、

○6月0(10)日、晴、水、四月廿九日、

一、昇殿畢、

一、大阪ノ山田淳女訪來ル、

○6月11日、陰雨、木、五月一日、

一、神拜濟、

○6月12日、陰、金、五月二日、

一、神拜濟、

一、東京史料通信協會ヘ壹圓四十四錢、爲換券ヲ送ル、十一編後、十二編前後、十三編前、都合四回分也、

○6月13日、陰、雨、土、五月三日、

一、神拜濟、

一、林原(源)吾へ本日之會合ニ出頭セサルノ書面ヲ出タス、
一、分所江試驗立合ヲ辭ス、
○6月14日、陰、日、五月四日、
一、神拜濟、
一、田中清大阪より來ル、仍而出帆船手配之處、諸方へ寄セ船ニて思ハシク無之ニ付、尾張より歸縣之叓ニ取極メ、北元文造より之書面返詞ヲ作リ、右田中(清)、尾張より歸縣ノ事ヲ報す、
一、結城顯彦渡臺ニ付、暇乞ノ爲ニ來訪、是ハ舊西園寺(公望)ノ御内人ニて、高等法院判官ナリ、
○6月15日、晴、月、五月端五(午)、
一、神拜畢、
一、明後廿(十)七日播磨(尾張)丸出帆ニ付、今夕崎元・永田、其外家内一(マヽ)色ニ洋料理ヲ饗す、
○6月16日、晴、火、五月六日、
一、神拜濟、
一、大阪壽光堂江、短劍二口ハ鈿銀キセノ注文書面ヲ出タス、
○6月17日、晴、水、五月七日、
一、神拜濟、

*内務大臣板垣退助西下

一、崎元、當日四時出帆ニ付、暇乞ノ爲ニ來ル、有川(矢九郎)行ノ玉葱ヌバラナーヲ贈リ、書面ヲ投す、
一、田中叓、當日之尾張丸へ乘船セシメ、運賃等取替置ク、猶八へバナラ(ナカ)ヲ贈ル、電信ニテ田中乘船ヲ北元方へ報す、田中ハ馬車ニて海岸迠送ラセタリ、
○6月18日、陰、木、五月八日、
一、神拜濟、
○6月19日、陰、金、五月九日、
一、神拜濟、
一、陸軍一等監督篠原國清訪來す、
一、鹿兒島田中ヨリ電信、猶八ノ病氣ヨロシト云〻、依而スクニ打返シテ、カンヒヤウタノムと報シタリ、
○6月20日、陰、土、五月十日、
一、神拜濟、
一、夜ニ入リ、高階(幸造)・小池二人來リ、明日分所會議ニ付、文庫ヲ借用ノ趣申出ニ付、故障無之旨返辭セリ、
○6月21日、晴、日、五月十一日、
一、神拜畢、
一、午前八時より於文庫分所會議ヲ開ク、
一、内務大臣板垣退助、去十五日ヨリ西下、大阪築港、

*大山陸軍大臣より大砲受取るべきの書面達す

三陸地方大津波の慘状

板垣への非難

丸山作樂來訪閑談す

淀川其他諸所巡視中ノ處、東北海岸海嘯之變故ニ付、依然諸所巡回、本日ハ已ニ本縣參る之筈ナルニ、俄上京ニ決シタリト、抑今般ノ變故タル、古今未曾有之慘状、殆三萬人近キ人命ヲ亡シ、聖上(明治天皇)深ク宸襟ヲ悩マセラレ、直ニ侍従ニ實地視察之爲ニ差出タサセラル丶時機ニ遭達スルニ、板垣(退助)内務大臣トシテ、此ノ變事ヲ聞ナカ、諸方之歡迎ニ接、依然トシテ顧ミサルハ、途〔餘〕程事務ニ迂遠ト謂サルヘカラス、倫是レ老衰氣機轉展セサルト謂ツヘシ、

一、丸山作樂訪來リ、久ゝふりニ閑談シ別レタリ、

○6月22日、晴、月、五月十二日、

一、神拜濟、

一、當日モ猶分所之會議ヲ開ク、本縣より佐藤三課長出席、

○6月23日、陰雨、火、五月十三日、

一、神拜濟、

一、疲勞甚敷、終日褥中ニ在、

一、今般東北諸縣海嘯之變故ニ付、金拾圓折田年秀、外ニ一社中金五圓ヲ、五洲社江所〔處〕分方ヲ依頼ス、

○6月24日、半天、水、五月十四日、

一、神拜濟、

一、大山(巖)陸軍大臣より廿二日附ニて、今般更ニ六珊克武山砲一門、

砲架共獻ニ付、大阪より回漕ノ上受取ヘキ書面達す、

一、六月十二日付ケニて、威海衞西(寛二郎)陸軍少將通過ノ禮狀到來ス、

一、田中清より猶八病氣少ゝ快方之書面來ル、又染よりも同斷書面達す、

○6月25日、晴、木、五月十五日、

一、神拜濟、

一、父上・母上之月次祭濟、

一、丹波國多紀郡畑村之内瀬利村廿四番地荒木鹿藏ヨリ山之芋ヲ惠投なり、

一、六月十七日附ケニて、金剛艦新納司清國呉淞上海より無叓滯艦ノ報知有之、仍本端書ハ鹿兒島宿許江送ル、

○6月26日、晴、金、五月十六日、

一、神拜濟、

一、大井田(留三郎)・浦井(利政)江興行木屋掛不體裁之事ヲ達す、

○6月27日、晴、土、五月十七日、

一、神拜濟、

○6月28日、晴、日、五月十八日、

一、神拜濟、

一、大山(巖)陸軍大將より獻備大砲、通運より來着、仍テ拜殿上ニ飾附ケタリ、

一、晩ニ大河平(武二)屬訪來ル、

○6月29日、陰、月、五月十九日、

一、神拜濟ム、

一、石井英吉病氣之由ニ付、鷄卵ヲ贈ル、

○6月30日、陰、火、五月廿日、

一、神拜濟、

一、尾張丸今朝入神、爰元より荷物到來、又崎元より米・桃惠ミタリ、染より飛魚又ハ春子・嘉行へ日笠ヲ贈リタリ、

千早城跡紀念碑建築に付き村の有志者來訪

一、河内國金剛山千早舊城跡ニ、紀念碑建築ニ付、千早村ノ有志者二名訪來リテ、贊成ヲ乞、即諾シテ返す、

〔七月〕

○7月1日、雨、水、五月廿一日、

一、神拜濟、

一、當日ハ關西製品出品會、繪馬所ニて執(行脫カ)アリ、所勞ニ付斷、

○7月2日、雷、木、五月廿二日、

一、神拜濟、

一、崎元明日出帆ニ付、今晩洋食ヲ饗す、坂本も久ゝふりニて來、

○7月3日、雷、金、五月廿三日、

一、神拜濟、

一、奈良原繁歸任ノ由ニて訪來、褥中ニて面會す、

○7月4日、陰、土、五月廿四日、

一、神拜濟、

一、奈良原(繁)歸任ニ付、上茶壹鑵ヲ餞ス、

一、南挺一宮城縣江轉任ニ付、暇乞ノ爲ニ來ル、依(而脫)御社ヨリハンチウ(マヽ)二函、手許より煙草ヲ贈ル、

○7月5日、晴、日、五月廿五日、

一、神拜濟、

一、鹿児島田中清江書面ヲ出タ(マヽ)、親猶八(永田)ノ看病、彼是レヲ訓示す、

*阿部群馬縣知事より三陸地方救恤金の依頼書到來す

一、群馬縣知事阿部浩より郷里盛岡海嘯ニ付、救恤金ノ

娘宮子の十三回忌
*大久保陸軍少將よりの獻備品小銃等達す

依賴書到來ス、仍テ過日金拾圓、一社中より五圓、社內有志者より應分之金圓寄贈之事實、初メより本日五日ニ至リ、合計六千五百卅八圓四十九戔〔銭〕ニ及候間、不日壹萬ニ及フヘキ次第ヲ申送ル、

○7月6日、陰、月、五月廿六日、

一、神拜濟、

一、明日宮子姫十三回忌ニ付、古白川〔錄郎〕江齋主ヲ依賴、

○7月7日、雨、火、五月廿七日、

一、神拜濟ム、

一、大久保〔春野〕少將より弓矢、其他ノ戰利品ヲ獻アリ、依而直ニ表禮幷ニ御神酒壹打ヲ贈、

一、宮子之十三回忌祭濟ム、

○7月8日、陰、水、五月廿八日、

一、神拜濟、

○7月9日、晴、木、五月廿九日、

一、神拜濟、

一、第七旅團司令官大久保〔春野〕陸軍少將より戰利品奉納ノ目錄ニ、書面ヲ添ヘテ被送タリ、

○7月0〔10〕日、晴、金、五月卅日、

一、神拜濟、

一、行輿〔輿行〕物願ニ付、規則ヲ社務所へ達す、

○7月11日、晴、土、六月一日、

一、神拜濟、

○7月12日、晴、日、六月二日、

一、昇殿、例祭無滯相濟、奉幣使ハ山縣收稅長、屬石井也、

一、大久保少將より獻備品ノ小銃二挺幷ニ旗等通運より達ス、

一、本日例祭ニ付、兼而申出有之シ學校生徒四年生武粧〔装〕ニて、又師範學校よりも同斷參拜、依而例之通リ四年生江ハ神饌樣ノ菓子、師範校生ニハ菱〔麥カ〕酒壹打ヲ下賜セリ、

一、干鱈幷ニ蛹〔蛸カ〕之鑵詰、是レハ石狩佐藤より願之書之禮也、

一、干鱈幷ニ扇面、是レヲ丹波篠山之村山江贈リタリ、

○7月13日、晴、月、六月三日、

一、神拜濟、

一、縣廳江出頭、奉幣使ノ御禮申述ヘタリ、

○7月14日、晴、火、六月四日、

一、神拜濟ミ、

一、田中清より書面、猶八之病氣快之報知有之、

○7月15日、陰、水、六月五日、

一、神拜畢、

一、因州尾崎(武久)より御社下賜品之御請書達す、

○7月16日、晴、木、六月六日、

一、神拜畢、

一、在威海衞守備西(寛二郎)陸軍少將へ書面ニ副シテ、詩ヲ寄、又同木村聯隊長へ額面ヲ絖地ニ書シテ贈ル、

阿部群馬縣知事へ三陸罹災者への義捐金合計を報じたり

群馬縣知叓阿部浩へ、三陸罹災者江義捐金、當日ニて九千五餘圓ノ合計ヲ報シタリ、

○7月17日、陰、金、六月七日、

一、神拜畢、

一、尾張丸着船、崎元(彥太郎)より米・桃ほう月ヲ贈リ呉レ、染よりカマスス(マヽ)ノ干物・ミノ原大根漬送リ呉レタリ、

一、昨夕浦井(利政)ヲ龍野ニ遣シタルニ、鮎ヲ持參シタ久ゝ(マヽ)ニテ食叓ヲ進ミタリ、

○7月18日、晴、土、六月八日、

一、神拜濟、

一、今朝より氣分快シ、

一、晩ニ崎元ヲ呼て洋食ヲ饗すルヲよしニ命ス、

○7月19日、雨、日、六月九日、

一、神拜濟、

一、晩ニ崎元來リ、文庫ニて一同閑話す、過日宮野(平次郎)江注文之鋸壹本ヲ崎元江與ヱタリ、

○7月20日、雨、月、六月十日、

一、神拜濟、

一、尾張(丸脫)出帆ニ付、有川矢九郎・永田猶(八脫)・そめへも自筆之書面ヲ贈ル、永田へハチヨクレツ(チヨコレートカ)ヲ贈ル、

一、當日製產品評會より招待狀ヲ送ラレシモ、病中斷リシニ、折詰メノ料理ヲ被送タリ、

○7月21日、雨、火、六月十一日、

一、神拜濟、

○7月22日、晴、水、六月十二日、

一、神拜濟、

○7月23日、晴、木、六月十三日、

一、神拜濟、

*御廟所由緒書出來す

一、御廟所之由緒書出來ニ付、大井田(留三郎)へ下ケ渡ス、

一、東京麴町區冨士見町二丁目卅五番地舊南部藩内海嘯罹災救助事務所より救恤金之謝狀來ル、但阿部浩より依賴ノ書面ニ付、毎ゝ報知シタルニ由テナリ、

○7月24日、晴、金、六月十四日、

一、神拝畢、本日寒暖計八十八度、

○7月25日、晴、土、六月十五日、

一、拝式濟、

一、當日父上・母上之月次〔祭脱〕濟、

○7月26日、日、晴、六月十六日、

一、神拝濟、

○7月27日、晴、月、六月十七日、

一、神拝濟、

一、宮城岩次郎菓子函ヲ持參、訪來ル、

一、永田猶八快氣之禮状達す、又田中亥、近ゝ上神ニて之事ヲ依頼致シタリ、

○7月28日、晴、火、六月十八日、

一、神拝濟、

一、染へ書面ヲ出タシ、神様之御祠造作ニハ、歸省シ難キ趣ヲ報す、

○7月29日、晴、水、八十八度、六月十九日、

一、神拝畢、

西陸軍少将行きの酒を廣島へ贈る

一、昨日威海衞西行〔寛二郎〕之酒ヲ廣島へ贈ル、

○7月30日、晴、木、九十一度、六月廿日、

一、神拝畢、

○7月31日、晴、金、六月廿一日、

一、神拝畢、

〔八月〕

○8月1日、晴、土、八十八度、六月廿二日、

一、神拝畢、

一、昨卅一日中山竹之進岡山より來訪、病中面會セす、

一、染より御先祖方之改名聞取リ郵送す、田中清手跡なり、

○8月2日、晴、日、九十一度、六月廿三日、

一、神拝濟、

一、東京史料通信舍江各訪問之禮状ヲ出す、

一、染へ御先祖方御改名、慥ニ屆キタル端書ヲ出タス、

○8月3日、晴、月、九十度、六月廿四日、

一、神拝畢、

一、須磨村貸ノ寒暖ニ付、よし參り托ミタリ、寒暖居家ト均シ、尤水ニ乏シトなり、

○8月4日、晴、火、六月廿五日、

一、神拝畢、

*品評會本社内借用に就き鳴瀧市長より金三十圓寄贈あり

一、大井田(留三郎)ヲ登廳サセ、神苑會江金貳十圓寄附ノ申込ミヲ、石井詀申込マセタリ、

○8月5日、晴、水、八十九度、六月廿六日、

一、神拜畢、

一、崎元彦太郎來訪、聞クニ有川五郎赤痢ヲ煩ト云〻、

○8月6日、晴、〔木脱〕九十度、六月廿七日、

一、神拜濟、

一、新潟縣八尾板正江水難ノ見舞ヲ(マヽ)狀ヲ送ル、

一、有川矢九郎ヘ五郎(有川)赤痢病ニ罹リシ見舞狀ヲ出タス、

一、尾張丸當日出帆ニ付、塩數ノ子其外ヲ染ヘ出タシ、自書ヲモ出タシタリ、

○8月7日、晴、金、六月廿八日、

一、神拜畢、

一、第三回製品會ニ付、本社内借用ニ付、金卅圓市長(鳴瀧公恭)より禮狀ヲ禮狀(マヽ)ヲ副シ贈附有之、

*日本赤十字社より赤十字章贈與せらる

一、宮子姫月次祭濟、

○8月8日、晴、土、六月廿九日、

一、神拜畢、

一、小祭典執行濟、依尾崎氏江ハ三層盃井ニ菓子撤品ヲ贈ラシ、

○8月9日、半晴、日、七月朔日、

一、神拜畢、

一、第三回製物品評ニ付、會頭鳴瀧市長より金三十圓寄贈ニ付、神職井ニ社内關係人江配賦ニ及ヒタル始末ノ禮狀ヲ出タス、

一、京金谷五郎三郎ヘ銀盃十二個、製調代價ヲ問合セタリ、

○8月0(10)日、晴、月、七月二日、

一、神拜畢、

一、金谷五郎三郎より銀盃之返辭有之、壹個ニ付三圓二十錢、大阪トハ殆壹圓之差有之、

一、明十一日赤十字社禮服呼出シ狀達す、

○8月11日、晴、火、七月三日、

一、神拜畢、

一、浦(井脱)利政ヲ執事ニシテ登サセタリ、赤十字社長(佐野常民)より惣裁宮(小松宮彰仁親王)令〔旨〕志ヲ奉シ、

爰ニ　　　従六位折田年秀氏

征清戰役ノ際ニ、本社救護ノ事業ニ盡瘁セレタル功勞ハ、惣裁彰仁親王(小松宮)殿下ノ深ク滿足アラセ〔ラル脱カ〕所ナリ、依而慰勞ノ爲金銀製赤十字章手釦壹個贈與ス、

明治二十九年六月一日

日本赤十字社長従二位勲一等　佐野常民

○8月12日、晴、水、七月四日、

一、神拝濟、

一、奥山三三（マヽ）郎江書面、中ニ折田福節之書面ヲ封入、

一、龜山軍平江書面、序文認メ之紙ヲ封入、

○8月13日、晴、木、七月五日、

一、神拝濟、

一、東京麴町區冨士見町二丁目卅五番地海嘯捄助叓務所島谷部紹圓・南部晴景ヨリ義捐金取纒云〻ノ書面來ニ付、拙者叓ハ、書ヲ有志者誘導ニ盡力、金圓之件ハ關係不致、是レハ有〔又〕新日報・五州社ニて取扱候間、是レヘ御照會有之候て、可然旨ノ返書ヲ出タス、

○8月14日、晴、金、七月六日、

一、神拝濟、

一、京都金谷五郎三郎江銀盃十二箇、新誂ノ書面ヲ出タス、

○8月15日、晴、土、九十一度、七月七日、

一、神拝畢、

櫻井能監子より書面達す

一、櫻井能監子より書面達す、

○8月16日、晴、日、九十二度、七月八日、

一、神拝畢、

一、大河平武二訪來、又乾鮎ヲ惠投セラル、

○8月17日、晴、月、九十一度、七月九日、

一、神拝畢、

一、東京近藤直藏江安東太郎系譜取調依頼之書ヲ出ス、

○8月18日、風雨、火、七月十日、

一、神拝畢、

一、櫻井能監之代筆ノ書面ヲ出タス、

一、近藤直藏へ大系圖買入レ、仕送リ方依願ノ書面ヲ出ス、

○8月19日、晴、水、七月十一日、

一、神拝濟、

一、昨日ハ小池逸平より焼鮎ヲ贈リ呉レタリ、

○8月20日、雨、木、八十八度、七月十二日、

一、神拝濟、

○8月21日、晴、金、七月十三日、

一、神拝濟、

○8月22日、晴、土、七月十四日、

一、神拝畢、

一、尾張丸入船、染より甘蔗并ニカマ〔ス脱〕干魚ヲ贈リ呉レタリ、又永田〔猶八〕氏よりも同斷なり、

○8月23日、晴、日、七月十五日、

一、神拝畢、

一、崎元〔彦太郎〕江書面ヲ以テ、明日之會食ヲ約ス、

有栖川宮を舞子に奉伺周布知事を別荘に訪ひ詩稿の題字を乞ふ

一、午後四時之滊車ニ搭シ、有栖川宮〔威仁親王〕ヲ舞子ニ奉伺、歸途周布〔公平〕知事ヲ別荘ヲ訪、依而詩稿ノ題字ヲ乞、

○8月24日、晴、月、七月十六日、

一、神拝畢、

一、當日ハ施餓鬼ニ付、よし・千代、子供兩人参詣、

一、尾張丸明日出帆ニ付、崎元ヲ呼テ洋食ヲ饗す、

○8月25日、火、晴、七月十七日、

一、神拝畢、

一、染へ金壹圓小仕〔遣〕用トシテ、染之書面ニ封入す、

○8月26日、晴、水、九十度、七月十八日、

一、神拝濟、

一、日外藏訪來す、牛頭尊社設立之依頼アリ、依〔而脱〕壹株加入之返答、

○8月27日、晴、木、九十度、七月十九日、

一、神拝濟、

*亀山運平より詩稿の序文を贈らる

一、亀山運平詩稿之序文ヲ贈リ呉レタリ、依て橋本海關へ送附也、浦井〔利政〕ヲ以テ誤字等不注意ノ條々ヲ忠告ス、

○8月28日、晴、金、七月廿日、

一、神拝濟、

一、大系圖買入方、大三木平五郎へ依頼ノ書面ヲ出タス、

○8月29日、晴、土、七月廿一日、

一、神拝畢、

○8月30日、列風、日、二百十日前一日、七月廿二日、

一、神拝濟、

當日午前十一時より列〔烈〕風雨、

一、馬車馬之事ニ付、浦井・大井田江御者不注意之趣ヲ達す、

一、神拝畢、

○8月31日、晴、月、七月廿三日、

*湊川決潰し同川以東宇治川迄の數町悉く水難に罹る

一、昨午前十一時、大暴風中、湊川上手監獄ノ邊決潰シ、暴水一直線ニ浸タシ、同川以東宇治迠ノ數町悉ク水難ニ罹リ、當社正面前迠大河トナリ、中町・相生町ハ通行ヲ絶シ、爲溺死亡モ三十餘人ニ及ヒリ、家内終夜寢ス、夜明ケテ兼而懇意之家々ヘハ炊出シ、或ハ清水ヲ送リタリ、今晝ニ至水勢少ク減、相生町ハ

舟ニて往來ス、
一、右之騷動ニ付、社務ニ令シ西門・正門ニ高張リ出タシ、便ヲ與ヱタリ、

〔九　月〕

○9月1日、晴、火、七月廿四日、
一、神拜畢、
一、鹿兒島之暴風雨ノ大畧幷ニ新聞號外ヲ送ル、

橋本海關詩集の序文出來送附す

一、橋本海關出版詩集之序文出來ニ付、送附シタリ、

○9月2日、晴、水、七月廿五日、
一、神拜濟ミタリ、

知事書記官等へ面接す

一、午前九時登廳、知事(周布公平)・書記官(秋山恕郷)其他江面接ス、

○9月3日、晴、木、七月廿六日、
一、神拜濟、

○9月4日、晴、金、七月廿七日、
一、神拜畢、
一、昨3日、京都金谷五郎三郎より精銀盃拾貳個出來、今日到達ニ付、右代價金三拾九圓爲換ニて送附ス、右之內貳價個ノ分ハ、大井田(留三郎)・浦井(利政)之兩人江遺物トシテ給與ス、

○9月5日、雨、土、七月廿八日、
一、神拜濟、
一、京都金谷(五郎三郎)より盃價金受取之端(書脫)來ル、

○9月6日、雨、日、七月廿九日、
一、神拜畢、
一、今朝尾張(丸脫)入神、然レトモ風雨ノ荷揚スルヲ得スト云、

○9月7日、雨、月、八月朔日、
一、神拜畢、祖父公・宮子月次祭濟、
一、尾張丸より荷物屆ク、染よりカマス干物・甘藷・大根漬なり、
一、崎元彥太郎訪來ル、

○9月8日、雨、火、八月二日、
一、神拜濟、
一、有川矢九郎幷ニ永田猶八江水災見舞禮狀ヲ出タス、

○9月9日、二百廿日、雨、水、八月三日、
一、神拜畢、
一、新誂ノ精銀盃ニ遺物トシ、社內大井田・浦井・小山・菊野・大森江配ル、

○9月0日(10)、雨、木、八月四日、
一、神拜濟、

詩稿ノ例言ヲ橋本江返ス、

一、尾張丸明日出帆ニ付、本夕崎元（彦太郎）江晩飯ヲ饗ス、

○9月11日、金、雨、八月五日、

一、神拝畢、

西村楯マサより岡部基智ヲ祢宜江採用シ度之照會達ス、

一、一昨十日、鹿児島暴風雨電報ヲ新聞ニ記シタリ、仍而端書ニて宿元江問合セタリ、

○9月12日、晴、土、八月六日、

一、神拝畢、

一、橋本（海關）より之詩稿例言ヲ、浦井へ渡ス、

一、岡部基知〔智〕、伊和神社轉任斷リ之一件ニ、西村へ回答ス、

一、崎元訪來ル、明十三日前四時出帆ニ付、暇乞之爲ナリ、

○9月13日、晴、日、八月七日、

一、神拝畢、

一、春田齊江水難訪問之禮狀ヲ出タス、

○9月14日、月、晴、八月八日、

一、神拝畢、

一、午前九時、浦井利政シテ、舞子濱有栖川宮（威仁親王）江リンコ（林檎）壹籠ヲ獻上ス、又過日古歌ノ短册ヲ記シテ、寺井宗一郎へ送ル、

○9月15日、晴、火、八月九日、

一、昇殿畢、

○9月16日、晴、水、八月十日、

一、神拝畢、

*宮方奉迎の節躓き倒る

一、有栖川若宮（栽仁王）・姫宮（實枝子女王）御參詣奉迎之節、二回躓キ倒ル、田村（喜進）來リ治療ヲ乞、

○9月17日、晴、木、八月十一日、

一、神拝畢、

一、大阪壽光堂より大小三刀ノ拵出來ニ付持參、仍而代價金二十三圓拂渡ス、

○9月18日、晴、金、八月十二日、

一、新納司ヨリ金剛艦ニて安着ノ由、横濱より之書面達ス、

*松方正義総理大臣新任式あり

一、一昨日松方伯（正義）江惣理大臣新任式有之タル一左右有之、

一、在威海衞西少將（寛二郎）江禮狀差出、

○9月19日、晴、土、八月十三日、

一、神拝畢、

一、北海道ノ人、勢吉丸ノ額面ヲ依頼す、

縣下水難者へ金十圓救恤す

*逓信司法大臣の親任式あり

松方伯に賀辭を送る

○9月20日、晴、日、八月十四日、
一、神拜畢、
一、本縣下水難者江金十圓救恤す、
一、新納司安着之祝儀狀ヲ出タス、

○9月21日、晴、月、八月十五日、
一、神拜畢、
一、松方伯(正義)ニ賀辭ヲ送ル、

○9月22日、陰、火、八月十六日、
一、神拜畢、
一、賀書ヲ高崎ニ送る、

○9月23日、晴、水、八月十七日、
一、神拜濟、
一、午后二時登廳、秋山書記官(恕郷)江水難御救恤ノ祝儀ヲ演、周布(公平)知事ハ退出後なり、

○9月24日、晴、木、八月十八日、
一、神拜畢、

○9月25日、晴、金、八月十九日、
一、神拜、昇殿、
一、父上・母上之月次祭濟、
一、午後一時三十分登廳、秋山書記又增野ニ面會、退廳ス、

○9月26日、雨、土、八月廿日、
一、神拜畢、
一、昨廿五日、前田より本朝武家評林五冊ヲ買入タリ、
一、本日於宮中、逓信(野村靖)・司法大臣(清浦奎吾)二人ノ親任式ノ號外達ス、野村靖・清浦圭〔奎〕吾ナリ、吉〔芳〕川(顯正)・白根(專一)ハ免官、

○9月27日、晴、日、八月廿一日、
一、神拜畢、
一、鹿兒島私立教育會より西藩野史製本完了之報ニ付、郵稅印〔紙脱〕貳錢四枚封入シテ送る、

○9月28日、雨、月、八月廿二日、
一、神拜濟、
一、尾張〔丸脱〕着神宿許より荷物來ル、

○9月29日、晴、火、八月廿三日、
一、晩ニ崎元彥太郎來、鰻飯ヲ饗す、
一、昇殿奉仕終、
一、明朝尾張丸出帆ニ付、染行之禮狀中、小遣金壹圓ヲ封入シ置ク、

○9月30日、晴、水、八月廿四日、
一、神拜畢、

一、奥之森本武兵衞來、竿弁ニ川魚ヲ惠ミタリ、

〔十　月〕

○0（10）月1日、晴、木、八月廿五日、
一、昇殿奉仕畢、
奥之武兵衞歸村、

○0（10）月2日、雨、金、八月廿六日、
一、神拜畢、
一、早朝熱發、褥ニ入ル、

○0（10）月3日、晴、土、八月廿七日、
一、昇殿、神拜、

○0（10）月4日、晴、日、八月廿八日、
一、神拜畢、
一、內務社寺局神社課長、修繕ケ所檢査ノ爲立會、本縣より石井屬ナリ、

內務省神社課長修繕ケ所を檢査す

一、新納司より端書、高尾艦江轉乘ノ通知有之、

○0（10）月5日、晴、月、八月廿九日、
一、神拜濟、
一、昨晚奥ノ山口夫婦幷ニ子供ヲ具して來ル、

*周布知事へ依賴の詩稿題辭出來す

○0（10）月6日、晴、火、八月晦日、
一、神拜畢、
一、拙稿表題枕戈餘情ノ取調書ヲ增野屬ニ寄、知叓ノ乞（マヽ）ヒタリ、
一、關口より鮎飴煮ヲ贈リタリ、
一、春田齊江書面、金談斷リ書面ヲ送ル、
一、松簟〔茸カ〕三箇、周布知叓ニ贈、壹個ノ目方百貳十目なり、
一、西藩野史壹部、鹿兒島市私立教育〔會脱〕より送達す、

○0（10）月7日、晴、水、九月朔日、
一、昇殿、神拜、
一、於社務所岡部基智へ、從八位辭令書ヲ渡ス、
一、祖父公・宮子姫ノ月次祭執行濟、

○0（10）月8日、晴、木、九月二日、
一、神拜畢、
一、高階〔幸造〕訪來リ、但州地方之時情ヲ復命、
一、朝來安積九龍ヨリ、生大栗澤山ニ送リ吳タリ、

○0（10）月9日、晴、金、九月三日、
一、神拜濟、
一、周〔布脱〕知叓江依賴セシ詩稿之題辭出來セリ、

○0（10）月0（10）日、晴、土、九月四日、
一、神拜濟、

一、和田山之安積江送栗之禮狀幷ニ詩稿畫讃ヲ注文す、
○0(10)月11日、晴、日、九月五日、
一、神拜畢、
○0(10)月12日、晴、月、九月六日、
一、神拜畢、
一、安積九龍より詩稿畫贊ヲ送レリ、
一、在京周布知叓へ題字ノ禮狀ヲ送リ、又印證三琛ヲ新刻之叓ヲ斷リ遣ル、
○0(10)月13日、晴、火、九月七日、
一、神拜濟、
○0(10)月14日、晴、水、九月八日、
一、神拜畢、
一、昨日詩稿淸書濟ミニ付、浦井(利政)ヲ大阪ニ遣シ、藤澤(南岳)江依賴、活版屋江渡ス、
○0(10)月15日、晴、木、九月九日、
一、神拜畢、
一、東京宮司詰所、御社頭修繕許可ニ付、費途可相渡候付、請求書相添可差出之書面、詰合宮司中田正朔外壹人より申遣ス、仍テ請求書ハ素より中田江禮狀ヲ出タス、

*横山安武二男壯次郎來訪

一、臺灣總督府民政局技師横山壯次郎訪來ル、是ハ横山正太郎(安武)ノ二男なりト云、
○0(10)月16日、晴、金、九月十日、
一、神拜畢、
一、今朝尾張丸入船、崎元(彥太郎)より宿元より之荷物着す、
一、うるめ・垂口・大根漬・生大根・かもうり・ツケあけ、又崎元幸よりせんじ・甘藷等なり、
一、崎元江依賴ノ屋久島藷二俵なり、又同船ハ明朝出帆ニ付、右之禮狀ヲ染へ出シ、又松茸ヲ諸方へ贈る、
○0(10)月17日、雨、土、九月十一日、
一、神拜濟、
一、新納司高尾艦入津ニ付、上陸訪來ル、仍而宿許ヨリ預リ來リシ拵刀幷ニ油瓶ヲ渡シ、且先般新誂之玄田守國之海軍壹(刀脫カ)本ヲ惠ミタリ、
○0(10)月18日、晴、日、九月十二日、
○0(10)月19日、晴、月、九月十三日、
一、神拜濟、

*西陸軍少將へ昇爵の禮義幷に酒を送致す

一、西(寬二郎)陸軍少將へ昇爵之禮義幷ニ酒壹樽送致之書面ヲ出ス、
○0(10)月20日、陰、火、九月十四日、

一、神拜畢、
一、周布知事ノ印章三球ヲ增野ニ托シ、周布氏江進呈ノ
　　叓ヲ托ス、
　〇〇月21日、晴、水、九月十五日、
一、神拜濟、
一、鹿兒島新納壯之丞江、司無異着船、過般預置タル刀
　　弁ニ油同人江引渡シタル叓ヲ報ス、
一、詩稿上木ノ件ニ付、浦井ヲ上阪サス、
　〇〇月22日、晴、木、九月十六日、
一、神拜畢、
一、來廿五日、岡本ニ於招魂祭文ヲ認、漢文ヲ用、
　〇〇月23日、晴、金、九月十七日、
一、神拜畢、
一、和田山之九龍來、但州之鮭弁ニスヽこヲ持參、家ニ
　　泊セン、
　〇〇月24日、土、晴、九月十八日、
一、神拜畢、
一、九龍十二時之瀛車ニテ京都ニ向ス、伊勢大廟江參詣
　　ノ爲也、
　〇〇月25日、晴、日、九月十九日、

岡本にての招魂祭に祭文を朗讀す*

一、神拜畢、
一、午前三番之瀛車ニ、後挽車ニて岡本ニ向テ發ス、記
　　念碑傍ニ待ツ一時間餘なり、齋主ハ猿丸なり、秋
　　山書記、次ニ兎原郡長、余祭文ヲ朗讀シテ下山、直
　　チニ歸途ニ就キ、一時四十分ノ瀛車ニて歸家、當日
　　ノ祭文ハ漢文なり、別ニ記ス、
一、兒玉實清臺灣ヨリ單身ノ著ヲ持參シタ、又外劍は壹
　　振リニ御社江寄附シタリ、仕込杖なり、
一、高尾艦明廿六日之筈ニ、新納司暇乞ニ來ル、仍而洋
　　食ニて晩飯ヲ饗す、
　〇〇月26日、月、晴、九月廿日、
一、神拜濟、
一、昨日岡本之招魂出場ニ付、太疲勞、終日臥褥、
　〇〇月27日、晴、火、九月廿一日、
一、神拜濟、
　〇〇月28日、晴、水、九月廿二日、
一、神拜濟、
一、今朝より藤助ヲシテ、文庫ノ庭園ヲ修セシム、
　〇〇月29日、晴、木、九月廿三日、
一、神拜畢、

周布知事へ詩稿題字の禮を述ぶ

＊生田神社官幣中社に列す

一、午前九時登廳、增野屬江面、知叓詩稿題字ノ禮ヲ演へ、又石井へも過日之禮ヲノべ、上局秋山書記官へ面シ、幸ニ人なき故ニ、廳中提杖ヲ願ヒ、又歸途周布知叓ニ立寄リ、題字ノ禮ヲノへ歸ル、

○0(10)月30日、晴、金、九月廿四日、

一、神拜畢、

＊天長節拜賀式執行

一、安積九龍、伊勢より歸着、今晩一泊セシム、

○0(10)月31日、雨、土、九月廿五日、

一、神拜畢、

一、安積九龍歸途ニ上ル、

一、相生學校武器借用ニ付、甲冑一具、其外要具、又ハ劍三振・幅數掛ヲ借ス、

〔十一月〕

＊知事書記官等を招き観菊宴を催す

○11月1日、晴、日、九月廿六日、

一、昇殿奉仕、

一、周布(公平)知叓、天長節ニ付、盆栽幷ニ掛幅申來ル、

○11月2日、晴、月、九月廿七日、

一、神拜畢、

一、昨一日晩、崎元(彦太郎)井坂本來訪、洋食ヲ饗す、崎元三日出帆之爲ナリ、

一、生田神社昇格ニ付參拜す、

一、鎭遠艦回航艦長・將校・水兵參拜、艦長其他ハ文庫ニ於テ茶菓ニ供ス、海軍大佐松永雄樹なり、

○11月3日、晴、火、九月廿八日、

一、昇殿奉仕、

一、午前九時於文庫神影前、天長節之拜賀式、

○11月4日、晴、水、九月廿九日、

一、神拜畢、

一、秋山(恕郷)書記官來リ、馬車ヲ借テ歸ル、是レハ毛利ノ一門ヲ送ルカ爲なり、

○11月5日、晴、木、十月朔、

一、神拜、昇殿、

一、本日ハ午後周布知叓・秋山書記官初ヲ招キ、觀菊宴ヲ催す、都合十六人なり、

○11月6日、晴、金、十月二日、

一、神拜濟、

一、淡州之原口南村訪來ル、酒肴ヲ饗晝す、

○11月7日、晴、土、十月三日、

一、神拜濟、

鮫島海軍少將等來りて菊花を賞す

*實弟佐々木素行の三年祭執行す

*小松宮御著奉迎す

一、祖父公・宮子姫之月次祭濟(齋)行、
一、晩ニ佐野・日外(藏)・岩崎・河井ヲ呼テ、觀菊宴ヲ開ク、

○11月8日、晴、日、十月四日、

一、神拜畢、
一、海軍少將鮫島(員規)少將幷ニ加落中佐訪來リテ菊花ヲ賞、

○11月9日、晴、月、十月五日、

一、神拜畢、
一、堀嘉右衞門觀菊之爲訪來ル、久ゝテ面會、

○11月0(10)日、晴、火、十月五(六)日、

一、神拜畢、
一、鮫島少將江菊ノ植込壹箇ヲ贈、
一、今夕社内出店者ヲ呼テ、晩飯ヲ饗す、

○11月11日、晴、水曜、十月六(七)日、

一、神拜畢、
一、大阪木ノ下潤輔、有栖川家中川長正之轉書ヲ持參、觀菊ノ爲ニ來訪、右ハ醫者ニて緑黑之花苗ヲ約速(束)シテ歸ル、

○11月12日、晴、木、十月七(八)日、

一、神拜畢、
一、高陛(階)(幸造)來リ、分所建築件ニ付、各郡神官招集之叓ヲ示談、猶後一時、北野ノ建築場ヲ巡視ス、

○11月13日、晴、金、十月八(九)日、

一、神拜畢、
一、有川矢九郎より菊花ノ問合セヲ電報ニテ送ル、仍而已ニ叓濟ミシヲ報す、
一、神拜畢、
一、姫路中學之生徒四十銘(名)、古森引卒シテ來ル、

○11月14日、晴、土、十月九(十)日、

一、神拜畢、
一、昨晩ハ高陛(階)・小池之二人ニ晩飯ヲ饗す、
一、當日於文庫彈琴之會アリ、女子四十餘人なり、

○11月15日、晴、日、十月十(十一)日、

一、神拜終、
一、前九時之瀛搭(マヽ)シ、舞子萬龜樓(マヽ)ニ伊藤侯(博文)ヲ豫シ後三時歸家、
一、素行(佐々木)之三年祭執行、社務所員ニ直會ヲ出す、
一、尾張丸入神、染より塩肴等澤山贈リ呉レタリ、

○11月16日、雨、月、十月十一(十二)日、

一、昇殿畢、
一、當日正午、小松宮(彰仁親王)正午御着ニ付、停車場へ奉迎爲ニ出頭、宇治川常盤御休泊なり、晩ニ大リンコ(林檎)ヲ獻上

す、

○11月17日、晴、火、十月十二日(十三)、

*秋山書記官奉幣使として参社

一、昇殿畢、

○11月18日、晴、水、十月十三日(十四)、

一、神拜濟、

一、前九時ヨリ水産會場江出頭、御式場ニて御式終リ、小松宮・副會長後三時ノ瀛車ニて御歸郷〔京〕掛、何レモ宅江被爲成、菊花ヲ御覽タリ、宅ニてハ茶菓ヲ奉る、

小松宮菊花を御覧たり

*新嘗祭執行

一、尾張明〔丸脱〕晩出帆ニ付、崎元ニ晩飯ヲ饗す、

○11月19日、晴、木、十月十四日(十五)、

一、神拜畢、

一、尾張丸崎元江書面ヲ依頼シ、有川(矢九郎)江金壹圓かの、文檀買入レヲ依頼ス、

一、尾張丸へ染行之ふミ遣すニより、今日書面ヲ出タス、

○11月20日、晴、金、十月十五日(十六)、

一、神拜畢、

西中將に晝飯を饗す

一、西(寛二郎)中將通過ニ付、文庫ニ於テ晝飯ヲ饗す、中將土産トシテ支那綸子壹疋、墨壹函ヲ惠投なり、

○11月21日、晴、土、十月十六日(十七)、

一、神拜畢、

一、神拜畢、

○11月22日、雨、日、十月十七日(十八)、

一、明廿三日新嘗祭執行ニ行、秋山書記(恕郷)奉幣使トシテ參社ニ付、祭典式執行、取急急(マヽ)キ吳レトノ事ヲ、石井屬より內請ニ付、該形行ヲ一社ニ達す、

○11月23日、晴、月、十月十九日、

一、新嘗祭執行、奉幣使秋山書記官、屬石井勇吉、無滯執行濟、

○11月24日、晴、火、十月廿日、

一、神拜畢、

一、午前十時登廳、昨日祭典出張ノ禮ヲのベタリ、

一、陸軍憲兵大佐萩原貞固渡台ニ付、通過指令部ノ依頼ニ付、文庫ニ休憩セリ、

○11月25日、晴、水、十月廿一日、

一、神拜濟、

一、本田氏來、宮原次郎左衞門之傳聲ヲ聞、又廿八日川崎造船所ロクク工事ノ地鎮祭ヲ依賴セリ、

○11月26日、木、雨、十月廿二日、

一、神拜畢、

一、昨廿五日、仁之助英船ニて着神、仍而矢九郎へ電報

す、返信來ル、同人モ同船發航、横濱ニ向、

○11月27日、晴、金、十月廿三日、

一、昇殿濟、

一、造船所へ大井田(留三郎)・八代ヲ遣シ、祭典事務ノ打合ノ爲ナリ、

○11月28日、晴、土、十月廿四日、

一、神拜濟、

川崎造船所地鎮祭を執行

一、前八時、川崎造船所ニ到リ、地鎮ノ神事ヲ執行、

一、和田大猪之嫡子、今般砲兵ニて入營ニ付訪來ル、

○11月29日、晴、日、十月廿五日、

一、神拜畢、

一、淡州行ニ付、今晩願書知叓(周布公平)宛テニテ出す、

○11月30日、雨、月、十月廿六日、

一、神拜畢、

和田大猪の養子暇乞の爲参る

一、當日ハ新入營兵隊、九百三十餘名、當社内江集合、是レヨリ是より(マヽ)大阪・伏見・姫路ノ三營ニ迎ヘノ親族・知己見送リ、其他祝入營ノ旌旗ヲ押立、社内東西ノ通門ハ鎖シ、雜沓言ヘカラス、又社内よりハ住吉與三吉之倅、又和田大猪之養子各暇乞ノ爲參る、仍而鮎ノ吸物・勝栗・スルメ・昆布ヲ飾リ門出ヲ祝シタリ、

一、當日ハ淡州行之筈ナルニ、雨天故船通行ナシ、

（原表紙）

日誌 従二十九年十二月 至卅年八（九）月 四十一（四十四）

〔明治二十九年十二月〕

○明治二十九年十二月1日、晴、火、十月廿七日、

一、昇殿畢、

一、午前九時、秋山恕郷江参リ、淡路行之件ヲ告ケ、後兵庫港より乗船、淡路ニ向、高階（幸造）同伴、芳・重二人ヲ具シタリ、

兵庫港より乗船淡路に向ふ

一、今朝肥後之二男、北海道より歸縣ニ付尋來ル、

一、當日ハ海上平隱（穩）ニて、午後八時半須本（洲）ニ着船、幸町桑治へ泊ス、

○12月2日、晴、水、十月廿八日、

一、神拜畢、

一、前九時より支局江出席、神（官脱カ）出席十六銘（名）なり、新築金募集之件〻并ニ開所式之爲ニ、神官名銘（マヽ）失費之件ヲ說諭ス、

一、午後三時より三浦郡（原カ）ニ向テ發シ、郡役所前ニ一泊、食叓ヲ仕舞ヒ、支局江出會、取締其外一般ニ出張之趣旨ヲ演說シ、明朝決答ヲ聞ク叓ニ定メテ歸宿、

○12月3日、晴、木、十月廿九日、

一、神拜濟、

一、前九時郡役所江行、神代ニ面會シ、従前播州ニて世話ニナリシ禮ヲのベ、又將來之叓ヲ依賴シタリ、

一、支局江出會、諸神官ノ決答ヲ聞ニ及ヒ、種〻ノ不理屈ヲナラベ立テ、議論百出ニ付、大聲ニて、昨夕ヨリ道理人情ヲ說キ、說諭セシ、必竟、諸君へ對シ忠告セ（マヽ）所なり、然ルニ、情實ヲナラベラルヽニ於テハ、不都合之極、諸君ニ盡シタル忠告ノ趣旨、先言ハ取消スト發言セシニ、一同大ニ恐怖シタリ、依テ直チニ席ヲ主事ヲ命シ、榎井村へ向テ發タリ、

一、原口（南村）江立寄、麥酒貳本ヲ投シ、玄喚（關）より引取リ須本（洲）へ歸リタリ、

一、直チニ上石ニ行テ面會シ、募集金之一件ヲ依賴シテ

兵庫へ著船
奈良原沖縄県知事より胡瓜を贈らる
*加古川より高砂に至り開所式一件に就き辨ず
*高嶋陸軍大臣を出迎す
秋山書記官を訪ひ淡路行きを復命す

歸ル、

○12月4日、晴、金、十月晦日、

一、神拜畢、

一、前五時半、旅宿ヲ發シ、瀛船ニ搭シ、六時三十分ニ發ス、海上平穏ナリ、前九時三十分ニ兵庫江着船、

一、不在中、尾張丸着船之由ニテ、沖縄知(事脱)奈良原(繁)より胡瓜二十五本ヲ事贈セラレタリ、又染ヨリアマ鯛・ウルメ・甘藷・ブンタン(文旦)ヲ送リ呉レタリ、

○(12月脱)5日、晴、土、十一月三(一)日、

一、神拜濟、

一、有川仁之助東京より歸着、崎元(彦太郎)ト共ニ晝飯ヲ供シテ閑話す、

○12月6日、晴、日、十一月四(二)日、

一、神拜濟、

一、有川矢九郎ヘ文檀之禮幷ニ仁之助、近日發途ノ叓ヲ報ス、

一、染ヘ書面、尾張丸より之品〻着之禮狀ヲ出タス、

○12月7日、晴、月、十一月五(三)日、

一、神拜畢、

一、午前八時、秋山氏ヲ訪、淡路行之復命、又明日飾广行シ定〻談ス、

一、小川鉚吉ヲ訪、外邦之形勢ヲ聞キテ歸ル、

一、有川仁之助、今晩七時之出帆船ニて歸鹿兒、九助ト共ニ來リ、

○12月8日、晴、火、十一月六(四)日、

一、神拜畢、

一、午前八時之瀛車ニて加古川ニ達シ、是より高砂ニ到リ、神官ヲ集メ、過日照會ノ開所式一件ノ辨解ヲ與エ、晝飯ヲ支度シ、直チニ歸家ニ就ク、三時半ニ歸家、

一、有川仁之助乘船、仍而矢九郎江電信ヲ通ス、

○12月9日、晴、水、十一月七(五)日、

一、神拜畢、

○12月0(10)日、晴、木、十一月八(六)日、

一、神拜終、

一、昨九日午後四時、高嶋(鞆之助)陸軍大臣到着ニ付、神戸停車場ヘ出迎セリ、

一、淡路之西田茂八郎訪來ル、鷄卵幷ニ木ノ葉カレイヲ惠ミタリ、

一、高陛(階)幸造より鮮魚ヲ贈リ呉レタリ、實ニ珍品なり、

＊奈良原沖縄縣知事に紅白梅を贈る

○12月11日、雨、金、十一月九(七)日、
一、神拜濟ム、
一、西田茂八郎訪來ル、兒島誌二册ヲ貸與ス、酒肴ヲ供ス、
一、當日後三時ヨリ、於文庫祠官掌集會アリ、
○12月12日、晴、土、十一月十(八)日、
一、神拜畢、
一、當日モ社司掌會議アリ、
一、高嶋陸(軍脱)大臣ノ養子、此内より之禮ノ爲見得タリ、又高嶋父子ハ五時之瀛車ニて東歸なり、
○12月13日、晴、日、十一月十一(九)日、
一、神拜濟、
一、當日も社祠掌會於文庫執行、秋山(恕卿)所長午後一時半出張、社寺掛石井勇吉ナリ、

北風正造建碑式

一、北風庄(正造)藏建碑式江香典壹圓ヲ寄、大井田ヲ代理トシテ行、
○12月14日、陰、月、十一月十二(十)日、
一、神拜濟、
一、分所會議、當日ニて決定、祠社掌賦金壹人ニ付參圓八十錢、金大凡壹千貳百餘圓ニ上ル、依而本日閉會ノ旨達シ、開所式ニ付金十圓、即席ニ寄附シ引取る、
一、尾張丸明朝出帆ニ付、梅紅白二鉢ヲ、奈良原(繁)ニ贈ル、
一、染ヘ金壹圓、歳暮トシテ贈ル、外ニ種々歳暮用ヲ添、
○12月15日、晴、火、十一月十三(十一)日、
一、神拜畢、
一、馬淵鋭太郎奈良縣轉任ニ付、暇乞之爲ニ來ル、
一、分所會議、本日ニて散會す、
○12月16日、晴、水、十一月十四(十二)日、
一、神拜畢、
○12月17日、晴、木、十一月十五(十三)日、
一、神拜畢、
一、在威海衞平田龍左衞門江、西中將(寛二郎)依賴紅白盆梅二鉢相渡ス、是ハ紀念ノ爲ニ威海衞ヘ植附ノ爲なり、
○12月18日、晴、金、十一月十六(十四)日、
一、神拜畢、
一、ウサ・タカ歳暮品ヲ持參、依而壹圓ヲウサ、半圓ヲタカニ與ヱ(マヽ)タ、
○12月19日、晴、土、十一月十七(十五)日、
一、神拜畢、
一、昨十八日美嚢郡三木ニ於テ、戰亡招魂祭ニ付祭主依

賴ノ人來ル、仍而承諾ノ返辭ニ及フ、
○12月20日、陰雨、日、十一月十八（十六）日、
一、神拜濟、
一、東京高木江精品水筆貳十枝ヲ注文シ、爲替證件〔券〕封入注文、又大阪吉井扇五十本注文す、
○12月21日、晴、月、十一月十九（十七）日、
一、神拜畢、
土佐獻備ノ某より鰹節二十五本ヲ惠ミタリ、
○12月22日、晴、火、十一月廿（十八）日、
一、神拜畢、
一、當日浦井（利政）大阪より詩稿製本持歸ル、
○12月23日、晴、水、十一月廿一（十九）日、
一、神拜畢、
一、穎川君平之倅春平死亡之報有之、大井田ヲ代理トシテ弔詞ヲ申入ルヽ、

*戰亡招魂祭執行す

一、明後日招魂祭、和漢ノ祝詞認方ヲ、大井田ニ命ス、
○12月24日、晴、木、十一月廿二（廿）日、
一、神拜畢、

明石驛より三木に向ふ

一、前九時五分ノ山陽滊車ニて、明石驛ニ至リ、停車場山口方ニて晝飯ヲ吃シ、後三時半三木ニ向テ、挽車

ヲ飛ス、神職廣田幷ニ末野〔宮〕平次郎途中ニ迎ヱ、奈良藤屋（マヽ）江達す、
一、本郡取締幷ニ諸祠官掌訪來シ、祭典諸事ノ協議、
一、郡長古田庸モ又見得タリ、猶明日諸用聞之爲ノ郡部ヨリ二人附ケ置ヘキ、擲〔鄭〕重ノ取扱ニ逢ヘリ、
○12月25日、晴、金、十一月廿三（廿一）日、
一、神拜畢、
一、前十時半、服粧招碑〔魂脱カ〕場江行、本地ハ、昔天正・元龜ノ比、別所長治ノ居城地名ノ謂、本丸なり、
一、前十一時、旅團長見得タリ、直ニ祭式ニ掛リタリ、當日祭式ハ神職不揃ニ付、惣テ畧式ヲ用ヒ、旅團長・郡長祭文畢リテ、齋主祝詞讀ヲ漢文幷ニ獻詠ヲ畢リテ、已一時五十分也、是レヨリ佛祭ニ掛る、仍テ祭場ヲ畢ヘ、三時半奈良屋ヲ發シ、明石七時ノ五分ノ滊車ニて歸家、
○12月26日、晴、土、十一月廿四（廿二）日、
一、神拜畢、
一、不在中、下婢サワ・重二人共、亡命セシニ付、早束〔速〕手ヲ廻シタルニ、二人共大阪サワノ母江行、母同道ニて參リ居タリ、不埒之次第ヲ以而、二人共暇ヲ遣

シタリ、兼而サワノ姓〔性〕質不良ニ付、家内江内示之、
果シテ然リ、

*周布知事の分所長就任の承諾を得る

*姫路より白濱に向ふ

秋山書記官福島縣知事に榮轉

一、河野徹志より縁〔郷〕之弟、近日歸朝ニ付、止宿等之手配向ヲ依頼シ越シ、

一、諸稿百部皆濟ニ付、代金百四十五圓拂渡濟、

○12月27日、雨、日、十一月廿五日〔廿三〕、

一、神拝畢、

一、詩稿ヲ諸知友江贈ル、惣而三十餘名ナリ、別ニ名薄アリ、

一、長崎居住ノ田中おヱンニ書面ヲ以而、娣ノサワ不都合之趣、詳細申ス、

一、河野より依頼セシ縁〔郷〕弟歸朝ノ節、休息所ハ海岸西村ヘ相定メタル旨ヲ答書ス、

○12月28日、晴、月、十一月廿六日〔廿四〕、

一、神拝畢、

一、高陛〔階〕幸造來リ、曰ク、秋山恕郷福島縣知叓ニ榮轉スル、仍分所長ヲ知叓ニ依頼スルヲ乞、仍而登廳、秋山ニ祝義ニ演、知事歸朝ヲ待ツト雖遲シ、故明朝ヲ期シテ退廳、

○12月29日、晴、火、十一月廿七日〔廿五〕、

一、神拝畢、

一、午前七時登廳、周布知叓之登廳ヲ待チ、面接シテ所長之兼務ヲ乞、承諾ヲ得、當日ハ長田社ノ奉告祭ニ勅使トシテ参社なり、

一、前九時ノ滊車ニ駕シテ、姫路ニ達シ、於同地晝飯ヲ吃シ、此より白濱ニ向ヒ、九壹里餘ニシテ龜山連〔運〕平ヲ訪、参圓幷ニ麒麟壹面ヲ贈、詩稿批評ノ勞ヲ謝シ、六時之滊車ニテ歸社、

○12月30日、晴、水、十一月廿八日〔廿六〕、

一、神拝畢、

一、坂元平八より北海道鮭ノ子幷ニ鱈ヲ惠ミタ〔マヽ〕、

一、尾張丸着船、崎元〔彦太郎〕訪來リ、宿元より島大根・鰤・小鯛・早芋・文檀等送リ越シタリ、仍而右荷物正ニ受取之書面ヲ出タス、

○12月31日、晴、木、十一月廿九日〔廿七〕、

一、神拝畢、

一、今晩、崎元幷ニ坂本〔平八〕ノ二士ヲ呼、晩飯ヲ饗す、

一、龜山運平より禮狀幷ニ七律詩ヲ寄セタリ、

〔明治三十年正月〕

○明治卅年丁酉一月一日、晴、金、十一月廿八日、
一、昇殿畢、
一、於正廳受判任以下拜賀、社員江祝儀ヲ出タス、
○1月2日、晴、土、十一月廿九日、
一、神拜畢、
○1月3日、晴、日、十二月朔日、
一、神拜畢、
一、元始祭ハ病中故御斷リ、
一、尾張丸明日出帆ニ付、染へ書面、年玉五十錢ヲ送ル、
○1月4日、陰、月、十二月二日、
一、神拜畢、

秋山恕郷福島縣へ發途に就き見送る

一、秋山恕郷福島縣ニ發途ニ付、見送リ之爲行、
○1月5日、晴、火、十二月三日、
一、神拜畢、
一、長崎田中ゑんより、サ和〔ワ〕ノ詫狀來ル、

櫻井能監よりの謝狀達す

一、櫻井能監より年内より之謝狀達す、
○1月6日、晴、水、十二月四日、
一、神拜濟、

一、大河平武二より鶴壹羽惠投なり、
○1月7日、晴、木、十二月五日、
一、神拜畢、
一、祖父公・宮子姫月次祭執行、
○1月8日、晴、金、十二月六日、
一、神拜畢、
一、青森旅團長（岡村靜彦）陸軍中將〔少〕江禮狀ヲ出ス、
一、鄕氏、明九日午前九、十時比ニ着神之旨、西村（旅館）より通知ニ付、形行之電信ヲ河野（徹志）江報知、
○1月9日、雨、土、十二月七日、
一、神拜畢、
一、鄕乘船遲延、今夕八時ノ着船ト報す、但出迎ノ爲よし吏、馬車ニて西村へ遣ス、河野幷ニ鄕之家內、其他出迎、西村へ止宿、
○1月0〔10〕日、晴、日、十二月八日、
一、神拜畢、
一、鄕幷ニ河野其外出迎之爲ニ、出神之諸士訪問有之、十二時三十五分之瀛車ニて歸鄕、見送ノ爲馬車ニて、よしをフラツホウト（プラットホームカ）へ遣す、
○1月11日、晴、月、十二月九日、

皇太后宮御病氣御危篤の號外達す

一、神拝畢、
一、本日午後、皇太后宮(英照皇太后、孝明天皇皇后、九條夙子)御病氣御危篤ノ號外達す、
一、當日ハ具足ノ餅煮ニ付、田村醫(喜進)幷社務所員等ヲ招キ饗す、

○1月12日、晴、火、十二月十日、

皇太后陛下御惱御平癒祈念祭執行す

一、昇殿、皇太后(英照)陛下御腦(惱)御平癒祈念祭執行、本縣へ届ケ出、

*玉里公を奉迎す

號外を以て皇太后陛下崩御を報ず

一、午四時號外ヲ以而テ(マヽ)崩御ヲ報ス、依而宮内大臣(田中光顯)江天機伺ノ電信ヲ通す、御病症ハ肺炎なりト承ル、御年ハ六十三ニて、本年二月ハ兄帝(孝明天皇)ノ卅年回ニ相(當)等す、
一、晩ニ大河平(武二)氏來訪、閑話す、

○1月13日、陰雨、水、十二月十一日、

本社に於て學校生徒皇太后遙拝式を執行す

一、當日ハ學校生徒於本社皇太后遙拝式執行、校長伊村氏モ見得タリ、
一、神拝畢、

*玉里公より金千疋御下賜あり

○1月14日、陰、木、十二月十二日、
一、當社判任奉弔式執行之御届書、宮内省ヘ差出ス、
一、神拝畢、

*周布知事へ酒壹挺を贈る

○1月15日、陰、金、十二月十三日、
一、神拝畢、
一、諸人依嘱之揮毫ヲ配當、
一、安積九龍江元旦之詩二首ヲ贈ル、
一、玉里忠濟(島津)公十六日御着神ニ付、海岸薩摩屋ヘ大井田(留三郎)ヲ遣シ、時刻等ヲ承る、明日十時前後と謂ヘリ、

○1月16日、陰、土、十二月十四日、
一、神拝畢、
一、午前九時より海岸薩摩屋江出張、玉里(島津忠濟)御着神ヲ拜待、午後二時御着神、海岸ニて御馬車ヲ奉シタリ、

○1月17日、陰、日、十二月十五日、
一、神拝畢、
一、本日五時五十五分、玉里御出發ニ付、四時半より停車場ニ奉送ル、
一、昨今御馬車ヲ奉リシ爲、金千疋御下賜有之、仍テ御者別當ヘ配當致ス、

○1月18日、半晴、月、十二月十六日、
一、神拝畢、
一、周布(公平)知叓歸廳ニ付、酒壹挺ヲ贈る、分所長依嘱ノ爲ナ也、
一、西ノ宮小松重三江神社昇格願面ノ叓ニ付、下紙ヲ以テ問合書面ヲ出タス、

*家内中種痘す

*新任の書記官参事官に面謁す

*鳴瀧市長より教育に関する古器物借用の依頼状来る
菓子税免除記念碑

一、染へ酒糠の注文狀を出タス、

○1月19日、晴、火、寒氣强シ、十二月十七日、

一、神拜畢、

一、登廳す、弔詞ノ爲ナリ、

一、おはりまる（尾張丸）着船、染より廿鯛二尾・うるめ・大根漬・もやしおくり參る、

○1月20日、晴、水、十二月十八日、

一、神拜畢、

一、晩飯ヲ崎元彥太郎へ饗す、

○1月21日、晴、木、十二月十九日、

一、神拜濟、

一、午後五時ノ山陽列車ニて、磯邸御上京ニ付、野元驍より報知シ吳レタリ、仍テ神戸フラツト迠逢迎す、直ニ上リ滊車江御乘車なり、

一、神拜濟ム、

○1月22日、晴、金、十二月廿日、

一、菓子税免除記念碑建築願書ヲ持參ナリ、大井田へ申達す、

一、神拜濟、

○1月23日、晴、土、十二月廿一日、

○1月24日、陰、日、十二月廿二日、

一、神拜濟、

○1月25日、晴、月、十二月廿三日、

一、昇殿、月次祭執行濟、

一、父上・母上之月次祭濟、

一、三木ノ柴田より鳩一羽惠投なり、

一、當日ハ田村醫師ヲ迎ヱ、家内中種痘す、九十人なり、

○1月26日、晴、火、十二月廿四日、

一、神拜畢、

一、川添爲一ヨリ書面、三角湧之信書無異ナリ、

一、午後二時登廳、新任ノ書記官（武田千代三郎）幷ニ參事官（松岡辨）ニ面謁、猶御埋棺付天機伺等之㕝ヲ、三課長江協議シタリ、

○1月27日、晴、水、十二月廿五日、

一、神拜畢、

一、淡路山崎より木ノ葉カレイヲ送リ吳レタリ、

一、鳴瀧（公恭）市長より教育ニ關スル古器物借用ノ事ヲ依賴狀來、

○1月28日、晴、木、十二月廿六日、

一、神拜畢、

一、蒲地啓助、去廿三日死亡之旨、山下帍藏より報知ア

リ、依而早速右禮狀幷ニ啓助ノ母江弔狀、外ニ金五十錢爲替ニて贈ル、

北堂君三年祭執行の次第を送る

一、北堂君三年祭執行之次第ヲ染ヘ申送、極〻手輕ニ執行之趣キヲ書ス、大宮(英照皇太后)崩御ニ付而ノ事、

○1月29日、晴、金、十二月廿七日、

一、神拜畢、

一、大井田ヲ分所ニ遣シ、高陛(階)之歸朝ヲ聞カシ、大宮陛(英照皇太后)(下脱)御發柩ニ付參列之件ナリ、

○1月30日、晴、土、十二月廿八日、

一、神拜畢、

孝明天皇三十年祭

一、光(孝)明天皇卅年回御祭ニ付、代理ヲ以遙拜、

○1月31日、雨、日、十二月廿九日、

一、神拜畢、

一、浦井利政ヲ明石ニ遣シ、細川立齋其外寫字生江金圓等ヲ送リ筆勞ヲ謝ス、

一、下男暇を申出タリ、差許ス、近來下男女乏シク、動スレハ遁走スル等一般大ニ難澁セリ、必竟奉公人取締、規立不相立、故ニ甚タ迷惑セリ、浦井ヲ明石ニ遣スモ、一ツハ右抱人探索ノ爲なり、希クハ一般ノ取締方ヲ設ケ度モノナリ、

〔二月〕

○2月1日、晴、强風、月、十二月晦日、

一、神拜濟、

一、淡路西田茂八郎ヘイタラ貝五、六十錢かの注文す、同地ニてハ錫貝ト唱ルト云ヘリ、

○2月2日、陰晴不定、火、正月元日、

一、神拜畢、

*皇太后東京御發柩に就き遙拜す

一、當日ハ皇太后(英照皇太后、孝明天皇皇后、九條夙子)東京御發柩ニ付、家內一同諏方(マヽ)山東店ニ於テ遙拜、又鑑隊之祝砲ヲ見る、

○2月3日、晴、水、正月二日、

一、神拜濟、

一、淡路廣田直三郎ヘ書面、南八郎ニ劍一件ヲ報復、

一、威海衞在陣司令部三原三郎ヘ、盆ノ手入レヲ報す、

一、又新日報社員江盆梅已ニ綻ノ報知ヲ爲ス、但例年之如、縦覽切符ハ配當セサレトモ、懇望ノ人ニハ縦覽ヲ許ス云〻ヲ記ス、

○2月4日、晴、木、正月三日、

一、神拜終る、

*英照皇太后遙拜式執行す

一、來ル七日英照皇太后(孝明天皇皇后、九條夙子)御祭事ニ付、社內遙拜所ニ於遙

拝式執(行脱)ニ付、當市役員於同所遙拝致度申出ニ付、故障無之旨ヲ報す、右遙拝式、午後六時ニ初ムルニ庭燎ヲ焚ク、

右之旨、警察江屆書ノ叓ヲ達す、

一、但馬九龍(安積)ヨリ蟹之揚ケ物幷ニモロ子ヲ贈リ呉レタリ、

○2月5日、晴、朝雪降、金、正月四日、

一、神拝畢、

一、西田茂八郎よりイタラ貝依頼ノ返書來ル、

○2月6日、晴、土、正月五日、

一、神拝濟、

一、過日來、三光丸中國地ニて沈没之事ハ、聞クモ相手ノ船不明なりシニ、今朝片船ハ尾張丸トノ事故ニ驚入リ、卽刻會社方へ問合セタルニ、同船ハ少々破損ヲ生セシモ、無叓今晝迠ニハ入神ストノ事なり、三光丸之乗人、九五十人溺死スト云ヱリ、

一、午後六時、遙拝所ニ於英照皇太后ヲ遙拝、當時ハ當市長(鳴瀧公恭)初、市役所一同拝禮、

一、晩ニ崎元來リ、尾張丸遭難ノ實況ヲ聞ク、全ク三光丸之不意ヨリ來リ、突キテ破損ヲ來セシナリ、彥太郎物語之中ニ耳障リ之ケ所有之候間、早速書面ヲ認

メ、明朝崎元江送ル叓ヲ浦井(利政)へ達シタリ、

○2月7日、日、晴、正月六日、

一、神拝畢、

一、大河平(武二)井ニ海軍人壹人訪來、

一、當日盆梅二箇、松島鑑上村彥之丞ニ贈ル、

一、祖父公・宮子之月次祭執行、

一、別版ニ記載スルハ、皆今七日之記叓なり、

○2月8日、晴、月、正月七日、

一、神拝畢、

一、尾張丸之出來ニ付、新聞ヲ切拔キ、有川矢九郎へ送ル、又染へも同斷、

一、昨日染柳箇(行李)利壹ツ、中ニ酒糠、其外漬物、アマ鯛二尾・ムル干物、又矢九郎(有川)より九年母・文檀等ヲ送リ呉レタリ、

○2月9日、晴、火、正月八日、

一、神拝畢、

一、母上之三回祭執行、齋主ハ古白川六郎(錄)なり、親族會席ニて晝ノ直會ヲ族(續)行、

一、鎮遠艦長松永氏(雄樹)より菓子・海苔二惠投なり、

一、新納司上海より岳飛ノ石摺數枚ヲ、海老原啓一ニ托

*高嶋陸軍大臣より鴨一羽贈らる

高嶋中將樺山内相著神す

*橋本海關へ明硯等を贈る

玉里公より病氣見舞贈らる

玉里公にサボテン幷に奈良漬を獻ず

*土方久元へ謝禮狀を出す

*周布知事より猪肉を贈らる

して送リタリ、

一、在台灣憲兵司令長官荻原貞固より本地ノ蒺藜壹本送致セラレタリ、横ニ白筋入リナリ、

○2月0日(10)、雪、水、正月九日、

一、神拜畢、

一、高嶋(鞆之助)中將幷ニ樺山(資紀)内相着神なり、

一、盆梅二紅白箇、鎭遠・松嶋ノ二軍艦江贈ル之禮ヲ受ク、

○2月01日(11)、陰、木、正月十日、

一、神拜畢、

一、鹿兒島之長崎さわ訪來リ、又善吉カ妻之弟モ來ル、長崎ハ西(寛二郎)中將之姉なり、

一、玉里公(島津忠濟)より大島紬島壹反幷ニ病氣御見舞トシテ、鷄卵壹籠、又御者別當へ金圓ヲ贈ル、

○2月12日、晴、金、正月十一日、

一、神拜濟、

一、サボテン幷ニ奈良漬ヲ玉里公ニ獻す、當日御發船なり、仍大井田(留三郎)ヲ代理トシテ、御機嫌ヲ爲伺タリ、

一、晩ニ崎元(彦太郎)來リ、試驗所ノ口供已ニ終リ、明日ヨリ三光丸乘組員ノ調査ニ及フト云、依テ明日ハ是非傍聽可參談シ置ク、

○2月13日、晴、土、正月十二日、

一、神拜畢、

一、大河平武二(マヽ)鴨一羽ヲ携へ、高嶋(鞆之助)陸(軍脱)大臣より病氣見舞トシテ送ラレ、又野(津道貫)大將ヨリモ名刺ヲ送リテ見舞なり、

○2月14日、晴、日、正月十三日、

一、神拜畢、

一、西田茂八郎へイタラ貝調査ノ禮狀ヲ出タス、

一、原口泰江明人九英ノ幅壹軸、酒料壹圓ヲ贈ル、

一、飾广町脇坂靈存へ詩稿三部ヲ送ル、

一、橋本海關江除松溪ノ幅壹軸幷ニ明硯壹面幷肴料ヲ贈、

一、詩稿ノ謝(マヽ)なり、詩稿三巻ヲ六(マヽ)ケ年ヲ經過シタリ、

一、又新日報社員江紀念碑一件ヲ斷リタリ、

○2月15日、雨、月、正月十四日、

一、神拜畢、

一、染ヨリ母上樣三回忌相濟ミタル報書來レリ、

一、土方久元爵(伯脱)江贈枝ノ謝禮狀ヲ出タス、

一、周布知叓ヨリ、猪肉壹枝ヲ贈ラレ、大硯貸與ヲ申遣シタリ、

一、鹿兒島染へ御乘添方禮狀ヲ出タス、

一、神拜濟、

○2月16日、晴、火、正月十五日、

一、周布知叓より毛氈貸與申來ル、

○2月17日、晴、水、正月十六日、

一、神拜畢、

一、又新日報ノ西川文太郎來、紀念碑件之叓ニ付、兼而請求ノ如ク許ス、然𪜈新聞紙近來不都合ノ事實ヲ辨シテ返す、

○2月18日、晴、木、正月十七日、

祈年祭執行す

一、昇殿、祈念(年)祭執行濟、

一、當日ハ大喪事中ニ付、奉幣使無クシテ、一社中之執叓濟、

一、大河平武二より明朝八時、海軍指令長官(坪井航三)參拜之通知有之、依而大井田ヲ呼、明朝之準備ヲ達す、

○2月19日、晴、金、正月十八日、

一、神拜畢、

海軍將兵壹千五百六十壹人參拜

一、八時半、海軍艦隊坪井中(航三中將)・上村(彦之丞)參謀外、他將校十五人、兵隊惣テ壹千五百六十壹人、正門ヨリ繰込ミ一同整列、於(マヽ)拜殿ニ於テ、君カ代ノ吹奏有、最敬禮ヲ執行、將以上ハ於拜殿神酒拜戴、此度ハ東門ヨリ繰出シタ(マヽ)、尤往復共ニ本藥(樂カ)ナリ、

一、今未明ヨリ神殿ヲ粧(装)飾シ神酒ヲ置キ、外ニ清酒壹駄二樽ナリ、之レヲ飾リ退社之節(マヽ)ヲ松嶋艦ニ送ル、但坪井中・上村等ハ初より文庫へ休息、幸ニ梅花ヲ一覽ニ供シ、兵隊ノ繰込ミ終リテ參拜有之、畢リテ寫眞ヲ撮影シタリ、但艦隊運動ハ餘程危險ノ運動ニ付、從前執行シタル無之、今般特ニ海ニ於テ初メなり、然レ𪜈、万叓好都合ニて、一般人氣一込奮起ス、實ニ御當社ノ榮譽ト謂ツヘシ、

一、午後、崎元幸鹿兒島より來着、

一、尾張丸・三光丸今十九日双方對決ノ筈なり、

○2月20日、晴、土、正月十九日、

一、神拜畢、

一、崎元幸來ル、仍而尾張丸幷ニ三光丸乗組員對決、已ニ終ラント、彦太郎之歸神ハ、今明日之叓情ヲ談シタリ、

一、有川矢九郎へも書面ヲ出シ、幸女ノ安着、最早心配無之都合故、本人上神ニ不及旨ヲ記ス、

一、京都郷之家内參る、過日之謝禮トシテ菓子・薄茶、又春子へ帯締ヲ惠ミタリ、

○2月21日、晴、日、正月廿日、
一、神拜畢、
一、有川矢九郎より榁柑并ニ鯛壹尾贈ラレタリ、
一、相生學校教員來リ、教育ニ關スル書藉（籍）并ニ諸目錄ヲ一覽セシム、
○2月22日、陰、月、正月廿一日、
一、晩ニ崎元來、衝突㕝件ヲ談ス、
一、神拜畢、
一、安樂善助肥料之件、都合能相運、今夕ノ便船ニて歸鄕ノ爲來ル、酒飯ヲ饗シ、麥酒ヲ贈、
一、駒木角野ヨリ小鳥賊并このしろ（鰶）を贈リ呉レタリ、
一、奥ヨリ鳩ヲ贈リ呉レタリ、
○2月23日、陰、火、正月廿二日、
一、神拜終る、
一、崎元之幸來リ、下宿屋江招參す、
○2月24日、晴、水、正月廿三日、
一、神拜畢、
一、今夕氏子惣代數十人ヲ招て饗す、右者昨年繪馬所修繕費募集ノ禮なり、
○2月25日、雲、木、正月廿四日、

*廣田神社宮司中田正朔來訪

*財部彪より威海衞より持越したる彈丸等贈らる

一、神拜畢、
一、父上・母上之月次祭相濟ム、
一、今朝前八時、疊屋ノ親爺死亡ニ付、直ニヨシ遣シ、又須田及別當ヲ加勢トシ遣す、
○2月26日、晴、金、正月廿五日、
一、神拜畢、
一、伊東（祐亨）海軍中將行之詩ヲ認、
一、廣田宮司中田正朔訪來、
一、下婢里之親危篤之通知ニ付返す、
一、八代歸省ニ付、金九年母之苗ヲ注文、
○2月17(27)日、晴、土、正月廿六日、
一、神拜畢、
一、常備艦隊參謀長上村（彦之丞）大佐、明日出帆ニ付、暇乞之爲ニ來、
一、財部彪ヲ以而、過日贈リタ梅（マヽ）二個并ニ卅三チメート（マヽ）ルノ彈丸、是威海衞より持越シタリトテ、予ニ贈リ呉レタリ、
一、三光丸衝突事件ニ付、有川矢九郎都合次第、上東候てハ如何之形行、幸江協議ノ上申遣す、
○2月18(28)日、晴、日、正月廿七日、

一、神拜濟、
一、生野銀山町柴橋撰次より猪壹頭ヲ贈ル云々之書面來達、
一、京都府在勤富田重治、語學ヲ修度ニ付、神戸へ參リ度トノ書面達す、是レハ牧薗村春田齊之甥なり、右者京都鹿沼原警察在勤なり、

〔三　月〕

○3月1日、晴、月、正月廿八日、
一、神拜畢、
一、生野町柴橋撰助〔次〕より野猪壹頭ヲ贈越シタリ、
一、猪二枝、壹ツハ碇泊之鎭遠艦ニ、壹枝ハ大河平(武二)へ贈ル、

○3月2日、晴、火、正月廿九日、
一、神拜畢、
一、柴橋撰助〔次〕江猪之禮幷ニ金三圓八十餘錢、爲替證ヲ送ル、
一、永田猶八江鋏之禮狀ヲ贈ル、
一、林田量平江當社碑文ノ督促書面ヲ出タス、
一、上村參謀(彦之丞)之尾張丸衝突叓件、依頼之返話、崎元夫婦へ書面ニて報す、

○3月3日、水、晴、二月朔日、
一、神拜畢、
一、千葉縣佐々木駒方へ書面、反布壹反ヲ送リ、母上樣ノ茶ノ子小包ニて送リ、又榮三郎送藉〔籍〕ノ叓ヲ促カス、
一、鎭遠艦歸港之由ニ付、大河平(武二)ニ依頼シ、猪枝ヲ贈ル、
一、崎元幸車〔東〕上ヲ留メシモ聞入レス、昨日車〔東〕上シタリト云々、
一、今夕ハ社內之出店者ヲ呼て饗す、

○3月4日、晴、木、二月二日、
一、神拜畢、
一、大河平之家內、觀梅爲來ル、
一、兵庫運河社員築島之名稱ヲ乞、

○3月5日、晴、金、二月三日、
一、神拜畢、
一、增野より觀梅之請求有之ニ付、大井田(留三郎)登廳セシメ、七日晩觀梅通知ヲ廳中、口頭ヲ以申遣ス、

○3月6日、晴、土、二月四日、
一、神拜畢、
一、本縣へ出廳之水產會員多人數、觀梅ノ爲、增野氏同

*轉地療養の願書地方廳へ差出す

*青龍刀壹振獻納さる

件ニて見得タリ、又三時比より本縣漸時參る筈なり、
一、小松重三江井關神社昇格一件、書類ヲ差返す、
○3月7日、雨、日、二月五日、
一、神拜畢、
一、祖父公幷ニ宮子姫月次祭濟、
一、昨夕八代淡路より歸社、鳴門榁柑幷ニ鷄卵ヲ土產トシテ惠投す、
○3月8日、晴、月、二月六日、
一、神拜畢、
一、大井田より鷄卵數個ヲ惠ミタリ、
一、山梨縣氷川村小林源藏へ書面ヲ出タシ、榮三郎本藉〔籍〕鹿兒島ニ無之、東京神田百〔區カ〕佐々木駒方へ有之趣キ通知シ、小林より右千葉縣居住佐々木駒方へ送藉〔籍〕申談シ候樣記ス、又佐々木駒方へも榮三郎儀ハ、〔佐々木〕素行存命中養子ニ遣シタルニ付、速ニ送藉〔籍〕可然樣トノ叓ヲ申送ル、
一、姬〔路脱〕中學校教頭小森慶助、今度加〔神〕奈川縣へ轉住ニ付、暇〔乞脱カ〕之爲ニ來リタリ、
一、川添〔爲一〕叓、臺地より歸神、彼之地况ヲ聞ク、
○3月9日、雨、火、二月七日、
一、神拜畢、
一、當日植木夫亡命之居ケ書ヲ出す、
○3月0〔10〕日、晴、水、二月八日、
一、神拜畢、
一、但馬城崎溫泉江轉地療養願書、佐野病院診斷書ヲ添、地方廳江差出タス、
一、崎元幸東京より歸神、
○3月11日、木、晴、二月九日、
一、神拜畢、
一、川添爲一來リ、青龍刀壹振ヲ獻納ス、
○3月12日、晴、二月十日、
一、神拜畢、
一、崎元夫婦來ル、洋食ヲ饗ス、
一、奥ノ武兵衞來リ、家內病死時日之禮なり、
○3月13日、晴、二月十一日、
一、神拜畢、
一、奥之武兵衞歸鄉、
一、東野之坂上平右衞門より木ノ苗達ス、是ハ注文ノ覺無之併シ請取置、
○3月14日、晴、月、二月十二日、

一、神拝畢、
一、有川矢九郎へ、三光丸死亡人倍〔賠〕償金告發之叓件ヲ詳細報知シ、崎元夫婦共、上阪之叓情ヲ返知ス、（マヽ）
一、東野坂ノ上平右衞門江金九年貫五〔母〕本到達ニ付、禮状幷ニ代價ノ叓ヲ照會す、

○3月15日、雨、火、二月十三日、

一、神拝濟、
一、所勞臥床、

○3月16日、晴、水、二月十四日、

一、神拝畢、
一、今朝より嘔吐ヲ催シ困難、平臥、

○3月17日、雨、木、二月十五日、

一、神拝畢、
嘔途〔吐〕不息、食欲ヲ絶ツ、

○3月18日、晴、金、二月十六日、

一、神拝畢、
一、今夕ヨリ嘔吐息ム、難食欲ナリ、

○3月19日、晴、土、二月十八日、

一、神拝畢、
一、過日佐々木駒江贈リシ小包郵便物、受取人不在ニて、（マヽ）

一、永田兄弟江悔ミノ書面ヲ出タス、是ハ猶八（永田）死亡ノ爲ナリ、

○3月20日、晴、日、二月十九日、

一、神拝畢、
一、崎元幸へ金卅圓取替タリ、
一、永田猶八死亡之電報達スル、同時ニ北元文造幷ニ永田江電報（以脱カ）ヲテ弔詞ヲ送リ、又染江電信爲替證三圓ヲ送リ、永田江香典トシテ送ルへ申遣（ク脱カ）す、

永田猶八死亡の電報達す*

○3月21日、晴、月、二月廿日、

一、神拝畢、
一、當日皇靈祭式執叓、

皇靈祭執行す*

一、佐々木榮三郎事、東京神田區より已ニ送藉〔籍〕有之タル趣、小林源藏より通知有之、

○3月22日、晴、火、二月廿一日、

一、神拝畢、
一、昨廿一日高陸〔階〕（幸造）より見舞ノ爲、リンゴ（林檎）ヲ惠投なり、
一、大河平より鷄卵ヲ惠マレタリ、

○3月23日、水、二月廿二日、

一、神拝畢、
一、川添見舞ノ爲ニ來訪、

一、山本村之新九郎へ梅ダイ十四株ノ注文書面ヲ出タス、

○3月24日、木、二月廿三日、

一、神拝畢、

○3月25日、晴、金、二月廿四日、

一、神拝畢、

一、里登女歸リ來レリ、

○3月26日、晴、土、二月廿五日、

一、神拝畢、

○3月27日、雨、日、二月廿六日、

一、神拝濟、

○3月28日、雨、月、二月廿七日、

一、神拝畢、

○3月29日、晴、火、二月廿八日

一、神拝濟、

一、出石神社江懇信會缺席書面ヲ出ス、

○3月30日、水、雨、二月廿九日、

一、神拝畢、

一、昨日之試驗ニて嘉行級〔及〕第ス、

一、(彦太郎)崎元來リ、明日尾張丸より歸郷之筈なり、

○3月31日、晴、木、三月朔日、

一、神拝畢、

一、吉冨倘義着神、東京高等學校ニ入校ノ由、本年十八歳ト、

一、彦山丸船將田中隆よりハラナ(バナナカ)・夏菜・胡瓜・茄子ヲ恵與ナリ、

〔四　月〕

○4月1日、晴、金、三月二日、

神拝畢、

一、(山本村)新九郎より梅苗二十本送致ス、

○4月2日、陰、土、三月三日、

一、神拝畢、

一、(周布公平)知事官房より明日正午馬車借用申來ル、

一、(醫)佐野院長來診ヲ乞ヘリ、

○4月3日、雨、日、三月四日、

一、神拝畢、

一、(矢九郎)有川より病氣ニ付電信來ル、仍テ左之通返信、スコシヨシマタイキタ、

○4月4日、晴、月、三月五日、

一、神拝畢、

*田中頼庸死去の報知に接す

周布公平兵庫縣知事非職を命ぜらる　後任は大森鍾一

*周布公平より見舞の菓子贈らる

*病氣平癒の祈願祭執行す

一、坪内よりカレイノ塩肴二尾送致ス、

○4月5日、火、晴、三月六日、

一、神拝畢、

一、昨夕ヨリ胃痛少ク休ム、

○4月6日、雨、水、三月七日、

一、神拝畢、

○4月7日、雨、木、三月八日、

一、神拝畢、田中修ハ尾ノ上おゑんカ夫なり、

○4月8日、晴、金、三月九日、

一、神拝畢、

一、周布公平兵庫縣知吏非職ヲ被命、仍而即時大井田(留三郎)ヲ代理トシテ慰問、後任ハ大森鍾一なり、

一、分所開校式之件ヲ高陛(階)(幸造)より度々問合セタリ、仍而年秀ハ死シタル者トシ、各協議可然旨返話す、又開校式擧行ハ十三日ト決定スト云々、

○4月9日、晴、土、三月十日、

一、神拝畢、

一、周布公平當日垂水之別亭江移轉ス、爲ニ馬車ヲ送る、

○4月0(10)日、陰、日、三月十一日、

一、神拝畢、

川添(爲一)見舞ニ來ル、

○4月11日、晴、月、三月十二日、

一、神拝畢、

○4月12日、晴、火、三月十三日、

一、神拝畢、

○4月13日、晴、水、三月十四日、

一、田中頼庸幷ニ横濱之西村新七ノ死ノ報知ニ接ス、

一、神拝濟、

○4月14日、晴、木、三月十五日、

一、神拝畢、

○4月15日、雨、金、三月十六日、

一、神拝畢、

一、有川父子着神、種々餞品ヲ惠投あり、

一、周布公平より菓子壹函、見舞ノ爲贈ラレタリ、

一、今日社務所より病氣平癒ノ祈願祭執行、神饌撤品ヲ惠マレタリ、

○4月16日、晴、土、三月十七日、

一、神拝畢、

一、終日安眠、胃痛ヲ忘ル、

○4月17日、雨、日、三月十八日、

高嶋中將行きの書面を記す

一、神拜畢、
一、皇典講究分監督〔所脱〕辭退書ヲ、分所へ差出ス、
一、高嶋(鞆之助)中將行之書面ヲ記ス、是レハ有川仁之介之亊依頼ス、

○4月18日、晴、月、三月十九日、

一、神拜畢、
一、大河平(武二)見舞ノ爲ニ來ル、

○4月19日、晴、火、三月廿日、

一、神拜畢、
一、渡御接近ニ付、氏子ノ集會ヲ催ス、

○4月20日、晴、水、三月廿一日、

一、神拜畢、
一、昨夕氏子集會江提出セシ、廿七・八戰勝記念、兩港有志より御社頭建設ノ件ゝ誘導委員七人撰ヒ、直チニ市長(鳴瀧公恭)江申込ム亊ニ滿場一決ス、
一、奥之山口病氣見舞ノ爲、鷄幷ニ鷄卵數個惠投ス、

○4月21日、晴、木、三月廿二日、

一、神拜畢、
一、矢九郎(有川)幷ニ幸(崎元)見舞ニ來ル、矢九郎より塩鯛幷ニ大根ヲ惠投なり、幸亊今夕ノ船便ニて東上す、

○4月22日、陰、金、三月廿三日、

一、神拜濟、
一、龍野之關口(啓之丞)より子鮎ノヤキタルヲ贈リ呉レタリ、
一、大鯛壹枚、金壹圓、盆栽壹個、佐野病院ノ過日回診ノ謝禮、

○4月23日、晴、土、三月廿四日、

一、神拜畢、
一、社内露〔店脱〕取締達シヲ出ス、又三門ノ木札ヲ立ツ、旅行〔者脱カ〕ニ對シ不法ノ賣買スルモノ、其氏名ニ可屆出旨ヲ表明ス、
一、新知亊大森(鍾一)、病氣ノ訪問〔マヽ〕ヲ受ケタリ、兼而開會中之品評ニ、臨見ノ爲ニ見得タリ、大井田(留三郎)ヲ代ニシテ答禮す、
一、大阪キリン商會より紛〔粉〕末ヲ郵送ス、

○4月24日、雨、日、三月廿五日、

一、神拜畢、

○4月25日、晴、月、三月廿六日、

一、神拜畢、
一、過日分所發起人ヨリ、新築功勞之謝禮トシテ、銀ノ三層盃壹個、鷲尾ヲ以送致致シ、依而書面ヲ返却す、

一、神拝濟、

○4月26日、晴、火、三月廿七日、

一、東京滯在有川矢九郎より病氣訪問ノ電信信(マヽ)來ル、直ニ返信す、

○4月30日(27)、水、晴、三月廿八日、

一、神拝畢、

一、新納司より到來ノ岳飛石摺二卷、前川より相納ム、各細品ハ眞砂絶岳公之氣象相見、古今一人なり、宋運モ此英雄ヲ殺シ、遂亡滅ヲ免レス、嗟于余以爲忠義ト戰略ハ、諸葛(孔明)ノ上ニ出、我楠(楠木正成)公ト比スヘキナリ、

〔五月〕

○5月1日、晴、木(土)、三月廿九日、

一、神拝畢、

一、當日より漸快氣ニ向ク、午後三時半庭園歩行、四十日ニ二階ヲ下リタリ、

○5月2日、晴、日、四月朔日、

一、神拝畢、

一、北元文藏之次男着神見舞、染ヨリ塩肴一籠外刻煙届ク、

一、新納司外壹人海軍將校來ル、新納ヘハ兼元ノ刀サーヘルヲ拵、送る叓ヲ談シタリ、

○5月3日、雨、月、四月二日、

一、神拝畢、

*遣英大使威仁親王御著神

一、當日ハ遣大使威仁(有栖川宮)親王御着神、音羽花壇江御一泊、明四日、佛船ニて御發途ニ付、大井田(留三郎)ヲ代理トシテ、神戸停車場爲逢迎差出シ置ク、

○5月4日、晴、火、四月三日、

一、神拝畢、

一、有栖川遣英大使發途、伊藤博文隨行ヲ命セラル、

*松方伯爵へ書面を出す

一、松方伯(正義)江病氣訪問之書面ヲ出タス、

一、上村大佐(彦之丞)江鷄二羽幷ニ高菜漬ヲ送ル、

一、石井英吉來リ、姫路招魂祭齋主ヲ依賴す、仍而承諾ス、尤高(幸造)陛(階)ヨリ代理スルトノ事なり、分所ハ巳ニ所員ニ非ラサルノ始末ヲ殘ラス石井へ示談シタリ、

○5月5日、晴、水、四月四日、

一、神拝畢、

一、職員調製(整)之届二様ヲ當(マヽ)へ出タス、分所員不當之件ヲ、大井田江申聞ケ置ク、

一、職員届ケヲ印鑑ヲ添ヘ、兵庫縣ヘ届ケ貳通出す、

*大森知事の参拝あり

○5月6日、晴、木、四月五日、
一、神拝畢ル、
一、小松宮(彰仁親王)御通過ニ付、奉迎ノ為大井田ヲ代理トシテ、
神戸停車場へ差出タス、
○5月7日、晴、金、四月六日、
一、神拝畢、
一、祖父公・宮子姫月次祭濟、臥辱ニツキ拝禮休ム、
一、舊來ノ薔薇白黄枯衰ニ付、壹鉢ヲ買入ル丶、
一、大河平(武二)訪來リ、上村彦之丞より贈リ物謝禮ヲ傳聲す、
○5月8日、晴、土、四月七日、
一、神拝畢、
一、今夕芳叓、胃病ヲ發シ苦シム、仍テ終夜心配不安眠、
○5月9日、晴、日、四月八日、
一、神拝濟、
一、山本村新九郎へ薔薇苗注文書ヲ出ス、
○5月0(10)日、晴、月、四月九日、
一、神拝畢、
一、川添婦(入脱カ)歸縣スルトテ暇乞ニ來ル、
一、芳事、一昨晩より胃病ニて打臥ス、甚タ困却、何分
ニて如何共シ難、唯嘆息苦シム耳、

○5月11日、雨、火、四月十日、
一、神拝畢、
○5月12日、晴、水、四月十一日、
一、神拝畢、
○5月13日、晴、木、四月十二日、
一、神拝畢、
一、大森(鍾一)知(事脱)入縣後、初而參拝アリ、
一、有栖川宮(威仁親王)御内中川清訪來ル、文(庫脱)ニ於テ面話、
一、山本之新九郎來リ、牡丹花數輪ヲ惠ム、
○5月14日、晴、金、四月十三日、
一、神拝畢、
一、鹿児島染よりイタラ貝幷ニウルメの干物送リ來ル、
○5月15日、晴、土、四月十四日、
一、神拝畢、
一、阿野恒生訪來リ、久ゝふりニ面會す、
一、龍野町關口(啓之丞)より鮎之干物惠送ス、
○5月16日、晴、日、四月十五日、
一、神拝畢、
一、花瓶臺修繕ヲ浦井(利政)ニ命ス、
一、職印石井より納メタリ、七分四方、

一、相〔生脱カ〕學校教育博覧ニ付、武器及ヒ古代ノ服類ニ代〔ヲ貸〕與セリ、

○5月17日、月、四月十六日、

一、神拜畢、久ゝニて染へ書面ヲ出タス、

○5月18日、陰、火、四月十七日、

一、神拜畢、

大森知事へ祝儀として大鯛を贈る

一、大森知叓江入縣祝儀トシテ、大鯛貳枚ヲ贈ル、口上書ヲ添、

一、昨日ハ奥ノ武兵衞鷄卵幷ニ鯉鮒ヲ携へ、病氣見舞ノ爲來ル、

○5月19日、晴、水、四月十八日、

一、神拜畢、

○5月20日、晴、木、四月十九日、

一、神拜畢、

一、舞子有栖川邸中川〔清〕へ櫻苗二十株獻備ス、

大森知事を訪ふ

一、午前八時半、大森知叓〔鍾一〕ヲ訪ヒ、是より登廳、名刺ヲ武田〔千代三郎〕書記官室江殘シ歸家、

一、神戸水道叓務長鳴瀧市長〔公恭〕〔よ脱カ〕り、水道起工式祭之齋〔主脱カ〕石川ヲ以而依頼ニ付囑托ス、

○5月21日、晴、金、四月廿日、

一、神拜畢、

一、午後大河平ヲ訪問シ、病中之訪問ヲ謝ス、

○5月22日、晴、土、四月廿一日、

一、神拜畢、

○5月23日、陰、日、四月廿二日、

一、神拜畢、

一、大森知叓ヨリ煙草壹函、鰹節壹函惠投なり、

一、高陞〔階〕來訪、面會ヲ乞、仍テ大井田ヲシテ齋主ノ任務ハ降、送神祝詞ノミ其御見込之通リ、御執行有之度、右二件之分ハ、總テ此方ニて時宜ニ應スヘキ旨返辭ス、

○5月24日、陰、月、四月廿三日、

一、神拜、昇殿、明日之渡御ヲ送す、

○5月25日、晴、火、四月廿四日、

*神輿渡御無事に了ふ

一、神拜、昇殿濟、

一、午前八時御發輿、御登廳、知叓之拜禮畢、退廳畢、湊川江御休輿、午後三時還御、至極無叓、

○5月26日、晴、水、四月廿五日、

一、神拜畢、

一、昨日之供奉ニて大疲労ス、

一、鹿兒島北元(文藏)之二男東京ヨリ着す、仍而宿許之一件ニ依頼す、

一、染ヨリ之荷物、鯖之干物・甘鯛幷ニ新艸麥〔蕎麥カ〕ヲ送リ呉レタリ、ミのは〔ら脱〕大根も同斷、

*英人ラツキに鯛野菜等携へ謝禮す

一、高知縣士族飯沼直行訪來ル、是レハ過般鎮托符ヲ獻備ノ人なり、面接す、高知產之酒姿〔盗カ〕塩莘三瓶ヲ惠投なり、

○5月27日、晴、木、四月廿六日、

一、神拜畢、

一、昨日ハ和田山之九龍(安積)より鮎二樣(マヽ)ヲ惠送セリ、

奥平野村にて水道起工式執行す

一、當日ハ午前一時より奥平野村ニ於、水道起功〔工〕式執行、齋主依依(依頼ニより)ニ頼り出張、同三時式畢リテ歸社、

○5月28日、晴、金、四月廿七日、

一、神拜畢、

*周布舊知事を訪ふ

一、球陽丸出帆、諸ヲ染ヘ送ル、下婢里ヲ歸ス、

○5月29日、土、四月廿八日、

一、神拜畢、

靜養中絕客、

○5月30日、晴、〔日脱〕四月廿九日、

一、神拜畢、

○ 川添(爲一)見舞ニ來ル、

一、大阪藤澤南岳より會誌壹冊到來、

○5月31日、晴、月、五月朔日、

一、神拜畢、

一、諏方(マヽ)山居住英人ラツキ病中每度懇切ニ預リシニヨリ、大鯛幷ニ野菜ヲ携へ、よし・春子ヲ伴ヒ謝禮ニ行キ、歸途明治屋ニ立寄、菓物ノ鑵四個ヲ買入歸ル、

〔六　月〕

○6月1日、晴、火、五月二日、

一、神拜畢、

○6月2日、晴、水、五月三日、

一、神拜畢、

一、神拜濟、

一、午前九時五分發ニて、舞子ニ至リ、周布(公平)舊知叓公ヲ訪ヒ、過日來之禮ヲ演、家內之病氣ヲ訪、菓物鑵詰貳個幷鯛一尾ヲ携、夕景ニ歸家、

○6月3日、雨、木、五月四日、

一、神拜濟、

鳴瀧市長より起工式謝禮を受く

一、鳴瀧幸恭子(公)より水道起工式謝禮トシテ、金五圓ヲ投セラレタリ、

○6月4日、晴、金、五月五日、

一、神拜畢、

榊原警部長を訪ひ消防丼に戰利品社藏の一件を談ず

一、午前八時、榊原警部長(以德)ヲ訪ヒ、川添奉仕(爲一)之件ヲ依頼シ、且御社内消防丼ニ戰利品社藏之一件ヲ談シテ歸、

一、古白川(錄郎)ヲ訪、祭典之一件ヲ家内へ依賴シタリ、葡萄酒貳瓶ヲ携ヘタリ、

一、マキノウヤ花二枝ヲ周布知㕝ニ贈ル、

○6月5日、晴、土、五月六日、

一、神拜畢、

一、後石井勇吉ヲ訪、伊和ノ神社之行程ヲ聞、是レハ宮原景雄、本社宮司拜命ニ付云〻ノ書面有之カ爲なり、

*蛭子社神輿拜殿にて御休憩

一、今朝高陛(階)(幸造)訪、病氣ヲ以斷ル、

○6月6日、日、雨、五月七日、

一、昇殿、神拜濟、

一、和田山之安積(九龍)訪來リ、鮮鮎ヲ惠投なり、馬ニて和樂園へ送ル、

一、宮原(景雄)江播广路之件〻書面ニて送ル、

一、踊郷之春田齊江病中、何㕝も斷るノ旨ヲ、嘉行之名前ニて出タス、

○6月7日、晴、月、五月八日、

一、神拜畢、

一、祖父公・宮子月次祭執行、

一、古白川訪來ル、過日之答禮なり、

○6月8日、晴、火、五月九日、

一、神拜畢、昇殿、

○6月9日、晴、水、五月十日、

一、神拜畢、

一、北元文藏江平臺壹速、外ニ煮(マヽ)所ヲ注文狀ヲ出タス、

○6月0(10)日、陰、木、五月十一日、入梅ニナル、

一、神拜畢、

一、當日ハ蛭子社之神輿、拜殿御休憩ニ付參殿、拜禮幣壹圓ヲ奉納ス、

神拜畢、

○6月11日、晴、金、五月十二日、

一、球陽丸着神、染より三ノ原大根・飛魚・せんじ・甘蔗贈リ、又松下より西瓜貳個連(マヽ)なり、

○6月12日、土、

一、神拜、昇殿、

一、宮原去六日附ケ之書面返却、依ヲ本田方ヘ附紙ノ儘ニ仕送ル、
○6月13日、晴、日、五月十三日、
一、神拝畢、
一、生魚二品、日外藏江過日ノ禮トシテ送ル、
○6月14日、晴、月、五月十四日、
一、神拝畢、
一、球陽丸出帆ニ付、染行之荷物并金公債利子拾圓ヲ送、又松下江酒ヲ贈リ、西瓜答禮なり、
○6月15日、火、五月十五日、
一、昇殿、神拝畢、
一、高陛(階)幸造、先般來不行届ノ謝罪ノ爲ニ來リ、家内ヘ依頼シタリト云、依右ハ婦人共之預リ知ル亊ニ非ラ(而脱)ステ(マヽ)、尚浦井(利政)ヲ以テ、其趣キヲ家内より申送ス、
一、冨山縣警部長郷田兼徳上京之爲、當地ニ來リ閑談數時、至極之元氣なり、
一、昨日ハ銀山町宿屋(マヽ)婆波見舞ニ來ル、
○6月16日、晴、水、五月十六日、
一、神拝畢、
一、大河平(武二)來訪、尚武會倶樂部設地之件ヲ示談ス、仍テ大井田(留三郎)ヘ書面并ニ地圖ヲ下ケ渡シ、貸渡次第ヲ達す、
○6月17日、晴、木、五月十七日、
一、神拝畢、
○6月18日、晴、金、五月十八日、
一、昇殿、神拝、
一、村瀨之親爺病死、當日葬式執行、
一、和田山之安積江、九龍歸家セシヤ否之往復端書ヲ以、問合セタリ、然ルニ、余病褥ニ付、舞子江一泊、歸鄕之端書到來ニ付、卽大枇杷ヲ籠ニ入レ郵送す、
○6月19日、晴、土、五月十九日、
一、神拝畢、
一、石井勇吉訪來ル、高陛(階)幸造謝禮一件なり、仍而老衰辭退ヲ以テス、
○6月20日、晴、日、五月廿日、
神拝畢、
一、午前八時之滊車ニて住吉ニ下リ、松方氏(正義)ヲ訪ヒ歸ル、
○6月21日、晴、月、五月廿二(一)日、
一、神拝畢、
一、午前八時大森知亊(鍾一)ヲ訪ヒ、川添奉仕ノ一件(爲一)ヲ依頼ス、
一、上村大佐(彦之丞)訪來ル、不在ニて面接セス、晩ニ大河平ト

*松方正義を訪ふ
*大森知事を訪ふ

同伴シテ來ル、

*新納司へ兼元の劒を贈る

一、新納司訪來ル、仍而兼而約速〔束〕之兼元之劒ヲ贈ル、

○6月22日、晴、火、五月廿三日〔廿二〕、

一、神拜畢、

一、昨日和田山安積江大枇杷ヲ郵送シタリ、

○6月23日、晴、水、五月廿四日〔廿三〕、

一、昇殿、拜畢、

○6月24日、晴、木、五月廿五日〔廿四〕、

○6月25日、晴、金、五月廿六日〔廿五〕、

一、昇殿、私祭執行、

○6月26日、晴、土、五月廿七日〔廿六〕、

一、神拜畢、

一、用水之地所之件、書記官（武田千代三郎）より昭〔照〕會ニ付、御造營ノ舊記寫ヲ以答辨ス、聞ク處ニヨレハ、眞嶋顯藏之申立ノ如シ、

○6月27日、晴、日、（マヽ）

一、昇殿、神拜、

一、井戸寄附人之届ケヲ出タス、

○6月28日、晴、月、五月廿八日、

一、神拜終る、

*鳴瀧市長來訪

一、鳴瀧（公恭）市長來訪、過日水道祭典出張ノ禮、并ニ分所高陛〔階〕分所一件ヲ談シタリ、依而篤与勘考之上、返答可致叓ニ、

○6月29日、晴、火、五月29日、

一、昇殿、神拜畢、

*大森知事并に侍從長參拜

一、大森知叓并ニ侍從長（德大寺實則）參拜、文庫ニて茶菓ヲ饗ス、

一、崎元彦太郎江尾張丸之申渡シ件ニテ、端書來ル、崎元ハ卅日休業、三光丸船長ハ十二ケ月ナリ、

○6月30日、水、雨、六月朔日、

一、神拜終る、

一、昨夜半より降雨沛然、

〔七　月〕

○7月1日、雨、木、六月二日、

一、神拜畢、

一、田村氏（喜進）上等酒壹樽惠贈ヲ命す、

○7月2日、陰、雨、金、六月三日、

一、神拜畢、

一、神戸元町鄉敏儒、日外藏ト同伴ニて訪來ル、右ハ今般日本廣告塔設立ニ付、御社頭之内六尺四方之地所へ

相願度トノ事ニ付、右願書差出候様申入レ置キタリ、
○7月3日、晴、土、六月四日、
一、昇殿、神拜、
一、內務省より年奉〔俸〕二百圓下賜之辭令書、本縣武田〔千代三郎〕書記官より通達有之、依而御請書ヲ大井田〔留三郎〕へ依賴す、
一、大阪北濱四丁目吉井茂右衞門へ、白扇五十本之注文書ヲ出タス、
○7月4日、晴、日、六月五日、
一、神拜畢、
一、昨日ハ田村喜進へ菊正宗之一樽ヲ謝禮トシテ送ル、
○7月5日、晴、月、六月六日、
一、昇殿濟、
一、當日鳴瀧〔公恭〕江鮮〔魚脫カ〕二尾ヲ送ル、
○7月6日、晴、火、六月七日、
一、神拜畢、
一、新納司書面ヲ出シ、サーヘル拵方、上村江依賴可致ヲ報ス、
○7月7日、雨、水、六月8日、
一、神拜終、
一、當日ハ御社頭露〔店脫カ〕洗ヲ執行、

*例祭執行す

御祖父公・宮子月次祭執行、
○7月8日、晴、木、六月九日、
一、午前神拜畢、
一、八時石川武雄之宅ヲ訪、不在故鳴瀧市長ヲ訪ニ客來ニ付、名刺ヲ殘シ去テ、市役所ニ至リ、石川ニ面接シ、過日鳴瀧公分所關係之件〻備サニ談シ、是非辭退之叓ヲ申入レ歸家、
○7月6〔9〕日、晴、金、六月十日、
一、昇殿、神拜、
一、午後二時登廳、知叓〔大森鍾一〕・書記官不在故、名刺ヲ遣シ、又石井屬ニ面接シテ歸家す、
○7月0〔10〕日、晴、土、六月九〔十一〕日、
一、昇殿濟、
○7月11日、晴、日、六月十三〔十二〕日、
○7月12日、陰、月、〔マヽ〕
一、昇殿畢、
一、例祭濟、奉幣使ハ大森知叓なり、
一、有川矢九郎東京ヨリ歸着、崎元〔彥太郎〕モ同斷之由なり、
○7月13日、晴、火、六月十四日、
一、神拜畢、

一、午前九時登廳、明十四日發但馬城之崎行之御届申立、知吏・書記官ニ依頼シタリ、

一、金參百圓、驛逓局へ相預ケタリ、

一、金百圓、大井田へ相渡ス、

○7月14日、晴、水、六月十五日、

一、神拝畢、

城之崎に向け發す

一、午前七時半御社頭ヲ發ス、見送リ人崎元・川添初(爲一)、社内一同フラツトホウム迠多勢ニ擁セラレ、芳・千代・春子・里之五人、山陽列車ニ搭シ、十一時姫路江着、是より播路へ掛リ、十二時右柴橋ニて中飯ヲ畢ヘタリ、(銀山町柴橋江行、主人フラツトホウム迠出迎ヒリ、)

一、先年迠拘エ置キシ、松本喜一郎見舞トシテ來ル、

銀山町より和田山へ達す

一、午後三時、銀山町ヲ發途、四時和田山ニ達す、和田山之旅宿壹人、是又途中迠出迎タリ、

一、柴橋方へハ和田山之旅宿幷ニ城ノ崎旅宿吏ニ、安積九龍より報知シタリ、

一、當日和田山之太田意右衛門江名刺ヲ遣シ置也、是ヨリ旅宿ニ到リ、九龍(安積)モ來リ十時寢ニ就ク、

○7月15日、雨、木、六月十六日、

一、神拝畢、

一、昨晩湯町三來(三木屋)ヤノ主人和田山町旅宿なり、

一、當朝モ又見舞、土產物之謝禮ヲ演へ、又〻酒各持之主人モ内見舞なり、

一、茴香油ヲ忘レタリ、依而薬店求メシナシ、依而土地ノ醫者ニ一瓶驅風劑ヲ製す、

一、昨晩大井田江安着ヲ報、又五州社江日報仕リ方ヲ三木屋江記シテ通諜す、

○7月16日、雨、金、六月十七日、

一、神拝畢、

一、茴香油ヲ薬店買度尋候へとも、持合無之、然ルニ、當地ノ同業醫大田垣隆準ニ相談、一瓶ヲ貰ヒ候、

○7月17日、雨、土、六月十八日、

一、神拝畢、

一、土人追〻見舞ニ參る、

○7月18日、陰、雨、日、六月十九日、

一、神拝畢、

一、今朝昨日分配ヲ依頼シ、太田垣之方麥酒ヲ爲持、謝禮圖ランヤ、先年召仕タル、土岐おふくの夫ニて同人モ涙ヲ落シテ歡ヒタル由なり、

○7月19日、雨、月、六月廿日、

一、神拝畢、
一、大田垣ヲ召テ診察ヲ乞、
〇7月20日、雨、火、七十二度、六月廿一日、
一、神拝畢、
一、見舞客數人有之、
一、有川矢九郎より之書面届ク、
〇7月21日、雨、水、六月廿二日、
一、神拝畢、
一、神戸大井田・浦井(利政)へ宛書面、夏ミカン十四・五注文
シ、和田山安積(九龍)迠届ケ方ヲ依頼シ、又安積へハ到着
次第仕送リ金手繼ヲ依頼す、
〇7月22日、雨、木、六月廿三日、
一、神拝畢、
一、先日注文ノ乾ハン(パン)到着、ハウタ(バターカ)入リ之ビスケツトナ
リ、晩ニ壹斤着す、依而右倒[到]着手配幷ニ三四斤仕送
リ之叓ヲ大浦(大井田・浦井)両人江申遣す、
〇7月23日、晴、金、七十八度、六月廿四日、
一、神拝畢、
一、染井ニ有川江書面ヲ出タス、
〇7月24日、晴、土、八十度、六月廿五日、
一、神拝畢、
一、神戸よりダカシ(駄菓子)二種小包ニて到着す、
〇7月25日、晴、日、六月廿六日、
一、神拝畢、
一、父上・母上之月次祭、形之如執行拝禮、
〇7月26日、晴、月、六月廿七日、
一、神拝畢、
一、大井田・浦井より廿四日出之書面、幷ニハウトパン
二箱到着、
〇7月27日、晴、火、六月廿八日、
一、神拝畢、
一、神戸大井田へリンゴ(林檎)・桃小包送リ方注文ヲ端書ニテ
出タス、
〇7月28日、晴、水、六月廿九日、
一、神拝畢、
一、今晩大河平(武二)來訪、牛鑵詰恵投なり、
〇7月29日、晴、木、六月卅日、
一、神拝畢、
一、療養御暇追願書之進達ヲ大井田江申遣ス、中ニ捺印
紙ヲ添ヱタリ、又買入品幷ニ桃賃錢ハ、預ケ金百圓

ヲ以テ、仕拂方ヿヲ報す、

一、安積九龍より白瓜籠ヲ送リ呉レタリ、

○7月30日、陰、金、七月朔日、

一、神拜畢、

一、今朝大河平發程歸廳ス、

一、小籠貳ツ、中ニハン五斤、外ニチイス(チーズ)、其外野菜、神戸ヨリ着ス、

一、太(大)和郡山之人、當地ニて行倒レタルヲ、本籍へ送致スルニ付、有志者各銘(名)ニ醵金ヲ乞、依而金壹圓ヲ投す、

○7月31日、土、晴、七月二日、

一、神拜畢、七十四度、

一、神戸大井田ヨリ去廿九日出之書面達シ、夏ミカン到着否、苟遲着ナレハ、知ラセトノ電信なり、仍而直チニ不達之趣キヲ報シタルニ、全ク人來ルマテトノ返信來ル、

〔八　月〕

○8月1日、晴、日、七月三日、

一、神拜畢、

一、安積九龍見舞ノ爲來訪、又夏ミカン入リ箱壹、荷持參致シ呉レタリ、

一、神戸大井田(留三郎)江ミカン着ノ傳信ヲ通す、

一、有川矢九郎より書面來ル、又染ヨリモ丸ほろ見舞トシテ贈リ來レリ、

○8月2日、晴、月、七月四日、

一、神拜畢、

一、神戸より廿九日出ニて小包郵便相達す、バン(パン)貳斤幷ニバタ壹鑵達す、

一、安積(九龍)滯在詩ヲ寄ス、

一、片岡依頼之額面ヲ書す、

○8月3日、晴、火、七月五日、

一、神拜畢、

一、安積九龍訪來、

一、今晩八時半、大井田神戸より來着、蔬菜等澤山ニ携來ル、

○8月4日、晴、水、七月六日、

一、神拜畢、

一、昨晩者、俄カノ催シニテ、安積・大井田幷一家内大河ヲ河口迄下リ、九時ニ歸家、蛤等ヲ獵場ニて買入

タリ、
一、大井田ハ滞在、安積ハ今早朝歸す、
〇8月5日、晴、木、七月七日、
一、神拜畢、
一、大井田今朝三時發途、歸神ニ就ク、
一、湯屋ノ主人額面揮毫ノ依賴アリ、
一、九龍(安積)より歸着之報知有之、
一、晩ニお福女來訪、
〇8月6日、晴、金、七月八日、
一、神拜畢、
一、前八時大田垣(隆準)ヲ訪ヒ、過日來診之禮ヲノベタリ、草物・肉ノ鑵詰ヲ持參す、
〇8月7日、小雨降、土、七月九日、
一、神拜畢、
一、當日午後より春子熱發、大ニ心痛、卽大田垣ヲ迎診(ママ)診察、夜半ニ及テ解熱、
〇8月8日、晴、日、七月十日、
一、神拜畢、
一、春子ノ熱氣解、
〇8月9日、晴、月、七月十一日、
一、神拜畢、
一、大井田より書面達す、
一、春子今朝快癒ス、
〇8月0(10)日、晴、火、七月十二日、
一、神拜畢、
一、神戸ニ回ノ小包兩度ニ配達アリ、
一、バン(パン)・菜類又里女ノ內より桃小籠來ル、
一、午後三時、春子又〻熱發す、暫時ニ解熱、
〇8月11日、雷雨、水、七月十三日、
一、神拜畢、
一、午後三時比より降雨、激電、晩ニ清涼、
〇8月12日、晴、木、七月十四日、
一、神拜畢、
一、昨日當日共ニ春子之熱氣解す、氣分平日ノ如シ、
一、當日ハ安田・中村等依賴ノ神號及額面ヲ揮毫、
一、晩ニ阿福女見舞、
〇8月13日、晴、金、七月十五日、
一、神拜畢、
一、大井田より小包着す、ハン(パン)貳ツなり、
〇8月14日、晴、土、七月十六日、

一、神拝畢、
一、大井田（留三郎）より十一日附ニて、金百（圓脱カ）豊岡銀行手形振出到來、
仍テ旅亭主人片岡江直チニ預ケ置、
○8月15日、陰、日、七月十七日、
一、神拝畢、
一、當地學校教員小舟競爭會江臨場迠之爲ニ來る、仍而芳ヲ召具シ、臨見シタリ、豊岡中學校長田中勝之丞モ來會、九四番ノ競爭ヲ見て歸ル、當日之萬端本地有志者、醵ニ由ルト聞、金參圓ヲ施入、
○8月16日、陰、月、七月十八日、
一、神拝畢、
一、昨日之他行ニ疲勞して臥褥、
一、學校教員謝禮ノ爲訪來、
○8月17日、晴、火、七月十九日、
一、神拝畢、
一、安積（九龍）より鮮（魚脱カ）ノ糠漬、并ニふキノから焼壹瓶、惠投なり、
一、神戸より野菜種ゝ小包ニて達す、
一、當日之諸人依賴之揮毫、

○8月18日、晴、水、七月廿日、
一、神拝畢、
一、水船山之二嫗見舞ノ爲ニ來リ、種ゝノ土產ヲ提ケ、又英人レツキヨリフトウ（葡萄）酒并ニダイスカレイヲ惠投なり、
一、大田垣トクトルヲ迎エ診察ヲ乞、今夕より藥用、
○8月19日、晴、木、七月廿一日、
一、神拝畢、
○8月20日、驟雨、土（金）、七月廿二日、
一、神拝畢、
○8月21日、驟雨來、日（土）、七月廿三日、
一、神拝畢、
高知縣人當分大阪阿坐堀二丁目ニ居住、森田喜犢訪來リ閑談、
○8月22日、晴、月（日）、七月廿四日、
一、神拝畢、
一、昨夕ハ胃痛甚敷、諸藥ヲ投シテモ効なし、依而毛爾（モル）比祢（ヒネ）ヲ多量ニ服シテ安眠、
○8月23日、晴、火（月）、七月廿五日、
一、神拝畢、

一、家内水新船山ノ老媼ト共ニ、舟遊ニ行、
一、隣室ノ土州人來ル、
○8月25日、雨、水、七月廿六日、
一、神拜畢、
一、父上・母上之月次拜濟、
○8月26日、雨、木、七月廿七日、
一、神拜畢、
一、神戸より見舞女客、當日歸路ニ就ク、
一、當地之湯之明神社祠掌山口光直訪來、美菓ヲ惠投ナリ、
○8月27日、晴、金、七月廿八日、
一、神拜畢、
一、山口光直訪來リ面接す、
○8月28日、晴、土、七月廿九日、
一、神拜畢、

玄武洞に遊ぶ

一、午前九時ヨリ、舟ニて玄武洞江遊フ、此ノ日ヤ天氣晴朗、風靜丸山川ヲ溯ル丁、九一里ニてシテ(マヽ)陸ニ上ル、所謂、玄武洞ニシテ、大石穴三所アリ、天然ノ巖洞圓形ノ石ヲ以テ、疊ゝ積ミタリ、實ニ可驚、抑造物者設計何等之巧妙ナルヤ、漸ク休穿之清水ヲ掬、清明可愛、一家與ゝ船ニ搭シ、中飯ヲ喫シ、午後三時ニ歸宿、安田・川崎ヲ訪行ク、
○8月29日、晴、日、八月二日、
○8月30日、雨、月、八月三日、
○8月31日、晴雨未定、火、八月四日、
一、神拜畢、
一、神戸より金三十圓爲替證着、又ゝ外ニリンコ(林檎)・桃、小包ニて着す、

〔九　月〕

○9月1日、雨、水、八月五日、
一、神拜畢、
一、昨晩大垣(田脱)來診、當朝下劑ヲ投す、
○9月2日、陰、雨、木、八月六日、
一、神拜畢、
一、更ニ四周(週)間御暇願可差出旨、大井田(留三郎)江書面ヲ出タス、
○9月3日、雨、金、八月七日、
一、神拜畢、
一、隣室ノ森田發途、土佐人なり、
一、昨夕胃痛激ク、モルヒネヲ多量ニ服シテ、激痛ヲ忘

ル、

○9月4日、雨、土、八月八日、

一、神拝畢、

○9月5日、雨、日、八月九日、

一、神拝畢、

一、當日より胃部ノ苦痛ヲ忘、

○9月6日、雨、月、八月十日、

○9月7日、雨、火、八月十一日、

一、神拝畢、

一、阿片ヲ用ヒ滯腸す、

○9月8日、雨、水、八月十二日、

一、神拝畢、

一、安田江依頼シ、和田山安積（九龍）江禮狀ヲ出タス、

○9月9日、晴、水（木）、八月十三日、

一、神拝畢、

一、モルヒネノ分量ヲ大田垣より聞ク、六分九ノ一ナリ、

（表紙）

明治七年二月二十日ヨリ同年八月一日ニ終ル

願諸伺幷ニ諸方往復下書　壹

明治七年二月廿日、初リ晴、

別紙河本務願之趣承屈申候、當社草創涯ニて、未た官舎之構造も無之、官員在勤、別而難澁之時節、右務赴任之實際無余義ニ付而者、御社頭何某江差出金有之由、誠實願面幷ニ記證之通リ候ハ、本行無據申出ニ付、急束皆渡致候様、御取計請度、此旨當社より譯而及御頼談候也、

但記證幷ニ願面相添、及御問合候付、何等御所〔處〕分之節御返詞至急承度御座候也、

二月廿六日　湊川神社宮司　折田權少教正

キ備津神社宮司　村井眞孝殿

御炊殿

一、神井一ヶ所　但シ瓦井井（マヽ）ニ水流し添
一、釜場大小三ケ所　但シ　大中小釜鍋添
一、水流シ　壹ケ所　一、爐　壹ケ所
一゜水溜メ　壹ツ　一゜戸棚　壹ケ所
一゜丹荷　壹荷　一゜膳棚　壹脚
一、桶大小　三ツ　但シ長サ壹間高サ四尺
　但シ二尺渡リ二尺三寸高サ　壹ツ
　壹尺三寸渡リ壹尺六寸高サ貳ツ
一、片口　貳ツ　陶物　一、徳利　三ツ
一、火播　壹本　一、鉢大小　四枚
一、火箸　貳對　一、丼大小　四ツ
一、包丁　貳本　一、磨鉢　一ツ
一、俎　貳枚　一、鐵瓶　一ツ
一、廣蓋　貳組　一、土瓶　一ツ
一、中盆　五枚　一、茶碗　十
一、手水盤　壹ツ　一、ザル大小　三ツ
一、行燈　壹座　一、燭臺　壹對
一、手燭臺　壹ツ　一、手燈　壹ツ
一、燧石火打函　壹ツ　一、油次　壹ツ
一、ランフ　壹ツ　一、小刀　壹本

一、小簞笥　壹ツ　　一、鋏　壹挺
一、硯函筆黒水滴　　一、斧（中）　壹挺
一、錐（キリ）　壹本　　一、箒　貳本
一、金（ツチ）　壹本　　一、麻布　壹丈　但拭巾用
一、鋸　壹本
一、手水鉢貳ケ所　　一、火鉢（大小）　貳ツ
一、机テーフル壹脚　　一、煙草盆　二ツ
一、倚子　貳脚
一、雪穏〔隠〕壹ケ所手水鉢并ニ浴所添

湊川神社々務所仕丁
橋本寅吉

當社本殿并ニ御廟所、稲荷社、賽物、其外諸神器類、毎々賊難不少、依而取締嚴重申附置候處、本日午後第四時比、怪敷容躰之者、稲荷社前江身ヲ密メ居申之處、初メハ拜禮之形狀を作し、終ニ賽物函を傾ケ有錢を抓ミ取候を、右寅吉（橋本）親敷見掛、直ニ取押へ、仍而糺問候處、聊相違無御座候付、寅吉差副差出候間、猶又其場之實際御糺問可被下候也、

明治七年二月廿七日　　湊川神社宮司　折田年秀

兵庫縣
屯所御中

元弘之古贈正三位左近衛中將橘正成公、笠置之行宮ニ於テ奉安　宸禁、櫻井驛ニ於テ義訓ヲ垂レ、終ニ忠魂ヲ湊川ニ留メ、一門ノ肝腦ヲ擧テ、三朝五十余年、王室ヲ奉護シ精忠日ヲ貫、義膽世ヲ蓋五六洲中、古今ヲ照ラシ未曾有ノ鴻蹟ニ依リ、維新之御盛運ニ當リ、豐臣氏・德川氏共ニ、同等官幣小社ニ準シ、楠公ハ戰死ノ地ニ社壇御造營、御追賞、湊川神社ト　勅號ヲ下シ賜リ、之レヲ祀典ニ列セラレ、深鴻澤之　御聖意、深ク感戴仕候、爾來、神德日ニ月ニ輝キ、近來異邦各國之人民相與ニ其精忠節義ヲ欽仰シ、陸續參詣仕、國光ヲ海外ニ射照シ候、實際恐クハ、湊川神社之右ニ出候者有之間敷奉存候、抑世ノ論者、嘗テ橘正行公ヲ以テ藤原ノ鎌足公ニ比シ候モ有之、況ヤ正成公ニ於テ乎、遠ク鎌足公、若ハ菅原ノ道眞公等ニ大臣ノ上ニ出可申、謹テ案スルニ、異邦ノ禮ニ、凢人臣ト雖有功ハ、王者ノ禮ヲ用ヒ、大牢ヲ奠シテ祭之、以テ其勳勞ヲ賞ス、夫賞ハ以所勸善故ニ重之、將ニ其後人ヲ奬勵スルノ謂ナリ、方今世界開化之形成、頻々相競候間、万一國躰モ辨別セス、臣子ノ節義ヲ悖、逆誤解共和遷替等、主

張仕候類御座候テハ、誠ニ以慨嘆、泣血之次第ニ付、不容易儀ニハ可有御座候得共、公眇々之軀ヲ以、大義ヲ天下ニ首唱シ、天日既墜之運ヲ挽回シ、列聖之深仇ヲ誅シ、　王室之大恥ヲ雪候、偉効ヲ被爲賞、今一層格外之特命ヲ下シ賜ヒ、官幣大社之格ニ被爲準、御祀典有之度奉願候、左候ハ天下之臣子益感激仕、報國盡忠之志操ヲ凝ラシ、楠氏之精忠義訓ヲ服膺可仕儀ハ勿論、各國外人ニ掲示シ、　廟謨専ラ忠義ヲ重スルノ龜鑑ヲ被垂、世界内外比類無之御國躰之御盛運ヲ尊崇可爲仕儀ト存シ、斧鉞之誅ヲ不顧奉言上候、何卒年秀區々之誠心御憐察被成下、御採用之程奉願候、以上、

記

何書　何巻

本行之書藉〔籍〕、去何日正ニ相達、卽日目錄ヲ以、神前江執奏獻備畢、永世菊水文庫江於令收藏ハ、神感不斜儀ト存候、仍之記證如件、

湊川神社

明治七年三月十日　菊水文庫

大坂高麗橋通リ三町目　幹事

豐田文三郎殿

去八日、安仁神社權宮司岡崎成勝、本縣江來着「致シ」（朱書）、御院より之御口達と稱し申演候条々ハ、

一、兵庫縣内ニ於て黑住講出張所幷ニ「門生共」（朱書）布教方法、從前仕來之通リ、無異儀執行可爲致云々之趣、依之

年秀ヨリ應對之条々ハ、

一、本院之御達「ニ者候」（朱書）得共、曲ケ「て」（朱書）御請ケ致兼候子細ハ、昨年八月年秀當社「在」（朱書）任後、諸所教導筋檢査ニ及候處、彼之社中「見苦店先キニ限リ不潔之」（朱書）幕ヲ張リ、高張リ挑灯を照ラシ、全ク無職之平民共、高座ヲ構ヘ頑民を集メ、無稽之說教・祈念・呪詛・病客を欺き、神誡授與と稱してハ、金ヲ貪リ、「況ヤ」（朱書）講社中色を立、正邪分立殆爭「端ヲ開候」（朱書）勢茂相見得候間、黑住宗篤江面議「教法」（朱書）變正「教諭ヲ加ヱ」（朱書）候樣、「廣田神社權禰宜同席ニて」（朱書）、細々之異見「ニ及」（朱書）候得共、爾後、其儀ニも不相及「社中」（朱書）共、却而我意ニ募リ、本省本院御達シニ付、呼立候御用筋ニも出頭不致、教導筋別而不取締ニ付、本省本院江も形行相伺、未た何等之御指令も無之、然ハ縱令本院之御達とハ乍申、不条理之御所〔處〕分、殊ニ「御」（朱書）口達云々之趣、敢

而御請ケ(朱書)「致」、此上者爲御國家利害得失十分之建言可致心得ニ付、領承(朱書)「不相成」段申段候處、(岡崎)成勝義ハ昨十日本縣下發程之由ニ御座候、

右黒住宗篤教法幷ニ成勝之儀ハ、(朱書)「先般」御達ニ基、實際取調御届ケニ相及候如ク、(朱書)「本縣下八部・菟原兩郡下」黒住講社之大躰第一布教ヲ名トシ、金錢を貪り、頑民を欺妄シ、眞域之布教ヲ妨碍スルヿ不少、殊更本地滯留門生共ニ至る迠、専糊口の爲ニ神明ヲ賣候始末ニ依て、世人何れも乞食説教ト呼倣(ナシ)、仍而其社中ト稱スルものハ、中以上之士民壹人も無之、惣而頑愚ト慧黠との集會ニ御座候故ニ、(朱書)「世人」神道説教と稱シテハ、何れも黒住社中同等之者と相心得、自然輕蔑を請候次第、尤今般黒住舊出張所小教院建(朱書)「設」ニ付而ハ、御規則之通リ、四柱之大神を鎭祭シ、(朱書)「院中之諸叓怪狀ヲ攘ヒ」、悉ク公平之所(處)分を施候處、所謂、姦詐百計之輩ハ心術之巣窟を失、一同不得心之由ニて、就中、住山清七幷ニ鍋屋八兵衞等、社中ニ金三拾圓を募、(朱書)「東上」當分黒住宗篤江随身、猶更詐術を修飾仕居候由、八兵衞儀ハ、去月中歸縣ニて、此度本院ヨリ黒住宗篤江、其家傳一派之教法施行許可を得候抔、頻ニ流言を放、依之姦

黠之輩ハ、此を糊口之目途ニ致し、同腹ヲ募リ、愚民ヲ動搖爲致候形狀(朱書)「殆ト」漢末之張魯ニ均シク、依而正邪益兩岐致シ、實以不容易内稿之情實御座候、(朱書)「殊更」去月十五日晚、何物共不相分、新建小教院門前標札盗去打捨候ニ付、直樣地方廳幷ニ裁判所江茂夫〻届ケ出、當分取調最中ニ御座候、(因)素ヨリ余人之仕業ニ無御座、必ス因緣も可有之叓、右樣之場合ニ候得者、縱令本院より之御達しとハ乍申、黒住誠實之本教ニ變正シ、姦邪を攘ヒ不申シテ、從前仕來之惡教御許可於有之ハ、爾來、教導筋取締之儀ハ、(篤)德と罷成申間敷、年秀昨年八月以來、別而注意鎭定日ニ月ニ一統ニ相嚮き、(殆)梢眞域(朱書)「ニ逼ハ」、人氣モ忽瓦解致し、以降如何樣取締候共、愈以輕蔑を請ケ、散〻不法之所行、終ニ者、本院之威光も相滅シ、實以嘆息之至ニ奉存候、殊ニ住山請(淸)七成者ハ、言行(朱書)「別而」不實至極之惡黨ニて、其所行を聞てハ、切齒ニ堪兼候、陰惡難算、當分在京、宗篤江随身之由候得者、是等欺妄之申出ニ、任御採用前文成勝江被相達候儀共ニてハ無之哉、左候てハ、事實必齟齬仕、往〻布教之妨碍不容易儀と奉存候、併淸七心情如何ト御疑念茂候ハ、人柄取調被相達候ハ、其人となり、明細相分

リ可申候、右者岡崎成勝を以、懇ヽ御達ニ者候得共、右樣之次第ニ付、御請（朱書）「不致」候間、此旨申上置候、猶又細詳ハ近ヽ上京御屆可申上候也、

但シ、宗篤（黒住）之儀ハ、素尋常之人物（朱書）「殊ニ本教上源一途ニ出、更ニ他ノ奇道無之故ニ」書面を以ハ、千變萬化・變正改革之始末、立派ノ御屆ケニハ可相及候得共、元來附屬之心蟲不少、古人之說ニも、自易法寧・易人黒住之本縣ハ勿論、諸方之社中門生（朱書）「共、篤と御取調之上」、姦黨を攘、（朱書）「講社分派ヲ癡〔廢〕、惟一ノ本教ニ歸シ候ヨリ」、外ニ變正之方法（朱書）「如何樣立附候共、只名耳ニて實際相行〔方脫〕不申、益愚民ヲ扇動シ、其結末必黄巾ノ流ヲ免レ不申儀ト奉存候、此旨申上候也」、ハ無御座義ニ奉存候

明治七年三月十一日　折田權少教正

大教院　御御（マヽ）

當社内ニ於而、博覽會執行致度御座候間、御差支無之候哉、此段及御問合候也、

三月十二日　湊川神社宮司　折田權少教正

兵庫縣ヽ令神田孝平殿

今般東京江護送之楠神御木像、來ル十七日より十九日迠三日之間、神殿外扉内ニ於て開帳、諸人參詣差許申候間、此段及御屆候也、

三月十二日　湊川神社宮　折田權少教正

兵庫縣令神田孝平殿

別紙、鷲尾武治屆書面之儀ニ付而者、昨年以降第三區諸村江（朱書）「布」教（朱書）「會」并ニ結社之爲ニ出掛候、神宮司廳（朱書）「派出之」教導職共（朱書）「江當社差添致シ」布教方法ニ付、右區長〔武脫カ〕井善左衞門不恙之所〔處〕分を以、諸村戸數江失費割合、過當之出銀相掛、（朱書）「甚不恙之所〔處〕分」、且ツ其外ニも士民共苦情申立候情實有之哉ニ相聞得、依之第一布教上、嚴禁之義ニ付、右實際取調方、鷲尾武治江申達し置候處、今般祠掌御免職之由、就而者、武治叓、職務又ハ余叓ニ就、如何躰之無調法筋有之哉ハ不存候得共、御縣下祀官掌之中ニも、他ニ擢（朱書）「神叓并ニ布教法方〔方法〕御趣意ニ相基、別而」勉强御用立候者ニて、人柄取調之上、已ニ教部省江も權訓導拜命伺出置候次第御座候、依之御差支無之候ハ、（朱書）「右」祠掌御差許相成候叓故、致承知度（朱書）「儀ニ御座候、仍而」武治屆書（朱書）「并ニ御廳江差出候由之書面、兩樣写相添」、此旨及御問合候也、

（朱書）「但區長武井善左衞門所〔處〕分之儀者、實際取調中ニ

御座候付、確證相備候上、何分可申上候也、」

明治七年三月十二日　　折田權少教正

兵庫縣令神田孝平殿

當社御創建後、社務取扱所未被召建日〻事務、別而差支申候間、新御造營、至急被仰渡度儀ニ奉存候、依之繪圖面幷ニ入具手間、九積相添、此段奉伺候也、

一、神樂殿

一、舞殿

一、酒殿

右者、當社御創建、未被召建御祭典之折、別而差支申候間、新御造營至急被仰渡度儀と奉存候、

依之繪圖面幷ニ入具手間、九積相添、此段奉伺候也、

御駒屋

右者、先般御届ケ申上置候通リ、□ヨリ獻備仕、差當リ蓄場所無御座候間、新御造營被仰渡度儀と奉存候、依之繪圖面幷ニ入具手間、九積相添、此段奉伺候也、

別紙楠正家辭表之趣、承屆申候、仍之願之通免職被仰付度儀と存シ、此段奉伺候也、

但、本人事、實際病身ニ付、一往ハ養生差加候樣申渡候得共、素より無學無能、殊更不勉强ニて、神事布教多端之折柄、往〻奉職難相調儀と推考仕候間、此段申上候、

明治七年三月十六日

兵庫縣貫族〔屬〕舊神官　第三

區　村居住〔戊〕

一、學術皇學　　鷲尾〔才〕武治

但シ、布教ニ付御用立候、

一、性質實直

右同縣下新田居住平民

一、皇學篤志　　〔戊〕橋本　虎（タケシ）

一、性質實直

右者、楠正家辭職願之通、於被仰付ハ權禰宜欠員ニ付、本行兩名、三等定雇被仰付度奉存、此段奉伺候也、

但、社務幷ニ布教多忙之折柄、定員少人數ニて者、萬端不行屆ニ付、此段御採用被下度奉存候也、

明治七年三月十六日

兵庫縣貫屬舊神官第

三區　村居住
戊才　鷲尾武治

一、學術皇學
一、講義
一、性質實直

右者、布教ニ付、別而御用立候ニ御座候間、訓導
拜命被仰付度、此段御執達可被下候也、

明治七年三月十六日　權少教正折田年秀

大教院
御中

管〔菅〕原神社

右者、湊川神社内菊水文庫江相附讀書有志之輩社内適
宜之場所江私造鎭祭永〻祀典願申出候間、何卒御許可
被下度奉願候、尤御本殿四方三反余之空地御座候付、
右社壇造建仕候ハヽ、掃除方等行屆可申儀と奉存候間、
此段奉伺候也、但し、御許可於被下ハ、地方江熟議仕、地所等決定之上、更ニ御屆申上度奉存候、

船玉神社

祭神底土〔筒之〕男命　中土〔筒之〕男命　表土〔上筒之〕男命

右者、兵庫・神戸兩港船主共ヨリ、海上祈念之爲、當
社内江社壇私造〔鎭祭脱〕永〻祭典願出申候間、何卒御許可被下
度奉願候、尤御本殿四方三反余、空地ニ付、右社壇鎭
祭仕候ハヽ、掃除等行屆可申儀と奉存候付、此段奉伺候
也、

但、御許可於被下ハ、地方江熟議仕、地所等決定之
上、更ニ御屆可申上候、

當縣下諸神社之祭典、何茂神輿出御を以、恒例ト仕候
風俗ニ御座候處、當社之儀御艸創、爾來漸二ケ年之御
祭典ニて、氏子之者共、未用意茂不相調、頗ル遺憾ニ
存居候由、然る處、此度衆力を以、神輿新調仕、余社
ニ準シ、御祭典翌日神輿出御、往古楠（正成）公・新田（義貞）公ト与
ニ御決欽相成候、兵庫和田岬陣所之舊跡江供奉仕、奉
獻神饌度段、度〻願出（朱書）「氏子衆誠敬神之情實、難默止奉
存候間」、地方官江茂粗打合置候間、御許可被下度奉頼
候、左候ハヽ、猶又地方官熟議之上、適宜之所分〔處〕仕度奉
存候間、何卒御採用被下度、此段奉伺候也、

白駒　壹疋

右者、當社江獻備仕候ニ付受納致シ、適宜之飼蓄仕置
候間、此段御屆ケ申上置候也、

明治七年三月十八日

當社御祭典之節、諸神官幷ニ地方官獻幣使共、拜殿江着座、神事執行仕候、然る處、拜殿ヨリ御本殿迄之間、凡何（マヽ）間全雨覆〔覆〕無御座、依之御祭典毎ニ社〔入〕入を以、床張雨覆構造仕來候得共、周歳數度之神事、構造之失費難支儀ニ御座候、尤例祭之時節ハ、入梅前後ニ遭逢シ、神饌・傳供等、例年難澁之由、殊更日饌雨天之折ハ、別而不都合ニ御座候間、右拜殿幷ニ神饌所ヨリ、踈圖面之通リ廊下幷ニ床張御造營有御座度儀と奉存候、但、御造營官費ニ相立不申儀ニ候ハ、年秀江御委任被仰付度奉願候、左候ハ有志之信施を募、構造仕度奉存候間、畧圖幷ニ入具手間代價、凡積相添、此段奉伺候也、

別紙、榊原實猶辭職之願承屆申候、依之願通免職被仰付度儀と存、此段奉伺候也、

但、本人事、實際痼症ニ付、一往ハ養生差加候樣申渡、保養爲仕候得共、再應之願、且ツ平素神吏布教上、無能ニて往ゝ職務難相調〔行屆〕儀と奉存候間、此段申上候也、

明治七年三月廿八日

撰擧狀

當社權禰宜兼訓導禰宜少講義江補任被仰付度御座候

上山閑
戊二十二歳

一、學術皇漢

一、性質正直

但、往ゝ御用立候者ニ御座候、

右者、榊原實猶辭職願之通、於被仰付者、禰宜欠員ニ付、本行之通補任被仰付度奉存候、

明治七年三月廿八日

委任狀

留主中一社限之始末、御方江令委任候条、臨機應變之所〔處〕分可有之候也、

明治七年四月十三日　折田年秀

上山閑殿

一、御本殿御修覆

一、神樂殿新出來

一、舞殿　右同斷

一、酒殿　右同斷

一、御本殿より拜殿江廊下、右同斷、

一、社務所　右同斷
一、御駒屋　右同斷
一、下水溝新出來　貳百二十間
一、右同修覆　貳百間余
一、御祭典、翌日より神輿出御伺、
一、氏子
一、社格之建白
當社御創建、爾后氏子邑町、西ハ湊川を限リ、東ハ神戸江界シ、五ケ町・二ケ村被召附置來候得共、右地所御維新後、移居之新町耳ニ御座候間、兵庫四十二ケ町之內、別紙疎繪圖元町ヨリ西北之町家并ニ石井・夢野・平野之三ケ村氏子ニ被召附度儀と奉存候、尤地方廳江も粗申立候得共、御採用於被下者、猶又彼之廳江も形行御指令被下度、左候ハ、私共よりも更ニ熟議仕度奉存候、何卒御採用可被下、此段奉伺也、

*「外伺、同時ニ下紙ニて、屆ケ之趣聞置候叓、東京ニて受取、七年五月六日」

當社水吐〔捌〕不都合ニ付、雨天之折流注之道無之、表御門內邊ハ沼地同樣能成、爲此建物礎石、追日相傾き、已ニ貳寸余も陷り候場所有之、永年之御爲不宜儀と奉存ニ付、下水溝新鑿、且在來候溝修覆被仰渡度儀ト奉存、依之疎圖間數等相記、此段奉伺候也、
當社御本殿板壁打隙、是ヨリ風雨差入、御簾御戸帳相損し、且御柱并ニ高欄等之埋木飛出、別而見苦、尤雨掛之場所故、是より腐朽を生シ可申候間、當分之內御覆被仰渡度儀と奉存、此段奉伺候也、
六十八間四尺、

假社務所火除地仕用之御屆

先般兵庫縣令神田孝平より引次候假社務所、火除地神馬厩地ヲ除キ、四畦十五歩ノ明地、平常草刈等行屆キ兼、荒蕪不躰裁ニ候間、尓來、祭日饌用之野菜、或ハ社內植次〔附〕キノ木苗ヲ仕立置候ハ、自然雜艸モ絕ヱ、風致モ宜有益不少儀ト存シ、縣令孝平〔神田〕へも親ク遂協議候處、故障無之トノ儀ニ付、右苗場等ニ仕用致候間、此旨御聞置被下度、尤建物之儀ハ、一切構造不致候、仍而繪圖面相添、御屆申候也、
明治七年四月十一日　少教正湊川神社宮司　折田年秀
教部大輔宍戸璣殿
本書相添へ、地方官へも屆ケ出置候叓、
私共事、今般多端之御用伺有之を以、出府仕候間、右

「過日御頼談ニ
及候假社務所
火除地之儀、
別紙之通リ届
ケ出候間、写
相添此旨御届
ケ申候也、
四月十三日
　　折田
神田殿」

伺旁相濟候迄、旅費幷ニ御用滯在、且往來旅費等之儀も、御法之通リ被成下候樣、御許可可被下、此段奉願候也、

明治七年四月廿五日　　寺（忍）尾
　　　　　　　　　　折田

一、（御祭典翌日）神輿和田崎迄出御之伺、

但、地方官熟議之上、適宜之所（處）分致シ、爾後、行粧等之形行、可屆出置候樣、御指令被下度、左候者、永年之成規ニ仕置度奉存候、

一、社務所御一定之御繪圖、急速御達し被下度奉願候事、

一、管（書）神社幷ニ船玉神社

右可相成者、急御指令被下度奉願叓、

一、神樂殿　舞殿　酒殿

右御祭典毎ニ、別而差支申候間、何卒至急御指令被下度奉願上候叓、

一、氏子ノ伺、

右者、元來地方廳ヨリ方限ヲ分チテ、諸社江割賦ノ舊習ニテ、當社造營後、此村ヨリ此迄と召附有之候間、今般奉伺候次第ニ付、

（朱書）「本社之儀ハ、兵庫神戸惣社之儀ニ付」、地方廳江熟議之上、適宜ノ所（處）分可致旨、御指令被下度奉願上候、

一、玉垣ヲ限リ候伺、

當社表御門ヨリ、拜殿前石階迄六十九間余ニ而、左右往還ニ通スル東西御門相開き、貴賤となく是より通行仕候間、右拜殿前石階を限り、建物者勿論、參詣人之外、猥ニ踏入不申樣、玉垣を（朱書）「拵エ」、制限を定、右より外表御門迄之間、諸茶店等之義、家番人仕宿爲仕置候ハ、（朱書）「灑掃等ハ勿論」、夜分之取締も（朱書）「行屆候」義と奉存候、尤表御門より拜殿迄、大道巾拾二間（朱書）「相開」、左右建家之（朱書）「形狀」瓦葺（朱書）「ニて美々敷相構候間」、假令、

御臨幸被爲在候共、更々見苦風彩無御座候間、（朱書）「右条々」御許可被下度、（朱書）「依而畧圖相添、此段」奉願候也、

但玉垣之儀ハ、社入（人カ）を以造營仕可申候、

（朱書）「明治七年四月廿七日」

記

私共儀、先般奉願候通、非常之御用伺ニ付出京仕候間、四月廿三日より五月廿三日迄、日數三十日滯在御許可

被下度、此段奉願候也、

明治七年五月二日　　寺尾忍

折田年秀

御駒屋

右者、先般御居ニ相及候、細川鐵五郎より獻備仕候處、差當畜場所無御座候間、新造營被仰渡〔度脱カ〕奉存候、

神樂殿

右者、御神事毎ニ差支申候間、新造營被仰渡度奉存候、

右別册之条々御草創、爾后供備不致、御神叓毎ニ、別而差支候次第ニ有之、就而ハ御造營殘金之儀、壬申五月、爾來地方官擔當ニて、已ニ二十五ケ月を歴、利子錢も相應相積候半乎、然ハ、右殘金を以、本行之屋宇造營被仰渡度義と奉存候、抑御造營金貳万三千圓ニ而、內貳千圓ハ、　朝廷御寄附之株、其他貳万余圓ハ、全ク華族・清班及匹夫・匹婦共ニ、楠公之烈忠・節義ヲ欽仰シテ、獻備之金貨ニ候得者、惣而神社之神器要用ハ勿論、屋宇造營ニ相盡候儀、至當之条理ニ有之候、然ルニ、神社之要器ヲ供エス、屋宇も營ス、依然トシテ地方江格護乎、或ハ利子錢ヲ殖候乎、兩様之叓實於有之ハ、無論不相當之御所置〔處〕ト奉存候間、今般神叓有用之屋宇造營被仰渡度、依之銘々繪圖面幷入具手間、九積相添、此段奉伺候間、至急御指令被下度奉存候也、

明治七年五月二日

湊川神社禰宜權中講義

寺尾忍

右同權禰宜少講義

河本務

右被任中講義度御座候

右被任權中講義度御座候

右者、布教上勉屬、別而御用立候ニ付、本行之通拜命被仰付度奉存候間、此段奉伺候也、

明治七年五月二日

撰擧狀

大阪府管下平民

（朱書）「被任中講義度」　眞鍋豐平 戊五十五才

一、皇學

一、性實直

右、布教上御用立候者ニ付、朱書之通拜命被仰付度御座候也、

五月三日　　折田年秀

教部大輔宍戸璣殿

去明治六年六月伺之上、歴許可追ゝ結社仕候處、別册
之通願出候付、結社爲仕候間、此旨御屆申上置候也、
　但地方官江茂形行を以、屆出置申候間、此段申上置
候、
補少教正、
　兼官如故、
私亊、於式療(寮)本行之通、拜命仕候間、此段御屆ケ申上
候也、
明治七年五月九日　少教正兼湊川神社宮司折田年秀
教部大輔宍戸璣殿

撰擧狀

　權中講義　大武知康
(朱書)「湊川神社權禰宜兼中講義ニ任セラレ度御座候、」
右當社權禰宜欠員ニ付、朱書之通拜命被仰付度、此
段申上候也、
明治七年五月十日　少教正兼湊川神社宮司　折田年秀
別紙名前之者共、當所七之宮社內小教院江獻金候ニ付、
御成規之通、御褒詞相成度儀と存、此旨相伺候也、
　少教正兼湊川神社宮司
　折田年秀
大教院
　御中

兵庫縣管下、當社ヨリ教導取締罷在申候八部・兎原二
郡、縣鄕村社ニ至リ、御趣意ヲ不相貫、教導方法勉厲
之實際、更ニ無御座尤祠官掌其任ニ堪兼候者のミニ
て、(朱書)「間ゝ己レノ姓名モ不辨者有之」時ゝ御布達等申達
候(朱書)「ニ付呼立候得共」出頭茂不致、就而者教導取締ハ、兼
而大教院ヨリ申渡も有之上ハ、教導職拜命之者江ハ、
夫ゝ取締行屆可申候得共、自余拜命無之祠官掌ハ、度
外之心得ニて、極て不體裁ニ付、自然布教之妨ケと相
成候亊不少、爾來如何相心得可然候哉、
一、諸神社祠官掌之儀、管轄(朱書)「廳ニて」進退黜陟可致ハ、
勿論之亊ニ候得共、祭神(朱書)「不分明」又或ハ(朱書)「祠官掌等
勤隋之儀」官幣社ヨリ(朱書)「神佛混同之祠典」、地方江合
議適宜之所分(處)致(朱書)「度御座候」、左候ハ、追日神亊精鞏
惟一ニ期シ可儀ト奉存候」、如何(朱書)「相心得可然候哉」、

記

私共儀仍願、去ル四月廿三日より本月廿三日迄、日數三十日御用滞在罷在候處、未取調向皆濟不仕、仍之來ル廿四日より六月三日迄、日數十日重之滞在御許可被下度、此段奉願候也、

寺尾

折田

別紙、大武知康願之趣承届相違無御座ニ付、願之通御許可被下度御座候也、

折田年秀

當社要用書籍御買入之伺

別紙書目ハ、古今國典祭祀事實之調并ニ國教布化必要之書籍ニ御座候間、御造營殘金、又者利子錢之内より御買相成度儀と存、此段奉伺候也、

但、御許可於有之ハ、猶更精算之上、賣揚書面を以實際之形行可申上候也、

明治七年五月廿四日　折田年秀

證文

金三百五拾圓　利

引當　家產高　百貳拾石
居屋敷　壹ケ所

右者、此度無據入用ニ付、腰書之通引當相立ル建家共令借用候儀實正也、返濟之儀ハ、來七月廿五日迄無滞元利共返濟可致候、右日限ニ至リ、萬一相違之筋も候ハ、引當之条々無異儀御引渡可申候、仍而此段爲後日證文如斯御座候也、

當社祭典并ニ布教方法有用之書籍御買入相成候様、教部省江相伺候處、別紙之通、御指令候間本行之代價御渡し相成度存候、尤内務省より御復答之御書面写書籍代價、九積書面相添、此段及御依頼候也、

但、書籍代價之儀ハ、賣揚書面を以、爾后實際之形行可申出候間、此又御聞置可被下候也、

神輿出御之伺ニ付地方官掛合

當社大祭、翌日神輿出御有之度、別紙之通リ相伺候處、朱書之御指令候間、御差支無御座候ハ、余社同格御聞濟有之候様致度、仍而伺写相添、此段及御問合候也、

但シ、御聞濟於有之ハ、神輿御通行筋幷ニ行粧供奉同勢猥雜之所行無之樣、萬機取調之上、再應得御指揮申度御座候付、此段も（正）御聞置可被下候、

當社氏子町村之儀ニ付、別紙之通リ相伺候處、朱書之御指令御座候ニ付、宜敷御評議之上、兵庫町元通りより以西石井平野夢野三ケ村迠伺面之三方限を以、氏子ニ被召付候樣、御所（處）置被御所置（マヽ）被下度、此旨譯而及御依賴候也、

　但シ、御聞濟於被下ハ、御指令之通リ第一人心之皈依ニ相關候儀ニ付、其區長江宜布御達し被下度、御手數之至リ候得共、此段も及御依賴候也、

今般當社大祭幷ニ翌日天氣日迻りを以、神輿出御ニ付而ハ、兵庫市町區戶長江、當年より神叓新典相建候形行承知可致樣、御達し被下度、此旨及御依賴候也、

記

五郎丸幕　二頭

幕串　貳拾四本

*（朱書）「但構造發起之之（マヽ）儀ニ而入具幷手間代價入リ積重て可申候共、諸木材等御格護有之、永年每歲相用、」

右者、來ル六月十二日當社大祭ニ付、御炊殿幷ニ神饌傳供之場所江、入用御座候間、新調相渡候樣御取計、依而新製凢積代價相添、此段及御依賴候也、

　但、教部省江ハ、本行之通新調及御依賴候旨、追而可及御屆候間、此亦御聞置可被下候也、

湊川神社宮司 少教正　折田年秀

明治七年六月十六日

神田（孝平）縣令殿

記

雨覆巾六尺　何間

板床巾　何間

*右者、當社大祭ニ付、拜殿幷ニ御炊殿ヨリ神饌傳供之道筋江、本行之通リ當座雨覆、幷ニ板床張出來候樣、御取計被下度、依而構造代價、凢積相添、此段及御依賴候也、

湊川神社宮司 少教正折田年秀

六月廿六日

兵庫縣令神田孝平殿

記

一、薄ベリ　但、御炊殿より神饌傳供之場江入用、　三十枚
一、薦　但し本殿入用、　三十枚
一、瓦　大　四十枚
一、右同小　二十枚
一、窪坏（クホツキ）　水器　六ツ
一、瓱子（ミカ）　四ツ

右者、當社大祭ニ付、新出來相渡候樣、御取計被下度、依而代價凡積相添、此段及御依賴候也、

明治七年六月廿六日　湊川神社宮司　少教正折田年秀

兵庫縣令神田孝平殿

記　新構幷ニ古溝修覆

當社下水吐〔捌〕口不都合ニ付、別紙を以相伺候處、朱書之通御指令御座候間、至急御檢査之上、穿堀相成候樣、御取計給度、伺書面相添、此旨及御依賴候也、

明治七年六月廿九日　湊川神社宮司　少教正折田年秀

兵庫縣令神田孝平殿

記

當社拜殿前籬幷茶店等、別紙之通リ正申度御座候、御差支無御座候哉、此段及御問合候間、何等之御返詞有之候樣、致度御座候也、

湊川神社宮司　少教正折田年秀

明治七年六月廿九日

兵庫縣令神田孝平殿

記　諸神官所〔處〕分之云々、

御管内二郡諸神官之儀ニ付、別紙写を以相伺候處、朱書之通御指令御座候間、爾后不都合之筋有之候節ハ、其御廳江形行可申立候間、此旨御聞置可被下候也、

明治七年六月廿九日　湊川神社宮司　少教正折田年秀

兵庫縣令神田孝平殿

記

式例之通、今卅日大祓執行可致之處、來ル十二日大祭幷ニ御炊殿、已ニ成竣ニ付而ハ、自然祓除可致ニ付、本日式例之大祓ハ日送致、右大祭幷ニ御炊殿大祓ト相

混ジ、同日ニ執行致度御座候付、此段及御届置候也、

明治七年　湊川神社宮司 少教正折田年秀

兵庫縣令神田孝平殿

大祭ニ付雨覆構造之伺

當社恒例大祭之時日ハ、入梅前後「ニ」(朱書)遭逢シ風雨ノ爲ニ、「神饌傳供等、別而」(朱書)不都合故、例年篷幷ニ布幕等ニて「風」(朱書)雨ノ覆構造致來候得共、右都々苫縄等之入具失費、多分ニて且「木材」(朱書)其節限ニて廢毀致、祭典之失費不容易儀ニ付、今般別紙賦書之通、薄板ニてハメハツシ之雨覆造「作」(朱書)被仰付度儀と奉存候、左候ハ、祭典終て取ハツシ、格護仕置候ハ、永年御神叓之失費を省き候叓、不容易儀と奉存候、尤別紙入具手代料「五十余圓」(朱書)之儀ハ、當社御造營殘金之内より仕拂相成候樣、御許可被下度、仍賦書相添、此段奉伺候也、但し御許可於被下者、其筋ヨリ地方廳江形行御達し被下度、是又奉願候也、

明治七年七月一日　湊川神社宮司 少教正折田年秀

教部大輔宍戸璣殿

神饌所器物幷ニ大祭ニ付五郎丸幕薄縁等之伺

今般神饌所成竣ニ付、去何年何月何日御達ニ相基、別紙甲写之通、地方廳江篤与致依頼候處、乙写之通リ返詞ニ相及申候、就而ハ神饌所出來候共、建家耳ニて、本年大祭より神叓難相用、且又前文御布達之中、直ニ受取方可致云々之御趣意ニハ、齟齬致候哉ニ奉存、仍而伺區々相成候義トハ存候得共、不得已實際ニ付、御達し幷ニ往復之書面相添、此段奉伺候間、緩急無滯辨達致候樣、御指令被下度御座候也、

但、神前日供甕、其外水品等之諸品、頓ニ破損代器無之、買入方及依頼候共、乙返詞之通伺指令可否ハ買入代價受取、神器相供候義、相成不申儀ニも候哉、右等之所(處)分往復迠ハ、爾來如何相心得可然候哉、此段も奉伺候也、

明治七年七月二日　湊川神社宮司 少教正折田年秀

教部大輔宍戸璣殿

古白河錄郎

右者、當社社入之内を以、給与候出仕申附候間、御聞

置被下度、此段及御届候也、
七月七日　　　少教正折田年秀
兵庫縣令神田孝平殿

一、第四外殿、左ノ御扉內締云〻、
鐵ノ差拔、大凢風ノアヲリヲ防クノミニ設ル叓成ラハ、左右共ニ相對シテ、外ニ構ヱ、又締ノ爲ニシ、或ハ風ノアヲリト締リトヲ兼ヌルノ趣意ナラハ內ニ設クヘク、此素ヨリ条理ト存候、然ルニ內外處ヲ異ニスル、是レ一定ノ理ナキニ似タリ、又粧飾耳ト謂とも、恐クハ的中シ難タシ、
但シ、推察スルニ、正面ノ揚戶ニ設クル差拔ハ、四ケ所共、何レモ皆內ニ設ケ有之、是レ斷然締ノ爲タルヘシ、然ルニ、左右耳所ヲ異ニスルハ、皆締ノ爲ニスルニ非ラス、外ニ相對シ風ノ爲ニ設クヘキヲ、不圖過ツテ內外ヲ取違ヱルニテハ無之哉、

一、家作之法則ニ不相適次第ノ条件、但シ、參集所等云〻、是レハ發端ヨリ澤山ノ檜皮ヲ削リ候木屋地ノ由ニテ、右ヲ埋立、所謂、檜皮ノ削屑上ニ土砂ヲナラシ、土臺ノ堅メヲ打拔カシ礎ヲ据ヱ、建付ケタルト致推察候、夫故ニ雨落ノ處〻、檜皮ヲ多分洗出現ニ相見得、又穿テハ盡ク檜皮ヲ出シ候、此檜皮土中ニ腐朽次第、礎陷リ隨ツテ間口開ケ、況ヤ敷物等之レ無キ爲、家幷日月ニ傾き候、是檢査用意ノ不親切ヨリ、后年ノ大害を釀シ候乎、

一、土塀土臺云〻、
但、土塀幷ニ石垣ハハ(マヽ)昨年十月比、崩壞ノ日、現ニ筑造ノ實際ヲ看得シ、且土塀ハ本年二月比、穴門兩所ニ開きシ時ニ取崩シ、土塀ノ中空ナルヲ實見シ、仍之地方官江問合セ立會檢査ヲ請ケ置キ候、尤土塀現ニ上下ニ響キ合ヒ、追〻崩ルヘキ見込ミノ場所五十間余、裏表ヨリシンバイニテ石垣土塀ヲ插タル場所ハ、大凢十九間半、是レハ只今ニテモシンハイ取除ケハ、直チニ崩レ申スヘキ哉ニ推察スル處、此外東通リ土塀石垣モ棒杭ニテ、預(豫)防致シ有之候叓、

境內下水溝無之云〻、
下水溝無之云〻ハ、本殿・拜殿兩殿前ニ無之ト申ス叓、右無之候故ニ、兩殿ノ之(マヽ)屋溜井ニ千五百坪余、平地之雨水石垣上ヨリ隨意ニ飜シ流レ、石垣石壇現

ニ崩壊ノ場所有之候㕝、

神殿後土塀云〻、

大凢周圍之塀壁ヲ設ルハ、分界或ハ賊難豫防之爲ニ、建筑〔築〕スル儀ト相心得候、然レハ、其高低且ツ人物ノ亂入を防クハ、軒ノ高低ニ由ルヘキ乎、如何ト成レハ、棟ハ巍然ト聳候共、軒先キ低クケレハ、人畜共ニ容易ニ越入ルヘキ乎、由之是ヲ考レハ、軒ノ尺寸ヲ量ラスシテ、獨リ棟ノ高低ヲ算スルハ、無論塀壁ヲ建筑〔築〕セルノ旨趣ニ、適當セサルニ似タリト推察致候㕝、

右者、當社御造營件〻ニ付、先般地方官立會檢査ノ時ニ、拙者見込ミノ条〻筆記差出呉候旨承リ、實際ノ愚見記載ニ及置候處、猶又右記載中不分明ノ条〻御問合ニ及、更ニ筆記致シ差進ベク承知候間、見込推察交相記シ差進申候也、

明治七年七月九日　湊川神社宮司　少教正折田年秀

兵庫縣
裁判所

當社大祭、本月十二日午前第八時執行、兵庫縣七等出

仕井手正章參拜、祭典式無滯相濟候ニ付、此段御屆ケ申上候也、

湊川神社宮司　少教正折田年秀

七月十三日

教部大輔宍戸璣殿

當社大祭、翌日十三、神輿和田崎和田神社江出輿、無異儀還幸相濟候間、此段御屆申上候也、

但、神輿出御式幷ニ行粧等之始末、追而繪圖面相添、別册を以御屆可申上候也、

湊川神社宮司　少教正折田年秀

明治七年七月十四日

教部大輔宍戸璣殿

（朱書）「林豐次

右者、定雇差許候間、此旨及御屆候也、

少教正折田年秀

明治七年七月十六日」

（朱書）「古白川錄郎

右者、林豐次差許跡代トメ、定雇申附候間、此旨及御
届候也、

月日「————」

記

御本殿廻リ諸所

一、御外陣板壁、左右打隙き風雨差入候處、

一、御柱埋木飛出雨入リ之場所、

一、籬倚柱幷ニ棟木之損所、

一、籬石垣内外土砂洗崩候所、

一、御寶藏左右土地メリ込ミ候場所、
　但、東西側土塀内本行同斷ニて、土塀難保場
　所、

一、表御門内旧參集所前、土地メリ込ミ柱口等陷リ
　候場所、

右者、當社内本行之通、諸所痛損ニ付、御檢査之上、
至急修覆有之候樣致度、此旨申出候也、

湊川神社宮司
少教正折田年秀

記

當社東通土塀低ク賊毎々越入、本殿幷ニ拜殿諸金具、
悉ク盗取候ニ付、御檢査之上、豫防方法御施行有之候
樣致度、此旨申出候也、

少教正折田年秀

兵庫縣令神田孝平殿

先般其御區より別紙写之通リ、管〔官〕廳江被届出候由ニて、
於廳写取候右文面幷ニ御姓名写之通リ、相違無御座座(マヽ)
候哉、萬一写損之字句も候ハ、乍御手數御加筆被下度、
及御依賴候、今般當社大祭幷ニ行幸、新規之儀ニ付、
叓實一切本省届幷ニ永年社藏記錄編輯致度ニ付、此旨
及御尋問候間、得御報答申度御座候也、

明治七年七月廿二日　湊川神社宮司 少教正折田年秀

第一區長
生島四郎殿
其外戸長
御中

先般御達相成候黑住宗篤出張所器品格護致置候分、本

月十六日本人代理兩銘〔名〕江無異儀引渡皆濟、仍而記證別紙写相添候、此段及御屆候也、

建家番人召置社内夜分取締致度再伺

先般第何號を以、屋番人止宿、夜分交番を以、盗賊取締、且ツ掃除等爲致候ハヽ、諸叓行屆可申義を以相伺候處、常住之儀者、不相成段、御指令之趣奉承知候、右引越常住不相成段者、兼而御成規も有之儀ニて、篤と奉得其意候共、元來當社境内、別而手廣其上先般御屆ニも相及候通、東北之二街土塀四尺二寸位ニて賊容易ニ越入、神殿幷ニ拜殿諸器金物類、大凢別紙之通リ盗取、時ニ地方幷ニ裁判所等江屆ケ出置候得共、何分右様格外之低壁ニて、已ムヿヲ得ス、尤三門之儀ハ、第何號を以、一社計を以、番人召置候様、御指令ニ依而、毎夕東西御門ハ十時ニ込切、表門ハ參詣人も有之ニ付、十二時を限リ鎖し候、爾后ハ神官と雖、出入堅固ニ相改候作法ニ御座候、就而ハ右賊難或ハ火附等ハ、兎角夜分半時間位、壹兩人ツヽ巡回爲致候より外適宜之方法無之義と奉存候、尤御門番人同様、一社入計を以雇置候得共、十分行屆可申筋茂候得共、聊之社入ニてハ、

半月之費用も相支不申、依之再度奉伺候、右御門番之外ハ、右建家之者共ハ、何れも居住、本宅ハ他ニ所持致し、社内者掛持之建家ニて、早朝より夕御門〆切迠ニて引拂、空屋と相成候、依而右建家、大凢十五軒一軒ニ壹人ツヽ止宿爲致、交番當直ヲ定メ、夜分撃拆金棒ニて警衞、且ツ街道掃除申附候ハヽ可然哉、是全ク商買常住爲ニ無之、警衞防賊之趣意、御門番人召置候同趣意と奉存候、尤地方戸籍ニ於て茂、戸數ハ神社附屬建家同等、何軒何番ト番號ヲ打可申候得共、民籍ハ已ニ他町本宅ニ有之叓ニて、社内を以籍數ニ編入スルハ、素より重復〔複〕、敢而其筋ニハ立至リ申間敷、尤社務取扱所等御造營相成、本殿近傍江宿直致し、且ツ社内夜分嚴重之取締被相行候狀情〔情狀〕、相聞得候ハヽ、自然賊難〔マヽ〕難も相除可申儀と奉存候、右旁之得失被聞召揚、常住ニ無之御門番人召置候、同格之御所置〔處〕相成候ハヽ、實際上ニ於て可然義ト存シ、此段奉伺候也、

(表紙)

願諸伺幷ニ諸方往復下書

中教院建設ニ付熟議之条々伺

一、中教院位置藤之寺之事、

一、寺内別舍ヲ以テ、神殿幷ニ叓務所、是レヲ置ク叓、

一、說教壹ケ月三度トシテ、本堂ヲ相用ヒ候事、
(朱書)「說教本日ハ本尊閉扉、更ニ四神ヲ崇祭致候てハ如何ニ奉存候、」

附タリ本尊莊嚴常體之叓、

一、役人三人ナレハ、貳人ハ僧侶ヲ以テ委任ノ叓、

一、日々講究ハ神前ノ叓、
(朱書)「大試驗之節も本尊閉扉、更ニ四神ヲ崇祭可然叓奉存候、」

附タリ、大試驗之節ハ本堂之叓、

一、神前祭儀ノ節ハ、僧侶一統拜禮之叓、

一、本堂ニテ說教ノ時ハ、一宗僧侶三員、說教前極短經讀誦之叓、(朱書)「說教場ニて讀經不體裁ニてハ、無之哉ニ奉存候叓、」

右者、今般中教院建設ニ付、各宗ヨリ打合ニ及候得共、外府縣中教院ニ於て、類例無之ケ条茂相見得居、是を施行致シ可然哉、何分奉得御指圖度、此段奉伺候也、

廣田神社少宮司 千野權蒐
少教正 折田年秀

今般兵庫江川町江中教院設立ニ付而者、已ニ來ル十五日より開院、追々院中用向申渡ニ付、神宮(官)僧侶呼出、旁區戶長江賴談致度筋も、都々可有之ニ付、近比御手數之至リ候得共、御管內十九區々戶長江爲心得、右中教院本所江設立開院之趣、一往御布達被下度、此段及御依賴候也、

藤之寺　望月有成
千野權蒐
折田年秀

此旨被聞召置度奉願候也、

記

一、御寶庫梁　指出別而危ク相見得申候、

一、假社務所鴨居間壁

右者、昨日大風ニて本行之通相損シ、殊ニ社務所之儀ハ、別而危ク御座候付、御檢査之上、御修覆相成候様致度、此旨及御依賴候也、

有馬郡湯山町ニ於洋教師講釋之御届

兵庫管下第十九區攝津國有馬郡湯山町ニ於テ、洋教講釋之儀、神戸新聞第六十七號江聽聞人五、六百名ト記載有之ニ付、即日廣田神社禰宜西太郎二郎、同社主典飯田武夫之兩名捜索之爲、本地江差入、右顚末實檢之處、別紙之情狀ニて、新聞記載トハ齟齬致候間、此段御届申上置候也、

明治七年八月三十一日　少教正折田年秀

教部大輔宍戸璣殿

兵庫縣第五區攝津國

記

一、小松　貳百本

根許五六寸ヨリ七八寸廻リ迠、

一、大松　貳十本

根本八九寸より壹尺貳三寸迠、

是ハ切リ禿シニて長ハ七八尺内外、

坂本村舊青山安養寺之境内ニ生立候由ニ御座候間御差支無御座候者、

右者坂本村舊青山持安養寺境内ニ生植居候由ニ御座候間、御差支無御座候ハ、御拂下ヶ被下度、當社内風當之所ゝ江植附申度御座候付、此段奉願上候也、

湊川神社禰宜

寺尾忍

右者、當社出納之儀ニ付、聊關係之始末有之ニ付、結局相附迠共間ハ、使府縣等より轉任之掛合相成候節ハ、余社轉任又ハ使府縣等江出仕掛合相成候節ハ、於御本省御差留可被下、尤辭職之儀も、右同様皆濟迠、於當社差扣申置首尾相立候上者、自然形行之御届可申上候、

菟原郡御影村村社
弓弦羽神社
右同縣第五區同國同郡
住吉村鄉社
住吉社

右兩社、神官居宅幷ニ拜殿を以、隔月交代ニ小教院建設布教致度、右弓弦羽神社祠掌澤田政好・住吉神社祠官横田正實より申出候間、實際を以地方官江問合候處、別紙之写通承屆ケ候付、小教院建築御許可有之候樣致度、此段相伺候也、

但地方廳答書写相添置申候也、

社務所御造營再伺

先般何號を以、何月何日當社叓務取扱所、御造營有之度ニ付、御成規之繪圖面幷ニ入費、九積相添奉伺候處、今以御指令も無之、就而者、當社御草創之砌より御本殿及拜殿神饌所等のミ舊來之建物も無之、日々神叓取扱、別而差支候ニ付、至急何分之御指令有之候樣致度、此段更ニ奉伺候也、

明治七年九月五日

當社御廟所內江立枯風當危候付、伐除方致度御座候間、御檢查相成候樣致度、此段申出候也、

明治七年九月十四日　折田年秀

兵庫縣令代理
高橋殿

下野國宇都宮出生
鋤柄信德

右之者、籬石柱四本猷〔獻〕備代料金拾圓差出申候也、

兼湊川神社宮司
明治七年九月　少教正折田年秀

兵庫裁判所
御中

當社石垣築造裏石無之ニ付、崩壞シ安き云々ニ付、其實際見屆度ハ候得共、如何とシ難き云々中西解部ヨリ兼而承リ居候折節、去八月廿二日風雨之折、土塀石垣共諸所破損ニ及、卽日屆出地方官立會檢查之上、修築可相成ニ付、形行を以、中西江面議ニ及候處、右石垣取除之折ハ、報知セ致(マヽ)吳セ(マヽ)ヨトノ叓、仍而去月下初(マヽ)旬

地方ヨリ造築ニ取掛候間、中西氏江約定之通リ、本月三日報知致候處、本人病氣之由ニて、藤井中〔西脱〕解部同日午前十一時參社、立會、檢査相成候㕝、

又

當社石垣築造之次第ニ付、裏石有無之儀、其ノ實際不分明ニ候處、去八月廿二日風雨之爲ニテ、土塀石垣諸所崩壞ニ及、卽日地方官檢査之上痛所取除き修築ニ付、右裏石有無現ニ看得可相成ニ付、九月三日申立之上、本縣裁判所官員立會ニ而、其實際正ニ檢査有之候間、此旨申出候也、

開蝶之御届

今般天逆鋒〔鉾〕來着ニ付、於當社諸人拜覽爲致、教導職試補森山某願出候間、地方官熟議之上差許シ、且ツ當縣內古來之武器・古文書募集、逆鋒〔鉾〕同段〔斷〕、去十八日ヨリ二七日之間、展覽相催候間、此段御届ケ申上候也、

九月廿五日

當社經費及日供料、兼而表面ヲ以テ精細取調、土地物品實價ニヨリ、月〻惣計を立、地方官ヨリ相受取、社

務相辨シ來居候處、今般社費定額被仰出ニ付、當社格ニ照準、猶更物品實價及取調候處、別紙表面代價付之通リニて、日供及經費ハ、定額金ヲ以テ、月分仕拂相成兼候儀ニ有之、爾來日饌調進如何相心得、可然候哉、元來本地ハ新開之互市場ニて、日用之諸品・菜類ニ至る迠、大卒坂府及諸方より海陸運輸ニ付、格外高價を極メ候次第御座候間、儉素ハ兼而頻ニ用意之儀、此上取縮候方法、於實際無之、尤官祭之神前江不體裁之祀典有之候而ハ、許裁官幣ニ被爲抽候、朝旨ニ相悖可申儀と存シ、別紙日供及經費實價取調、表面相添、此段奉伺候間、至急奉得御指圖度御座候也、

社務所御造營殘金之內を以、被召建度之伺

當社御造營之發端ヨリ、社務所相備リ不申外ニ相應之建家も無之、日〻之御用、別而差支候ニ付、至急御社務所御造營奉伺置候處、先般官費之土木一切被相廢候御布達ニ於被仰出ハ、奉得其意候、然る處、當社御造營之砌リ仕拂候殘金、地方官江相預リ、右元金ハ素リ（マヽ）利子等錢も、去ル未年五月爾來大凢三拾余月相應相屯候義ト奉推考候間、右殘金并利子錢之內を以、至急社

務所御造營被仰渡義ト奉存候、尤御金貳万三千余圓之內貳千圓計、朝廷御寄附、其余ハ華諸・淸班・匹夫匹婦共共ニ、楠公之烈忠・節義ヲ欽仰シ、獻備之醵金ニ候得者、名分ニ於て茂不都合之筋有之間敷儀と奉存、此段再度奉伺候間、至急御指圖被下度御座候也、

但、上下二樣之仕樣、凢積入具及手間共、「及定額〔朱書〕〔マヽ〕之」繪圖面相添奉伺候也、

十月十四日

神社定額金御治定ニ付、殿居宿直料之伺、

昨年八月、私赴任以來、爾來神官交番を以、殿居宿直成〔正〕規之通リ勤務能在、仍而宿直料之儀ハ、一般之社費被相立迠、大藏省判任官宿直料御定額ニ相基、當社經費之內を以、仕拂渡置候處、今般社費定格之中ニ、管內旅費之部ハ被相立候得共、右御宿直料之ケ条ハ相見得不申、就而者、爾來如何相心得可然候哉、元來寶殿ハ勿論、寶庫神饌所數多之神器警衞之儀も有之、廢止之儀も難相叶義奉存候間、何分御指圖被下度、此段奉伺候也、

十月十六日

當社權禰宜 大武知康

右者、教導方法取調幷ニ當社用ニ付出府爲致申度御座候間、往來共日數三十日之間御暇被下度奉願候、尤地方官江ハ形行を以屆出置候處、差支無之旨承屆申候付、此段御許可被下度御座候也、

明治七年十月十七日　兼湊川神社宮司 少教正折田年秀

教部大輔宍戸璣殿

先般御返報之趣を以、河本務江懇ゝ說諭ニ相及候處、再度別紙之通リ願出、猶更情實問糺候處、本人叓、貴社同樣舊錄茂被相廢、爾后方向ニ相迷候折柄、當社江奉職候得共、何分聊之月給ニてハ、一家之糊口不相支、依而每ゝ願出候情實も承屆、其實際無余義相聞得候、就而ハ聊之金員、且舊來之功勳も御勘弁有之、今般願之〔處〕通リ、貳ケ年之御所分有之樣致度、左候ハ於當人も益御神德ヲ仰、且ツ於貴社も御名分巍然ト相立候叓ニ存シ、此段拙者より譯而及御依賴候也、

明治七年十月十七日　折田少教正

村井眞幸殿

敷石猷〔獻〕築之伺

表御門ヨリ拜殿迠、

長何間

巾何間

東西御門ヨリ中央敷石迠、

長何間

巾何間

此坪何百坪

壹坪ニ付　代價、

此金都合　何圓

右者、有志之者、猷〔獻〕備致度願出候ニ付、造築御許可有之候樣致度奉存候、尤地方官江問合候處、該廳ニ於ても差支無之、兼而敷石猷〔獻〕備之目途相立居候趣ニて、縣令神田孝〔平脱〕貳十圓及參吏高橋信美十圓、其他地方官一同醵金ニ相及候旨承居候間、何分之御指圖被下度、仍而踈繪圖相添、此段相伺候也、

但竣功之上者、醵金高惣費出納之正算を遂ケ御屆ケ可申上候、

十月十八日

教部大輔宍戸〔璣〕殿

神饌所出來之伺

當社神饌所御造建成功ニ付、地方官より引渡相成候、卽〔日脱カ〕より神饌向於本殿調進仕候間、此段御屆申上候、

十月十八日

教部大輔宍戸殿

土塀破損之御屆ケ

一、本殿左右ノ板壁、

一、右同柱、

一、右同籬處〻、

一、拜殿所〻金物、

一、御廟所屋根銅板廻リ、

一、土藏、

一、假社務〔所脱カ〕間梁陥リ幷ニ根太廻リ、

一、西北之土塀石垣五十九間破損、

右所〻破損ニ付、地方官江屆出、立會檢査致候間、此段御屆申上候也、

明治七年十月廿二日　少教正折田年秀

禰宜兼權中講義

寺尾忍

右者、去八月二十日附を以、

權宮司欠員ニ付月給之伺、

先般建言之趣ニ依、當社權宮司欠員被仰付置、一同益精勵ヲ盡シ、社内經營致來候、爾后（マヽ）一定之上ハ、自然定員奉願度奉存候度奉存（マヽ）候處、（然處此席社費定額御達ニ付、）此度社費定額御達ニ付、神官月給七百貳十圓を以、御定額ト被相定候、依之右權宮司一員月給之儀ハ、御一社計被仰付度奉願候、左候ハヽ、一社計を以、社務經費登（マヽ）等之不足を補、且勤勞候もの江、時〻配當仕度儀ト奉存候、尤御許可於被下者、猶又地方官江ハ熟議を遂ケ、至當之所（處）分仕度、此段奉伺候也、

雨覆圍新造之伺

先般伺之上、御許可相成候、當社本殿ヨリ拜殿及神饌所迠、ハメハツシノ雨覆講（構）造出來ニて、即去月廿三日新嘗祭之所より取設相成候處、右器材平常格護場所無之ニ付而ハ、都而風雨ニ曝ラシ、忽チ腐敗破損ニ及、御爲筋不相成儀ニ付、適宜之格護木屋新造被仰渡度儀と奉存候、左候ハ、平常ハ是江相圍置御祭典之折、組立可然候哉、尤入具手間入費之儀ハ、御造營殘金之内を以、仕拂被仰渡度、依而入具手間、九積相添、此段奉伺候也、

（抹消）「今般伺濟之上、御構造相成候當社本殿より拜殿及新饌所迠之雨覆、平常格護場所無之ニ付而者、都而風雨ニ曝サレ、忽腐敗痛損ニ及、永年御爲筋不相成義ト奉存候付、適宜之格護木屋新造相成候樣致度、尤入具手間入費之儀ハ、御造營殘金之内を以、御仕拂被下度、依而入具手間、九積相添、此段奉依賴候也、

但シ、御構造御聞届ニ於てハ、本行實際を以、教部省江御届ニ及申度御座候間、何分御指圖可被下候也、」

七年
十二月二日　折田年秀

（神田孝平）
縣令殿

樂人名姓之御届

別紙名前之者共、當社官祭幷私祭共奏樂部トシテ、一社限雇、兼而申附置候付、此旨及御届候間御聞置可被下候也、

十二月二日　折田年秀

神田殿

別紙名前之者共、縣令神田孝平江問合之上、當社官祭・私祭共奏樂部申附置候間、乍御手數形行御達置給度、此旨及御依賴候也、

十二月十一日　折田年秀

第二區

區戸長御中

社内繪圖面手間代價伺

先般雛形を以御問合ニ就、當社內繪圖仕立ニ及候處、別紙之通リ、手間入具代價入用ニ付、仕拂證書等相添、相伺候ニ付、御指圖有之候樣致度御座候也、

湊川神社宮司

十二月二日　折田年秀

神田孝平殿

當社繪圖幷仕建入具手間伺

先般何號御達ニ基き、當社繪圖面二樣、至急取仕立ニ付而ハ、別段精細之圖取リ故、邊鄙平常之職人、又ハ神官等ニてハ仕調兼、且日限之儀も同格ニて、漸今般出來仕候付、差出申候、左候而夫(末抹消カ)故別紙之通リ、手間入具仕拂相成候間、此旨被聞召度、且又右仕拂代價之儀ハ、何より御下ケ渡相成候哉、何分至急御指令有之候樣致度、此旨奉伺候也、

明治七年十二月四日　折田年秀

教部大輔宍戸璣殿

使部使丁之伺

右者、昨年何月伺濟之上、假社務所被召建ニ付、日々神饌買入者幷ニ御用仕等之爲、大藏省縣治条例ニ相基き、使部壹人・使丁壹人、適宜雇入、使部給料月分給金三圓、使丁ハ貳圓五十錢之日割を以召仕、經費之內より仕拂、御用辨致來候處、今般社費定額御決定ニ、右使部丁之費額ハ不相見得付、右給与之金額地方廳江問合候處、御指令於無之ハ、難相渡旨回答ニ相及候、就而ハ日供・神饌取入もの、又ハ御用使等、現ニ難差置實際有之、別而差支候、尤神官共より日々市街ニ往來買入候儀も、甚不躰之義ニ可有之、且ツ經費之內よ

り本行之通リ仕拂候てハ自余之經費、全ク莫然之義ニ御座候、爾來如何相心得可然候哉、至急御指圖被下度、此段奉伺候也、

燒瓦塀崩壞之御届

當社西御門脇燒瓦塀幷ニ石垣五間、去三日夜崩壞ニ及候間、卽日地方官江問合、立會檢査之上、修覆申出候間、此旨御届申上候也、

兼湊川神社宮司
明治七年
十二月七日　折田年秀

教部大輔宍戸璣殿

社内掃除人足雇料之伺

一、人足壹人
此賃錢壹月貳十五錢
一、右同　〆三拾人　此賃錢都合

右者、去明治六年七月何日伺面御指令之趣を以、是迄經費之内より仕拂、本殿及御廟所御水屋、其外境内草取・掃除・下水溝、不淨取始末爲致來候處、今般經費被仰渡ニ付、神饌及社務所經費等、定額本行之通ニ候、

「金何圓、
是ハ神饌料定額、
金何圓、
是ハ社務所定額、
一、右之外
營繕金額
旅費金額」

就而、右月分雇料全ク經費之中より仕拂候金額無之、別而不都合ニ有之、自然境内蘙濆立至リ候而ハ、恐縮ニ付如何取計可然候哉、何分之御指令被仰渡度、此段奉伺候也、

社内人夫雇料之伺

當社境内取始末之爲、人夫雇料御指令之趣ニ依リ、是迄支途御縣ヨリ別被相渡置來候處、今般社費定額被仰渡ニ付、右雇料經費之内より仕拂候金額無之、別而不都合ニ有之、自然境内荒蕪可致哉ニ付、別紙之通、ケ条相立相伺度御座候間、宜敷御進達被下度、此段及御依賴候也、

明治七年十二月十九日　兼湊川神社宮司 少教正折田年秀

兵庫縣令神田孝平殿

小仕夫雇料再伺

別紙写申伺御指令ニ付、社經費月分配賦、凢積ニ相及候處、本行之通リニて、外ニ雇料仕拂候金額、更ニ無之、日々神饌御用取入者等、別而差支ニ及候付、不得已御指令写相添、此段再應奉伺候間、至急御指令被下

度御座候也、
別紙甲写之通相伺、御指令之趣を以、一社經費、九積
之金額取調ケ条を以、再應相伺申度御座候間、宜敷御
進達被下度、此段及御依頼候也、
明治七年十二月十九日　兼湊川神社宮司 少教正折田年秀
兵庫縣令神田孝平殿

土木掛江復答

當社風損之場所、内務省御指令濟御着手ニ付、大堀武
兵衞江請負云云之儀得㕝、又者、其旨趣有之候哉御問
合之趣致承知候、右武兵衞事、明治六年爾來當社諸神
器・新調物及一社限修繕造作、一切申附、別而正道相
勤、時世流行請負、麁畧之致造營類之者ニ無之、社頭
之爲筋不容易義ニ有之、仍而既往新建築等物〻詞(マヽ)之、
九積武兵衞江申渡來、今般風損所修復、九積も同段取
調爲致差出置候處、御廳官員検査之砌、形行御尋問ニ
依、武兵衞九積不相當於無之ハ、本人江被命候ても不
苦旨、於其場不取敢口上及御答置候由、仍而此段及御
復答候也、

「金三圓上夫
金貳圓五十錢
一、小仕夫貳人
下夫
此金五圓五十
錢、
一、金何圓、
是ハ神饌經費、
一、金何圓、
是ハ社務所經
費、
外ニ
金何圓、」

折田年秀
明治十年十月十二日
兵庫縣
土木掛御中

御當御造營ニ付、寄附錄合シテ八十三締、
右土木課ヨリ御造營精算見合ニ付、可差出被達社寺課
水野尋樹ヘ差出ス、
明治十年十月十九日

本文ノ書面ハ、此度萬無難ニ御聞濟、別而難有次
第ニ奉存候、右御禮トシテ八年〻末ニ、金貳百圓
進上可仕候後ハ、年末ニ百圓ツヽ興行、利分ノ內
より年上進上可仕候、左候而御社務所納金等ノ儀
ハ、御社則之通リ、堅固ニ相守リ可申、仍而證人
相立云ト有之、

今朝本城新助・菊野清次郎同道ニて參リ、今般芝居小
屋一件ニ付、上山閑・鷲尾武治進退伺等之㕝情ニ於て
ハ、別段御憐愍被下、重〻難有、仍而小屋立之義ハ、
御許可之通リ取縮メ、繪馬所ヲ遠(造カ)リ可申、就而ハ當座

何之御奉公可致、目途も無之候得共、拜借地五ケ年間芝居興行ニ付、壹年ニ貳百圓ト見込ミ候得共、萬一相違ノ筋有之而ハ、不相濟義ニ付、慥ニ百圓ツヽハ清次郎利分ノ内ヨリ、御手許御小仕〔遣〕金トシテ進上可致、仍而當年末ニハ必す貳百圓ハ進上ノ賦リ候、萬一間違之筋有之節ハ、新助ヨリ引受ケ、年末ニ進上可致ニ付、往〻譯ケテ御保護被下度、又清（マヽ）叓ハ御社造立ノ節、新助ノ手先キニ仕候モノニ付、何卒宮司樣ノ御家來ト思召被下度、內實ハ今朝森岡〔昌純〕樣へも御目通ヲ願、此中より之御禮モ申上、又別件之次第モ言上仕候處、折田へ面會之節、篤ト御申入レ被下トノ事ニ御座候付、何分宜敷奉願上候云〻、仍而形行之書面ヲ新助ヨリ差出シ候間、一覽ノ上書面ニ不及、委細承知候書面ヲ留置キ、萬一間違之折ハ、御互ニ義理ヲ無ニスル事故ニ、是レハ本城殿江御預ケ可申ト差返シタリ、本城懷中無異壹服猶委〔細脫カ〕ハ日誌ニ記シタリ、

明治十三年九月廿二日

廣田神社新道開拓一件

一、明治八年七月二十八日、本社新路地方廳江申立一件ニ付、官員立會度旨、掛合ニ付常雇堀江良昌差越候間、午後九時五十五分之瀛車ニて、西宮江令出張、芳屋江止宿候叓、十三年九月廿九日、

一、十一月二十九日、社務所別室ニ於而、本縣〔内田〕十等出仕江面議候事、

但、今般新路開拓ニ付テハ、官費を仰き候てハ、急即難運ニ付、七八區內人民寄附成功候樣、大宮司より二區長江深ク依賴可致旨、縣令より之內命も候条、十分盡力示談ヲ可逐〔遂〕、尤又地所及路筋之儀者、當日より測量相初メ候間、成功之上可及打合旨令承知候叓、

一、同日午前第九時、第七區長田冨彥左衞門、八區長松元織之介、社等江出會、縣官內田之內意を以、新路失費之儀、區內ニ於而仕拂相立候樣、懇切依賴ニ及候處、本日縣官よりも、右形行、譯而御達シ有之候間、令承知候得共、田畠買上ケ之儀者、多分之義ニ付、區入費ニ相立候見留難相附、尤又道路造築之爲、ハ、人夫費用ハ惣高貳萬四千余石を以、路巾三間、長五町余ヲ高百石ニ付壹間三分之割賦ニ可致旨、九積ニ及置候間、明日縣官江書面差進候筋ニ決定候段、

返詞を承リ候叓、
○一月三十日兩區長同道、內田江面議之上、昨日談判行屆候得共、地所買上ケ之儀者、民費仕拂兼候間、御所轄相成居候賦金を以、御仕拂相立候樣致度、左候而人夫諸費用之儀者、高割云々之次第、兩區長連印書面を以差出シ相成候間、御聞揚可有之旨、演舌ニ相及候、
一、測量地圖製調〔調整〕ニ付、路線見込ミ有之候否之打合相及候得共、於大宮司ハ敢而好ミ之儀無之往來之道路相開ケ候得者、是レヲ神社道ト相心得可申ニ付、位置之儀者、御廳幷ニ區內之決議次第ニ可致旨及返詞置候、
一、三十一日、
午前第九時、內田氏江縣合候趣ハ、今般造築費之儀者、民費ニ課出シ地所買揚ケ之儀ハ、賦金被拂下候云々之条、明日縣令江も實際可申立ニ付、猶又御含ミ可被下旨應接ニ及、本日內田叓、武庫川江檢查之爲西宮引拂相成候叓、
一、二月一日、
午後一時之瀛車ニて兵庫江歸着、
廣田神社新路開拓地所檢查幷ニニ區協議之始

末
一、路巾三間
一、路長凡五町余
但、方今山崎街道ヨリ田畠中ヲ斜ニ鳥居迠、
一、人夫費
一、築造費
但、貳費共高割を以可仕拂之決議、
凡高貳萬四千余石ヲ割リ候得共、百石ニ付路壹間三分之受込ミ、
一、田畠買揚ケ費
但シ、是ハ道路之儀ニ付、兼而御所轄相成居候賦金御下渡シ之上、仕拂相成候樣御申立可被下候叓、
右者、今般御廳土木掛內田十等出仕、西宮江地所ノ爲檢查派出ニ付てハ、御內諭之趣も承知候ニ付、立會之上、七・八兩區長江懇切依賴ニ及候處、去七月廿九日より一昨八月一日迠協議粗行屆、測圖幷ニ仕樣目論見帳土木掛江受納相成候間、御詮儀之上、本年冬季之農暇（マヽ）を以、御取附被下度、此段奉願候叓、
明治八年八月三日　廣田神社大宮司　折田年秀
神田〔孝平〕兵庫縣令殿

一、明治八年十一月二十三日、壹番瀛車ニて廣田社江出頭新嘗祭執行候㕝、
一、本日途中堤上ニ於而、本社新路開拓之線路令所持神(孝平)田縣令江指示致シ、實際之云々申入置候處、方今街道ニ相立居候壹松之儀者、伐除無之樣道路ヲ開クべく、萬一是を除カハ大ニ風致ヲ損スべき云々承リ候、
是より観楓之爲ニ發行水野氏ハ歸廳なり、

「本文道路開鑿ノ儀ハ、卽賦金ヲ以テ田地買上、縣費ヲ以出來ノ㕝ニ廳議相決シ、西ノ宮區長へも形行社寺掛リヨリ通達有之、早々着手之運ヒニ立至リ、道巾九尺ニテ、都田地八反九畦買揚ケ相濟候㕝」

廣田神社道松樹存在之件　申牒

(コ、ニ圖アルモ便宜下段ニ移ス)

右者、先般本社參詣路申立、造築之協議行届候段も申出置候、猶又去廿三日實地御檢査候ニ就而者、兼而奉願より賦金區內江被相下、當冬季農暇(マヽ)を以、御着手被下度、依而過日御看得相成候、松樹存在セシメ候、麁繪圖面相添、更ニ奉願候也、

明治八年十一月廿七日　　折田年秀

神田兵庫縣令殿

鐵道線
此道ハ直線九八町余
中村
山崎街道
松樹存在之圖
本ノ見込ミ

幷松存在セシムルノ圖ハ、明治八年十一月廿三日神田縣令檢査ノ時日幷松ヲ伐除シテハ風致ヲ損スヘキニ付、改正候旨承知ニ付、此圖如指指配シテ進達ス、八年十一月二十七日

廣田神社道路之儀ニ付再申立

昨八年夏中、當社往來道路開拓申立、御廳官員立會、測圖制調(調製)候處、其爾來御取附無之、然ル處、今般御臨幸ニ付テハ、供奉ノ中ヨリ奉幣使被召立候儀ニ付テハ、別而不體裁ニ候間、至急御取附相成候樣致度、此段再々御依賴申上候也、

九年十二月十八日

廣田神社大宮司　折田年秀

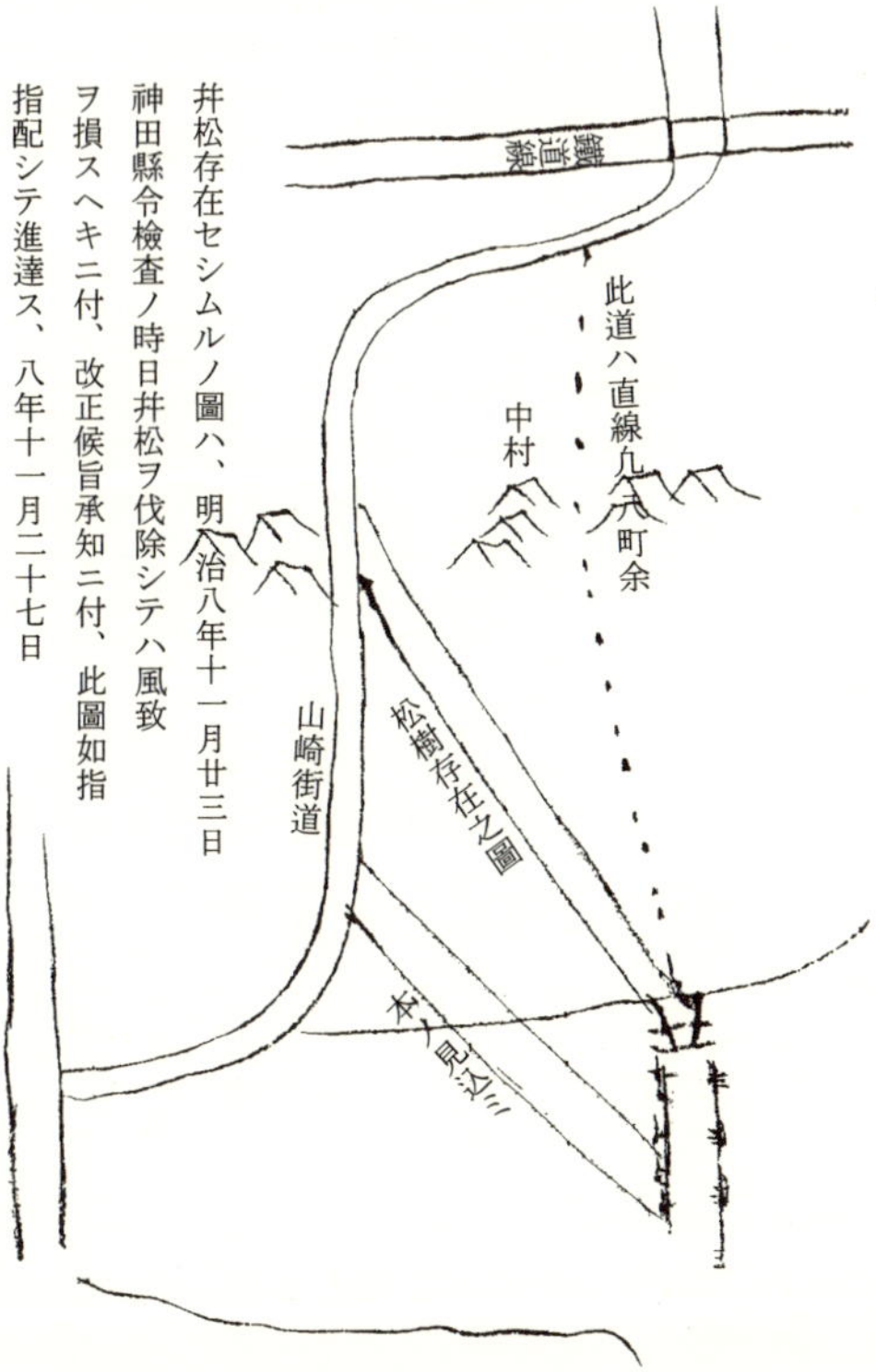

兵庫縣權令森岡昌純殿

兩社委托之叓タルヤ、今般御巡幸ニ付、出店者露店行商ヨリ、社內江出店候分ハ、掃除料爲差出差支無之ヤ否問合セタルニ、ケ樣ナル叓ハ、惣而社務所ニ於テ、臨機之所〔處〕分ニ及ヒ屆ケ置キ可吳、一〻指令回答ニ不及旨、森岡（昌純）縣令より承知ニ付、遂ニ此委托ニ及ヒタリ、

○掃除料金毎取壹錢、

○燈明料同斷、金壹錢、

但、午後六時より夜十一時開門中ヲ限トス、

止宿不相成候、万一違背者ハ禁止スヘシ、

當社新道之儀ニ付、實地點檢之節、氏子中江依賴之上、可成民費を以修築可致旨立會、神官申立も有之候處、七、八兩區線路兩擇之見込有之、熟議不致、其儘相成居候義ニ付、猶取調之上、更ニ可申出、御答之趣致承知候、已ニ昨日八年七月中、廿八日より八月一日迄、本地ニ於而協議濟之上着手、凢積書面兩區より差出置候手續、幷ニ其爾來兩區申立之如ク、賦金御下渡を以、

御着手相成候樣、再度申立之義共、更ニ取調差進候通リニて、其節線路兩立不熟議之叓實ハ、不相心得候間、猶亦該區へ御達之上、（借地故障無之定規ノ分ハ其社）其實際御取調相成リ、（限リ聞屆置故障有之分）御臨幸前成功候樣致度此段再之申立候也、

（御申立テノ叓）

明治九年十二月十九日

兵庫縣權令森岡昌純殿

縣令約定ノ理由、明治九年十二月十九日廣田神道路之件上伸〔申〕、本文之通リ候處、同廿二日縣令森岡昌純より照會書到來、御用談ニ付、出頭可致トノ叓ニ付出頭ス、時ニ參叓岡本貞同席ニテ、廣田神社幷ニ湊川神社境內一切之叓ニ付而ハ、本省伺之義ハ素ヨリ、本縣へ關係スル譯ケニ無之、併シ左ノ件〻ハ、惣而大宮司卽折田敎正へ委托スルニヨリ、今後引受ケ統理致シ吳ル本縣ニ於テモ、二縣合併叓務誠ニ多端、實ニ行屆キ兼、加之近日御巡幸ニ付、猶更大混雜ノ場故、一切兩社務所ニ於テ取調、縣之指圖ヲ要スル分ハ、申立ノ叓、御迷惑

之叓トハ存スレ𪜈、前条之次第ニ付、拙者ヨリ御依頼ニ及フトノ叓ヲ口達アリ、岡本貞ヨ半（マヽ）切ニ左ノケ条ヲ記載相渡ス、且ツ内務卿（大久保利通）幷ニ大輔（大山巖）ハ幸供奉ニ付、右依托ノ件ハ、兩人拙者可申談置叓、

一、廣田神社・湊川神〔社脱〕境内官費ヲ要セサル土木一切ノヿ、一、社内露店進退之叓、一、湊川神社内借地人進退幷ニ税額、惣テ社務所ニて取立、従前ノ通リ公納可有之叓、一、行興〔興行〕者ノ義ハ一社ニ於テ取調、故障無之分可申立叓、但御巡幸ニ付尤注意ノヿ、

一、借地人身元取調之叓ハ、一社ニ於テ引受ケ、其責メニ任スヘキヿ、借地故障無之、定規ノ分ハ其社限リ聞届置、故障有之分ハ御申立テノ叓、

右六ケ条御依托申ス叓、

右之談判ニ付、承諾致候叓、十二月廿三日、

一筆啓上仕候、日增春暖之處、愈御堅固被成御奉務御座、恐悦至極奉拜賀候、然者、小生叓、至極ニ無異御難慮可被下候、將又、「過日ハ」（朱書）無恙拜命後、社頭も日ゝ盛大ニ向き仕合之至リ奉存候、猶此上之處、可然御保護萬ゝ希上候、却說此度「新任」（朱書）廣田神社宮司角田信道なるもの、過日東上ニ付而者、本人旨趣之次第も有之段、承リ候間、詳細者社寺局長江可申立筈候得とも、「必ナラス」（朱書）拜謁之上、心禮之形行言上可致旨、信道（角田）江篤与申合置候付、御多忙中恐入候得トも、「宜敷」（朱書）御面接被下、申立之筋も候者、宜敷御採用被下度、元來本社頭者、先任「代」（朱書）氏子幷ニ地方廳江對シ、不都合ヲ醸シ、舊縣令神田孝平も手ヲ下シ兼候處より、小生兼任乍漸鎭定し、客歳「辭職申立」（朱書）之砌、細詳申上候通リ、當社より兼任ナレハ、御受ケ可致候得トも、彼之社江のミ拜命ハ、楠社獻白之素志ニモトリ、且ツ大藏省より轉任之夙志も難相立ニ付、初ヨリ楠社外神官江ハ斷然辭退之心得ニ御座候處、「追ゝ」（朱書）廣田社氏子幷ニ區戸長頻ニ再任ヲ申立ルノ趣、縣官より委細承リ失笑ニ難堪、必竟、奏任官以上辭職再任相叶否之法例を存セサルより、右之次第ニ御座候、乍併右角田信道万一辭職ニても申立候てハ、地方官之上伸〔申〕も如何ト案し煩候間、特別之御所〔處〕分を以、本人廣田社江「强而」（朱書）奉職相成候樣御詮義之程、万ゝ奉願候、尤信道叓、若手ニて必シモ勉强可致ハ無論ニて、已ニ吉田社奉職中も、一社之經營等十分行届勤候叓も不少ニ付、右旁之功勳〔勳功〕を以、此度

大社宮司江も御登場之叓ニ存候間、此等之次第も御吟味被下度、猶又萬叓一社經營旁之儀ハ、素より信道よリ御聞揭〔揚〕ケ被下度、伏而奉願上候、右者不取敢御願旁迠、恐惶謹言、

折田年秀

明治十一年三月三十日

林〔友幸〕內務少輔殿

再伸、養蠶書藉〔籍〕之儀、御省ニて御出來相成候者、壹部丈ケハ是非御配賦被下度相願候、當春ハ隨分氣候も宜敷ニ付、試檢之爲ニ三・四種之蠶種ヲ養飼致候間、成功否者、後鳴を以て申上度御座候、

「〔追伸〕明治十年一月廿六日、林內務少輔ヨリ達シ、廣田神社・湊川神社境內、一切宮司ヘ委托之条〻申出タルニ付聞置候、猶本省ヘケ条ヲ附シ可届出置被達タルニ付、仝年二月一日仝文ケ条ヲ記シ届ケ出タリ、十年二月一日、

ケ条畧

今般兵庫縣令森岡昌純ヨリ別行ケ条之件〻委托之示談ニ付承諾、執行致候間、此段御届ケ申上置候也、

明治十年二月一日　折田年秀

內務省御中

右者、內務卿大久保〔利通〕氏京都滯在ニ付、內務省ニて差出ス、」

愈以御堅勝被成御座之筈、大慶至極奉拜賀候、陳者、過般角田信道上京之云〻懇切奉依賴置候處、何圖ラン卽今氏子共、前議を固守シ、廣田社江「〔朱書〕小生」再任之件〻、已ニ昨日地方廳江猷〔獻〕白書差出シ候「〔朱書〕處、此迠數度ニ及」人民之情願擁閉〔請〕致し難き趣を以、縣令より形行上申候トノ儀、內分承リ候、就而者、兼而御詮議之上ニて、兼社職任ハ被廢候御法則ニも相悖リ候間、多分御採用無之義トハ、「〔朱書〕能〻」奉推考候得共、「〔朱書〕万一其時宜ニ立至リ候」者、程能ク御詮義ニ被相及、先般內願之通リ、角田信道在職相成候樣、御所置〔處〕被下度、假令再任特別之御沙汰ヲ蒙リ候とも、本社江復任ハ斷然辭退「〔朱書〕可」仕候、左候而ハ、貴重ナル奏任官ヲ輕〻敷御取扱之樣ニも相聞得、「〔朱書〕又ハ」神官一統之影響ニも相掛リ可申叓ニ奉存候付、此段更ニ奉願上候、本廳ヨリハ必す近日中上伸〔申〕之都合と奉存候、猶又品川書記官江も、小生之夙志、篤与御沙汰被成下度奉願上候、恐〻謹言、

十一年五月二日　　折田年秀

林内務少輔殿

今般神道㕝務局會議之件ニ付而ハ、兼而議論之次第ハ申立置候通リニ有之、當時宇内之形勢も如斯神官教職之風儀も、如彼前後之想像如何ト顧ミ候得者、卽今會議之時機ニ有之間、乍併出場不致ニ於てハ、義務ニ悖リ候筋ニ相當候件も不少、仍而歩々相退き熟考ニ渉レハ、此會議者、斷然御省よりまツ差扣ヱ候樣、御內達相成度、然者、果して瓦解ニ屬し可申乎、猶又御忌憚之筋も候ハヽ、會議江時々御出頭被下議㕝之體裁、御檢査被下候ハヽ、又憚る處も可有之乎、有志者と申スものヽ、時勢ニ疎闊ヲ極ル神官教職之集金如何ト、深婆〔老カ〕心ヲ懷キ、道の爲失體無之樣、呉々存込ミ居、不取敢旨趣申上越候間、宜敷御聞取可被下相願候、余者後音ニ附し可申上候、恐々頓首、

十一年七月廿五日　　折田年秀

櫻井〔能監〕書記官殿

前畧、御仁免、陳ハ久邇〔朝彦親王〕御東上之件々、素より於御殿親敷蒙　上意、御召シナレハ、何時なりとも東上可致之御㕝、依而廟議之處、是非とも御用召シ相成リ申度、左候而御移住等之件ニ於てハ、素より御家事之儀、東京思召ニ相叶候得者、御殿向キ等者、自然宮內省御計之沙汰ニ相及候者、無論之次第、又思召ニ相計不申ハ、一旦伊勢江御赴任被仰出、此ヨリ直ニ御西歸を促シ奉リ度、此レハ乍不及年秀供奉致し御進如何ニも明瞭ニ致度、此度之御上京ハ實以て、海內我道之浮沈、此一擧ニ有之儀ニ付、多分親王ニも御憤發被爲在候㕝ト奉存候、雖然何分貴人者變心容易ニして、十全ノ大策も只目下ニ廢絕スルハ、古今之習ニ有之、是のミ深ク心痛能在候、併シ天運不得已、只差當リ之㕝ニ無油斷、執行能在候、何分御指揮被下度、偏ニ相願候、

右者、形行のミ早々如斯御座候、頓首、

十二年一月十日　　折田年秀

櫻井能監殿

何十何番地拜借地主
清水清之進

右者、去廿年中拜借地所御貸渡シ有之度旨、附書を以上申致置候處、「右茶店」(朱書)ハ「圖面ノ如ク」(朱書)御廟所「玉垣ヲ歷シテ、九九間余、全ク境内ヲ陰蔽スルニ依リ、種々不體裁ノ次第不少、近日ニ至リ」遮リ御廟所通門ヨリ圖面之如ク、建家ノ陰ニ相成居候間、車夫共立屯一切(筋)ナラヌ勝負ヲ競ヒ、又ハ乞食躰不淨ノ者休息致、「益甚(朱書)敷且現行遺失ノ品モ有之候間、御成規ノ通リ三月限リ茶店取拂方」「御達相成申度候、然ラハ往來ヨリ見透(追伸・朱書)しニて御廟所之風致も一段宜敷、殊更皇族及貴伸(紳)方參詣ノ折、不都合ノ所行モ有間敷儀ト存候間、繪圖等相添、此段上申候也」、別シテ不體ニ付、從前ハ御廟所守相附、尙非直神時巡回、右鉢ノ者ハ、速カニ追立て候得共、一社御改革後、經費及神官御減少ニ付、右御廟所守リハ、時日ノ巡回も不行屆ニ付、近來ニ至リ、益不都合ノ者相集リ、已ニ糞汁ヲ散ラシ候者有之、必竟、右建家爲有之陰所ヲ便リ、前条之次第ニ立至リ候間、右建家ヲ一切取拂、通行より面ヨリ見透シ相成リ候ハ、前件之妨害も有之間敷候間、來三月限御貸渡無之樣、前以上申致置候也、

*「明治十九年十二月卅日御届
折田芳
明治十九年五月十三日附御達拜借、地家屋取除方ノ趣奉畏候、昨卅日限巡査立會ニテ取除濟候間、此段御届申候也、
十九年十二月卅日
區役所御中
右區長岡田氏へ
直チニ差出候叓、」

一、從前ハ常雇壹名ツヽ、日夜宿直候得共、廿年中神社改革後、經費減少ニ付、右廢止候叓、

一、右茶店ノ爲ニ御廟所境内貳間余、全ク陰所トナリ外見ヲ「掩蔽スル」(朱書)カ故ニ、左ノ不都合有之候叓、

一、乞食體ノ者屯集ノ叓、

一、博徒樣ノ者屯集シ、偶巡査表門ニ立入ルカ、或ハ社頭ヨリ巡視ノ節ハ會(合)圖ヲ以テ報知、直チニ參詣人之形狀ニ變更ロヲ藉候叓、

一、右陰蔽ノ爲、諸人「動スレハ」(朱書)糞汁ヲ散ラシ候叓、

右条々不都合有之、殊ニ二月中、山科親王(山階宮晃親王)不意ニ御參詣ノ折リハ、右陰所ヨリ博徒體ノ者四名「俄然不法ニモ」(朱書)玉垣ヲ飛越シ走ケ(マヽ)去リ「タル」(朱書)形狀、別シテ不敬ノ次第モ有之ニ付、本行御成規ノ通リ、當三月限リ御貸渡シ無之樣、此旨申立候也、

但、本人叓、素ヨリ源藉(原籍)有之、目下出店者ニ有之候間、本藉(籍)ニ引取、茶店至急取除キ方ノ儀、御達シ被下度、然ル已上ハ、於本社日限等取極、至急取拂爲致度候也、

何某演劇場之儀ハ、明治廿年中立退ヘキノ處、特別ノ

御詮義ヲ以而、本年十月限リ御宥裕日數余裕被相達、請書執達相成居者ニ付、右御達之通リ、本月限リ借地繼續御聞屆不相成儀、可然ト存、此段申立候也、

但、右演劇場ノ義ハ、神吏ニ付、不敬之廉、且猥褻風俗ニ關スル所行、神社内ニ於テ、別シテ不都合ニ有之、殊ニ大厦火災ノ患難注意致度ニ付、前文之如借地繼續御許容無之、構造物速カニ取拂候樣、御達相成度、此段申添也、

明治廿一年九月廿七日　　宮司

知吏宛

小山九兵衛

寄席ノ儀ハ、神社參拜人ノ爲不必用ニシテ、却テ(朱書)「惡漢」群集(朱書)「猥雑ヲ極メ且ツ本」地ハ表門ノ中央(朱書)「別シテ風致ヲ要スルノ位置ニ在リナカラ」、掃除(朱書)「ハ素ヨリ」一切不潔ヲ極(朱書)「ルノ構造故ニ」、社務所ヨリ屢相達スルモ(朱書)「違背シ」、不得已巡回巡査ヲ以而、嚴重說諭爲致モ前同斷ニテ、(朱書)「今ヤ」取扱方法も(朱書)「無之不都合ノ者」ニ付、借地繼續御許容無之樣致度、此段申立候也、

但、寄席業ノ場ハ、屢失火之災難不少類例ニ依テ、内訓も有之ニ付、本文之通御許容無之樣、譯而申立候也、

明治廿一年九月廿七日　　宮司

知吏宛、

菊野菊

寄席之儀、神社參詣人ノ爲、不必要之職業ニシテ、多クハ下等惡漢屯集、動スレハ猥雑之所行有之、殊ニ點燈多數失火之危險難計候間、借地繼續願、小山九兵衛御聞屆無之樣致度、此段申立候也、

明治廿一年九月廿七日

當社境内澤野定七借地劇場、昨年中御嚴達之如ク、來ル十月限リ構造取拂可申儀ト存、仍而ハ其跡地所借地願御許容無之樣致度、抑本地ハ一社建物接近シ、火災ノ危險有之ニ付、爾後豫防ノ爲、一切樹木ヲ植込ミ、追々風致ヲ整理致シ度候間、此段前以申立置候也、

但、一社建物江接近ノ家屋ハ、一時取拂申候てハ、迷惑ノ者モ可有之ニ付、此等ハ漸ヲ以テ取拂申立度、此段モ申添置候也、

明治廿一年九月廿八日　　宮司

知叓宛、

當社境内出店之儀ハ、前縣令神田孝平申立ニて、芦簀掛ケハ差許シ、社内居住トノ指令無之、爾來修繕造作之節ハ、其都度出店者ヨリ、社務所江届ケ出テ、且ツ新築ノ節御聽伺之上、指揮致來候處、昨年御改革、爾來地所直接拜借之譯ヲ申立、從前之手續ヲ經ス、卽今現ニ二階建物新築之者見受ケ候、右樣一社内ヲ惣理スル社務所へ、一應之申立も無之、火災懸念ノ建物造作ノ次第、御縣より許可相成候乎、又ハ如何相心得可然候哉、御訓令ヲ仰キ候也ニ付、疑儀不少、將來之心得方も有之候ニ付、何分ノ御訓令ヲ仰キ候也、

境内出店者ノ儀ニ付伺、

當社境内出店者ノ儀ハ、明治六年中御縣御上申ニ依、芦簀掛ハ差許シ、居住不相成トノ指令ニ基キ候モ、艸創ノ際故多クハ默居ノ叓狀不少、然レトモ、爾來修繕造作ハ、其都度社務所ヘ届ケ出、新築ハ拙職ヨリ「御縣」(朱書)伺ノ上、指揮スルヲ例規ト相成居候處、昨年夏爾來、

直接借地之譯ケヲ申立、從前ノ手續ヲ歷ス、卽今現ニ二階建物新築ノ者「有之」(朱書)、右者、「御縣構造替直達ノ中ニ有之故乎」(朱書)、一社ヲ惣理スル社務所へ、一應之申立モ無之、火災縣(懸)念之「建物ヲ」(朱書)構造「スルモノ始末」(朱書)疑義少カラス、將來ノ心得「方モ有之付」(朱書)、何分之仰御指令候也、

明治廿一年十月一日　　宮司

知叓宛、

本社内露店之儀ハ、明治九年十二月十九日於御縣、森岡昌純・岡本貞兩名ヨリ協議委托ヲ受ケ、内務卿(大久保利通)へ届濟ミノ上、爾來社務所ニ於テ統理致、境内繪(馬脱カ)所内外一社ニ於テ、故障無之分者差許置候處、明治廿一年中、縣内產物品評會ノ爲ニ伺濟ミノ上、借シ渡し、右畢ツテ同所天井修繕中露店ハ相禁シ置候處、近來ニ至リ、夜分貧民共暗ラキニ紛れ、彼所へ屯集、殊ニ飢餓、殆死ニ至ラントスルモノ、毎夕不相斷、萬一死シタル以上ハ不容易次第ニ付、昔年ノ如ク日暮ヨリ夜中一時迄好ミニ任セ、當夕限リ出店差許シ候、尤露店有之以上ハ、右體之者、自然立入レサルハ、已ニ數年間ノ經驗

も有之候、但、過般品評會設置ノ如ク、本所雨晴ニ不關、定ツテ借渡候節ハ、成規ノ如ク可伺出心得ニ有之候間、此旨申出候也、

御届

金貳百圓　四株

右ハ、當社菊水文庫豫備蓄積ノ內ヲ以テ、本行之通リ須磨海濱保養院株劵ニ据置候間、此旨御聞置相成度候也、

明治廿二年六月廿日　折田年秀

知叓內海忠勝殿

「本文知叓へ直接ニ差出シ置候叓」

何町何村何番地居住又ハ寄留

何營業　何某

私叓、今般御社頭ハ素ヨリ、露店御規則、堅ク遵守可致、萬一違背等有之折ハ、身許保證人ヨリ一切不都合無之様、引受ケ可申ニ付、出店御許容被下度、連署ヲ以テ此旨相願候也、

露店規約

「一」(朱書)、第一条、出店者ハ、保正(證)人連署ニテ露店掛幹叓ヲ經由シテ願出ツヘキ叓、」

「三」(朱)、第二条、毎夕出店「ノ」(朱書)上直チニ金貳錢掃除料トシテ立立(マヽ)ル叓、

一時間出店ノ者ハ雨晴ニ限ラス、納金スヘキ叓、

「四」(朱)、第三条、一社禁止之品物ハ、「販」(朱書)賣ヲ許サヽル叓、

但シ、其都〻前以可相達叓、

「六」(朱)、第「四」(朱書)条、露店ノ位置ハ「幹叓及掛リ員」(朱書)ノ指揮ニ違背ス可カラサル叓、

「但シ、禁止ノ場へ出店スルモノハ、即時ニ立退クヘキ叓、」(朱書)

「七」(朱)、第「五」(朱書)条、都合ニヨリ五日間毎ニ「出店ノ」(朱書)位置「ヲ」(朱書)變更スル叓可有之ニ付、苦情申立「サル叓」(朱書)、

「二」(朱)、第五条(マヽ)、營業無鑑札者ハ出店ヲ許サヽル叓、

「五」(朱)、第六条、祭典又ハ臨時妙茄(冥加)金等、一般賦課スル時日ハ、各自無苦情應分ノ義務ヲ盡スヘキ叓、

但、其都度衆議ニ附スヘキ叓、

「八」(朱)、第七条、出店器具ハ定メ置ク場所へ格護ス可「シ、叓等閑ニ」(朱書)規定ノ外ニ差置ク者ハ、取揚クヘキ叓、

(朱書)「但、都合ニヨリ社内知己ノ人江預ル分ハ、此
　ノ限リニ非ス、」

(朱)「九」一、第八条、露店ハ布石ヨリ三尺ヲ隔テ粧置スル叓、
(朱)「十」一、第九条、三門出店者ハ、該門内外ノ掃除ハ引受ケ
　ノ叓、
　但、晴雨共、定店ニ均シキカ故ニ、別途妙茄(冥加)
　金トシテ収入スル叓、
一、第十条、
　右定之条款、違背ス可カラサル叓、

折田年秀日記　第三

平成十九年五月　十　日　印刷
平成十九年五月二十五日　発行

定価（本体一二、〇〇〇円＋税）

発行者　湊川神社
代表　栃尾泰治郎
神戸市中央区多聞通三―一―一
電話（〇七八）三七一―〇〇〇一

製作兼発売元　株式会社　八木書店
東京都千代田区神田小川町三―八
電話（〇三）三二九一―二九六五

ISBN978-4-8406-2028-4